Diana Carrió-Invernizzi

El gobierno de las imágenes

Ceremonial y mecenazgo en la Italia española
de la segunda mitad del siglo XVII

TIEMPO EMULADO
HISTORIA DE AMÉRICA Y ESPAÑA

La cita de Cervantes que convierte a la historia en «madre de la
verdad, émula del tiempo, depósito de las acciones, testigo de lo
pasado, ejemplo y aviso de lo presente, advertencia de lo porvenir»,
cita que Borges reproduce para ejemplificar la reescritura polémica
de su «Pierre Menard, autor del Quijote», nos sirve para dar nombre
a esta colección de estudios históricos de uno y otro lado del Atlán-
tico, en la seguridad de que son complementarias, que se precisan, se
estimulan y se explican mutuamente las historias paralelas de América y España.

Diana Carrió-Invernizzi

El gobierno de las imágenes

Ceremonial y mecenazgo
en la Italia española
de la segunda mitad del siglo XVII

Iberoamericana • Vervuert • 2008

Bibliographic information published by Die Deutsche Nationalbibliothek
Die Deutsche Nationalbibliothek lists this publication in the Deutsche Nationalbibliografie; detailed bibliographic data are available on the Internet at <http://dnb.ddb.de>.

Iberoamericana, 2008
Amor de Dios, 1 — E-28014 Madrid
Tel.: +34 91 429 35 22
Fax: +34 91 429 53 97
info@iberoamericanalibros.com
www.ibero-americana.net

Vervuert, 2008
Elisabethenstr. 3-9 — D-60594 Frankfurt am Main
Tel.: +49 69 597 46 17
Fax: +49 69 597 87 43
info@iberoamericanalibros.com
www.ibero-americana.net

ISBN 978-84-8489-404-9 (Iberoamericana)
ISBN 978-3-86527-442-7 (Vervuert)

Depósito Legal: S. 1.635-2008

Ilustración de cubierta: Detalle de Angelo Maria Costa, *El Palacio Real de Nápoles*.
Fundación Casa Ducal de Medinaceli.
Diseño de cubierta: Carlos Zamora

La editorial agradece a Gemälde Galerie der Akademie der Bildenden Künste in Wien, Fundación Casa Ducal de Medinaceli, e Instituto de Valencia de Don Juan por permitir la reproducción de las imágenes incluidas en las páginas 225, 229 y 231 de este libro.

Impreso en España
The paper on which this book is printed meets the requirements of ISO 9706

Índice

Para mis padres, Flavia y Miguel, curiosos incansables, que me han enseñado a amar lo que hago.

Agradecimientos

Muchas personas, con su apoyo y aliento, han contribuido a ver terminado este libro. Quiero agradecer en primer lugar a mis directores de tesis, Joan Lluís Palos e Immaculada Socias, sus enseñanzas y el tiempo que me han dedicado hasta la defensa de mi tesis doctoral, que ha sido el embrión de este libro. En 2002 conseguí una beca de investigación predoctoral de la Generalitat de Cataluña, institución a la que extiendo mi gratitud. Esta beca me vinculó al grupo de investigación «Poderes y representaciones culturales en la Cataluña del siglo XVII», dirigido por Pere Molas, y al Departamento de Historia Moderna de la Universidad de Barcelona, donde desarrollé mi trabajo con el constante apoyo de María de los Ángeles Pérez Samper, Pere Molas, Fernando Sánchez Marcos, Xavier Gil, de todos los profesores del Departamento y también de Xavier Baró y de la secretaria Anna Peñalver. En Barcelona, mi reconocimiento es también para Joan Ramon Triadó y Bonaventura Bassegoda.

En 2006, conseguí una beca del Ministerio de Asuntos Exteriores y la Agencia Española de Cooperación Internacional para desarrollar una estancia de investigación en la Real Academia de España en Roma, que me permitió avanzar en la escritura de este libro. Agradezco a su directora, Rosario Otegui, y a todo el personal de la Academia su generosa ayuda. Y a mis amigos, los becarios de la promoción 2006-2007, que tanta huella han dejado también en este libro.

Durante mis estancias de investigación en Madrid, recibí los valiosos consejos y orientaciones de Fernando Marías, Fernando Bouza, Luis Ribot, José Martínez Millán, Antonio Álvarez-Ossorio, Carlos José Hernando, María Victoria López Cordón, Gloria Franco y José Luis Colomer. Para el tiempo transcurrido en Italia resultó fundamental la ayuda de Maria

Antonietta Visceglia, Gaetano Sabatini, Giovanni Muto, Renata Ago, Massimo Giannini, Nicoletta Bazzano, Miguel Gotor, Elena Valeri, Attilio Antonelli, Giuseppe Galasso, Aurelio Musi, Renato Ruotolo, Bartolomé Yun Casalilla, Ricardo Olmos, Sebastian Schutze, Alessandra Anselmi, Louise Stein y del embajador español ante la Santa Sede, Francisco Vázquez y Vázquez. Durante el período transcurrido en la Universidad de Harvard, en 2003, conté con el apoyo inestimable de Ivan Gaskell, Alice Jarrard, Thomas Cummins, Gulru Necipoglu, de mis amigos John Kiger y Tom Kugel y la colaboración del personal de la Hougthon Library para consultar sus fondos. Mi reconocimiento es también para Diane Bodart, Pedro Cardim, Carmen García-Frías, Mireia Freixa, Vicenç Furió, Rosa Maria Subirana, Juan Miguel Muñoz Corbalán, Sílvia Canalda, Cristina Fontcuberta, Carme Narváez, Santi Torras, Juan Nicolau, Richard Kagan, Jonathan Brown, Miles Pattenden, Gabriel Guarino, Alistair Malcolm, Piero Boccardo, Laura Palumbo, David Sánchez, David García Cueto, Juan Ramón Sánchez del Peral, Jorge Fernández-Santos, Ángel Aterido, Fernando Quiles y Fernando Villaverde.

Agradezco también a todas las personas que me han facilitado el acceso a los archivos y fondos documentales necesarios para mi investigación; fundamentalmente a las Hermanas Capuchinas del Convento de la Purísima Concepción de Toledo que me abrieron su casa con extraordinaria generosidad y me permitieron acceder al archivo del cardenal Pascual de Aragón y trabajar en él con comodidad, y muy especialmente a la abadesa madre Pilar Piniés, que no ha podido ver culminado este libro; a los monjes del Monasterio de Poblet; a Isabel Aguirre del Archivo General de Simancas; al personal del Archivo Histórico Nacional de Madrid y al de su Sección Nobleza de Toledo; a Juan Larios del Archivo de Medinaceli de Sevilla; a Montserrat Catalán del Archivo de Medinaceli en Cataluña; a Cristina Barbé de la Biblioteca Pública de Tarragona; al padre Francisco Delgado del Archivo de la Obra Pía de Montserrat en Roma; y por último, también al personal de los Archivos Vaticanos y de los Archivos de Estado de Roma y Nápoles.

Quiero agradecer la generosa lectura que han hecho del texto final, además de mis directores, Maria Antonietta Visceglia, Peter Burke y Gaetano Sabatini. Sus sugerencias y críticas han enriquecido extraordinariamente este libro. A todas estas personas, que han creído en mi trabajo y a las conversaciones que he mantenido con ellas a lo largo de estos años, debo hoy muchas de mis inquietudes y proyectos.

A la edición de este libro ha contribuido una red de investigación de la que formo parte, «Poder y Representaciones en la Época Moderna», que integra tres proyectos, financiados por el Ministerio de Educación y Ciencia y por la Generalitat de Cataluña: «Representación del pasado y declive de la Monarquía hispánica en el siglo XVII: construcción de las memorias y utilización política de las imágenes», «Historia i política a l'Època Barroca (1580-1684) en l'àmbit mediterrani» y «Art i religió a Catalunya durant els segles XVI-XVII. L'impacte de la Contrarreforma a l'arquitectura i les arts visuals». Quiero agradecer por último a la Editorial Iberoamericana Vervuert su confianza e interés en la publicación de este libro.

Nunca podré olvidar la ayuda inestimable de mis padres, que han vivido con gran intensidad la redacción de este libro, con pasión y entrega. Y el apoyo de Juan Pablo, que ha estado a mi lado, leyendo sus páginas con gran dedicación. Gracias a todos, este libro ha llegado a puerto.

Cambridge, primavera de 2008

Beauty may not rule the world, but it helps.

Francis Haskell,
The Ephimeral Museum.

La hora de las ceremonias

Este libro analiza la contribución del ceremonial y del mecenazgo artístico a la conservación de la hegemonía española en la Italia de la segunda mitad del siglo xvii. Durante este período, la Monarquía hispánica redefinió su lugar en el nuevo orden internacional y estableció un nuevo marco de relaciones con la Santa Sede. Ante este nuevo horizonte, los gobernantes españoles abrieron una reflexión sobre los usos políticos de las imágenes: sobre el gobierno de las imágenes. Este libro se sirve de la lectura de consultas del Consejo de Estado, avisos, crónicas, manuales de ceremonia y correspondencia de la época para demostrar que los españoles adquirieron progresivamente una mayor conciencia del poder del mecenazgo y de los rituales, tanto cívicos como religiosos, para consolidar su presencia en Italia. Para ello, invita al lector a seguir los pasos de dos representantes de la Monarquía en Italia que marcaron un punto de inflexión en este proceso.

En 1661, Pascual de Aragón (1626-1677), miembro de la casa ducal de Cardona, llegó a Roma como nuevo embajador y, poco después, en 1664, pasó a ocupar el cargo de virrey de Nápoles. Su hermano, Pedro Antonio de Aragón (1611-1690), le sucedió en ambos puestos hasta abandonar Italia en 1672. Su llegada a Italia coincidió con un período crucial de cambios. La Monarquía española había dejado de ser la primera potencia europea desde la firma de la Paz de Westfalia en 1648, y del Tratado de los Pirineos en 1659. En 1661, Luis XIV tomaba las riendas del poder en Francia, y en 1665 moría Felipe IV dejando al frente de la Monarquía a un niño de apenas cuatro años. Fue el principio de una serie de reveses para España. Esta coyuntura favoreció la meditación de los gobernantes españoles sobre los errores cometidos en el pasado y sobre la necesidad de rediseñar la estrategia cultural de la Monarquía en Italia. En un marco tan desfavorable, tras la pérdida de Portugal en 1640 y la independencia de las Provincias Unidas en 1648, España, más que nunca, necesitaba además recordar al mundo la legitimidad de su presencia en el último bastión español en Europa: el reino de Nápoles.

¿Cómo ahuyentó la Monarquía española desde Italia los síntomas de su «decadencia»? ¿Cómo podía demostrar al mundo que todavía era influyente en el panorama europeo? Durante los últimos años del reinado de Felipe IV se generalizó la reflexión del monarca y de sus ministros en Italia en torno a la conveniencia de modificar la estrategia política internacional, reduciendo los gastos militares en lugares claves como Nápoles y limitando la entrega de honores y beneficios entre los príncipes italianos. Los tradicionales mecanismos del ejercicio del poder parecían dar paso a una nueva manera de entender la práctica del gobierno. ¿Cómo pudo sobrevivir la hegemonía de la Monarquía en Italia?, ¿qué papel desempeñaron el mecenazgo y el ceremonial?, ¿qué nuevos usos dieron los españoles a las fiestas, a las iglesias nacionales o al palacio de la embajada en Roma?, ¿cómo fueron aprovechados los procesos de canonización de santos españoles?, ¿qué papel se otorgó a los retratos y al intercambio de regalos? La correspondencia mantenida entre estos representantes, el rey y el Consejo de Estado revela los detalles de tal meditación encaminada a frenar en Europa el deterioro de la imagen de la Monarquía desde Italia. La solución a los problemas pasaba por hacer un uso más racional de la esfera representativa. Había llegado la hora de las ceremonias.

La actividad de Pascual y Pedro Antonio de Aragón a partir de 1661 constituyó un antes y un después en el ceremonial y en la representación de los Austrias en Italia. Simultáneamente otras monarquías europeas replantearon sus usos del ceremonial, como han constatado los estudios recogidos en el libro coordinado por Allan Ellenius *Iconography, Propaganda and Legitimation* (1998)[1]. Pero en España implicó, más que la suplantación de un lenguaje del poder, el triunfo del aprovechamiento simbólico de las imágenes, del ritual y del mecenazgo. De las sospechas generalizadas que despertaban las ceremonias se pasó a una progresiva

---

[1] Ellenius 1998.

confianza en sus posibilidades simbólicas. Fue un camino lleno de discontinuidades, sin duda, pero diez años después, en 1672, los españoles habían conseguido minimizar los efectos de su debilitamiento político con una hábil actividad cultural y simbólica que consistió en aumentar los espacios de visibilidad del monarca español en Roma y del virrey en Nápoles, en ampliar la *pietas* hispánica, apropiándose de devociones, ritos y fiestas sin tradición española, y en desplegar un calculado mecenazgo artístico en la península.

La propia biografía de estos dos miembros de la casa de Cardona, que habían vivido en primera persona la guerra de Cataluña en 1640, y su conciencia del declive de la Monarquía, condicionó su estancia en Italia y su manera de acercarse al ritual. Al principio, Felipe IV capitaneó el cambio de rumbo en la estrategia cultural de la Monarquía, ampliando desde 1647 las obras pías y patronatos españoles que debían asegurar a España una mayor intervención en la política romana y un lugar más privilegiado en los espacios públicos de la ciudad. Poco después, en 1651, el monarca aprobó un corpus de etiquetas reales sistematizado desde 1647 por la Junta de Bureo, tribunal de la casa real. Durante estos años, un debate sobre la necesidad de modificar las residencias de embajadores y virreyes se produjo simultáneamente en varias cortes provinciales de la Monarquía, algo que nunca se había producido con la misma envergadura. Felipe IV había dado estos pasos pero cayó en la contradicción, por ejemplo, de impedir a sus embajadores en Roma cualquier innovación en el protocolo, una inercia común en la época, percibida en cambio como un signo de fuerza. Y ello a pesar de que, de un modo creciente, las cuestiones relacionadas con el ceremonial centraran las discusiones del Consejo de Estado.

En los años cincuenta y sesenta, el mecenazgo artístico español en Italia se había cargado de una mayor significación política. Desde Roma y Nápoles, Pascual y Pedro Antonio de Aragón pasaron a liderar este cambio en las estrategias de representación de los Habsburgo españoles. Creció la fractura entre su visión y la de la Corona, haciéndose más frecuentes las represiones que recibían del Consejo de Estado por sus numerosas iniciativas en materia de representación. Pascual y Pedro Antonio de Aragón no sólo batallaron para frenar las aspiraciones de otras naciones en el terreno ceremonial, contando al principio con la connivencia del rey, sino que fueron más allá, llegando a actuar al margen de las recomendaciones del Consejo de Estado. Los honores que recibieron los Aragón de Felipe IV a lo largo de sus vidas fueron en recompensa por su sacrificio en Cataluña, tras la guerra de 1640, pero una vez en Italia, los Aragón siguieron sintiéndose víctimas de los errores de la Corona y llegaron a responsabilizar al monarca de negarles el crédito que merecían y de impedirles representar a su persona con la debida dignidad.

La llegada a Italia de Pascual y Pedro Antonio de Aragón logró superar el principal escollo que durante años había dificultado la implantación de unas estrategias culturales sólidas y de unos programas propagandísticos coherentes: las asiduas interrupciones de las legacías y de los gobiernos en las cortes virreinales. Durante diez años cruciales permanecieron al frente de los dos centros más decisivos de la presencia española en Italia, compartiendo un pasado y unos objetivos, discrepando a veces en los procedimientos, pero sin caer en contradicciones. Además, la pertenencia a la misma casa fue determinante para fijar una continuidad en el programa de actuación de gobierno en Nápoles. A partir de entonces, y con mayor frecuencia, los territorios italianos abastecieron de modelos culturales a la Corte de Madrid. La excepcional contribución de estos personajes se percibe al comprobar que, tras la muerte de Felipe IV en 1665, continuaron empeñados en perfilar, en soledad, las iniciativas culturales de la Monarquía para contribuir a la conservación de su peso internacional.

A la singularidad del perfil biográfico de Pascual y Pedro Antonio de Aragón se sumó la coincidencia de su llegada a Italia en el año decisivo de 1662. Felipe IV dio la espalda a Alejandro VII ante la amenaza francesa de invadir Italia. Había decidido abandonar la Santa Sede a su suerte, tratando de limitar su peso como cabeza de la península. En la firma de tratados internacionales cada vez se contaba menos con la mediación del papa. Consciente de ello, el pontífice atenuó su antigua vocación política universalista y se decidió a reforzar su peso en Italia. Felipe IV también había renunciado al universalismo de la Monarquía, que se fue replegando poco a poco en sí misma. Por ello se hicieron también más frecuentes las referencias nacionales en el mecenazgo hispánico de Italia y los intentos de los gobernantes españoles en la península por cambiar los hábitos e imponer unas conductas culturales hispánicas. En este marco hay que entender la carrera emprendida simultáneamente por Felipe IV y sus representantes, por una parte, y Alejandro VII, por la otra, por conseguir la consideración de principal mecenas de la península y de primer príncipe de Italia. Los españoles, según demuestran algunos textos de la época, creyeron que la supervivencia de la cristiandad y de Europa dependía más de la salud de la Monarquía española que del vigor de los Estados Pontificios. En 1662 Felipe IV pensó que la conservación de la Monarquía podía significar hacer frente a una parte importante del colegio cardenalicio romano. Todas estas circunstancias resultan fundamentales para comprender el cambio en la manera de entender el ceremonial y en la concepción de la imagen del poder.

Algunos síntomas prematuros de este cambio hacia lo que hemos llamado un gobierno de las imágenes en la Italia española, fueron la alteración de los itinerarios comunes de los españoles en Italia, la llegada, la salida y los enclaves visitados durante su estancia; o la toma de conciencia del potencial simbólico de sus residencias, que les llevó a requerir a Felipe IV un mayor margen de maniobra para reformular sus espacios internos y sus usos. Además, tanto en Roma como después en Nápoles, dignificaron y diversificaron los espacios del poder, por medio de obras de mecenazgo, acercándose a un mayor número de órdenes religiosas y apropiándose de iglesias que ni eran de patronato regio, ni tenían ninguna tradición española anterior.

La historiografía ha considerado el virreinato de Pedro Antonio de Aragón como el inicio de una edad de oro de la representación regia en Nápoles, que tuvo una continuación en los virreinatos sucesivos hasta 1707, como los del marqués del Carpio o el duque de Medinaceli. Algunos factores contribuyeron al singular esplendor del poder en los virreinatos de Pascual y Pedro Antonio de Aragón. Su condición de Grandes de España de primera clase y su pasado familiar ligado a Nápoles les convirtió en lo más parecido al virreinato llamado *de sangre*. No eran naturales del Reino, pero se declaraban de sangre real y herederos legítimos de la dinastía aragonesa y de Alfonso el Magnánimo. Otras circunstancias contribuyeron a redoblar energías para desplegar una imagen fastuosa en la corte virreinal, pues al llegar a Nápoles se encontraron con que la autoridad virreinal tras la revolución de 1647 aún no había sido reparada. Además, la sucesión de la Corona en 1665 se vivió de manera dramática en el Reino, pues la ocasión fue aprovechada por la Santa Sede para atacar a la institución virreinal. Ambas afrentas obligaron al virrey a responder con imaginativas iniciativas de mecenazgo y con una hábil utilización de los símbolos. Esta coyuntura forzó a estos virreyes a idear mejores maneras de sustituir la imagen del monarca. Consiguieron incidir en las ceremonias públicas para ser decisivos en el equilibrio del cuerpo político de la ciudad y magnificar los habituales escenarios del poder de los Habsburgo en Nápoles.

Las cortes provinciales de la Monarquía hispánica están despertando un creciente interés entre los historiadores[2]: en junio de 2005 se celebró en Sevilla el primer congreso de cortes virreinales de Italia y América, organizado por Unión Latina, en el que se pudo constatar el estado embrionario de la investigación. El debate que ha guiado la mayor parte de la historiografía sobre las cortes virreinales ha girado en torno a los mecanismos de sustitución de la imagen del rey en los distintos territorios y en la diversidad de fórmulas de integración de los virreinatos en la Monarquía. Nápoles no fue la única capital que vio desaparecer a su rey a lo largo del siglo XVI, cuando la Monarquía fijó una corte única y centralizada[3], pues el monarca español, al heredar y conquistar nuevos territorios, se convirtió, ineludiblemente, en rey ausente para la mayor parte de sus vasallos[4]. Paradójicamente, las monarquías emergentes se fundamentaban cada vez más en sistemas de relaciones clientelares y de honores que exigían la proximidad del rey o de su representante. En el siglo XVI, para remediar los inconvenientes derivados de la lejanía del monarca se generalizó la institución virreinal[5], en virtud de la cual un virrey representaba al soberano en los distintos territorios de la Monarquía, convirtiéndose en el eje de la corte provincial[6].

En 1689 el historiador francés Antoine Varillas advirtió en su *Politique de la Maison d'Autriche* que la incapacidad de los españoles por suplir convenientemente la imagen real en sus territorios fue la causa del declive de la Monarquía española y de la pérdida de su hegemonía en la segunda

---

[2] Véase el pionero artículo de Gil (1997).

[3] Pérez Samper 1997; Bouza Álvarez 1991 y 1997.

[4] Mínguez Cornelles 1995.

[5] Hernando Sánchez 2004b.

[6] Véanse las Actas del I congreso de *Las cortes virreinales de la Monarquía española, América e Italia*, Sevilla (junio de 2005), en prensa. En 2004 se había celebrado otro encuentro sobre cortes virreinales: Büschges, C. (coord.): *Una monarquía de cortes. La corte virreinal como espacio de comunicación política en la Monarquía Hispánica (siglos XVI-XVII)*, congreso organizado en abril del 2004 en la Universidad de Bielefeld (Alemania). Más recientemente, en mayo de 2008, ha tenido lugar en la Universidad de Barcelona, el seminario *El mundo de los virreyes en las monarquías de España y Portugal (siglos XVI-XVIII). Dimensiones institucionales y universos simbólicos*, coordinado por Joan Lluís Palos y Pedro Cardim.

mitad del siglo xvii[7]. Nápoles, como Portugal, se encontraba entre las provincias que, al ser reinos, contar con una organización política propia muy desarrollada y haber gozado de la cercanía de un rey en el pasado, más problemas podían ocasionar al gobierno de la Monarquía. Esta situación se agravaba todavía más en el caso de Nápoles. A diferencia de lo que había ocurrido en algunas ocasiones en Portugal, el virreinato napolitano no se encomendó a parientes cercanos del rey: en la mayor parte de los casos, el virrey de Nápoles era elegido entre la alta nobleza castellana cercana a la familia del valido. ¿Tenía razón Varillas o, contrariamente, los virreyes Aragón lograron suplir convenientemente la presencia real pese a estas dificultades?

La historiografía del mecenazgo virreinal había considerado que la corta duración de los mandatos de los virreyes, de apenas uno o dos trienios, restaba continuidad y coherencia a sus obras de gobierno y de mecenazgo[8]. He querido comprobar la validez de este planteamiento para los años del virreinato de los Aragón. El *topos* de la decadencia italiana del siglo xvii, tan anclado en la historiografía del Risorgimento y todavía hoy muy extendido en la anglosajona, ha dado paso en las recientes décadas, siguiendo los pasos de Benedetto Croce, a su completa revisión[9]. En la actualidad, contribuciones como el volumen *Italia en la Monarquía Hispánica* coordinado por Manuel Rivero[10], asumen que el rasgo distintivo de este período de la historia italiana no fue la sujeción de parte de sus territorios a la Corona de los Austrias, sino el desarrollo del principio monárquico y el impulso de la Corte como eje de la vida política y social, que afectó por igual a todos los estados, ducados y principados de Italia, dependieran o no de potencias extranjeras. España, como monarquía de cortes y red de centros autónomos, asumía la existencia de un sistema de principados de Italia como un cuerpo político *per se*, que además ejercía una supremacía cultural incontestable. Constituye una idea aceptada que, tras las guerras de Italia (1494-1559) y la firma de la Paz de Cateau-Cambresis, la hegemonía de los Austrias abrió en la península un período de paz y estabilidad que perduró hasta inicios del siglo xviii. Sin embargo, la Corte de Madrid nunca llegó a suplantar a Roma como cabeza política

---

[7] Varillas 1689.
[8] Una valoración que ya encontramos en Haskell (1982).
[9] Signorotto 1993, Musi 1991 y 2000, Muto 1998, Mozzarelli 2002.
[10] Rivero 2004.

de ese cuerpo italiano. En el reino de Nápoles, la mayor reserva italiana de títulos y feudos, tanto para la aristocracia española como para la nobleza italiana, se impuso una naturaleza «pactista» del poder por parte de una monarquía que debía tener en cuenta la amplia jurisdicción feudal de los barones, la férrea autonomía de las magistraturas y la fuerte jurisdicción eclesiástica existente en los territorios españoles de la península[11].

Con todo, la supremacía hispánica en Italia en el siglo XVII se basó en la aplicación de una política dispensadora de mercedes, encaminada a atraer a las élites italianas y a alimentar un circuito de fidelidad dinástica en la península, más que en la fuerza de las armas. Pese a que la Monarquía restringió el acceso de la nobleza italiana a las redes efectivas del poder y trató de impedir las alianzas entre familias castellanas, por una parte, y napolitanas, sicilianas o milanesas, por otra, era percibida entre los italianos como una monarquía expendedora de numerosas gracias, cargos y dignidades (el toisón de oro o el título de Grande entre otros tratamientos). Por esta vía los españoles se aseguraban la lealtad de familias como los Orsini, los Caetani o los Colonna, que eran, además, titulares de numerosos feudos en el reino de Nápoles[12]. Recientes trabajos, como el de Claudia Moller[13], también han cuestionado los fundamentos de la decadencia de la Monarquía en Italia para defender el dinamismo del poder de los Austrias en virreinatos como el del conde de Peñaranda, antecesor de Pascual de Aragón. Trabajos como el suyo permiten intuir que la presencia española en Italia durante la segunda mitad del siglo dio signos de vitalidad en diversas manifestaciones del poder. Resulta fuera de toda duda que los ministros españoles en Italia sentían vivir tiempos de declive para la Monarquía, pero también es evidente que trataron de reaccionar contrarrestando los escasos instrumentos de que gozaba el virrey para ejercer su autoridad con hábiles estrategias de orden simbólico en el nuevo gobierno de las imágenes.

A partir de 1659, los príncipes en Italia aprovecharon la desfavorable coyuntura europea de España para reclamar puestos de mayor envergadura en la jerarquía de poder de la Monarquía. Tanto Galasso como Spagnoletti[14] han considerado que las dificultades por las que pasaba

---

[11] Sabatini 1997, Galasso/Hernando 2004.
[12] Spagnoletti 1996.
[13] Moller 2004.
[14] Spagnoletti (1996: 56-58).

la Monarquía en el ámbito internacional hicieron que se privilegiase su presencia en Italia, en aquellos territorios dependientes de la Corona donde el rey católico ejercía su soberanía. Según los mismos autores, el cariz de los virreinatos de Pascual y Pedro Antonio de Aragón ejemplifica muy bien tal proceso de cambio. En efecto, a partir de la segunda mitad del siglo, la concesión de honores se reservó en buena medida a los barones meridionales y a los señores de la Lombardía. Los príncipes independientes de la península, que venían recibiendo gracias y honores de España desde décadas atrás, vieron de repente cómo la Monarquía dejó de otorgárselas. Roma representó la única excepción[15]. Además, las redes para el logro de gracias y pensiones necesitaban de otras prácticas y demostraciones recíprocas entre la Corona y los príncipes italianos. Un regalo, una atención, una participación en una fiesta, o la decoración de una capilla privada en honor a un santo español, eran mensajes que servían para preparar el terreno de un futuro lazo de fidelidad, para reforzarlo, o hasta para manifestar una ruptura. Estos gestos desempeñaban un papel determinante como complemento de la labor institucional y del sistema de honores desplegado por los Austrias en Italia, y a ellos ha querido prestarles atención este libro.

Este libro se sitúa en una tendencia historiográfica preocupada por investigar de qué manera el ritual, los gestos y las ceremonias condicionaron el gobierno de la Monarquía. Este giro ritual en la historiografía surgió del deseo de reconsiderar la naturaleza y los mecanismos del poder. Los historiadores de la sociedad política han concebido tres maneras de acercamiento al análisis del poder. En primer lugar, el estudio de las instituciones, interesado por conocer cuáles fueron los cuerpos operativos de gobierno más influyentes en los estados modernos. En los años ochenta, el interés por estudiar a los individuos que dirigían estas instituciones empezó a desplazar a la historia clásica institucional, en lo que se llamó la historia social del poder o de las instituciones[16]. Deben enmarcarse en esta segunda línea historiográfica los estudios sobre las relaciones clientelares, también denominadas de amistad o familiares y que, al fin, constituyen las redes personales de poder tejidas en el marco del gobierno de la casa

---

[15] *Ibíd.*: 58.

[16] Con los trabajos de prosopografía, clases dirigentes y clientelas. Los trabajos de Pere Molas o Francisco Tomás y Valiente desde la historia del derecho (Molas 1980, Tomás y Valiente 1982).

real y de las instituciones[17]. En tercer y último lugar, el análisis de las imágenes del poder y de la manipulación de los símbolos culturales, a la que han contribuido historiadores de la cultura, historiadores del arte y antropólogos[18]. También los historiadores de la llamada «historia social constitucional» han arrastrado esta parcela ritual hacia la historia claramente política, compartiendo con otras disciplinas la preocupación por la cultura política, las ceremonias, la cartografía, la configuración de imágenes del príncipe, de las ciudades, o de los vasallos, y, en definitiva, de las representaciones del poder[19].

El interés por estudiar las imágenes como creadoras de espacios de opinión ha sido la consecuencia lógica del creciente énfasis que la historiografía había puesto en las limitaciones de los estados monárquicos europeos[20]. De esta manera, Roger Chartier otorgó a la *representación* el poder de transformarse «en máquina de fabricar respeto y sumisión, en un instrumento que produce una coacción interiorizada, necesaria allí donde falla el posible recurso de la fuerza bruta[21]». La valoración de la eficacia de los símbolos y la atención por la transformación de los valores culturales ha representado el paso previo para que trabajos como *Un palacio para el rey* (1980), de J. H. Elliott y J. Brown, dieran un impulso a los estudios sobre la representación del poder en la España moderna. Los resultados y la eficacia de las obras de mecenazgo generaban opiniones contradictorias ya entre los contemporáneos. A la hora de valorar tales iniciativas, no he querido presuponer su eficacia, y más que averiguar si cosecharon éxitos, algo difícil de establecer categóricamente, he perseguido recoger esas opiniones.

El análisis del poder, como el estudio de la sociedad de Corte[22], ha constituido un magnífico espacio de encuentro interdisciplinar. El debate afecta también a la definición de las distintas formas de representar el

---

[17] Martínez Millán 1994, 2000, 2005 y 2008.

[18] Kertzer 1988, Geertz 1983, Burke 1998, Bouza 1998, Fantoni 1995, Strong (1988 [1984]), Freedberg 1989.

[19] Kagan/Marías 1998, Marías/Pereda 2002.

[20] Este giro se produjo según J. H. Elliott a partir de aportaciones como la de Oestreich (1982 [1969]). Véase Elliott (1990), especialmente pp. 201-202. Conviene recordar además la herencia que han dejado los estudios de Maravall (1972 y 1975).

[21] Chartier (1992: 59).

[22] En todos los casos, la Corte es el espacio donde se construyen los valores que terminan siendo vinculantes e influyentes en la sociedad del Antiguo Régimen, como se encargara de explicar Norbert Elias (1988). Véase también Elias (1982).

poder y de su eficacia. ¿Cómo se plantearon las monarquías de la Europa del siglo XVII sus retóricas del poder? ¿A qué debemos llamar propaganda o prácticas de propaganda?[23] En el debate sobre las manifestaciones del poder ha sido capital la contribución del sociólogo Pierre Bourdieu, pues situó en su punto de mira los mecanismos de persuasión tanto en los discursos textuales como en los visuales[24]. En el ámbito de los estudios de la sociedad cortesana y de la esfera del poder, los historiadores han ido abandonando su interés por los valores de *autoritas* o *disciplina*, a favor de otros conceptos como el de *disimulación, mediocritas, sprezzatura, agudeza, prudencia* o *gracia*. Estos valores repercutieron en el universo mental cortesano[25] y contribuyeron a la configuración de una teoría política que se ha dado en llamar barroca[26]. Asimismo, no sólo la Corte compartía con otras ciertos modos de vida, participando de un fenómeno generalizado europeo, sino que además, la Corte se pensaba también desde la *aldea* y se podía *construir* desde la lejanía[27]. Las prácticas de poder llegaron a recurrir en ocasiones a conceptos comunes del mundo de las artes, como la simulación o el disimulo, el original o la copia, la falsedad o la sinceridad de las intenciones.

Todo este debate ha afectado a una nueva historia cultural de la diplomacia, a la que un estudio sobre la embajada española como éste también ha tenido que atender. Una historia más sociocultural y menos política de las relaciones diplomáticas otorga gran importancia a las representaciones y a la esfera del imaginario. Los diplomáticos constituyeron una de las redes de comunicación más estables y eficaces de la Europa moderna, a diferencia de otras menos coordinadas como la que formaban los viajeros o los comerciantes. Cada vez más, un mayor número de historiadores les percibe como constructores de imágenes, entre cuyas funciones estaba la de fijar estereotipos sobre las comunidades nacionales. Los embajadores no actuaban solos en esta tarea, y se servían de la colaboración, por ejem-

---

[23] Ellenius 1998, Bouza 2000.

[24] Bourdieu (2000 [1979]) y 1993: 111-123).

[25] Este cambio de atención se ha notado en las contribuciones del Centro Studi sulle Società di Antico Regime «Europa delle Corti», por ejemplo Continisio/Mozzarelli (1995), y también en la actividad investigadora del Instituto Universitario «La Corte en Europa», dirigido por José Martínez Millán.

[26] Villari 1987.

[27] Bouza 1997.

plo, de artistas y literatos[28]. Desde el campo de la historia del arte, en los últimos años se ha investigado el binomio arte y diplomacia en el siglo XVII. Dos encuentros académicos han permitido medir la temperatura de la investigación sobre este tema: el coloquio de Diplomacy of Art (1998), coordinado por Elisabeth Cropper, y el de Arte y Diplomacia (2001), por José Luis Colomer[29]. Ambos encuentros tuvieron por objeto estudiar los usos políticos del arte en la diplomacia del siglo XVII y valorar en qué grado las obras de arte fueron empleadas como instrumento de negociación en las relaciones internacionales.

En fechas más recientes, en mayo de 2007, tuvo lugar en la Real Academia de España en Roma, un encuentro organizado por la Sociedad Estatal para la Acción Cultural Exterior y coordinado por Carlos José Hernando, sobre las relaciones entre Roma y España, que marcará el camino de las futuras investigaciones sobre la diplomacia de la Monarquía hispánica en Italia[30]. El mismo año, la revista *Roma moderna e contemporanea* de la Università degli Studi Roma Tre ha dedicado un número monográfico a la diplomacia española en Roma[31]. Ambas publicaciones se han hecho eco además del giro cultural de la historia de la diplomacia española.

Mi trabajo está también animado por las preocupaciones teóricas que inspiraron un seminario, organizado en Barcelona en mayo de 2006, sobre los usos de las imágenes en la Europa moderna, cuyos resultados se han recogido en un libro[32]. En el ámbito académico se está percibiendo un creciente interés por usar las imágenes como prueba documental, y en general por el estudio de la cultura visual. Cinco años después de la publicación del libro de Peter Burke *Eyewitnessing*[33], el encuentro de Barcelona reunió a historiadores e historiadores del arte para replantear cómo debían ser usadas las imágenes al escribir historia. Sus principales premisas fueron las siguientes: la necesidad de una actitud crítica hacia la fuente visual; la imagen entendida como fenómeno histórico *per se*; y la

---

[28] Anderson 1993, Habermas (1981 [1962]). Véase la tesis doctoral de Ana Isabel Álvarez López, *Los embajadores de Luis XIV en Madrid: el imaginario de lo español en Francia (1660-1700)*, dirigida por B. Yun Casalilla (Instituto Universitario Europeo de Florencia, 2006). Y sobre este tema, véase también Schaub (2004a).

[29] Cropper 2000, Colomer 2003a.

[30] Hernando 2007.

[31] Visceglia 2007.

[32] Carrió-Invernizzi/Palos 2008.

[33] Burke 2002.

autonomía del lenguaje visual respecto al de los textos. Los historiadores de la época moderna se han concentrado preferentemente en el estudio del arte cortesano, otorgándole claras vocaciones propagandísticas y políticas. Las aportaciones del encuentro de Barcelona llamaron la atención sobre los excesos de este enfoque para no tomar como punto de partida la intencionalidad implícita en la imagen. Con este libro, lejos de plantear problemas de estilo y de atribución de los objetos artísticos, exploro los usos de las imágenes, desde la convicción de que, ante los fenómenos históricos, las imágenes pueden hablar cuando los textos callan.

Además de constatar el papel de las imágenes o las ceremonias y la utilización que de ellas hacían los gobernantes, entre mis objetivos se encuentra el de detectar las circunstancias en las que determinados acontecimientos políticos alteraron las ceremonias o condicionaron las obras de arte, y, aún más, comprobar las ocasiones en las que éstas lograron influir y hasta afectar al orden institucional. Para ello he leído las ceremonias como instrumentos políticos y el ritual como una interacción entre liturgia y política que, en palabras de Maria Antonietta Visceglia, «è contrattuale e conflittuale allo stesso tempo, ma mai irrazionale»[34]. El rito debe ser entendido como una producción simbólica capaz de crear, además de representar, identidades sociales y políticas. Los rituales tienen un carácter fundador, como principio de orden y código de conducta[35] y, como sostiene Pierre Bourdieu, constituyen actos de institución[36]. Por último, la imagen es también una herramienta de fuerza a través de la que se representa, se ejerce y se perpetúa el poder[37].

Marc Bloch y Ernst Kantorowicz han encabezado los estudios sobre los rituales dinásticos, el primero desde la historia y la sociología[38] y el segundo desde la filosofía y la teología política, planteando la teoría del doble cuerpo del rey, su persona física y su cuerpo político invisible e incorruptible[39]. Ralph Giesey recogió el análisis del rito político y de sus raíces medievales y cristianas para aplicar la teoría del doble cuerpo al análisis del ritual funerario del rey[40]. Inglaterra y Francia han sido

---

[34] Visceglia (2002: 19 y 1997).
[35] Durkheim (1982 [1912]), Goffman 1973 y 1970.
[36] Bourdieu 1993 y 2000.
[37] Marin 1993.
[38] Bloch (1988 [1924]).
[39] Kantorowicz (1985 [1957]).
[40] Giesey 1987.

ámbitos privilegiados de la historiografía sobre ceremonias, donde el interés se ha centrado en las grandes representaciones públicas (coronación, entradas reales, funerales, *lit de justice*), enfatizando el cruce entre el origen litúrgico de tales ritos con la historia del pensamiento político y del derecho público. En Italia la investigación sobre el ritual cívico y dinástico[41] se abrió con los estudios de ciudades republicanas, como los de Edward Muir sobre Venecia[42] y Richard Trexler sobre Florencia[43]. María Antonietta Visceglia, autora de muchos trabajos sobre el ceremonial romano, atribuyó la falta de un trabajo análogo para la ciudad de Nápoles a la ambigüedad del modelo político que encarnó la corte virreinal[44]. En España existe en la actualidad un renovado interés por los estudios del ceremonial, encabezado por los trabajos de Antonio Álvarez-Ossorio[45], Carlos José Hernando[46] y María José del Río Barredo[47], esta última centrada en Madrid. Este libro aborda un período de cambio en los usos del ceremonial y representación pública de los Austrias, manifestada en Roma y en Nápoles en los años sesenta del siglo XVII. Constituye una reflexión en torno al fracaso de unas prácticas de escenificación del poder y el giro en la manera hispánica de legitimarlo.

En Europa, la Reforma y la Contrarreforma marcaron una ruptura en la historia del ritual y la representación. A mediados del siglo XVII se vivió lo que María Antonietta ha llamado la «hipertrofia del ceremonial»[48]. La política seguía concibiéndose como ritual. Cambiaron las maneras de representar y legitimar el poder, los recursos y los lenguajes de la política. El libro coordinado por Allan Ellenius, *Iconography, Propaganda and Legitimation* (1998)[49], al que ya nos hemos referido, y fundamentalmente el estudio de Peter Burke «The Demise of Royal Mythologies», pusieron de relieve que, a mediados del siglo XVII, se produjo una crisis en la representación de las monarquías. La *querelle des anciens et des modernes* en Francia anunció el declive de la identificación de los dio-

---

[41] Visceglia (2002: capítulo 1) y Visceglia/Brice (1997: 1-26).

[42] Muir 1981.

[43] Trexler (1991 [1980]).

[44] Visceglia 1995. Véase también, sobre el ritual en Italia, Bertelli/Crifò (1985).

[45] Véase Álvarez-Ossorio (2001a), en especial el capítulo II; del mismo autor, (1999, 2001b, 2002 a y b, 2004).

[46] Hernando 2003.

[47] Del Río Barredo 2000.

[48] Visceglia 2002.

[49] Ellenius 1998.

ses de la mitología con los *exempla* que debían seguir los príncipes. La monarquía de Luis XIV sintió la exigencia de unir el mito y la alegoría con una nueva retórica del poder, moderna y literaria. Al margen de particularidades de las monarquías en sus mecanismos de legitimación del poder, los años treinta y cincuenta del siglo XVII representaron un período de transición en toda Europa, durante el que se asentaron las tradiciones ceremoniales con la introducción de leves innovaciones. Sin embargo, a partir de mediados del siglo XVII, se multiplicaron los campos donde cabía aplicar las exigencias del ceremonial. Fue en la década de los cuarenta y cincuenta cuando, en diversas cortes europeas simultáneamente, el rito invadió todas las relaciones de poder, interpersonales e internacionales. Con una coincidencia cronológica sorprendente, en todas ellas se percibió una febril producción de instrucciones y manuales de ceremonias[50]. Mientras estos escritos se convertían en un auténtico género literario, proliferaban también los cargos relacionados con los maestros de ceremonias. Este libro persigue comprender el comportamiento de la Monarquía española en sus territorios italianos, en el marco de este nuevo rumbo europeo del ceremonial.

A partir del Concilio de Trento, la Santa Sede asumió la centralidad de la política europea convirtiendo la corte de Roma en un escenario de elaboración continua del orden internacional, donde el ceremonial adoptaba el valor de código supremo regulador y las naciones definían su posición en el mundo. Sin embargo, a mediados del siglo XVII, el universalismo romano entró en crisis a la vez que la Santa Sede iba perdiendo autoridad en el concierto internacional. En ese momento, fue creciendo en Roma el protagonismo de otros agentes del ritual que imponían distintas codificaciones y usos[51]; el *sacro collegio*, la curia, los cortesanos, el cuerpo municipal con sus magistraturas, los nobles, los representantes de las potencias, el clero regular y secular y las cofradías. La centralidad de la figura papal en el ritual de Roma ha hecho de la soberanía pontificia, de las ceremonias ligadas a su persona y de sus raíces clásicas, los ejes del debate en torno al ceremonial romano. Existen menos estudios sobre la

---

[50] En Francia, *Le cérémonial française* (1649) del historiógrafo Denis II. En Florencia, de los 33 diarios de etiqueta redactados en el siglo XVII, 5 correspondieron al período 1689-1621, y 19 al período 1621-1680, según Visceglia (2002). Véase también Fantoni (1994).

[51] Prodi (1982: 99). P. Prodi dio fe de la pérdida de creatividad del ceremonial romano durante el siglo XVII.

contribución de los representantes extranjeros y españoles[52] y su papel en el establecimiento de una jerarquía entre las potencias a través del arte y del ceremonial, pese a que su margen de maniobra en el escenario romano fue en aumento a lo largo del siglo XVII.

La renuncia de la Monarquía a la universalidad se acompañó de una voluntad de reforzar la nación hispánica en Italia, que se reflejó en unas prácticas de mecenazgo artístico llenas de referencias nacionales. Ésta ha sido una cuestión que ha despertado menor interés en la historiografía sobre las cortes virreinales y que plantea la existencia de un posible choque o *encuentro cultural* entre los hábitos de los españoles, su manera de entender el ritual, el intercambio de regalos, la adquisición de obras, la exhibición de retratos o la apropiación de espacios, con otras costumbres comunes en Italia. ¿Existieron unas prácticas culturales específicamente españolas en Italia? La preocupación por las manifestaciones del encuentro cultural hispano-italiano en el siglo XVII[53] y, en general, el interés por los mecanismos de transformación del *ethos*[54] propio de la cultura nobiliaria hispánica en Italia, ha estado muy presente en este trabajo. Pero sobre todo este libro valora la experiencia italiana de estos ministros, cuyo regreso a la península iba a tener, además, un impacto innegable sobre la cultura española del siglo XVII.

---

[52] Lefébvre 1936, Ochoa Brun 1990-2006.

[53] Sobre este particular, aplicado al lenguaje arquitectónico, ha reflexionado Fernando Marías en su conferencia «La arquitectura del palacio virreinal: entre localismo e identidad española», pronunciada en el «I Congreso de Las cortes virreinales de la Monarquía española, América e Italia», Sevilla, junio de 2005. Véase también Marías (1997-1998).

[54] Véase especialmente Bouza (2003). Igualmente, Domínguez Ortiz (1973). Además de Fernando Bouza, otros historiadores han protagonizado este interés por recuperar los estudios nobiliarios, como Molas (2004).

Abreviaturas

Bibliotecas y archivos

ABP	Arxiu Biblioteca de Poblet.
ACA	Archivo de la Corona de Aragón.
ACCT	Archivo del Convento de las Capuchinas de Toledo.
ACR	Archivio Storico Capitolino di Roma.
AFSP	Archivio della Fabbrica di San Pietro (Vaticano).
AGP	Archivo General de Palacio (Madrid).
AGS	Archivo General de Simancas.
	E: Sección Estado.
	E-R: Sección Estado, Roma.
	SP: Secretarías Provinciales.
AHN	Archivo Histórico Nacional (Madrid).
	E: Sección Estado.
AHNSN	Archivo Histórico Nacional, Sección Nobleza (Toledo).
AHPB	Archivo Histórico de Protocolos de Barcelona.
AHPM	Archivo Histórico de Protocolos de Madrid.
AMAE	Archivo del Ministerio de Asuntos Exteriores de España.
AEESS:	Archivo de la Embajada de España en la Santa Sede.
AMC	Arxiu Medinaceli a Catalunya (Poblet).
AMS	Archivo Medinaceli de Sevilla.
AOP	Archivo de la Obra Pía en Santa María de Montserrat (Roma).
ARSI	Archivum Romanum Societatis Iesu (Vaticano).

ASF	Archivio di Stato di Firenze.
ASN	Archivio di Stato di Napoli.
	SV: Segreterie dei Vicerè.
	SV CE: Segreterie dei Vicerè, Correspondenza Estera.
	CC: Consiglio Collaterale.
	MS: Monasteri soppressi.
ASNN	Archivio di Stato di Napoli, Notai (Archivio Militare a Pizzofalcone).
ASR	Archivio di Stato di Roma.
ASV	Archivio Segreto Vaticano.
	SS: Segreterie di Stato.
	SS, N: Segreterie di Stato, Napoli.
BAFZ	Biblioteca Archivo Francisco de Zabalburu (Madrid).
BAV	Biblioteca Apostólica Vaticana.
BC	Biblioteca de Cataluña (Barcelona).
BCR	Biblioteca Casanatense di Roma.
BL	British Library (Londres).
BNCR	Biblioteca Nazionale Centrale di Roma.
BNE	Biblioteca Nacional de España.
BNN	Biblioteca Nazionale di Napoli.
BPR	Biblioteca del Palacio Real (Madrid).
BPT	Biblioteca Pública de Tarragona.
BRAH	Biblioteca de la Real Academia de la Historia (Madrid).
BSNSP	Biblioteca della Società Napoletana di Storia Patria (Nápoles).
BUB	Biblioteca de la Universitat de Barcelona.
IVDJ	Instituto Valencia de Don Juan (Madrid).
HL	Houghton Library, Bibliotecas de Harvard University (Cambridge, MA).

Ms.	Manuscrito.
Leg.	Legajo.
Fol.	Folio.
Fols.	Folios.
S.f.	Sin foliar.
Prot.	Protocolo.
Vol.	Volumen.

OTRAS ABREVIATURAS

ASPN	Archivio Storico per le Province Napoletane.
CODOIN	Colección de Documentos Inéditos para la Historia de España.
DG	*Dietaris* de la Generalitat de Cataluña.
MHE	Memorial Histórico Español.
MNA	Dietari de l'Antic Consell Barceloní o Manual de Novells Ardits.

Capítulo I
La casa ducal de Cardona (1611-1662)

El regreso a Cataluña (1618-1640)

Don Pedro Antonio y don Pascual de Aragón pertenecían a la familia de los Cardona, Aragón y Fernández de Córdoba. Su casa formaba parte de la primitiva nobleza hispánica *a natura* o de sangre, llamada así para distinguirse de la aristocracia que había sido creada a posteriori por el favor real[1]. Los Aragón eran descendientes de sangre real por línea directa, en sus dos ramas de duques de Segorbe y de Villahermosa. Este factor dio una impronta marcadamente *aragonesista* a la estancia de nuestros personajes en Italia. Además, los Cardona y Aragón, como la casa de Alba o la del Infantado, pertenecían, desde 1520, al restringido círculo de Grandes de España de primera clase y antigüedad, caracterizado por su exhibida lealtad a la Monarquía[2]. Ninguna casa nobiliaria se igualaba a ésta por su nobleza en Cataluña, Valencia y Aragón. Su familia constituyó además un claro exponente de la habitual unión, en la época moderna, entre la alta aristocracia catalano-aragonesa y la de origen andaluz-castellano. Esta unión entre familias implicó un proceso de concentración de títulos

---

[1] Durante los reinados de Felipe III y Felipe IV se acentuó el proceso. En 1640 se otorgó el privilegio de grandeza a diez casas nobiliarias españolas. Véase Domínguez Ortiz (1973: 80).

[2] Sin embargo, esta misma nobleza se opuso a la política del conde duque y protagonizó lo que se ha conocido como «huelga de grandes». Véase Domínguez Ortiz (1973: 81).

y supuso para muchos nobles castellanos verse poseedores de repente de antiguas señorías catalanas. De este modo, la transmisión de títulos por vía femenina favoreció la progresiva castellanización de las casas nobiliarias catalanas. Sin embargo, la culminación de este proceso, en el caso de la casa de Cardona, no se produjo hasta finales del siglo XVII, cuando sus títulos fueron absorbidos por la casa ducal de Medinaceli[3]. La concentración de títulos y la necesidad de administrar un mayor número de tierras patrimoniales llevó a los aristócratas catalanes a residir con menor frecuencia en el Principado. Sin embargo, el alejamiento de los nobles de Cataluña, como los Requesens, los marqueses de Aitona o los propios duques de Cardona, se produjo con desigual intensidad y velocidad. Unos más que otros cultivaron una retórica de la catalanidad con el fin de favorecer las necesarias buenas relaciones entre la clase dirigente del Principado y el gobierno de la Monarquía a través de sus consejos. Quedaron en Cataluña miembros de la baja nobleza no titulada, entre la que sobresalían los Oms, los Rocabertí o los Sentmenat.

En 1491, el título de condes de Cardona fue elevado a ducado. En 1543, la casa de Cardona quedó sin descendencia masculina, tras la muerte de don Fernando de Cardona y Enríquez, II duque de Cardona, marqués de Pallars y conde de Prades, gran condestable y almirante de Aragón. Heredó el título su hija, doña Juana de Cardona (Segorbe 1543-Barcelona 1564) y al casarse ésta con don Alfonso de Aragón y de Sicilia (1489-1563), II duque de Segorbe y descendiente de los Trastámara aragoneses, quedaron unidas las dos grandes familias de Segorbe (Aragón) y Cardona, cuyos descendientes se harían llamar desde entonces Aragón Folch de Cardona. Don Alfonso de Aragón era hijo del infante Enrique de Aragón y de Sicilia (I duque de Segorbe) y casó a sus hijas con aristócratas de otros reinos que ostentaban altos cargos en el gobierno de la Monarquía, como el duque de Alba, el conde de Aranda o Vespasiano Gonzaga. Pero de nuevo el sucesor de los títulos, don Francisco de Aragón (III duque de Segorbe) murió sin

---

[3] Molas (1996: 148 y ss.). El caso del linaje de Medinaceli es paradigmático del proceso acumulativo que en grado menor también sufrieron otras casas nobiliarias españolas. Nicolás Fernández de Córdova (1682) por muerte de su tío materno se convirtió en 1711 en X duque de Segorbe, XI de Cardona, VIII de Alcalá, XI marqués de Denia, IX conde de Santa Gadea, VIII marqués de Comares, además de ser por su casa IX marqués de Priego, IX duque de Feria. Además, su hijo Luis Antonio (1730), al casar con la heredera del marqués de Aitona, duque de Camiña, reunió otras dos grandezas, sumando nueve en total.

descendencia en 1575 y llevó los dominios de los Aragón-Cardona a pertenecer a una rama de la familia andaluza de los Fernández de Córdoba, que ostentaba el título de marqueses de Comares, también ellos Grandes de España de primera clase y antigüedad. Con don Francisco se extinguió pues la rama masculina de los Aragón Folch de Cardona y fue el último duque que residió de manera permanente en la villa de Segorbe, al igual que su padre y abuelo[4].

Los enlaces matrimoniales con esta familia castellano-andaluza se consolidaron tras quedar como heredera la hermana de don Francisco de Aragón, doña Juana II de Aragón, IV duquesa de Cardona y IV de Segorbe (Segorbe 1542 ca-1608) y no casarse ésta con ningún aristócrata de la Corona de Aragón. Juana se casó con don Diego Fernández de Córdoba, III marqués de Comares, señor de Lucena y Espejo, y IX alcaide de los Donceles (Orán 1524-Arbeca 1601), del famoso linaje del «Gran Capitán»[5]. Ambos residieron durante mucho tiempo en Cataluña, pero en 1589 el duque fue nombrado capitán general de Orán[6]. En 1599 se encontraban de nuevo en Barcelona, donde el duque presidió el *braç militar* durante el juramento de Felipe III, antes de morir dos años más tarde en el palacio familiar de Arbeca (Lérida). El sucesor de los títulos fue don Luis de Aragón Folch de Cardona y Córdoba (1557-1596) quien, sin embargo, murió antes que sus padres. De su matrimonio con doña Ana Enríquez de Cabrera y Mendoza, hija de Luis Enríquez de Cabrera, VII almirante de Castilla, nació en 1588, en Lucena, don Enrique-Ramón de Aragón Folch de Cardona (1588-1640) que era además quinto nieto del rey Fernando I de Aragón. Enrique heredó la Casa de Comares con todos los títulos anejos cuando tenía sólo trece años, tras fallecer su abuelo paterno, Diego Fernández de Córdoba. Con 18 años heredó los títulos del ducado de Segorbe y de Cardona, tras morir su abuela paterna Juana. Fue pues titulado V duque de Segorbe, VI de Cardona, IV marqués de Comares, dos veces Grande de España, fue caballero profeso y Trece de la Orden de Santiago.

---

[4] Pérez García (1998: 198-203).

[5] Fernández de Bethencourt (1912: tomo IX).

[6] Rubriques de Bruniquer, Ceremonial dels magnífics consellers i regiment de la ciutat de Barcelona, Barcelona, Imprenta de'n Henric, Barcelona, 1912-1916, Vol. I, p. 213, cit. en Molas (2004: 37).

Don Luis de Aragón Folch de Cardona, primogénito del duque Enrique, le sucedió en sus estados y fue titulado VI duque de Segorbe y VII de Cardona. Al morir en 1670, su hermano Pedro Antonio de Aragón, por entonces aún en Nápoles, se titularía VII duque de Segorbe y VIII de Cardona. Pero su sobrina, doña Catalina Antonia de Aragón, a la sazón mujer del duque de Medinaceli, le disputaría los títulos e incoaría un largo pleito por la sucesión de los estados de Segorbe y Cardona que ganaría ella en 1675. Pedro Antonio de Aragón trató de evitar lo que ya había ocurrido en otros momentos de la historia de su familia: que los títulos se transmitieran por vía femenina y que «la casa de sus padres pasara a otra línea», en palabras de Pascual de Aragón[7]. Pedro Antonio de Aragón fue el último varón de la línea de Fernández de Córdoba, alcaides de los Donceles, marqueses de Comares, duques de Segorbe y Cardona, al morir sin sucesión en 1690.

Don Pedro Antonio de Aragón había nacido en Lucena (Córdoba) el 7 de noviembre de 1611[8]. Era el segundo hijo del matrimonio de don Enrique de Aragón Folch de Cardona y doña Catalina Fernández de Córdoba y Figueroa, Enríquez de Ribera y Cortés (Montilla 1589-Zaragoza 1646)[9], nieta de Hernán Cortés. El duque Enrique de Cardona se casó en segundas nupcias en 1606 con doña Catalina, que pertenecía a la rama primogénita de los Fernández de Córdoba, marqueses de Priego[10]. Mientras el duque Enrique residía en Lucena, centro de los dominios señoriales andaluces de los marqueses de Comares, estuvo alejado de Cataluña, a la que sin embargo visitó en varias ocasiones antes de 1618. Allí se encontraba su hermano menor don Luis, que actuaba como procurador suyo. A Lucena se la recuerda sobre todo por haber sido el lugar donde cayó preso el último rey de Granada, Boabdil[11]. Los marqueses de Comares, por haber participado en su caída, contaban en el escudo familiar con la represen-

---

[7] ACCT, *Correspondencia del cardenal Pascual de Aragón*, sin foliar.

[8] Partida de bautismo, 17 de noviembre de 1611, Parroquia de San Mateo de Lucena, Libro II, f. 56. Según la recopilación documental de Jaime Barrera de la Academia de Bones Lletres de Barcelona, Biblioteca de Cataluña (BC), Ms. 2855.

[9] Se conservan dos retratos de don Enrique y doña Catarina en el Convento de la Concepción de las Capuchinas de Toledo, fundación de Pascual de Aragón.

[10] La rama de los marqueses de Priego recayó en los duques de Feria, marqueses de Villalba.

[11] Boabdil fue derrotado cerca de Lucena en 1483, por las tropas castellanas de Fernando el Católico, al mando de Diego Fernández de Córdoba, posterior marqués de Comares y abuelo del duque Enrique de Aragón. Desde entonces, los marqueses de

tación de su cabeza (Figura 1). Lucena alcanzó en 1550 una población de 15.000 habitantes, convirtiéndose en la segunda ciudad cordobesa en importancia tras la capital. En 1618 Felipe III le dio el título de ciudad y allí nacieron los cinco primeros hijos del matrimonio de don Enrique y doña Catalina: Luis (1608-1670), Catalina (1610-1647), Pedro Antonio (1611-1691), Antonio (1616-1650) y Ana Antonia.

Fig. 1. Joan y Francesc Grau, Escudo de los Cardona, Panteón de los duques de Cardona, monasterio de Poblet (Tarragona), escultura, 1659-1662. Foto de Montserrat Catalán.

Pronto la familia Cardona se trasladó a Cataluña, acompañando al padre en las responsabilidades de gobierno para las que sería encomendado más tarde. La decisión de llevar la casa al Principado, donde la familia poseía, además del ducado de Cardona, el condado de Empúries, el de Prades, el marquesado de Pallars o, entre otras muchas, la baronía de Entença, revestía una gran significación política. Tras los virreinatos del VII duque de Alburquerque (1615-1619) y del III duque de Alcalá (1619-1622), con el tiempo se fue consolidando la tendencia de nombrar a catalanes para el puesto, en lo que el historiador Joan Reglà llamó «la descastellanización de los cargos que acompañó a la castellanización de las leyes»[12]. El rey debió creer que de esta manera, la negociación para la colaboración de Cataluña en los gastos militares de la Monarquía iba a dar mejores frutos. Ya se encontraban pues en el Principado cuando don Enrique fue nombrado virrey en 1630, cargo que ocupó hasta 1632 y que

---

Comares obtuvieron el privilegio de ostentar en su escudo la cabeza encadenada de un moro y las 22 banderas árabes capturadas.

[12] Reglà (1970: 133).

luego desempeñó en otras dos ocasiones, entre 1633 y 1638, y finalmente en 1640.

En 1618, cuando en Europa daba comienzo la guerra de los Treinta Años, el duque de Cardona decidió trasladar desde Lucena «a la duquesa, mis hijas y casa a este Principado»[13], afirmando: «desde que por muerte de la duquesa de Cardona, doña Juana mi abuela [...] sucedí en los estados que tengo en este Principado, he deseado tener mi casa y vivienda en él»[14]. Por ello solicitó en una carta a los diputados de la Generalitat de Cataluña las galeras para el viaje que iba a emprender con su familia. Pedro Antonio tenía entonces siete años y Pascual nacería al cabo de ocho. De camino al Principado, la familia pasó por Segorbe, capital del condado del mismo nombre, donde nació otro de los hijos de los duques, Vicente (1620-1676). Finalmente, en Cataluña nació y se educó con los demás el último de los hermanos, Pascual. La familia, que hizo su entrada en Barcelona en 1624, apenas se movería del Principado hasta la guerra de 1640. El padre debía ausentarse a menudo para trasladarse a la Corte o a sus señoríos de Andalucía, pero el resto de la familia permaneció en Cataluña residiendo en el palacio renacentista de Arbeca, ya desaparecido, o en su residencia de la calle Ancha de Barcelona, esquina con la calle Carabassa, cuando no en su castillo de Cardona, al que solían retirarse en circunstancias difíciles por su carácter de fortaleza. El palacio de los duques de Cardona en Barcelona se encontraba al final de la calle Ancha, en el *pla de Sant Francesc,* junto al convento de los franciscanos. El palacio, elogiado como el mejor de Barcelona por Münzer, que lo visitó en 1494[15], perteneció al infante Enrique II duque de Segorbe. A raíz del matrimonio de su hijo con Juana Folch de Cardona pasó a denominarse palacio «de los duques de Cardona y Segorbe»[16]. En 1626 el palacio alojó a Felipe IV; en 1630, a la Reina de Hungría, María de Austria, hermana de Felipe IV, y a muchos virreyes a lo largo del siglo XVII, entre ellos, con seguridad, el marqués de Aguilar de

---

[13] DG, IV, Barcelona, 1997, p. 730, citado por Molas (2004a: 134).

[14] *Ibíd.*

[15] Münzer (1921: 260-270).

[16] El palacio pasó en herencia a los duques de Sessa, de la rama de los Cardona, a quienes perteneció hasta finales del siglo XVIII. El marqués de Astorga, conde de Altamira y duque de Sessa, último propietario del palacio, encargó la restauración del mismo en 1771 al arquitecto Joseph Ribes, a los escultores Ramon Amadeu y Joan Enric y al pintor Manuel Tremulles Salas (1945).

Campoo y Fernando de Toledo[17]. Enrique reservó una educación militar para el primogénito don Luis y el segundo de sus hijos, Pedro Antonio, mientras que Antonio, Pascual y Vicente siguieron una brillante carrera eclesiástica. Al mismo tiempo, diseñó para sus dos hijas una inteligente política matrimonial con dos Grandes de Castilla que permitió consolidar la situación de primacía de su casa.

La celebración de las Cortes catalanas de 1626, en las que el duque de Cardona desempeñó un papel trascendental, marcó un punto de inflexión en las relaciones ya tensas entre la Corte y Cataluña[18]. El 21 de marzo, Felipe IV cruzó la frontera catalana después de 27 años de ausencia real, y fue recibido por el virrey-obispo de Barcelona. El 26 de marzo, el mismo día que entró en la ciudad, Felipe IV presenció en Mataró un acontecimiento de gran relevancia para la familia Cardona, antes del inicio de las Cortes en el monasterio de San Francisco: el matrimonio de la hermana mayor, doña Catalina de Cardona (Lucena, 1610-1647) con don Luis Méndez de Haro (1598-1661)[19], hijo del marqués del Carpio y sobrino del conde duque de Olivares. Esta boda escenificó el acercamiento del conde duque hacia la casa de Cardona y respondió a la voluntad del valido de orquestar las relaciones del Principado con la Monarquía. Durante la celebración de las Cortes, el duque Enrique, que se presentó «como verdadero hijo de esta ciudad»[20], cedió su palacio de la calle Ancha a Felipe IV y pasó a residir en el convento de San Francisco. Un puente unía el palacio de Cardona con la iglesia de San Francisco, con vistas al mar, a la plaza del convento y a toda la calle Ancha. Desde este puente, en 1626, Felipe IV y su hermano Carlos de Austria, contemplaron una procesión en su honor[21]. Don Enrique, tras haber casado a su hija con don Luis de Haro,

---

[17] Durán y Sampere (1973: vol I: pp. 434-436). El marqués de Aguilar fue virrey de Cataluña entre 1543 y 1554. Y Fernando de Toledo, entre 1571-1580.

[18] Las Cortes estaban compuestas por tres estamentos o *braços*: el *eclesiástico* presidido por el arzobispo de Tarragona, el *militar* presidido por el duque de Cardona en representación de los nobles y *cavallers* y el *real* constituido por 41 síndicos en representación de las 31 ciudades con presencia en las Cortes.

[19] El matrimonio se celebró en la Capilla d'en Jaume Palau, con licencia del cardenal Barberini, legado *a latere* cerca de Felipe IV. Museu Arxiu de Santa María de Mataró, Llibre I y II de Matrimonis, f. 40. Soler i Fonrodona (1980). Sobre don Luis de Haro, véase la tesis doctoral de Alistair Malcolm, «Don Luis de Haro and the political elite of the Spanish Monarchy in the mid Seventeenth Century», University of Oxford, 1999.

[20] DG, V, p. 121-122, citado en Molas (2004a: p. 39).

[21] *Llibre de les solemnitats de Barcelona*, II, pp. 167 y 170.

dio en matrimonio a su otra hija, Ana Antonia, a don Rodrigo Ponce de León, IV duque de Arcos[22], quien tuvo que vivir como virrey de Nápoles los momentos difíciles de la revuelta de Masaniello en 1647.

En la misma ciudad de Mataró donde se casó su hermana Catalina, y en pleno desarrollo de las Cortes de 1626, nació Pascual de Aragón en el mes de abril[23]. Su cronista, Cristóbal Ruiz Franco de Pedrosa, nos recuerda: «nació este principe en la villa de Mataró de la diócesis de Barcelona en el principado de Cataluña, Villa del Estado de Cardona[24], que por el apacible temple que participa con la cercania de la mar vivian alli sus excelentisimos padres»[25]. La tensa situación política de las Cortes en Barcelona habría llevado a la duquesa a alejarse de la ciudad y elegir ese lugar retirado[26]. El doctor Francisco Dou (-1673)[27] fue el primer maestro de Pascual de Aragón y «enseño a su eminencia a leer y escribir dotrina cristiana, la gramatica, retorica, y principios de filosofia, hasta la edad de nueve años»[28]. En marzo de 1665 Felipe IV, a instancias del capítulo de Gerona, le nombraría obispo de esa ciudad y con esta dignidad, Dou recibiría a Pascual y Pedro Antonio a su regreso a España del virreinato

---

[22] Los marqueses de Priego de la familia de la duquesa de Cardona ya se habían emparentado con la Casa de Arcos anteriormente.

[23] Partida de bautismo, 11 de abril de 1626, Parroquia de Santa María de Mataró, Libro III, f. 347.

[24] Ruiz Franco de Pedrosa erraba al describir Mataró como villa del Estado de Cardona.

[25] Ruiz Franco de Pedrosa: *Crónica del Eminentísimo señor don Pasqual de Aragón y Córdova, Cardenal de la Santa Yglesia de Roma del título de Santa Balbina, protector de España, Embajador de Roma, virrey de Nápoles, Ynquisidor general, Arzobispo de Toledo, del Consejo de estado de su Majestad*, 1689. Hemos consultado el ejemplar manuscrito del ACCT. Existe otro ejemplar en la Real Biblioteca de Palacio de Madrid, con la signatura II/1088.

[26] El abogado Jerónimo Pujades, que sirvió a los Cardona en la administración de sus señoríos, dejó constancia en su dietario que la duquesa había querido dar a luz a Pascual en Mataró para evitar visitas «o ella sap per qué», *Dietari de Jeroni de Pujades...*, IV, p. 40. citado por (Molas 2004a).

[27] Dou (-1673) era originario de San Esteve d'en Bas y además de preceptor de los hijos de los duques de Cardona, fue un famoso catedrático de teología de la Universidad de Barcelona. Tras ser rector de Premià en la diócesis de Barcelona y arcediano mayor de Vic, obtuvo el arcedianato de Gerona por renuncia de Pascual, que como cardenal ostentó ese título.

[28] Ruiz Franco de Pedrosa: *Crónica del Eminentísimo señor don Pasqual de Aragón*, 1689.

de Nápoles[29]. Don Pedro Antonio ingresó al año siguiente de 1627 en la orden de Alcántara y posteriormente le seguirían también sus hermanos Antonio y Pascual[30].

En 1629, a la edad de 18 años, don Pedro Antonio pasó a Madrid para contraer matrimonio con doña Jerónima de Guzmán Dávila, segunda marquesa del Povar[31], cuyo título utilizó desde entonces y hasta la muerte de su esposa en 1640. Doña Jerónima era hija de don Enrique Dávila Guzmán y Toledo, del mismo linaje del conde duque de Olivares. Un año más tarde, el primogénito don Luis casó con doña Mariana de Sandoval, duquesa de Lerma. Tras un año transcurrido en Madrid, en diciembre de 1630, se concedió a don Pedro Antonio el título de capitán de hombre de armas y, en junio de 1631, Felipe IV le otorgó la clavería de la orden de Alcántara, ambos nombramientos por fallecimiento de don Enrique de Guzmán, marqués del Povar[32]. Los marqueses del Povar volvieron a residir en Madrid entre los años 1634-1640, ocupando un palacio de la calle Amor de Dios, esquina con la calle San Juan, en el barrio de las Comedias[33] (Figura 2). También poseían unos terrenos con jardines cerca de la puerta de Alcalá que iban a ser incorporados al recinto del nuevo palacio del Buen Retiro al iniciarse su construcción en la década de los treinta[34] (Figura 3). Poco después de la marcha de Pedro Antonio a Madrid, en junio de 1629, Gómez Suárez de Figueroa (Guadalajara, 1587-Munich, 1635), III duque de Feria[35], que regresaba del Estado de Milán, juró el cargo de virrey de Cataluña[36]. Es importante recordar que

---

[29] En 1673, le sucedió otro obispo más controvertido, Alfonso de Balmaseda (1673-1679), confesor de Pedro Antonio de Aragón durante su estancia en Italia. Balmaseda fue fraile de la orden de los ermitaños de San Agustín, originario de Lucena, quien fue antes obispo de Cassano Ionio y maestro de filosofía y teología. Sobre las figuras de Dou y Balmaseda, De Real (1994: Vol. I: pp. 563-565).

[30] AHN, Ordenes Militares, Alcántara, Expediente n. 87. Merced de hábito de Alcántara, 4 de junio de 1646.

[31] El título de marqués del Povar fue creado en 1612.

[32] AHN, Ordenes Militares, Alcántara, Expediente n. 88. Él había presidido el Consejo de Órdenes, Archivo Histórico de Protocolos de Madrid (AHPM), prot. 10902, fols. 389-390 y fol. 473.

[33] Véase Vidaurre Jofre/García García (2000: Vol. II) para el plano de Texeira.

[34] Úbeda de los Cobos 2005.

[35] Fernández de Bethencourt 1612.

[36] Cargo que desempeñó hasta octubre de 1630. Había ocupado anteriormente el cargo de embajador de Felipe IV en Roma y luego, en Francia. Fue virrey de Valencia (1615-1618) y de Cataluña (1629-1630), vicario general de Italia y dos veces gobernador

el duque de Feria se había casado en 1625 con doña Ana Fernández de Córdoba (1608-1679), quien, tras enviudar en 1634, se casaría en segundas nupcias con Pedro Antonio en 1649. Iba a ser, pues, la duquesa de Feria quien acompañaría a Pedro Antonio de Aragón a Italia en el desempeño de sus cargos como embajador y virrey de Nápoles.

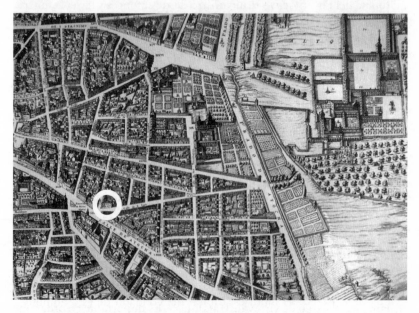

Fig. 2. Pedro de Texeira, *Plano de Madrid*. En un círculo blanco: la casa de la calle Amor de Dios de los marqueses de Povar, 1656, grabado.

de Milán (1618-1625 y 1631-1633). Fue un reconocido militar, destacando en las luchas de la Valtellina y en la conquista de Brisach durante la guerra de los Treinta Años, que le valdrían un lugar entre los militares españoles representados en los cuadros de batallas del Salón de Reinos del Palacio del Buen Retiro, diseñado por el conde duque para ensalzar las recientes victorias de la monarquía. Para los virreyes de Cataluña, véase Reglá (1970).

Fig. 3. F. De Wit, *Plano de Madrid*. Jardines de los marqueses de Povar, junto a la Puerta de Alcalá, ca. 1630, grabado, BNE.

Durante la ausencia de don Pedro Antonio de Cataluña (1629-1630) y la marcha del duque con el primogénito don Luis a Lucena, la duquesa de Cardona se instaló con sus otros hijos, por el tiempo de dos años, en la villa de Castelló d'Empúries, capital del condado de este nombre[37]. En abril de 1630 abandonaron Castelló d'Empúries para establecerse en Cardona[38]. El 7 de noviembre de 1630 el duque de Cardona fue nombrado virrey de Cataluña, tras haber sido aleccionado en El Escorial por el propio Olivares[39]. Al mismo tiempo, don Pedro Antonio, recién casado, regresó a Barcelona para asistir al duque Enrique en el gobierno virreinal: de cualquier segundogénito se esperaba que siguiera al padre en las tareas militares y de gobierno. Tras el nombramiento del padre, la familia siguió

---

[37] La duquesa tuvo que presidir allí el consejo señorial como procuradora general de su marido. Pujades describe la estancia en Molas (2004a: 135).

[38] El confesor de Pascual, Cristóbal de Pedrosa, dejó constancia en su crónica de su tiempo transcurrido en Cardona: «(Pascual) viviendo en Cardona con sus padres siendo de edad de seis o siete años, estava instruido en las cosas de culto divino, en la atención y respetuoso amor a sus padres y hermanos» (Ruiz Franco de Pedrosa: *Crónica del Eminentísimo señor don Pasqual de Aragón*, 1689).

[39] ACA, CA, leg 382, el duque de Cardona al rey en 28 de noviembre de 1631, cit. por Elliott (1977: 239).

ocupando su palacio de la calle Ancha de Barcelona, pese a que existía una residencia proyectada en el siglo XVI para albergar a los virreyes de Cataluña: el palacio del Lloctinent, en la plaza del Rey. En realidad, los virreyes nunca ocuparon este palacio, quizás por la incómoda cercanía del palacio de la Generalitat, y prefirieron fijar su residencia cerca del puerto. En 1652, don Juan José de Austria llegó a expresar abiertamente que el palacio del Lloctinent le parecía insuficiente e inadecuado. Diez años más tarde, por decisión del virrey Francisco de Moura y Corterreal, marqués de Castelrodrigo, se iniciarían las obras del arquitecto Fra Josep de la Concepció para convertir un antiguo depósito de grano y armas en el nuevo palacio virreinal de Barcelona.

En 1632 nació y murió en Barcelona la única hija de los marqueses del Povar, Catalina, que fue sepultada en Poblet el 1 de julio[40]. El mismo año, el infante don Fernando sucedió al duque de Cardona en el cargo de virrey. El 20 de marzo de 1633, el duque de Cardona se dirigió a Castelló d'Empúries para ir a aposentar en su palacio al cardenal infante, que se dirigía entonces hacia Italia, camino del gobierno de los Países Bajos[41]. En abril, el duque de Cardona fue nombrado, de nuevo, virrey de Cataluña. Las exigencias fiscales de la Corona acrecentaban la discordia entre el Principado y la Corte. En junio de 1634 la suma de la agitación religiosa en Vic y la intranquilidad en el campo catalán hicieron presagiar al duque de Cardona la posibilidad de tener que hacer frente a una rebelión organizada en el Principado. En agosto de 1634 el duque Enrique tuvo que ir a Perpiñán y, tres meses más tarde, le siguió la duquesa de Cardona con los hijos[42]. Antes de su marcha, según el *Dietari* de Bartomeu Llorenci, Pedro Antonio de Aragón coincidió en Barcelona con la que iba a ser su segunda mujer, doña Ana Fernández de Córdoba, cuando ésta regresaba del gobierno de Milán de su marido. Ésta había llegado dos meses antes con sus hijos, procedente de Italia, para permanecer unos días en la ciudad antes de dirigirse a Zafra, villa ducal de la casa de Feria[43]. Sabemos por

---

[40] Según el Ms. de J. Barrera en la BC, Ms. 2855.

[41] «Partí de Barcelona lo duque de Cardona. Anaba a Castalló d'Empúrias per a posentar a l'Infante Cardenal que se ha de desembarcar a Roses, aguardant lo temps per a passar a Italia que aixo o té ordenat del rei son jermà» (*Dietari de Bartomeu Llorenci [1629-1640]*, 2003: 56). La relación entre el cardenal infante y los Cardona merecería un estudio más profundo.

[42] *Ibíd.*: 61-63.

[43] *Ibíd.*: 60.

el *Dietari de la Generalitat* que en esta ocasión la duquesa se hospedó en casa del duque de Cardona, en la calle Ancha, donde recibió a los *diputats* de la ciudad[44].

Don Pedro Antonio de Aragón regresó a Madrid con su mujer, Jerónima de Guzmán[45]. Desde julio de 1634 hasta 1640 pudo ver cómo se culminaba el proyecto constructivo del conde duque en el Buen Retiro. Pudo ser testigo directo de la llegada a la Corte de obras artísticas enviadas por virreyes de Nápoles, como Manuel de Acevedo y Zúñiga, VI conde de Monterrey (1631-1637), o por embajadores en Roma, como Manuel de Moura, II marqués de Castelrodrigo (1632-1641). Monterrey y Castelrodrigo abastecían de cuadros las estancias más representativas de la nueva residencia real, dando sentido al proyecto cultural orquestado por Olivares. Monterrey se había encargado de reunir en Italia una magnífica serie pictórica sobre las virtudes de los juegos de los romanos, acaso una alusión a la dignidad del tiempo dedicado al ocio por el príncipe. Castelrodrigo, por su parte, regresó a Madrid con un ciclo de paisajes, algunos de la mano de Claudio Lorena, que también se destinaron al Buen Retiro[46].

Mientras tanto, en mayo de 1635, la guerra franco-española parecía inminente. Las relaciones del virrey Cardona con la ciudad de Barcelona estaban ya muy erosionadas cuando se decidió el traslado de la administración virreinal a Gerona, lo que supuso una gran pérdida financiera para la ciudad condal. El requerimiento del virrey de dos mil hombres para resistir a los franceses no despertó ningún entusiasmo, ni siquiera entre los vasallos del ducado de Cardona. Además, el duque se mostró preocupado al ver las verdaderas dificultades de aprovisionar al ejército, debido a las malas cosechas del último año. El duque Enrique percibió el acuciante empeoramiento de la situación política en Cataluña, tras la guerra declarada entre España y Francia en 1635, y debió ser consciente de que el principal problema interno de la Monarquía estaba aún sin resolver: ¿cómo exigir los recursos de las provincias que no estaban contribuyendo a las necesidades bélicas de la Monarquía? Fue entonces, en 1635, cuando el duque de Cardona, aconsejado por el obispo de Barcelona, Gil Manrique, decidió alejar de Cataluña a sus hijos Antonio, Pascual y Vicente, enviándoles a

---

[44] «(duquesa de Feria) la qual posava en lo palacio y casa del excelentísim senyor duc de Cardona y Segorbe, lloctinent y capità general», DG, Vol. V (1623-1644), p. 521.

[45] *Ibíd.*: 61.

[46] Brown/Elliott 1987, García Cueto 2007b.

estudiar a Salamanca, acompañados de su ayo, Benito Fernández Vallejo, luego canónigo de Toledo. Con su hermano Antonio, Vicente[47] había residido en Barcelona durante un tiempo, en casa del obispo Gil Manrique, a quien el duque había fiado su educación. Abandonaron Barcelona el 15 de marzo, acompañados por Bartomeu Llorenci, que recogió el viaje en su dietario[48]. Al llegar a Salamanca, Antonio y Vicente formaron casa «con el mayor esplendor y decoro que se ha visto en aquella ciudad»:

> Elixió criados a propósito en virtud y en nobleza que fuesen en numero suficientes para el servicio de los señores y ostentación de su grandeza y se formó la casa en Salamanca, con el mayor esplendor y decoro que se ha visto en aquella ciudad [...]; conponiase la familia numerosa de criados mayores en los oficios de pasante, cavalleriço, maestre sala, maestro de paxes, con otros gentiles hombres, veinte paxes, y algunos capellanes, con los demas oficios de escalera abaxo, de cocineros, reposteros y despenseros[49].

Poco después, el duque de Cardona decidió enviar también a Pascual a estudiar jurisprudencia a Salamanca con sus hermanos, a pesar de tener sólo nueve años. En el mes de noviembre de 1635, Pascual llegó a Salamanca, donde se iba a doctorar en derecho canónico y civil. En agosto de 1636, Antonio fue el primero en ingresar becado en el Colegio Mayor

---

[47] Vicente llegó antes a cursar un año en la Universidad de Valencia, según Estenaga (Estenaga y Echevarría 1929-1930).

[48] «A 15 de mars de 1635 isquí (Llorenci) de Barcelona per a Salamanca acompaniant a don Antoni i a don Vicente de Cardona, fills del duque de Cardona, virrey de Catalònia. Anaren per estudiar. Entraren en Salamanca lo dia del Ram, primer de abril de dit any. Jo partí de Salamanca lo Dimarts Sant, camí de Madrit. Entrí a Madrit lo Divendres Sant a 5 del dit» (*Dietari de Bartomeu Llorenci, [1629-1640]*, 2003: 63-64). Cristóbal Ruiz: «(Don Enrique) viendo que los cuidados públicos del gobierno del principado no le dejavan tiempo para atender a sus hixos como antes lo hacía y que el señor don Antonio y el señor don Vizente se hallaban ya en la adolescencia y que pudieran peligrar con las ocasiones del mundo, se resolvió poner estos dos señores en casa del obispo de Barcelona que entonces era conocido como se ha dicho el señor Garcí Gil de Manrique [...] Entregóselos encargándole mucho la conciencia en el cuidado de su educación y dándole autoridad para que los instruiese, corregiese y castigase como fuese menester tiniendolos recoxidos y haciendolos travaxar en la continuación de sus estudios en aquella universidad por estar ambos capazes para las ciencias».

[49] Ruiz Franco de Pedrosa: *Crónica del Eminentísimo señor don Pasqual de Aragón*, 1689. En las citas se ha procurado mantener el texto original, pero se han adaptado a las normas ortográficas actuales aquellas palabras y expresiones que pudieran resultar de difícil comprensión.

de San Bartolomé de Salamanca[50], fundación de don Diego de Anaya, arzobispo de Sevilla. Vicente lo haría en septiembre de 1640, mientras que Pascual, como bachiller de cánones desde mayo de 1639, no entraría en el Colegio como capellán hasta diciembre de 1642[51]. Era costumbre en la Universidad de Salamanca nombrar rector a un estudiante de entre las familias más ilustres. Los hermanos Cardona ocuparon ese cargo sucesivamente entre 1635 y 1639[52]. Paralelamente, Pedro Antonio se había establecido con su casa en Madrid, y en Cataluña se precipitaban los hechos que precedieron a la Guerra de 1640, también llamada dels *Segadors*[53].

En el Principado se vivía un progresivo alejamiento entre don Enrique y las instituciones catalanas. En marzo de 1636, la ciudad de Barcelona llegó a enviar a un embajador especial a Madrid para pedir que Cardona no fuese renovado en su cargo al finalizar los tres años de su gobierno. Cardona y la clase dirigente catalana representaban dos visiones opuestas sobre el poder político que debía tener el monarca: una de inspiración bodiniana, que otorgaba libertad al rey para ignorar los privilegios del Principado si las necesidades de la Corona lo desaconsejaban; y otra, representada por las instituciones catalanas, que limitaba el poder del monarca sobre la base de la defensa de las constituciones y privilegios del Cataluña. A pesar del profundo desacuerdo, el duque de Cardona obtuvo, en agosto de 1636, la prórroga de su mandato en Cataluña por otros tres años, tras rechazar el virreinato de Sicilia. Cardona mantenía su fidelidad a la Corona, al tiempo que daba muestras de querer salvaguardar las instituciones catalanas de un avance desmedido de la autoridad real. Nunca vaciló en seguir un comportamiento independiente frente a los deseos de la Corte y cuando se sintió tratado inadecuadamente no dudó en presentar la dimisión, como hizo en 1638. Sir John H. Elliott describió con acierto la personalidad de don Enrique: «siempre sensible a los ataques de su reputación y propenso a irritarse cuando notaba que se menospreciaban sus esfuerzos»[54]. Desde la Corte se buscó a una persona de carácter más dócil para sucederle, que

---

[50] De Lario 1998.

[51] Ruiz de Vergara /De Rojas y Contreras 1766-1770.

[52] Antonio fue elegido rector en el curso de 1635-1636; Vicente lo fue en el de 1636-1637 y Pascual en el curso de 1638-1639.

[53] Sobre la historiografía de la revolución catalana: Simon i Tarrés (1981, 1992, 2003: 11); García Cárcel (1992, 1994).

[54] Elliott (1977: 290-291).

fuera, como él, natural del Principado, y se eligió a su enemigo, el conde de Santa Coloma.

LA GUERRA Y EL EXILIO (1640-1658)

En octubre de 1637, los holandeses volvieron a recuperar Breda (rendida a Spinola en 1625). El cuadro de la *Rendición de Breda* (1635) que pintara Velázquez sólo dos años antes para el conjunto pictórico del Salón de Reinos del Buen Retiro, glorificador de las recientes victorias españolas, quedó, de repente, vaciado de sentido. Los vientos favorables a Francia se confirmaron con la toma de Brisach por Bernardo de Weimar en diciembre de 1637, a pesar de la victoria española de ese mismo año en Fuenterrabía. La ruta de Milán a Flandes había quedado cortada y las tropas españolas, aisladas en los Países Bajos. El estallido de la guerra franco-española iba a multiplicar los gastos de la Monarquía. La posición militar de España en Europa se iba debilitando. En este contexto, Felipe IV tuvo que hacer frente, además, a grandes problemas internos. En mayo de 1640 la rebelión se extendió por el Principado de Cataluña, al norte de Barcelona. El 26 de mayo, en Mataró, la ciudad que vio nacer a Pascual de Aragón, cerca de quinientos insurgentes clamaron: «traïdors de Mataró que son causa de tot per ser los primers que han emparat soldats»[55]. Otros incidentes tuvieron lugar en Vic, a los que siguieron los protagonizados por otras muchas ciudades catalanas. El conde de Santa Coloma fue asesinado en Barcelona el día del Corpus de Sang de 1640. Felipe IV llegó a afirmar que nunca había sucedido nada igual en la Monarquía. Tras el asesinato de Santa Coloma, el nombramiento del duque de Cardona como nuevo virrey parecía la última oportunidad para salvar la autoridad real en Cataluña. Pero ya era demasiado tarde. El levantamiento social se había convertido en una guerra civil. Tras haber estado dos años apartado, el duque de Cardona juró el cargo el 19 de junio[56], a pesar de hallarse en un estado pésimo de salud[57]. Partió el 20 de junio rumbo a la campaña del Rosellón. Su hijo, Pedro Antonio, llegó poco más tarde, y de camino a Perpiñán, hizo ostentación de su

---

[55] Elliott (1977: 382).

[56] *Crónica exemplària de la Catedral de Barcelona (1637-1641)*, «el Duc de Cardona jura per virrey», publicado en Simon i Tarrés (2003: 211).

[57] Rubí de Marimón (2003: 280). Elliott (1977: 405).

catalanidad, exhibiendo el carácter orgulloso que había heredado del padre[58]. El 22 de julio de 1640, a los pocos días de la llegada de Pedro Antonio a Perpiñán, el duque encontró su muerte a los cincuenta y dos años. Con su fallecimiento, Cataluña quedó de nuevo sin virrey, y ahora, además, sin esperanza. El juez Rubí de Marimón afirmó que la muerte de don Enrique ocurría en el peor momento posible[59]. El obispo de Barcelona, Gil Manrique, fue nombrado virrey de Cataluña a finales de julio. En ese momento, Pau Claris[60] y los *diputats* debían elegir entre tratar de encabezar la revolución dando un golpe de timón o buscar la paz con Olivares. Optaron por la primera vía y se inició la segunda fase de la rebelión, ahora situando en primera línea el tradicional conflicto de intereses políticos entre el Principado y la Corte[61]. Desde el mes de mayo los *consellers* entablaron conversaciones con Francia. A mediados de agosto, se concretó la alianza secreta franco-catalana que sólo se hizo pública a finales de octubre.

El cuerpo del duque de Cardona permaneció sepultado en la iglesia parroquial de Castelló d'Empúries hasta su traslado a Poblet, el 12 de agosto de 1641. El primogénito don Luis Ramón Folch de Cardona le sucedió en sus estados. Ese mismo año, Pedro Antonio perdió, además de a su padre, a su esposa Jerónima de Guzmán. Hasta ese momento, la duquesa doña Catalina había preferido mantenerse al margen de la actividad política de su marido, pero, al morir éste, demostró una firme voluntad política, como prueban numerosas cartas suyas y de sus coetáneos. Esta mujer se colocó en la primera línea de la actividad política del Principado en los momentos previos al estallido de la rebelión, como ha estudiado Pere Molas[62]. Se trasladó de Arbeca al castillo de Cardona, donde se

---

[58] «En el territorio de San Andrés le salieron al camino setenta hombres con sus pistolas, y apuntando a los cocheros decían que en el coche iban traidores. Asomó don Pedro la cabeza por una de las ventanas y les dijo: 'Señores, qué es esto, que yo soy catalán, ¿no me conocen?'». Biblioteque Nationale de France, Galerie Mazarine, manuscritos y cartas, códice español, número 130, fol. 14, citado por Estenaga y Echevarría (1929-1930, Vol. I: 257). La misma anécdota aparece recogida en el DG, Vol. V (1623-1644), p. 1055.

[59] «Era el único camino que quedava para ajustarlos sin armas, y como en Cataluña y toda España conocían los daños que havían de sentir si las cosas llegaban a rompimiento, lloraron la muerte del duque como quien havía de ser remedio de tanto mal» (Rubí de Marimón 2003: 282).

[60] García Cárcel 1980.

[61] Simon i Tarres 1990.

[62] Molas 2004a.

reencontró con sus hijos, quienes, tras la muerte del padre, habían ido regresando a Cataluña. El primero en llegar a Cardona fue don Antonio, procedente de Valencia, donde había ido para recomponer ciertos litigios de sus estados de Segorbe y de algunas baronías de su casa en el reino[63]. Luego vinieron Pascual y Vicente desde Salamanca. Don Luis permaneció en Lucena. El 9 de julio Pedro Antonio llegó a Barcelona con 29 años. Dos caballeros, en nombre de la ciudad, le dieron la bienvenida. Fue a visitar a los *consellers* y el mismo día se embarcó hacia Perpiñán, hacia donde se dirigía por orden del rey[64].

Ese mismo verano, el 5 de agosto, el gobierno municipal de Barcelona, representado por el Consell de Cent, recibió una carta en la que Felipe IV manifestaba su incomprensión por la negativa de los *consellers* a recibir tropas de su ejército en plena guerra contra Francia, y en la que les instaba a colaborar en la defensa de la Provincia[65]. Al mismo tiempo que se leía esta carta en el Consell de Cent, los diputados de la Generalitat instaban repetidamente a la duquesa a que se trasladara a Barcelona. El propio Pau Claris pidió a doña Catalina que se sirviese «aconsolar esta Provincia» con su presencia en la capital del Principado, lo cual prueba el papel que las instituciones catalanas seguían atribuyendo a la alta nobleza catalana. Doña Catalina accedió al final, no sin antes haber alejado de Cataluña a todos sus hijos[66]. Al parecer, la duquesa tuvo especial interés en apartar del Principado a Pascual, el único hijo catalán de nacimiento, pues se había difundido el rumor de que los *consellers* planeaban apoderarse de Pascual para criarle como *dux* de la futura república, por su calidad de natural del Principado y descendiente de los reyes de Aragón. Según Estenaga y Echevarría, biógrafo de Pascual de Aragón, al saber eso la duquesa procedió a enviar rápidamente a su hijo a Castilla por el Coll de Balaguer,

---

[63] Estenaga y Echevarría (1929-1930, Vol. I: 12).

[64] MNA, Vol. XII, p. 504.

[65] MNA, Vol. XII, p. 523.

[66] «También llegaron estas cartas a mi señora la duquesa de Cardona y respondió excusándose, por ser tan fresco su luto y luego sacó a sus hijos de Cataluña, que estaban en Cardona, a don Pedro, don Antonio, don Vicente y don Pascual. Esta carta era segunda porque ya en el pésame de la muerte del duque la rogaron que se fuera a vivir a Barcelona y se excusó. Enviárosla por embajador a don Francisco Aiguaviva, suplicándola que se interpusiese con su majestad para que los concediese aquellos tres capítulos y que, desde Barcelona, acompañada de prelados y caballeros fuese a la Corte a suplicárselo al rey» (Rubí de Marimón 2003: 289).

camino de Tortosa y, poco después, le siguieron los demás hermanos[67]. La duquesa llegó a Barcelona. El 6 de octubre, la Junta de Brazos y más tarde el Consejo de Ciento le solicitaron formalmente, con una embajada solemne, que mediara ante el rey, la reina y el heredero de la Corona, para pedir el fin de los preparativos militares. Ello respondía a una estrategia más amplia de las instituciones catalanas de presionar a los Grandes absentistas, recordándoles su esperable amor a Cataluña y los intereses que allí conservaban. A la duquesa, como mediadora, le exigían que se retiraran todos los ejércitos de Cataluña, de los condados del Ampurdán y del Rosellón, de Aragón y Valencia. Sin embargo, Felipe IV ya les había expresado en una carta la imposibilidad de abandonar las fronteras internas de la Monarquía cuando se estaba en guerra con Francia[68].

Las negociaciones de la duquesa debieron contar con el beneplácito del conde duque, quien, según Rubí de Marimón, llegó a decir de los despachos de Catalina «que de ninguna Corte de Europa los había visto tan buenos»[69]. Doña Catalina pronto se quedó sola al tratar de imponer las propias condiciones realistas. Aseguró a las autoridades catalanas que mientras no abrazaran a Francia podían estar seguros de que las tropas del marqués de los Vélez no entrarían en el Principado. Sin embargo, ni los *consellers* habrían roto el pacto con Francia, ni se podía evitar ya la entrada del ejército francés, ni los ministros del rey permitirían dejar indefensas las fronteras internas de la Monarquía. Muy pronto se alzaron voces en el bando realista, como la del virrey Gil Manrique, que desacreditaban la actuación de la duquesa[70]. Durante los meses de octubre y noviembre continuaron las negociaciones, con Catalina como principal interlocutora de la autoridad real frente a Pau Claris. Doña Catalina trató de tranquilizar a los *consellers* con estas palabras: «No creo que dude nadie en Cataluña que mi afecto al mayor bien del Principado no sea tan catalán como el más fino de cuantos han nacido en

---

[67] Estenaga y Echevarría (1929-1930, Vol. I: 13).

[68] «Mi señora la duquesa envió a la Diputación una carta del rey y otra a la ciudad con un papel suyo. La carta del rey era muy blanda y concluía diciendo que esperaba que por medio de la duquesa se tomaría asiento en aquellas cosas. Su excelencia en el papel decía que propusiesen lo que les estuviese bien, que se sentía con ánimo de alcanzarlo de su Majestad» (Rubí de Marimón 2003: 291).

[69] *Ibíd.*

[70] ACA: CA, leg. 391, citado por Elliott (1977: 450).

esta tierra»[71]. Pero lo cierto es que las misivas de la duquesa a Felipe IV no habían logrado impedir que se detuvieran los preparativos militares para la invasión del Principado. En la Corte se fue imponiendo la opinión de que debía interrumpirse una negociación tan estéril. No obstante, el conde duque evitó tomar por sí solo una decisión tan capital, y el 5 de noviembre, la Junta de Ejecución se reunió para debatir la conveniencia de hacer entrar al ejército en Cataluña. Al parecer, los hermanos Pedro Antonio y Antonio de Aragón fueron consultados y se pronunciaron favorables a que «entrase el ejército y se castigase»[72]. Esta demostración de dureza no se correspondía con los gestos de moderación que habían protagonizado primero el duque de Cardona y ahora la duquesa viuda. Desde luego, con este paso adelante, los hermanos marcaron una línea de actuación diferente a la de doña Catalina, aunque tuvieron el respaldo de la madre años más tarde. Mientras el ejército de los Vélez avanzaba hacia Cataluña, el 1 de diciembre se produjo, para mayor desesperación de Felipe IV, el levantamiento de los portugueses para proclamar rey al duque de Braganza, con el nombre de Juan IV. Tanto Braganza como los *diputats* de la Generalitat de Cataluña pudieron contar con el clero bajo para arrastrar a la población hacia sus tesis.

Don Pedro Antonio se hallaba en la Corte y don Pascual en Salamanca. El primero fue instado por Felipe IV a regresar inmediatamente a Barcelona con su hermano Antonio[73], entonces miembro del Consejo de la Inquisición, para asistir a su madre y tratar de mediar en la situación crítica que estaba viviendo el Principado. Mientras tanto, la duquesa intentaba establecer una ya difícil política de pacificación, llamando a los diputados al abandono del partido francés, declarando que «el perdón general es el fundamento de todo» y aconsejando medidas como el alejamiento de los ministros de la Audiencia, que carecían en ese momento del apoyo popular. Doña Catalina tuvo muy asumido el papel político que debía desempeñar en el Principado. Un memorial en forma de epístola a sus

---

[71] DG. V, p. 1117. MHE. XXII. Documento nº 482. pp. 229-240, citado por Molas (2004b: 138).

[72] SGA, 1331, Junta de Ejecución del 5 de noviembre de 1640, recogido en Zudaire 1964: 392).

[73] Galera, *Viaje del marqués del Povar y su hermano don Antonio a Barcelona en los sucesos de Cataluña escritos por el canónico ( ) que se vino huyendo al duque de Cardona.* BNE, ms. 2372, fols. 472-480. Publicado por Pujol i Camps en el MHE, Vol. XXII (1889: 240-251).

hijos que escribió el 8 de noviembre de 1640 da a conocer el alcance de sus principios políticos. Sus palabras reflejan hasta qué punto estuvo dispuesta a entregarse como rehén de las autoridades catalanas, si con ello podía evitar el estallido de la rebelión. La duquesa, además, demostró intuir las causas sociales de la revuelta y el peligro que podía representar para el estamento nobiliario, al señalar «la codicia con que miran los estados de los señores para repartírseles»[74].

Las materias de estado son como la calentura ética, que al principio es fácil de curar y difícil de conocer, y después fácil de conocer e imposible de curar. Esta enfermedad ha llegado a este postrer estado; hubo tiempo en que fue difícil de conocer y fácil de curar quando Santa Coloma de Farnés comenzó el movimiento. Pasóse aquella ocasión, y los que entonces eran remedios, ahora son muerte[75].

Este memorial de Catalina se hacía eco, sin mencionarlo, del pensamiento político de Maquiavelo[76]. La duquesa se preguntó cómo debía ser controlada una provincia y halló tres maneras de hacerlo. La primera, respetar sus privilegios y constituciones. La segunda, conseguir que el rey habitara allí. Y la tercera, intervenir militarmente para destruirla. La duquesa se declaró partidaria de la primera opción, sin reflexionar acerca de la necesidad de sustituir mejor la presencia del rey en las provincias para, emulando su dignidad, tratar de repeler las crisis políticas. En su memorial, doña Catalina creyó que el respeto de los privilegios de Cataluña era la mejor vía para gobernar la provincia[77]. Y fue más allá en su propuesta de lo que creía más conveniente para las relaciones entre Cataluña y la Monarquía, al sostener que las inclinaciones de los catalanes podían tener cabida en España.

---

[74] MHE.XVI. Cartas de Jesuitas, IV, p. 62 y ss. P. Molas (2004b: 139).

[75] *Ibíd.*

[76] Capítulo 5 de *Il Príncipe* de Maquiavelo.

[77] «Un amigo vuestro me ha dicho que ha leydo una cossa que por contentarme mucho y ser al propósito de lo que voy discurriendo, la diré. Que para asegurar un príncipe a una provincia, de quien tiene poca seguridad, no hay sino tres medios. El primero irse a vivir a ella. El segundo, destruirla. Y el tercero dejarla en sus leyes y costumbres y governarla a su modo, haciendo quenta que amigos se la guardan, contentándose desto y de no sacar otro interés ninguno. Veámos aquí qual destos tres medios es posible, y no alcanzo que lo sea otro que el último» MHE.XVI. Cartas de Jesuitas, IV, p. 62 y ss. P. Molas (2004b: 139).

Las costumbres y las inclinaciones de Cataluña y las otras provincias de España no son desconformes sino muy parecidas y sólo les desagrada aquí el ser dominados y oprimidos en la libertad que han gozado hasta oy [...]; el segundo fundamento, que tienen aborrecimiento a los franceses[78].

De nuevo, doña Catalina, que no aceptó abandonar el Principado, reiteró su ofrecimiento como rehén en el conflicto catalán: «Yo les he llegado a ofrecer otro, y es que pues al rey de Francia le dan reenes para seguridad de quatro hombres que han de entrar, que yo quedaré aquí por reenes, y mis estados también quedarán para seguridad de lo que el Rey les ofreciere»[79]. Estas palabras presagian lo que muy pronto le sucedería a doña Catalina. Temiendo los hechos que se avecinaban, solicitó permiso a la Generalitat para regresar a Cardona, pero era ya demasiado tarde: a principios de diciembre el ejército real entró en el Principado. El 12 de diciembre llegaron don Pedro y don Antonio a Barcelona, un día después de la entrada del general D'Espan al mando de tres mil franceses. La consideración pública de la casa de Cardona se había erosionado sin remedio. La llegada de los hermanos Pedro y Antonio no pareció ayudar en nada: «la duquesa i sos fills se eren fets sospitosos a la Provincia»[80]. En su casa, se decía, se reunían antiguos jueces de la Audiencia. Cierto es que entre ellos se encontraba el amigo de la familia Ramón Rubí de Marimón, quien más tarde reconoció: «Su Excelencia era la voz del rey, a quien todos obedecíamos»[81]. Para las autoridades catalanas, doña Catalina había dejado de ser una mediadora válida. Las gestiones que realizó en nombre del virrey, el marqués de los Vélez, que acababa de ocupar Tarragona, terminaron por acrecentar la indignación de muchos catalanes y por provocar, en diciembre de 1640, un motín delante de la casa de los Cardona. Los Brazos y el Consell de Cent aseguraron que un santo les había revelado la conjura de los Cardona para entregar la ciudad al marqués de los Vélez y asesinar a todo el que se les opusiera. Don Antonio se dirigió a los diputados y *consellers* que encabezaban el motín, para advertirles de que «ellos perdían la provincia» al no querer permanecer fieles a Felipe IV[82]. La duquesa había conseguido

---

[78] *Ibíd.*
[79] *Ibíd.*
[80] *Corts...*, p. 423. Molas (2004b: 139).
[81] Citado de nuevo por Molas (2004b: 139).
[82] Rubí de Marimón (2003: 296).

poner de su lado al barrio de la Ribera en un anterior motín[83] y por ello había cosechado los recelos de las autoridades catalanas[84].

Irremediablemente los Cardona habían pasado a ser sospechosos de querer precipitar la caída de la ciudad a manos del marqués de los Vélez, y se dejaron oír voces que pedían «quemar la casa de la duquesa y degollar a sus hijos»[85]. El día 4 de enero de 1641 las autoridades catalanas tomaron prisioneros a Pedro Antonio y a su hermano Antonio. El *Dietari* del Consell de Cent explicó el arresto de los hijos de los Cardona: «no eran molt afectes a esta provincia ans be se temia fessen alguns mals effectes contra ella»[86]. La duquesa les exhortó a mantener la fidelidad a Felipe IV: «'Hijos míos, un Dios y un rey', y les echó la bendición, y esto con mucho dolor»[87]. Las mismas palabras serían recordadas por Pedro Antonio a su hermano Pascual, treinta años más tarde, con motivo del levantamiento militar de don Juan José de Austria, en la correspondencia que mantuvieron a su vuelta de Italia[88]. Los síndicos de los vasallos de los estados de Cardona enviaron demandas de libertad para sus señores, según Estenaga y Echevarría, aunque muchos de los intentos de la duquesa por organizar la resistencia a la revolución institucional catalana desde sus estados de Cardona resultaron infructuosos[89]. El 10 de enero doña Catalina aún se reunió con Pau Claris y con el *conseller en cap* de la ciudad, Joan Pere Fontanella, en un momento en el que el pacto con el rey de Francia era

---

[83] En efecto, parece ser que este motín contra la duquesa de Cardona precedió a otro motín realista que habría organizado la misma duquesa con la ayuda del superintendente de las Drassanes, Bernardí de Marimón, escondido desde junio de ese año. Éste tuvo el cometido de organizar la «resistencia» y la actuación de los «contrarrevolucionarios», ACA CA, Leg. 293/13, 26. Citado por Vidal (1984: 49, nota 21 y p. 69).

[84] «Crecieron los recelos contra mi señora por ver que el pueblo se le inclinaba» (Rubí de Marimón (2003: 296).

[85] MHE. XXII. Parets III, p. 243. Molas (2004b: 140).

[86] MNA, *Col.lecció de documents Històrics inèdits de l'Arxiu municipal de la ciutat de Barcelona*, Vol. XII, p. 585, enero de 1640. Según Narcís Feliu de la Peña, los hermanos fueron presos para seguridad y en rehén de los embajadores catalanes que estaban detenidos en la Corte, pero en realidad los representantes de la Generalitat fueron retenidos el 23 de enero en Madrid para garantizar que la vida de la duquesa y la sus hijos no corriera peligro.

[87] MHE. XXII. Parets III, cap. 86. Prisión del marqués del Povar y arresto con guardias de vista de la duquesa de Cardona. MNA. XII, pp. 587, 800-805, Corts, p. 311. Recogido por Molas (2004b: p. 140).

[88] BNE, Ms. *Correspondencia de Pascual de Aragón*.

[89] Vidal 1984.

ya un hecho. La duquesa se vio pronto obligada a abandonar corriendo su palacio, disfrazada, con el temor de ser reconocida y asesinada. Su huida por las calles de Barcelona hasta hallar refugio en el convento de las carmelitas descalzas anunciaba el porvenir que le esperaba a la casa de Cardona desde 1640: el inevitable abandono de Cataluña. Los representantes de la Generalitat en Madrid fueron retenidos el 23 de enero, para garantizar que la vida de la duquesa y la sus hijos no corriera peligro. El 19 de marzo doña Catalina escribió una carta al marqués de los Vélez donde le expresaba su desesperación: temía por su vida y la de sus hijos, y sospechaba que los franceses querían conducirles a París. Al parecer, Luis XIII prometió a los hermanos Aragón, todavía en la cárcel, mejores estados y con más vasallos si se rendían a la obediencia francesa. Ellos habrían afirmado preferir ser lacayos de su rey a príncipes en el extranjero[90].

> La necesidad en que me hallo es apretadísima, de que degüellen a mis hijos y a mi, y el frances esfuerza en llevarnos a Francia y lo más cierto es darnos tormentos y degollarnos, […]. Son fieras y no hombres, vienen sin Dios, sin Rey y sin ley, sujetos a la codicia más desenfrenada, que puede haber en el infierno[91].

El nuevo gobierno confiscó las rentas del condado de Empúries y las salinas del ducado de Cardona para financiar la guerra y resistir a las armas españolas. En mayo de 1641 se propuso el canje entre los catalanes presos en Madrid y los hermanos encarcelados en las prisiones reales de Barcelona[92], pero éste no se produjo hasta el mes de noviembre. La duquesa y sus hijos, acompañados de ochenta criados junto con otros miembros del bando realista[93], tuvieron que abandonar precipitadamente la ciudad. La comitiva logró llegar a la villa de Montblanc y de allí pasar a Constantí, cerca de Tarragona. El día 15 se consumó el canje y el ejército de Felipe IV recibió a Catalina y a sus hijos Pedro y Antonio con todos los honores. El hermano menor, Vicente, acudió expresamente desde Madrid para

---

[90] Todo según Estenaga y Echevarría (1929-1930, Vol. I: 17).

[91] Carta autógrafa de la duquesa de Segorbe al marques de los Vélez de 19 de marzo, AGS, Secretaría de Guerra, 1375, citado por Estenaga y Echevarría (1929-1930, Vol. I: 259).

[92] Rubi (1976:254, 306, 405).

[93] Junto a la duquesa de Cardona, se hallaban la condesa de Montagut, la hermana del marqués de Aitana y las esposas de algunos consejeros reales (Molas 2004b: 141).

recibir a su madre y hermanos. Tras su liberación, la duquesa, cansada, expresó a Felipe IV su deseo de retirarse a Andalucía, pero el rey tenía reservado para ella y para sus hijos un último cometido: trasladarse a Huesca para tratar de reducir al poder real el marquesado de Pallars y la Conca de Orcau, «por ser vasallos de su casa los más pueblos del confín de aquella provincia con Aragón»[94]. La duquesa y sus hijos fueron recibidos en Huesca con gran solemnidad y fiestas. No podemos olvidar que allí se había establecido cuatro años atrás Baltasar Gracián quien, junto a otros literatos y artistas, constituían el nutrido círculo intelectual del palacio de don Vincencio Juan de Lastanosa (1607-1684), gran coleccionista, bibliófilo y experto numismático. Por su casa, situada en el Coso, frente al colegio de la Compañía, habían pasado Felipe IV o el duque de Lerma. Conservaba una importante colección de obras de arte, además de una gran biblioteca y un museo de ciencias naturales con piedras preciosas y fósiles clasificados del Pirineo o del Moncayo, así como numerosos jardines con especies extrañas[95]. Los Cardona no pudieron pasar por alto la presencia en la ciudad de este círculo humanista, pues en la época se decía «no ha estado en Huesca quien no ha visto a Lastanosa». El erudito aragonés participó además en la campaña militar del Cinca, para la que Felipe IV había enviado a doña Catalina y a sus hijos a Huesca. Pascual, con catorce años, pero ya formado en Salamanca, quizá apreciara la colección de Lastanosa, mientras que Pedro Antonio, con veintinueve, pudo con seguridad valorarla y recibir una huella que haría crecer sus gustos coleccionistas. Sabemos por la correspondencia entre los hermanos, que, tras su regreso de Italia en 1667, Pascual pasó breves temporadas en Huesca, quizá conservando en la memoria la significación de esa ciudad para la historia de su familia, tras los tristes acontecimientos vividos en Cataluña. Muy probablemente se reencontró con Vincencio Juan de Lastanosa, después de veinticinco años, y con mucho más sobre lo que poder hablar, pues para entonces, Pascual se había convertido ya en un fino amante de las artes.

La relación de doña Catalina con Cataluña terminó tras su liberación a las puertas de Constantí. Sin embargo, aún quedaba un episodio en la vida de don Pedro Antonio que lo ataría al Principado. Como ha afirmado Pere Molas, la misma confianza en la influencia que la duquesa de Cardona

---

[94] MHE. XVI, Jesuitas, IV, p. 262.
[95] Arco 1934. Véase Morán Turina (1981).

podía ejercer sobre los vasallos de Cataluña llevó a Felipe IV, en 1642, a nombrar a Pedro Antonio de Aragón virrey de Cataluña y capitán general del ejército que debía recuperar el Rosellón. Catalina lo solicitó personalmente a Felipe IV, aduciendo que su hijo tenía «conocimiento individual de Cataluña por haberse criado en ella»[96] y su petición fue escuchada. Sus otros hijos, don Antonio y don Vicente, fueron además nombrados, respectivamente, general de las galeras y coronel de una división para reducir el condado de Pallars y la Conca del Tremp. En el curso de esta campaña, el 28 de marzo de 1642, el ejército español fue derrotado y don Pedro Antonio fue hecho prisionero en La Granada, desde donde fue conducido a Montpellier. Pedro Antonio permaneció allí encarcelado durante dos años hasta que, en 1644, su familia logró pagar el rescate. Doña Catalina le defendió impulsando la publicación de un manifiesto contra las ácidas críticas que había recibido en la Corte. El 7 de agosto del mismo año, Felipe IV hizo su entrada en Lérida, procedente de Fraga, donde había sido además retratado por Velázquez. Acompañaron al rey don Luis de Haro, Guillén Ramón de Moncada, IV marqués de Aytona y don Antonio de Aragón, hermano de Pedro Antonio[97]. A esta misma campaña, acudió Baltasar Gracián. Durante su permanencia en Francia, don Pedro Antonio pudo iniciar la redacción de su tratado *Geometría militar*, publicado por primera vez en Nápoles años más tarde, en 1671 (Figura 4). Pedro Antonio demostró, con este tratado, tener una amplia formación en la materia[98]. El bibliófilo Nicolás Antonio (1617-1684) que aparecerá en numerosas ocasiones a lo largo de este libro y que conocería a Pedro Antonio en Roma durante su embajada, elogiaría esta obra en su *Biblioteca*:

> Vino a ensalzar esta *Bibliothecam* este magnífico héroe por su gran prestancia de ánimo, piedad para con Dios y justicia intachable para con los hombres, pudiéndose comparar con los mejores [...] y durante varios años

---

[96] MHE. XXV. Apéndice XXIII, n. 1221, p. 627. Molas (2004b: 142).

[97] Sanabre (1956: 259).

[98] La obra está dedicada a Carlos II y se divide en tres libros: la fortificación regular, la fortificación irregular, la ofensa y defensa de las plazas. Consta de 35 grabados firmados por G. Forstman. La obra debía permitir al lego, desconocedor de la geometría y la aritmética, fortificar cualquier espacio y sacar la planta de cualquier fortificación. Pedro Antonio de Aragón reconoce haber seguido en todo momento a Adam Freitag, «siendo el que más y mejor y más recientemente ha tratado desto», sin innovar en lo más mínimo (Espino 2001: 244-245).

se dedicó a sus elucubraciones sobre estrategia militar. De las que nació Geometría militar, en que se comprenden las Matemáticas de la fortificación regular e irregular defensa y ofensa de una plaza y las tablas polimetricas proporcionales della[99].

Fig. 4. Retrato de Pedro Antonio de Aragón en su *Geometría militar*, Nápoles, 1671, grabado.

---

[99] Antonio (1998: 198-199).

Pese a la pérdida de la provincia catalana, el año 1642 no fijó la ruptura de las relaciones de los Cardona con el Principado. Los lazos que mantuvieron en Madrid con miembros de la antigua Corona de Aragón, algunos exiliados del bando realista catalán como José Pinós, señor de Palau, Miravet, Benissanet y Gandesa, sus responsabilidades en el Consejo de Aragón, pero sobre todo, la relación que cultivaron con la comunidad del monasterio de Poblet, así como los abundantes patronatos que fundaron y sostuvieron en el Principado años después, prueban que los asuntos de Cataluña siguieron interesando a los hermanos. Tras la guerra de Cataluña y la muerte de don Enrique, los hijos de los Cardona recibieron numerosos beneficios de la Corona, en agradecimiento a la fidelidad de la familia y también para paliar el estado desastroso en que quedaron sus bienes en el Principado. Pedro Antonio recibió una renta anual de dos mil ducados, la llave de gentilhombre de Palacio y la capitanía de la Guardia Alemana[100]. Desde julio de 1640 y hasta octubre de 1652, el ducado de Cardona y sus posesiones catalanas habían quedado empeñados, los gastos de guerra habían superado los dos millones de ducados, el palacio familiar de Castelló d'Empúries había sido completamente destruido por los franceses y los castillos de Arbeca y Cardona eran ya residencias totalmente inhabitables. En 1658, don Luis de Aragón, duque de Cardona, se lamentaría de los daños que la guerra había ocasionado a sus propiedades, villas y castillos, sosteniendo:

> Y lo más sensible es que los sepulcros de tan esclarecidos Reyes de Aragón, progenitores de Vuestra Majestad y los de los antepasados del duque se hayan visto por tantos años en el Real Convento de nuestra Señora de Poblet de monjes bernardos, sujetos a franceses que en un tiempo dominaron, con notable pérdida y destrucción de aquella real casa[101].

Este testimonio prueba cuán insoportable llegó a ser para los Cardona que los franceses se adueñaran por un tiempo de todo aquello que les había pertenecido en el Principado, muy especialmente de Poblet, donde estaban enterrados sus antepasados. La marcha de la familia Cardona del Principado debió de ser pues traumática y, a sus ojos, humillante. El mariscal francés Philippe de La Mothe Houdancourt llegó a Barcelona en enero de 1641, ostentó primero el cargo de lugarteniente general de

---

[100] Archivo General de Palacio (AGP), Administrativa, Caja 109, Personal de Empleados, expediente 36.

[101] AHPM, prot. 9859, fol. 396, sin fechar.

los ejércitos franceses, y más tarde el de virrey de Cataluña. Tras derrotar a los ejércitos de Pedro Antonio de Aragón, solicitó al rey de Francia el reconocimiento como nuevo duque de Cardona. Luis XIII accedió y le fue dado el título en Versalles en octubre de 1642. Ésta no iba a ser ni la primera ni la última vez que los franceses trataron de suplantar a los Cardona llevando sus títulos. Durante la embajada en Roma, don Pedro Antonio de Aragón sufriría las bromas de una dama francesa, que en sus círculos se hacía llamar «la duquesa de Cardona»[102]. Durante el tiempo transcurrido en Barcelona, el mariscal De la Mothe ocupó el palacio de los Cardona de la calle Ancha, algo que fue imitado por sus sucesores, como demuestran varias vistas de grabadores franceses realizadas desde 1650, en las que éste aparece con el nombre de *palais du Vice Roy*[103] (Figura 5).

Fig. 5. S. Beaulieu, *Barcelone, capitale de Catalogne*, post. 1659, grabado, Institut Cartogràfic de Catalunya.

---

[102] Un *avviso* de 18 de octubre de 1664, BAV. BARB.LAT, 6368, *avvisi di Roma*, 18 de octubre de 1664.

[103] Por ejemplo el grabado de G. de Saulieu, N. Perelle, P. Mariette, *Le profil de la ville et cité de Barcelonne*, París, ca. 1650.

Según Fra Gaspar Sala, De la Mothe expolió los bienes confiscados a la nobleza felipista, no sólo de los Cardona, como si de un botín de guerra se tratara: «El señor de La Mothe, cuando vino a Cataluña, dio grandes esperanzas de su proceder [...]. Después de nombrarle duque de Cardona se ha vuelto tan desconocido e interesado que parece castellano; toda su inclinación a vanidades, dándose a mujeres, deleites, cuidar de diamantes, tapicerías y otras riquezas»[104]. De los bienes de la duquesa en Barcelona, el virrey La Mothe se llevó toda la plata, los tapices y los muebles: «ha près l'àliga de pedreria de Nrª Srª de Montserrat pertanyent a la casa de Cardona, y ha pres de dita casa tots los mobles, axò és tapicerías, serveys de plata y pedrerias»[105]. La familia Cardona debió tener pleno conocimiento de estos acontecimientos narrados por Sala.

Pregúntenle cómo sacó un águila de diamantes (pieza riquísima) del convento de las Carmelitas Descalzas; una tapicería riquísima, que fue de Don Juan de Austria, del convento de la Compañía de Jesús; unas sortijas de diamantes del marqués de Villafranca de manos de un mercader nombrado Nourial; la plata que estaba en empeño de la duquesa de Cardona.[106]

Tras su liberación en 1644, don Pedro Antonio de Aragón salió de Montpellier y regresó a Madrid con todos los honores, a pesar de las críticas iniciales que había recibido al caer preso. Felipe IV le nombró ayo del príncipe Baltasar Carlos. Don Pedro Antonio no fue el único exiliado de la guerra catalana que Felipe IV puso al cargo de la educación del príncipe: el monje benedictino y pintor fray Juan Rizi (Madrid, 1600-Montecassino, 1682) fue nombrado maestro de dibujo de Baltasar Carlos tras abandonar Cataluña en 1640[107]. Durante la ausencia de Pedro

---

[104] Carta de Fra Gaspar Sala, publicada en Sanabre (1956, cap. VIII: 267).

[105] *Memorial calumniós presentat a la Reyna y als ministres per lo P. Sala, procurador de Montserrat y Isidoro Pujolar, en nom y part dels senyors consellers y deputats contra lo Mariscal La Mothe, J.* (Sanabre 1956).

[106] Carta de Fra Gaspar Sala, publicada en Sanabre (1956, cap. VIII: 267).

[107] Había ingresado en el monasterio benedictino de Montserrat en 1627, donde profesó en 1628. Su figura corrió un destino muy similar al de los hijos de Cardona. Asistió como ellos a la Universidad de Salamanca, llegando a destacar por sus estudios teológicos y de letras y por su defensa de la Virgen. La revolución de 1640 le obligó a abandonar Montserrat y a establecerse en Madrid, donde pronto, en 1642, abandonó palacio y, tras un período como confesor en Santo Domingo de Silos, regresó a Madrid (1659-1662), donde escribió su tratado *Pintura Sabia*. Pasó a Italia en 1662, el mismo año que don Pedro Antonio de Aragón. Rizi se estableció en Roma unos años, para luego

Antonio, el conde duque de Olivares había sido desterrado a Toro en 1643 y Luis de Haro había pasado a ocupar su puesto como valido del monarca. Por aquel entonces, Luis de Haro aún estaba casado con la hermana de Pedro Antonio y Pascual, doña Catalina, quien falleció sin embargo, poco después, en 1647. El 11 de agosto de 1646, murió en Zaragoza su madre, doña Catalina, que fue enterrada en el convento de las carmelitas descalzas de esa ciudad. Nombró a su hijo Pedro Antonio como su heredero universal y dejó en cambio a su primogénito las reliquias que había poseído su marido. Manifestó su voluntad de regresar a Cataluña sólo cuando ésta estuviera en paz y reintegrada en la Monarquía. Sus hijos se encargaron años más tarde de llevar su cuerpo a Poblet. Catalina dejó al monasterio catalán un valioso donativo: un repostero de terciopelo carmesí ricamente bordado con las armas de la casa de Aragón, timbradas por la Corona real[108].

Los infortunios no terminaban para Pedro Antonio. Sólo dos meses después, el 9 de octubre, se produjo otro fallecimiento que marcó su vida política y personal. El heredero del trono a la Monarquía, el príncipe Baltasar Carlos, moría a la edad de diecisiete años. Las circunstancias que rodearon su muerte pesaron como una losa sobre Pedro Antonio durante años. A él se atribuyó la responsabilidad de haber ocultado a los médicos que el agotamiento físico del heredero se había debido a sus excesos sexuales con una mujer, que al parecer, el propio Pedro Antonio se había encargado de facilitarle. De haberlo comunicado, los médicos no habrían tomado la decisión equivocada de sangrarle, debilitándole hasta el extremo de ocasionarle la muerte. El duque de Maura llegó a decir: «y con ser el Rey indulgentísimo, tardó muchos años en perdonárselo»[109]. Felipe IV no le admitió en la Corte hasta 1659. Este episodio se recordó durante mucho tiempo, fue motivo constante de burla en otras cortes europeas y le valió a Pedro Antonio ser desterrado a Almonacid durante quince largos años. A pesar de todo, siguió recibiendo los emolumentos de que gozaba como capitán de la Guardia Alemana[110]. El 30 de agosto

---

pasar a la abadía de Montecassino, donde murió en 1682. Residían además en casas muy cercanas las unas de las otras en el barrio de las Comedias.

[108]   Fernández De Bethencourt 1912.

[109]   Maura Gamazo (1954: 210).

[110]   AGP, Administrativa, caja 109, fol. 1, orden dada por el rey de que Pedro Antonio de Aragón goce de los emolumentos que le tocan como capitán de la guarda alemana, 14 de enero de 1652.

de 1649 se casó con doña Ana Fernández de Córdoba (1608-1679)[111], duquesa viuda de Feria, hija segunda del V marqués de Priego y su prima hermana[112]. Los dos estaban viudos y sin sucesión; doña Ana contaba entonces con 41 años, mientras que Pedro Antonio tenía 37. El itinerario político del primer marido de Ana, Gómez Suárez de Figueroa, había permitido a la duquesa conocer en primera persona la realidad italiana, mucho antes de que Pedro Antonio se trasladara con ella a Roma. Ana introducirá a Pedro Antonio en una cultura con la que estaba ya familiarizada.

Mientras todo esto ocurría en la Corte, don Pascual de Aragón había regresado a Salamanca, donde, en diciembre de 1642, ingresó como capellán en el Colegio Mayor de San Bartolomé. En 1646, el mismo año del destierro de Pedro Antonio, Inocencio X le otorgó una canonjía en Toledo, y, más tarde, el arcedianato de Talavera. Pascual pasó así a residir en Toledo, ocupando las habitaciones del Alcázar Real, por expreso deseo de Felipe IV, y eligió al padre Julián Jiménez, de la Compañía de Jesús, por confesor[113]. Toledo marcó un antes y un después en la vida de Pascual de Aragón, que había cumplido los 21 años y había sido nombrado caballero de la Orden de Alcántara[114]. Desde su llegada a la ciudad,

---

[111] Al quedar viuda y tras fallecer en 1637 su hijo, don Lorenzo Gaspar Suárez de Figueroa, IV duque de Feria, se extinguió en él la línea y el ducado de Feria pasó entonces al padre de Ana, don Alonso Fernández de Córdova, V marqués de Priego, titulado ahora también V duque de Feria (Fernández De Bethencourt 1912, Vol. VI: 212-213). Capitulaciones matrimoniales de 23 de mayo de 1649. Se casaron en la villa de Hortaleza el 14 de octubre. En 1651, a petición de Pedro, hicieron inventario de bienes. Todo según AHPM, prot. 10902, fols. 444-454.

[112] Había estado casada con el III duque de Feria, virrey de Cataluña.

[113] «Para su habitación elixio quarto en los Reales Alcazares con licencia para ello tubo por cedula real del rey nuestro señor hordenó su casa con la decencia de familia preziza, un coche con seis mulas y un rozin de campo; los medios con que se hallava para mantenerse con moderación eran suficientes porque en pensiones, beneficios, alimentos de su casa y la mitad de la canonxia que por no estar hordenado de horden sacro no gozava mas, se componían 4000 ducados de renta, antes mas que menos; y aunque era lo preziso... hacia también grandes limosnas, estrechaba los gastos personales y era liberal con los pobres» (Ruiz Franco de Pedrosa: *Crónica del Eminentísimo señor don Pasqual de Aragón*, 1689, Libro I, p. cap. 7).

[114] AHN, Órdenes Militares, Alcántara, Exp. 87, merced del hábito de Alcántara de 4 de junio de 1646.

llevó una vida recogida[115] y entabló una profunda amistad con las monjas capuchinas que acababan de fundar su casa en la calle del Pozo Amargo. En noviembre de 1649, don Pascual ocupó la cátedra de Instituciones Canónicas en la universidad toledana. Estenaga y Echevarría describió la importancia de las capuchinas en la vida de Pascual de Aragón desde que se trasladara a Toledo: «tenía un animo muy piadoso [...] encomendaba todos sus negocios a las oraciones de estas religiosas». Esta descripción del biógrafo de Pascual aún se comprende mejor a la luz de algunas de sus alocuciones a la madre abadesa: «Madre, yo soy todo hechura de vuestras mercedes»[116], o «no tengo otra cosa en esta vida que esta Santa Casa»[117]. Pascual de Aragón se convirtió en el mayor benefactor de la iglesia de las capuchinas y su identificación con la vida que llevaban estas monjas llegó a ser absoluta.

En octubre de 1650, murió en Madrid Antonio de Aragón, a los treinta y cuatro años de edad y poco después de ser nombrado cardenal. Su cadáver fue depositado en el convento de la Concepción de las dominicas descalzas de Loeches[118], fundación del conde duque. Los duques de Cardona habían adquirido este panteón al no poder contar con la sepultura en Poblet. El cardenal Antonio, al morir, dejó en herencia a su hermano Pedro Antonio una colección de pinturas que conservó hasta el final de su vida. Era una colección pequeña, pero muy singular por contener muchos cuadros de temática no sagrada, que raras veces solían predominar en las colecciones españolas de la época. Fue entonces, a la muerte de don Antonio, cuando a instancias de Felipe IV, el papa Inocencio X repartió entre don Pascual y don Vicente los beneficios eclesiásticos vacantes[119], que fueron aprove-

---

115 Estenaga y Echevarría (1929-1931, Vol. I: 23 y ss.).

116 ACCT, Corresponendencia de Pascual de Aragón, Carta de Pascual a las capuchinas desde Madrid, en 23 de diciembre de 1651.

117 *Ibíd.* Carta de Pascual de Aragón, de 26 de noviembre de 1656. «Y lo puedo jurar desde aquí la tengo en respeto y miedo reverencial, qual no tuve a mi Madre natural, con esto debe desear al hijo se aproveche de lo que le ofreció pues ninguno es más huérfano que yo y pues me acojí a su merced, mire si me debe hacer caridad» (carta de Pascual a las capuchinas desde Madrid a 22 de octubre de 1656. Publicada por Estenaga y Echevarría 1929-1930, con la fecha confundida de 1655).

118 Guitert (1948: n.6, 140).

119 AHN SN, Osuna, leg. 1981, n.132 (1-2) Solicitud de rey a su embajador en Roma, el duque del Infantado, de los beneficios vacantes, leg. 1982, n. 1 (5), Relación de la renta eclesiástica que ha vacado por muerte el señor Cardenal de Aragón cuya provisión toca a Su Santidad, febrero de 1651.

chados por Pascual para iniciar la construcción de un nuevo convento que había prometido a las capuchinas de Toledo[120]. Las capuchinas entraron en su nueva clausura el 11 de diciembre de 1655 con todo el aparato y acompañamiento. El cardenal Baltasar Moscoso y Sandoval, arzobispo de Toledo, asistió al acto. Don Pascual hizo mediante escritura pública cesión de las casas a las monjas, quienes tenían libertad para escoger patrono y desearon que lo fuera él. Éste mostró su disconformidad[121], pero cambió de opinión tras imponer dos condiciones a las monjas: el título de la nueva iglesia debía ser el de la Purísima Concepción y debían cederle unos palmos de tierra dentro de la clausura para su sepultura. Una vez aceptadas las condiciones, Pascual hizo escritura de patronazgo y se colgó su escudo de armas en la puerta de la iglesia[122].

Al año siguiente, en 1651, Pascual de Aragón se trasladó a la Corte tras ser nombrado fiscal de la Suprema Inquisición por el entonces inquisidor general, Diego de Arce y Reinoso[123], obispo de Plasencia, que «se gloriaba de aver dado a conocer en la corte las prendas del señor don Pascual, ocultas en el retiro de Toledo»[124]. Al tener que marcharse a Madrid, encargó a su mayordomo mayor el cuidado de las monjas capuchinas y empezó desde entonces una extensa correspondencia con ellas que no se interrumpió hasta su muerte. Desde muy pronto, Pascual les enviaba constantes dádi-

---

[120] «Tuvo su em muy particular cuidado en el gobierno de su hazienda para distribuirla en lo preziso al gasto de su casa y aplicar lo demás para limosnas, valiase para esto de persona inteligente de satisfacción y confianza que tenia destinada para que le ajudasse a su eminencia» (Ruiz Franco De Pedrosa: *Crónica del Eminentísimo señor don Pasqual de Aragón*, 1689, Libro I). Pascual debió buscar primero los terrenos donde levantar el convento y confió esta tarea al doctor don Francisco de Villarreal y Aguila, confesor de las religiosas. Provisionalmente, Villarreal encontró unas casas cerca de la parroquia de Santa Leocadia, pertenecientes al mayorazgo de don Juan de Isasaga y Mendoza, ilustre caballero toledano que iba a establecerse en la corte.

[121] Estenaga y Echevarría (1929-30: Vol. I).

[122] «[…] De la casa no ay nada y no se me da nada, pues en viniendo los despachos de Roma comenzaré a labrar su casa y la he de hacer nueva toda que asi la he ofrecido, y quedarme en compañía de Vuestras Mercedes, olvidando el entierro de mis Padres, pues todo el cariño que aún después de muerto quiero mostrar con enterrarme entre Vuestras mercedes a esta Santa casa lo debo hacer» (ACCT, carta de Pascual a las capuchinas a 16 de marzo de 1651. Publicada por Estenaga 1929-1930).

[123] Ruiz Franco de Pedrosa: *Crónica del Eminentísimo señor don Pasqual de Aragón*, 1689, Libro I, p. 38v.

[124] *Ibíd.*, Libro I, cap. 13.

vas. En una carta de 1657 se trasluce el esmero con que don Pascual les hacía llegar objetos, esculturas, imágenes o medallas:

> Nuestra Madre, el Niño es qual yo le deseaba para esa mi casa, hagole una caja porque no anden con él quando le saquen a la iglesia, que como se pone de rodillas, en cruz y juntas las manos es facil le hechen a perder andando con él. No es creible quan contento estoy de tener esta alaja tan para mis Madres[125].

El primer confesor de Pascual en Madrid fue fray Francisco Real, general de la Orden de los Premostratenses, hasta que, en 1659, el doctor Cristóbal Ruiz Franco de Pedrosa le sustituyó. Éste, en su crónica de la vida de Pascual, dice de él que siempre tuvo una «imaginación muy veloz e inquieta», pero que sentía aversión a vivir en la Corte y aborrecía «las políticas cortesanas». También nos dice que Pascual «siempre llevaba consigo el librito de oro de Thomas Kempis, *Contemptus mundi* y lo abría muchas veces al día»[126]. Muy lejos estaba de la vocación política y del temperamento de sus padres: «le fatigava mucho el Artificio que usan los cortesanos y obrava contra su genio y inclinación en corresponderles»[127]. Hasta 1651, don Pascual no había residido de manera estable en Madrid, pero a partir de ahora necesitó una casa donde establecerse. Sólo conocemos una residencia de don Pascual en la Corte, en la Casa de Campo, que embelleció con estatuas a su regreso de Italia, aunque ignoramos cuándo la adquirió[128]. A través de su agente en Roma, el licenciado Coloma, Pascual pidió licencia para la construcción de un convento para las capuchinas de Toledo. Este agente permitió a Pascual estar informado de los acontecimientos de la corte romana mucho antes de trasladarse a Italia. Las cartas de Pascual a partir de entonces muestran su creciente preocupación por llevar a cabo la construcción de la nueva casa de las capuchinas[129] y

---

[125] *Ibíd.*, carta de Pascual a las capuchinas desde Madrid, a 23 de diciembre de 1651. En otra carta del 1 de marzo de 1657, Pascual de Aragón les comunicaba el envío de otras imágenes para la iglesia: «mañana llevara el carro la imagen de Nuestra Señora para el altar mayor y la Santa María Egipcíaca para el colateral» (carta de Pascual a las capuchinas desde Madrid, a 1 de marzo de 1657).

[126] *Ibíd.*, Libro I, p. 45v.

[127] *Ibíd.*, Libro I, p. 39.

[128] García Mercadal 1999.

[129] ACCT, «Me consolaré porque vean estos ojos la iglesia hecha nueva y luego lleveme Dios, pues nunca sere mejor que hecho tierra» (carta de Pascual a la madre

poder terminar así la obra de su panteón[130]: «que [Dios] me dé vida hasta que les tenga acavada la casa, que aseguro a Vuestra Merced no es creible el gozo que recibe mi corazón, quando considero el convento que he de labrar»[131]. Pronto don Pascual recibió otros beneficios de la iglesia de Córdoba así como el arcedianato de Castro, por el que tuvo que renunciar al de Talavera[132].

Un año después de la llegada de Pascual a la Corte, el 13 de octubre de 1652, el ejército de Felipe IV recuperó Barcelona, dando así por terminada la revolución catalana iniciada doce años atrás. Felipe IV concedió el perdón general y prometió respetar las constituciones del Principado, algo que no cumplió. Fue también un año importante para la historia de la casa de Aragón y Cardona, que de repente recuperó sus estados y propiedades en el Principado. El mecenazgo de los Cardona se empeñó desde entonces en limpiar el rastro dejado por los franceses en Cataluña y en ensalzar el nombre de la familia con obras en el monasterio de Poblet. Desde entonces y hasta el viaje a Italia, la mayor preocupación de la familia Cardona en el terreno del mecenazgo fue su panteón familiar. El matrimonio celebrado en Lucena en 1652 entre doña Catalina Antonia de Aragón, hija mayor de don Luis, duque de Cardona, con don Juan Francisco de la Cerda, duque de Medinaceli, selló la unión de los estados de Segorbe y Cardona con los de la casa de Medinaceli[133]. En 1655 era otra sobrina de don Pedro Antonio y Pascual,

---

Victoria, a 1 de febrero de 1657).

[130] «Para que tengan logro mis ansias que es verlas con casa, que a veces me regocijo con solo imaginar como a de ser, y hago mis quentas y saco de mi hacienda para la obra ocho mil ducados cada año, hasta que se acave y de una renta seglar que e de tener dentro de algunos años por mi vida, la he de perpetuar y fundar capellanías para que tengan misas […]» (ACCT, carta de Pascual a las capuchinas desde Madrid, a 7 de mayo de 1652).

[131] ACCT (carta de Pascual a las capuchinas desde Madrid, a 23 de abril de 1651).

[132] «Con todo consiguió la conveniencia de aumentar su Renta, y el consuelo de reintegrarse en el cabildo entre sus capitulares, porque sentia mucho el hallarse fuera de tan venerable comunidad» (Ruiz Franco de Pedrosa: *Crónica del Eminentísimo señor don Pasqual de Aragón*, 1689, Libro I, p. 39). Pascual quiso que recayera en don Luis de Heredia, canónigo de Toledo, pero más tarde lo volvió a recuperar.

[133] El linaje de Medinaceli es recordado por su política de alianzas matrimoniales, que le permitió convertirse en una de las casas nobiliarias españolas con mayor concentración de títulos y estados a finales de siglo.

doña María de Aragón, quien se casaba con el marqués de los Vélez, Fernando Joaquín Fajardo de Requesens y Zúñiga.

En 1653 don Pascual pasó de la Inquisición a ocupar la plaza de regente de Cataluña en el Consejo de Aragón, cuyo vicecanciller era entonces Cristóbal Crespí de Valldaura. El nombramiento se produjo en enero de 1654, según Pedrosa «con grande consuelo de los ilustrisimos reynos de la Corona y en particular de Cataluña que zelebro con publicas demostraciones tener tal rexente nacional de aquel principado». Pero lo cierto es que el *Dietari* de la Generalitat ni recogió la noticia, ni mencionó especiales celebraciones en Barcelona[134]. En septiembre de 1654 Pascual ingresó en la Escuela de Cristo[135], institución fundada en Madrid en 1653, que se constituirá en un auténtico círculo de poder durante la regencia de Mariana de Austria. Muchos años después, al regresar a España al término de su virreinato napolitano, Pascual seguirá abonando el alquiler del Oratorio de la Escuela. En 1655 fue finalmente ordenado sacerdote en Toledo por el cardenal Moscoso y Sandoval, con quien le unía una gran amistad desde su llegada a la ciudad.

LOS CAMINOS QUE LLEVAN A ROMA (1658-1662)

En 1658 los intereses españoles en Italia estaban muy desamparados: no había en la corte romana ningún embajador español ante la Santa Sede, ni otro cardenal español que el jesuita Juan de Lugo, investido con la púrpura en 1643, ya enfermo y postrado en cama. En España sólo quedaba un cardenal, Baltasar Moscoso, arzobispo de Toledo, también anciano por aquellas fechas. El virrey de Nápoles, conde de Castrillo, había solicitado dejar su cargo, el de Sicilia lo era interino y al gobernador de Milán, conde de Fuensaldaña, se le había dado licencia para regresar a

---

[134] Ruiz Franco De Pedrosa: *Crónica del Eminentísimo señor don Pasqual de Aragón*, 1689, Libro I.

[135] García Fuertes 1993. Entre sus promotores se encontraban el cardenal Moscoso y Juan de Palafox y Mendoza (1600-1659). Estuvieron muy vinculados a la congregación Guillem Ramón de Moncada, marqués de Aytona, o Luis Crespí de Valldaura, que fue obispo de Plasencia (1658-1663) y fundador a su vez del primer oratorio de San Felipe Neri en España, en la ciudad de Valencia en 1645. Nicolás Antonio ingresó en 1655. Miembros de la más alta nobleza catalana se encontraban, pues, entre los congregados, y parece que Felipe IV tuvo muy en cuenta la Escuela de Cristo al diseñar la junta que gobernaría durante la minoría de edad de Carlos II.

España al terminar la guerra con los franceses[136]. España tampoco tenía representante en la república de Génova y el embajador en Venecia, muy inexperto en su oficio, podía aportar poco a la mejora de una situación internacional tan desfavorable. Ante esta crítica situación, en marzo de 1658 don Gaspar de Sobremonte, encargado de los negocios de España en Roma, solicitó en una carta a Felipe IV la propuesta de una persona para el capelo nacional, cargo de gran relevancia en la corte romana. El título de cardenal nacional tenía dos preeminencias básicas: la de ser protector del país al que representaba y la de ser intérprete de los sentimientos de la Corona en el cónclave. El cardenal protector y el embajador en Roma se repartían los negocios del rey según la calidad de las materias y, en ocasiones, el monarca omitía comunicar determinados despachos al embajador para trasmitirlos directamente a los cardenales protectores.

Felipe IV solicitó al Consejo de Estado información sobre la materia, y éste ponderó las cualidades que debía reunir el cardenal protector. El nuevo cardenal tendría un difícil cometido en Italia: en Roma debería asistir al futuro embajador en las negociaciones para la paz universal y en los pleitos pendientes de la Corona. Debería hacer frente a la pretensión de los rebeldes portugueses de atribuir al duque de Braganza (titulado rey de Portugal) la proposición y confirmación de los obispos en las vacantes de las diócesis portuguesas, un privilegio hasta entonces privativo del monarca español. Tendría que resolver los conflictos abiertos entre las jurisdicciones real y eclesiástica en Nápoles y en otros dominios españoles en Italia. También debería negociar la prórroga de gracias sobre los eclesiásticos para que aportaran un subsidio extraordinario, además de las cargas generales, en ayuda a la hacienda real. El Consejo optó por presentar al rey dos grupos de candidatos. El primero lo constituían personas de edad madura y elevados cargos. El segundo, clérigos jóvenes de la sangre más ilustre, entre los que figuraban miembros de las familias Borja, Benavides, Pimentel, Spinola, Silva, Pacheco, Cuevas y Ponce de León. El primer lugar en consideración lo ocupó Pascual de Aragón, y Felipe IV se inclinó por él, proponiéndole para el capelo nacional de España. El Consejo de Estado notificó la elección a Gaspar de Sobremonte para que solicitara al pontífice, en nombre del rey, la gracia del capelo. Sobremonte comunicó al papa los méritos de

---

[136] Estenaga y Echevarría (1929-1930, Vol. I: 31 ss.).

Pascual de Aragón («aunque yo le dije mucho de esto, siempre entenderé que he quedado corto»[137]).

Sin embargo, Alejandro VII no convocó de momento el consistorio y demoró la concesión de los capelos nacionales a varios reinos, hasta que no se firmase la paz hispano-francesa. El papa, que se sentía progresivamente apartado de las grandes negociaciones internacionales, quiso demostrar así que aún conservaba capacidad y autoridad en un asunto tan importante como el nombramiento de cardenales nacionales. Mientras progresaban estas negociaciones con el papa, a mediados de 1658, los portugueses, apoyados por franceses e ingleses, sitiaron la ciudad de Badajoz. A pesar del desgaste sufrido en las guerras de Cataluña y Flandes, Felipe IV quiso hacer un nuevo esfuerzo militar allí, enviando al propio don Luis de Haro como capitán de los ejércitos reales y ordenando a Pascual de Aragón a marchar a Toledo con la misión de reunir el ejército. Pascual acompañó hasta las afueras de la ciudad a la última compañía, capitaneada por don Alonso Nuño de Guzmán. Acudió a caballo, vestido con una casaca de rizo negro y capa de estameña de color leonado con la cruz verde de Alcántara, hábito que reservaba para los actos públicos más solemnes[138].

El 5 de abril de 1659 Felipe IV volvió a instar a don Gaspar a solicitar al papa que no retardase más la gracia del capelo, argumentando que ello ocasionaba grandes perjuicios a la Corona, pues el sacro colegio carecía de un cardenal nacional que atendiera los asuntos españoles ante el pontífice. Don Luis Ponce de León, conde de Benavente, fue entonces nombrado embajador de España en Roma. Era hijo del IV duque de Arcos y pariente de Pascual, pues el hermano mayor de Luis Ponce, Rodrigo, había estado casado con la hermana de Pascual, doña Ana. El rey, en un despacho del 14 de agosto, mandó infructuosamente al embajador que solicitara con urgencia la declaración del capelo. Pascual había sido propuesto para el título de cardenal nacional para culminar un papel que ya había iniciado en Madrid, participando en las negociaciones que precedieron la Paz de los Pirineos. Una carta del 10 de marzo de 1660 firmada por el nuncio en Madrid, monseñor Carlo Bonelli, arzobispo de Corinto, demuestra hasta qué punto Pascual de Aragón se había convertido en su máximo

---

[137] El 9 de septiembre Gaspar de Sobremonte comunicó en una carta su audiencia con el papa (Estenaga y Echevarría 1929-1930, Vol. I: 32).

[138] (Estenaga y Echevarría 1929-1930, Vol. I: 33).

interlocutor en la última fase de la firma del tratado. Bonelli revela que quiso trasladar a Pascual, antes que a nadie, el descontento del papa porque el preámbulo del tratado no reconocía explícitamente la mediación del pontífice. Al parecer, el cardenal Mazarino (1602-1661) había culpado de ello a don Luis de Haro, pero Pascual calificó de calumnia tal acusación[139]. Tras dos años de espera, en el consistorio celebrado por el papa Alejandro VII el 5 de abril de 1660 se elevó a Pascual a la púrpura cardenalicia. El cardenal Pascual de Aragón tenía entonces 33 años. Fueron creados en esta misma ocasión ocho cardenales: el obispo de Ratisbona y príncipe del Imperio, por Alemania; monseñor Francesco Mancini, pariente del cardenal Mazarino, por Francia; y Gregorio Barbarigo, obispo de Bérgamo, por la República de Venecia.

Tras llegar la noticia del capelo a Madrid, la primera persona a la que escribió Pascual, antes incluso que al rey, fue a la madre abadesa de las capuchinas de Toledo[140]. El mismo día, Pascual comunicó la noticia al cabildo y al ayuntamiento de Toledo, que declararon en la ciudad tres días de regocijo público, de luminarias y cohetes. Inmediatamente, el embajador español en Roma, Ponce de León, escribió al rey para solicitar que el recién nombrado cardenal se dirigiera a Roma con la mayor brevedad[141] y advirtió que el abad Castiglione, camarero de honor de Alejandro VII, era el encargado de traer a España la birreta cardenalicia para don Pascual de Aragón. Felipe IV se encontraba en Irún para celebrar las bodas de su hija, la infanta María Teresa, con Luis XIV. El abad Castiglione se detuvo allí para presenciar la boda real y entregar personalmente al monarca el breve del papa. En la isla de los Faisanes iba a tener lugar la firma de la Paz de los Pirineos y Pedro Antonio de Aragón acompañaría al rey en esta ocasión. Don Pascual escribió a Felipe IV desde Madrid para darle las gracias por el capelo y éste respondió desde Vitoria en una carta llena de elogios[142]. Pascual hizo las visitas acostumbradas al

---

[139] Archivio Segreto Vaticano (ASV), SS, Spagna, Ms. 122, fol. 5 y 109-110.

[140] ACCT, Carta de Pascual a la madre abadesa, 28 de abril de 1660. Publicada en Estenaga y Echevarría (1929-1930, Vol. I: 38).

[141] «Con esta ocasión represento a Vuestra Majestad la soledad grande con que se halla en esta corte el servicio de Su Majestad y la conveniencia de que asista en ella con la mayor brevedad que fuere posible un cardenal nacional de la sangre y buenas partes de don Pascual de Aragón para que se sirva Vuestra Majestad de ordenarle que no dilate su partencia», citado por Estenaga y Echevarría (1929-1930, Vol. I: 34).

[142] Estenaga y Echevarría (1929-1930, Vol. I: 35. Carta del rey, de 4 de mayo).

primer ministro, presidente de Castilla, vicecanciller de Aragón e inquisidor general, y al consistorio general de la Santa Cruzada, acompañado
siempre de su hermano el duque don Luis de Cardona. Entre todas las
visitas, las crónicas recuerdan sobre todo la del vicecanciller del Consejo
de Aragón, don Cristóbal Crespí de Valldaura. Pascual acudió a verle y
se arrodilló a sus pies, pidiéndole la mano para besársela. Después, el
cardenal se fue a su casa sin dejarse ver en público y se vistió de hábitos
morados, a la espera de la visita del nuncio, Carlo Bonelli, que acudió a
felicitarle con un séquito de vistosas carrozas y muchos criados de librea.
En mayo, Pascual volvió al Consejo de Aragón para despedirse del cargo
de regente de Cataluña y no consintió que le dieran ningún tratamiento
más que el que le correspondía como consejero. El nuncio Bonelli impuso
la birreta cardenalicia a Pascual de Aragón en la iglesia del colegio de la
Compañía de Madrid.

> [Bonelli] hizo la función con ostentación y grandeza, en publico, con
> todo el acompañamiento de su familia con librea muy lucida y carrozas ricas,
> y abiendo pedido audiencia a su eminencia, llegó a su palacio y al recibirle
> se declaró la creación porque le empezó a tratar de eminencia el nuncio sin
> tomarle la puerta ni silla. Pascual tuvo audiencia secreta de su majestad y pasó
> desde Palacio a visitar al señor Don Luis Méndez de Haro a quien debió su
> eminencia en gran parte este ascenso. Visitó también a los señores presidente
> de Castilla y Aragón, Inquisidor general y comisario general de la santa cru-
> zadas y en todas estas funciones acompañó a su eminencia el excelentísimo
> señor don Luis Folch de Aragón, duque de Segorbe, ostentando con tanta
> fineza el favorecer la dignidad cardenalicia que se puso a los cavallos llevando
> a su eminencia solo a la testera de la carroza y se quedaba en las antecamaras
> mientras hacia el cumplimiento su hermano[143].

Al regresar Felipe IV a la Corte, el cardenal Aragón le hizo la primera
visita en público. Según la costumbre, el rey le esperó de pie y le mandó
cubrirse en su presencia. Pascual tuvo también audiencia con la reina y
con el príncipe Felipe Próspero. Quiso dirigirse con la mayor brevedad a
Roma, pues el embajador insistía en contar con su presencia allí. Por ello,
en agosto, el Consejo de Estado propuso al rey los medios para que Pascual

---

[143] Ruiz Franco de Pedrosa: *Crónica del Eminentísimo señor don Pasqual de Aragón*,
1689, Libro II, p. 61. Cap. 2: «su eminencia es creado cardenal en 1660». El nuncio
monseñor Bonelli llevó los despachos a Pascual.

hiciera su viaje cuanto antes, señalándole 20.000 ducados de plata de ayuda de costa en un pago y 24.000 cada año para que viviese en Roma con el lustre que requería un cardenal ministro de la Corona. Pero la orden del rey no llegaba y Pascual de Aragón decidió retirarse de la Corte por Navidad. Su cuñado, don Luis de Haro, le ofreció su palacio de Loeches, edificado por su tío el conde duque de Olivares y situado entre el convento de la Purísima Concepción y el de las descalzas reales[144]. Durante tres meses, Pascual esperó en Loeches la orden de Felipe IV para poder dirigirse a Roma. Había llegado el invierno y fue necesario esperar a la próxima primavera para iniciar el viaje. En enero fue a Toledo a despedirse de todos, y en especial de las hermanas capuchinas. En una de sus últimas visitas a las capuchinas, éstas le pidieron su retrato vestido de cardenal (Figura 6). Pascual ordenó repintar un cuadro de su madre, la duquesa de Cardona, para que apareciese él retratado junto a una capuchina, en actitud orante, ambos de rodillas a los pies de Cristo. De la boca del cardenal, un letrero rezaba: «Nihil sum nisi peccator et in me misericordia tua»; y otro, de la capuchina, decía: «Exaudi me deprecantem pro illo». Pascual se confesaba un pecador acogido a la misericordia de Dios y la monja capuchina rogaba a Cristo por su bienhechor. Por voluntad de Pascual la pintura se colocó en el coro, donde pasaban largas horas las monjas, y sigue aún hoy en el mismo lugar[145].

---

[144] El conde duque también había levantado el convento suntuoso de las dominicas llamado de la Purísima Concepción. Ruiz Franco de Pedrosa: *Crónica del Eminentísimo señor don Pasqual de Aragón*, 1689, Libro II, cap. 3.

[145] El estrecho vínculo que unía a las monjas capuchinas con Pascual de Aragón ha sobrevivido sorprendentemente hasta fechas muy recientes. En verano de 2003 y en posteriores ocasiones tuve el privilegio de visitar el convento y comprobar cómo la memoria de Pascual de Aragón seguía viva; las monjas se referían a ese hombre que aparecía en los retratos como «don Pascual», con extraordinaria familiaridad, ignorando los siglos que les separaban. El agradecimiento que todavía entonces demostraban en sus oraciones a Pascual de Aragón sólo era comparable al interés que mostraban por conocer más detalles de su vida. Desgraciadamente la comunidad capuchina de Toledo se disolvió en 2006.

Fig. 6. *Pascual de Aragón*, retrato de autor desconocido, ca. 1661, óleo sobre lienzo, convento de las monjas capuchinas de Toledo, detalle.

Desde Loeches, en abril de 1661, Pascual escribió a las capuchinas para despedirse. Tras un largo invierno y muchos meses de preparación, el cardenal Pascual de Aragón emprendió por fin su viaje a Italia. Envió a Alicante a toda su familia, para embarcar y poder transportar todo su guardarropa por mar, con mayor comodidad. El cardenal, por su parte, había decidido viajar por tierra, recorriendo el sur de Francia, lo cual representaba una excepción en los desplazamientos a Italia realizados por los embajadores y representantes del rey católico. Lo más común era el viaje por mar, partiendo del puerto de Cartagena, Alicante o, excepcionalmente, Barcelona, hasta alcanzar las costas de Génova. Pascual, oculto bajo un hábito franciscano, simuló ser el abad de Cardona para pasar desapercibido en su llegada a Zaragoza, donde fue a venerar la imagen de la Virgen del Pilar. A los pocos días abandonó en litera la ciudad con los huesos de su madre para llevarlos al monasterio de Poblet y así cumplir con su deseo de yacer junto a su marido en el panteón familiar. Al llegar a Poblet, Pascual esperó en la capilla de San Jorge, en el recinto exterior del monasterio, vestido con los hábitos morados y la birreta cardenalicia. Fueron a su encuentro el abad pontifical y todos los monjes con hachas encendidas. Durante la procesión hasta la iglesia mayor, Pascual quiso llevar personalmente los huesos de la madre, argumentando: «que bien la puedo yo llevar de aquí a la iglesia, haviendome llevado a mí nueve meses en sus entrañas»[146]. El cardenal asistió a la misa solemne desde el coro, sentado en la silla abacial. Enterraron a Catalina en uno de los panteones del lado del Evangelio, junto al del duque de Cardona. Pascual repartió entre los monjes un buen número de doblones y entregó al monasterio el repostero de terciopelo verde con corona real y las armas de Aragón que doña Catalina le había legado.

El 25 de abril, Pascual llegó a Gerona y Jeroni de Real, *jurat en cap* de la ciudad, dejó constancia de esta visita en su crónica: «Entrà a Gerona lo Cardenal Pascual y la ciutat li feu visita»[147]. Pascual fue a visitar las reliquias de San Narciso, obispo y patrono de la ciudad, en la iglesia de San Félix[148]. Se hospedó en casa de su amigo, el abad de San Félix, y allí Pascual, como arcediano mayor de la catedral, recibió a los seis canónigos, que, en nombre del cabildo, le invitaron a comer. Después del almuerzo, los canónigos con capas blancas y el obispo, de pontifical bajo palio, acompañaron a Pascual con gran pompa hasta la catedral y éste dio la bendición al pueblo[149], asistiendo después a las vísperas celebradas con todo aparato y música[150]. Tras abandonar Gerona y dormir una noche en Medinyà[151], llegó a Francia. Cruzó el condado del Rosellón por Perpiñán, ciudad en la que había vivido de pequeño. Luego pasó por Salses, Narbona, Montpellier y Nimes. Entró en el condado venasino, de soberanía papal, y se paró en su capital, Aviñón, «por su particular hermosura», según Pedrosa. Italianos y franceses, al verle, sospecharon que se trataba de un gran señor por las ceremonias con que le asistían en la misa, en una

[146] Estenaga y Echevarría (1929-1930, Vol. 1: 40).

[147] De Real (1994, Vol. II: 81-82).

[148] Ruiz Franco de Pedrosa: *Crónica del Eminentísimo señor don Pasqual de Aragón*, 1689.

[149] Estenaga y Echevarría (1929-1930, Vol. 1: 41).

[150] De Real (1994, Vol. II: 376).

[151] «Va fer nit a Medinyà», AHMG, MA, 1661, fols. 114-114v. En De Real (1994, Vol. II: 376).

capilla de la catedral, y por el abundante servicio de plata y numerosos escudos de armas que llevaba. Los que le vieron avisaron al arzobispo de la ciudad, el dominico fray Domingo de Marinis, hermano de fray Juan Bautista, general de la orden de predicadores. El prelado consiguió dar la bienvenida al cardenal. El vicelegado del papa, en cambio, no fue tan rápido y tuvo que ir al encuentro de Pascual fuera de Aviñón. En la Provenza, Pascual de Aragón se detuvo en Apt, en Aix y en Saint Maximin, para visitar el famoso convento de los dominicos que albergaba las reliquias de Santa Magdalena. Llegó a Cannes, ciudad conocida entonces por hallarse muy cerca de las islas de Santa Margarita y de San Honorato, de las que se habían apoderado los españoles en 1635. Navegó desde Cannes hasta Mónaco. El entonces príncipe de Mónaco, que había sido durante mucho tiempo amigo de España, estaba ahora del lado del rey de Francia. El príncipe incumplía el tratado de los Pirineos al no querer someter la fortaleza de la ciudad a la obediencia de la Corona española. Pascual, que quiso comprobarlo con sus propios ojos, visitó el castillo de incógnito, disfrazado con la ropa de uno de sus criados. Pascual se encontraba ya a las puertas de Italia.

Un año después, a principios de julio de 1662, Pedro Antonio emprendió también su viaje a Italia para suceder a su hermano y ocupar el cargo de embajador en Roma. Como Pascual, visitó también el monasterio de Poblet, a donde llevó los huesos de su hermano Antonio para darles sepultura en el panteón familiar. En 1659, don Luis de Aragón, VII duque de Cardona, había decidido construir allí las dos cámaras sepulcrales de la familia, que hasta entonces carecía de un lugar de entierro adecuado, en lo que pasó a denominarse la Capilla Real. El duque, a sus 51 años, pretendía convertir el lugar en un auténtico panteón de los reyes de Aragón y de la casa de Cardona (Figura 7). A partir de entonces, y por un período aproximado de diez años, los hermanos don Pedro Antonio y don Luis emprenderán una campaña de *damnatio memoriae* con el propósito de borrar en el cenobio el recuerdo del gobierno de los franceses en Cataluña. Como se recordará, en 1658, don Luis había sostenido: «lo más sensible es que los sepulcros de tan esclarecidos Reyes de Aragón, progenitores de Vuestra Majestad y los de los antepasados del duque se hayan visto por tantos años en el Real Convento de nuestra Señora de Poblet de monjes bernardos, sujetos a franceses que en un tiempo dominaron, con notable pérdida y destrucción de aquella real casa»[152].

Fig. 7. Joan y Francesc Grau, Panteón de los duques de Cardona, monasterio de Poblet (Tarragona), escultura, 1659-1662. Foto de Montserrat Catalán.

En 1662, Pedro Antonio de Aragón asistió al traslado general de los sepulcros de su casa a los nuevos panteones. También en esta ocasión, Pedro Antonio costeó la construcción de la Torre de las Campanas, obra que será terminada en 1668, cuando aún se encuentre en Nápoles, y de la que hoy no conservamos nada, salvo la fábrica de cantería. Los Cardona impulsaron también el embellecimiento del templo con un nuevo pavimento que abarcaba todo el altar mayor, el presbiterio y el coro. En cuanto a la Capilla Real encargaron unas puertas de bronce para las cámaras sepulcrales al pintor barcelonés Isidro Ballester. Se lograron acondicionar los cadáveres de los monarcas, antepasados suyos, en cajas de madera nuevamente construidas y pintadas por José Juncosa[153]. El día del traslado solemne, treinta urnas se dispusieron en la Capilla Real, rodeando el túmulo sobre el cual se colocó el ataúd con los huesos del cardenal Antonio de Aragón. De las dos cámaras sólo queda hoy la del lado de la

---

[152] Lo cuenta Jaime Barrera, de la Academia de Bones Lletres de Barcelona, BC, ms. 2855, Memorial al Rey del duque de Segorbe y Cardona, Barcelona, 26 de enero de 1658.

[153] Pasó quince días en Poblet, pintando «los rètols de las caxas que feren novas ahont se traslladaran los cadàvers dels senyors rey don Martín y altres antecesors de sa excel·lència, y fer una corona a cada una de ditas caxas, y los remates que són trenta y quatre» (Martinell 1949: 9).

Epístola. Pedro Antonio de Aragón, antes de pasar a Italia, también entregó a Poblet las 41 imágenes de santos que tenía en su oratorio de Madrid con el fin de crear un retablo relicario. Paralelamente encargó al barcelonés Bartolomé Dents la realización de unas valiosas rejas de hierro y bronce para las hornacinas que debían contener las reliquias. Sólo tras su llegada a Italia, Pedro Antonio ordenaría la donación de las reliquias. Así, para la primera entrega, en junio de 1668, contratará con los escultores Francesc y Joan Grau, que ya han realizado las cámaras sepulcrales, dos retablos para albergar las 36 cajas de reliquias que deben ser colocadas en los dos arcos colaterales al retablo mayor[154].

Desde Poblet, Pedro Antonio llegó a Barcelona y, en agosto de 1662, escribió una carta al Consejo de Estado para informar de su propósito de embarcarse el día 12 hacia Italia. Desde mayo, le esperaban las galeras en Alicante para zarpar hacia Génova. En Barcelona, Pedro Antonio visitó al virrey Francisco de Orozco, marqués de Mortara (1656-1663) y, con toda probabilidad, conoció sus planes de iniciar las obras del nuevo palacio del virrey en Barcelona. El proyecto se arrastraba desde tiempos del virreinato de Juan José de Austria, después de que éste expresara la insuficiencia del palacio del Lloctinent, antigua residencia virreinal que nunca fue habitada. Pero no fue hasta 1656 cuando las obras se iniciaron (Figura 8). Alguna impresión debieron causar en Pedro Antonio los proyectos de construcción de dicha residencia, según diseño del arquitecto carmelita Fra Josep de la Concepció[155], pues años más tarde, en Nápoles, emprenderá a su vez importantes reformas en el palacio virreinal de aquella

---

[154] Al hallarse en Nápoles, su hermano, el duque don Luis, contrató la obra en su nombre. Conocemos la finalización de la obra de los relicarios «y los colgants de dit altar major que sa excel.lència manà fabricar» por una carta de pago de 16 de junio de 1670 y otra del 18 de julio de 1671 a Juan Grau. Así pues, el contrato de la obra de los relicarios se establecía entre «lo magnífic senyor Maurici de Lloreda, cavaller de Barcelona populat, com a tenint orde exprés y particular del excelentíssim senyor don Luis, Duch de Cardona y Segorb, en virtut de la carta expressa firmada de la mà de sa excellència, escrita en Madrid a dotze de maig prop passat [...] en nom y per part del excellentíssim senyor don Pere Antoni de Aragón, cavaller y claver major del Orde de Alcántara, del Consell de Guerra del re... y al present virrey y capità general del regne de Nápols, de una part y Joan Grau y Francisco Grau pare y fill, escultors de la ciutat de Manresa de part altra» (AHPB, Fracisco Daguí, leg. 4, man años 1667-1668, f. 140; Martinell 1949: 42-43).

[155] Narváez 2004.

ciudad, siguiendo su ejemplo, en el marco de un amplio debate sobre la necesidad de reformular las residencias de los representantes del rey, que afectó a varias cortes provinciales simultáneamente.

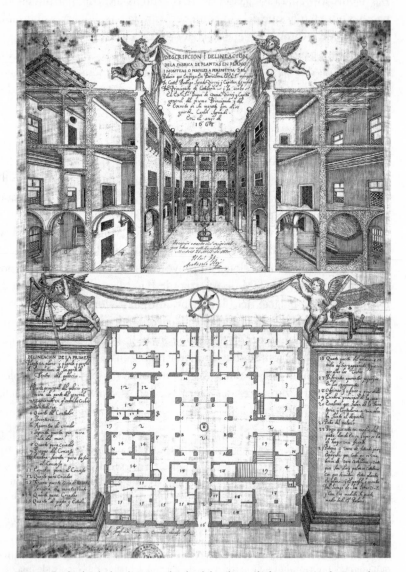

Fig. 8. Grabado de la planta y alzado del palacio de los virreyes de Barcelona, arquitectura de fra Josep de la Concepció, 1668, grabado, Arxiu Fotogràfic de l'Ajuntament de Barcelona.

Desde el puerto de Barcelona, Pedro Antonio de Aragón recibió noticias del polémico comportamiento de su homólogo en Roma, el embajador francés duque de Crequí, y de la ampulosidad de sus apariciones públicas. Pedro Antonio escribió entonces al rey para consultarle cómo debía reaccionar al llegar a Roma para estar a su altura. Quedó claro que quería medirse con el embajador francés y pensó que, a los gestos de Crequí, debía responder con igual majestuosidad[156]. Al Consejo de Estado no le pareció oportuna la demanda de Pedro Antonio y restó importancia al comportamiento novedoso de Crequí. En agosto se le ordenó respetar la instrucción general que se le había entregado en Madrid: «no ha de haver alteración por ninguna novedad que introduzca con ellos [los parientes del papa] el embaxador de Francia»[157]. Pero Pedro Antonio pareció dispuesto a querer romper una tradición. Constituyó el primer aviso de la enorme distancia que le iba a separar de la Corona respecto a las estrategias a seguir en materia de ceremonial. Poco después, Pedro Antonio se embarcaría por fin rumbo a Italia.

En Italia, Pascual de Aragón no respetó el itinerario tradicional de los viajes de embajadores españoles a Roma. Éstos solían llegar a Génova, donde se detenían unos días, para, a continuación, navegar hasta Civitavecchia y desembarcar al fin en Gaeta, plaza española en el extremo sur de los Estados de la Iglesia. Desde Gaeta, solían realizar su viaje por tierra, pasando por Terracina, Priverno, Cisterna, Velletri y Marino. Tras descansar unos días en Frascati, se disponían a entrar de incógnito en Roma[158]. Éste fue el itinerario que en 1662 siguió Pedro Antonio de Aragón, al igual que la mayoría de los representantes del monarca que precedieron a Pascual en su camino hacia Roma. Los centros visitados no se fijaban de un modo improvisado, entre otros motivos porque un viaje de tal envergadura movilizaba a muchas personas. Las comitivas

---

[156] «el duque de Crequí havía salido en público y se portaba con gran lucimiento. Que no havía querido visitar los parientes del Papa con pretexto de ser Orden de su Rey si ellos no le visitan primero. Que al condestable Colonna y al duque de Brachano no les quiere dar en casa la mano derecha, ni visitar a la Reyna de Suecia sino le da la silla, pidiendo [Pedro Antonio] se le advierta y ordene lo que sobre estas cosas se ofreciere para que sepa como se ha de governar en ellas» (AGS, 3035).

[157] AGS, 3035.

[158] Molí Frigola 1992.

diplomáticas debían tener la certeza de encontrar lugares preparados para acogerles. Un desvío de los circuitos habituales, como el que caracterizó el *tour* de Pascual de Aragón, llama pues nuestra atención. ¿Qué le llevó a alterar el itinerario habitual de los diplomáticos españoles? Ésta es una cuestión relevante de la que nos ocuparemos, aunque conviene recordar que Pascual de Aragón no se dirigió a Italia en calidad de embajador, sino como cardenal nacional que iba a cumplir en Roma una misión complementaria a la del embajador, don Luis Ponce de León. Sólo un año después de su llegada a Roma, iba a ser nombrado embajador interino, en ausencia de su hermano, Pedro Antonio, que tenía el cargo en propiedad. El cronista y confesor del cardenal, Pedrosa, que le acompañó en su viaje y llegó a ocupar el cargo de tesorero de la embajada, nos proporciona en su crónica de 1689 ricas noticias que callan otras fuentes.

La familia del cardenal zarpó desde el puerto de Alicante rumbo a Italia. Según Pedrosa, Pascual preparó el viaje «haviendo procurado llevar lo necesario para el uso y ostentación como se requiere en aquella corte, donde tanto se aprecian los lucimientos exteriores»[159]. ¿Qué equipaje se llevó Pascual a Roma? Aquello que pudiera ser admirado en Italia, porque escaseara o porque se reconociera allí su valor. Pascual, que, al término de su estancia en Italia, regresó con pinturas de gran valía y numerosas esculturas[160], a semejanza de los que le precedieron en el cargo, se llevó de España abundante plata labrada, una tapicería de Bruselas, muchos paños y colgaduras bordadas, otras «cosas que se estiman en Roma», como las pieles de ámbar, pastillas de olor, piezas de paño fino de Segovia, y «otras curiosidades de España y de Indias, todo para regalar en aquella ciudad»[161]. A su llegada a Italia, el cardenal necesitaba todos estos objetos, vestidos y regalos para presentarse dignamente en el mayor teatro del mundo y para alimentar el ritual común del intercambio de agasajos. Estos regalos iban a llevar la seña «nacional» («curiosidades de España»), que habría permitido al cardenal proyectar una determinada imagen de la Monarquía

---

[159] *Ibíd.*

[160] Un viajero francés a su paso por Casa de campo, en Madrid, manifestó: «He visto una casa que el Cardenal de Aragón, virrey de Nápoles, había hecho hacer recientemente, que costaba 500.000 escudos, aunque tuviese poca apariencia. No dudo que las estatuas que ha enviado de ese reino y que pasan por la cosa más bella del mundo, ayuden mucho al embellecimiento de ese palacio». Anónimo francés, *Viajes hechos en diversos tiempos en España, Portugal...*, 1700. Reproducido en García Mercadal (1999, Vol. IV, 457).

[161] *Ibíd.*: cap. 6, p. 70.

en Italia. Precisamente ésta era una de las funciones indiscutibles de los representantes del monarca en el exterior. Era de suma importancia que estos objetos llegaran en buenas condiciones a Italia, para que los embajadores se mantuvieran allí con el decoro que su rango requería. Por todo ello, en Alicante se decidió colocar en el barco más resistente «el caxon de la plata, los de las colgaduras y cosas de más prezio y estimación». Y en la segunda embarcación, «una carrocilla curiosa del uso de España que su eminencia tuvo gusto de llevarla para salir a el campo en Roma». En este mismo barco viajaron los baúles de ropa blanca, los vestidos del cardenal y, por supuesto, algo que nunca podía faltar: el chocolate[162].

El cardenal Pascual de Aragón no pudo imaginar que los dos barcos con que viajaba su casa iban a ser atacados por corsarios de Argel: «el nabio quedó abrasado y sumergido con todas las riquezas en lo profundo del mar». La otra embarcación en la que iban las cosas «de menos importancia» logró proseguir su travesía hasta las costas de Livorno, puerto del gran duque de Toscana. Una vez en Génova, el cardenal Aragón recibió la trágica noticia del hundimiento de su barco y del fallecimiento de algunos de sus criados, y se vio obligado a ganar tiempo para rehacer todo su guardarropa antes de su entrada en Roma[163]. A las puertas de Génova, se detuvo en San Pier d'Arena, puerto al norte de la ciudad, donde se concentraba el mayor número de villas de recreo de la aristocracia genovesa, y lugar de encuentro común para los españoles de paso por la urbe[164]. Probablemente, se alojó en casa de la marquesa de Spinola, pues sólo un año después, en 1662, otro representante del monarca español, Francesco Caetani, duque de Sermoneta y virrey de Sicilia, se hospedaría allí a invitación de la duquesa Doria. Desde San Pier d'Arena, Pascual quiso dirigirse hacia el sur sin detenerse en Génova, pero el noble Giacomo Durazzo[165], muy amigo de la familia del cardenal, le instó a pasar por la ciudad y a alojarse en su fastuosa villa[166], en la zona de Fassolo, muy cerca del palacio del

---

[162] *Ibíd.*

[163] *Ibíd.*

[164] Sabemos que un año después, en mayo de 1662, el embajador de Roma saliente, don Luis Ponce de León, se detuvo también en San Pier d'Arena, de camino a su puesto en el gobierno de Milán. Poco después le siguió el gobernador saliente de Milán, Francesco Caetani, duque de Sermoneta y grande de España, con su mujer Leonor Pimentel.

[165] Giacomo Durazzo era hijo de Giovanni Durazzo (1586-1622) y Battina Balbi.

[166] Es una noticia referida por Estenaga, que no indica sus fuentes. La villa Durazzo pasó a propiedad de los Brignole-Sale y, a partir del sigo XIX, se convirtió en sede de una institución religiosa. En la actualidad, el palacio tiene un aspecto del siglo XVIII.

Príncipe. Los asuntos genoveses interesaban mucho a la política española en Italia. En abril de 1663, al finalizar el mandato del dux de Génova, Antoniotto Invrea, y como era esperable, el cardenal Aragón, mandó un correo a España y a Francia para interceder en la elección del sucesor[167].

De Génova, Pascual pasó a tierras del gran duque de Toscana, Fernando II de Médicis[168]. Las relaciones entre la Monarquía y el Gran Ducado de Toscana se mantenían buenas y no parecía preocupar a los españoles el hecho de que Fernando II, precisamente en 1661, casara a su hijo, futuro Cosme III, con una francesa, Margarita Luisa de Orleans. Fernando II tuvo una peculiar manera de recibir a Pascual de Aragón. Había dado órdenes a un gentilhombre suyo para que, a escondidas, siguiera de cerca a Pascual en su viaje por el ducado, y le fuera proveyendo de agasajos y regalos allá por donde pasara. El gentilhombre, sin ser visto ni identificado, debía encargarse de que al cardenal no le faltara nada, ni comida, ni regalos, en cualquier posada donde se alojara[169]. El gran duque pretendió con estas maneras distinguirse de los hábitos comunes de recibimientos y despedidas, inaugurando una práctica ingeniosa de provisión de regalos.

Al abandonar el ducado de Toscana y adentrarse en tierras del Estado de la Iglesia, Pascual de Aragón quiso hacer un alto en el camino. Se detuvo en Caprarola, población del duque de Parma, quien poseía allí la famosa Villa Farnese (Figura 9). El duque de Parma, como Alfonso IV d'Este, duque de Módena, mantenía unas excelentes relaciones con el monarca francés. A pesar de que Caprarola era bien conocido por los españoles, a través de libros y grabados, la visita de un embajador español a ese enclave era inédita. ¿Cuáles fueron pues las causas? Pedrosa se limita a afirmar que la parada del cardenal se debió a su voluntad de organizar mejor, desde allí, su entrada en Roma, y reunir noticias sobre las prevenciones que se estaban tomando. Según el cronista, la decisión de detenerse se habría visto condicionada fundamentalmente por la pérdida

---

Agradezco a Piero Boccardo la información que me ha facilitado para contextualizar el personaje de Giacomo Durazzo y para localizar la villa referida por Estenaga.

[167]　ASV, SS, *Avviso* de Roma de 14 de abril de 1663, fol. 59r.

[168]　Fernando II ocupó el cargo entre 1628 y 1670, año en que le sucedió Cosme III de Médicis. Durante estos años, el gran duque conservó la integridad de su territorio y hasta adquirió Pontremoli en 1650. Durante el mismo período, otros principados italianos sufrieron pérdidas o transformaciones de sus fronteras, como los Gonzaga tras la guerra de Monferrato, o los Farnese tras la guerra de Castro.

[169]　Ruiz Franco de Pedrosa: *Crónica del Eminentísimo señor don Pasqual de Aragón*, 1689.

del equipaje del cardenal y por la inconveniencia de entrar de inmediato en la ciudad santa[170]. Hasta ahora sabíamos muy poco de las intenciones de Pascual al visitar estos enclaves, pues, como se ha visto, Pedrosa no fue muy explícito al respecto. Podemos, sin embargo, argüir distintas causas de tipo político y cultural.

Fig. 9. Antonio da Sangallo el Joven, Baldassare Peruzzi y Jacopo B. Vignola, Palacio Farnese de Caprarola (Viterbo), 1525-1575.

Los feudos farnesianos fueron divididos en 1537, tras la creación del ducado de Castro, situado en un lugar estratégico al norte del Estado de la Iglesia. En 1649, las tropas de Inocencio X conquistaron y destruyeron el estado de Castro, dejando a Ranuccio Farnese, VI duque de Parma y de Piacenza (1630-1694), antiguo poseedor de esta plaza, sin ninguna capacidad de influencia en la corte romana. Como consecuencia, el duque decidió trasladar parte del mobiliario y de las pinturas de su palacio de Roma, el palacio Farnese, a sus residencias del ducado parmesano. Allí se mantuvo, a partir de entonces, en malas condiciones económicas y financieras. El alejamiento del duque de su palacio de Caprarola fue también casi absoluto a raíz de tales acontecimientos. Inocencio X se apropió de Castro y su sucesor, Alejandro VII, incautó el ducado. Los Farnese y una rama suya, los duques de Latera, reocuparon Castro creando un pequeño estado que duró como tal hasta 1658, cuando Pedro Farnese, duque de

---

[170] Ruiz Franco de Pedrosa: *Crónica del Eminentísimo señor don Pasqual de Aragón*, 1689.

Latera, vendió el feudo de Farnese a los Chigi, familia del entonces papa, que lo erigieron en principado[171].

El cardenal Aragón visitaba pues un feudo que se encontraba bajo la creciente influencia de la familia del papa Chigi y bajo la presión de Francia, que pretendía desvincularlo de la Santa Sede. La Paz de Pisa, que acabaría en 1664 con el conflicto entre Luis XIV y Alejandro VII, causado, entre otros motivos, por un ataque sufrido por el embajador francés en Roma, dedicaba su primer artículo enteramente a Castro y estipulaba: «si discameri Castro con una prorroga di otto anni, da potersi ricomprare in due volte e farsi la divisione da due periti d'accordo»[172]. Luis XIV, con la mediación del gran duque de Toscana, conseguía imponer la desvinculación de Castro del patrimonio de la Iglesia y la facultad de los Farnese de recomprar el feudo a la Santa Sede[173]. En 1661, Pascual recibió en Caprarola las visitas de Mario y Agostino Chigi[174]. Desconocemos hasta qué punto, en 1661, el duque de Parma estuvo prevenido o no de la llegada de Pascual de Aragón a Caprarola. Según su cronista, Pascual se excusó expresamente al duque por no «aposentarse en el palacio que el duque tiene allí ricamente compuesto de alaxas y adornado de jardines y fuentes»[175]. Los embajadores franceses se hospedaban habitualmente en el palacio Farnese. Por ejemplo, en noviembre de 1664, una vez firmada la Paz de Pisa, el duque de Crequí pasaría allí una breve estancia, ocupando el palacio ducal[176], con el fin de lanzar un mensaje de reafirmación del derecho de los duques de Parma y Farnese sobre Castro. Consciente quizá de las implicaciones políticas de alojarse en casa del duque de Parma, prefirió establecerse en una villa cercana, «bastantemente acomodada y capaz»[177] y «en buen sitio y de bas-

---

[171]   Tras la muerte del duque de Latera, en octubre de 1661, Agostino Chigi, hermano del papa, se tituló príncipe de Farnese. En el mismo año, el cardenal Flavio Chigi, Mario y Agostino Chigi adquirieron otros feudos como el ducado de Ariccia y, un año después, el principado de Campagnano, el ducado de Formello y las tierras de Scrofano y Cesano.

[172]   BNE, Ms. 9981, *Tratado de Pisa*, art. 1, p. 357 y ss.

[173]   Díaz (1987: 379).

[174]   AOP, AEESS, Ms. 363, fol. 26.

[175]   Ruiz Franco de Pedrosa: *Crónica del Eminentísimo señor don Pasqual de Aragón*, 1689.

[176]   BAV, Barb. Lat. 6368, *Avvisi di Roma*, fol. 79: «Venerdi fece qua ritorno da Caprarola il signor duca di Crequí ambasciatore cristianisimo stato a godere delle caccie e compagnia di quel luogo con alcuni suoi genitluomi di sua corte».

[177]   Ruiz Franco de Pedrosa: *Crónica del Eminentísimo señor don Pasqual de Aragón*, 1689.

tante recreación»[178], desde el que no renunció a gozar, según palabras de
Pedrosa, de «lo apacible del sitio y los primores del Arte que es esmero con
gran perfección en la composición de las recreaciones de su alteza en aquel
paraxe que pueden competir en grandeza y curiosidad con las primorosas
de Europa y con las que más celebra la opulencia y delicia de Roma»[179].
Esta declaración nos introduce de lleno en las motivaciones culturales que
empujaron al cardenal a detenerse en Caprarola, y nos permite sostener que
Pascual fue un ojo atento e inquieto de la realidad italiana que visitaba.
Pascual sabía lo que iba a ver, ya fuera gracias a la lectura de Tito Livio, que
en su obra narró numerosos hechos acontecidos en tierras del Cimino, ya
fuera por los numerosos grabados existentes de la mítica Villa Farnese y de
sus jardines, que circulaban por Europa y que la convirtieron en prototipo
de residencia principesca en los siglos XVI y XVII. El proyecto de Villa Farnese (1525) se había debido a la iniciativa del cardenal Alessandro Farnese,
posterior papa Pablo III. La construcción fue continuada más tarde por su
sobrino Alessandro. Obra de los arquitectos Antonio da Sangallo el Joven
y Baldassare Peruzzi, fue luego culminada por Vignola, bajo cuya dirección
trabajaron Taddeo y Federico Zuccari; Antonio Tempesti o Giacomo del
Duca. En 1575 se había llevado a cabo una reestructuración urbanística
del entorno del palacio, para integrarlo en la población. En su interior, la
sala de los *fasti farnesiani* evocaba las glorias de la familia y el importante
papel desarrollado por el linaje a lo largo del siglo XVI.

El entonces embajador español en Roma, don Luis Ponce de León, envió
al cardenal Aragón, todavía en Caprarola, una carroza de seis caballos para
que pudiera desplazarse cuando lo necesitara, con la debida dignidad. Se
trataba de una atención común que los embajadores y virreyes de Nápoles
tenían con los representantes españoles recién llegados a Italia. Conviene
recordar que el embajador y el cardenal eran parientes, pues una hermana
del cardenal, Ana Antonia de Aragón, ya fallecida, había estado casada con
Rodrigo Ponce de León, duque de Arcos, virrey de Nápoles y hermano del
ahora embajador en Roma. Además, un hijo del duque de Arcos, sobrino
por lo tanto del cardenal, tuvo una relación muy estrecha con él, y ambos
recibieron sepultura en el convento de monjas capuchinas de Toledo. Probablemente, con esta carroza Pascual haría sus visitas a las casas de campo
próximas a Caprarola: Villa Lante en Bagnaia (Figura 10), obra del arquitecto

---

[178] *Ibíd.*
[179] *Ibíd.*

Vignola, inmortalizada por Montaigne en su *Voyage en Italie*; y Villa Orsini, en Bomarzo. Ambas villas se situaban en dos feudos que eran propiedad del I duque de Bomarzo desde 1656 y 1645, respectivamente[180].

Fig. 10. Jacopo B. Vignola y Tommaso Ghinucci, Jardines de Villa Lante de Bagnaia (Viterbo) 1568-1578. Foto de la autora.

Las visitas a estos jardines estaban plenamente justificadas por su conocida belleza y debieron complacer a Pascual, conocedores como somos de lo aficionado que llegó a ser a los jardines. Estaban fuera de los circuitos habituales de los representantes españoles, y podemos imaginar que Pascual tenía un conocimiento previo bastante profundo de lo que podía encontrar en estos parajes. Sin embargo, el alto del cardenal en Bagnaia y Bomarzo pudo tener, además, una clara significación política en la coyuntura de 1661. Pascual, como se ha visto, participó activamente en las negociaciones previas a la firma del Tratado de los Pirineos en 1659, y era buen conocedor del mismo. El artículo 104 de este tratado acordaba la restitución de los bienes y feudos del príncipe de Mónaco por parte del monarca español, y el compromiso del rey francés de devolver los bienes incautados a don Ipolito

---

[180] Esta información, referida por Molí Frigola, no la hemos podido contrastar con más fuentes, pues en los *avvisi* del Archivio Segreto Vaticano no se hace ninguna referencia. (Molí Frigola 1992).

Lante della Rovere, I duque de Bomarzo (1618-1688). Dicho artículo no lo cumplió ninguna de las partes y las restituciones no se hicieron efectivas hasta finales del siglo XVII. Los diplomáticos españoles tuvieron que lidiar con este espinoso asunto a lo largo de toda la segunda mitad del siglo. Felipe IV mantuvo la confiscación de los feudos, propiedad del príncipe de Mónaco desde tiempos de Carlos V, por la negativa del príncipe a someter su fortaleza a la obediencia de la Corona española, como establecía el tratado. No es de extrañar entonces que Pascual, tras pasar por Mónaco, visitarla de incógnito, y comprobar el incumplimiento del príncipe de la letra del tratado, decidiera entrevistarse con el duque de Bomarzo para luego interceder en su favor[181]. La presencia de un español, el cardenal Aragón, en las Villas Lante y Orsini, puede ser interpretada, pues, como una reafirmación de los derechos del duque de Bomarzo en Italia, y una medida de presión frente a los intereses de Francia en la península. El duque había comprado en 1645 el palacio Orsini[182], y entre 1660 y 1661, coincidiendo con la visita del cardenal Aragón, encargó la decoración de la gran sala de la primera planta con las pinturas de Lorenzo Berrettini da Cortona, *Alegoría de la guerra y de la paz*[183], que quizá evocaran las tensiones diplomáticas que por entonces se vivían en Italia, entre Francia y el Papado.

Con la llegada de los primeros calores del verano, Pascual quiso prolongar aún más su estancia en Caprarola. Se detendría el tiempo necesario hasta que el palacio que debía ocupar en Roma estuviera preparado y las libreas y carrozas de su entrada en Roma prevenidas. Pronto, el embajador en Roma instó al cardenal a entrar en la ciudad santa para permanecer allí de incógnito, hasta que se pudieran celebrar las funciones públicas de su ingreso. El palacio que Pascual debía ocupar en Roma, en la vía del Corso, junto a la iglesia de San Marcello, aún no estaba preparado, por lo que el embajador le ofrecía una habitación en la residencia de la embajada española y, a su familia, una casa en la misma plaza de España. El cardenal accedió al fin y así fue como abandonó Caprarola y se dirigió a Roma a finales de junio de 1661.

¿Cómo fue un año después el viaje de Pedro Antonio de Aragón por Italia hasta su llegada a Roma? Fue más accidentado si cabe. Pese a no

---

[181] Sobre todo este conflicto, véase: AHN, E, leg. 2091, Consultas del Consejo de Italia (1662-1703).

[182] En Bomarzo, además de Villa Orsini, se encontraba el famoso parque manierista conocido como Parco dei Mostri.

[183] D'Agnelli 1996-1997.

sufrir ningún naufragio, los retrasos de su entrada en Roma se hicieron interminables. Pedro Antonio viajó a Italia en un mismo barco con el nuevo embajador de Venecia, el conde de la Rocca. Este viaje pudo ser el origen de un cierto conocimiento recíproco de sus actividades, aun cuando la documentación no sea muy elocuente. Felipe IV consideró la coyuntura de junio de 1662 especialmente grave por los negocios que estaban en curso en Italia. En estas circunstancias creyó que la comunicación interterritorial era un deber doblemente apremiante y por ello reiteró a su embajador, en una carta, la necesidad de mantener una buena correspondencia con los demás ministros españoles, sobre todo en Italia[184]. El desplazamiento de un virrey de un cargo a otro de la Monarquía era aprovechado por el rey para dar licencia de partida y trasladar a diversos virreyes y embajadores a la vez. Así, se conseguía rentabilizar un mismo viaje por mar que requería muchos meses de preparación y suponía un elevado coste para las arcas de la hacienda real. Pero las motivaciones del rey pudieron haber sido no sólo económicas, sino también políticas. La buena correspondencia que debían mantener entre sí los distintos embajadores o gobernadores, o en general entre los legados diplomáticos en el exterior, era un *leit motiv* de las instrucciones que recibían. Un desplazamiento colectivo podía contribuir a iniciar la mutua comunicación y fomentar los encuentros ocasionales entre personas que a menudo dejaban atrás ricas experiencias políticas y culturales vividas fuera de España.

A principios de septiembre de 1662, Pedro Antonio desembarcó en el puerto de Savona, al norte de Génova, donde permaneció dos días. No era la primera vez que Ana Fernández de Córdoba, su esposa, pisaba esas costas, pues ya había acompañado a su primer marido, el duque de Feria, al gobierno de Milán, muchos años antes, y hasta había dado a luz a un hijo en aquella ciudad. En Savona, un caballero de la República de Génova recibió a Pedro Antonio en nombre del dux Antoniotto Invrea[185]. No había ocurrido lo mismo con Pascual, quien al llegar a Génova había pasado desapercibido, al no poseer aún el título de embajador. El representante de la República inquirió a Pedro Antonio sobre si daría al dux

---

[184] «Una de las cosas que más felicidad y buenos efectos puede producir en todos los goviernos es la buena correspondencia y conformidad que deven tener entre si los ministros y siendo esto oy tanto mas necesario en los mios quanto es mayor el concurso y gravedad de los negocios pendientes» (AMAE, AEESS, leg. 70, fol. 17).

[185] 28 marzo 1661-29 marzo 1663.

el tratamiento de «señoría ilustrísima»[186], como habían hecho algunos de sus antecesores, pero que otro español, don Luis Ponce de León, le había negado. Pedro Antonio respondió afirmativamente, siguiendo las órdenes de Felipe IV, quien al final de su reinado quiso desplegar una cultura política basada en la moderación. Cuando un representante del rey católico visitaba una ciudad como Génova, lo primero que debía hacer era realizar una serie de visitas de cortesía a distintas personalidades de la ciudad, quienes a su vez debían corresponderle con otras tantas visitas en su propia casa. Este ceremonial se convertía en una fuente habitual de conflictos, puesto que en la mayoría de las ocasiones la visita era aprovechada para alterar las reglas de precedencia en beneficio propio. Además, estas formalidades significaban un notable gasto que no siempre venía bien a un embajador, preocupado por reservar sus lucimientos para la entrada en Roma. Durante su estancia en Génova, el dux pidió que Pedro Antonio pagara la visita que éste iba a hacerle. Pedro Antonio consultó a don Diego de Laura, el agente español de la Monarquía en Génova, quien le animó a no hacerlo, ya que «no había sido estilo». Al parecer, todos los que quisieron visitar a Pedro Antonio pretendieron no pagarle la visita, y el embajador, harto de tanto gasto, decidió hacer público que no iba a recibir a nadie más, con la excusa de que estaba enfermo en cama. Parece que no se encontraba tan mal, pues Pedro Antonio halló tiempo para ir con el conde de la Rocca, «vedendo le cose curiose della città»[187].

Por Génova, dada su situación geográfica, también solían pasar los franceses. El embajador francés, duque de Crequí, y el cardenal d'Este se detuvieron allí, de camino a Francia, en enero de 1663[188]. Pedro Antonio pasó el mes de septiembre de 1662 hospedado en el palacio del príncipe Doria (Figura 11). Era la residencia que los embajadores españoles siem-

---

[186] El trato de «señoría ilustrísima» se solía dar en Italia a los príncipes o duques no soberanos. A los marqueses y condes no soberanos se les trataba simplemente de «señoría». Al duque de Saboya, gran duque de Toscana, se le trataba de «serenísimo señor» (y a veces de «alteza»); al dux de Génova, de «serenísima» o de «alteza»; al dux de la República de Venecia, de «serenísima». Y a los demás príncipes de Italia se les daba el tratamiento de «excelencia» (los duques de Mantua, Módena o Parma). (Spagnoletti 1996: 110).

[187] ASV, SS, *Avvisi di Roma*, 16 de septiembre. También sobre el paso de Pedro Antonio por Génova ASV, SS, Avvisi, ms. 111, fol. 140, 9 septiembre de 1662.

[188] ASV, SS, *Avvisi*, Ms. 111, fol. 140, Roma de 13 de enero de 1663.

pre ocupaban, desde que Carlos V la habitara en 1533[189]. Algunos nobles genoveses, en cierta ocasión, trataron de ofrecer a los embajadores la suya, pero los Doria, airados, lo evitaron por todos los medios: tal novedad podía ensombrecer el prestigio de su casa. Entre 1529 y 1533, Andrea Doria (1466-1560) mandó construir y decorar el palacio del Príncipe sobre un núcleo preexistente. Giovanni Andrea I (1539-1606) completó las obras del jardín, encargó la construcción de la galería oeste, las *loggia* angulares abiertas, la parte del servicio y la *loggietta* abierta al mar. El palacio se organizaba alrededor de un atrio central, a través del cual se accedía, por una escalera de honor, a la *loggia*, la cual a su vez unía el apartamento de Andrea Doria con el de su esposa, Peretta Usodimare del Carretto. El palacio y su decoración estaban terminados en marzo de 1533, cuando Carlos V hizo su entrada triunfal en Génova. La residencia Doria le acogió durante doce días. Según Giorgio Vasari, Perin del Vaga (Florencia, 1501-Roma, 1547) fue el responsable del diseño del edificio y de la decoración de la parte alta del palacio[190]. El palacio estaba lleno de referencias mitológicas marinas y, en particular, de representaciones del comitente Doria como el dios Neptuno. Del Vaga realizó la pintura mural al óleo *Neptuno calmando la tempestad tras el naufragio de Eneas*[191]. Un colosal Neptuno de estuco, obra de Giovannangelo Montorsoli, presidía el jardín hasta que a principios del siglo XVII fue sustituido por una fuente de mármol, *Neptuno y el carro*, de Taddeo, Giuseppe y Battista Carlone, que todavía pervive en el lugar. Un cuadro de Bronzino en el interior del palacio retrataba a Andrea Doria, de nuevo, vestido de Neptuno[192].

---

[189]   El conde de la Rocca, que había llegado a Génova con Pedro Antonio, se alojó en casa de Giovanni Battista Picchiotti, pese a que algunas fuentes aseguran que se hospedó en casa del conde Niccolo Grimaldi.

[190]   Estas noticias cobran credibilidad si tenemos en cuenta que Perin del Vaga fue llamado a Génova en 1528, para servir la corte de Andrea Doria, y fue el responsable de los diseños de los arcos triunfales erigidos en 1529, con motivo de la entrada de Carlos V, de camino a Bolonia para ser coronado emperador por el papa.

[191]   Sustituida en 1845 por otra pintura de Annibale Angelini.

[192]   Para un estudio pormenorizado sobre el palacio y su comitente, véase Boccardo (1989).

Fig. 11. Perin del Vaga, (atr.), palacio del Príncipe Doria, Génova, 1529-1533.
Foto de la autora.

El palacio era famoso en el siglo XVII por su rica colección de tapices,
que era expuesta según las estaciones del año y exhibida con orgullo con
motivo de visitas reales, como la de Carlos V o la del Cardenal Infante.
El palacio contaba con una galería encargada por Giovanni Andrea Doria
como lugar de exhibición de colecciones artísticas, según una tipología
de espacio previamente difundida por el sur de Italia[193]. La galería daba
al jardín y comunicaba con el *loggiato,* pero se desconoce qué pinturas
o tapices la decoraban en el siglo XVII. El jardín del palacio contaba con
un Zeus colosal, de casi ocho metros, conocido como *Il Gigante* (Figura
12). La representación de gigantes fue común en la Italia del siglo XVI,
a medida que las excavaciones iban poniendo al descubierto piezas de la
Antigüedad que servían de modelo. El coloso del palacio del Príncipe,
que fue destruido en 1939, databa de 1566 y fue creado por Marcello

---

[193] Una edición del *Vocabulario* de los Accademici della Crusca del siglo XVII definía
la voz galería con estas palabras: «stanza da passeggiare e dove si tengono Picture e cose
di pregio». En Italia los precedentes de tal tipología de galería databan de 1580, con el
palacio Rucellai Ruspoli en Roma, y de 1583-1584 con la Galleria degli Antichi ordenada
construir en Sabbioneta por Vespasiano Gonzaga, personaje, como Doria, muy vinculado
a la Corona española.

Sparzo de Urbino para Giovanni Andrea. A sus pies se enterró el cuerpo del enano Roldán, regalo de Felipe II a Giovanni Andrea. Lo hasta aquí referido en relación con la intervención de Perin del Vaga, la existencia de la galería y del coloso o *Gigante* en el palacio genovés debe llamar nuestra atención por tres motivos: Pedro Antonio adquirió durante su estancia en Italia un dibujo de Perin del Vaga para su colección de pinturas, que luego se llevó a Madrid[194]; durante su virreinato napolitano, ordenó reformar la galería del Palacio Real de Nápoles, frente al que, además, colocó la estatua del Coloso, conocida también como *Il Gigante di Palazzo*. Tres decisiones que, sin duda, pueden tener mucho que ver con el recuerdo de su estancia genovesa de 1662.

Fig. 12. Marcello Sparzo da Urbino, *Il Gigante* del jardín del palacio del Príncipe Doria, Génova, 1566, destruido en 1939.

---

[194] De Frutos/Salort 2003.

El 23 de septiembre de 1662, Pedro Antonio abandonaba la ciudad de la Liguria y «all'imbarco fu regalato da quel pubblico di vari rinfreschi, stati sommamente graditi dall'Eccellenza Sua»[195]. Se dirigía desde allí, con las galeras de España, hacia Gaeta. Desde esa plaza española en el Estado de la Iglesia pudo preparar su entrada en Roma, prevista para el mes de octubre. A finales de septiembre, numerosas carrozas con las ropas de Pedro Antonio estaban llegando ya al palacio de la embajada española en Roma. A principios de octubre, el virrey don Gaspar de Guzmán y Bracamonte, conde de Peñaranda, enviaba a Pedro Antonio «un bel regalo di rinfreschi»[196], junto a una compañía de infantería española que debía acompañarle en su ingreso en Roma. La marcha a Roma se previno, al fin, para el 21 de noviembre, fecha en la que Bartolomé Cosme Bravetti debía entregar a Pedro Antonio en Gaeta «67 caballos de silla, seis mulos de litera, tres carrozas y 16 machos de carga»[197]. Todos estaban convencidos de que la entrada de Pedro Antonio no se haría esperar. Nada hacía presagiar lo contrario. Paralelamente, a mediados de octubre, se esperaba también la llegada del príncipe Niccolò Ludovisi, procedente de España, al puerto de Civitavecchia. Debía dirigirse a Cerdeña, donde había sido nombrado virrey. En Roma, además, se estaban preparando «alcune suppelletti et una bellísima carraozza»[198], que debían ser enviadas a Sicilia para el servicio del nuevo virrey que estaba a punto de llegar allí, el duque de Sermoneta, procedente también de Génova.

Se retrasaba la orden del rey para la definitiva entrada de Pedro Antonio en Roma. Pronto se supieron los motivos de esta demora. En el ambiente prebélico que se vivía en Italia por el conflicto abierto entre Alejandro VII y Luis XIV tras un ataque sufrido por el embajador francés en Roma, las negociaciones mantenidas entre el monarca francés y el papa, con la mediación de Pascual de Aragón, desaconsejaban, de momento, la entrada del nuevo embajador español. Éste llegaba en calidad de embajador ordinario, mientras Francia había ya retirado el suyo. El rey cristianísimo pidió expresamente a Felipe IV que Pedro Antonio no ingresara en Roma.

---

[195]   ASV, SS, *Avvisi di Roma*, 23 de septiembre.

[196]   ASV, SS, *Avvisi di Roma*, 30 de septiembre.

[197]   Don Gaspar Rodríguez de Monroy, que actuaba en Roma como procurador de Pedro Antonio, lo acordó con Bravetti ante notario el 8 de noviembre. Pero la entrega fue inútil, ya que Pedro Antonio aún tardaría mucho tiempo en hacer su entrada en la ciudad santa. ACR, Juan Cavallero, Vol. 201, 8 de noviembre de 1662.

[198]   ASV, SS, *Avvisi di Roma*, 14 de octubre de 1662.

Los franceses provocaron el aislamiento del nuevo embajador en Gaeta, pero fue Felipe IV quien ordenó la suspensión de su cargo, mientras el Consejo de Estado hablaba abiertamente de «detención»[199]. Durante el mes de diciembre, desde su destierro de Gaeta (Figura 13), Pedro Antonio aprovechó para realizar diversas visitas a enclaves cercanos. A principios de mes se dirigió al monasterio de Montecassino, donde pudo, con toda probabilidad, encontrar al pintor Fray Juan Rizzi, recién llegado como él de España[200]. A Montecassino habían acudido ya otros embajadores y virreyes como Pedro Girón, III duque de Osuna, en 1620. También había estado allí en 1633 el cardenal Domingo Pimentel para entrevistarse con el embajador Juan Chumacero y redactar un memorial para Urbano VIII. Pero resulta improbable que la visita de Pedro Antonio tuviera la misma carga política que la de Pimentel. Tras regresar a Gaeta, pasó a «trattenersi a Pozzuoli»[201], lugar de descanso en la costa, al norte de Nápoles, donde seguramente encontró al entonces virrey conde de Peñaranda. Probablemente coincidiera también con el duque de Sermoneta, pues a inicios de febrero estaban allí preparadas las galeras que debían acompañar a su familia al virreinato de Sicilia[202]. Fue en este período cuando el conde de Peñaranda negociaba la compra de la colección artística de Serra di Cassano. En Pozzuoli, Peñaranda pudo sin duda poner a Pedro Antonio de Aragón al corriente de la adquisición de esta importante colección de pinturas[203].

---

[199] AGS, E-R, leg. 3036, s.f. consulta del Consejo de Estado, 12 de abril de 1663.

[200] No cabría descartar que el pintor hubiera viajado a Italia con Pedro Antonio de Aragón, en el mismo barco.

[201] ASV, SS, *Avvisi di Roma*, 9 de diciembre de 1662.

[202] Don Francesco IV (Nápoles 1594-Roma 1683), VIII duque de Sermoneta, IV marqués de Cisterna, era gentilhombre de cámara de Felipe IV, caballero de la orden del Toisón de Oro desde 1659, virrey de Valencia en 1660, antes de pasar a Italia a ocupar diversos cargos. En 1683, su mujer, Leonor Pimentel, primera dama de honor de la reina, al morir su marido en Roma regresó a España, donde murió dos años más tarde. Él y su familia se alojaron, en el palacio de don Pedro de Toledo en Posilippo, donde permanecieron durante un mes aproximadamente y el virrey fue en persona a visitarles.

[203] Vannugli 1989.

Fig. 13. Vista de Gaeta. Foto de la autora.

A principios de 1663, Felipe IV autorizó a Pedro Antonio a trasladarse con su familia al lugar que prefiriera del reino de Nápoles. Pedro Antonio rechazó el ofrecimiento, alegó «la falta de salud que hemos padecido mi prima y yo»[204], y prefirió permanecer en Gaeta. En realidad, el cardenal Aragón le había advertido de que cualquier movimiento suyo iba a ser muy mal visto en Roma. El recuerdo del papel militar de Pedro Antonio contra los franceses en la guerra de 1640 pudo además favorecer una aversión especial hacia su persona. El 16 de marzo de 1663, Pedro Antonio escribió una carta al rey desde Gaeta en la que le confesaba las dificultades económicas que estaba pasando y culpaba al virrey de Nápoles por no pasarle su sueldo con puntualidad[205]. Lamentaba que el virrey utilizara el argumento

---

[204] AGS, E-R, leg. 3036, s.f. carta de Pedro Antonio de Aragón de 16 de marzo de 1663.

[205] «Quando Vuestra Majestad se sirvio de mandarme de venir a la ocupación de este puesto, suplique a Vuestra Majestad unicamente hubiese por bien que en lo tocante al sueldo no hubiese ninguna dependencia con los virreyes de Nápoles, anteviendo lo que oy me sucede y los exemplares de mis antecesores»; «Vuestra Majestad se sirvio de mandar que se pagasse de las messadas que de este reyno se remiten a España, con que la consignación es en parte fixa, sin arbitrio del virrey y no obstante esta precision y mis continuas instancias no se me paga, estandoseme deviendo a fin deste mes mas de doce mil ducado» (AGS, E-R, leg. 3036, s.f. carta de Pedro Antonio de Aragón de 16 de marzo de 1663).

de la inminente guerra para no pagarle las mensualidades[206]. La firma del Tratado de Pisa en 1664 evitaría la guerra. Pedro Antonio solicitaba al rey la orden de su regreso a España: «No parece seria de servicio de Su Majestad tener su embaxador en esta suspensión y para satisfacer al rey cristianisimo era mejor mandarme volver que suspenderme la entrada»[207]. No había precedentes de detenciones de embajadores. Ello hacía más difícil que existiera un acuerdo sobre quién y cómo debía financiar la suspensión de Pedro Antonio, máxime en tiempos de incertidumbre por la amenaza de Francia de invadir Italia. Durante el tiempo que duró la suspensión en Gaeta, Pedro Antonio tuvo que hacer frente a los gastos de su entrada frustrada en Roma[208], además de los desembolsos por el mantenimiento de dos casas, una en Roma y otra en Gaeta[209]. Por ello, solicitó al rey que ordenara a Peñaranda financiar, con las rentas napolitanas, su sueldo y el de los oficios de su casa, pues el cardenal Aragón en Roma no tenía más recursos para sustentarlos[210]. Lo que producía mayor desazón a Pedro Antonio era, en sus propias palabras, no poder «representar el que soy criado de Vuestra Majestad»[211]. Pedro Antonio había llegado a Italia con un afán de representación muy alejado del comedimiento que caracterizó a su hermano Pascual. No sólo el carácter arrollador y vanidoso que Pedro Antonio heredó de su padre, sino también la acumulación de muchos deseos de figurar, tras quince años de destierro en Almonacid, le hacían querer recuperar una notoriedad que el rey le había negado durante tanto tiempo. No sirvieron de mucho sus lamentos, pues iba a pasar en Gaeta todo el año de 1663.

En esta ciudad, según nos cuenta Saverio Baldinucci, Pedro Antonio coincidió con Giacinto Brandi, pintor formado con Alessandro Algardi. Brandi había recibido en Gaeta, ese mismo año, el encargo de la decoración al fresco de la cripta de la catedral de San Erasmo y del cuadro del martirio del santo para el altar, el cual, según Baldinucci, atraía la atención

---

[206] «La razon que el virrey de Nápoles da para no pagarme es la guerra que teme en Italia imaginada» (*Ibíd*).

[207] *Ibíd.*

[208] «de haver costado las prevenciones cerca de 50000 ducados en Roma» (*Ibíd.*).

[209] «hallarme con dos cassas una alli y otra en esta ciudad, una cavalleriza de mas de treinta caballos y todo inexcusable» (*Ibíd.*).

[210] «El cardenal mi señor respecto de los muchos acreedores que tienen aquellos gastos secretos, no puede pagar los sueldos de mi secretario camarero y officiales» (*Ibíd.*).

[211] AGS, E, leg. 3037, carta de Pedro Antonio desde Gaeta, de 20 de diciembre de 1663.

de todos los visitantes de la ciudad, por tener «un'espressiva cosí forte, e tutta l'opera ha disegno e colorito si raro, che col suo grido serve d'invito a molti viandanti»[212]. Baldinucci nos cuenta que Pedro Antonio tuvo en gran estima las virtudes de Brandi, y contrajo «una affettuosa inclinazione verso di esso e s'interessò anche dei suoi vantaggi»[213]. Pedro Antonio buscó la mejor manera de apoyarle económicamente. Al saber que había huido de Roma y pasado a Gaeta siguiendo los pasos de una bella mujer gaetana, planeó llevárselo con él, «riconducendolo seco in Roma»[214]. Otro protector de Brandi, el cardenal Francesco Barberini, interlocutor de Pascual de Aragón en varios negocios de Roma, como se verá, decidió reconducir la vida del pintor encerrando a la mujer en un convento. Giacinto Brandi recibió la protección de otros españoles, además de la de Pedro Antonio de Aragón. En ocasiones, los artistas alegaban su fidelidad a un mismo patrón para conseguir nuevos encargos, una mayor estabilidad económica, una pensión o una limosna del rey. Al mismo tiempo, la decisión de un mecenas de proteger a un artista podía ser tomada, también, en consideración a esta lealtad. Brandi recibió el favor, por ejemplo, de monseñor Diego del Castrillo[215], quien le encargó «un gran Cristo spirante in croce et accompagnatolo con superbo ornamento di cornice»[216], y se lo llevó a España para, según Baldinucci, regalárselo a Felipe IV. El rey estuvo tan satisfecho del presente que escribió una carta llena de halagos a la obra de Brandi[217].

Pedro Antonio y su mujer temieron por su reputación y suplicaron de nuevo al rey que les permitiera regresar a España: «parece no soy aquí menester para nada, ni es de su real servicio que un vasallo que ha merecido tantas mercedes de Vuestra Majestad esté expuesto a los discursos de Italia y del mundo con la suspensión en que me hallo»[218]. Poco después, Pascual de Aragón escribió al rey para explicarle: «[el papa] me preguntó por don Pedro y que quando se acavaba su destierro, pues así parecía le

---

[212] Baldinucci (1974-1975, Vol. VII: 136-138).

[213] *Ibíd.*

[214] *Ibíd.*

[215] Canónigo de Sevilla, auditor de la Rota, arzobispo de Cádiz (1673-1676) y arzobispo de Zaragoza (1676-1686).

[216] Baldinucci (1974-1975, Vol. VII: 135).

[217] También según Baldinucci, la fama de Brandi en España se renovó cuando la reina madre le encargó un cuadro de Santa Teresa, visitada por el demonio (*Ibíd*).

[218] AGS, E, leg. 3036, carta de Pedro Antonio desde Gaeta, 17 de junio de 1663.

tenían Franceses y la licencia para entrar cuando se la darían»[219]. La carta de Pascual consiguió convencer a Felipe IV, que en octubre de 1663 dio autorización a Pedro Antonio para establecer su casa en Frascati, Albano o Tivoli. Pedro Antonio volvió a rechazar el ofrecimiento, al no tener medios suficientes para vivir allí y no ser de ninguna utilidad: «no siendo posible subsistir en Frascati»[220]. En otra carta Pedro Antonio fue más explícito en sus razones y argumentó que no quería levantar sospechas si se instalaba en Frascati: «allí sería escándalo para todos siendo cierto que los franceses creerían no iba sin causa y el Papa sintiera lo mismo»[221]. Pedro Antonio reprochó al rey: «estoy sin medios para sustentarme y con el crédito como se be por embajador, cossas que no quitan los Reyes a sus Vasallos sino las dan»[222]. Finalmente, el 17 de marzo de 1662, Felipe IV autorizó a Pedro Antonio de Aragón a dirigirse a Roma como nuevo embajador[223].

En el mes de mayo Pedro Antonio pudo abandonar Gaeta con su esposa y familia[224]. Durmieron una noche en Terracina, otra en Priverno y la tercera en Cisterna, respetando el itinerario habitual de ingreso en Roma. En Cisterna fueron alojados con grande agasajo por el príncipe de Caserta, Filippo II (Caserta, 1620-Sermoneta, 1687), hijo de Francesco Caetani, duque de Sermoneta y virrey de Sicilia. Había sido gobernador de Milán entre 1660 y 1662 y en 1663 obtuvo el toisón de oro en reconocimiento a sus servicios[225]. Su palacio en Cisterna, llamado Caetani, atribuido al arquitecto Francesco da Volterra, había sido levantado hacia 1560 por deseo de Bonifacio I Caetani (1516-1574), IV duque de Sermoneta. Por su situación en uno de los ejes de entrada en Roma, la vía Appia, el palacio Caetani alojó a ilustres viajeros, cardenales, embajadores y papas, entre ellos, en octubre de 1589, el papa Sixto V, que asistió a

---

[219] *Ibíd.*, carta de Pascual de Aragón a Felipe IV de 22 de julio de 1663.

[220] AGS, E, leg. 3037, carta de Pedro Antonio desde Gaeta, 20 de diciembre de 1663.

[221] *Ibíd.*

[222] *Ibíd.*

[223] AMAE, AEESS, leg. 70, fol. 84, carta de Felipe IV a Pascual el 17 de marzo de 1664.

[224] AOP, AEESS, Ms. 48, fol. 133, la misma información la da el Ms. 50.

[225] El título lo había ostentado su madre, doña Ana Acquaviva d'Aragona, primera esposa de Francesco Caetani, quien al morir en 1659 pasó el título a su hijo. Filippo, el anfitrión de Pedro Antonio, estaba casado en terceras nupcias con doña Topazia Gaetani, hija del marqués de Sortino y príncipe de Cassaro.

una célebre cacería y banquete en el cercano bosque de San Biagio. Sus estancias estaban decoradas con frescos de Federico y Taddeo Zuccari. La llamada Sala Zuccari recreaba escenas de la vida cotidiana en los extensos feudos de los Caetani (Sermoneta, Ninfa o el Circeo), escenas campestres la mayoría, sumadas a algunas vistas de costas y de lagos. En la llamada Sala de la Loggia, decorada con mármoles pintados, un balcón se abre hacia el este, con vistas hacia Sermoneta y su castillo Caetani. En el lado opuesto de la sala, hacia el oeste, un fresco en trampantojo recrea una *loggia* abierta sobre una puesta de sol en la campiña romana. Tras su estancia en Cisterna, a una milla de Priverno, Pedro Antonio de Aragón se encontró con su hermano. Fueron invitados a hospedarse en Genazzano, en casa del cardenal Girolamo Colonna (1604-1666)[226], obispo de Frascati, que salió a recibirles en persona. Pascual de Aragón prefirió alojarse en otro palacio de la familia Colonna en Frascati, el palacio Ludovisi[227], conocido hoy como Villa Torlonia, que había pertenecido a Ludovisio Ludovisi desde 1621 y hasta 1661, y que albergaba ricas colecciones artísticas. En Genazzano Pedro Antonio recibió cartas de los cardenales Barberini, Ludovisi y del príncipe Palestrina, mientras esperaba su definitiva entrada en Roma, que tanto había tardado en producirse y que iba a tener lugar muy pronto.

Todas las visitas sobre las que nos hemos detenido condicionaron el modelo de mecenazgo que nuestros protagonistas irían creándose poco a poco en Italia. Así, Pedro Antonio emprenderá obras de mecenazgo en Nápoles que guardan un gran parecido con iniciativas de las que fue testigo en diversos enclaves de Italia. Pedro Antonio pudo ver el *loggiato* construido recientemente por Antonio del Grande por encargo de Girolamo Colonna en su palacio de Genazzano, decorado con una inscripción, en mosaico, que conmemoraba al comitente. Años más tarde se apresuró a emular la iniciativa del italiano, y ordenó la ampliación del Palacio Real de Nápoles, precisamente con la incorporación de una *loggia* que abrió definitivamente la residencia hacia el mar, probablemente influido también por

---

[226] Se doctoró en ambos derechos en la Universidad de Alcalá de Henares y, a petición de Felipe IV, fue creado cardenal en 1628 por Urbano VIII. El rey, además, le había asignado una pensión anual de siete mil escudos.

[227] «Aloxaron su Excelencia en el quarto principal de aquel palacio y aunque el señor cardenal Colonna lo tuvo prevenido para el señor cardenal de Aragón, no lo aceptó, yendose al que tenía en Frascati en la viña del Principe Ludovisio» (Ruiz Franco de Pedrosa: *Crónica del Eminentísimo señor don Pasqual de Aragón*, 1689).

su visita a las galerías del palacio del príncipe Doria de Génova y del palacio Pamphili de Roma, esta última obra de Francesco Borromini. Pero no es menos cierto que los españoles también se desmarcaron de algunas prácticas italianas. En la pared norte de la *loggia* de Genazzano existían unos frescos, hoy desaparecidos, que representaban los feudos de los Colonna, de la misma manera que el palacio Caetani de Cisterna mostraba también, con pinturas, los feudos de la familia[228]. Tales programas iconográficos, acompañados de paisajes, episodios de las historias sagradas y escenas bélicas como la batalla de Lepanto, configuraban el universo figurativo de estos italianos fieles al rey católico. Su exhibición ante los ojos de los representantes españoles permitía la confirmación de esta fidelidad. Pero el recurso, común en Italia, de aludir a los propios feudos en los programas pictóricos palatinos no hizo mella en los españoles. Tras vivir en Italia y regresar a España, no decoraron sus residencias nobiliarias con este tipo de representaciones, debido a su menor interés por la pintura de paisajes y a su plena identificación con la vida en la Corte de Madrid. Buen ejemplo de ello es la residencia que Pedro Antonio pasará a ocupar en Madrid, a su regreso de Nápoles en 1672. El viaje por Italia fue determinante en la elaboración de sus pautas de comportamiento, pero mucho más lo será la etapa que se abría ahora, tras su entrada en Roma.

---

[228] El pintor Gaspar Dughet, entre otros, fue llamado para decorar el interior del palacio, que además contaba con otros frescos de la escuela del Cavalier d'Arpino, realizados entre 1611 y 1636, representando episodios de las historias sagradas, figuras alegóricas y una escena de la batalla de Lepanto (*I principi della Chiesa*, Milán, Edizioni Charta, 1998, pp. 116-118).

Capítulo II

La embajada española en roma y la diplomacia paralela (1662-1666)

Los rituales y las ceremonias en el escenario político

La casa de Cardona había tenido en Cataluña un papel político decisivo antes de la Guerra de 1640. Sin embargo, hasta esa fecha no había sabido desplegar un programa de mecenazgo cultural encaminado a reforzar la fidelidad de los catalanes hacia la Monarquía, como hemos visto en las páginas iniciales del libro. Tampoco había mostrado ninguna preocupación significativa por aprovechar el potencial simbólico que le brindaba su posición política. Se limitó a embellecer el panteón familiar y, en menor medida, sus residencias de Arbeca, Barcelona y Cardona. Después de 1640, los Cardona y la Corona tuvieron que digerir el fracaso. Conocemos, a través de una epístola de la madre a los hijos a la que ya hemos hecho referencia, que la familia reflexionó sobre la mejor manera de controlar una provincia en el interior de la Monarquía. La acción militar, la tercera vía propuesta por Maquiavelo en *Il Principe*, se había ejecutado tarde y no había logrado impedir la secesión de Cataluña. En un contexto de paz y desprestigio internacional derivado de la guerra y del posterior Tratado de los Pirineos, la Monarquía y sus ministros podían plantearse la conveniencia de explorar otras vías, además de la militar, para asegurarse la lealtad de sus provincias. El rey no podía residir en todas ellas, otra de las vías propuesta por Maquiavelo. Su imagen, sin embargo, sí podía ser exhibida de una manera más persuasiva, y de ello se encargaron Pascual y Pedro Antonio de Aragón desde su llegada a Roma, al igual que otros representantes de la Monarquía. Ésta aún sufrirá nuevos golpes, como el reconocimiento internacional de la independencia de Portugal en 1668. Pero la paulatina revisión de viejas estrategias culturales fue mermando los síntomas de la decadencia de España que logró seguir siendo influyente en Italia a lo largo de la segunda mitad del siglo XVII.

La transición hacia una gestión más eficaz de las imágenes, de las ceremonias y del mecenazgo en la Italia española se hace patente desde la llegada de los Aragón a Roma, tras su periplo por Italia. En ese momento, italianos, españoles y franceses se debatían entre la confianza y la desconfianza en el poder político de las imágenes. Antes de abandonar Italia en 1664, el virrey de Nápoles, conde de Peñaranda, por ejemplo, demostró no tener ninguna fe en las ceremonias. Al referirse a la reciente legacía de Flavio Chigi (1631-1693) a Francia, sostuvo que los honores, tratamientos y dádivas que le ofrecieron en París no hicieron ninguna mella en el cardenal[1]. Un *avviso* de París, en cambio, declaró todo lo contrario: las ceremonias habían logrado convertir a Chigi en «tutta francese»[2]. Pascual también había demostrado algunas dudas en 1663 sobre los beneficios que su embajada habría obtenido de la financiación española de las obras en la basílica de San Pedro. Pero sus titubeos estaban influidos por un clima de críticas generalizadas al derroche del papa Alejandro VII, por sus interminables obras arquitectónicas en la ciudad. Las mismas críticas podían ahora salpicar a los españoles: se hacía necesario obrar con la debida prudencia. El camino hacía una mayor explotación del poder político del mecenazgo no iba a ser fácil.

En junio de 1661, Pascual de Aragón entró en Roma en calidad de cardenal nacional con la misión de negociar la creación de una liga común en defensa del emperador y de preparar el próximo cónclave. A Pascual le precedieron otros cardenales nacionales: el caso más inmediato, el del cardenal Domingo Pimentel (1584-1653), cuya tumba en Santa Maria Sopra Minerva había diseñado Gianlorenzo Bernini. Como Pimentel, que había acudido a Roma para colaborar con la embajada de don Juan

---

[1] Carta del conde de Peñaranda desde Barcelona el 21 de octubre de 1664: «que el cardenal no vino francés ni lo seran el ni su tio; ni los favores que ha recivido en ceremonias borraran de su animo la memoria de los estrapazos de obra y de palabra que lo han hecho sentir franceses» (AGS, E, leg. 3287-111).

[2] Aviso de París del 8 de agosto de 1664, ASV, SS, *Avvisi*, Ms. 29, fol. 353.

Chumacero, el cardenal Aragón llegaba a la ciudad santa para asistir al embajador don Luis Ponce de León. Europa, y especialmente Italia, salían de la dramática situación derivada de la peste de 1656. El Estado de la Iglesia había perdido paulatinamente su papel mediador en los tratados internacionales. En 1662, las malas relaciones entre el papa y Luis XIV agravaron aún más la situación de aislamiento del papado en el concierto europeo. La política exterior de Mazarino irritaba a Alejandro VII por su alianza con Cromwell, por perseguir a los católicos, por otorgar demasiada libertad a los jansenistas y por incitar a los duques de Parma y Módena, profranceses, a apartarle de cualquier mediación de paz entre naciones, un papel que tradicionalmente había desempeñado.

La entrada en Roma de un embajador español se hacía a imitación y en recuerdo de la que en su día hiciera Carlos V por la puerta de San Juan de Letrán[3]. Desde esa puerta, el cortejo del embajador pasaba por el Coliseo, el Campo Vaccino, el Macel de'Corvi, luego subía por el Corso y la vía Condotti hasta llegar a la plaza de España. Pascual, al no ser aún embajador, entró por la puerta Flaminia (luego llamada del Popolo), como solían hacer los virreyes de Nápoles o los embajadores franceses[4]. El 9 de junio de 1661, el embajador Ponce de León fue a recibir al cardenal Aragón a tres leguas de Roma. Con él fueron los gentileshombres de los cardenales y príncipes, en carrozas de seis caballos, para darle la bienvenida en nombre de sus señores y acompañarle hasta el palacio papal de Montecavallo en el Quirinal. La entrada de Pascual consistió en ir, primero, a la iglesia de Santa Maria del Popolo, «donde concurren los cardenales para juntarse en cabalgata, asisten embajadores y príncipes»[5]. Se dirigió luego al palacio apostólico para ser recibido en audiencia privada por el papa Alejandro VII. Al acabar la audiencia, se dispuso a visitar a los *nepotes* del papa, don Mario Chigi, su mujer Berenice y don Agostino Chigi. De allí se dirigió al palacio de la embajada española, desde donde inmediatamente pasó a la residencia que se le había preparado en el Corso, junto a la iglesia de San Marcello, propiedad del cardenal Flavio Chigi. Un mes después, en julio, se produjo la entrada pública de Pascual de Aragón en Roma, que consistió en ir, por segunda vez, desde la iglesia

---

[3] Carlos V hizo su entrada triunfal en Roma en abril de 1536, procedente de Sicilia y Nápoles, tras la toma de la Goleta y Túnez.
[4] El duque de Crequí en julio de 1662.
[5] Según Ruiz Franco de Pedrosa (1689).

de Nuestra Señora del Popolo hasta Montecavallo. Allí, en consistorio público, el papa le hizo entrega solemne del capelo, le puso el anillo, y le otorgó el título de la Santa Balbina. El 15 de septiembre, en consistorio secreto, el papa celebró la ceremonia de cerrarle la boca, para abrírsela el 21 de noviembre. Tal escenificación se entendía como una lección simbólica dirigida a los cardenales, que, antes de entrar en los negocios, debían aprender callando[6]. Alejandro VII asignó a Pascual un puesto en la congregación del Concilio y en la de Ritos[7].

Por cédula del 2 de abril de 1661, se ordenó asistir al cardenal Aragón con veinticuatro mil ducados de plata al año, por todo el tiempo que residiera en Roma, descontándole lo que percibiera en rentas eclesiásticas[8]. Sebastián Cortizos[9], como administrador de una casa de negocios en Roma, se encargaría de pagarle dicha cantidad en doce mensualidades, de doscientos ducados cada una[10]. Desde entonces, Pascual cobró regularmente las mensualidades de la hacienda real de Nápoles[11]. Felipe IV, además, en atención a las pérdidas del cardenal durante su viaje, le concedió otros diez mil ducados de plata sobre las rentas de Nápoles, en concepto de «ayuda de costa»[12]. Con estos diez mil ducados, según Estenaga, Pascual compró, para su cámara y antecámara, dos tapicerías de Bruselas, una con

---

[6] *Acta Consistorialia Alexandra Papae VII,* Biblioteca de la Catedral de Toledo, Ms. de la colección del cardenal Zelada, sig. 109-4, cit. por Estenaga y Echevarría (1929-1930, Vol. II: 275).

[7] La contribución de cardenales españoles como Aragón a la congregación de Ritos no ha sido aún debidamente estudiada.

[8] AGS, E-R, leg. 3132, s.f.

[9] De la orden de Calatrava, del Consejo de su Majestad y del Consejo de Real Hacienda. Era administrador de la casa de negocios de Manuel Cortizos.

[10] «Que se los pago en conformidad de orden de Su Majestad por cuenta y riesgo de la real hacienda» (ACR, J. Cavallero, Vol. 197, 6 de abril de 1661. ASCR, JC, Vol. 201, 27 de enero 1663). Pascual da un poder a Melchor de Navarra, regente en el colateral de Nápoles y en el consejo de su majestad, para poder cobrar en nombre suyo todo lo necesario. Como testigos, Cristóbal Ruiz y Gaspar de Salcedo.

[11] ACR, J. Cavallero, Vol. 201. El 17 de febrero de 1663, Pascual cobró 1.280 escudos de Thomas Multedo, mercader en la corte de Roma, por orden de Andrea Piquinotti (de Madrid, en fecha de 19 de noviembre). El 20 de abril Pascual cobró 5.000 escudos de Vincenzo Bacelli. El 21 de mayo Joseph de Ribas daba un poder al don Ignacio Bautista de Ribas, secretario de del rey del cardenal Aragón, para cobrar y tomar posesión de los beneficios de arzobispado de Sevilla. Los pagos que hemos recogido a Pascual se van repitiendo, tanto por parte de Peñaranda como por parte de Thomas Multedo y de Piquinotti.

[12] AGS, E-R, leg. 3176, s.f.

la historia de los hechos apostólicos, y la otra con una representación de caballeros. Adquirió dos colgaduras carmesíes de terciopelo de Venecia, una de damasco de Nápoles y otra de damasco verde, guarnecido de flocaduras y franjas de oro de Milán. Mandó labrar en plata sus armas sobre todo lo que necesitaba para su servicio. Hizo entallar varias carrozas para sus gentileshombres y dos para él, además de una silla de manos. La carroza reservada para las ceremonias más solemnes estaba cubierta, por dentro y por fuera, de terciopelo negro y bordado de oro y sedas. En su interior, en el techo, figuraba el escudo de armas del cardenal, en oro de Milán y seda preciosa[13].

En octubre de 1661, Felipe IV nombró a Luis Ponce de León para el cargo de gobernador en Milán y tuvo que abandonar Roma, dejando sólo al cardenal Aragón. Los cardenales, según las disposiciones pontificias, no podían ser embajadores. El sentido de deber de un cardenal hacia dos autoridades distintas (la regia y la papal) podía derivar en conflictos. Sin embargo, el 31 de octubre, el monarca español nombró a Pascual como embajador interino[14], hasta que no se proveyera a otro el cargo en propiedad. Seis meses más tarde lo iba a recibir Pedro Antonio de Aragón, que, para estas fechas, aún se encontraba en España. El rey escribió al papa y a su sobrino para que aceptaran al cardenal como embajador. Se asignaron a Pascual 22.264 escudos de plata al año, de las rentas del virreinato de Nápoles, desde primeros de diciembre de 1662 en adelante, por todo el tiempo que viviera en Roma, descontándole de nuevo lo que gozaba en pensiones eclesiásticas[15]. Al cardenal debieron resultarle insuficientes los medios con los que contaba y por ello, en verano, escribió una carta al rey para expresarle los aprietos con los que vivía[16]. La familia del cardenal Aragón en Roma estaba compuesta por los gentileshombres Martín Bernardo de Quirós[17] y Luis Gómez Borges, quien fue procurador suyo en Roma y le acompañó además a Nápoles[18]; el camarero mayor, el secretario,

---

[13] Estenaga y Echevarría 1929-1930.

[14] AGS, E-R, leg. 3176, nombramiento de Pascual de Aragón como embajador; AMAE, AEESS, E, leg. 69, fol. 35-152, y leg. 71, fol. 143: Sobre la etapa del cardenal como embajador en Roma.

[15] AGS, E-R, leg. 3132.

[16] AGS, E-R, leg. 3035.

[17] ACR, Juan Cavallero, Vol. 201, junio de 1663.

[18] ACR, Juan Cavallero, Vol. 203, 21 de marzo 1666, «vive en convento de San Lorenzo in Lucina, rione de campo Marzio», ASR, JC, Vol. 202, 1664.

el tesorero Pedrosa, también gentilhombre de cámara y confesor suyo[19]; el limosnero y gentilhombre de cámara Francisco Antonio del Castillo, clérigo natural de Salamanca; el caballerizo, el copero, el mayordomo, los capellanes, pajes de cámara y de sala, ayudas de cámara, varios lacayos, el soto caballerizo, los cocheros para el cuidado de las carrozas y de las cuadras. El 11 de diciembre de 1662, se nombró a don José de Rivas camarero del cardenal[20]. Por último, don José de Aspirós también perteneció a la familia de Pascual de Aragón[21].

Un año después de la entrada de Pascual, en junio de 1662, el duque de Crequí hizo su propia entrada solemne en Roma, con un séquito de doscientos hombres armados. Era el primer embajador francés enviado a Roma desde 1651. Vino con la orden de no disculparse ante el papa por la interrupción de la delegación diplomática y con el cometido de exigir el título de «primero de todos los monarcas» para el rey de Francia[22]; de recordar que Francia era el punto cardinal de la política europea y que el rey cristianísimo no necesitaba del favor de la Santa Sede, mientras que el pontífice no podía prescindir de Francia. Crequí pronto reveló al papa el apoyo de Francia a las pretensiones de los Farnese y los Este sobre Castro y Comacchio respectivamente, en detrimento de los intereses del Estado de la Iglesia. Los abusos en materia ceremonial por parte de la embajada francesa fueron constantes: Crequí pidió ser recibido por el pontífice sin tener que esperar en la antecámara, y en una ocasión, se negó a arrodillarse ante el papa en una función religiosa en la basílica de San Juan de Letrán. El duque de Crequí había sido recibido en el puerto de Civitavecchia con espléndidos regalos enviados por el papa: «egli non volse […] se non a lodarmi il regalo et magnificenze con le quali Nostro Signore l'ha fatto trattare a Civitavecchia et a Polidoro». Un agente del papa aseguró que se había limitado a «essercitargli la sua natural generosità ne trattamenti verso

---

[19] ACR, Juan Cavallero, Vol. 201, junio de 1663

[20] ACR, Juan Cavallero, Vol. 201, «procurador y nuncio general y especial de unos prevendados del cabildo de la iglesia colegial de la villa de Olivares de España […] de Rivas es canonigo de la catedral de Jaén, para que pueda comparecer en su nombre ante su santidad y su eminentisimo Datario e Illustrisimo vice canciller, señores auditores de la sacra Rota y otros tribunales eclesiasticos y seglares».

[21] ACR, Juan Cavallero, Vol. 201.

[22] El tiempo que duró su ausencia, el cardenal Mazarino había enviado a Roma a un agente diplomático, Hugues de Lionne, quien, al poco tiempo, pasó a ocupar ahora el lugar de Mazarino en la dirección de la política exterior de Francia, sin alterar la estrategia de presión del predecesor.

questo Regio Ministro», esperando que el francés sabría corresponder a tanta magnificencia y generosidad, («era da credere che ancor egli dal canto suo debba corrispondere»). Si Alejandro VII esperaba con este recibimiento rebajar las aspiraciones de Luis XIV en Italia, pronto se enfrentó con una realidad muy distinta[23].

El embajador Crequí solicitó a Alejandro VII que la guardia papal constituida por los soldados corsos dejara de pasar por delante de su residencia en Roma, el palacio Farnese, cada vez que se dirigían a su cuartel, sito entre San Paulino y Trinità dei Pellegrini, o a las *carceri nuove* de Via Giulia, situadas justo detrás de la residencia francesa. Las refriegas entre la embajada francesa y los corsos no se hicieron esperar. El atardecer del 20 de agosto de 1662, un soldado corso fue injuriado por miembros del séquito de Crequí en el puente Sisto. Sin esperar las órdenes de su comandante, los corsos cercaron el palacio Farnese y lo tirotearon por todas partes, hallándose Crequí en su interior. Los soldados también atacaron la carroza que conducía la duquesa de Crequí de regreso al palacio, tras su visita a varias iglesias, y mataron a un paje suyo. Inmediatamente el cardenal Lorenzo Imperiali y el comandante de las tropas, Mario Chigi, ordenaron la retirada de los corsos del palacio.

Alejandro VII fue acusado de haber urdido un plan para ofender al monarca francés, pese a negarlo por escrito, y haber nombrado una comisión para castigar a los culpables de la violación del derecho de la legacía francesa. La comisión fue presidida por el cardenal Giulio Cesare Sacchetti (1586-1663), el mismo que un año después dirigiría un memorial al papa de crítica por la situación interna del Estado Pontificio[24]. Las mediaciones de la reina Cristina de Suecia, del embajador de Venecia y del cardenal Aragón fracasaron, y el 26 de agosto, el sobrino del papa, Flavio Chigi, pidió disculpas al duque de Crequí por lo sucedido, ofreciéndole el traslado del cuartel de los corsos a *Capo le case*. Siguiendo el consejo del cardenal Rainaldo d'Este, Crequí hizo una demostración de fuerza y rodeó el palacio Farnese de una tropa de mil hombres. El 1 de septiembre abandonó Roma para dirigirse a territorio toscano, con su familia y con el cardenal d'Este, argumentando que su seguridad estaba en peligro. Desde el puesto fronterizo de Radicofani, Crequí impuso sus propias condiciones: la deposición del cardenal Imperiali, la extradición

---

[23] ASV, SS, Francia, Ms. 123, fol. 348, de París, 30 de junio de 1662.
[24] Signorotto 1998.

de Mario Chigi como autor del atentado que había sufrido como embajador, la ejecución de cincuenta corsos y sus oficiales en plaza Farnese, la expulsión de los demás soldados y el envío de un legado a París para pedir disculpas a Luis XIV. Paralelamente, Crequí alentaba a Luis XIV a invadir Italia, ofreciéndose para dirigir las tropas. El agente francés D'Aubeville fue enviado por Crequí a Parma y Módena para preparar las armas contra el pontífice.

Alejandro VII terminó cediendo y se mostró dispuesto a abrir las negociaciones sobre Castro y Comacchio, a enviar una legación para transmitir a Luis XIV sus disculpas y a expulsar a los corsos. El cardenal Imperiali fue simplemente alejado de Roma. Todo ello no le pareció suficiente a Crequí, y el 24 de septiembre se marchó a Tolon y de allí a Fontainebleau, para ver a Luis XIV. El Parlamento de Aix-en-Provence aprobó una resolución por la que la ciudad de Aviñón, propiedad del papado, pasaba a los bienes de la Corona de Francia como propiedad provenzal intransferible. El monarca francés pidió la colaboración de Felipe IV y de otros príncipes del norte de Italia para que no impidieran el paso de las tropas francesas por Milán. Se preparaba la invasión de Italia.

El 8 de septiembre, en pleno conflicto diplomático, Pascual de Aragón no se dejó ver en la misa de la octava de la Natividad de la Virgen en la basílica de Santa María la Mayor, a la que, como embajador español, estaba obligado a acudir («con numeroso corteggio di carrozze piene di prelati et altra nobiltà, in vece dell'ambascitore cattolico»[25]). En momentos de crisis, Pascual de Aragón se recluía en su palacio, donde recibía las constantes visitas de Flavio Chigi[26], y excusaba su presencia de las celebraciones españolas más significativas. El monarca español se ofreció al papa como mediador del conflicto, quien aceptó por medio de un breve del 15 de noviembre de 1662.

La paz entre Luis XIV y Alejandro VII no se concertaría hasta el 12 de febrero de 1664, un año y medio después, con la firma de la Paz de Pisa. La paz obligaba a Mario Chigi a hacer una declaración deshonrosa y a abandonar Roma hasta que su hijo, el cardenal Flavio Chigi, no presentara disculpas ante Luis XIV. Sólo entonces la Corona de Francia devolvería Aviñón a los Estados de la Iglesia. Castro quedaría en manos del duque de Parma, contra el pago de las deudas que sobre él existían. El duque de

---

[25] ASV, SS, Ms. 111. *Avviso* de 16 de septiembre de 1662.
[26] *Ibíd.*, fol. 140. *Avviso* de 9 de septiembre de 1662.

Módena iba a ser indemnizado por Comacchio. El 23 de abril de 1664 partió de Roma la legacía del cardenal Flavio Chigi hacia París para pedir excusas ante Luis XIV, y el 3 de julio fue recibido en audiencia por el rey en Fontainebleau. Este tratado impuso la colocación, delante del antiguo cuartel de los corsos en Via Giulia, en Roma, de una gran pirámide conmemorativa de cuarenta pies de alto, con una inscripción inculpatoria del crimen de los corsos contra Crequí. La pirámide no se desmanteló hasta mayo de 1668 y en Francia circularon muchas reproducciones. Además Crequí logró acuñar en Roma medallas conmemorativas de la paz y levantar otro monumento en la plaza de la Victoria.

Pese al tardío ofrecimiento de Felipe IV como mediador en el conflicto, el papado consideró que la posición de España en 1662 había sido ambigua. El desencadenante fue, según Alejandro VII, la negativa de Felipe IV a acudir en su ayuda ante la amenaza de invasión francesa en Italia, tras la ocupación de Aviñón. Este hecho empañó el marco de buena colaboración arrastrado desde tiempos del papado de Pío IV (1559-1565). El Estado de la Iglesia iba quedando aislado y perdía su prestigio internacional. Las finanzas pontificias habían quedado muy endebles tras el papado de Urbano VIII, y ya nunca se recuperaron[27]. Pese a todo, Alejandro VII trataba de afianzar a Roma en el centro de la diplomacia europea, sirviéndose para ello de una sutil maniobra de imagen, basada en un ambicioso programa edilicio en la ciudad que debía entronizar al papa pero que cosechó muchas críticas. La debilidad económica pontificia explica que los extranjeros se convirtieran, poco a poco, en los principales contratistas de artistas en Roma, acabando con la tradicional hegemonía papal en el mecenazgo de la ciudad. Este proceso empezó a finales de la década de 1650 y principios de la década de 1660[28], coincidiendo con la llegada de Pascual y Pedro Antonio de Aragón a Italia.

Pero además de impulsar el mecenazgo español en Roma —algo sobre lo que regresaremos-, Pascual de Aragón tenía la responsabilidad de reconstruir el partido español, que había quedado dañado en los últimos años. En el cónclave de 1655, Felipe IV había contado con el apoyo del cardenal Giancarlo de Médicis (1611-1663), tío del gran duque de Toscana, en sustitución del cardenal Pimentel, fallecido en 1653. Aquel cónclave no abrió un panorama muy distinto respecto al anterior

---

[27] Partner 1980.
[28] Haskell 1959.

de 1644. En 1655, el partido hispano-imperial lo constituían el único cardenal español, Lugo, los dos cardenales Médicis, Girolamo Colonna, Astalli, Cesi, Montalto, Maidalchini, Cibo, Aldobrandini, Odescalchi, Vidman, Raggi, Harrach, Landgrave de Hessen, Tribulzio, Caponni, Brancaccio, Rossetti y Gabrielli. El partido francés, menos numeroso pero muy influyente, estaba dirigido por los cardenales Rainaldo d'Este y Antonio Barberini. Los cardenales creados por Urbano VIII, con Francesco Barberini a la cabeza, junto a los de Inocencio X, crearon un partido neutral que fue bautizado por el embajador español don Diego de Aragón, IV duque de Terranova, como *lo squadrone volante*[29]. Este grupo de once cardenales hizo su aparición pública precisamente en el cónclave de 1655. Eran los siguientes: Giovanni Girolamo Lomellino y Lorenzo Imperiali, de Génova; Luigi Omodei y Giberto Borromeo, de Milán; Benedetto Odescalchi, de Como; Carlo Pio, de Ferrara; Ottavio Acquaviva, de Nápoles; Pietro Ottoboni, de Venecia; Francesco Albizzi, de Cesena; Carlo Gualtieri, de Orvieto; y Decio Azzolini, de Fermo. A ellos se añadieron más tarde Cristoforo Vidman, de Friuli, y Giovanni Stefano Donghi, de Génova. Les unió su voluntad de elegir al más digno de entre los cardenales («uno de' i più degni»), juzgando su «prudenza, doctrina e pietà». La neutralidad debía caracterizar la elección del papa, y por ello rechazaban el derecho de veto de los reyes, la *exclusiva*, por considerarlo una intromisión de las monarquías en la elección de pontífices[30]. La elección del papa Alejandro VII Chigi fue considerada, por algunos, una nueva derrota del primer ministro francés, el cardenal Mazarino, que, por segunda vez consecutiva veía frustradas sus expectativas de ver elegido al cardenal Sacchetti, vetado en cambio por España. Sin embargo, Alejandro VII tampoco dará muestras de ser un papa totalmente pro-Habsburgo. Uno de sus primeros gestos será negarse a admitir al condestable Colonna como embajador imperial, proponiendo, en su lugar, al cardenal Camillo Massimi.

El *squadrone volante* había logrado reforzar el cuerpo político de Italia, en la medida en que restaba legitimidad a las potencias extranjeras para decidir el futuro de la península. Sus tesis beneficiaban a la Santa Sede, que veía así reforzada su autoridad en la península, más allá de los límites del Estado de la Iglesia. Por ello, la embajada española pretendió elaborar

---

[29] Pastor (1886-1938, Vol. XXXI).
[30] Signorotto 1998. AGS, E-R, leg. 3027.

el ideario político que contestara las tesis del *squadrone volante*. El 15 de mayo de 1662, el jesuita Nicolás Martínez dio a conocer en Roma su texto jurídico *Exclusiva de reyes*[31], dedicado a Pascual de Aragón (Figura 14). Constituía la primera defensa del derecho de veto de los monarcas en los cónclaves. Después de la muerte del papa Urbano VIII, en 1644, habían aparecido los primeros ataques, todavía tímidos, al derecho de la exclusiva. Pero fue sobre todo a raíz del cónclave de 1655 cuando el debate alcanzó su nivel más crítico. El debate sobre la independencia política de los cardenales explica que Felipe IV nombrara y enviara a Roma a un cardenal nacional justamente en ese momento, para demostrar que era posible ser fiel a la vez al pontífice y al monarca. El texto era, pues, el primero en abordar de una manera extensa la definición del derecho de veto. La cuestión más polémica había sido «si pueden lícitamente los señores cardenales elegir al Sumo Pontífice un cardenal excluido de una de las dos coronas»[32], en referencia a Francia y a España. Martínez se propuso combatir los argumentos del *squadrone,* para evitar que prevalecieran en el siguiente cónclave, que se creía inminente, y para conseguir recomponer el partido español:

> Es fuerza advertir un herror común en este Pays, que yo he notado no sin mucha risa; Afecto nacional y reprehensible es solamente afecto a españa o a francia, o a imperio. Pero afecto a Italia, ni es afecto nacional, ni reprehensible, antes está reputado por afecto católico y christiano[33].

---

[31]   Martínez: *Exclusiva de reyes: si se debe atender en la elección del Sumo Pontífice Romano: discurso escrito en servicio del excelentísimo Sr. D. Pascual de Aragón, Cardenal de la Santa Iglesia Romana*, 1662. BNE, Ms. 22998/4.

[32]   Martínez: *Exclusiva de reyes*, 1662, fol. 3.

[33]   Reflexiones sobre el cónclave que sucedió a la muerte de Paulo IV. N. Martínez: *Exclusiva de reyes*, 1662, fol. 40. «El cardenal Palavicino, en su Historia, libro 14, capítulo 10, finalmente dice, se vio, que el colegio quería un Papa neutral e pero Italiano. Aquel e pero me da mucho que admirar, como si fueran terminos equivalentes y mutuamente convertibles, Papa Neutral y Papa Italiano [...] Pero mi admiración ceso, quando advertí que en este suelo, afecto nacional vicioso, se divide en afecto español y francés: afecto italiano es virtuoso, aquellos dos son pasiones, este razón, aquellos dos naturaleza y este solamente gracia».

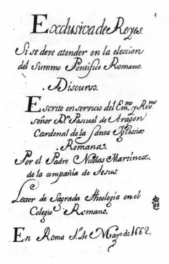

Fig. 14. Nicolás Martínez, *Exclusiva de reyes*, Roma, 1662, manuscrito, BNE.

Nicolás Martínez defendió la bondad de la *exclusiva*, «una declaración en que el Rey habla como caveza y Protector de sus Reynos y señoríos»[34] y su importancia para el futuro de Europa:

> En el cuerpo universal de europa nunca se descompone una parte sin que todas las demás sientan tocarse en el daño de la que peligra, como se ha visto en las guerras próximas que haviendo comenzado primero dentro de Alemania, poco a poco y por forzosas consequencias de adherencias, parentescos, ligas, amistades e intereses enredaron la europa[35].

Pascual logró recomponer el partido español con la reintegración de algunos miembros del *squadrone volante*[36]. La embajada española luchó para que el *squadrone* no fortaleciera al partido francés a costa del español. Pascual refirió en una carta a Felipe IV «la mucha aplicación que los france-

---

[34] *Ibíd.*, fol. 29.

[35] *Ibíd.*, fol. 30.

[36] «Que en el futuro cónclave entiendo podrán darnos un Sumo Pontífice cual se necesita para todo, he hecho elección de Vuestra persona para que tengáis mi voz en él [...] y oyendo a Don Luis Ponce de León, sigáis las máximas y advertimientos de que os enterará en mi nombre... cuanto a los sujetos, que se tienen por a propósito para el Pontificado, pasando asimismo toda buena correspondencia con el cardenal de Médicis por su afecto a mi servicio y la satisfacción, con que obró en el cónclave pasado, habiendo tenido mi voz» (AGS, E-R, 3176; Estenaga y Echevarría 1929-1930, Vol. II: 275).

ses ponen por reforzar su partido en essa corte uniendo a el sus cardenales y entre ellos el D'Este, Retz y Grimaldi»[37]. Pese a que la reina Cristina de Suecia había ofrecido a Luis XIV la colaboración del *squadrone*[38], Pascual se mostró persuadido de su célebre neutralidad, dudando, por ejemplo, de que los cardenales Imperiali o Borromeo abrazaran el partido francés[39]. Pero la aparición del *squadrone volante*, ante todo, demostró el fracaso, según Felipe IV, de «comprar con precios, malos procedimientos de vasallos»[40] o lo que es lo mismo, el fracaso de comprar con dinero la fidelidad de algunos cardenales. Algunos prelados en Roma, como Federico Sforza (1603-1676)[41], siguieron pidiendo un empleo al rey español. Otros, como el cardenal Pietro Vidoni (1610-1681)[42], anteponían la exigencia de un tratamiento respetuoso a la obtención de compensaciones económicas[43]. El rey recordó que la mayoría de cardenales que habían compuesto el *squadrone volante* habían sido «vasallos» suyos y que, tras haberlos aceptado de nuevo a su servicio, urgía controlarles para que «obrasen con la confianza que son obligados».

---

[37] El 25 de julio de 1662.

[38] «La Reyna de Suecia [...] ha hecho a Vuestra Majestad Cristianísima oferta del esquadron», AGS, E-R, leg. 3036. «a procedido a ratos con poca prudencia la Reyna».

[39] «Tengo a Imperiali por mal satisfecho de los Chigi interiormente, con que si puede encaminará al que se juzga por poco afecto y es mas de su devoción y no de florentines, y el mismo cardenal Imperial se ha querido sincerar conmigo diciéndome que no se podía temer fuere Francés, yo lo oí pero sin darme más respuesta que sonreírme» (*Ibíd.*). Giberto Borromeo (1615-1672) fue hecho cardenal en 1652 e integró el *squadrone volante* en el cónclave de 1655. Fue camarlengo del Sacro Colegio de Cardinales entre enero de 1664 y enero de 1665. Participó además en los cónclaves de 1667 y 1669-1670. AGS, E-R, leg. 3036.

[40] Alusión al cardenal Ottavio Acquaviva (1609-1674). Nacido en Nápoles, fue hecho cardenal en el consistorio de marzo de 1654. Continuó durante un tiempo como gobernador de Viterbo. Participó en el cónclave de 1655, integrando el *squadrone volante*, y en los sucesivos de 1667, 1669-1670 y 1670.

[41] Fue creado cardenal en consistorio de marzo de 1645.

[42] Originario de Cremona, fue hecho cardenal en el mismo consistorio de abril de 1660, en el que obtuvo el cardenalato Pascual de Aragón. Legado en Bolonia en 1662, participó en los cónclaves de 1667, de 1669-1670 y de 1676.

[43] El cardenal expresó la queja al rey, quien el 5 de julio de 1662 respondió «he mandado al gobernador de Milan se informe con particular cuidado dello y de lo que ha dado motivo de queja al cardenal para que con esta noticia tome la resolución que conviene» (AMAE, SS, 70, fol. 18). Dio a conocer al cardenal Aragón su malestar como vasallo del rey, por no ser tratado con la debida dignidad por los ministros españoles, y en concreto por el senador Loaysa.

El nuevo embajador debía idear la manera de reintegrarlos en el partido español. La nueva vía debía complementar el tradicional sistema de honores y entrega de mercedes que, por sí solo, se había revelado insuficiente para conservar la fidelidad de los beneficiados. La embajada de Pascual cosechó algunos éxitos, como la declaración de Francesco Barberini como nuevo vasallo del rey católico. No fue suficiente, y Pascual tuvo que garantizar la lealtad de otros cardenales en el futuro cónclave. El cardenal Ottavio Acquaviva (1609-1674)[44] manifestó que no se sentía satisfecho con el trato que le daba Felipe IV. Pascual, con quien Acquaviva mantendría una larga amistad, propuso su nombramiento como arzobispo de Salerno para ganar su confianza. Felipe IV pensó que la petición de Acquaviva era incompatible con sus muestras de afinidad hacia los franceses y, en su lugar, nombró al cardenal Raggi. Felipe IV encargó a Aragón aumentar el «numero de mis aficionados» y sobre Acquaviva dijo: «le ireis manteniendo con palabras generales diciendole que siempre que se declare podra esperar de mi grandeza, efectos correspondientes a su merito»[45]. Después de que, en abril de 1662, el cardenal Francesco Barberini (1597-1679)[46], presidente

---

[44] Fue hecho cardenal en 1654. (Cardella 1793, 10 Vols.).

[45] «La precisa necesidad que hay de levantar nuestro partido y los medios que entenderse pueden usar para ello juzgando se declararia el cardenal Aquaviva se le nombrara en el Arzobispado de Salerno, de todo quedo advertido y os agradezco el celo y atención con que participais estas noticias en cuio cuidado os encargo continuéis no perdiendo de vista el de procurar se aumente en essa corte el numero de mis aficionados, como cosa que tanto importa; y en quanto al cardenal Aquaviva le ireis manteniendo con palabras generales diciendole que siempre que se declare podra esperar de mi grandeza, efectos correspondientes a su merito; [...] porque para con vos aca se esta en concepto de que esse sugeto tiene mui en su corazon la flor de lis y no es buena consequencia comprar con precios malos procedimientos de los vasallos; [...] observando sus acciones, me ireis dando quenta de lo que se ofreciere, para que yo vaya midiendo el merito [...]» (AMAE, AEESS, Leg. 69, fol. 47. 6 de abril de 1663).

[46] En 1623, fue creado cardenal nepote de su tío el papa Urbano VIII, quien le llenó de cargos, honores y beneficios. En 1625, fue enviado a Francia, como cardenal legado *a latere* para tratar con Richelieu la cuestión de la Valtellina. Al año siguiente viajó a España para negociar con Olivares el fin del secular contencioso hispano-francés. A partir de 1628 se hizo pleno cargo de la política exterior del Estado de la Iglesia, con una propensión filofrancesa que creció en ocasión de la segunda guerra de los Treinta Años y la contienda por la sucesión de Monferrato. Sus hermanos gestionaron la guerra de Castro, que significó un rotundo fracaso para su familia. El nuevo papa, Inocencio X, llevó a cabo investigaciones sobre las malversaciones perpetradas en el pasado por los Barberini y, en 1646, Francesco, con sus hermanos Taddeo y Antonio, tuvieron que huir a Francia, donde hallaron la protección de Mazarino. En 1648 los Barberini obtuvieron

de la congregación de la Fábrica de San Pedro, pidiera formalmente ser vasallo del monarca español[47], otros cardenales, como Federico Sforza, solicitaron mercedes a España[48]. Sforza, años más tarde, llegaría a ocupar el cargo interino de embajador español en Roma.

Un amplio sistema de entrega de mercedes, títulos y honores entre los príncipes y cardenales italianos no había impedido, por ejemplo, la aparición del *squadrone volante* y la crisis de 1655 en el seno del colegio cardenalicio. No había evitado que algunos príncipes y cardenales se alejaran del partido español. En 1668, la reina Mariana de Austria renovó las sospechas de Felipe IV sobre la efectividad de las mercedes entregadas a familias como los Barberini («la mala correspondencia a los beneficios recibidos de mí»[49]). Tal desconfianza fue un revulsivo para que la embajada española reflexionara sobre sus estrategias de propaganda y decidiera plantearse nuevos recursos que fomentaran el sentimiento de adhesión a la Corona. Los españoles buscaron estos recursos en el mundo de las ceremonias, intentando instrumentalizarlas de un modo más rentable para ganarse la fidelidad de los italianos, atendiendo más a los afectos y menos a la dependencia económica.

Los inicios de este cambio de rumbo no fueron fáciles. Los tratamientos que Pascual de Aragón brindaba a la nobleza romana fueron a veces fuente de conflicto. El lugar privilegiado reservado a los Colonna en las

---

la gracia del papa de la restitución parcial de sus bienes confiscados y pudieron regresar a Roma y ocupar su palacio *alle Quattro Fontane*. Francesco Barberini era protector de la orden de San Francisco.

[47] «En ser su primera atención en esta corte acudir a todo lo que ocurriere en ella, empleándose en lo que creerá obrará siempre adelantándose por la representación que aquí tiene, todo lo que se puede ofrecer al servicio de Su Majestad» y «El particular afecto que el cardenal Francesco Barberini tiene al servicio de Vuestra Majestad y lo que desea interesar su casa, con el título de vasallo de Vuestra Majestad le obliga a que solicite de la real grandeza de Vuestra Majestad esta honra [...] quan de su real servicio juzgo sera que esta casa se halle con los vínculos que le constituyen» (AMAE, SS., 70, fol. 25, carta del 10 de abril de Pascual de Aragón a Felipe IV).

[48] En diciembre de 1662, Pascual informó al rey de la pretensión de Sforza de conseguir algún empleo del sevicio de Felipe IV (AMAE, SS., 70, fol. 25).

[49] «Los cardenales Francesco y Antonio Barberini an adherido siempre a la Corona de Francia manifestandolo en todas ocasiones [...] ayudaron a la turbación y invasión de mis Reinos de Nápoles y Sicilia [...] no obstante esto han procurado de algunos años a esta parte por vias indirectas, reconciliarse conmigo y que yo los admita en mi gracia... pero teniendo yo presente su mala correspondencia a los beneficios recibidos de mi (no he querido) oirlos» (AGS, E-R, leg. 3036, carta de 10 de abril de 1662 y AHN, E, 1837).

ceremonias públicas españolas[50] levantó las protestas de otros Grandes de España en Roma, como los Caetani, los Savelli o los Borghese. La cuestión llegó al Consejo de Estado, pero finalmente los Colonna aceptaron dejar de lado sus preeminencias. Pese a tal renuncia, algunos Grandes, desconfiados, optaron a partir de entonces por visitar al embajador en secreto, para no tener que reconocer la preeminencia ceremonial de los Colonna[51]. Ello prueba la importancia que tenían los gestos en la corte romana. Era frecuente, por ejemplo, que una nación con pretensiones de reforzar su posición en el panorama político romano lo hiciera notar primero a través de las ceremonias. En mayo de 1663 Pascual de Aragón escribió una carta a Felipe IV sobre las altas aspiraciones de la Corte de Saboya en la corte romana. Un delegado de la corte piamontesa le había expresado su voluntad de estrechar lazos con el rey de España y su deseo de enviar a Madrid un residente del duque. Amplias demostraciones ceremoniales de Saboya en Roma consiguieron, al fin, que el papa aceptara a Onorato Gini con el título de residente de esa Corte[52].

Desde el mismo día de la entrada de Pascual en Roma se puso en evidencia el abismo que separaba la estrategia francesa y española en el ámbito de la representación, los gestos y la exhibición pública. La primera consistía en desafiar al papa, innovando en el ceremonial. La segunda estaba basada, en principio, en la moderación y el respeto a la tradición protocolaria, según dictaban las instrucciones de Felipe IV. Los enviados franceses a Roma que se sucedieron a partir de 1661 compartieron un carácter desafiante hacia la Santa Sede, según las opiniones de la curia. Estos gestos franceses no tenían otro fin que el de demostrar permanentemente el lugar que había logrado ocupar Francia como primera potencia europea. Frente a estas demostraciones, las españolas se tenían por excesivamente sumisas. A juicio de un miembro de la curia, el monarca católico y sus representantes solicitaban las gracias al papa con excesiva *soavità* y no se

---

[50] Los Colonna eran probablemente la familia tradicional más ligada al sistema imperial de los Austrias, los cuales les concedieron títulos, honores y la gracia del toisón de oro. Poseían numerosos feudos en el reino de Nápoles, detentaban en aquel reino el cargo de condestables, uno de los antiguos siete oficios de edad aragonesa, y como tales tenían el privilegio de sentarse a la derecha del embajador de España en Roma en las ceremonias oficiales y de preceder a todos los demás nobles en la cabalgata de entrega de la *chinea* al papa (Spagnoletti 1996: 97-98).

[51] Spagnoletti (1996: 98).

[52] Aviso de Roma del 11 de agosto de 1663 nos refiere que Onorato Gini fue finalmente declarado residente de la corte de Saboya.

mostraban adversos cuando no salían beneficiados. En julio de 1662, el mismo enviaba una carta al nuncio en París, monseñor Piccolomini, en la que se quejaba de la actitud del duque de Crequí, embajador de Francia, en su primera audiencia ante el papa, por haber hablado «in maniera molto alta e senza il rispetto che si debe»[53], y por haberse arrodillado «in modo che pareva che patisse nell'effettuarlo»[54]. Sin embargo, admitía que el papa Chigi se inclinaba hacia Francia con sus demostraciones y gracias: «E vero che la Santità Sua ha fato delle gratie alla Spagna ma in molto maggior numero sono quelle che ha concedute alla Francia»[55]. El 22 de julio, Pascual de Aragón dio su particular visión sobre las diferencias que apreciaba entre el partido francés y el español en Roma, y sus distintas estrategias de representación: «todos entienden asimismo esto, y que se ha padecido tanto descrédito, quanto los Franceses se dexan entender bien, ni las representaciones de Vuestra Majestad les inmutan, ni obligan a minorar sus resoluciones, máxima con que le vi desde los principios»[56]. El duque de Crequí, en una carta al cardenal Aragón, aportaba una opinión muy distinta:

> Si trattasse di una nazione numerosa e senz'alcuna occupazione come si vede la spagnola, che stà qui solo ciascheduno per essere provisto dalla dataria e nulla vi ha di fare e tutta stà unita in un quartiere con la vicinanza delle forze del Regno di Principi suoi vassalli. Ma della francese poca stima ne fanno in Roma per la scarsità del numero di quelli che non habbino altro interesse qua che il di loro proprio capriccio e soddisfatione, perche la maggior parte d'accasati o obbligati da gli offity e cariche che godono, bramano solo la quiete e la pace[57].

Ciertamente, el cardenal Aragón siempre se comportó de un modo muy templado en sus negociaciones con la curia. Sin embargo, en múltiples ocasiones meditó sobre los afectos y se aplicó en exhibir una imagen de España como monarquía renaciente. Pascual debía atender, en su palacio, a aquellos españoles que hubieran llegado a Roma en busca de alguna gracia o justicia[58]. El conde de Peñaranda le agradeció la manera en que estaba

---

[53] ASV, SS, Francia, ms. 123, fols. 45-46.
[54] *Ibíd.*
[55] *Ibíd.*
[56] AGS, E-R, 3036.
[57] Carta del duque di Crequí a Pascual de Aragón, BNE, ms. 2391, fol. 238.
[58] Ruiz Franco de Pedrosa refiere muchos casos.

desarrollando su cometido, beneficiando así los intereses de los españoles en Roma y ganándose su «afecto» y «estimación». Habló de estima, de obligación y de amor. Los afectos importaban mucho a los ministros y agentes españoles en Roma.

> De haber oido antes de ahora y ahora también la estima general, que toda la nación hace de vuestra eminencia, pues aunque para acudir los españoles prontamente adonde llama el servicio del rey, irían siempre llevados de su propia obligación y afecto, importa infinito que amen y estimen al Embajador, para que se dejen regir y gobernar[59].

Pero si los afectos eran determinantes, a los ojos de los españoles, también lo eran las representaciones públicas, como las que protagonizó Pascual de Aragón en distintos escenarios romanos. En febrero de 1663, los cardenales Chigi y Rospigliosi acompañaron al papa en su visita de las siete basílicas durante el carnaval, «per deviare il popolo dalle vanità carnevalesche si e esposto il santíssimo con rico vago e suntuoso aparato in alcune di queste principali chiese»[60]. Como si de una contraprogramación se tratara, para captar la atención de los romanos, Pascual de Aragón organizó contemporáneamente una gran mascarada en la que distintos personajes representaban a las naciones presentes en Roma:

> Si diede fine al carnevale avendo li gentilhuomini e famigliari del signor Cardinale d'Aragona fatta una bellísima mascherata a caballo rappresentante le nationi conducendo ciascuna un focchio dorato con varii personaggi e concerti di tromba et altri suoni e la sera passeggiarono per la città con torcie accese in mano al numero di 24[61].

¿Cuáles eran los códigos ceremoniales que regían en el interior de la embajada española? Un manual manuscrito, de tiempos de Carlos II, nos explica muy bien las prácticas del maestro de ceremonias del embajador en Roma[62]. Éste podía permanecer o no en el cargo tras la marcha de un embajador. Era la persona que debía introducir al diplomático español en las visitas, y que debía informarle minuciosamente sobre cómo debía

---

[59] AGS, E, 3092.
[60] ASV, *Avvisi*, 112, 3 de febrero.
[61] ASV, *Avvisi*, 112, 10 de febrero.
[62] AOP, AEESS, Ms. 48, f. 285. Nos remitimos a los estudios de Maria Antonietta Visceglia (2002) sobre el ceremonial romano.

comportarse. Cada visita iba precedida de un protocolo de actuación sobre el lenguaje corporal que el embajador debía adoptar en cada caso. Mediante este código, el embajador mostraba a sus visitas cuál era la consideración que le merecían. Cuando el visitante era de bajo rango o de una nación enemistada con España, el embajador le esperaba desde el interior del palacio a la distancia de un aposento y medio, marcando una línea que tampoco sobrepasaba al despedirle; cuando el visitante tenía mayor consideración, el embajador llegaba hasta la escalera sin bajarla; a los visitantes más ilustres y aliados de España, hasta los pies de la escalera. A los hermanos y sobrinos del papa, el embajador salía a recibirles hasta la Sala de Palafreneros. A un residente, en cambio, ni siquiera debía admitirle en audiencia, aunque sí podía ser atendido por el maestro de cámara. A los franciscanos, dominicos y jesuitas les debía tratar como a arzobispos. A las demás órdenes, no. Todo ello permitía hacer ostensible, ratificar o corregir, según los momentos, el lugar que ocupaba cada uno en la escala social en la corte romana. Permitía también a la Corona española expresar la consideración política que cada nación le merecía.

El maestro debía prevenir al embajador sobre las precedencias en las visitas en la ciudad, o sobre cómo debía actuar en las audiencias del papa. Al llegar a Montecavallo, el maestro de cámara del papa saldría a recibirle, y a la entrada de cada puerta, el embajador debía hacer un gesto de reconocimiento a los prelados que le acompañaban y entrar en primer lugar. Al llegar a la sala «de la búsula de damasco», debía detenerse en la puerta, sin que se notara que estaba a la espera. No debía ni sentarse ni cubrirse, aunque el maestro de cámara papal le invitara a hacerlo. Al entrar en la audiencia del papa, debía hacer «cortesías a los prelados y cavalleros y luego entrar volviéndose a una y otra parte con agrado a todos, casi dando las gracias a los que le han venido acompañando hasta aquí»[63]. Antes de abandonar Montecavallo, tras la audiencia, el embajador debía visitar al cardenal *nepote*. Éste saldría a recibirle en la sala y, a su marcha, le acompañaría hasta la última puerta, sin salir de ella.

Un lugar central en este escenario protocolario lo ocupaban los regalos. El análisis de las cuentas de la embajada nos proporciona una rica información de los gastos más frecuentes del embajador, incluidos los derivados de los regalos que intercambiaba con diversas personalidades de

---

[63] AOP, AEESS, Ms. 48, fol. 285.

Roma. Por ejemplo, la suma que se gastó la embajada española en Roma en regalos entre 1662 y 1664 ascendía a una cantidad similar a la de los 3.680 escudos que se requerían para los sueldos de todos los secretarios de la embajada. La importancia de esta cifra se pone también de relieve si se la compara con los gastos que la embajada destinó a las obras de su palacio. La suma total de las intervenciones arquitectónicas que el embajador hizo en palacio en los mismos años ascendió a 1.562 escudos, ni siquiera la mitad de lo que se gastó en regalos. Tal comparación, lejos de resultar superflua, debe hacernos reflexionar acerca de la importancia que atribuimos a cada faceta de la actividad simbólica y de mecenazgo de la embajada española en Roma. En la órbita de la embajada eran comunes los regalos a «afectos de Su Majestad». En estos presentes latía el intento de cultivar los lazos de fidelidad con los italianos. Así, Pascual de Aragón declaró haber socorrido con 1.550 reales al padre maestro Ilarión «en una enfermedad que tuvo, para su regalo, en atención a lo afecto que era al servicio de Su Majestad»[64]. Las cuentas incluían partidas muy considerables de regalos para «sujetos confidentes»[65]. Esta partida no incluía los comunes *rinfreschi* que la embajada daba a los asistentes a una fiesta o conmemoración y que figuraban en una partida menor[66]. El confesor y cronista de Pascual de Aragón, Pedrosa, relató en diversos pasajes de su crónica cómo entendió don Pascual las prácticas del agasajo o del intercambio de regalos. Al parecer, al llegar al virreinato de Nápoles, escarmentado de lo que había vivido durante su embajada en Roma, aleccionó a su servicio de lo que debían hacer al recibir cualquier regalo.

> [Pascual de Aragón] Quiso gobernar su familia amonestando a todos sus criados obrasen con desinterés executando cada uno en los que tocaba, lo mesmo que tenia intención de obrar su eminencia; y esta prebención la havia echado tambien su eminencia en Roma antes de partir diciéndoles el desinteres con que pensaba obrar en el virreinato de Nápoles con la aiuda de Dios

---

[64] AGS, E-R, 3040, Relación de los gastos de la embajada de Pascual de Aragón.

[65] «Mas doy en data 3.500 escudos que en diferentes ocasiones se han gastado en regalos y ayudas de costa que a diferente sujetos confidentes se han dado por mi mano» (*Ibíd.*).

[66] «Mas doy en data 2.560 escudos que han importado los gastos que se han hecho en las Audiencias de mi tiempo como son en bevidas, chocolates y dulces que se estilan dar a todos los que concurren al cortejo en que se incluyen las primeras visitas de los cardenales y las que ellos hacen al embajador» (*Ibíd.*).

y que lo mismo abian de hazer todos sus Ministros y criados, advirtiéndoles con gran severidad que al que recibiese aunque fuera *un platillo de igos o de ubas* (que es la cosa de menor valor que podia ponderar) no le permitiria en su servicio[67].

Natalie Zemon Davis abordó en su libro sobre el regalo en la Francia del siglo XVI[68] la gran atención que se prestaba en la edad moderna a los límites del reino de los regalos, los signos que distinguían la dádiva de la venta, la obligación o el pago coercitivo. Una sociedad basada en el sistema de patronazgo estaba toda ella imbuida de una retórica del regalo altamente codificada en función de la pertenencia al círculo de benefi-ciados en la Corte o en la familia. En las Sagradas Escrituras abundaban las referencias a los dones espirituales y a la gratitud que requieren. Los clásicos también habían teorizado acerca de los límites de la liberalidad y de la generosidad como una obligación moral. El templo de las tres Gra-cias permitió a Aristóteles discurrir en la *Ética* acerca de la reciprocidad de los dones. Séneca hablaba en su obra *Beneficios* sobre la naturalidad de la gratitud. Ambos textos, junto a los *Oficios* de Cicerón, inspiraron a los juristas de la época medieval y moderna, que advertían que la liberalidad no debía conducir nunca a la prodigalidad, que la benevolencia debía ser extendida a familiares, amigos y a personas del propio servicio y que los regalos públicos para iglesias, hospitales y fortificaciones eran muy reco-mendables para lograr una recta magnificencia. En la Europa del siglo XVII siguió preocupando mucho dónde empezaba el dominio del regalo y dónde el mundo del mercado. Mientras un favor pagado con dinero podía acabar con una relación de patronazgo, el intercambio de regalos seguía alimentándola, pues su inconmensurabilidad mantenía en pie el sentido de obligación de quien recibía la dádiva. Sin embargo, podía ocurrir que los lenguajes y significados asociados a los regalos, y a la manera de darlos y recibirlos, fueran distintos en el donante y en el beneficiario si pertene-cían a culturas distintas, algo que podía ser hábilmente utilizado o, por el contrario, dar pie a más de un conflicto[69].

---

[67] Ruiz Franco de Pedrosa: *Crónica del eminentísimo don Pasqual de Aragón,* 1689. La cursiva es mía.

[68] Davis 2000.

[69] Véase sobre el intercambio de regalos en la Italia española: Carrió-Invernizzi, (2008c).

El 10 de mayo de 1664, el nuevo embajador español Pedro Antonio de Aragón llegó por fin a Roma, de incógnito, tras dos años de detención en Gaeta. Fue a visitar privadamente a diversos prelados y príncipes, para a continuación dirigirse a varias iglesias, entre ellas, San Eustaquio, para ver sus reliquias[70]. El cardenal Aragón concertó con el mayordomo mayor del papa día y hora para que su hermano entrara públicamente en Roma, con el concurso de todas las carrozas de embajadores, cardenales y príncipes que debían reunirse allí.

> A hora competente, vino el dixo señor cardenal vestido de campaña por el Señor don Pedro, y le sacó casi dos millas de la puerta de San Juan, donde están aguardando toda la familia de su excelencia y mandó la buelta para la ciudad, se caminó muy poco a poco, llevando delante las trompetas con baqueros y los lacayos a pie vestidos de campaña y detrás de la carroza de su eminencia, los gentileshombres y pajes de su excelencia a cavallo y después destos, las ayudas de camara y en su seguimiento la carroza de campaña del señor don Pedro y las demás de familia.

El 22 de mayo Pedro Antonio hizo su entrada pública, acompañado de «una bellíssima corte», con la carroza de Agostino Chigi, Príncipe Farnese, recién regresado de Siena, por la puerta de San Juan de Letrán, como establecía el protocolo de ingresos de los embajadores españoles. Desde allí, el cortejo se dejó ver por el Coliseo, el Campo Vaccino y el Macel de'Corvi; subió por el Corso y por la vía Condotti hasta llegar a la plaza de España[71]. El cardenal Aragón, en señal de bienvenida, regaló a la duquesa de Feria, mujer del embajador, «una lamina en obalo del desposorio de Santa Catalina el niño y Nuestra Señora con marco de madera forrado de plata»[72]. A los pocos días, Pedro Antonio, tras haber visitado al Papa, recibió por la noche en su casa un regalo de Alejandro VII: «vino el regalo de Su Santidad con el maestro de casa, recibiolo su Excelencia el pie y le dio una vista alabandolo»[73]. Cuando su mujer, Ana Fernández de Córdoba, fue sola a besar los pies del pontífice, siendo introducida por la princesa de Farnese (mujer de Agostino Chigi), por la noche el papa

---

[70] ASV, SS, *Avvisi di Roma*, 17 de mayo de 1664.

[71] ASV, SS, *Avvisi di Roma*, 24 de mayo de 1664.

[72] AHPM, 1092, Relación jurada de Pedro Antonio de Aragón.

[73] AOP, AEESS, Ms. 48, Relación de la embajada del señor don Pedro Antonio de Aragón en el año de 1662.

le mandó un regalo de «molti bacili di pretiosi rinfreschi»[74]. Cuando Pascual de Aragón se dispuso a abandonar la ciudad para ir a ocupar el cargo de virrey de Nápoles, llenó de regalos a la familia pontificia. Años más tarde trascendieron en la curia unos escritos del abad Pagnotti en los que había dejado constancia de estos regalos y *mancie*, es decir propinas: anillos, relojes y platería por valor de quinientos *doppie*, repartidos entre familiares, palafreneros y maestros de ceremonia[75].

Los secretarios de la embajada de Pedro Antonio de Aragón fueron Diego Ortiz de Ocampo, Francisco de la Riba y Velasco, Cosme de Mazarredo, Francisco Delarrúa y Martín López Calahorra. Pedro Antonio quiso favorecer al primero de ellos, Ortiz de Ocampo, solicitando para él al monarca el nombramiento de secretario de Su Majestad y no sólo de la embajada[76]. El polígrafo sevillano Nicolás Antonio siguió siendo el agente del rey en Roma y secretario de la embajada. Este erudito canónigo, caballero del hábito de Santiago, vivía en la vía Condotti, muy cerca del palacio de la embajada. Como ya se ha dicho, reservó un lugar en su obra *Biblioteca* al tratado de *Geometría militar* de Pedro Antonio de Aragón. Nicolás Antonio fue el único español cuya biblioteca en Roma mereció un lugar en la *Nota delli Musei, Librerie, Galerie et ornamenti di statue e Picture ne'Palazzi, nell'Case e ne'Giardini di Roma*[77], publicada en Roma en 1664 por Giovanni Pietro Bellori (1615-1696)[78], personaje capital del panorama intelectual romano del momento. Entre los gentileshombres de la cámara de Pedro Antonio se encontraban don Antonio de Campoaumanes y Argüelles[79] y los mayordomos don Juan de Toledo, don Melchor

---

[74] BAV. Barb. Lat., 6368, *Avvisi di Roma*, 4 de octubre de 1664.

[75] AOP, AEESS, Códices, Catálogo de José Olarra. Códice 478, fols. 134-136, Regalos que hizo el Cardenal Aragón a la familia pontificia antes de partir a Nápoles en agosto de 1664.

[76] AGS, E. 3040.

[77] «Nicolo Antonii, Cavaliere di Santiago, Agente del re di Spagna. Librería raccolta di ottimi Autori in ogni studio, compilando questo signore la Biblioteca Hispanica, degli scrittori antichi& moderni Spagnoli, & altre recondite antichità», Bellori (1976 [1664]: 14).

[78] Bellori fue bibliotecario y anticuario de la reina Cristina de Suecia antes de recibir el cargo de anticuario de Clemente X. Publicó sus *Vite de' Pittori, Scultori ed Architetti Moderni* en 1672, pero ya antes escribió y publicó en 1664 su *Nota delli Musei, Librerie, Galerie et ornamenti di statue e Picture ne'Palazzi, nell'Case e ne'Giardini di Roma*.

[79] ACR, Juan Cavallero, Vol. 201, al menos desde noviembre de 1663.

de Navarra[80] y don Bernardo María Alfaro[81], que era también el tesorero de la embajada[82]. Cosme de Mazarredo también pertenecía a la familia de Pedro Antonio de Aragón[83] y Enrique Dávila Ponce de León fue su maestro de cámara. Acompañó a Pedro Antonio desde España un clérigo jesuita, don Gabriel Díaz Gutiérrez, que había estudiado gramática en el colegio de jesuitas de Toledo y filosofía en los estudios públicos de la universidad toledana[84]. Juan García del Pino, natural del obispado de Orense, era el maestro de ceremonias del palacio[85]. Juan Bautista de Mauro era el archivista de la embajada[86]. Leonardo Rivello, napolitano, era el armero del palacio[87]. Los embajadores de España en Roma se sucedían, pero a menudo los oficios de palacio permanecían inalterados, de manera que en el traspaso de la embajada de Pascual a Pedro Antonio de Aragón[88] en 1664, todos los citados conservaron sus cargos[89].

La embajada de Pedro Antonio tenía, como primer cometido, la solicitud de un breve apostólico para que el Estado de la Iglesia contribuyera con un diezmo al sustento de los ejércitos españoles. Todas las visitas de cortesía que realizó y recibió Pedro Antonio de Aragón se desarrollaron correctamente, inclusive la del nuevo embajador de Francia, Origui, que, tras visitar a la duquesa viuda de Feria, acudió a ver a su marido, el embajador. La única excepción fue la visita que Pedro Antonio tuvo que hacer al cardenal d'Este. La primera vez que Pedro Antonio le visitó, habiendo sido el cardenal avisado, no le encontró en su casa. En su segunda visita, el prelado profrancés no le quiso recibir alegando que estaba enfermo[90]. Pedro

---

[80]   *Ibíd.*, 14 agosto 1664. El 17 de agosto 1662, poderes dados a Melchor de Navarra Rocafull para que pueda hacer todas las diligencias necesarias en Nápoles en nombre del embajador Pedro Antonio, dados por el cardenal Aragón.

[81]   *Ibíd.*, septiembre de 1665.

[82]   *Ibíd.*, septiembre 1665.

[83]   *Ibíd.*, octubre de 1664.

[84]   ACR, Juan Cavallero, Vol. 203.

[85]   *Ibíd.*

[86]   ACR, Juan Cavallero, Vol. 202, abril 1664.

[87]   15 de mayo de 1664, confesiones de cobro de salario en todos los casos.

[88]   AMAE, AEESS, E. leg. 70, fol. 279-364: «Asalariados del Rey en tiempo del Embajador Don Pedro de Aragón», 23 de febrero de 1663.

[89]   ACR, Juan Cavallero, Vol. 202, abril 1664. *Ibíd.*, 15 de mayo de 1664, confesiones de cobro de salario en todos los casos.

[90]   «Llegó el embaxador al palacio del D'Este, halló el recibimiento de gentileshombres que se acostumbra y a dos pasos se le acercó el que hacía oficio de caballerizo, diciendo que su amo se hallava en la cama y que por esto no podía cumplir con Su Excelencia al

Antonio consideró excesivo el comportamiento del cardenal y exhortó a su caballerizo: «los del Rey mi señor no pasamos porque nos reciba en la cama, ni yo como don Pedro de Aragón»[91]. Tras este episodio, cuando el cardenal d'Este fue a visitar por primera vez a Pedro Antonio, fue recibido por el embajador en cama y con golilla, haciendo ver de este modo que también él podía fingir su enfermedad[92].

En marzo de 1665, Luis XIV había cesado al duque de Crequí como embajador francés en Roma y, por un tiempo, el abad Bourlemont se ocupó de los asuntos franceses en la ciudad, hasta la llegada de Origui[93]. La firma de la Paz de Pisa en febrero de 1664 dio lugar a una distensión aparente, tras una etapa de gran convulsión diplomática en Roma. Durante dos años, los españoles habían procurado no ofender a los franceses con ninguno de sus gestos de orden ceremonial. Las preeminencias seguían beneficiando a los franceses, y en la primera audiencia del papa, el nuevo embajador español comprobó que el embajador francés era el primero en ser recibido[94]. El tratado permitió a todos, franceses y españoles, recrudecer sus posiciones y volver a mostrarse agresivos con sus políticas de representación y mecenazgo. Buena muestra de ello fue el hecho de que, sólo ahora, tras la firma de la paz, la embajada española retomara el proyecto de levantar la primera escultura de un monarca español en un espacio público de Roma, el retrato de Felipe IV en la basílica de Santa María la Mayor, que tanto molestó a los franceses.

Desde el principio de su embajada, Pedro Antonio de Aragón demostró no estar dispuesto a seguir con la política moderada en materia de representación que había caracterizado a su hermano, el cardenal Aragón.

---

recibirle. El señor embaxador le respondió volviéndose a tomar la carroza. Pues si lo está su eminencia, para cuando esté bueno y levantado le vendré a visitar que ahora no es ocasión, ni lo fue la primera visita» (AOP, AEESS, Ms. 48 y Ms. 50).

[91] «El cavallerizo algo turbado, dixo que lo mismo hacía o havía hecho con los señores embajadores de Francia y Venecia a que replicó Su Excelencia: Monsieur de Origui puede correr con su eminencia como fuere servido y el señor embajador de Venecia, pero los del Rey mi señor no pasamos porque nos reciba en la cama, ni yo como don Pedro de Aragón, tomó la carroza y se salió a passear» (AOP, AEESS, Ms. 48, y Ms. 50).

[92] «Haviase preparado camilla a posta en donde el embajador, vestido y con golilla, se metió en ella y assí lo recibió y despidió», El cardenal d'Este volvió a recibir en cama a Pedro Antonio cuando le devolvió la visita (AOP, AEESS, Ms. 50).

[93] Le sucedió el nuevo embajador, el duque de Chaulnes, nombrado en mayo de 1666.

[94] ASV, SS, *Avvisi di Roma*, 26 de julio de 1664.

La revolución catalana de 1640 había hecho perder a la familia Cardona todas sus propiedades, rentas y casas en el Principado, que pasaron a ser ocupadas y expoliadas por los franceses. La guerra les había llevado al exilio e incluso a dos años de reclusión en Francia, en el caso de Pedro Antonio. Los franceses habían fomentado su destierro en Gaeta. En octubre de 1664, al poco de su llegada a Roma, como se recordará, damas francesas de la órbita de la embajada gala se burlaban del nuevo embajador, recordando que una de ellas, madame de la Mothe, también llevaba el título de duquesa de Cardona[95]. Pedro Antonio de Aragón había iniciado su viaje tratando de borrar la huella simbólica que había dejado Francia en el Principado, emprendiendo, junto a su hermano, importantes obras de mecenazgo en el monasterio de Poblet, patronato de su familia (Figura 15). Esta voluntad de aferrarse a lo que recientemente había recuperado la familia en Cataluña se unió a su alto concepto de linaje. No perdía ocasión de declararse heredero de los monarcas aragoneses, y de impregnar todas sus iniciativas culturales de un marcado signo aragonesista. Su mecenazgo se convirtió en una loa a la pertenencia de Cataluña a la Monarquía española, después de que los franceses la hubieran gobernado durante una década. La primera y más evidente muestra de este giro aragonesista en la embajada española en Roma fue la determinación de Pedro Antonio de Aragón de reformar los estatutos de la congregación de Santa María de Montserrat y de convertir esta iglesia aragonesa en escenario privilegiado de las fiestas españolas en la ciudad.

---

[95] También participaron en el juego madame Colbert, la duquesa de Mazarin, madame de Montpensier (BAV. Barb. Lat., 6368, *Avvisi di Roma*, 18 de octubre de 1664).

Fig. 15. Fachada de la iglesia del monasterio de Poblet (Tarragona), 1662-1668.
Foto de Montserrat Catalán.

En julio de 1664, Pedro Antonio escribió a Felipe IV para ponerle al
corriente de los contactos que el «ministro del rebelde», Francisco Manuel,
enviado portugués a Roma, establecía con príncipes romanos, para a la
larga conseguir el reconocimiento de la independencia de Portugal por
la Santa Sede. El portugués vivía cerca de la plaza de Trinità dei Monti y
del palacio de la embajada española[96]. El embajador averiguó, a través de
sus espías, el lugar elegido para las entrevistas de Francisco Manuel con
personas como el duque de Cesarino: la iglesia de San Nicolás[97]. Pedro
Antonio manifestó su preocupación por las demostraciones públicas lusas:
«Este portugués se ha desvergonzado mucho estos días, haviendo hechado
librea y dos carrozas, de que no me he dado por entendido»[98]. Pedro Antonio elevó al fin sus quejas a Alejandro VII y consiguió su compromiso de
forzar a los portugueses a abandonar tales maneras ostentosas.

---

[96] Al menos desde mayo de 1666. El 16 de mayo de 1666 da un poder a Francisco
Romero de Figueroa, residente en Madrid para suplicar en su nombre al rey que le dé
cualquier merced (ACR, Juan Cavallero, Vol 203).

[97] «Hele averiguado que las conferencias que tiene con el Duque Cesarino son en
San Nicolas respeto de tener contiguo a esta iglesia el Duque una Portichuelo por donde
sale a este santo ejercicio, he procurado ganar a los secretarios de Don Francisco sin
sacar la cara y no me ha sido posible, pero quien le sigue no da muy buenas noticias de
lo que hace» (*Ibíd.*).

[98] AGS, E-R, 3037, s.f., Carta de Pedro Antonio de Aragón a Felipe IV del 26 de
julio de 1664.

Las pretensiones portuguesas se remontaban a 1642, cuando el duque de Braganza envió su primer embajador a Roma, el obispo de Lamego, que, sin embargo, tuvo que dejar la ciudad sin poder exhibir su fastuoso cortejo, pues el papa se lo prohibió. En 1633 Felipe IV había enviado a Roma a un embajador de familia portuguesa, Manuel de Moura Corterreal, marqués de Castelrodrigo, y las tensiones parecieron calmarse tras la decisión de acabar con la tradicional función del embajador español en honor a Santa Isabel de Portugal en la iglesia de San Antonio de los Portugueses, que tanto rechazo provocaba entre la comunidad lusa de Roma[99]. En 1650, el embajador Francisco de Sousa, conde de Prado y marqués das Minas, rehusó entrar en la ciudad eterna al no poder hacerlo acompañado de una solemne cabalgata, pues también la curia se lo impidió. Los portugueses tuvieron que esperar hasta 1670 para poder exhibirla con todo su esplendor, durante la elección del papa Clemente X y en sucesivas funciones públicas.

Durante la embajada de Pascual de Aragón las presiones de los portugueses para recibir un tratamiento adecuado en Roma se habían hecho más ruidosas. El tema llegó a preocupar tanto a la embajada española, que, en agosto de 1662, Felipe IV envió un agente especial, don Antonio Luis de Acevedo, para tratar con el papa la cuestión portuguesa[100]. El Consejo de Estado estudió cómo contestar las reiteradas peticiones de Francisco Manuel para obtener el título de agente de Portugal en Roma y de aparecer como tal en las funciones públicas de la ciudad[101]. Pese a que el mayor problema diplomático con el que se había encontrado Pascual de Aragón en Roma fue tratar de evitar la invasión de Francia, ya entonces el embajador llegó a estar más preocupado por la cuestión portuguesa, que afectaba directamente a la integridad de la Monarquía. Por ello, antes que utilizar la principal fiesta española en la ciudad, la de la *chinea*, para contestar a los franceses, Pascual había preferido consagrarla a la unión entre España y Portugal, como veremos en el capítulo dedicado a esta fiesta. No es casual que, precisamente ahora, Felipe IV enviara a Roma a miembros de una familia ilustre catalana para desempeñar el cargo de embajadores. Su estrategia era similar a la que motivó el nombramiento

---

[99] Castelrodrigo abandonó Roma en febrero de 1641, después del estallido de la revolución. Sobre los portugueses en Roma véase Sabatini 2007.

[100] *Ibíd.*

[101] AGS, E-R, 3036.

del marqués de Castelrodrigo: neutralizar ambiciones secesionistas desde Roma. En efecto, en 1662 no se oyeron en Roma los ecos de las pasadas reivindicaciones catalanas, como sí sucedía ahora con las portuguesas. Los catalanes dieron muchos dolores de cabeza al embajador español entre 1640 y 1652, pero ahora esta comunidad no pretendía alterar, como en el pasado, la tradición ceremonial para reclamar una mayor preeminencia en la ciudad. Ésta, como hemos visto, constituía una estrategia común entre los que perseguían mayor reconocimiento de la Santa Sede y de la comunidad internacional. Los catalanes partidarios de la separación de la Monarquía no se hicieron oír durante estos años, gracias quizá a que el embajador español empezó a dar voz a algunos catalanes en el seno de la Cofradía de la Resurrección de Santiago de los españoles.

Los portugueses, como vemos, sí innovaban en el terreno ceremonial para hacerse más visibles y conseguir una legitimación de su causa. En 1664 Francisco Manuel justificó sus innovaciones en materia de ceremonial, argumentando que las formulaba en nombre de la reina de Inglaterra, y, en ningún caso, representando al reino de Portugal. Consiguió con este subterfugio ser recibido en audiencia por el papa.

> Estando don Francisco Manuel, Ministro del Rebelde, para salirse de la curia por no haver podido obtener audiencia de su santidad y ordenes que para ello avia recivido le hizo llamar el pontífice a los 26 de agosto y conducido por dos pages le fue a besar los pies, donde le entretuvo dos horas, sin que se pudiese entender la ocasión, si bien se dixo ser que el Don Francisco Manuel avia recivido patente de agente de la Reyna de la Gran Bretaña para poder asistir en Roma, y que en essa calidad avia sido llamado, lo que sintió mucho Don Pedro de Aragón Embaxador.

El embajador español puso el grito en el cielo, obligando a la curia a preparar una batería de argumentos que contrarrestaran su malestar. El papa sostuvo que no había recibido a Francisco Manuel como ministro, sino como «particular persona», a la que nunca habría negado una audiencia. El residente del gran duque de Toscana, y hasta el todavía embajador francés duque de Crequí, se solidarizaron con Pedro Antonio de Aragón en sus protestas[102]. Sin embargo, la Corona siguió otorgando pensiones

---

[102] «Dando a entender en Palacio su resentimiento, antes de pedir audiencia, le asseguró Monsegnini de parte de su santidad que no havia hablado a Don Francisco Manuel como ministro, sino particular persona, que hizo grandes instancias por ello

a portugueses con la esperanza de calmar sus ánimos secesionistas, pese a la creciente desconfianza de los españoles hacia el sistema de honores y gracias. Pedro Antonio de Aragón reveló que al portugués Francisco Manuel le llegaron a Roma «curiosidades de Lisboa» con las que pretendía «regalar a amigos». Otorgó tanta importancia a la carga política de este tipo de regalos por parte de un «rebelde» de su Monarquía, que manifestó a Felipe IV lo siguiente: «sabré quienes son los regalados y os lo avisaré»[103]. Sorprende que Pedro Antonio reconociera en una relación de cuentas de la embajada, haber entregado trescientos escudos «a dos personas que imbie desta corte en aguimento del Duque de Crequí y Francisco Manuel [nombres cifrados] quando salieron desta corte»[104]. El propio don Francisco Manuel accedió a cobrar una pensión del monarca católico, que pagó Pascual, ya como virrey, de la hacienda de Nápoles[105]. Posteriormente, Pedro Antonio de Aragón amplió la pensión enviando a Francisco Manuel quinientos escudos «per conto della regia corte»[106].

No era extraño que los españoles hicieran regalos a personas enemistadas con la Corona. En junio de 1665, Pedro Antonio, de parte de Felipe IV, «ha regalato il Delfino di sei picciol bellíssimi Gianetti tutti di diversi colori»[107], es decir, seis caballitos. Regalar caballos era muy frecuente en las

---

querriendo besarle los pies antes de su partida y luego hizo despedir los pages que le condujeron y al mismo tiempo demostro este resentimiento el residente del Grand Duque de Toscana a Don Mario Chigi hermano del Papa, diciendo se devia dar satisfacción a Don Pedro de Aragón […] y en esta ocasión se mostro el Duque de Crequí muy unido a nuestro Embaxador, diciendo que si el no se hallara en Roma hiziera en su ausencia, la misma demostración». Para las dos últimas citas, BNE, Ms. 2391, fol. 5 y ss. *Ibíd.*, fol. 131, «Crequí poco sodisfato del Papa e subiva la sua asistenza à D. Pietro d'Aragona, quando havesse voluto romperla con la Corte, ma questo ha ultimato bene di quietarla e non far nuove sánate».

[103] AGS, E-R, 3037, carta de Pedro Antonio de Aragón de 26 de julio de 1664, «hanle venido ahora algunas curiosidades de Lisboa con que dize ha de regalar a sus amigos, sabre quienes son los regalados, y los avisare a V. S.».

[104] AGS, E-R, 3040, Relación de los gastos de la embajada de Pedro Antonio de Aragón.

[105] «Don Luis Gomez Borges gentilhombre de Pascual de Aragón otorga a don Manuel de Portugal cavallero de la orden de Calatrava 3733 escudos» (ACR, Juan Cavallero, Vol. 203).

[106] ACR, Jaime Redontay, Vol. 630.

[107] ASV, SS, *Avvisi*, Ms. 122, de París de 3 de junio de 1665.

relaciones internacionales de la época[108]. Pascual, por su parte, reconoció, en una relación de cuentas de la embajada, haber hecho un regalo al duque de Crequí, habiendo entregado «1185 reales que se enviaron por el mes de enero de 1663 a Antonio Borgi, cónsul de la nación española e Liorna por los mismos que importó un regalo que se le ordenó hiciesse al embajador de Francia cuando llegó a aquel puerto, de buelta de París». Durante los años previos a la firma de la Paz de Pisa en 1664, habían circulado por Roma muchos regalos envenenados. Las connotaciones de ciertos regalos alertaron a personajes como Pascual de Aragón, que advertían a los suyos de los riesgos que entrañaban. Tanto los clásicos grecolatinos como las Sagradas Escrituras estaban llenos de ejemplos de regalos de enemigos o dádivas «envenenadas», como las que protagonizaron Áyax y Héctor o Esaú y Jacob. Al igual que el regalo de una manzana de oro desencadenó la guerra de Troya, una mala administración del sistema de regalos en la Roma de la época podía llevar a graves conflictos diplomáticos. Los más recelosos habrían seguido el dictado de Montaigne, que, en *De la vanité* (1588) declaró que prefería permanecer bajo el imperio de la ley antes que sucumbir al reino del regalo, entregando el propio destino a manos de los demás. Pero el teatro diplomático de la Roma del barroco imponía otras reglas. O se aceptaban o no se entraba en el juego. De ello podía depender la imagen de una Monarquía en el panorama internacional, que se decidía a todas luces en Roma.

En abril de 1663 Cristina de Suecia hizo en Roma una petición al embajador español que despertó sospechas entre los consejeros de Estado en Madrid. Reclamaba a Felipe IV el regalo anual de doce potros de las reales caballerizas de Nápoles. Después de muchas deliberaciones, al embajador y al Consejo de Estado les pareció oportuno acceder a la petición de la Reina «por lo que puede influir a la razón de estado», pero con algunas condiciones. La donación no iba a ser a perpetuidad, sólo se iba a hacer por una vez y no debía ser declarado como un regalo de Felipe IV, sino como una donación del virrey de Nápoles. El monarca español no podía dar presentes de esta manera «por no ser dezente a su real grandeza». Así, en octubre de 1663, tanto el virrey Peñaranda como Pedro Antonio

---

[108] Pedro Antonio destinó el mismo regalo, en otras circunstancias, a Felipe IV y a Carlos II. Y en noviembre de 1662 los *Avvisi* informaron de un regalo de ocho caballos, del cardenal Antonio Barberini para Luis XIV.

de Aragón desde Gaeta regalaron a Cristina de Suecia «due mute di sei bellissimi cavalli corsieri del regno quali sono stati molto graditi dalla maestà sua»[109]. El caso reveló las sutilezas de los regalos y la utilidad de la institución virreinal, pues en su nombre se logró hacer un regalo que habría sido indigno del rey español en Italia[110]. Probablemente Cristina de Suecia había intentado alterar la relación de preeminencias entre los dos monarcas e incluso dañar la reputación de Felipe IV en Italia. Lejos de resultar un caso aislado, se convirtió en un gesto cargado de sentido y fue imitado por otros monarcas. Tras la Paz de Aquisgrán, Crequí exigió a España el donativo de varios caballos del reino de Nápoles, demanda que de nuevo se juzgó de todo menos inocente («per ogn'altro fine che per l'estrattione che si dimanda»)[111].

EL PALACIO EN LA DIPLOMACIA: RESIDENCIAS Y COLECCIONES

El 1 de julio de 1661, Pascual escribió su primera carta desde Roma a las monjas capuchinas de Toledo para advertirles de que, en breve, pasaría a ocupar su nueva residencia en el palacio Chigi: «Pasaréme a mi posada en toda esta semana». Manifestaba que su principal empeño era reunir los fondos necesarios para construir el nuevo convento para ellas en Toledo: «Espero algún desahogo y poder labrar esta Santa Casa me quita los medios»[112]. Había ido ya a visitar la iglesia de capuchinas de Roma, de la que dijo: «es buena pero todo tan pobre como ay, y en ese género no me parece tan buena». Y expresaba su deseo de enviarles «camándolas y medallas para que Vuestra Merced tenga que repartir a los devotos»[113]. Las capuchinas eran pues su principal pensamiento a la llegada a su nueva residencia del palacio Chigi.

Flavio Chigi tenía en Roma dos residencias, el palacio Chigi en la plaza Santi Apostoli y el llamado Casino alle Quatro Fontane, además de una villa de campo en Formello. El palacio del que habló Pascual a las capuchinas no pudo ser otro que la residencia Chigi en Santi Apostoli (Figura

---

[109] ASV, SS, *Avvisi di Roma*, 20 de octubre de 1663.

[110] AGS, E-R, 3036, consulta del Consejo de Estado de 15 de abril de 1663.

[111] ASV, SS, Nápoles, Ms. 70, fol. 555, 30 de junio 1668 ca, carta sin fecha.

[112] ACCT, *Correspondencia del cardenal Aragón*, Carta de Pascual a las monjas el 1 de julio de 1661.

[113] *Ibíd.*

16), que en su parte posterior da al Corso y se encuentra colindante a la iglesia de San Marcello, y coincide por lo tanto con la descripción que de ella había hecho Pedrosa en su crónica. Este palacio, construido según un proyecto de Carlo Maderno[114], había pertenecido a los Colonna, que en 1661 lo vendieron al papa Alejandro VII Chigi, junto a toda su decoración mueble. Era allí donde, según Bellori, Flavio Chigi tenía su biblioteca y colección de pinturas. Las fuentes no indican que Pascual estuviera hospedado en ese palacio a invitación de Chigi, y más bien nos sugieren que habría alquilado en él unas estancias. La hipótesis de que compartieron palacio resulta bastante creíble, habida cuenta de la extensa correspondencia que Pascual de Aragón mantuvo con Flavio Chigi desde Nápoles, e incluso desde España, y que no intercambió, en la misma medida, con ningún otro cardenal italiano. El trato entre ambos que se percibe en las cartas hace suponer que Chigi fue una persona de confianza de Pascual en Roma. Flavio Chigi, que ya ha aparecido en numerosas ocasiones a lo largo de este libro, fue nombrado cardenal en 1657 por su tío Alejandro VII, y tuvo una participación crucial en el panorama político y cultural de la Roma de estos años. En 1692 había en el interior de su palacio 49 cuadros, propiedad de Flavio Chigi, muchos de los cuales debían integrar ya la colección del palacio cuando Pascual de Aragón se alojó en él. Contaba con obras de Carracci, Guido Reni, Giovanni Lanfranco, Andrea Sacchi, Pietro da Cortona, Guercino y Tiziano.

Fig. 16. Alessandro Specchi (*delineavit*) y Domenico de Rossi (*fecit*), palacio de Flavio Chigi en la Piazza dei Santi Apostoli con la fachada de Bernini, grabado, 1699.

---

[114] El actual palacio corresponde a las reformas ejecutadas por los arquitectos Salvi y Vanvitelli, tras la adquisición de Baldessare Odescalchi de la residencia en 1745.

En la *Nota delli Musei*, a la que ya nos hemos referido, Giovanni Pietro Bellori describió el palacio ocupado por Pascual de Aragón en Roma. Esta obra nos permite aproximarnos a la realidad del interior de los palacios en 1664, y por lo tanto en la época de la embajada de los Aragón. Sobre el palacio de Flavio Chigi, Bellori destacó: «La Biblioteca celebre di ottimi autori in ogni studio di lettere numerosísima, & scelta delle migliori impressioni, nel palazzo a Santi Appostoli, con ornamenti di pitture di chiari Artefici, & di statue antiche, e col museo delle curiosità naturali, peregrine, ed antiche nel suo castello di Formello»[115]. Hasta el 22 abril de 1662, no se anunció la partida de don Luis Ponce de León para ocupar el cargo de gobernador de Milán. Fue sólo entonces cuando Pascual abandonó su residencia del palacio Chigi en el Corso para ir a ocupar el palacio de la embajada en la plaza de España, residencia de los diplomáticos españoles.

En junio de ese año, como se recordará, había llegado a Roma el embajador francés duque de Crequí. Alejandro VII había pedido a los embajadores la reducción de las milicias que éstos solían instalar en las inmediaciones de sus palacios, pero Francia hizo oídos sordos y rodeó su palacio con una guarnición reforzada. Por primera vez, además, un embajador de Francia había dejado de alquilar una morada particular durante su estancia en Roma y había solicitado al duque de Parma que le cediera el palacio Farnese de la ciudad para convertirlo en sede de la embajada. La construcción de este palacio, «l'una delle meraviglie di Roma, e del mondo per magnificenza di architettura, ornamenti di statue, di Picture e di antichittà», según Bellori, había sido una iniciativa del cardenal Alessandro Farnese (1468-1549), elegido pontífice en 1534, con el nombre de Pablo III[116] (Figura 17). Una vez establecido allí, Crequí exigió la inmunidad diplomática para las inmediaciones del palacio, hasta «cuanto alcanzara su vista». A ello no podía acceder el pontífice, pues el gobernador de la ciudad, el cardenal Imperiali, sólo podía otorgar la exención de la jurisdicción pública a los palacios de las embajadas, y nunca a las casas

---

[115] Bellori (1976 [1664]: 34).

[116] En el palacio permanecían «nobilissimi monumenti di antichità, libri di disegni di Raffaelle, di Michelangelo, Giulio Romano, Polidoro, Annibale, Carracci, di miniatura di Giulio Clovio, ricchezze d'arte & eruditione, memorie eterne della magnificenza della Serenísima Casa Farnese con la librería cominciata da Paolo III, avanti il Pontificato, seguitata da Cardinali di questa Serenísima famiglia» (Bellori 1976 [1664]: 52 y 54; Hochmann 1994; Tuttle 2002).

colindantes, ni a sus barrios. Crequí utilizó pues el palacio Farnese para forzar la situación política, para reclamar nuevas preeminencias, como la extensión de la inmunidad al barrio del palacio, y lograr que sus exigencias al papa fueran escuchadas.

Fig. 17. Antonio da Sangallo el joven, Jacopo Vignola y Giacomo della Porta, Palacio Farnese, Roma, ca. 1534-1550. Foto de Rubén Heras.

El mayor conflicto diplomático en la Roma de 1662, entre Crequí y los soldados corsos, había estallado en las inmediaciones del palacio Farnese, residencia de la embajada francesa. Se recordará también que esos disturbios llevaron al cardenal Aragón a replegarse en su palacio y a no acudir a significadas celebraciones de la ciudad. ¿Qué papel dio Pascual de Aragón al palacio de la embajada española[117] durante estos años? El palacio de España fue sede de la embajada, de forma interrumpida, desde 1622[118] y uno de los primeros edificios destinados a sede estable de una embajada. Los españoles sintieron pronto los inconvenientes de no disponer de una residencia fija, pues el alquiler a pagar era demasiado alto y el riesgo a ser expulsados, también. En 1606, el arzobispo de Burgos, Alfonso Manrique, en un memorial dirigido al entonces embajador en Roma, Gaspar de Moncada, fue el primero en sugerir la compra de un edificio para dar a la embajada una sede estable: el palacio de Cupis en Piazza Navona[119], otro

---

[117] Anselmi 2001.

[118] El primer embajador en ocuparlo fue el duque de Alburquerque cuando aún no era residencia fija de la embajada.

[119] En realidad, el palacio de Cupis ya había sido residencia de embajadores españoles, como Juan Fernández Pacheco, duque de Escalona y marqués de Villena.

de los centros de influencia española en la ciudad[120]. El establecimiento en ese palacio habría permitido una unión efectiva de la residencia del embajador con la iglesia nacional de Santiago de los Españoles. En 1641, el obispo de Lamego, embajador del Portugal rebelado, ocupó el palacio de Cupis, pero muy pronto decidió abandonarlo, por la incómoda cercanía de la iglesia española: «considerato essergli molto vicino la Natione Tudesca da un lato et dall'altro la Spagnola. Aveba perciò ordinato si provedesse d'altra habitatione»[121].

Las pocas posibilidades de encontrar un palacio de alquiler suficientemente digno[122], y la gran competencia existente con otras delegaciones y otros cardenales en Roma, dificultaban enormemente la búsqueda, con cada entrada de un embajador español en la ciudad. Antes que los españoles, los venecianos dispusieron de una sede fija en Roma, el palacio de San Marcos, donado a la República por Pío IV en 1564. Sin embargo, los venecianos no eran propietarios de la totalidad del palacio. Los cardenales nacionales venecianos ocupaban una parte del mismo y compartían ciertas salas de representación con la delegación diplomática. El representante toscano, por su parte, ocupaba una de las tres residencias de los Médicis, el palacio del Campo Marzio, el palacio Madama y la villa Médicis en el Pincio, en la medida en que estuvieran disponibles. Las demás embajadas en Roma recurrían al alquiler. Los nuncios fueron pioneros en adquirir sedes fijas en los lugares donde eran destinados, desde finales del siglo XVI.

Fue en 1647 cuando Íñigo Vélez de Guevara y Tassis, conde de Oñate, entonces embajador español en Roma, decidió comprar el palacio Monaldeschi para convertirlo en sede fija de la embajada. Hasta el siglo XIX, la española fue, según afirma Alessandra Anselmi en su monografía sobre el palacio: «l'unica rappresentanza straniera a Roma dotata di una sede stabile destinata solo a questo scopo ed una delle prime a livello europeo»[123]. Las

---

[120] AMAE, SS, 54, caja 276, publicado por el marqués de Villa Urrutia, 1919, pp. 16-17.

[121] BAV, Ott., Lat. 3343, IV, 463v, 28 de septiembre de 1641.

[122] Algunos de los palacios que los embajadores españoles lograron alquilar fueron el palacio Colonna ai Santi Apostoli, el palacio del Príncipe Orsini o el palacio del duque Altemps.

[123] Anselmi (2001: 17). El 9 de febrero de 1647, el conde de Oñate escribió al rey para informarle de que el 27 de enero había comprado el palacio Monaldeschi, donde residía y donde habían habitado sus antecesores en el cargo.

razones que dio Oñate para la compra fueron estrictamente políticas: tras la extinción de la casa Monaldeschi, el palacio fue puesto en venta por la Congregazione dei Baroni. Oñate vino a saber que «el padre de Mazarino tenía parte en la compra y que el cardenal Gabrieli havía tenido orden de Barberinos para procurar esta casa para el Embaxador de Francia». Para Oñate, abstenerse en la compra del palacio, por el que estaban pujando los franceses, habría dañado gravemente la Corona española[124]. Sea o no cierto todo lo referido por el embajador[125], lo más significativo para nosotros es que utilizara este argumento para justificar la compra del edificio. Oñate pudo tener otra motivación. Inocencio X había decidido ofrecerle la púrpura y habría tratado de adquirir un palacio como el Monaldeschi que estuviera a la altura de sus aspiraciones al cardenalato[126]. El conde encargó al arquitecto Borromini las reformas del palacio de la embajada[127]: las obras del conjunto de la escalera de honor, la sala de Palafreneros, las antecámaras y el salón de audiencias. En una carta al rey, Oñate evitaba pronunciar el nombre del arquitecto y se atribuía a sí mismo el proyecto de las obras: «lo que he mudado y añadido [...] me ha acreditado de gran arquitecto»[128]. Oñate declaró no haber extraído nada de la hacienda real para pagar estas obras: «cuando para importancias mayores falta dinero». Los embajadores españoles que le sucedieron tuvieron que pagarle el alquiler del palacio[129], hasta que, a partir de 1654, la Corona se hizo cargo de los gastos de la residencia.

---

[124] AGS, E, 3016, carta de 9 de febrero de 1647. El contrato de compra del edificio por 22.000 escudos se encuentra en ASR, Notai, A.C.A. Raynaldus, 6127, cc. 298, 324-33, 349-350. Citada todo por A. Anselmi.

[125] Según Anselmi, nada confirma que los franceses quisieran comprar el edificio.

[126] El propio Consejo de Estado así lo interpretó y reprobó la compra de Oñate, ordenándole inmediatamente que rechazara el capelo.

[127] Según Anselmi, pudieron haber sido los Pamphili o el cardenal Egidio Albornoz quienes sugirieran a Oñate el nombre de Borromini pues éste recientemente había reformado el palacio Pamphili de Piazza Navona.

[128] AGS, E, 3016, 9 febrero 1647.

[129] El duque del Infantado propuso a Felipe IV la compra del palacio: «A propósito de su compra en que parece que por aora sea bien continuéis la misma vivienda pagando al conde toda la cantidad de alquiler que pide por ella. Y lo que importare la diferencia de lo que vos le pagais a lo que pide le pondréis amí quenta en la de gastos extraordinarios», AHN, SN, Osuna, 1982, D. 1(5) carta de Felipe IV dirigida al duque del Infantado desde Madrid, a 23 de febrero de 1651.

En 1654, el arquitecto Antonio del Grande sustituyó a Borromini al frente de las obras de palacio. Probablemente fue el cardenal Girolamo Colonna quien puso por primera vez en contacto al arquitecto con el entonces embajador español don Diego de Aragón, IV duque de Terranova (1654-1657)[130]. Las obras emprendidas por Terranova, hechas para «decoro mayor de la grandeza de Vuestra Majestad que da a ella nombre de casa suya para su Embaxada», desvirtuaron el proyecto original de Borromini al romper con la idea de los dos jardines simétricos y prolongar el ala derecha, para lograr un apartamento más amplio para la mujer del embajador, a quien, quizá, empezaban a asignarse nuevas funciones. Este mismo espacio reuniría años más tarde la colección de dibujos del marqués del Carpio. Según Anselmi, existió una estrecha relación entre esta reestructuración del edificio y la aparición de una nueva concepción de la embajada española. Terranova defendió que no se podía permitir que otras embajadas vivieran en Roma con mayor dignidad que la española, «haviendo aquí, de Venecia, Florencia, Parma y de otros príncipes casas suntuosísimas»[131]. Justificaba los gastos en el palacio por competir con «los suntuosos edificios que allí tienen los Potentados, las casas de los Barones romanos y muchos de menos esfera»[132]. Sostuvo siempre que no impulsaba las obras en la residencia por su propio interés, sino para evitar que otros palacios le superaran en magnificencia, «de cavalleros particulares a los cuales no devía ser inferior el que tiene nombre de Real Palacio de Su Majestad»[133]. A Terranova le fue siempre negado el derecho a recuperar lo gastado en el palacio.

En 1660, el Consejo de Estado sostuvo que el rey había finalmente comprado el palacio «por mayor comodidad de sus embaxadores en Roma»,

---

[130] En febrero de 1665, Grande solicitó al cardenal Colonna interceder ante el rey para que le conservara la asignación que recibía desde tiempos de Terranova como arquitecto de palacio. Publicado por Pollack (1909: 133-161), particularmente pp. 151-152.

[131] Por todo ello pidió al rey 10.000 escudos para devolver la decencia al palacio. Felipe IV ordenó al virrey de Nápoles, el conde de Castrillo, entregar el dinero requerido por Terranova para las obras del palacio, un dinero que nunca llegó. AGS, E, 3026, 13 marzo de 1654.

[132] Destinó 30.000 escudos de sus arcas personales y pidió que se le reembolsaran, añadiéndole a tal cantidad una suma de 20.000 escudos más. El Consejo de Estado, al que acudió también Oñate, se mostró desfavorable a la ampliación de ayuda para los gastos de la fábrica del palacio, aceptando pagar solamente 10.000 escudos. *Ibíd.*, 29 de abril de 1656.

[133] AGS, E, 3035.

quienes a cambio de no tener que pagar nunca más el alquiler, debían pagar de su bolsillo cualquier reforma para la conservación del mismo. En la práctica, las cuentas de las embajadas sí contemplaron la partida de gastos del palacio, lo cual hace pensar que éstos corrieron a cargo de la hacienda real. Lo sorprendente es que ni los consejeros de Estado ni el rey reclamaran nunca los proyectos de las obras emprendidas por la embajada en Roma. Según Anselmi, ni Felipe IV ni sus ministros creyeron que los intereses españoles podían verse perjudicados o mejorados por el aspecto del palacio de la embajada[134]. Cierto es que si comparamos las partidas destinadas a gastos del palacio de la embajada con las destinadas al mecenazgo de la Corona en las iglesias y basílicas de Roma, las cantidades desviadas para las obras en el palacio resultaban irrisorias. En diciembre de 1662, Pascual de Aragón ordenó hacer obras en el palacio de la embajada al arquitecto Antonio del Grande. En el mes de julio del año siguiente, Pascual le pagó lo que se le debía y encargó nuevas obras[135]. Los momentos de crisis diplomáticas, como el que vivió el cardenal en torno a 1662, no frenaron los proyectos arquitectónicos para mantener la dignidad y el decoro que la residencia de la embajada española requería.

Conocemos, a través del manual de ceremonias del reinado de Carlos II al que se ha hecho ya referencia, cómo se distribuían las estancias del palacio cuando se alojaba a huéspedes. Se daba la mejor habitación al cardenal de mayor edad, después a los demás cardenales y por último a los embajadores. El mismo manual también enseñaba a los servidores de palacio cómo poner la mesa, en función del rango de los invitados. En la mesa debía seguirse el mismo orden de preferencias y reservar el mejor lugar para el cardenal más anciano. El manual establecía también que, si el embajador estaba casado, el mejor cuarto del palacio debía ser para su mujer, lo cual, una vez más, pone de maniefiesto el importante papel que se le asignaba y del que todavía conocemos poco[136]. Tampoco podemos valorar el palacio sin tener en cuenta las celebraciones que tenían lugar en la plaza de España. El 6 de noviembre de 1661, había nacido en Madrid

---

[134] Anselmi (2001: 80).

[135] «Mas pongo en data 1251 reales de dicha moneda de Roma que en diciembre de 1662 y en julio de 1663, se gastaron e algunos reparos forzosos del palacio de España y en socorrer al Archirecto del, por lo que había asistido en el tiempo de la embajada en el dicho palacio, y en las fiestas de fuegos que se le encargaron como consta de los recivos que se presentan» (AGS, E, 3040).

[136] AOP, AEESS, Ms. 48, f. 285.

el príncipe don Carlos, hijo de Felipe IV y Mariana de Austria. Cuando ya se pensaba que el rey, con cincuenta y seis años y ya vencido por el cansancio, se había hecho demasiado mayor para dar a la Monarquía un heredero, llegó a Italia la noticia del feliz alumbramiento, nueve meses después de la entrada de Pascual en Roma. Pocos meses antes, los franceses habían festejado el nacimiento del delfín en la mismísima plaza de España, con aparatos diseñados por Gianlorenzo Bernini y Johann Paul Schor. Meses después, la embajada española quiso hacer lo mismo para el príncipe Carlos, también frente al palacio de España, esta vez con aparatos de Giannantonio de Rossi, Giovanni Francesco Grimaldi, Antonio del Grande y Antonio Giorgetti (Figura 18), artistas con una larga vinculación, aunque unos más que otros, con los españoles. Pascual no pudo al final presenciar los festejos por hallarse enfermo, pero estuvo detrás de los preparativos y a él le fue dedicada una relación de la fiesta publicada en Roma y redactada por Enrique de Sevilla[137]

Fig. 18. Antonio Giorgietti, máquina pirotécnica para la fiesta del nacimiento de Carlos II en plaza España, 1662, grabado de Giovanni Giacomo de Rossi, Roma, BAV.

---

[137] Sevilla 1662.

El 5 de diciembre de 1661, tras pedir licencia al papa, el entonces embajador Ponce de León pudo inaugurar la fiesta con «las luminarias y fiascolas que siguieron los otros dos días siguientes»[138]. El día 13 de diciembre el embajador fue a la audiencia del papa acompañado de hasta doscientas carrozas de prelados y caballeros. A continuación, asistió en público con el cardenal Pascual de Aragón y el obispo de Plasencia, Luis Crespí de Valldaura, a la academia literaria del Colegio romano. La relación de Enrique de Sevilla refiere «las alegrías literarias» que el Colegio romano de la Compañía de Jesús publicó con motivo de la fiesta, en agradecimiento a los singulares favores que había recibido siempre de la casa de Austria. La relación también evocó el teatro levantado en el mismo Colegio por orden del padre general de la orden, Gian Paolo Oliva, en señal de gratitud. El padre Ottavio Cataneo, de ilustre familia genovesa, recitó una oración con referencias a la *Eneida* de Virgilio, paragonando la figura de Carlos, dominador de medio mundo, con Eneas, fugitivo de Troya. El Colegio romano, fundado por Ignacio de Loyola en 1551, bajo la protección del papa Gregorio XIII, poseía una biblioteca de más de cuarenta mil volúmenes y era sede del museo de Atanasius Kircher (1601-1680), jesuita de gran erudición en el campo de la filosofía, las ciencias, la música y la arqueología. El embajador español y el cardenal Pascual de Aragón debieron tener un conocimiento directo del museo[139].

Se adornó la amplísima aula de teología de ricos doseles de damasco carmesí divididos con franjas de oro, a un lado se colocó debajo de dosel el augusto retrato del rey nuestro señor. Asistieron en público Pascual y don Luis de Guzmán [Ponce de León] y Don Luis Crespí.

Frente al palacio de la embajada se construyó una gran arquitectura con forma de castillo que evocaba a España, y se lanzaron fuegos de artificio. Se hizo una galería de madera arrimada a la residencia del embajador, para poder presenciar mejor, desde allí, el espectáculo. La galería estaba «ricamente vestida de sedas y oro por dentro», y a ella subieron los cardenales para contemplar mejor los festejos. En otro balcón muy adornado del palacio se dispusieron los arzobispos, obispos, prelados españoles, italianos y franceses y demás títulos de la ciudad. Las demás ventanas del palacio fueron ocupadas por el resto de nobleza romana. Un pintor *bambocciante*,

---

[138] AOP, ms. 50.
[139] Bellori 1976 (1664).

es decir, perteneciente a la colonia de pintores nórdicos de la ciudad, nos ha dejado constancia de esta escena en un lienzo, en el que vemos además el aspecto del palacio hacia 1662 (Figura I del cuadernillo)[140].

Pascual, ya como embajador, recibía en el palacio de España la visita de otros embajadores y cardenales de la ciudad. En marzo de 1663 hospedó en su residencia, durante varias semanas, al Grande don Francisco de Lemos, de paso por la ciudad, de camino a Nápoles[141]. Lemos se mostró «soddisfattissimo de gli honori ricevuti in questa corte e particularmente dal signor Cardinal d'Aragona che l'ha allogiato e spesato splendidamente nel propio Palazzo»[142]. Los virreyes de Nápoles tenían que velar por los intereses de aristócratas españoles en Italia que, como Lemos o el duque Medina de las Torres[143], tenían en este momento procuradores estables en Roma. En septiembre de 1663, Pascual también había recibido en su palacio al príncipe de Marruecos y de Fez[144]. Cuando Pedro Antonio de Aragón llegó a Roma en 1664, Pascual abandonó el palacio de la embajada para cederlo a su hermano y pasó a ocupar de nuevo el palacio de Flavio Chigi que había habitado a su llegada en la ciudad[145]. Se recordará que Pedro Antonio había coincidido en Barcelona, en su viaje a Italia, con el marqués de Mortara, virrey de Cataluña. Este encuentro pudo influir en el deseo de Pedro Antonio de intervenir arquitectónicamente tanto en el palacio de la embajada romana como en el Palacio Real de Nápoles. A partir de la década de los cincuenta, fueron más frecuentes las comparaciones

---

[140] Sevilla 1662.

[141] Antes de llegar a Roma había sido alojado en casa del «signor don Mario Ciatti suo cugino a Velletri, nel palazzo del signor cardinal Ginetti e hoggi nel propio d'Albano», ASV, SS, *Avvisi* 112, 17 marzo de 1663.

[142] *Ibíd.* 7 de abril. El 25 de julio 1664, hallamos al conde de Lemos de nuevo en Roma: Poder para cobrar la donación que le hizo doña Beatriz de Solveira. ACR, Juan Cavallero, Vol. 202, 25 de julio 1664. Y a partir de 1665, don Pedro de Aviles se convirtió en su administrador en Roma y en Nápoles; *Ibíd.*, año 1665.

[143] ACR, Juan Cavallero, Vol. 201, en agosto de 1663, «Sebastián Cortizos entrega a Juan de Cordova procurador del señor Medina de las Torres para pago debido a Luis Ponce de León en Milán una cantidad». Juan de Cordoba vive en la plaza del Pasquino, rion de Parion.

[144] AGS, E-R, 3040. «Mas pongo en data 1.379 reales con que en septiembre de 1663 socorrí al Principe de Fez y de Marruecos que llegó a Roma desvalijado, por haverle hurtado su ropa en el viaje, y passó a Nápoles con las asistencias que Su Majestad le havía señalado».

[145] ACR, Juan Cavallero, Vol. 202. Flavio Chigi aún no había regresado de su legacía en Francia.

entre las distintas casas de los representantes del monarca en los amplios territorios de la Monarquía. Las residencias de los virreyes y embajadores generaban hondos debates, no tanto en el Consejo de Estado como entre los propios representantes del rey. En este sentido hay que interpretar la polémica abierta por el duque de Terranova cuando reclamó una mayor dignidad y consideración para el palacio de España en Roma.

Tras el nombramiento del cardenal Aragón como virrey de Nápoles se puso en marcha el protocolo habitual de partida de Roma de un virrey, que implicaba la estancia en distintos palacios y la posibilidad de nuestros personajes de visitarlos y compararlos con las residencias españolas en Italia. Pascual fue primero a despedirse del *sacro colegio*, de Cristina de Suecia, de los embajadores y príncipes[146]. Don Mario y don Agostino Chigi fueron a buscar al cardenal Aragón y a Pedro Antonio en su palacio, con la carroza del cardenal Flavio Chigi, y de allí fueron conducidos al palacio apostólico de Montecavallo, en el Quirinal, a besar los pies de Alejandro VII. La Stanza della Forasteria fue el escenario del recibimiento, y fue también allí donde comieron con el papa, en el mismo espacio recientemente remodelado para albergar las pinturas de Pietro da Cortona. Después del almuerzo, fueron alojados en el Apartamento de'Principi, junto a la capilla pontificia. A la mañana siguiente, se les dio «un lautissimo desinare nell'appartamento del signor cardinal [Flavio] Chigi». El viernes fueron todos a Castelgandolfo para hospedar a los Aragón en el palacio pontificio. Allí fueron en todo momento asistidos por el mayordomo papal, monseñor Nini. Al día siguiente se dirigieron a Ariccia para ocupar el antiguo palacio del cardenal Savelli, recién remodelado (Figura 19).

Fig. 19. Gianlorenzo Bernini y Carlo Fontana, palacio Chigi en Ariccia, 1661-1664. Foto de la autora.

---

[146]   BAV. Barb. Lat., 6368, *Avvisi di Roma*, 23 de agosto de 1664.

Éste era el palacio Chigi en Ariccia que había pertenecido antes a la familia Savelli. El palacio era el resultado de la transformación de la antigua Rocca en villa de campo. A partir de 1661, los Chigi reestructuraron la antigua edificación de los Savelli y para ello se sirvieron de Carlo Fontana y de Bernini, responsables también de dirigir las obras del Palazzo ai Santi Apostoli, el mismo que ocupó Pascual de Aragón en Roma. La intervención de Fontana y Bernini en el palacio de Ariccia mantuvo la antigua simplicidad de la fachada de la Porta Napoletana, en la vía Appia, enriqueciendo la decoración de la fachada que daba al jardín con la incorporación de dos galerías con balaustradas. En su interior, los Chigi dispusieron una magnífica colección artística que ensalzaba sobre todo la vida en el campo, con abundancia de temas religiosos.

De Ariccia, Pascual y Pedro Antonio de Aragón pasaron a Nettuno, donde Camillo Pamphili les «regalò di vari rinfreschi»[147] antes de que Pascual se embarcara en las galeras de Nápoles. Camillo Pamphili era poseedor en Nettuno de una villa, el palacio Pamphili, que restauró en la década de 1650, contando con la colaboración del pintor Pier Francesco da Mola, de quien sobreviven aún cinco frescos, en la cubierta de la galería de la planta noble, que representan alegorías de la Paz, la Sabiduría, acompañada de *putti* portadores de las armas de la Casa Pamphili, y de la Fortuna (Figura 20). La pared del fondo de la galería estaba decorada con un fresco de San Eustaquio, un santo muy querido por la familia, que también se encontraba entre los preferidos de Pedro Antonio de Aragón.

---

[147] *Ibíd.*, 17 enero 1665. Para el palacio Chigi: Petrucci 1998.

Fig. 20. Pier Francesco da Mola, *La Fortuna*, frescos del palacio Pamphili en Nettuno, 1650. Foto de la autora.

A finales de agosto de 1664, Pascual llegó finalmente a Nápoles, mientras, en Roma, Pedro Antonio ocupaba su lugar al frente de la embajada. Al poco de su llegada, Pedro Antonio tuvo que mostrar sus quejas al papa por haber recibido en su palacio al enviado portugués, Francisco Manuel. El cardenal Ottoboni y el embajador de Venecia también recibieron al portugués en su palacio de San Marcos, y eligieron además el mismo día que debía visitarles Pedro Antonio de Aragón. Éste, al saber que unas horas antes el portugués había salido de palacio, entró en cólera. Si se hubiera cruzado con el «rebelde» portugués en la escalera del palacio, sostuvo, se habría visto obligado a faltar el respeto a la República de Venecia. Ottoboni y el embajador veneciano se defendieron con el argumento, de nuevo, de haber recibido al portugués en calidad de representante de la reina de Inglaterra y no de los Braganza.

Portandoci un giorno il signor Don Pietro a visitar Sua Eminenza trovo che poco prima era sortito da Palazzo di San Marco il Ministro di Portogallo, che era stato a la visita dell Eminentíssimo Ottobono, habitante nel palazzo medemo; si dolse acerbetamente del Cardinale, rappresentando al Signor

Ambasciatore l'impegno in che si sarebbe ritrovato di dover perder contro
sua voglia il rispetto dovuto a Sua Eminenza e al Palazzo della Regia mentre
havesse incontrato per le scale un ribelle del suo regno[148].

Muy poco después, Pedro Antonio de Aragón escribió a Felipe IV una
carta para explicarle su decisión de emprender obras en el palacio de la
embajada española. Pedro Antonio iba a dar con estas obras mayor dignidad al palacio español, quizá con la intención de responder al desagravio
vivido en la residencia del embajador de Venecia. En 1663, Pascual de
Aragón había mostrado el mismo celo constructivo en el palacio, tras un
año de incesantes conflictos de precedencia con los portugueses. Adjunta a
esa carta, Pedro Antonio remitió una declaración del arquitecto de palacio,
Antonio del Grande, sobre las reformas necesarias en la residencia[149]. El
Consejo de Estado, en agosto, dio su opinión favorable, recomendando
los obras siempre y cuando no implicaran «fábricas nuevas, sino para la
conservación y reparos de las ya hechas»[150]. La posición del Consejo sobre
la demanda de Pedro Antonio sintetizaba muy bien una determinada
visión de la actividad cultural española que limitó el campo de maniobra
de los embajadores españoles: no debía introducirse innovación alguna
en el terreno ceremonial ni alterar el universo representativo de la embajada. Cualquier aspiración o acción del embajador que se apartara de la
tradición terminaba siendo, de algún modo, coartada desde el Consejo
de Estado. Pese a las constantes restricciones, entre abril y mayo de 1665,
Pedro Antonio encargó la construcción de una fuente en el patio. Estuvo
muy probablemente influido por su reciente visita a la Villa Aldobrandini
de Frascati, que, como otros palacios romanos, contaba con una presencia
remarcable de fuentes y máquinas de agua. La Villa Aldobrandini fue en
origen un proyecto de Giacomo della Porta para el cardenal Pietro Aldo-
bradini, sobrino de Clemente VIII. Las obras se iniciaron en 1598 a partir
de la demolición de una antigua construcción de Antonio Contugi. En su
parte exterior, partía de una estructura inspirada, como la Villa d'Este en

---

[148] BNE, Ms. 2391, fol. 5 y ss.

[149] AGS, E-R, 3038, declaración de Antonio del Grande de 1 de julio de 1664. La
carta de Pedro Antonio a Felipe IV es del 26 de julio de 1664 y se encuentra en AGS,
E-R, 3037. Sobre la visita al palacio de Venecia: BNE, ms. 2391, fol. 5.

[150] AGS, E-R, 3038, consulta del Consejo de Estado de 28 de agosto de 1665, en
respuesta de la solicitud de Pedro Antonio.

Tivoli, en el esquema bramantesco del Belvedere del Vaticano, compuesto por un eje central y una sucesión de terrazas.

Entre 1598 y 1604, el cardenal Aldobrandini había adquirido todas las aguas de los alrededores de Frascati para las obras del acueducto que debía alimentar el famoso Teatro delle Acque de la Villa con evocaciones del cardenal Aldobrandini como nuevo Hércules y Atlante (Figura II del cuadernillo). Al morir Giacomo della Porta, Carlo Maderno le sustituyó al frente de las obras, ayudado por el ingeniero y fontanero Giovanni Fontana, quien terminó el Ninfeo del jardín, el más complejo juego de aguas jamás realizado en Italia. Carlo Rinucci, presente en la visita de Pedro Antonio, dejó constancia en una carta de lo que vio en el comportamiento de los invitados. Camillo Pamphili propició encuentros a solas con la mujer del embajador, Ana, para ofrecerle, como si de un juego se tratara, varios regalos sorpresa. Pero Camillo consideró que estos regalos le fueron mal correspondidos, pues a lo largo de la jornada, Pedro Antonio se tomó unas libertades en el protocolo y fijó unas precedencias que disgustaron a su anfitrión.

> Furono regalati di diverse galanterie dal Signor Principe Pamphilio, il quale per fare regali a tempo e a proposito fece nascere le occasioni opportune, poi che dando egli il braccio alla signora ambasciatrice e convenendogli bene spesso, in riguardo di qualche passo cattivo, allontanarsi un po da Sua Eccellenza, e privarla in conseguenza di quel che sarebbe stato bene, che ella si fusse proveduta di un bastoncillo, en el così dire ne feci egli venire uno coperto di gioie, e lo dono alla sudetta ambasciatrice, e poco dopo domandando che ora era, ne trovando chi lo sapesse, fece comparire speditamente due bellissimi orologi, e ne regalò parimente la signora ambasciatrice medessima, ma questi regali parve poi al signor Principe, che gli fusseo mal pagati, perche essendo voluto andare il signor Ambasciatore a vedere gli Acquedotti della Villa Aldobrandina et havendo invitato il signor Principe a andar seco, fece venire la propria lettiga e se messe subito Sua Eccellenza nel primo luogo, onde convenne all'altro di farsi vedere in pubblico nel secondo con la sua mortificazione; se bene egli crede di non essersi progiudicato perche era nella villa sua, ancorche la lettiga fusse del Signor Ambasciatore[151].

---

[151] ASF, MP, 3388. Carta de Carlo Rinucci a Bali Gondi.

En su visita a la Villa Aldobrandini, Pedro Antonio pidió a Camillo Pamphili que le acompañara hasta el acueducto, lo más célebre de su villa, algo que demostró su interés por la arquitectura. La fuente que Pedro Antonio encargó en el palacio de España estaba decorada por ocho columnas y los escudos de su Casa, una apelación al propio linaje presente también en las fuentes del jardín de Villa Aldobrandini, donde abundaban las armas de los Pamphili.

Pedro Antonio no sólo imitaba las prácticas decorativas comunes entre miembros del partido español. Estaba también muy atento a los usos que hacían los franceses de sus palacios en Roma. Así, a mediados de junio de 1665, informó a Felipe IV acerca «de la llegada a essa corte del cardenal Retz, lo que passó sobre elegir cassa en que vivir»[152]. Como en anteriores ocasiones, Pedro Antonio no tardó en reaccionar y sólo un día después, el 17 de junio, remitió al rey un memorial de Antonio del Grande en el que solicitaba al monarca que favoreciera a su hijo con una pensión[153], acompañado de una declaración elogiosa del arquitecto. El Consejo de Estado decidió retrasar esta pensión hasta la llegada a Roma del nuevo embajador, Antonio Pedro Sancho Dávila y Osorio, X marqués de Astorga (-1689)[154]. Felipe IV, siguiendo la deliberación del Consejo de Estado, rechazó la propuesta de Pedro Antonio con la promesa de guardar la memoria del arquitecto para «las ocasiones que se ofrezcan en adelante»[155].

Después de la ofensa vivida en el palacio de San Marcos, Pedro Antonio dejó muy claro quién merecía ser recibido en palacio y a quién debía negarse el paso. Durante su embajada se le ofrecieron muchas ocasiones para demostrarlo. Así, negó al duque de Bracciano la entrada en palacio, por haberse pasado al partido francés. En septiembre de 1664 don Luis Ponce de León, desde Milán, informó a Pedro Antonio sobre lo que le

---

[152] AMAE, SS, 71, fol. 128, carta de Felipe IV de 13 de agosto de 1665.

[153] AGS, E-R, 3038.

[154] «Que suspenda tomar resolución en esta materia, hasta que pase a la embajada de Roma el Marqués de San Roman para que por su mano tenga con que obligar a este artífice y que entretanto se avise a Don Pedro el recibo de su carta, y que se queda mirando en lo que propone» (AGS, E-R, 3038).

[155] «Acompañando el memorial del Architecto del Palacio [...] sobre la pretensión que tiene de que se haga merced, a uno de sus hijos de 200 ducados de pensión en Italia; veo la aprobación que [...] haceis de sus méritos en vuestra carta de 17 de junio; quedo a [...] atención a lo que representais y se tendrá memoria del Architecto [...] las ocasiones que se ofrezcan en adelante» (AMAE, AEESS, leg. 71, fol. 131, carta de 6 de septiembre de 1665).

había ocurrido recientemente con monseñor Federico Borromeo (1617-1673), secretario de la congregación de la inmunidad. Éste había rehusado ir a ver al gobernador de Milán en su palacio, en función pública, con las ceremonias acostumbras para la ocasión. Ponce de León, receloso, pedía a Pedro Antonio que, al igual que él, no admitiera a Borromeo en su palacio en Roma. Pedro Antonio se mostró comprensivo con las razones de Ponce de León y respondió con una declaración que reflejaba muy bien su consideración de los palacios de los representantes del rey de España en Italia: «pues quien no quiso entrar en el de Milan que es tan de Vuestra Majestad como este y siendo las representaciones de los ministros que los viven una misma, seria justo no admitirle»[156]. Pedro Antonio comunicó al papa, a través del cardenal Flavio Chigi, su decisión de no recibir a monseñor Borromeo en su palacio. Aprovechó para expresarle su queja por el comportamiento de Borromeo al haber tratado al embajador de Francia de «Excelencia» y al entonces embajador católico, conde Casati, sólo de «Conde» durante su nunciatura en Esguízaros (1654-1665)[157]. En febrero de 1666 se abrirán nuevas discordias a cuenta del palacio del gobernador de Milán y de cómo debía recibirse a un legado pontificio, y ello obligará a Pedro Antonio a replantearse también los usos del Palacio Real de Nápoles.

Pedro Antonio de Aragón dio, en Roma, los primeros signos de su vivo interés por la arquitectura, que se iba a plasmar de un modo creciente en el virreinato napolitano. Su intercesión ante Felipe IV para favorecer al arquitecto de palacio, Antonio del Grande, o su curiosidad por ver el acueducto de Villa Ludovisi fueron prematuras muestras de ello. El rey también dio ocasiones al embajador para interesarse por la arquitectura. Aprobó su petición al papa de una bula para la construcción de la capilla al beato Francisco de Borja en la catedral de Valencia. Y una de las últimas misiones que el monarca encomendó a Pedro Antonio en Roma antes de morir fue el logro de una pensión de la Santa Sede para las obras

---

[156] AMAE, AEESS, leg. 71, carta de 29 de septiembre de 1665.

[157] «En quanto a la acción de Borromeo en este real Palacio, la excusare hasta que Vuestra majestad me mande lo que debo hacer o que este Prelado de a Don Luis tal satisfacción que se juzgue satisfecho y me avise lo esta, que en tal caso cesara la prohibición, tanto por no dar motivo a que duren las diferencias, tanto por que siendo este Prelado secretario de la inmunidad podra ser de prejuicio a los muchos negocios que de los Reynos de Vuestra majestad concurren en aquella congregación» (AGS, E-R, 3038, carta de Pedro Antonio de Aragón de 29 de septiembre de 1665).

de la catedral de Málaga[158]. Lione Pascoli, en su *Vite de' pittori*, nos da otra prueba del incipiente interés de Pedro Antonio por la arquitectura, al referirse al pintor Pietro del Po, que contribuyó al proyecto del catafalco de Felipe IV en la iglesia de Santiago de los Españoles, y que era uno de los artistas «de Su Excelencia». Pascoli relató la admiración y protección del cardenal Pascual de Aragón hacia este pintor, durante su embajada, y cómo le recomendó a su sucesor y hermano, Pedro Antonio. Éste le habría hecho abundantes encargos, incluidas unas trazas de arquitectura. Al parecer, Pedro Antonio empezó a meditar en Roma sobre la construcción de su residencia en España, para cuando regresara de Italia, y pidió para ello consejo a Pietro del Po.

> Meditava allora di fare certa fabbrica in Ispagna, e discorsene seco, e manifestatogliene minutamente il pensiero, giacchè sapeva, ch'era anche d'ingegneria, e d'architettura assai intelligente gli ordinò il disegno, e fattolo e vedutolo e ricevutolo non vi trovò cosa che non gli piacesse, tanto l'aveva ben secondo l'intenzion sua condotto, [...] se poi si metesse in opera io non lo sò[159].

A lo largo de las páginas de este libro, hemos ido trazando un cuadro de los escenarios que recorrieron Pascual y Pedro Antonio de Aragón en Italia, las localidades que visitaron o las residencias en las que fueron alojados, para entender cuál fue el modelo cultural que terminó imponiéndose en su concepción de gobernantes y mecenas. La posibilidad de ver tantos palacios en Italia no sólo suscitó en los españoles un interés por la arquitectura, sino también por reunir colecciones de arte parecidas a las que habían descubierto en los interiores de estas residencias. Uno

---

[158] Llorden (1988: fichas 76, 92, 104) recoge las actas capitulares que dan fe de estas bulas aunque con información menos precisa de la tramitación de Pedro Antonio de Aragón en Roma. En agosto de 1665, Felipe IV, a través de Pedro Antonio, solicitó al papa seis bulas que ratificaran una pensión sobre el obispado de Málaga, para la obra y fábrica de la catedral como había sido solicitado por fray Alonso de Santo Tomás. Natural de Vélez Málaga, fraile dominico, fue primero obispo de Osma, luego de Plasencia hasta que el 15 de diciembre de 1665 tomó posesión del obispado de Málaga. Celebró sínodo diocesano. Murió en Málaga el 30 de julio de 1692 (BRAH, Colección Salazar y Castro, R. 17, fol. 20).

[159] Es una cita referida por Pérez Sánchez (1965: 128). Pérez Sánchez identifica al embajador con Pascual de Aragón, sin embargo creemos que la alusión de Pascoli se refiere a Pedro Antonio de Aragón.

de los rasgos más característicos del paso de Pedro Antonio de Aragón por Italia, y que más ha llamado la atención de la historiografía, es sin duda la amplia colección artística y la extensa biblioteca que logró reunir durante los diez años que duró su estancia en la península. Pedro Antonio había sido en España un modestísimo amante del arte[160] y fue sobre todo en Nápoles donde desarrolló su mayor actividad coleccionista. Este repentino interés por reunir una gran colección y biblioteca sólo se explica por el impacto que recibió Pedro Antonio al contemplar las prácticas culturales de cardenales y aristócratas durante su embajada en Roma. Durante el tiempo que duró su embajada, entre 1664 y 1666, no fueron muchas las obras que adquirió y sí, en cambio, las colecciones que pudo visitar. Pedro Antonio quedó abrumado por los palacios que vio y por el esplendor de sus decoraciones interiores, lo que explica el afán que demostró en tan poco tiempo por abastecerse de numerosas piezas de arte. Si Roma fue su escuela, Nápoles fue el escenario de su culminación como coleccionista.

En 1680, Pedro Antonio de Aragón declarará en una relación jurada ante notario la procedencia de 329 obras, entre pinturas, láminas, medallas y esculturas, del total de una colección de 1.100 piezas que logró reunir en su casa de la calle del Príncipe en Madrid. De las obras que Pedro Antonio declaró, sólo 51 las había adquirido en Roma, donde el mayor abastecedor de cuadros fue no tanto su familia o su corte, sino los cardenales romanos pertenecientes al partido español, que llegaron a proporcionarle un total de 30 pinturas. Por lo tanto, fueron ellos quienes se erigieron en modelos de coleccionistas para el embajador en Roma. Esta proporción se invirtió en Nápoles, donde su familia y los funcionarios del Reino ocuparon ese papel. Ello prueba que se produjo una evolución en los hábitos coleccionistas de Pedro Antonio: primero aprendió y adquirió unas prácticas en Roma que luego desarrolló en Nápoles y en Madrid. Debemos detenernos ahora en estos contactos que estableció en el seno del partido español de Roma. En algunos casos, nos percatamos de que, detrás de algunas adquisiciones de cuadros de Pedro Antonio, existían motivaciones políticas por parte de las personas que se los proporcionaban, para acompañar, por ejemplo,

---

[160] AHPM, Notario Isidro Martínez, leg. 10902, fol. 444-454. Dos inventarios de la colección —muy modesta— de Pedro Antonio de Aragón cuando se casó con Ana Fernández de Córdoba, redactados en la villa de Ortaleza, el 14 de octubre de 1649, ante el notario Andrés Sevillano. Véase Frutos/Salort 2002.

peticiones del título de Grandeza. De esta manera, el coleccionismo de Pedro Antonio de Aragón se benefició de una red de influencias tejida alrededor del partido español[161].

En febrero de 1665 el cardenal Carlo Bonelli llegó al puerto de Civitavecchia procedente de su nunciatura en Madrid. Sabemos que a su llegada Pedro Antonio fue a rendirle visita en su palacio, acompañado de un gran cortejo de nobleza y prelados[162]. Bellori había elogiado este palacio por su importante biblioteca[163]. La visión de esta y otras importantes bibliotecas en Roma[164] pudo engendrar en Pedro Antonio de Aragón el deseo de crear la suya, en su mayor parte reunida en Italia. Se desconocía hasta ahora que la célebre biblioteca de Pedro Antonio se hubiera iniciado en Roma y que ya entonces planeara donar parte de la misma al monasterio de Poblet. El 20 de febrero de 1666, Bernardino María Alfaro, a instancias de Pedro Antonio, llamó al notario Juan Cavallero para que acudiera al palacio de la embajada y diera fe del embalaje de tres cajones de libros de Pedro Antonio antes de pasar a Nápoles. El acta notarial testificó su destino: el monasterio catalán[165].

Coincidiendo con la embajada de Pedro Antonio, llegaron a Roma, además del cardenal Bonelli, el condestable Colonna y su mujer, María Mancini, procedentes de Venecia. Con ese motivo y para despedir a Pascual de Aragón, que debía dirigirse a Nápoles, el cardenal Girolamo Colonna ofreció a ambos una cena en su palacio. Asistieron el Condes-

---

[161] Véase sobre el coleccionismo de los embajadores españoles ante la Santa sede en el siglo XVII, Carrió-Invernizzi (2006-2007).

[162] ASV, SS, *Avvisi di Roma*, 11 de abril de 1665.

[163] «Biblioteca del Cardinale Alessandrino nipote di Pio V, lasciata a tutti i Prelati della Sua Eccellentíssima Famiglia Bonelli, & in mancamento di essi, al Convento di Santa Maria Sopra Minerva. E formata in ogni studio e particularmente contiene materia Sacre, & tutti li Santi Padri. Vi sono l'opere di San Tommaso impresse in pergamena della Stampa Vaticana. Virgilio m.f. dell'anno DCCC & una Bibia scritta da Pietro di Luna, che fa Benedetto XIII, Antipapa con altri manoscritti» (Bellori (1976 [1664]: 24).

[164] Entre las más importantes bibliotecas que Pedro Antonio podía visitar en Roma, además de las ya citadas (la de Francesco Barberini, la del cardenal Carlo Bonelli) se encontraban las del Convento de Araceli, San Francesco di Paola, Trinità dei Monti, San Pietro in Montorio, o la del Oratorio de Santa María della Vallicella.

[165] «Señalados el uno n. 239 (para Poblete), el otro, n. 240 (con bordado para Poblete) y el otro 242 (un cajon bordado para Poblete». Las menciones a Poblet aparecen sin embargo tachadas por el escribano que protocolizó el documento (ACR, Juan Cavallero, prot. 202).

table y su mujer, monseñor Colonna y el abad Colonna[166]. El anfitrión ya había hospedado a los dos Aragón en su residencia de Genazzano dos años antes. Quizá fuera en esta ocasión cuando monseñor Colonna regaló a Pedro Antonio de Aragón los dos cuadros de *San Antonio* de la escuela de Guido Reni y una pintura de la *Virgen abrazando a San Agustín, San Juan y el niño*[167]. El palacio de Girolamo Colonna era el mismo donde pasó a residir el condestable Colonna, responsable de emprender amplias reformas en sus espacios interiores y de impulsar una nueva decoración en las salas de la residencia, que debían acoger una de las mejores colecciones artísticas de la Roma del momento, de la que Bellori habló así en su *Nota*:

> Fra gli ornamenti delle statue che risplendono nel palazzo di questo Príncipe, pregiatissimo è il Bassorilievo con la Deificatione di Homero[168] & Inscrittione dell'opere di questo gran Poeta; & l'altra Deificatione di Claudio con la sua testa radiata sopra l'Aquila e trofeo de' Britanni, hoggi questa meravigliosa scoltura destinata in dono alla Maestà Católica; negli appartamenti di Sua Eccellenza, e dell'Eminentíssimo Signor Cardinale Girolamo, risplendono ancora pitture di Artefici illustri: del Parmigianino, Carracci, Guido, Guercino, e di altri diversi. L'altro apartamento ancora di Monsignor Arcivescovo [169].

La galería del palacio Colonna, obra de Antonio del Grande, fue iniciada por voluntad de Girolamo Colonna en 1654, y luego continuada por Lorenzo Onofrio[170] a su llegada a Roma. Los Colonna, como antes Camillo Pamphili en su palacio de plaza Navona (Figura 21), reflexionaron durante estos años sobre el espacio representativo de la galería en el interior de sus residencias. Pedro Antonio seguirá su ejemplo para reformar la galería del Palacio Real de Nápoles durante su virreinato.

---

[166] ASV, SS, *Avvisi di Roma*, 9 de agosto de 1664.

[167] «Un San Antonio de la escuela de Guido de vara poco más de alto y una vara de ancho, presentó a su Excelencia Monseñor Colona. 550 ducados. Una pintura en piedra negra de Nuestra Señora con el niño, San Juan y Nuestra Señora abrazando a San Agustín con marco de hebano de tres cuartas de alto y media vara de ancho, presentó a su Excelencia Monseñor Colona» (AHPM, 1092, Relación jurada de Pedro Antonio de Aragón).

[168] *Apoteosis de Homero* que hoy se encuentra en el British Museum de Londres.

[169] Bellori (1976 [1664]: 42 y 44).

[170] Gozzano 2004.

Fig. 21. Francesco Borromini, galería del palacio Pamphili, Roma, 1645-1650. Foto de la autora.

Los embajadores tuvieron entre sus funciones satisfacer al monarca en su requerimiento de pinturas y esculturas para la decoración de los reales sitios en España. En ocasiones, la orden de recogida de obras era explícita, en otras, la iniciativa surgía del propio embajador, conocedor de lo muy complacido que iba a quedar el rey. Si surgía la posibilidad, el embajador enviaba pinturas al rey con las que agradecer los favores recibidos durante años en forma de dignidades, oficios y honores. De esta manera, desde Nápoles, Pascual de Aragón mandó pinturas a Felipe IV, y Pedro Antonio, también desde allí, envió regalos a Carlos II y a Mariana de Austria. Pero durante su embajada romana, los Aragón sólo fueron espectadores de dos hechos relevantes para el crecimiento de la colección real. El primero, la compra de la colección Serra, y el segundo, la herencia del príncipe Niccolò Ludovisi. En 1664 el conde de Peñaranda compró en Milán la colección Serra, seguramente con las rentas del virreinato napolitano, como era común en este tipo de gastos. Pascual y Pedro Antonio de Aragón debieron tener directo conocimiento de esta adquisición. La herencia de Niccolò Ludovisi en mayo de 1665 fue con seguridad la otra gran vía de entrada de obra de arte procedente de Italia en la colección real durante los años sesenta. En mayo de 1665, Pedro Antonio recibió las órdenes de Felipe IV de acudir a Villa Ludovisi[171] (Figura 22), para elegir y recoger seis cuadros que Niccolò Ludovisi había dejado en herencia al rey católico[172]. Le acompañó el cardenal Ludovisi (1608-1687) y, según Baldinucci, Pedro Antonio solicitó al pintor Giacinto Brandi, a quien había conocido en Gaeta, que le acompañara y aconsejara en la elección de los cuadros, entre ellos dos Guercino que se encuentran hoy en El Escorial[173].

[Brandi] avanzandosi sempre più nella grazia de' grande, fu dal medessimo signor Don Pietro d'Aragona persuaso con promesse generose a portarse alla corte del Re Cattolico con occasione che gli avea fatto scegliere sei quadri lasciati in testamento dal Principe Nicolò Ludovisio, morto in quei tempi (1664), per trasmettersi a Sua Maestà; ma non fu in istato il Brandi di rice-

---

[171] G.P. Bellori sobre la Villa Ludovisi: «Giardino a Porta Pinciana. Galerie di statue, nel giardino, & ne'palazzi; tra questi la testa di Scipione di felce verde, l'altra di marmo di Caligola, le statue di Mercurio, & di Bacco [...] Picture del Bassano, del Pordenone, di Annibale & di Antonio Carracci, di Guido, del Guercino; di cui mano è l'Aurora nella volta di una sala terrena con Paesa del Domenichino & opere di altri artefici di fama» Bellori (1976 [1664]: 68).

[172] Archivio di Stato Firenze, MP, 3388, s.f. avviso de Roma, 9 de mayo de 1665.

[173] *Lot y sus hijas* y *Susana y los viejos* (Bassegoda 2002).

ver quest'invito a considerazione di non allontanarsi dalla propria casa per l'assistenza che richiedeva, essendo già numerosa di più figliuoli[174].

Fig. 22. Giuseppe Vasi, Villa Ludovisi, Roma, grabado s. XVIII.

En febrero de 1665, el cardenal Ottavio Acquaviva escribió a Felipe IV para «sincerarse y justificar sus procedimientos de las passadas objeciones»[175] con la pretensión de obtener la merced de grandeza para su sobrino el duque de Melfi. El rey denegó la grandeza a Acquaviva y encargó a Pedro Antonio que se asegurara del cumplimiento de las obligaciones del cardenal: «devo esperar que las acciones del cardenal corresponderán siempre a sus obligaciones y a essa inteligencia le assegurareis en mi nombre que en todas ocurrencias experimentara lo que estimo su persona y Cassa»[176]. Probablemente, una de las maneras que tuvo el cardenal Acquaviva de demostrar al embajador «sus obligaciones» de vasallo fuera regalarle «dos pinturas yguales, la una del Angel de San Miguel con el demonio a los pies y la otra un Santo Obispo, con marcos dorados y tallados»[177]. Pedro Antonio reconoció haber recibido estos dos cuadros del cardenal, pero desconocemos si la entrega fue durante la embajada romana o durante el posterior virreinato napolitano. Dio fe del regalo de otros cardenales en Roma, como Girolamo Boncompagni

---

[174] Baldinucci (1974-1975 [1681-1678]), en la vida de Giacinto Brandi.
[175] AMAE, SS, 71, f. 120, carta del rey a 21 de mayo de 1665.
[176] Ibíd.
[177] Para leer la Relación jurada de Pedro Antonio de Aragón completa: AHPM, 10902, fols. 355 y ss.

(1622-1684)[178], que le entregó un cuadro original de Caravaggio, o el cardenal Federico Sforza, que le donó dos cuadros de flores de Mario de'Fiori[179].

El caso más interesante es el del cardenal Lorenzo Raggi (1615-1687)[180], que llegó a declinar la promoción a los arzobispados de Salerno y Taranto que le había ofrecido Felipe IV. Sin embargo, regaló a Pedro Antonio de Aragón hasta veintisiete cuadros, ninguno de ellos de temática religiosa. Pedro Antonio debió tener una especial predilección por las donaciones de Raggi, pues mantuvo la unidad de todos sus cuadros en una misma sala, la más representativa de su palacio en Madrid. En efecto, salvo los cuadros de Bassano *El rapto de Helena* y *Hombre comerciando con limosna*, todas las pinturas que Raggi donó a Pedro Antonio fueron a parar a la Sala del Estado del palacio madrileño[181]. Sabemos que el general de la Compañía de Jesús, Giovanni Paolo Oliva, regaló dos cuadros a Pedro Antonio de Aragón[182]. Gian Paolo Oliva había sido elegido general de los

---

[178] Elegido arzobispo de Bolonia en 1651, fue prefecto del palacio apostólico y gobernador de Castelgandolfo desde junio de 1660 y hasta 1664. Fue hecho cardenal en el consistorio de 14 de enero de 1664 y participó en los cónclaves de 1667, 1669-1670 y 1676.

[179] «Una Nuestra Señora, San Joseph y el niño de vara y tercia de alto y vara poco menos de ancho, original de Cobarrocho, presentó a su Excelencia el cardenal Boncompaño. 1000 ducados. Dos Ramilleteros yguales de vara de alto y tres cuartas de ancho, original del Mario, presentó a su Excelencia el cardenal Esforza. 800 ducados. Un retrato del hermano Gregorio Lopez de tres cuartas de alto y media vara de ancho, presentó a su Excelencia en Roma el Padre Esforza de la Compañía de Jesús. 110». Paraleer la Relación jurada de Pedro Antonio de Aragón completa: AHPM, 10902, fols. 355 y ss.

[180] Genovés, fue creado cardenal diácono en el consistorio de 7 de octubre de 1647. Participó en los cónclaves de 1655, 1667, 1669-1670 y 1676.

[181] «Nuebe Batallas de [...] de Mar y Tierra las tres de vara y ochava de ancho y vara y poco mas de alto y las quatro de vara y tres cuartas de ancho y medio de alto, presentó a su Excelencia el cardenal Rache. 4010 ducados. Doze marinas de poco mas de a dos tercias de ancho a poco mas de media vara de alto, presentó a su Excelencia el cardenal Rache. 800 ducados. Quatro quadros de ystorias diferentes que vienen del Vasan de vara y media de ancho y vara y quarta de alto, presentó a su Excelencia el cardenal Rache. 2200 ducados. Un quadro de una ystoria de un hombre comerciando grande limosna: pintura flamenca de dos varas de ancho y vara y tercia de alto dio a su excelencia el cardenal Rache. 440 ducados. Un quadro que pareze ser el Robo de Elena de vara y media de ancho, pintura veneziana, pintada en lienzo ya forrada en tabla, presentó a su Excelencia el cardenal Rache. 660 ducados» (AHPM, 10902, fols. 355 y ss.).

[182] «Dos pinturas iguales del mismo genero en cristal, la una de San Sebastián atado a un arbol y la otra de San Lorenzo en el martirio con marco de hebano y molduras de

jesuitas en 1661. Francis Haskell describió a Oliva como una persona muy cultivada y gran amante de las artes, responsable de encargar al pintor Gaulli, en 1672, la gran decoración pictórica de la iglesia del Gesù en Roma[183]. Según Pascoli, el padre Oliva fue además muy amigo del arquitecto Giovanni Antonio de Rossi[184] a quien Pascual de Aragón encargará, durante su embajada, la obra del altar mayor de San Francesco di Paola, como veremos más adelante.

En noviembre de 1665, Oliva recibió la noticia de que en América y en Madrid, diversos arzobispos, obispos y deanes, cabildos y otros eclesiásticos y seglares españoles habían interpuesto diversos pleitos a causa de unos diezmos, contra los colegios y casas de las provincias de la Compañía[185]. El acercamiento del padre general al embajador español resultó capital para interceder ante el monarca por las causas judiciales abiertas en la Corte contra la Compañía[186]. Las buenas relaciones de Oliva con Pedro Antonio se manifestaron en múltiples ocasiones, por ejemplo, cuando ambos impulsaron la celebración de la fiesta del beato Francisco de Borja en Roma, colaboración que permitió el éxito de la posterior canonización, hallándose Pedro Antonio en Nápoles. En agosto de 1668 se conoció la caída en desgracia del padre Oliva y su destierro por orden del papa Clemente IX[187]. En marzo de 1669, el cronista napolitano Innocenzo Fuidoro se hizo eco de una carta de Oliva dirigida al virrey de Nápoles Pedro Antonio, en la que le recordaba las ataduras que aún existían entre ambos «ha scritto a Sua Eccellenza ch'egli l'ha catechizato e che ne tenga conto attesochè è di sangue regio»[188].

---

vara y quarta de alto y vara de ancho, presentó a su Excelencia el Padre Oliba, general de la Campania. 2200 ducados» (*Ibíd.*).

[183] Haskell (1984: 98 y ss.).

[184] Sobre quien dice: «Andò a trovare il padre Oliva Generale de'gesuiti che era suo grande amico» Gracias a esta amistad, de Rossi recibió sepultura en la iglesia de Gesù (Pascoli 1965, Vol. II: 318).

[185] ACR, Juan Cavallero, Vol. 202, el 13 de abril de 1666.

[186] ACR, Vol. 203, 13 de abril de 1666.

[187] El papa le había encargado que escribiera al rey de Polonia, Casimiro, para que no renunciara al reino por hacerse jesuita. El padre Oliva le escribió pidiéndole exactamente lo contrario y la carta original llegó a manos del papa. El padre Oliva le dijo hasta tres veces al papa que había hecho lo que le pedía, hasta que le fue mostrada la carta en poder del papa.

[188] Fuidoro (1934-1943, Vol. II [1938]: 111).

La aristocracia italiana también abasteció de cuadros la colección de Pedro Antonio, pese a ser minoritaria su contribución, si la comparamos con la de cardenales o eclesiásticos en general. Así, el marqués Tiberio de Astalli (-1683) regaló a Pedro Antonio un cuadro de temática mitológica, original de Lanfranco, que terminó siendo uno de los más valorados de su colección, y que, por ello, ocupó un espacio destacado de la Sala del Estrado de su residencia madrileña. En otra ocasión, don Pedro Antonio donó a Astalli algunas reliquias, entre ellas las de Santa Felicidad[189]. Probablemente la donación del cuadro fue realizada en el marco de la petición que Astalli formalizó ante Felipe IV en la primavera de 1664. Tras haber muerto su hermano, el cardenal Camillo Astalli (1619-1663), y declarándose heredero de sus bienes, solicitó a Felipe IV que en recompensa a los servicios prestados por su familia a la Monarquía, mantuviera la orden de no embargar ni expoliar las propiedades que habían pertenecido al cardenal en el obispado de Catania[190]. El rey terminó aceptando la petición de Astalli, probablemente por la intermediación del entonces embajador Pedro Antonio de Aragón.

Mientras los cardenales proporcionaron la mayor parte de las pinturas que Pedro Antonio adquirió en Roma, la familia y servicio del embajador fue responsable de entregarle sólo tres pinturas, lo cual puede hacernos reflexionar acerca de lo poco extendidas que estaban las prácticas coleccionistas entre los oficiales de la embajada, que llevaban años residiendo en Roma. La primera de ellas era una pintura que regaló Pascual de Aragón a la duquesa de Feria, mujer de Pedro Antonio, a su llegada a Roma[191]. La segunda donación, que bien puede ser considerada un encargo del embajador, fue de parte de Nicolás Antonio. Éste regaló

---

[189] «Un quadro de una fabula de dos baras y tercia de alto y tres varas y media de ancho original de Juan Francisco de Lanfranqui, presentó a su Excelencia el Marqués de Astali. 3500 ducados» (ACR, Juan Cavallero, Vol. 202, 14 abril de 1665).

[190] *Ibíd.*, 3 de mayo: «El marques don Tiberio Astali, hermano del cardenal Astali y heredero suyo al haber muerto el cardenal, dice que su majestad en recompensa de nuestros particulares servicios hechos a su monarquia. El marques quiere que se mantega la orden de su majestad de no expolio de sus vienes en obispado de Catania, como heredero. Como se acostumbra a hacer con los que dejan los prelados del dicho reyno, se los vuelvan al suplicante enteramente sin que se embarguen».

[191] «Una lamina en obalo del desposorio de Santa Catalina el niño y Nuestra Señora con marco de madera forrado de plata, presentó a su Excelencia el cardenal mi señor Don Pascual quando entro en Roma en la embajada. 1500 ducados» (AHPM, 10902, fols. 355 y ss.).

a Pedro Antonio dos batallas, copias de Giulio Romano, sobre las que tendremos que regresar más adelante, y una *Virgen con San José, Santa Ana, San Juan y el niño*, que fueron exhibidas en la galería grande del palacio de Madrid[192]. El 19 de diciembre de 1664 encontramos documentado en Roma por primera vez al dominico Antonio González de Acuña, procurador general de la provincia de San Juan Bautista del Perú, persona que llegó a ser muy cercana a Pedro Antonio de Aragón y que contribuirá mucho a acrecentar su colección artística durante el período de su virreinato.

MECENAZGO EN LAS BASÍLICAS E IGLESIAS ROMANAS

En este capítulo quiero abordar los usos políticos que dieron los españoles a los espacios sagrados de Roma. Felipe IV acercó al patronato español las congregaciones de las tres basílicas más importantes: San Pedro, Santa María la Mayor y San Juan de Letrán. España había extendido desde 1647 una política de mecenazgo artístico sobre el patrimonio de la Iglesia, basada en la asignación de varias pensiones estables a diversas congregaciones romanas. Ya en 1643, Felipe IV había expresado su deseo de hacer una gran donación a la congregación de la basílica de Santa María la Mayor. Ésta declaró entonces que levantaría una estatua a Felipe IV en señal de gratitud. Felipe IV se convirtió de hecho en benefactor de la basílica en 1647, año de la fundación de la llamada obra pía española, promulgada en la bula «Sacri Apostolatus Ministerio» de Inocencio X, con la mediación de Giulio Rospigliosi (1600-1669) como nuncio en Madrid y del embajador extraordinario en Roma, don Juan Chumacero, entre 1639 y 1643. En un contexto de gran debilidad de la Monarquía, tras los levantamientos de Cataluña y Portugal, Felipe IV decidió fundar la obra pía en Roma para garantizar, como contrapartida, una mayor intervención de España en los asuntos romanos.

---

[192] «Dos Batallas yguales de quatro baras de largo y vara y media de alto copia de Jullio Romano, presentó a su Excelencia Nicolas Antonio siendo agente del Rey en Roma y ahora es fiscal en el Consexo de Cruzada, la una es la Batalla de Constantino y la otra de Magencio. Una pintura de Nuestra Señora, San Joseph, Santa Ana, el niño y San Juan con marco tallado y dorado, presentó a su Excelencia Don Nicolas Antonio siendo agente del Rey en Roma» (AHPM, 10902, fols. 355 y ss.).

Los embajadores españoles, con su asistencia y sus obras de mecenazgo en las iglesias de Santiago o de Montserrat, consideradas como «iglesias nacionales de España», o en las iglesias de San Antonio de los portugueses o San Carlos y San Ambrosio en el Corso, pretendían recordar la importancia de estas comunidades políticas en el interior de la Monarquía. Al elegir las iglesias que iban a ser objeto de sus visitas y de su mecenazgo, estaban fijando el lugar que ocupaba cada provincia en el seno de la Monarquía. Así, la Corona de Aragón iba siempre por delante del reino de Portugal en la jerarquía de las provincias peninsulares, y por eso, hasta 1640, era más común ver al embajador en la iglesia aragonesa que en la iglesia portuguesa. Inmediatamente detrás iban las provincias italianas. Por esta razón, el embajador no acudía a las fiestas de la iglesia de los milaneses[193] o a las de los napolitanos, pero sí a Santiago o Montserrat. Los embajadores españoles también acudían a iglesias que no formaban parte de las consideradas como «nacionales», para participar en fiestas como la del Santísimo Rosario en Santa Maria sopra Minerva, que conmemoraba, cada año, la batalla de Lepanto. Estas ocasiones permitían celebrar a los Austrias con fuegos y luminarias por toda la ciudad. La protección de una iglesia en Roma podía también establecerse a través de las donaciones de objetos y pensiones por parte de los embajadores a título personal, como las que protagonizó Pedro Antonio de Aragón en la iglesia de San Eustaquio, y Pascual en el convento de las capuchinas de Roma.

Por lo tanto, la historia del mecenazgo español en las iglesias romanas se entiende mejor tomando en consideración las coyunturas políticas de la Monarquía en cada momento. En ocasiones, en el marco de conflictos políticos coetáneos, las distintas iglesias hispánicas en Roma se enfrentaron entre sí, como también lo hicieron las iglesias nacionales francesas. Hubo además una coincidencia cronológica sorprendente, pues al mismo tiempo que los borgoñones decidían escindirse de la hermandad francesa, surgieron disputas entre la iglesia de Santiago y la de Montserrat. En los años sesenta, sin embargo, los conflictos entre las iglesias nacionales en Roma se redujeron gracias al control ejercido por la embajada española. Ésta se organizó y aprendió a aprovechar mejor las posibilidades representativas de sus espacios. Los Aragón acudían

---

[193] Cada cuatro de noviembre se celebraba la fiesta de San Carlos Borromeo en la iglesia de los milaneses San Ambrosio e San Carlo al Corso y en 1663, en ocasión de la fiesta, el *sacro colegio* se reunió en capilla allí.

a iglesias romanas alejadas de la órbita española con fines claramente políticos, como, por ejemplo, San Claudio de los borgoñones o San Luis de los franceses. Entre 1632 y 1642 muchos borgoñones habían huido del Franco Condado para establecerse en Italia. En 1650, cuarenta y nueve borgoñones decidieron separarse de la hermandad romana de las Cuatro Naciones (Francia, Borgoña, Saboya y Lorena), cuya sede se encontraba en la hoy desaparecida Capilla de la Purificación de los Transalpinos en Via dei Banchi Vecchi. Lo hicieron para constituir su propia hermandad nacional, titulada de los Santos Andrés y Claudio con sede en la vía del Corso. En 1652 formaron oficialmente la hermandad, compraron cuatro años más tarde el oratorio en la Plaza San Silvestre[194] y en 1662 fundaron el hospicio para los peregrinos nacionales. En 1678, el Tratado de Nimega, que establecería la definitiva anexión del Franco Condado a Francia, desencadenaría una nueva diáspora de borgoñones hacia Roma. Cada 9 de junio, los borgoñones celebraban la fiesta de su protector, San Claudio. En 1662 Pascual acudió a esta fiesta, a sabiendas de que iba a incomodar enormemente al embajador francés. Para suavizar su gesto, un año después, decidió acudir también a la principal iglesia de los franceses, que, el 1 de septiembre, celebraba su fiesta del rey San Luis[195]. La visita del embajador francés a Santiago de los Españoles, o del embajador español a San Luis de los Franceses, no era en sí un hecho extraordinario[196], pero la visita de Pascual ese año en San Luis fue destacada por los *avvisi*, lo cual nos lleva a pensar que cobró un especial significado y sorprendió a sus contemporáneos. Todas las potencias europeas representadas en Roma, por igual, hacían un uso político de las iglesias de la ciudad.

---

[194] La actual iglesia de San Andrea e Claudio en la misma plaza San Silvestre, no se construyó hasta 1728-1730, véase el «Itinerario 5» de *Roma Sacra*.

[195] «[…] tutta sontuosamente apparata essendovi intervenuti moltissimi alla messa solemne e vespri cantata a piu chori di musica, essendo detta chiesa stata visitata da alcuni eminenza et in particolare dal'em d'Aragona», ASV, SS, *Avvisi di Roma*, 1 de septiembre de 1663, fol. 178.

[196] Con motivo de la fiesta de Santiago (25 de julio), la iglesia de los españoles «fu tutta sontuosamente adornata con li ritratti del pontefice, del re e della Regina Cattolica sendo alli vespri e messa cantata da monsignor Colonna, Arcivescovo d'Amasia a quatro cori di musica, intervenuta molta nobiltà spagnola, francese e italiana, et a pigliar l'indulgenza vi furono il Cardinale d'Este e il signor ambasciatore cristianíssimo duca di Crequí con bellíssimo corteggio di signori che nel ingresso fu cantato un bellíssimo moteto per ciascuno», ASV, SS, *Avvisi di Roma* de 23 de julio de 1662.

Pascual y Pedro Antonio de Aragón demostraron estar dispuestos a dar un paso más para apropiarse paulatinamente del control de otras congregaciones en Roma, distintas a las tradicionalmente vinculadas a España. Había que buscar nuevos escenarios de propaganda para los Austrias, por muy ajenos que les hubieran sido hasta el momento. Los Aragón eran conscientes de que el momento lo requería y los tiempos eran favorables. Sin duda también dieron ese paso influidos por iniciativas de otros príncipes romanos. La visión de la recién construida capilla de Santo Tomás de Villanueva en la iglesia de San Agustín, por encargo de Camillo Pamphili, impresionó tanto al cardenal Pascual de Aragón que un mes después expresó: «me lastimo de ver lo que Dios ha permitido labren otros y yo no consigo de hacer solo ese retiro de mi deseo y desahogo [en referencia al convento de las capuchinas en Toledo]»[197]. El impacto visual de esta y otras obras, junto a las circunstancias políticas, impulsaron a Pascual de Aragón a encargar el altar mayor de la iglesia de San Francesco di Paola, una iglesia sin ninguna tradición de mecenazgo español previa. Pascual logró además colgar en esa iglesia las armas de Felipe IV en su altar mayor, lo que fue un hito para la embajada española. Este encargo formó parte de un programa más complejo de acercamiento a la orden mínima y de apropiación española del culto a San Francisco de Paula (Figuras III y IV del cuadernillo)[198].

La Basílica de San Pedro, la chinea y las canonizaciones españolas

La basílica de San Pedro constituía un escenario de primer orden para la embajada en Roma, y allí tenía lugar la fiesta española más importante del año, la de la *chinea*, que escenificaba la entrega anual al papa de un tributo de siete mil ducados por el gobierno español del reino de Nápoles. Al final de su reinado, Felipe IV redimensionó la intervención española en esta basílica. En 1658, ofreció al pontífice la fundación de una nueva obra pía en Roma, diferente de la de 1647, para asegurarse un trato privilegiado y una mayor visibilidad en la ciudad santa. Por una bula de 1658, se convirtió no sólo en benefactor de Santa María la Mayor, sino también de la Fábrica de San Pedro y San Juan de Letrán, con una donación anual

---

[197] ACCT, *Correspondencia del cardenal Aragón con las monjas capuchinas de Toledo*, 23 de agosto de 1663.

[198] Véase Carrió-Invernizzi (2007a).

de veinte mil ducados. Era una pensión equiparable a lo que costaba mantener a un embajador en Roma durante un año[199], y superior al tributo anual de la *chinea*. ¿Pero por qué Felipe IV decidió financiar a la Fábrica de San Pedro? Ésta tenía el cometido de administrar todos los recursos de la congregación para la ejecución de las obras dentro del complejo de la basílica, y para ello debía conseguir fuentes de financiación estables. Entre los congregantes existía la figura del limosnero, que debía buscar «protectores» de la fábrica, como se les llamaba en la época. Esta pensión anual del monarca católico se extendió al menos hasta 1683. El nuncio en Madrid era quien debía encargarse de cobrar la cantidad y expedirla a los acreedores de la Fábrica[200].

Los términos de esta pensión para la Fábrica de San Pedro se acordaron en el marco de negociaciones políticas más amplias. A finales del otoño de 1656, el papa Alejandro VII Chigi había nombrado a Carlo Bonelli como nuncio en Madrid, y a Celio Piccolomini como nuncio en París, con la misión de impulsar un concierto de paz europeo[201]. El buen éxito de esta misión encomendada a Bonelli iba a condicionar el acuerdo para erigir a Felipe IV en benefactor de San Pedro. En 1659, la exclusión de una mención a la mediación de la Santa Sede en el Tratado de los Pirineos y la suspensión de la pensión de la nueva obra pía demostraron el fracaso de las negociaciones de Bonelli. El papa Chigi, en marzo de 1661, volvió a tentar la suerte impulsando la creación de una liga de Occidente para acudir en ayuda del Emperador contra los turcos que avanzaban hacia Hungría. Pretendía así recuperar una vez más su liderazgo. Pero para el logro de la liga, necesitaba que Francia y España se sumaran a la iniciativa, y enviaran a Roma un embajador plenipotenciario. España se adelantó y encomendó esta función al cardenal Pascual de Aragón[202]. Sólo un modesto agente francés, D'Aubeville, llegó a Roma en junio de 1661, con

---

[199] Cuyo sueldo en 1661 era de veinticuatro mil ducados anuales.

[200] Los pagos los realizaban los tesoreros generales de la Santa Cruzada al Nuncio en Madrid y éste remitía la cantidad de veinte mil ducados anuales a la Fábrica de San Pedro (*Spedizione di danaro dalla Spagna, 1660-1683*, Archivio della Fabbrica di San Pietro [AFSP], ARM, 37, G, 472).

[201] Sin embargo, ni Francia ni España se decidían a enviar un embajador a Roma y sólo establecían allí a embajadores extraordinarios o a agentes secretos.

[202] En efecto, Felipe IV pasó a Pascual la plenipotencia para el logro de la liga común (que había dado primero a Ponce de León).

la misión secreta, según Ludwig Pastor, de hacer fracasar una liga que no capitaneaba Francia[203].

Ésta fue una de las misiones más trascendentales que recibió el cardenal Pascual de Aragón y condicionó de una manera extraordinaria el mecenazgo español en la basílica de San Pedro. Los términos de la alianza contra el turco y del donativo regio a la Fábrica de San Pedro se pactaron simultáneamente en Madrid entre 1658 y 1660. La primera asignación de la pensión española para la Fábrica de San Pedro no se produjo hasta el 18 de febrero de 1660 y, sólo dos meses después, Alejandro VII accedió a confirmar, en consistorio de 5 de abril, la entrega de la birreta de los nuevos cardenales nacionales, entre ellos la de Pascual de Aragón. Felipe IV consideró clave la confirmación del capelo para Pascual, y debió condicionar la activación del pago de la pensión al compromiso del papa de confirmar las birretas. El 23 de abril de 1662, Pascual, ya como embajador en plenas funciones, escribió al rey una reveladora carta informándole sobre las dificultades que observaba en las negociaciones para la creación de una liga común contra el turco[204]. Sólo el monarca católico y el papa parecían apoyar el proyecto. Según Pascual, la cámara apostólica se aplicaba poco en la consecución de la liga, y sin embargo, no escatimaba esfuerzos en «el gran gasto que se ha hecho y se haze en el atrio» de la basílica de San Pedro. Lo más llamativo de la misiva es la relación que establecía Pascual entre la creación de la liga y otra tarea que se le había encomendado: el seguimiento de la evolución de las obras arquitectónicas de la Fábrica de San Pedro, tras la erección de la pensión de 1658. En la misma carta, Pascual afirmó estar siguiendo de cerca tales obras: «lo que vuestra Majestad me ordena de la fábrica de San Pedro no tendrá menos exclusión por que se haya en trabaxoso estado».

Todo ello dibuja una estrategia cultural y de mecenazgo de Felipe IV muy alejada de la desplegada simultáneamente por Francia que, por entonces, aplicaba una política agresiva de apropiación de territorios de la Iglesia, como Aviñón. La decisión de Felipe IV de convertirse en benefactor de las principales basílicas de Roma durante los últimos años de su vida, debe ser vista como parte de un proyecto más amplio para

---

[203] Luis XIV hizo creer al papa que estaba dispuesto a hacer avanzar la coalición, pero al mismo tiempo cooperaba con soberanos de la confederación del Rin contra el emperador.

[204] AGS, E-R, 3035. En ella decía que hasta el momento, «las décimas están concedidas para socorro no de la liga, sino del señor emperador meramente».

mejorar su imagen en Roma. Al menos a partir de 1659, coincidiendo con el Tratado de los Pirineos, se sucedieron varias acciones españolas encaminadas al mismo fin: reforzar la imagen del rey católico en Europa desde la tribuna romana. Felipe IV eligió para su financiación las obras del atrio de la basílica porque era el espacio donde tenía lugar cada año la entrega de la *chinea*, y su remodelación habría contribuido a dignificar la fiesta de mayor importancia de la embajada española. Pascual de Aragón, sin embargo, había planteado algunas dudas sobre la conveniencia de gastarse grandes sumas en las obras de San Pedro en el panorama nada desahogado en el que se encontraba la embajada[205]. Sus dudas, como ya se ha dicho, respondían a un clima de críticas a las obras de Bernini y de Alejandro VII en San Pedro. En 1661, un embajador veneciano, Niccolò Sagrego, había reflexionado sobre el derroche del papa Chigi en la plaza. Su sucesor, Giacomo Querini, fue más lejos en sus declaraciones, tachando de inútil el afán constructor de Alejandro VII[206].

Paralelamente al desarrollo de las obras en San Pedro, el cardenal Aragón siguió desarrollando su delicada misión diplomática para impedir la invasión de Italia por Francia. En febrero de 1663 el papa anunció su intención de visitar una de las tres basílicas principales para rezar por la paz y la concordia entre los príncipes cristianos[207]. Al mismo tiempo, Pascual mediaba ante el rey de Francia en nombre de Alejandro VII, y en representación suya[208]. Personaje crucial en las negociaciones de la liga

---

[205] AGS, E-R, 3035. «No le juzgo sin toda justificación, pero prometome poco fruto y solo devo recelar no se experimente algún inconveniente para los demás negocios de Vuestra Majestad si en esto se apretare mucho, aunque es cierto lo solicitaré con desvelo, el no faltar a lo que Vuestra Majestad manda».

[206] «Él ha prestado continua atención al embellecimiento de la ciudad y a la reparación de sus calles […] y verdaderamente su labor ha superado con mucho la de sus predecesores […] la construcción de las columnatas que rodean la plaza de San Pedro serán una realización que recordará la grandeza de la antigua Roma […] No voy a discutir si tales esfuerzos son aconsejables en el momento actual […] Es cierto que Roma tiene cada vez más edificios y menos habitantes», Barozzi y Berchet, II, pp. 245 y 320, citado por Haskell (1984: 159-160).

[207] ASV, SS, *Avvisi*, Ms. 112, fol. 30, el 24 febrero de 1663. «Che nella presente e seguente settimana visitaranno una delle tre basiliche di San Pietro, San Giovanni e Santa Maria Maggiore e pregaranno dio per la pace e concordia tra Principi cristiani estirpando dell'eresie et salvatione della santa madre chiesa».

[208] ASV, SS, *Avvisi di Roma*, Ms. 122. *Avviso* de Milán a 14 de febrero de 1663. «Il corriero spedito dal cardinale Aragona al re cattolico che accompagna un'altro del Papa dicendosi che sua santità mandi un bianco sottoscritto a su maestà cattolica per le

cristiana y de la paz con Francia fue el padre Oliva, general de la Compañía de Jesús, quien tuvo una relación estrecha con Pascual de Aragón, como se ha visto[209]. Pascual debió de mantener frecuentes contactos con Oliva durante su embajada en Roma, que le permitieron, una vez en Nápoles, cultivar una correspondencia asidua con él y recomendarle a numerosas personas[210].

Cada víspera de San Pedro, el monarca católico encargaba a sus ministros en Roma la fiesta de la *chinea*[211], la más importante de cuantas debían celebrar, según un maestro de ceremonias de la época[212]. Los españoles escenificaban la entrega al Papa de un tributo simbólico: una jaca blanca que portaba siete mil ducados. Este rito confirmaba y garantizaba todos los años la continuidad del gobierno de los Austrias en el reino de Nápoles, feudo del Estado de la Iglesia. En ocasiones la entrega de la *chinea* la efectuaba el propio embajador español, pero era más común el nombramiento de un embajador extraordinario. Tal responsabilidad recayó siempre en Grandes de España o feudatarios italianos. Durante dos días (28 y 29 de junio), el embajador de la *chinea* pasaba a residir en el palacio de la embajada española, que se engalanaba y acogía a huéspedes ilustres. Se levantaban máquinas y se lanzaban fuegos artificiales. La cabalgata de presentación de la *chinea* se hacía desde el palacio de la embajada, siguiendo un itinerario establecido que recorría vía Condotti, el Corso hasta San Marcos, el Gesù, Castel Sant'Angelo, hasta el Aula Regia si la fiesta tenía lugar en el palacio del Vaticano, o desde el Gesù hasta la columna Trajana, plaza Santi Apostoli, calle Magnanapoli, cuando la audiencia con el papa

---

soddisfationi da darsi al cristianisimo [...] Giovedi passato corriere spedito dal cardinale d'Aragona a nome del Papa verso Parigi con nuove propositioni per l'aggiustamente onde giova sperare che il cristianismo posa contentarsene e rivolgere il pensiero in altra parte e con maggior profito delle sue armi; essendo certo in fine non sarebbero state longamente tolerate da i principi vicini d'Italia».

[209] Una carta del cardenal Lorenzo Raggi dirigida a Oliva revela su implicación en las negociaciones: «Il signor Laconio con lettere dei nove di aprile mi scrive che il suo negozio aveva incontrato difficoltá [...] Non posso che un signor savio come il Signor Cardinale di Aragona sonla di me, publichi quella mercede che potrebbe essere ricusata. Io mi fermo aceptando mio nipote intanto. [...] e per parte della Spagna e per quella del Cardinale Aragona [...] bacio la mano [...]» (ARSI, *Correspondencia del Padre Oliva con cardenales*, epistolario exterior, cartela nº 5 [1660-1680], fol. 57: Carta del cardenal Raggi al padre Oliva sobre un negocio de la liga del cardenal Aragón. Roma, 1 de mayo de 1663).

[210] ARSI, *Correspondencia del padre Oliva con cardenales*.

[211] Padiglione (1911), Lioy (1882: 263-292), Molí Frigola (1981-1982).

[212] AOP, AEESS, *Ceremonial de la función de la Acanea*, Ms. 48, fols. 333 y ss.

tenía lugar en el palacio del Quirinal. Con el tiempo, las cabalgatas que acompañaban los festejos de la *chinea* se hicieron más suntuosas, y los fuegos de artificio más numerosos. Éstos solían realizarse frente al Colegio de Propaganda Fide, donde también se organizaban conciertos, academias literarias o comedias; se comían confituras, azúcar candi, aguas heladas y pastas de Génova y de Nápoles, según el gusto del embajador.

La fiesta de la *chinea* era a menudo utilizada como caja de resonancia de algún acontecimiento público de relieve o de alguna conmemoración política singular. Así, fue muy significativa la fiesta de la *chinea* celebrada en 1650, cuyos fuegos de artificio quisieron hacerse eco de los avances de la Monarquía española en la recuperación de Cataluña. Unas montañas frondosas, llenas de fuentes y animales aparecían coronadas por el castillo y la torre, símbolos de Castilla. De un modo parecido, en 1660, la fiesta contó con cuatro máquinas que evocaban la Paz de los Pirineos y, en 1668, la fiesta sirvió también para rememorar la Paz de Aquisgrán con una representación de los templos de Jano[213]. ¿Cómo se desarrolló la primera fiesta de la *chinea* de la embajada de Pascual de Aragón? En esta ocasión fue aprovechada por la embajada para escenificar su oposición política a las pretensiones de los rebeldes portugueses, que en Roma reclamaban para el conde de San Clemente, como se recordará, el título de agente de Portugal, su capacidad de presentar a los obispos de las diócesis portu-guesas, en sustitución de Felipe IV, y, en definitiva, un reconocimiento oficial para Portugal ante la Santa Sede.

Unas semanas antes de la celebración de la fiesta, en junio de 1662, Pascual escribió al rey para explicarle que «el tirano de Portugal», como él llamaba a don Francisco Manuel, conde de San Clemente, intentaba que el papa admitiera en audiencia a un gentilhombre suyo, como hacía con el de la reina de Inglaterra, su suegra[214]. La *chinea* de 1662 estuvo impregnada de mensajes para los portugueses, como revelan los *avvisi* que circulaban por Roma. El 19 de mayo de 1662, Felipe IV dio a conocer, en una carta dirigida a Pascual de Aragón, su elección de Giovanni Battista Borghese, Príncipe de Sulmona, para presentar ese año la *chinea* ante el papa[215]. La *chinea* se celebró, como mandaba la tradición, en el atrio de acceso a la basílica de San Pedro. Un aviso de Roma se hizo eco del alto

---

[213]   Molí Frigola (1992: 729).
[214]   AGS, E-R, 3035.
[215]   AOP, AEESS, Ms. 214.

contenido político de la fiesta, que escenificó la toma de Portugal por parte del ejército de Juan José de Austria[216].

Fig. 23. Martino Longhi el Joven y Carlo Rainaldi, iglesia de San Antonio de los Portugueses, Roma, 1638-1657. Foto de la autora.

Pascual de Aragón hizo notar su voluntad de neutralizar a los portugueses, pero éstos tampoco se quedaron atrás en su empeño de alcanzar las demandas de Francisco Manuel ante el papa. Los partidarios de la Portugal hispánica se apropiaron de la figura y devoción de Santa Isabel de Portugal, mientras que los de la independencia apelaban de forma más generalizada a San Antonio de Padua como protector de su causa. San Antonio se festejaba todos los años el 13 de junio, muy pocos días antes de la fiesta de la *chinea*. En 1662, se supo que la *chinea* iba a llevar, ese año, el sello portugués, de manera que los preparativos para la fiesta de San Antonio

---

[216] «Che debe far la funtione di presentar al pontefice in suo nome la chinea col tributo del regno di Napoli e da che con tal occasione ha recato si e inteso che il Signor Don Giovanni d'Austria col esercito di 15 suoi e molti perri d'artiglieria entrava nel Regno di Portogallo dalla parte di Aranchoez sino extremes e sacchegiato solo il luogo di Borba che il di lui gobernatore che fece appicare volle far resistenza» (ASV, *Avvisi di Roma*, 17 junio de 1662).

fueron especialmente frenéticos. Imperaba preparar la respuesta al mensaje que iba a lanzar la embajada española. Los aparatos conmemorativos en honor a San Antonio, levantados en distintos escenarios de Roma «con gran concorso e luminari e fuochi», fueron, en 1662, más esplendorosos que nunca. Los *avvisi*, que nunca se hacían eco de ellos, los recogieron con detalle ese año. El júbilo portugués se dejó notar en Santa Maria d'Aracoeli y en Santi Apostoli, y, sobre todo, en la iglesia nacional de San Antonio de los Portugueses, situada muy cerca de la iglesia de Santiago de los españoles, detrás de la plaza Navona (Figura 23).

¿Cómo se desarrolló un año después, en 1663, la fiesta de la *chinea*? Ese año, de una forma inesperada, los preparativos de la fiesta se vieron afectados por la misión de Alejandro VII de hacer prosperar la liga cristiana. Desde 1660, coincidiendo con el inicio de la financiación española, Gianlorenzo Bernini realizaba las obras de remodelación del atrio de la basílica de San Pedro, que en principio debían contribuir a un mayor lucimiento de la fiesta. Lo que no podían imaginar los españoles es que las obras de Bernini en el atrio lograron, paradójicamente, poner en peligro la autoridad del embajador en Roma. Alejandro VII iba poniendo al corriente de las obras del atrio a Felipe IV, a través del cardenal Pascual de Aragón. Pero al mismo tiempo le ocultaba la remodelación que Bernini estaba ejecutando en la *scala regia*, que debía conectar la plaza con el palacio apostólico. En marzo de 1663, Pascual de Aragón propuso a Maffeo Barberini, príncipe de Palestrina (1631-1685), como embajador extraordinario de la *chinea* «por haberse declarado al servicio de Su Majestad, colgando las reales armas en su casa»[217].

Una carta de Pascual de agosto nos da a conocer el conflicto que precedió, ese año, la celebración de la *chinea*[218]. Cuatro días antes de la fiesta, el 25 de junio, el cardenal Aragón recibió la visita de un maestro de ceremonias de Alejandro VII. Éste daba aviso de la negativa del papa a celebrar la fiesta de la forma habitual, el día establecido, con el recorrido común y en el escenario previsto de la basílica. La decisión unilateral de alterar la hora y el lugar de la fiesta, llevándola a la capilla Paulina de Montecavallo, hacía tambalear el crédito de los representantes españoles,

---

[217] Consulta del Consejo de Estado del 15 de abril de 1663, sobre la carta remitida del cardenal Aragón de 18 de marzo, AGS, E-R, 3036, s.f.

[218] Carta del cardenal Aragón desde Roma, de 7 de agosto de 1663, AGS, E-R, 3036, s.f.

si se plegaban a acatar una decisión que debía haber sido antes consensuada. Las instrucciones que recibió Pascual de Aragón antes de entrar en Roma ya alertaban de la posibilidad de esta innovación en el ceremonial, pero sólo en el caso de que el pontífice estuviera enfermo. El cardenal Aragón consideró que el papa no había ofrecido ninguna razón de peso para introducir tal innovación. El escenario diplomático tan delicado que vivía Roma en 1663 y la necesidad de defender las preeminencias españolas desaconsejaban aceptar sin condiciones la resolución de Alejandro VII. Pascual, a condición de aceptar el cambio de escenario, pidió al papa que se abstuviera de ir a la basílica el día siguiente, festividad de San Pedro. Su asistencia habría desvelado, ante las demás naciones, que su enfermedad era fingida y que, por lo tanto, su única intención había sido desairar a Felipe IV. Su petición no fue escuchada.

El cardenal, no satisfecho con los argumentos de monseñor Febey, primer maestro de ceremonias del papa, decidió abrir investigaciones a través de su agente, el bibliófilo Nicolás Antonio. Al fin, se enteró por don Maffeo Barberini que el pontífice no quería celebrar la *chinea* en San Pedro porque se estaban llevando a cabo, con cierto secreto, las obras de la *scala regia* en el pórtico de la basílica (Figura 24). El lugar donde ahora se construía la escalera representaba uno de los escenarios obligados de la fiesta, a través del cual, el embajador español debía dirigirse hacia la Sala Regia, para ser recibido en audiencia por el papa. Éste rodeó de secretismo su iniciativa de edificar la *scala regia*, no sólo ante los españoles, sino también ante la propia Fábrica de San Pedro. Ello confirma la importante carga política que atribuyó al proyecto constructivo en la coyuntura de 1663, y la implicación personal del arquitecto Bernini en el programa político de Chigi. Estas obras de Bernini representaban un problema fundamental para la correcta celebración de la fiesta de la *chinea*. El recorrido habitual de la cabalgata a su llegada a San Pedro empezaba en el atrio. Desde allí la comitiva española entraba en el primer tercio de la nave de la basílica, donde esperaba la llegada del pontífice, que recorría en silla pontifical la corta distancia que separaba el altar mayor de la capilla del santísimo hasta detenerse en el mismo lugar donde se encontraba el embajador católico. Allí recibía el tributo. El ceremonial establecía la partida del papa de la basílica por el atrio de entrada, subiendo por la escalera a mano izquierda, en el mismo lugar donde Bernini estaba construyendo su *scala regia*. Con la escalera de acceso al palacio apostólico apuntalada por las obras, el pontífice sólo podía regresar al palacio deshaciendo todo el recorrido de la nave de la basílica, hacia la sacristía. Esto representaba un verdadero desafío para los maestros de ceremonias del papa. Con el repliegue hacia la sacristía, argumentaba Febey, habría dado la impresión de que el papa salía a buscar al embajador y su tributo, a los pies de la iglesia («pues ni a los emperadores ni reyes les sale a encontrar, aun quando está en su quarto, Su Santidad»[219]). El cardenal Aragón propuso que fuera el embajador quien acudiera a esperar al papa a la entrada de la sacristía, respetando de este modo el requisito protocolario en virtud del cual el papa debía pasar siempre delante del embajador, después de recibir el tributo.

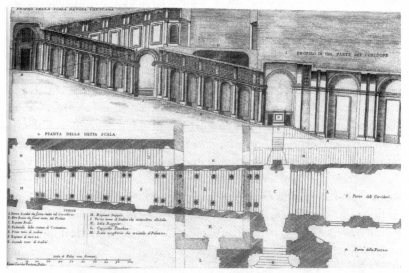

Fig. 24. Fontana, Planta y sección de la scala regia, 1694, grabado (T. A. Marder).

Tod A. Marder, en su libro sobre la *scala regia*[220], expresó su extrañeza por el silencio que rodeó la obra de la escalera. La documentación de la Fábrica de San Pedro calla al respecto, y en los libros de la congregación, en la que ocupaba un lugar destacado el cardenal Francesco Barberini, no aparece información alguna sobre su construcción. La escalera regia no estaba prevista en los proyectos de la construcción de la plaza con la

---

[219] *Ibíd.*
[220] Marder 1997.

columnata de San Pedro y se desconoce cuándo se aprobó el proyecto. Según Marder, no se sometió a la discusión de los miembros de la congregación, por el malestar que provocaba el enorme gasto de Alejandro VII en el conjunto de las obras del Vaticano. Bernini presentó al papa los primeros dibujos de la escalera en diciembre de 1662, y hasta julio de 1664 no estuvieron terminadas las obras. El pontífice ocultó los trabajos, preparando el momento de la primera visión de la *scala regia*. Es posible que el momento elegido por el pontífice fuera el de la fiesta de la *chinea* de 1663. Llegó el día, pero no estaban acabadas las obras, y por ello ordenó acuñar una medalla con la imagen de la escalera (Figura 25). En un palacio sin fachada como el apostólico, la escalera regia jugaba un papel crucial, al representar el paso ritual del papa del poder terrenal al celestial. Ahora sabemos también que Alejandro VII quiso otorgarle nuevas funciones simbólicas, que debían dignificar la figura papal en fiestas como la de la *chinea*.

Fig. 25. Medalla acuñada por Alejandro VII con reproducción de la *scala regia*, 1663.

Don Maffeo advirtió a Pascual de que Bernini tuvo algo que ver con la decisión de Alejandro VII de alterar la fiesta de la *chinea*. Bernini habría mostrado sus temores de «que en disparar en San Pedro, como suele, podía peligrar la Sala Regia que está hoy sustentada con puntales» y «que los fuegos que se disparan al llegar la cabalgata podían hacer daño». Según un libro de ceremonias de la embajada española, el cortejo estaba obligado a disparar toda la artillería a su paso por Castel Sant'Angelo, antes de dirigirse a la basílica, pero no a su llegada a San Pedro[221]. Además, el castillo se encontraba a suficiente distancia para que los disparos no alcanzaran el palacio apostólico o la basílica. Lo significativo para nosotros es que los argumentos de Bernini no satisficieran al cardenal Aragón, que replicó: «los inconvenientes se podían remediar con no disparar el castillo». Bernini se convirtió, a los ojos de Pascual de Aragón, en sospechoso de querer enturbiar aún más el conflicto entre la embajada española y el papa.

Finalmente la fiesta se celebró en la capilla Paulina de Montecavallo, como había querido el papa[222]. El cardenal Aragón logró importantes recompensas simbólicas por haber aceptado el cambio impuesto en el ceremonial. El príncipe de Palestrina hizo la función de la entrega con toda ostentación, acompañado por un cortejo de cuatrocientas setenta personas. Al embajador se le permitió cruzar la puerta de la capilla hasta la reja y situarse en mejor lugar del que ocupó, en 1643, el entonces embajador, marqués de los Vélez. La función se trasladó después a la Sala Regia. También sobre este punto, se mostró satisfecho el Consejo de Estado, al recibir las noticias de Pascual de Aragón, ya que esta sala no había llevado antes el título de «regia» y, en esta ocasión, sí. El conflicto diplomático se cerró así, de manera satisfactoria para todas las partes[223]. El papa puso gran empeño en lograr la fiesta más noble que nunca hubiera protagonizado, y los españoles mostraron estar a la altura de sus aspiraciones. Los festejos en las calles romanas tras la entrega de la *chinea* fueron descritos por los

---

[221]   AOP, AEESS, *Ceremonial de la Función de la Acanea*, Ms. 48, fols. 333 y ss.

[222]   Conocemos los costes de la fiesta gracias a un documento notarial: «Vincenzo Bacelli a 12 de junio en Nápoles paga a Pascual de Aragon por via de Peñaranda 147804 escudos di appontato nella regia camera della Summaria dicendo sua ecc rimetterglieli per le spese della Achinea dil presente anno» (ACR, Juan Cavallero, Vol. 201, 21 de junio de 1663. AGS, E-R, 3036 [s.f.], carta del cardenal Aragón desde Roma del 22 de julio de 1663).

[223]   ASV, SS, *Avvisi*, Ms., 112, Folio 105.

cronistas como los más representativos y esplendorosos que se recordaban. La celebración, llena de referencias literarias y legendarias sobre el Coloso de Rodas y el mito de Orfeo, escenificó la profunda reflexión sobre el destino de la Monarquía en que estuvo sumida la embajada española durante estos años.

¿Cómo se desarrollaron las fiestas de la *chinea* durante la embajada de Pedro Antonio de Aragón? El rasgo imperante fue el respeto a la tradición. En junio de 1664, Pedro Antonio escribió a Felipe IV para informarle sobre el desarrollo de su primera fiesta de la *chinea*, que protagonizó él mismo[224]. Se celebró, como era habitual, la víspera de San Pedro a las ocho de la noche «con las circunstancias de mayor lucimiento», aunque con una novedad protocolaria que benefició a la embajada española: «de aver [Su Santidad] mandado que un trozo de su guarda despejase por un lado la iglesia y que su sobrino don Agustín y su mujer asistiesen a mi casa a los fuegos»[225]. Pedro Antonio acudió con una numerosa cabalgata a San Pedro y de allí, una vez finalizada la entrega del tributo, regresó al palacio de la embajada, frente a la cual se había erigido una fuente de la que manó vino durante dos días. Se realizaron fuegos de artificio a los que acudieron, entre muchos otros, el duque de Crequí[226]. Pedro Antonio llegó a enviar al rey una lista de los príncipes que se habían ausentado de la fiesta, para que lo tomara en consideración[227]. En julio de 1665, Pedro Antonio informó al rey de que la pasada fiesta de la *chinea* se había desarrollado «en la forma y estilo corriente con todas las circunstancias y ceremonias que se a echo siempre menos la de haver dicho Su Santidad Missa que por ocasión del calor quiso escusarse este embarazo»[228]. Pese a la novedad, el papa salió a recibir la *chinea* en el atrio de la basílica y, por segunda vez, Alejandro VII recibió el tributo de manos del propio embajador, Pedro Antonio[229].

En la basílica de San Pedro no sólo tenía lugar, todos los años, la fiesta de la *chinea*. También era el escenario en el que se festejaban las beati-

---

[224] ASV, SS, *Avvisi,* 112, fol. 306. De Roma, a 5 julio 1664.
[225] AGS, E-R, 3037, carta de Pedro Antonio a Felipe IV, 30 de junio de 1664.
[226] *Ibíd.*
[227] *Ibíd.*
[228] AGS, E. 3038.
[229] BAV. Barb. Lat., 6368, *Avvisi di Roma*, 4 de julio de 1665.

ficaciones y canonizaciones, dando lugar al levantamiento de máquinas conmemorativas, arquitecturas efímeras e intercambio de regalos. Pascual y Pedro Antonio de Aragón contribuyeron a hacer avanzar el proceso de canonización de muchos españoles, principalmente los pertenecientes a la Corona de Aragón, como Pedro de Arbués, beatificado en 1664. Propusieron también la causa de algunos antepasados de su familia. Con todo, no fue hasta el virreinato de Nápoles cuando pudieron recoger los frutos de las negociaciones que con tanta dedicación entablaron con la Santa Sede. Las distintas naciones presentes en la Roma del siglo XVII pugnaban por lograr el mayor número de beatificaciones o canonizaciones de personas naturales de sus reinos, pues ello permitía de algún modo mostrarlas como naciones con autoridad e influencia en la Santa Sede y en la escena política internacional. A menudo, los procesos de canonización formaban parte de negociaciones políticas más amplias que precedían, por ejemplo, la firma de un tratado internacional. Tal fue el caso del proceso de San Francisco de Sales, que convivió con las negociaciones que precedieron la firma del Tratado de Pisa. Miguel Gotor ha demostrado la complejidad de los procesos de canonizaciones y la necesidad de tener en cuenta la intervención de muchos agentes, distintos de las coronas europeas. Lograr la canonización de un español no sólo demostraba la diligencia de la embajada católica en Roma, además del empeño de clérigos y capítulos cardenalicios de España. Entraban en juego muchos otros factores, y la capacidad de intervención de una Corona era relativa[230]. De cualquier modo, se convertía en la ocasión para desplegar una sucesión de festejos en Roma, y de exhibir un sinfín de aparatos y fuegos de artificio que contribuían a glorificar el nombre de una Monarquía. Permitía además construir una capilla en honor al santo canonizado, algo que el papa no consentía para un beato. Los procesos dejaban atrás en ocasiones décadas de trabajo y la mayoría de las veces un único proceso requería la participación de varios embajadores. Sin embargo, el momento de la concesión papal podía decir mucho de las relaciones entre la Santa Sede y una potencia.

Desde la entrada de Pascual en Roma se aprecia su empeño por otorgar un mayor protagonismo a santos de la Corona de Aragón. En 1663 participó activamente en los festejos en honor a Santo Tomás de Villanueva, arzobispo de Valencia, en la iglesia de San Agustín, durante los que se

---

[230] Gotor 2007.

inauguró la nueva capilla al santo, encargada por el príncipe Camillo Pamphili[231]. Pedro Antonio de Aragón heredó al frente de la embajada el mismo empeño aragonesista de su hermano. En agosto de 1664, informó a Felipe IV de que había entregado al papa una petición para que «se rece doble en el Arçobispado de Valencia y en la Iglesia Catedral se aga capilla al Beato Borja». El papa, al ver el memorial del rey, «puso dificultad por no estar [el beato Borja] canonizado». Felipe IV lo volvió a solicitar, «por estar su cuerpo en essa corte, ser el santo natural de Valencia y el y sus nietos poseer tan considerable estado», en alusión a los descendientes del beato Borja, los duques de Gandía, emparentados con los Aragón[232]. La petición del rey fue finalmente aprobada[233]. Durante su virreinato Pedro Antonio siguió promoviendo la causa del beato Borja, hasta lograr, en 1671, su canonización. La del proceso del beato Borja no fue la única apelación del embajador al propio linaje. En julio de 1664, entregó a la curia las actas del proceso de beatificación y canonización de sor Ana de la Cruz (doña Ana Ponce de León, condesa de Feria 1527-1637)[234], bisabuela materna de su mujer, Ana Fernández de Córdoba.

Los procesos de canonización impulsados durante la etapa de los Aragón se impregnaron también de su lucha por reintegrar a la Portugal rebelada en el conjunto de la Monarquía. Pascual de Aragón recibió en Roma el encargo de Felipe IV, formalizado en enero de 1663, de proponer a Alejandro VII la canonización de sor Juana de la Cruz. En una carta que recibió el cardenal Aragón se apelaba a sor Juana de la Cruz como la

---

[231] «Nella chiesa di San Agostino tutta sontuosamente adornata di veluti cremesi e bellissime tappezzerie e con tal occasione fu scoperta la superba capella del santo fatta fare dal signor principe Pamphilio, sendovi la mattina con cavalgata portata Sua Santità a celebrarvi» (BAV, Barb. Lat., 6368, *Avvisi di Roma*, 22 de septiembre 1663).

[232] Los Borja estaban emparentados con los Aragón, y don Francisco Carlos de Borja, duque de Gandía y sobrino de Pedro Antonio, había intercedido ante su tío para la consecución del breve. Además, como ya analizamos en el capítulo del giro aragonesista de la embajada de Pedro Antonio, el 14 de octubre de 1664, Pedro Antonio y Ana Fernández de Córdoba acudieron a la iglesia de Santa Maria di Gerusalemme con motivo de la fiesta del beato Francisco de Borja. El padre Oliva hizo la fiesta. El aviso da un lugar protagonista de la ceremonia al embajador y embajadora españoles: «per la festività del beato Francesco Borgia il padre Paolo Oliva Generale dei Gesuiti fece nel Gerusalemme alla presenza di molti cardinale, ambasciatore ed ambasciatrice di Spagna» (BAV. Barb. Lat., 6368, *Avvisi di Roma*, 4 de octubre de 1664).

[233] AGS, E-R, 3037.

[234] Proceso instruido en Córdoba entre los años 1631 y 1637.

«particular intercesora con su divina majestad para que solicite los progresos y aciertos de la futura campaña contra Portugal»[235].

En abril de 1664 se beatificó a Pedro de Arbués (1440-1485), canónigo de la catedral de Zaragoza e inquisidor del reino de Aragón. Giacinto Brandi fue el autor del aparato conmemorativo y de una imagen del santo que se colocó en el *teatro* levantado en su honor en el ábside de la basílica de San Pedro. Según la relación de la fiesta, de Bartolommeo Lupardi[236], en la fachada de la basílica, además del retrato del santo, se colgaron los escudos del papa, de Felipe IV y del reino de Aragón. El 10 de junio, Pedro Antonio de Aragón invitó a la congregación de Santiago, de la nación castellana, a celebrar la fiesta del beato aragonés, una celebración que tradicionalmente habría correspondido sólo a la iglesia de Santa María de Montserrat. Pretendía fomentar así una devoción común castellano-aragonesa en Roma. El papa concedió indulgencia plenaria a los fieles que acudieran a la misa solemne en la basílica de San Pedro por la beatificación de Pedro de Arbués, que fue oficiada delante del altar de los Apóstoles de Bernini con la presencia de todos los cardenales, entre ellos, por supuesto, el cardenal Aragón.

Un año después, en abril de 1665, los festejos en Roma por la canonización del francés Francisco de Sales lograron apagar los ecos de la beatificación de Pedro de Arbués. San Francisco de Sales (1567-1621), nacido en Saboya en el castillo de Sales, fue un gran predicador en el París de Enrique IV, convirtió a muchos protestantes de Chablais al sur del lago de Ginebra y llegó a ser obispo de esta ciudad. Logró la estima y admiración personal del rey Enrique IV, del duque de Saboya y del papa Clemente VIII. El proceso de la beatificación, en 1662, y de la canonización, en 1665, estuvo muy presente en las negociaciones del embajador Crequí con el papa en el clima prebélico de 1664. Una carta de 9 de enero de 1662 da a entender que la canonización de San Francisco de Sales pudo convertirse en una compensación a Francia por sus reestablecidas relaciones con la Santa Sede, tras la firma de la Paz de Pisa de febrero de 1664[237].

---

[235] AGS, E-R, 3039 s.f. Sor Juana de la Cruz, religiosa franciscana española nacida en Azaña (actual Numancia de la Sagra, Toledo) en 1441. Muere en mayo 1535. Ingresó en la orden terciaria de San Francisco en mayo de 1496. Fue elegida abadesa.

[236] Lupardi 1664. La relación estaba además dedicada a Juan Vaguer. Véase también AGS, 3039.

[237] «El cardenal Antonio (Barberini) in occasione di render grazie due giorni sono a Sua Santità per la beatificazione di monsignor Francesco de Sales ha anche rappresentato

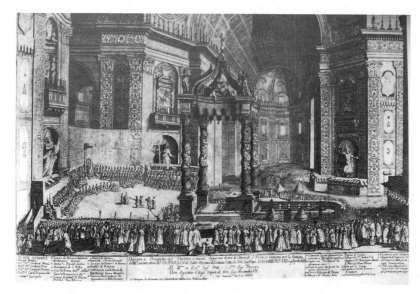

Fig. 26. Giovanni Battista Falda (*delineavit*) y Gian Giacomo de' Rossi (*fecit*),
aparato de la canonización de San Francisco de Sales en San Pedro del Vaticano,
1664, grabado.

El papa pidió a la congregación de Santiago de los Españoles la cesión
de un tapiz de su iglesia a la basílica de San Pedro para los festejos en honor
a San Francisco de Sales (Figura 26). Pedro Antonio de Aragón conminó
a la congregación a rehusar la petición[238]. La iglesia de Santiago comunicó
a Alejandro VII que el tapiz no estaba aún terminado y que además los
estatutos de la congregación no permitían su préstamo. Quizá fue entonces
cuando un agente de la canonización de Francisco de Sales, para convencer a Pedro Antonio, le regaló un retrato del santo[239]. Pero el regalo no
logró hacerle cambiar de opinión. El embajador no quiso magnificar unos
festejos tan esperados por Francia y, por eso, durante las tres noches que

---

alla Sua Santità di havere alcun difficolta nell'esordio delle plenipotenze cosi dell'im-
peratore come del re catolico circa l'espressione d'alcun titoli con che si nominano»
(ASV, SS, Francia, Ms. 123, fol. 4, «A monseñor nuncio [nuncio en París, Monseñor
Piccolomini])».

[238] AOP, Actas de la congregación de la obra pía de Santiago, I-III-712, fol. 305v.

[239] «[...] de dos varas de alto y vara y media de ancho, pintura romana, valorado
en 700 ducados, según memoria de Pedro» (AHPM, 10902, *Relación jurada de Pedro
Antonio de Aragón*, 27 de enero de 1680, fols. 355-366).

duró la fiesta[240], su homenaje al nuevo santo se limitó a la colocación de velas encendidas en las ventanas del palacio de la embajada[241].

La basílica de Santa María la Mayor y los retratos marianos de Felipe IV

El embajador español en Roma estaba obligado a acudir el 8 de septiembre, día de la Natividad de la Virgen, a la basílica de Santa María la Mayor. El cabildo cantaba una misa por la salud del rey de España. El embajador llegaba a la basílica con gran cortejo de carrozas y convidaba a todos los cardenales al acto. La basílica también era el escenario que acogía las celebraciones en la festividad de la Inmaculada Concepción (Figura 27). El día 8 de diciembre de 1661, la fiesta de la Inmaculada se vivió con especial intensidad. Ese día, la embajada inmaculista en Roma de Luis Crespí de Valldaura (-1663)[242], con la que colaboró estrechamente Pascual de Aragón, vio recompensado su trabajo de años con la publicación de Alejandro VII del breve *Sollicitudo omnium Ecclesiarum*. Éste fue el documento doctrinalmente más importante antes de la bula *Ineffabilis* de Pío IX, pues determinaba que la concepción de María estuvo preservada de la mancha del pecado original. Ese año, el embajador español asistió con más cortejo de lo habitual al solemne *te deum* cantado en la capilla paulina de la iglesia de Santa María la Mayor. Al día siguiente se hizo la misma función en la iglesia de Santa María de Montserrat. En diciembre de 1664, Alejandro VII volvió a satisfacer las aspiraciones de la embajada al conceder a España el derecho de celebrar de precepto el Oficio y Misa de la Inmaculada Concepción. Felipe IV aspiraba aún a extender tal derecho a todos los territorios europeos de la Monarquía.

---

[240] BAV. Barb.Lat., 6368, *Avvisi di Roma,* 14 marzo 1665.

[241] «Mas doy en data 149 escudos que importó la cera que se ha gastado en tres noches en las ventanas deste Real Palacio por la coronación de Su Santidad y fiesta de la canonización de San Francisco de Sales» (AGS, E-R, 3040, Relación de los gastos de la embajada de Pascual de Aragón).

[242] Hermano del vicecanciller de Consejo de Aragón, don Cristóbal Crespí de Valldaura. En 1659, Felipe IV había nombrado a Luis Crespí, teólogo y sacerdote valenciano, a la sazón obispo de Plasencia, como embajador extraordinario para el negocio de la Inmaculada Concepción. Crespí fue el último embajador mariano del reinado de Felipe IV de una lista de hasta quince embajadas, de la que Crespí protagonizó la más exitosa (Frías 1919).

Fig. 27. La basílica de Santa María la Mayor durante una celebración de la fiesta de la Inmaculada, el 8 de diciembre de 2007. Con la presencia del embajador español, Francisco Vázquez. Foto de la autora.

En recuerdo de la bula *Sollicitudo*, Pascual de Aragón encargó al pintor palermitano Pietro del Po un conjunto de diecinueve pinturas sobre la vida de la Virgen, hoy en la catedral de Toledo. El último lienzo, *La apoteosis de la Virgen*, representaba un *unicum* iconográfico: el retrato de la familia real en pleno con Felipe IV, Mariana de Austria y el príncipe Carlos, acompañados del cardenal Pascual de Aragón, junto a la representación de las cuatro partes del mundo, todos ellos a los pies de la Virgen, representada como protectora de la Monarquía española (Figura V del cuadernillo). Con este encargo, Pascual mostraba estar muy persuadido de la necesidad de extender la retratística de los monarcas españoles en Roma en la coyuntura de debilidad política de 1662. La intencionalidad política del cuadro era evidente: el escudo de Portugal que sostenía la personificación de Asia reivindicaba la pertenencia de esta provincia a la Corona española, en un momento en el que las pretensiones portuguesas en Roma se estaban haciendo cada vez más sonoras. Además de mostrar a Felipe IV como rey de Portugal, esta obra representa la primera vez que un embajador en Roma se retrata junto al rey y se convierte, pues, en una celebración del cargo y condición de embajador[243].

Pedro Antonio de Aragón, al llegar a Roma, mostró una preocupación similar por incrementar el número de retratos de los reyes de España. En este momento, se inició la historia cruzada de tres esculturas romanas. La primera fue una obra impulsada por un papado en crisis. La pérdida de prestigio internacional y la fractura de la estructura interna de la Santa Sede durante estos años, llevó al papado a sentir la necesidad de evocar su historia fundacional: en 1654, Inocencio X Pamphili encargó a Bernini una estatua de Constantino[244]. El proyecto fue heredado por los tres papas sucesivos. La segunda fue una escultura impulsada por una Francia emergente y concebida en memoria de la firma del Tratado de los Pirineos en 1659[245]: en enero de 1660, el cardenal Mazarino lideró el proyecto de una escalera de acceso al convento de Trinità dei Monti, que estaría presidida por una estatua de Luis XIV. Elpidio Benedetti expuso la iniciativa al papa y encargó a Bernini y a otros arquitectos la ejecución del proyecto, que finalmente fracasó (Figura 28). La tercera fue una estatua de Felipe IV para el atrio de la basílica de Santa María la Mayor, de la que ahora nos ocuparemos.

En 1659, el cardenal Giulio Rospigliosi, nuncio en Madrid entre 1644 y 1652 y futuro papa Clemente IX (1667-1669), impulsó, desde el interior del capítulo de la basílica de Santa María la Mayor, el levantamiento de una estatua en honor a Felipe IV, gran benefactor de la basílica desde la fundación de la obra pía en 1647. Su intención era reconocer la magnanimidad de Felipe IV y, de paso, recordar la protección española de la basílica. La estatua de Felipe IV, no quería tanto medirse con la estatua de bronce de Enrique IV, levantada en 1608 en San Juan de Letrán por

---

[243] Me refiero de manera monográfica a esta obra y a sus implicaciones políticas en Carrió-Invernizzi (2008a).

[244] El 29 de octubre de 1654, la congregación de la Fábrica de San Pedro emitió un decreto estableciendo la mensualidad de 100 escudos para Bernini «pro erigenda memoria Costantino Magno ad smilitudinem alteius eiusdem artificis, collocatae in S. Basilicam Vaticana in memoria Comitissae Matildis» (AFSP, primo piano, serie 3, Vol. 163, fol. 30; serie 4, Vol. 27, fol. 169. Todo según Schiavo 1981: n. 2, 49-62).

[245] Lotz 1966-1968, Marder 1980 y 1984.

Nicolas Cordier[246], como responder al fracasado proyecto de Mazarino en Trinità dei Monti.

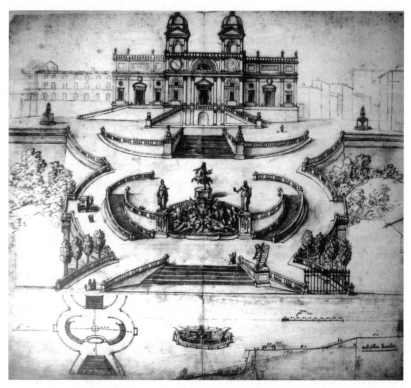

Fig. 28. Elpidio Benedetti y Gian Lorenzo Bernini (?), Proyecto de la escalera de Trinità dei Monti, 1660, dibujo BAV, Chigi P. VII 10.

En junio de 1663 se agravó la crisis del papado cuando el cardenal Giulio Cesare Sacchetti dirigió un memorial a Alejandro VII, que criticaba la situación interna del Estado Pontificio, denunciaba las pre-

<hr />

[246] Maser 1960. Conviene recordar que en Roma, además de la estatua de Enrique IV en San Juan de Letrán, existía otro monumento conmemorativo del mismo rey, consistente en una columna con una cruz bajo un baldaquino, que se encontraba frente a la iglesia de San Antonio Abate, en la misma plaza de la basílica de Santa María la Mayor. Aparece en los planos de Giambattista Falda del siglo XVII con el nombre «colonna di Henrico IV». Actualmente se encuentra en el interior del recinto de la basílica. Su existencia, sin duda, tuvo que influir en la decisión de erigir la estatua de Felipe IV en la basílica. Agradezco a Gaetano Sabatini la información sobre este monumento.

ferencias políticas del papa y le responsabilizaba del desprestigio en que había caído la autoridad papal[247]. El testimonio de Sacchetti fue sólo la punta del iceberg de una oposición más extendida al papado de Chigi, por sus posturas antifrancesas. El pontífice había reaccionado con una rotundidad inédita en la historia papal frente a la invasión de competencias llevada a cabo por Francia. El nuevo rumbo que Chigi dio a la política del Estado de la Iglesia y el nuevo marco de relaciones que estableció con los demás príncipes europeos, le llevó también a construir, poco a poco, una nueva imagen del papado, emprendiendo, por ejemplo, ambiciosos programas urbanísticos en la ciudad, además de las obras impulsadas en la plaza de San Pedro[248]. Fue en este momento de crisis de 1663 cuando Alejandro VII decidió vincular el proyecto de la estatua de Constantino, concebido por su antecesor Pamphili, a su propia idea de construir la *scala regia* de acceso al Palacio Vaticano, de la que ya nos hemos ocupado.

El cardenal Astalli murió en diciembre de 1663, legando una suma de dinero para el levantamiento de la estatua de Felipe IV en Santa María la Mayor. La vinculación de Astalli a la Monarquía hispánica era antigua y sólida. Felipe IV le había compensado por sus simpatías filoespañolas, nombrándole cardenal protector del reino de Nápoles y de Sicilia y, en julio de 1661, obispo de Catania[249]. El legado de Astalli fue determinante para volver a poner en marcha el proyecto de la estatua. Pedro Antonio de Aragón se convirtió desde 1664 en el auténtico mentor del proyecto. A los pocos días de su llegada a Roma, en junio de 1664, se formalizó el contrato con Girolamo Lucenti para la realización de la estatua, cuya supervisión debía correr a cargo de Bernini, autor del dibujo preliminar del proyecto (Figura 29). En septiembre, Bernini fue de nuevo consultado por el capítulo de Santa María la Mayor acerca de la colocación de la estatua, y no debe sorprender que eligiera el extremo derecho del atrio de acceso a la basílica, una localización parecida a la que iba a tener el Constantino en San Pedro.

---

247 Signorotto 1998.
248 Krautheimer 1986.
249 *Dizionario biografico italiano* 1961-2006, Vol. 4.

Fig. 29. Gian Lorenzo Bernini, *Dibujo para la estatua de Felipe IV*, ant. 1664, para Santa María la Mayor, BAV, Chigi, P VII, 10, fol. 45.

El contrato establecía al detalle la iconografía elegida para la estatua de Felipe IV, algo sobre lo que Pedro Antonio había reflexionado durante mucho tiempo. El embajador quiso mostrar a Felipe IV en hábito imperial, como un nuevo Constantino. La relación jurada de 1680, a la que ya se ha hecho referencia, nos revela que Pedro Antonio encargó a Nicolás Antonio, una copia del cuadro de Giulio Romano situado en las estancias de Rafael en el Vaticano: la *Batalla de Constantino contra Majencio en el puente Milvio*, una representación de la victoria del cristianismo sobre el mundo pagano (Figura 30). La contemplación de esta obra, en el mismo momento en el que Bernini estaba realizando su estatua de Constantino en el Vaticano, llevó al embajador a elegir una iconografía imperial también para Felipe IV, inédita en las representaciones del monarca y que sólo se iba a repetir en sus exequias, celebradas en Santa Clara de Nápoles un año después. El Constantino del Vaticano representaba el momento de la visión de la cruz la víspera de la batalla. Alejandro VII quiso, pues, celebrar la conversión del emperador al cristianismo. El nuevo Constantino representado por Felipe IV y promovido por Pedro Antonio de Aragón en Santa María la Mayor evocaba, en cambio, al emperador ya cristiano, en la batalla del puente Milvio contra Majencio. En febrero de 1666 el capítulo de la basílica solicitó a Pedro Antonio que tomara una decisión final sobre si la estatua de Felipe IV debía o no dorarse como especificaba el contrato. Bernini se había posicionado en contra del dorado y Pedro Antonio, que en un principio se había declarado partidario, se inclinó al final por seguir su consejo[250]. En 1666 la estatua de Felipe IV estaba terminada (Figura 31). La marcha de Pedro Antonio a Nápoles impidió su definitiva colocación en el atrio de la basílica. Hubo que esperar hasta 1692, durante la embajada del duque de Medinaceli, para ver colocada la obra en su sitio, como reza la inscripción de la base de la escultura[251].

Fig. 30. Giulio Romano, *Batalla de Constantino contra Majencio en el puente Milvio*, *ca*.1520, frescos de las Estancias de Rafael en San Pedro del Vaticano.

[250] Según decreto del 14 de marzo del capítulo de Santa María la Mayor, según Ostrow 1991.
[251] He desarrollado más a fondo este episodio en Carrió-Invernizzi (2007b).

Fig. 31. Girolamo Lucenti y Gianlorenzo Bernini, *Felipe IV, ca.* 1664-1692, estatua en el atrio de la basílica de Santa María la Mayor, Roma. Foto de la autora.

El protagonismo que Pedro Antonio de Aragón asumió en la ejecución del proyecto le llevó a incrementar sus visitas a Santa María la Mayor. La presencia del embajador en esta basílica se esperaba sólo cada 8 de septiembre, día de la Natividad de la Virgen[252], y el 8 de diciembre, festividad de la Inmaculada. Sin embargo, en enero de 1665, Pedro Antonio acudió a la basílica con motivo de la festividad de San Ildefonso, arzobispo de Toledo[253], desde donde a continuación pasó a la iglesia de Santiago, tradicional espacio de celebración de la fiesta. Al sacar esta fiesta de su

---

[252] «El embajador tiene otras tres funciones publicas que hacer, el dia de nuestra señora de septiembre que va a Santa Maria la Mayor y aquel cavildo y canonigos cantan una misa por la salud de su magestad y cassa real, lleva el embajador el mayor cortejo de carrozas que puede, se combida a todos los cardenales» (AEESS, Ms. 48, fol. 343).

[253] ASV, *Avvisi*, leg. 113, fol. 20, 31 de enero de 1665.

espacio habitual, Pedro Antonio reivindicaba el carácter español de Santa María la Mayor.

Las iglesias nacionales: Santiago de los Españoles y Santa María de Montserrat

Alonso de Paradinhas (-1485), obispo de Ciudad Rodrigo, fundó la iglesia y hospital de Santiago y San Ildefonso de plaza Navona, a mediados del siglo xv, para asistir a la comunidad de españoles, soldados y peregrinos que acudían a Roma. En 1458, la iglesia, todavía incompleta, se consagró al culto. En 1474 se colgaron en la fachada principal del templo las armas de Castilla y León, junto al escudo del fundador Paradinhas (Figura 32). En su interior, Antonio de Sangallo el Joven (1485-1546) labró la capilla de Santiago por orden del testamentario del cardenal Serra. La capilla se decoró luego con frescos de Pellegrino da Modena, para albergar una estatua de Santiago, obra de Jacopo Sansovino (1486-1570)[254] (Figura 33). Con motivo de la canonización del lego franciscano San Diego de Alcalá se construyó una capilla en su honor con arquitectura de Flaminio Ponzio y pinturas de Annibale Carracci[255], que también pintó el lienzo del altar, conservado hoy en el templo de Montserrat.

Los monarcas españoles, desde Felipe II y hasta Fernando VI, intentaron defender la tesis de la fundación de la iglesia por parte del infante don Enrique de Castilla[256]. La hipótesis de la fundación real, poco verosímil, legitimó a sus embajadores en Roma a extender el patronato regio en esta iglesia. Pese a que la obra pía de Santiago no tenía otra renta que la que le daban los «devotos de la nación», Carlos V y Felipe II se consideraron protectores de la iglesia. En 1558, se produjo el primer intento de vincular la iglesia a la embajada española, cuando Felipe II impulsó la creación de un archivo, anejo a la iglesia, para recoger toda la documentación de la

---

[254]   En la actual iglesia de Nostra Signora del Sacro Cuore se encuentra una réplica. El original se puede admirar en la iglesia de Montserrat, actual iglesia española.

[255]   Sus discípulos Albano y Domenicchino colaboraron con Annibale en las pinturas murales que tras el abandono de la iglesia por los españoles pasaron a Barcelona y al Prado. Véanse García Hernán (1995) y Fernández Alonso (1956 y 1958).

[256]   Felipe II requirió a Juan de Mendoza un memorial en defensa de los orígenes de la iglesia que sostenía que «fue fundada por un señor infante de Castilla» (posiblemente el infante Don Enrique de Castilla).

Fig. 32. Iglesia de Santiago de los Españoles, hoy Nostra Signora del Sacro Cuore, Roma, ca. 1485-1550. Foto de María José Prieto.

Fig. 33. Antonio da Sangallo el Joven, Capilla de Santiago, Iglesia de Santiago de los Españoles, hoy Nostra Signora del Sacro Cuore, Roma, ca. 1485-1550. Foto de la autora.

embajada en Roma[257]. En 1585, el embajador Olivares pretendió reformar la iglesia de Santiago para sujetarla más a la embajada española. Varios de sus administradores se opusieron a ello. Esta resistencia resulta muy significativa si se tiene en cuenta que, en determinados momentos, los portugueses solicitaron estrechar los vínculos de su iglesia, San Antonio, a la Corona española[258]. Los castellanos reivindicaron la independencia de su institución y redactaron una relación que defendía la fundación de la iglesia por parte de don Alonso de Paradinhas. Sostuvieron que, en el pasado, la intervención de embajadores había sido la causa de la pérdida de otras iglesias fundadas por españoles en Roma[259]. En agosto de 1587 Olivares logró aprobar los nuevos estatutos de Santiago, que se referían al infante don Alonso de Castilla como el fundador de la iglesia. En 1591, la institución quedó controlada por el embajador casi en su totalidad. En 1616, la congregación renunció a su independencia y decidió colgar un retrato de Alonso de Paradinhas en la iglesia, declarándole sólo como «uno de los fundadores» de Santiago[260].

La iglesia de Santiago tenía capacidad para sustentar a veinte capellanes y su hospital admitía a cualquier enfermo, salvo a los contagiosos. Daba alojamiento y alimentos a los peregrinos españoles durante tres días. Gracias al aumento de las donaciones de cortesanos españoles, se dotó a la iglesia de una rica ornamentación: «que ninguna iglesia en Roma está mejor que ella y estalo ella mejor que todas las iglesias nacionales»[261]. En la congregación no podía intervenir nadie que no fuera de Castilla o de Navarra y ningún extranjero podía revisar las cuentas de la institución.

---

[257] El embajador Francisco de Vargas nombró al archivero Juan de Berzosa para defender el patronato regio de la iglesia.

[258] Aunque la tendencia de la iglesia portuguesa fue la contraria durante los años de la unión de las dos coronas, como demuestra Sabatini (2007).

[259] Argumentaban que todas las iglesias nacionales en Roma se gobernaban de la misma manera, excepto la portuguesa y la francesa, cuyas congregaciones, desde 1581 y «por pasiones particulares» se habían reducido a cierto número. Argumentaban que sus gobernadores no estaban movidos por los intereses particulares ya que no cobraban salario de la institución y ponían ellos su propia hacienda al servicio de la iglesia.

[260] «Atento a que en esta iglesia no hay un retrato del obispo de Ciudad Rodrigo, Alonso de Paradinhas y que se puede tener, pues está retratado en un altar en la iglesia de San Sebastián extra muros, se haga, por haber sido tan gran bienhechor y uno de los principales fundadores de ella y de su hospital» (AOP, AEESS, Ms. 1191, Libro de decretos 1616-1627, 22 de abril de 1616).

[261] García Hernán 1995.

En 1579, la nueva fundación de la Cofradía de la Resurrección amplió la obra pía de Santiago. Era una hermandad con altar situado en una capilla lateral de la iglesia, erigida en archicofradía en 1591 por Gregorio XIV. En 1603 se publicaron sus estatutos, en virtud de los cuales la administración estaba encomendada a un gobernador que solía ser el auditor de la Rota, de la Corona de Aragón, y a dos priores, elegidos por los cofrades con la ayuda del embajador español.

A mediados del siglo XVII, culminaron las reformas de la Congregación de la obra pía de Santiago y San Ildefonso. Su máximo órgano de gobierno, la congregación «de los cuarenta», se encargaba de administrar las dotes para doncellas, de custodiar y cobrar los alquileres de las casas de la fundación, de hacer cumplir los compromisos de misas y de mantener el buen orden de los dos hospitales. El embajador conde de Oñate estableció la obligatoriedad de todos los embajadores de presenciar las congregaciones generales. El embajador también debía acudir a las congregaciones generales de la Cofradía de la Resurrección, de la cual era «caveza y protector», para asistir al nombramiento de los gobernadores y priores. La Cofradía de la Resurrección estaba formada por nacionales de toda España, incluidos, desde 1653, tras la recuperación de Cataluña, los de la Corona de Aragón y de Portugal, de suerte que siempre había dos priores, uno de la Corona de Castilla y otro de la de Portugal, que se alternaban en el gobierno de la cofradía. En 1653, el cardenal Teodoro Tribulzio (1629-1656) elevó a Felipe IV desde Roma una protesta por la mala administración del hospital de Santiago. El cardenal se sirvió de la ayuda del jurista don Pedro Saravia para redactar un memorial sobre el origen regio de la fundación y evitar así que el papa afianzara sus derechos sobre esta iglesia[262]. Muchos congregantes llegaron a sostener que Felipe IV no tenía nada que ver con la institución.

El embajador estaba obligado a acudir a la iglesia de Santiago de los Españoles el día de la Resurrección y durante el Corpus Christi. En la mañana de Resurrección tenía lugar en la iglesia de Santiago una gran fiesta que dejó de celebrarse en tiempos de Carlos II: «el inmenso gasto se hacía, se ha dejado de hacer y sólo se hace el año santo»[263]. Corría a cargo

---

[262] AGS, E-R, 3025, carta del cardenal Tribulzio desde Roma, 10 de febrero de 1653. Los castellanos congregantes se creían dueños de la fundación excluyendo al rey y a sus embajadores. El papa Urbano VIII intentó imponer un ecónomo y visitador al hospital con la agria oposición del embajador.

[263] AOP, AEESS, Ms. 179.

de la cofradía de la Resurrección y no del embajador. Llegó a ser tan celebre la solemnidad de esta fiesta que muchas mujeres italianas solían estipular en sus capitulaciones matrimoniales la exigencia de que sus maridos las llevasen una vez en la vida a Roma para verla. El embajador también debía acudir a la iglesia de la nación española el domingo de la octava, día de la procesión del Corpus, además del día de Santiago (25 de julio), el día de San Ildefonso (13 de enero) y el día de la Inmaculada Concepción (8 de diciembre). Ninguna de estas fiestas figuraba con partida propia en las cuentas del embajador español en Roma, aunque resultaban financiadas por el rey de manera indirecta al velar por las congregaciones españolas en la ciudad. La única que tuvo una partida reservada en las cuentas presentadas por Pascual y por Pedro Antonio de Aragón fue la fiesta de San Hermenegildo. Los festejos en honor a San Fernando o las celebraciones marianas no recibían financiación directa de la Corona. En la fiesta de la Inmaculada, celebrada todos los años en la iglesia de Santiago, al embajador se le ponía «silla y sitial grande en lo alto del choro»[264].

El día 15 de febrero de 1662 se celebró una misa en Santiago en honor al nacimiento del príncipe Carlos, oficiada por el cardenal Carlo Colonna, arzobispo de Amasia, a la que asistieron muchos prelados españoles, italianos y franceses. En las tribunas se encontraban los cardenales Colonna, Antonio Barberini, Brancaccio, Odescalchi, Acquaviva, Homodei y Vidoni, pero «el señor cardenal Aragón se halló en esta función impedido en la cama de enfermedad grave»[265], la misma enfermedad, se recordará, que le impidió acudir a los festejos delante del palacio de la embajada. Una relación impresa nos describe bien cómo se decoró la fachada de Santiago de los españoles con la representación de las cuatro partes del mundo, las distintas provincias de la Monarquía, alegorías de Eneas y Hércules y referencias literarias a Horacio y Homero. Más tarde el cortejo se dirigió al palacio y, al anochecer, con grandes luminarias, se fueron de nuevo a plaza Navona por el Corso. Según la relación, «lucieron con ventaja a los demás, el palacio de el eminentisimo señor Don Pascual de Aragón y de el Señor Don Luis Crespí de Valldaura […] y el del em. señor don Antonio Barberino como primer ministro de Francia

---

[264] «Haviéndose assi practicado con el señor conde duque de Olivares, conde de Siruela, marqués de Castelrodrigo, don Juan Chumacero, don Pedro de Aragón, marqués de Astorga, marqués de los Vélez, Marqués del Carpio y don Francisco Bernardo de Quirós […] y con los ministros eclesiásticos cardenal de Aragón, Sforcia y Nitardo» (Ibíd.).
[265] Ibíd.

en esta corte». En la plaza Navona, enfrente del hospital de los españoles, se levantó una gran estructura de madera «revestida de seda y carmesíes cortinas y franjas de oro en donde estuvo Su Excelencia (Luis Ponce de León) con los señores cardenales Colonna, Antonio Barberino, Acquaviva y Odescalchi»[266].

Fig. 34. Girolamo Rainaldi, palacio Pamphili en plaza Navona, Roma, 1646-1650. Foto de la autora.

[266] *Ibíd.*

Se construyó en el centro de la plaza Navona un aparato octagonal que representaba la ciudad de Troya, con ocho lienzos de muralla y ocho torreones que la fortificaban, coronados de los vicios «para ser quemados en estatua». En una de sus cuatro puertas se podía ver a Eneas cargando con su padre Anquises sobre sus hombros y con su hijo Ascanio cogiéndole la mano. Nos confiesa el autor de la relación: «sin duda el auctor saco de Horacio el pensamiento [...] Donde ajusta a sentido moral toda la Iliada de Homero. Y quiere que Grecia representase la virtud y la barbarie de los vicios, Troya». Desde la plaza Navona sólo eran visibles las partes más altas de la ciudad de Troya, «fuertes torres, levantados templos, obeliscos soberbios y por defuera el ornato y defensa de las almenas que coronavan sus muros y torreones. No la hubiera plantado mejor Vitruvio, ni fortificado Arquímedes»[267]. Se llenó toda la plaza de luminarias procedentes de las hachas del palacio de Luis Crespí de Valldaura, colindante a la iglesia de Santiago, y del palacio del príncipe Camillo Pamphili (Figura 34), situado al otro lado de la plaza, frente a la fachada de la iglesia. Precisamente el interior del palacio Pamphili en plaza Navona tenía una galería enteramente pintada al fresco por Pietro da Cortona con la historia de Eneas (Figuras 35 y 21).

El embajador hizo su entrada en la plaza, a caballo, para dar toda la vuelta y subir a continuación a la galería dispuesta en la fachada de Santiago, desde la que poder contemplar todo el espectáculo. Desde la galería, hizo la señal oportuna y un caballo salió del hospital de Santiago, y al entrar en la plaza, miró la ciudad de Troya y se dirigió hacia ella. Dio la vuelta a la ciudad, entró y la incendió. Troya se convirtió en cenizas: «levantávase sobre el aire copiosos penachos de coetes, rayos, estrellas y otras invenciones igneas» y tras quedar desmantelada completamente, se vio resurgir del centro de ella «con regios vestidos, majestuosa, con los despojos vencidos a sus pies triunfantes una estatua gigantea, la monarquía de España y en ella representada la virtud»[268]. El mensaje era claro: España resurgía de sus propias cenizas y se abría una nueva estación para la Monarquía hispánica.

---

[267] *Ibíd.*
[268] *Ibíd.*

Fig. 35. Pietro da Cortona, *Vida y apoteosis de Eneas*, galería del palacio Pamphili de plaza Navona, detalle del fresco, 1651. Foto de la autora.

El gobernador de Santiago durante la embajada de Pascual de Aragón fue don Juan Antonio Otalara (1662-1670)[269]. Repasando las actas de la congregación es posible apreciar normalidad y fluidez en las relaciones entre la institución y el embajador durante estos años. A menudo, en las congregaciones estuvo presente el secretario de la embajada, Nicolás Antonio, en sustitución de Pascual, que sólo acudía en determinadas ocasiones. El 4 de abril de 1663, el cardenal Aragón asistió a la congregación para solicitar el retraso excepcional, por ese año, de la celebración de la fiesta de San Hermenegildo. La fiesta de San Hermenegildo, junto a la de San Fernando, corría a cargo del embajador, que las financiaba con las rentas de Nápoles[270]. El embajador garantizaba el dinero para la fiesta pero pedía a cambio que se aplazara diez días y que oficiara la misa un cortesano[271]. En Roma se vivía la tensión diplomática que precedió la firma del Tratado de Pisa y se había desatado ya el conflicto con el papa por la celebración de la fiesta de la *chinea*. Pascual pretendía imponer el retraso de la fiesta para ocultársela a alguien, quizás a la propia familia papal que, a los pocos días, debía abandonar la ciudad para dirigirse a su residencia de Castelgandolfo.

El 31 de marzo de 1663 la embajada de Pascual celebró, como era tradición en la iglesia de Santiago, la procesión de la resurrección de Cristo, sacando el santísimo a la plaza Navona mientras similares celebraciones tenían lugar en el Vaticano, en Santa María la Mayor y en San Juan de Letrán. El 28 de julio de 1663, superado ya el escollo de la fiesta de la *chinea*, se celebró con normalidad la fiesta de Santiago Apóstol en la iglesia de Santiago, «tutta adornata di damaschi con li ritratti del pontefice e del re e regina di Spagna, sendo intervente alli vespri e messa cantata a più chori di musica da un vescovo dall'America, molta nobilità spagnola e italiana e d'altre nationi ed infinito popolo»[272]. La congregación de Santiago debatió el aumento de los gastos que había sufrido la fiesta de la Inmaculada, desde la celebración de 1664, un aumento que hay que entender en el marco de la colaboración de Pascual de Aragón con la embajada mariana de Luis Crespí de Valldaura. La congregación estableció que los gastos de más que ocasionara dicha fiesta a partir de entonces debían correr a cargo de

---

[269] Más tarde presidente de la Cancillería de Granada.

[270] Un libro de ceremonial de la embajada nos advierte que, llegado un momento, ambas fiestas dejaron de celebrarse.

[271] *Ibíd.*, fol. 283r.

[272] ASV, SS, *Avvisi*, Ms. 112, 28 de julio.

quien los ordenara[273]. En 1664, el canónigo Juan Vaquer[274], zaragozano, fue responsable de organizar la fiesta del beato Pedro de Arbués en la iglesia de Santiago, para lo cual solicitó a la congregación la cantidad de 30 escudos[275]. El tiempo que estuvo en Roma, Vaquer residió en el palacio de la embajada española[276]. En noviembre de 1664 la congregación de Santiago se reunió para valorar la petición del administrador Juan Francisco de Valladolid, testamentario de don Francisco de Vides, de construir una capilla en la casa contigua al altar de San Miguel. Se solicitó al arquitecto de la iglesia de Santiago la preparación de un proyecto que debía presentar en la siguiente congregación[277]. La congregación aplazó su construcción, porque estaba más interesada en perfeccionar las obras de la capilla mayor de Santiago[278].

En septiembre de 1665 llegó a Roma la noticia de la muerte de Felipe IV[279]. Inmediatamente empezaron en la iglesia de Santiago y en la basílica de Santa María la Mayor los preparativos para las exequias del rey. Otras iglesias en Roma, como San Carlos y San Ambrosio, fueron también escenario de ceremonias fúnebres. Pedro Antonio comunicó la noticia al papa, que se encontraba en Castelgandolfo, así como a los príncipes y prelados romanos. El mismo día abrió las puertas del palacio de España para recibir a los cardenales y embajadores, sirviéndose de la tercera antecámara como sala de audiencias, decorada con dosel, estrado, silla de luto y porteras de luto en las ventanas[280]. Carlo Rainaldi, que

---

[273] *Ibíd.*, fol. 289v.

[274] Don Juan Vaquer era canónigo doctoral de la catedral de Zaragoza.

[275] AOP, Actas de la congregación de la obra pía de Santiago, I-III-712, fol. 295r. de 10 de junio de 1664.

[276] ACR, Juan Cavallero, Vol. 202, 16 de octubre, un «caxon enfondelado y ligado con un rotulo que dize del Doctor Don Juan Vaquer, n2. Zaragoza».

[277] AOP, Actas de la congregación de la obra pía de Santiago, I-III, 712, fol. 287v. A los pocos días, Francisco de Valladolid en congregación de 25 de noviembre volvió a pedir permiso para fundar una capilla en el altar de San Sebastián, para lo cual necesitaba comprar la casa contigua al altar. Se tardaron dos años, para que arquitecto, don Francisco de Valladolid y el procurador de la congregación trataran el modo de hacer la capilla. Congregación de 24 de abril, fol. 306r.

[278] El 7 de enero de 1664 iba a ser elegido camarlengo de la iglesia, como se acordó el 28 de diciembre de 1663 solicitando a Juan Matute el seguimiento de la fábrica.

[279] Carta de la reina Mariana de Austria a Pedro Antonio de Aragón del 25 de septiembre de 1665. AMAE, SS, 71, fol. 134.

[280] Se abrieron las puertas del Palacio Real de la embajada «y apareció toda ella con luto con chias y capuces, los lacayos cocheros y gente de escalera abaxo y bonetes

ya había trabajado para los españoles en la fiesta de la Resurrección en plaza Navona en 1650, fue el autor del catafalco de Felipe IV levantado en la nave principal de Santa María la Mayor[281], a iniciativa del capítulo de la congregación. En Santiago, Pedro Antonio de Aragón encargó el programa decorativo de las exequias a Giovanni Francesco Grimaldi y a Pietro del Po[282], que ya había pintado la serie pictórica mariana para Pascual de Aragón. Lazzaro Morelli, discípulo de Bernini, se hizo cargo de la escultura[283]. Pedro Antonio se sirvió para la «invención y composiciones» del agente Nicolás Antonio. El arquitecto Antonio del Grande diseñó el catafalco, satisfaciendo los gustos de Pedro Antonio de Aragón, que estuvo, en todo momento, detrás del proyecto[284] (Figura 36). El 18 de diciembre se celebraron los funerales en la iglesia de Santiago. En la fachada de la iglesia, varias pinturas celebraban las gestas de Felipe IV y la firma de la paz con Francia. Las estatuas de la muerte y el tiempo se acompañaban de *putti*, escudos, triunfos militares y figuras femeninas alegóricas (la Constancia, la Prudencia, la Concordia y la Fidelidad), junto con personificaciones de las provincias de la Monarquía (Figuras 37 y 38).

---

los gentileshombres de paño fino los pajes de menos calidad y sillas cubiertas de paño y porteras de lo mismo, estrado y doseles assí el quarto del embaxador como el de su mujer», Pérez de Rúa 1666.

[281] C. Tosi: *Relatione delle suntuose esequie fate dall'Illustrissimo Reverendissimo Capitolo e canonici della sacrosanta basílica di Santa Margia Maggiore in Roma alla gloriosa memoria di Filippo Quarto re delle Spagne*, Roma, Giacomo Dragonelli, 1666. Véase también sobre las exequias de Roma: V. Bifolco: *Panegirico in morte di Filippo IV Re delle Spagne. Dedicato all'ill et ecc sig. Don Pietro Antonio di Aragona, ambasciatore ordinario in Roma della maestà cattolica*, Roma, per Ignazio de'Lazari, 1665.

[282] Pérez de Rúa (1666), lo definió como «Pintor de Su Excelencia».

[283] Fagiolo del Arco (1997: 429 y ss.). Constituye un corpus de las fiestas en Roma.

[284] «Procuró con muchos diseños que para el tumulo hiço, encontrar el gusto del Señor D. Pedro» (Tosi 1666).

Fig. 36. Antonio del Grande, catafalco de Felipe IV en Santiago de los Españoles, 1666, grabado de Nicolas Pinson de la *Relación* de Pérez de Rúa.

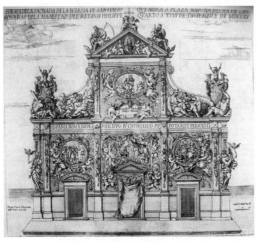

Fig. 37. Giovanni Francesco Grimaldi, aparato para la fachada principal de Santiago de los Españoles, 1666, grabado de Teresa del Po de la *Relación* de Pérez de Rúa.

Fig. 38. Aparato de la fachada posterior de Santiago de los Españoles, 1666, grabado de Nicolas Pinson en la *Relación* de Pérez de Rúa.

El mismo día de la celebración de los funerales, compareció en Santiago el gentilhombre de Pedro Antonio de Aragón, Bernardo María de Alfaro, para testificar, ante el notario Juan Cavallero, todas «las ropas» de Pedro Antonio que sirvieron para «ornamento de la dicha iglesia y celebración de dicho funeral»[285]. En la congregación de Santiago de 8 de enero de 1666, el administrador más antiguo, don Diego de Vargas, preguntó, de parte del embajador Pedro Antonio, quién debía pagar todos los gastos de las exequias de Felipe IV. La congregación señaló que debían pagarlas los embajadores, por su cuenta o por la del rey y, que, además, en las anteriores exequias reales éstos siempre habían dejado a la iglesia la cera y los demás restos de los funerales, «y asi lo hizo Su Excelencia en esta ocasión dejándolo todo a la Iglesia con mucha liberalidad haviendo hecho a su costa el tumulto, fachadas y todo lo demás con suma ostentación y grandeza»[286]. Pedro Antonio había declarado a la congregación haber pagado de su propia cuenta las exequias. Sin embargo, en octubre pidió a la reina que se le pagaran todos los gastos con las rentas del virreinato de Nápoles[287]. Los gastos de las exequias no fueron los únicos que dieron dolores de cabeza a los congregados. La congregación tuvo que hacerse cargo del pago de la fiesta de San Hermenegildo, que normalmente financiaba el embajador, por haberse ausentado Pedro Antonio de la ciudad[288].

Pedro Antonio incorporó alguna novedad en el ritual de la congregación de Santiago, por ejemplo al exhibir en las fiestas un mayor número de retratos reales, como indican los *avvisi* de la época. El 23 de enero de 1665, Pedro Antonio de Aragón, como establecía la tradición, se dirigió en cortejo público desde la basílica de Santa María la Mayor hasta Santiago de los Españoles, con motivo de la fiesta de San Ildefonso, arzobispo de

---

[285] «A instancia del señor Bernardo Maria Alfaro gentilhombre de Pedro Antonio de Aragón […] en nombre de su excelencia, me fui en la iglesia de Santiago e Ildefonso de nuestra nación española de Roma y estando en ella celebrando el funeral por la feliz memoria del rey nuestro señor Felipe IV que goce gloria, me pidió y requirió he dicho nombre de su excelencia que se diera fe y testimonio por público instrumento de cómo la ropa infrascrita servía para ornamento de la dicha iglesia y celebración de dicho funeral […]: una casulla toda bordada con su estola, dos collares por el diacono y el subdiacono, ocho capas de coro, una bolsa para los corporales […]» (ACR, Juan Cavallero, Vol. 202).

[286] AOP, Actas de la congregación de la obra pía de Santiago, I-III-712, fol. 315r.

[287] Y el Consejo de Estado a 5 de diciembre resolvió a favor de la petición del embajador, AGS, E-R, 3038, consulta del Consejo de Estado de 5 de diciembre de 1665.

[288] AOP, Actas de la congregación de la obra pía de Santiago, I-III-712, fols. 316v-317r. Acordó pagarla de manera excepcional sin que sirviera de precedente, para lo cual comunicarían al futuro embajador su obligación de pagar la fiesta el día de San Hermenegildo.

Toledo[289]. Al año siguiente, Pedro Antonio volvió a acudir a esta fiesta, que se celebró con una novedad respecto al año anterior: la colocación en Santiago de los retratos del papa, Carlos II, Mariana de Austria y el embajador[290]. Los retratos solían colgarse en la iglesia de Santiago durante la fiesta del apóstol[291], pero nunca en la fiesta de San Ildefonso ni en la de la Inmaculada Concepción. El interés del embajador en multiplicar los retratos de Felipe IV, y hasta de Mariana de Austria, estuvo influido por su proyecto de terminar la estatua del rey en Santa María la Mayor, y se vio también reflejado en tempranos gestos, como el que protagonizó a finales de mayo de 1664, durante la celebración del capítulo general de San Francisco en Santa Maria di Aracoeli, en el que se expuso bajo dosel el retrato de la reina: «[Pedro Antonio] fue a las dedicadas a la reina nuestra señora, previnose retrato debaxo de dosel, silla sobre tarimilla, coxín cubierto todo, monseñores que fuesen en carroza con su excelencia y otros que se hallasen en Araceli»[292]. Un inventario de la iglesia y sacristía de Santiago de los Españoles del reinado de Carlos II[293] menciona la existencia de un cuadro del papa sentado con cornisa dorada «para poner en la iglesia en las fiestas solemnes», otro del rey de capa de largo de cornisa dorada «para el mismo efecto» y otro retrato mediano del obispo de Ciudad Real, Paradinhas, bienhechor de la iglesia.

Santa María de Montserrat era la iglesia y hospital nacional de la Corona de Aragón. El hospicio fue fundado a finales del siglo XIV y ya en el siglo XV se abrió al culto una pequeña iglesia dedicada a San Nicolás. Catalanes, valencianos y aragoneses disponían de una iglesia nacional en Roma mucho antes de que la Corona de Aragón poseyera una en Madrid, para lo que hubo que esperar a 1640. En 1506, con la construcción de

---

[289] San Ildefonso, patrón de Toledo, fue discípulo de San Isidro y escribió un libro acerca de la virginidad de María. Por su devoción mariana, San Ildefonso fue llamado «el capellán de la Virgen».

[290] BAV. Barb. Lat., 6368, *Avvisi di Roma*, 30 enero de 1666.

[291] ASV, SS, *Avvisi* 112, 28 de julio. Fiesta de Santiago Apóstol en la iglesia de los españoles, «tutta adornata di damaschi con li ritratti del pontefice e del re e regina di Spagna, sendo intervente alli vespri e messa cantata a più chori di musica da un vescovo dall'America, molta nobilità spagnola e italiana e d'altre nationi ed infinito popolo».

[292] AOP, AEESS, Ms. 48.

[293] AOP, Actas de la congregación de la obra pía de Santiago, Ms. 1333, fols. 134-139.

una nueva iglesia, según diseño, probablemente, de Antonio di Sangallo el Viejo (1455-1534), los diputados acordaron dedicarla a la Virgen de Montserrat, patrona de Cataluña, aunque la Virgen del Pilar y la Virgen de los Desamparados estaban presentes en los altares de crucero. El arquitecto Francesco da Volterra (-1588) fue el encargado del diseño de la fachada. La casa, el claustro y la sala baja del museo que hoy podemos contemplar se construyeron en el siglo XIX. El interior de la iglesia sufrió una reorganización de sus espacios y capillas, así como el añadido de la decoración pictórica ochocentista (Figura 39).

Fig. 39. Nave central y ábside de la iglesia de Santa María de Montserrat, Roma.

Las distintas congregaciones hispánicas en Roma tuvieron problemas similares a los que enfrentaron a las distintas provincias francesas entre sí. Como ya hemos dicho, hubo una coincidencia cronológica, pues al tiempo que los borgoñones decidieron escindirse de la hermandad francesa, surgieron disputas entre la congregación de la obra pía de Santiago y la de

Montserrat[294]. En enero de 1642 la congregación de Montserrat tuvo que elegir a su prior. El último prior era catalán y pretendía ser confirmado para otro año más. Representaba a la parte de la congregación que rechazaba su sujeción a la Corona española y aspiraba a depender directamente de la Santa Sede. A su elección se oponían aragoneses, valencianos, mallorquines y sardos. El papa, para evitar inconvenientes, confirmó al prior catalán de forma provisional, hasta que una congregación de prelados se posicionara al respecto. Sin embargo, la decisión del pontífice tuvo el efecto contrario al deseado, y monseñor Vitelli se vio obligado a enviar a la guardia romana para evitar los desórdenes que la elección podría ocasionar.

Todos los años, el día de la Candelaria (2 de febrero) y el día de la fiesta de Nuestra Señora de Montserrat (27 de abril) el embajador de España acudía a la iglesia de la Corona de Aragón y asistía a la misa y bendición de las velas. Llegó el día de la fiesta de la Candelaria de 1642. Los catalanes de la congregación se adelantaron a hacer público un memorial en el que defendían el origen catalán de la fundación y dotación de la iglesia y declaraban a aragoneses, valencianos y mallorquines como intrusos y extranjeros establecidos por la fuerza en la congregación. Afirmaban que, al estar Cataluña sujeta al reino de Francia en ese momento, su iglesia no se podía declarar bajo la protección del rey católico, ni el embajador español debía asistir a la fiesta de la Candelaria y, en su lugar, decían, debía hacerlo el embajador francés. A continuación, advirtieron de que impedirían la colocación de las armas y el retrato de Felipe IV en la iglesia de Montserrat, «che quando gli aragonesi et altri havessero intentato di porre sopra la porta l'armi del re cattolico furtivamente egli l'havrebbero fatta calare, mentre intendevano porrui quelle del re di Francia con mille altre impertinenze contenute in detto memoriale». El conflicto derivó en amenazas entre los partidarios de colocar la imagen de uno y otro monarca en la puerta de la iglesia. La congregación decidió suspender al final la fiesta. En febrero de 1642, el embajador francés, acompañado de muchos catalanes, portugueses y franceses, se dirigió a la iglesia de Montserrat con la intención de tomar posesión del templo y sujetarlo a la protección del rey francés[295]. Monseñor Vitelli lo impidió rodeando la iglesia con trescientos

---

[294] Recogidas por un maestro de ceremonias de la congregación: AOP, AEESS, Ceremonial de la embajada, tomo 2, Ms. 49, fol. 346, *Suceso sopra l'eletto de priori di Montserrat nel 1 gennaio 1642 et altro per la candelora.*

[295] «Il possesso che detto ambasciatore francese a nome del suo re, come vero padrone, intendeva prendere di dette chiesa».

soldados. El cardenal Antonio Barberini serenó al embajador francés con la promesa de que al año siguiente se haría efectiva la colocación de las armas del monarca galo en la fachada de la iglesia. Después de 1642, la congregación de Montserrat recibió en 1662 al primer embajador español nacido en Cataluña. Al leer las actas de la congregación nos percatamos de que Pascual de Aragón no asistió a ninguna de las congregaciones generales ni particulares. En ninguna ocasión le hallamos interviniendo como embajador en asuntos internos. Desconocemos si acudió a la iglesia el día de la Candelaria, como era habitual, pues los avisos no dieron fe de ello. Sin embargo sí tenemos la certeza de que, todavía en 1662, la congregación de Montserrat subsistía gracias a la dotación periódica que recibía a través de la embajada, con los fondos de la hacienda del virreinato napolitano[296]. La congregación vivió en tiempos de Pascual de Aragón un período de tranquilidad política y de estabilidad económica que le permitió impulsar varias obras arquitectónicas. Así, en enero de 1663 se remodeló la fachada y el muro exterior de la casa de Montserrat[297]. Durante la embajada de Pascual no se ocasionaron en la congregación disturbios como los sucedidos en 1642. En cambio, hallamos en Roma a un grupo de catalanes fieles a Felipe IV[298] que reclamaban a

---

[296] Como lo certifican los cobros ante notario del procurador de la congregación, Juan de Castellví. En junio del 1663, confesaba haber recibido «168 ducados, cuatro granos y tres tarines de moneda de Nápoles [...] y los restantes en tantas casullas y ornamentos que por orden de dicha congregación hizo hacer por servicio de dicha iglesia de Monserrate». En junio del 1663, confesaba haber recibido tal cantidad (ACR, Juan Cavallero notario, Vol. 201, s.f. 10 de junio). Un pago similar a Castellví se repite en enero de 1664 y en julio de 1665 (Vol. 202).

[297] Según acta notarial levantada por los priores Manuel Lopez y Pedro Armengual: «si concede in canone perpetuo a Maestro Pietro Girilla per inserrare detto sito, il quale sara a linea retta della facciatta delle case di Montserrat, quale muro doverá farsi solo di altezza palmi 15 dal piano del cortile [...] Detto Girilla dovrá lassare porre nella facciata davanti della strada che fabbricara di novo una pietra di marmo nella quale via sia la Santa Madonna di Montserrat con lettere sotto sub propriate Beate Maria Montis Serratis» (ACR, Juan Cavallero, Vol. 201, 30 de enero de 1663. AOP, Actas de al congregación de la obra pía de Santa María de Montserrat, I-II-665). Una acta de la congregación de 14 de mayo de 1663 manifestó «en quanto a las casas que están detrás de la sacristía (hacia via Giulia) de nuestra iglesia se resolvió que se inhiba para que no se passe adelante en la fabrica que se haze» (ACR, Juan Cavallero, Vol. 201, 30 de enero de 1663).

[298] «Los señores doctores don Francisco Frigola y de Llordat natural de la ciudad de Barcelona, otro don Antonio Bos Cabiscol mayor y canonigo de la Santa iglesia de Gerona y dotor don Miguel Eslava canonigo de la Santa iglesia de Lerida estantes al presente en

Pascual de Aragón unas pensiones eclesiásticas que les habían prometido tiempo atrás. En 1646 el embajador francés en Roma había impedido que las cobraran, tras escuchar a un grupo de «catalanes afectos al rey de Francia» que acusaban a los otros de haber luchado a favor de Felipe IV en Orbitello[299].

Como ya hemos visto, la intervención de Pedro Antonio de Aragón en las congregaciones de Santiago fue muy temprana desde su entrada en Roma, siguiendo la tradición de sus antecesores. Pedro Antonio también tenía garantizado el derecho a asistir a las congregaciones de Santa María de Montserrat por ser natural de la Corona de Aragón. A este derecho no se acogió Pascual de Aragón, que nunca acudió, probablemente para no alterar la costumbre de los embajadores españoles que le precedieron. Pedro Antonio de Aragón, en cambio, redimensionó la iglesia y congregación de Montserrat convirtiéndola en escenario privilegiado de las fiestas tradicionales de la embajada, que pocas veces, o nunca, según las celebraciones, se habían desarrollado allí. De esta manera, Pedro Antonio acudió en 1665 a la fiesta de la Purificación de la Virgen. La visita del embajador español, que se repitió al año siguiente sin ningún incidente, fue tan inesperada que mereció el comentario de varios *avvisi,* los cuales, a continuación, resaltaron el carácter aragonés de la iglesia. Sin duda, la visita de Pedro Antonio también se enmarcó dentro del especial protagonismo otorgado a las fiestas marianas en aquellos años. En octubre, Alejandro VII había concedido a Felipe IV, por intercesión de Pascual de Aragón, la posibilidad de celebrar la fiesta de la Inmaculada Concepción en el reino de Nápoles, a cambio de reforzar el vínculo de la ciudad partenopea con la constitución pontificia.

La Congregación de Santa María de Montserrat en octubre de 1664 pidió a Pedro Antonio de Aragón y a monseñor Ninot, gobernador de la casa, su intercesión para evitar un pleito. En noviembre de 1664 Pedro

---

Roma [...] Declararon que conocen muy bien al señor don Silvestre Busquets natural de la ciudad de Solsona» (ACR, Juan Cavallero, Vol. 202, 5 de febrero de 1664).

[299] El agente de Francia, Monsieur Gaffier, impidió el cobro de las pensiones a instancia de los catalanes afectos a la Corona de Francia. «Una de un canonicato de Solsona y otra del curato de los pallargas Urgellen [...] y ninguna de dichas gracias tuvo effecto porque como el dicho licenciado Busquets huviese servido a su majestad en Orbitello y fuesse afecto a nuestro rey y señor» (*Ibíd.*).

Antonio asistió por primera vez a la congregación de la obra pía de Santa
María de Montserrat, en la que fue informado sobre el litigio por la elección
del prior don Jerónimo Font, canónigo de la catedral de Valencia, «para
que Su excelencia [Pedro Antonio] disponga lo que fuese de su mayor
acierto y con esto quedará asegurado el crédito de la congregación, la
estimación de toda la nación y segura la paz, tranquilidad y concordia que
se le debe»[300]. El 10 de enero de 1666, Pedro Antonio impulsó la reforma
de los estatutos de Montserrat para reforzar la autoridad del prior en detrimento de las funciones que habían ido asumiendo los camarlengos[301]. Los
priores pasaron a ser los responsables de la conservación de los bienes de
la iglesia y de la sacristía, así como del alquiler y reparaciones de las casas
de la congregación[302]. Ésta acordó emular lo que estaba establecido en la
congregación de Santiago: «que los priores tendrán más cuidado y más
noticia de las casas y de sus reparos para la conservación dellas»[303].

En diciembre de 1665 se decidió que el cardenal Aragón regresara
a España y que su hermano Pedro Antonio de Aragón pasara a ocupar
su puesto en el virreinato de Nápoles. Se dejó la embajada a cargo del
agente Nicolás Antonio, hasta la llegada del X marqués de Astorga[304]. El

---

[300] Ibíd., fol. 45v. El prior hasta entonces había sido Pedro Mártir Oriola. El prior
segundo era Joseph Talens. El consejero de Cataluña era Félix Taverner, el consejero de
Valencia era don Adrián Pareja y el camarlengo, don Manuel López.

[301] Pretendió modificar los capítulos 4 hasta el 10 sobre los priores y sus funciones.

[302] «El cuidado que han de tener del culto divino, de la hospitalidad, de la conservación de los bienes de la sacristía, de la locación y reparos de las casas y declaran que todo
el gobierno depende de los dichos priores» Los priores habían terminado desconociendo
todo lo que se hacía en la casa, ya que en virtud de un decreto de las congregaciones «se
les cedió a los camarlengos muchos años ha todo el manejo y que así corre» (AOP, Congregación de la obra pía de Santa María de Montserrat, I-III-665, fols. 54r y v).

[303] Ibíd.

[304] «Que el cardenal de Aragón venga quanto antes a España, ha resuelto Vuestra
Majestad se ordene a Don Pedro de Aragón passe luego a Nápoles a encargarse del
gobierno de aquel Reyno, embiandole los titulos y despachos necesarios y que se escriva
al cardenal que para su pasaje podra pedir las galeras al Papa o al Duque de Florencia.
que el Marques de San Roman vaya con toda brevedad a servir la Embajada de Roma se
le advierta que este prevenido y prompto para passar a Italia en la misma embarcación
en que viniere el cardenal, se deja a Nicolás Antonio, agente en Roma al cargo de los
asuntos de la embajada antes que venga San Roman» (AGS, E-R, 3038).

25 de marzo, Mario y Agostino Chigi fueron a buscar a Pedro Antonio al palacio de la embajada, donde permanecieron durante la mañana para, a continuación, dirigirse todos al palacio apostólico de Montecavallo. Al llegar allí, salió a recibirles monseñor Colonna, en sustitución de monseñor Nini, que, sin embargo, asistió a Pedro Antonio durante toda su estancia en el Quirinal, alojado, como de costumbre, en el cuarto contiguo a la capilla. El último día de marzo, el cardenal Flavio Chigi pidió visitar a Pedro Antonio en su palacio y éste salió a recibirle «a más de media sala de Palafreneros y acompañó hasta vaxar al plano del corredor»[305]. Pedro Antonio acudió de nuevo a Montecavallo para comer con el papa como era acostumbrado «en mexa a parte de la del Papa, al principio y ultimo de la de Su Santidad, y el embajador le da la toalla con mucha reverencia y cuando beve el Papa, se levanta en pie, y lo mismo cuando les envía algún plato, de que gusta. A los dichos [embajadores] les sirvieron la bebida sus coperos sin salvilla, una taza en una mano y una garrafilla en la otra»[306]. Tras la comida, los embajadores conversaron un rato con el pontífice y después se retiraron por la galería hasta su cuarto, donde Alejandro VII les mandó «en dos azafates, una lámina por uno, un rosario y cantidad de agnus y breve para cada uno de las indulgencias». Tras un banquete en casa del cardenal *nepote*, Pedro Antonio de Aragón abandonó Roma por la puerta de San Juan de Letrán, acompañado por Agostino Chigi. Desde allí prosiguió su viaje con monseñor Colonna y el maestro de cámara del cardenal *nepote*. En el camino hacia Castelgandolfo se le unieron los cardenales Sforza y Raggi. Llegados a Castelgandolfo, se hospedaron en las habitaciones del cardenal Flavio Chigi. De allí pasaron a Cisterna, hasta alcanzar la última población del Estado de la Iglesia, Terracina, y llegar finalmente a las puertas del reino de Nápoles.

---

[305] AOP, AEESS, Ms. 48, Relación de la función del embajador de España en Roma, provisto virrey de Nápoles en persona de Pedro Antonio de Aragón, el año 1666.
[306] *Ibíd.*

Capítulo III

El virreinato de Nápoles y el triunfo de las imágenes (1664-1672)

> «E mentre i re sono lontani, con la presenza essi [los virreyes] partecipano e communicano i loro splendori. Che volete? Sono padroni e questo basti».
>
> Giulio Cesare Capaccio,
> *Il Forastiero*, 1989 (1632)[1].

La Nápoles española y el rey ausente

Cuando en 1266 Carlos I d'Anjou subió al trono, estableció en Nápoles su corte y confirmó una capitalidad fijada al menos desde tiempos de Federico II Hohestaufen. La estructura administrativa de Nápoles quedó establecida en tiempos de los Anjou, aunque se reformó profundamente en edad aragonesa. Desde que Alfonso el Magnánimo conquistara el reino en 1442, y hasta 1707, Nápoles permanecería unido a España bajo un mismo soberano. En 1503, el heredero de Alfonso, Fernando de Aragón, protagonizó la segunda conquista de Nápoles gracias a las victorias del Gran Capitán. De todos los Austrias, sólo Carlos V visitó el reino en 1535. Pese a la lejanía del rey, desde la muerte de Alfonso el Magnánimo y hasta la llegada de los Borbones, la unión dinástica con los Austrias de España fue en Nápoles discutida sólo en pocas ocasiones hasta el estallido de la

---

[1] Capaccio, 1989 (1632), t. II, p. 273.

revolución de Masaniello (1647-1648). Este levantamiento puso a prueba el dominio hispánico en Italia, pero los Austrias lograron estabilizar el reino y conservarlo durante sesenta años más[2].

El Reino de Nápoles, territorio heredado de los aragoneses que los Austrias detentaban por título de legitimidad dinástica y no de conquista, constituía la piedra angular del poder de la Monarquía en Italia. Por sus recursos financieros y militares, y por el lugar estratégico que ocupaba en el Mediterráneo, era elemento esencial de la supremacía de los Austrias españoles en Europa. Los Austrias heredaron en Nápoles la estrategia política de los monarcas aragoneses, basada en el fortalecimiento de la capital del reino, frente a unas provincias controladas por la feudalidad. Como los aragoneses, incorporaron la nobleza ciudadana (*baronaggio*) a la actividad burocrática de la corte virreinal, obligándola así a declarar su lealtad a la Corona. Entre los objetivos de los Habsburgo estaba además favorecer la fusión de la aristocracia ciudadana y feudal en un mismo cuerpo, fiel al virrey. El municipio napolitano estaba compuesto por cinco plazas o *seggi* nobles y un *seggio* o plaza popular, que constituía un colegio de siete electos con sede en la iglesia de San Lorenzo Maggiore. Esta junta de *eletti* (electos) constituía una fuerza cívica muy viva, a la vez que conservadora, que, por lo general, velaba por el mantenimiento del orden monárquico representado por el virrey.

Atrás han quedado los postulados historiográficos que, al referirse a la Nápoles española, hablaban de dependencia política y la definían como una colonia oprimida. Siguiendo los pasos de Benedetto Croce, la obra de Giuseppe Galasso ha definido la unión de Nápoles con España como una integración del reino en la Europa moderna del momento y en el absolutismo regio imperante. La importancia internacional de la corte provincial de Nápoles estaba probada por la presencia, en esta ciudad, del único legado pontificio con título de nuncio destinado a una Corte no soberana.

El cargo de virrey de Nápoles representaba la culminación del *cursus honorum* de cualquier noble cortesano en Madrid. Por lo general, era proveído a un miembro de la alta nobleza hispánica con una sólida formación militar. Hubo, en este sentido, algunas excepciones, como la del conde de Peñaranda, inmediato antecesor de Pascual de Aragón. A

---

[2] Galasso 1982a y 2007; Galasso/Hernando 2004. Para Masaniello, véase además Musi 1988.

mediados de la década de 1660 los dos hermanos del linaje catalán de los Cardona fueron sucesivamente nombrados para el cargo. Constituyó una novedad en un siglo como el xvii, en el que la nobleza titulada castellana había logrado ocupar este disputado puesto la mayoría de las veces, pese a que la alta nobleza de la Corona de Aragón detentaba mayores lazos de unión con los territorios italianos de Nápoles y Sicilia y conservaba allí amplios intereses familiares y patrimoniales. Algunas familias aristocráticas castellanas llegaron incluso a contar, entre sus miembros, a más de un virrey de Nápoles. Tal fue el caso de los condes de Lemos, los duques de Alba, los Osuna o los Alcalá. Es necesario remontarse a inicios del siglo xvi para encontrar en Nápoles a un virrey de la casa de Cardona, don Ramón de Cardona, conde de Albento[3]. Su gobierno (1509-1522) marcó el final de un período de larga autonomía del reino antes de la llegada de don Pedro de Toledo. Con un precedente demasiado lejano para conservarse vivo en la memoria de la familia, llegaron a Italia, entre 1661 y 1664, los dos Aragón.

En la corte virreinal de Nápoles, la organización de los oficios, la distribución de los espacios en el palacio, el funcionamiento de la capilla, el orden de las audiencias o las múltiples ceremonias civiles y religiosas en las que el virrey participaba, tenían la función de expresar la semisacralidad del virrey. El puesto en el virreinato brindaba al aristócrata español la mayor oportunidad de emular la dignidad real y el mejor escenario para ensalzar el propio linaje. Por ello, los virreyes trataron siempre de superar en fastuosidad al predecesor en el cargo. De este modo, la institución permitió redimensionar el poder político y cultural de la aristocracia española del siglo xvii. En ningún otro lugar, la nobleza hispánica pudo asumir tales responsabilidades de gobierno como en Nápoles, una provincia tan importante y una ciudad tan poblada que seguía de cerca a París y Londres en número de habitantes (Figura 40).

---

[3] Si bien es cierto que otros nobles vinculados a Cataluña como Juan de Zúñiga y Requesens, casado con doña Esfetanía de Requesens, ocuparon tal puesto en el reinado de Felipe II.

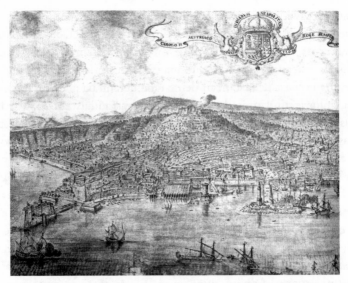

Fig. 40. Lievin Cruyl, *Prospectus Regiae Urbs Neapolis*, 1675, grabado, Nápoles, Museo Nazionale di San Martino.

La revolución de Masaniello golpeó duramente a la población napolitana, hundida en una guerra civil que enfrentó al *popolo civile*, que participaba en la administración de la ciudad, con el *popolo minuto*, compuesto por los artesanos; y a los nobles entre sí[4], erosionando también la autoridad del virrey. La extensa obra de Giuseppe Galasso sigue siendo fundamental para abordar el período previo y posterior a la revolución, y las medidas políticas, financieras y económicas emprendidas por los virreyes para restaurar el orden[5]. Los trabajos de Carlos José Hernando han contribuido a valorar la acción cultural de los virreyes, encaminada a reforzar el poder virreinal, en el período posterior a la revolución[6]. La década de los sesenta del siglo XVII marcó el inicio de un período de consolidación de los estados europeos. Todos se abocaron a diseñar un amplio aparato representativo en apoyo del absolutismo. La retórica monárquica y principesca se puso en marcha desde España hasta Suecia para transmitir mensajes de orden y estabilidad tras los convulsos años cuarenta y cincuenta. España afrontaba este nuevo período desde una posición de flaqueza, pero con la misma

---

[4] Villari (1979 [1973]).
[5] Galasso 1982a y 2007.
[6] Hernando 1997a; Möller 2004.

conciencia de vivir una nueva época en la que se imponía alejar el fantasma de las revueltas.

El triunfo del absolutismo en la segunda mitad del siglo XVII implicó la extensión de una maquinaria de propaganda destinada a impresionar a los súbditos a través del distanciamiento de una figura del rey casi divina. Francia, en la segunda mitad del siglo XVII, destinó hasta el 75% de las partidas presupuestarias a sus ejércitos, y en Inglaterra el porcentaje era aún mayor. En España, en cambio, tales partidas se redujeron considerablemente durante el mismo período. En su lugar, la Corona apostó por consolidar una red diplomática más eficaz. En Francia, la monarquía diseñaba una propaganda de guerra al tiempo que se mostraba interesada por explotar los recursos del ceremonial y del mecenazgo. En el virreinato de Nápoles se combinaron los tradicionales instrumentos del ejercicio del poder con la exploración de hábiles estrategias simbólicas. Así lo demuestran las cuentas del virreinato, que revelan el aumento en el gasto, por ejemplo, de las obras en el Palacio Real desde la llegada de los Aragón y hasta su partida. Si el aumento del gasto fue discreto en ámbitos como el del armamento, la infantería, o los castillos de la ciudad y del reino, el gasto en la residencia del virrey se multiplicó por dos durante el mismo período. Ello prueba el interés de estos virreyes por dignificar sus residencias y así difundir simbólicamente una imagen de fortaleza y vigor.

Estas consideraciones nos ayudan a desvelar cómo sobrevivió el orden virreinal en Nápoles pese al revés sufrido en 1648 en la ciudad y la coyuntura desfavorable de la Monarquía. ¿Cómo se conservó el poder de la Monarquía en Italia durante medio siglo más? ¿Cómo afrontó el virrey los nuevos retos y cómo restauró su imagen dañada? Las revoluciones de los cuarenta sumieron a los gobernantes en una profunda reflexión sobre la idea del buen príncipe. Se llegó a aceptar que las revoluciones habían sido la antesala de la declinación de toda una monarquía. Entre los libros de la biblioteca de Pedro Antonio de Aragón, se hallaba *La Conquista de la China por el Tártaro*, de 1670, que trazaba un curioso paralelismo entre España y China. Las revoluciones que sufrió el imperio chino en 1640 permitieron, según su autor, la expansión de los tártaros, de la misma manera que España, tras los levantamientos de los cuarenta, estaba abocada a su decadencia. Sin embargo, la crisis de conciencia de los gobernantes españoles fue producto no sólo de los levantamientos de 1640, sino también de la posterior caída del conde duque y del cambio de reinado, aspectos muy presentes en buena parte de la literatura política española de la época.

Los virreyes regresaban a la práctica de pactar con los poderes y las instituciones locales cada vez que se acercaba una situación de crisis del orden vigente. Desde mediados de siglo, los sectores locales impulsaron reformas teóricas que fueron la base de los ilustrados napolitanos del siglo xviii. También los virreyes promovieron reformas en la administración del Reino. Se redimensionó el papel internacional de la Monarquía, no para recuperar una hegemonía, ya perdida, sino con el fin de mantener un equilibrio europeo en el que Nápoles tuviera aún mucho que decir. Nápoles se resituó en el interior de la Monarquía como una Corte de primer orden en la definición de las estrategias de representación y propaganda principesca. Después de Masaniello, se vivió un renovado interés por parte de la autoridad virreinal por fijar una imagen histórica oficial que culminaría, años más tarde, con Antonio Bulifon y Domenico Antonio Parrino[7]. Es sólo un ejemplo del clima de cambio cultural que se vivía en Nápoles y que afectó a la propia definición del concepto de príncipe y a los mecanismos de representación virreinal. Esta tendencia de renovación de la cultura histórica napolitana empezó con la actividad publicitaria de Pedro Antonio de Aragón. Diversos virreyes de la segunda mitad del siglo xvii empiezan a preocuparse por cómo transmitir el legado que han dejado en Nápoles: ¿cómo hacer llegar a la Corte la información de lo que acontece en Nápoles y de la labor que han realizado allí? Durante los años posteriores a Masaniello hallamos a historiadores con pretensiones de convertirse en cronistas reales[8], cargo inexistente hasta entonces en Nápoles. Hallamos también a virreyes, como Peñaranda, interesados en promover la edición de un atlas del Reino, o a otros, como Pedro Antonio de Aragón, preocupados por la imagen internacional de Nápoles y por enseñar a la Corte pinturas que representaran las obras públicas que habían emprendido en la ciudad.

---

[7] Véase sobre este aspecto, Sabatini (2004).

[8] El 13 de junio de 1665, Genaro Siniscalco expuso al cardenal Aragón su pretensión de obtener el puesto de cronista real de Nápoles. Discurrió sobre la necesidad de su cargo y evocó a los príncipes historiadores que hubo en la historia. Lo planteó también como una fuente de conocimientos para Felipe IV de lo que pasaba en el Reino. Este cargo estaba institucionalizado en Castilla y Aragón desde hacía siglos, pero no en Nápoles. Sin embargo, la petición de Siniscalco fue desestimada en Madrid. AHN, E, 2011, 1/5.

Tras la revuelta de Masaniello, las capitulaciones recogieron el deber del rey de apartar del gobierno de Nápoles a cualquier descendiente del entonces virrey Rodrigo Ponce de León, IV duque de Arcos, un compromiso que quedó en retórica. Tradicionalmente los virreyes de Nápoles accedieron al cargo de la mano del valido del monarca. Eran, por lo tanto, familiares o personas cercanas al privado, y así se mantuvo después de Masaniello. En 1658, Luis Guillermo de Moncada, VII duque de Montalvo (1614-1672), llegó a expresar: «Muchos años ha que aquel Reino es el Orán de los grandes hombres»[9]. Tras la revuelta ya nada volvió a ser como antes. El gobierno de Nápoles había dejado de ser el puesto tan ambicionado que había sido en el pasado. El segundo virrey de la era post-Masaniello tras el gobierno de don Juan José de Austria fue Íñigo Vélez de Guevara, conde de Oñate[10] (Figura VI del cuadernillo), que acompañó unas duras medidas fiscales y políticas de un esplendor ceremonial y festivo encaminado a fortalecer la autoridad del virrey, gravemente erosionada. Sólo con su sucesor se regresaría a una práctica más pactista y menos absolutista. Oñate dignificó el ceremonial de la toma de posesión del cargo a través del ritual del *ponte di mare,* que consistía en la llegada en barco del virrey y en el desembarco a través de una escalera o puente hacia el muelle. Las mascaradas del Carnaval volvieron a ser permitidas a partir de 1652. Acontecimientos como la recuperación de Barcelona en 1652 o el matrimonio de Felipe IV con Mariana de Austria en 1654 fueron aprovechados para organizar grandes festejos en la corte napolitana.

El paso de Oñate por Nápoles abrió una primavera del mecenazgo virreinal que se mantuvo a lo largo de toda la segunda mitad de siglo. A partir de entonces, los virreyes reforzaron las obras públicas, las fiestas o el ritual como arma política. Un ejemplo del uso político de las obras públicas en el gobierno de Oñate fue la construcción de la calle y fuente de la Sellaria, en el mismo lugar donde se había condenado a muerte de Orazio de Rosa. El levantamiento de dos fuentes en la plaza del Mercado, además de la de la plaza de Castelnuovo, sirvió para dar una impronta española a escenarios emblemáticos de la revolución. Oñate restauró el edificio de

---

[9] AHN, E, libro 104. Citada en Bouza (1997: 83-84).
[10] A. Minguito: «Linaje, poder y cultura: el gobierno de Íñigo Vélez de Guevara, VIII Conde de Oñate en Nápoles (1648-1653)», Tesis doctoral inédita, Universidad Complutense de Madrid, 2004.

la cárcel de mujeres de la Vicaría, el palacio de la Aduana, el depósito de conservación del grano y de la harina, el regio palacio de los Estudios y la caballeriza del Puente de la Magdalena. También intervino en el Palacio Real, residencia y centro del gobierno virreinal, con la construcción de la escalera de honor y la escalera secreta que comunicaba el palacio con el arsenal. Concibió la construcción de un nuevo arsenal, el arbolado y embellecimiento con fuentes del paseo de Chiaia, aunque el proyecto no se terminó. Siguió de cerca la vida universitaria y participó en tertulias literarias, como la de la Accademia degli Oziosi, con sede en San Lorenzo. La restauración política de Oñate marcó el camino a seguir durante toda la segunda mitad de siglo. Estableció un mayor control gubernativo sobre la ciudad: mediante una pragmática obligó a los electos a pedir autorización al Consejo llamado del Colateral, órgano asesor del virrey, para proceder a gastos extraordinarios. La parte de la aristocracia poco fiel a la Corona quedó arrinconada y emergió un nuevo poder, el de los togados, representado por Francesco d'Andrea, Carlo Calà, Capecelatro, Borzio, Burgos, Soto o Amandola, que alcanzó puestos de relieve en la administración del reino.

En Madrid la posición de don Luis Méndez de Haro como nuevo valido se fue fortaleciendo. Las figuras que rodearon a Haro llegaron a ocupar el cargo de virrey de Nápoles en los años sucesivos. Oñate, emparentado con Medina de las Torres, aún pertenecía a la vieja órbita del conde duque de Olivares, desbancado por un grupo de opositores. En octubre de 1653, Oñate recibió la inesperada noticia de la interrupción de su segundo trienio, y fue llamado a regresar a España. García de Haro y Guzmán, conde de Castrillo, su enemigo, ocupó su lugar[11] y tuvo que vivir en Nápoles la peste de 1656. Su segundo trienio también se interrumpió, pues fue llamado a España en la coyuntura de las negociaciones con Francia entre don Luis de Haro y Mazarino en la Isla de los Faisanes. En tiempos de Castrillo se relajó mucho el conflicto jurisdiccional mantenido con el arzobispo de Nápoles, Ascanio Filomarino (1583-1666). Los virreyes le permitieron, por primera vez, visitar el convento de Santa Clara, entre otros monasterios regios. Castrillo interrumpió algunas prácticas impuestas por Oñate, como la toma de posesión a través de la entrada por mar por el *ponte di mare*. Anuló la junta de exención de tributos y permitió mayor fasto en las fiestas de Carnaval, como las celebradas en 1654. Castrillo marcó

---

[11] Bartolomé 1994.

distancias con el modelo de gobernante que había representado Oñate, sobre todo en lo que a ceremonias y mecenazgo se refería.

El inicio del virreinato de Peñaranda (Figura 41) estuvo marcado por amplios conflictos jurisdiccionales. El nuncio de Nápoles quiso introducir inquisidores apostólicos en el reino y el proyecto del virrey de imponer una inquisición a la española en Nápoles levantó las protestas de las plazas ciudadanas. En marzo de 1662, se inauguraron en el claustro de Santo Domingo mayor unos polémicos frescos en los que aparecían frailes designados en el pasado como inquisidores del Reino. La ciudad protestó y consiguió que se borraran las indicaciones del título de inquisidores de las pinturas. Peñaranda cedió privilegios a la nobleza y se los negó a la municipalidad y al pueblo. Tras la firma del Tratado de los Pirineos se abrieron esperanzas de ver reducidos los gastos que debían soportar las arcas del reino, tras varias décadas de guerra. Pero el erario de Nápoles, que salía muy debilitado de esos años, se vio obligado a atender amplias demandas de la Corte: en verano de 1660 se volvía a pedir al virrey el envío a Madrid de la tradicional suma anual de «más de un millón de plata»[12]. También Peñaranda fue reclamado seis meses antes de que finalizara su segundo trienio, una vez más para asegurar el delicado equilibrio interno en la Corte.

Fig. 41. Anselmus van Hulle y Pieter de Jode, *El conde de Peñaranda*, Amberes, 1648, grabado.

---

[12] Galasso 2007.

La venida de Pascual y de Pedro Antonio de Aragón aportó una novedad a la historia del virreinato napolitano. Su condición de descendientes de los reyes aragoneses les convertía en lo más parecido a los virreyes de *sangre*, parientes del rey, que habían sido elegidos para gobernar territorios como Portugal. Los nombramientos de personas reales eran muy bien recibidos en las cortes que un día fueron soberanas, algo que se demostró con la llegada de Pascual de Aragón en 1664. Por lo demás, su gobierno se caracterizó por la resistencia a las presiones de Madrid y por anteponer los intereses del Reino a las necesidades bélicas de la Monarquía en Portugal, en la nueva coyuntura diplomático-militar abierta por Luis XIV en Europa. En esta línea cabe interpretar la reorganización por parte del cardenal Aragón de las defensas del reino, pese a los constantes requerimientos desde Madrid de ayuda financiera y militar para la campaña de Portugal. A finales de 1664, Nápoles vivió grandes preparativos bélicos, por la preocupación que despertaba la eventual ofensiva francesa en Flandes y en Italia. Con la venida de Pedro Antonio de Aragón a Nápoles se renovó de manera muy especial el importante papel internacional del Reino. Y como tendremos ocasión de comprobar, los virreinatos de los dos Aragón significaron una apuesta firme por el poder político de la actividad cultural, al multiplicar el gasto en obras públicas, por ejemplo. La reafirmación de la tradición aragonesa bajo Pascual y Pedro Antonio de Aragón fue también posible gracias al menor control que a partir de entonces ejerció la regencia de Mariana de Austria sobre Nápoles.

Pese a que desde Madrid el VII duque de Montalto, en 1658, hubiera dado fe del cierto descrédito en que había caído el puesto del virrey de Nápoles, al calificarlo del «Orán de los grandes hombres», el interés internacional que suscitaba la ciudad de Nápoles no decayó durante estos años. En la segunda mitad del siglo proliferaron viajeros extranjeros como Richard Lassels[13] o Maximilien Misson[14], atraídos por las bellezas de la ciudad. En 1670, durante el virreinato de Pedro Antonio, Lassels describió la ciudad como magnífica culminación de su «grand tour», como llamó a su periplo por Italia[15]. Maximilien Misson, en 1688, la alabó como la

---

[13] Lassels ([1603-1668], 1670). En el siglo XVII hubo tres ediciones, 1670, 1686, 1698.

[14] Misson (1714 [1688]).

[15] Lassels 1670.

más bella, noble y ordenada ciudad del mundo[16]. Testimonios como éste demuestran que la Nápoles española de esos años era reconocida internacionalmente como una ciudad atractiva. Los viajeros del siglo XVIII, en cambio, empezaron a percibirla como una ciudad en decadencia que no merecía ser visitada[17]. En este momento, el interés turístico quedó desplazado a los alrededores de Nápoles y sus ruinas de la antigüedad. Ya durante la época virreinal los españoles impulsaron la recuperación de los entornos de la ciudad y del legado antiguo: los Campi Flegrei, Baia y Pozzuoli. El interés de los viajeros y de los napolitanos por Campi Flegrei y Pozzuoli en el siglo XVII se fundamentó sobre todo por el redescubrimiento del termalismo y de sus propiedades curativas. Los visitantes no buscaban la identificación de monumentos antiguos sino más bien las delicias de su naturaleza, y el recuerdo de las bellas villas que allí habían levantado los romanos como lugar de retiro y descanso, lo que Horacio había destacado de Baia, «Nullus in orbe sinus Bais praelucet amoenis». El mito de Pozzuoli era casi mayor que el de la ciudad de Nápoles, a pesar de que en el siglo XVII aún se desconocía el templo de Isis, cuya excavación se desarrolló entre 1750 y 1756 por orden de Carlos III. El viajero francés Rigaud, en 1600, afirmó «chi non ha visto le antichità di Pozzuoli non conosce quello che c'è di più raro nell'antichità». Pozzuoli debió su fama a la obra de Giulio Cesare Capaccio, *La Vera Antichità di Pozzuolo* (1607), centrada en ritos, costumbres, inscripciones y estatuas antiguas.

Pedro Antonio de Aragón impulsó la reconstrucción y reapertura de las antiguas termas de Pozzuoli. El proyecto estuvo directamente inspirado por la lectura de una obra de Giovanni Elisio sobre el termalismo antiguo. Sebastiano Bartoli explicó en su obra *Termologia Aragonia,* dedicada al virrey, los beneficios terapéuticos de sus aguas. Además, Pedro Antonio colocó una serie de inscripciones en el ingreso de Pozzuoli para explicar las características de esta grandiosa iniciativa, que contó también con la construcción de una nueva calle, Via Aragonia, entre Pozzuoli y el Castillo de Baia. La obra de Bartoli, *Breve ragguaglio de'Bagni di Pozzuolo dispersi,*

---

[16] Cito a partir de la versión inglesa de 1714: «This still one of the most noble, and perhaps finest Cities in the World. It is paved throughout with great square stones, almost chequer-wife. The Streets are straight, and most of them broad. The Houses are high, with flat roofs, and uniform» (Misson 1714 [1688], Vol. I: 403-404).

[17] Son representativas de la nueva percepción las obras de Addison, *Remarks on Several Parts of Italy*, 1705, o la propia obra de Berkeley, Montesquieu, De Brosse, Saint-Non (1759-1760), Lalande (1769), Sade (1775-1776) Dupaty (1784-1785).

investigati per ordine dell'eccmo D. Pietro d'Aragona, vicerè[18], publicada en Nápoles en 1667, incluía una dedicatoria a Pedro Antonio en la que daba cuenta del espíritu de su iniciativa[19] (Figura 42).

Fig. 42. Inscripción conmemorativa de las obras de Pedro Antonio en su recuperación de las termas de Pozzuoli, Nápoles, ca. 1668. Foto de la autora.

A raíz de las obras de Pedro Antonio de Aragón se produjo en Nápoles un auge editorial de guías y descripciones de los entornos de la ciudad. En 1617 Giuseppe Mormile había publicado *Descrizione della città di Napoli e del suo amenísimo ristretto e il Sito ed antichita della città di Pozzuolo*[20], que se reeditó en 1670[21] con correcciones basadas en las lecturas de Capaccio y otros textos. En 1671 y 1673 se reeditaron *Regno di Napoli diviso in 12*

---

[18]   Bartoli: Breve *ragguaglio de'Bagni di Pozzuolo dispersi, investigati per ordine dell'eccmo D. Pietro d'Aragona, vicerè. E ritrovati da Sebastiano Bartolo Medico di Sua Eccelenza per dovernosi sotto l'auspicij dell'istesso Ecc Principe restituire all'uso antico con le comodità necessarie*, Nápoles, Stamperia del Roncagliolo, 1667.

[19]   En 1679 Bartoli volvió a publicar una obra sobre los baños de Pozzuoli restaurados por Pedro Antonio: Sebastianus Bartolus, *Thermologia Aragonia sive historia naturalis thermarum in Occidentali Campaniae ora inter Pausillipum et Misenum scatentium iam aevi iniuria deperditorum et P. Ant. Ab Aragonia studio et munificentia restitutorum*, Nápoles, 1679.

[20]   Mormile 1617.

[21]   *Ibíd.*, 3ª edición, Nápoles, Stamperia di Gio. Francesco Paci, 1670.

Fig. I. Pintor *bambocciante*, *Fiesta por el nacimiento de Carlos II*, frente al palacio de la embajada española en Roma, 1662, óleo sobre lienzo, Gemäldegalerie der Akademie der Bildenden Künste in Wien.

Fig. II. Giacomo della Porta, el acueducto de la Villa Aldobrandini, Frascati, 1598. Foto de la autora.

Fig. III. Giovanni Antonio de Rossi, Altar mayor de la iglesia de San Francesco di Paola, Roma, 1664. Foto de la autora.
Fig. IV. Giovanni Antonio de Rossi, Altar mayor de la iglesia de San Francesco di Paola, parte posterior, Roma, 1664. Foto de la autora.

Fig. V. Pietro del Po, *La apoteosis de la Virgen con Felipe IV, Mariana de Austria, Carlos II y Pascual de Aragón*, *ca*. 1662, óleo sobre cobre, catedral de Toledo.

Fig. VI. Massimo Stanzione, *El conde de Oñate*, *ca*. 1647, óleo sobre lienzo, Instituto Valencia de Don Juan, Madrid.

Fig. VII. Bartolommeo Mori, fachada del Hospital de San Genaro de Nápoles, 1667. Foto de Laura Palumbo.

Fig. VIII. Angelo Maria Costa, *El Palacio Real de Nápoles*, 1696, óleo sobre lienzo, Fundación Casa Ducal de Medinaceli, Sevilla.

Fig. IX. *San Francisco de Paula y Fernando el Católico*, «Sala de los Embajadores» del Palacio Real de Nápoles, 1611-1620, pintura al fresco.
Fig. X. *Mariana de Austria se embarca en Finale*, «Sala de los Embajadores» del Palacio Real de Nápoles, *ca*. 1650-1670, pintura al fresco.

province de Enrico Bacco, y la *Breve descrittione de Regno di Napoli diviso in dodici Province* de Ottavio Belgrano[22]. No se vivían unos años de tanta publicación de textos relacionados con los alrededores de Nápoles desde tiempos del virreinato del duque de Medina de las Torres. Ciudad y campo, Nápoles y la *Campania felix*, el mito de la ciudad y su entorno formaban un binomio perfecto[23].

Desde el final del virreinato de Peñaranda y con la llegada de Pascual de Aragón, los cronistas napolitanos empezaron a percibir un creciente sentido unitario y continuista en el programa y la acción de los virreyes encaminado a suplir la imagen del rey. Los virreyes se sucedían, pero quedaba un proyecto común, que unos heredaban de otros, y se encargaban de cuidar. El cuerpo político virreinal había salido fortalecido tras la restauración de Oñate (1648-1653). Pero los sucesivos trances políticos de los virreinatos de Pascual y Pedro Antonio hicieron todavía más necesaria la puesta en marcha de nuevas estrategias de imagen que pudieran heredar unos virreyes de otros. En 1665, la sucesión de Felipe IV se afrontó en Nápoles de manera traumática. Se desencadenó una auténtica crisis en el seno de la autoridad virreinal, tras la decisión del papa de retrasar la investidura de Carlos II como nuevo rey de Nápoles. Episodios tan graves como éste estimularon la reflexión constante de los virreyes sobre nuevas retóricas del poder. Pero no fue el único. Tras la Paz de Aquisgrán y la independencia de Portugal, que sucesivamente hundían la confianza en la Monarquía española, Pedro Antonio responderá con iniciativas impropias de los anteriores virreyes, como la exhibición permanente de retratos del virrey en el espacio público de la ciudad. Constituirá, en buena medida, un mensaje de reafirmación del cuerpo virreinal, dirigido al papa y a las demás potencias europeas.

Los rituales cívicos y las ceremonias constitucionales

El 23 de agosto de 1664, Felipe IV nombró al último virrey de Nápoles de su reinado, Pascual de Aragón. La designación llegó muy a pesar

---

[22] Bacco: *Regno di Napoli diviso in 12 province*, publicado por primera vez en 1606. *Breve descrittione de Regno di Napoli diviso in dodici Province* de Ottavio Belgrano, publicada por primera vez en 1640.

[23] A los ojos de los viajeros, como ha estudiado Vallet (1995).

del cardenal, que insistía en querer regresar a España[24]. Su negativa era insólita, pues, el virreinato de Nápoles había sido siempre un destino y un cargo anhelado por la mayoría de los aristócratas españoles. El Consejo de Estado había recordado el compromiso adquirido por Juan José de Austria, tras la revolución de 1647, de no nombrar a un familiar del IV duque de Arcos para el cargo de virrey. Había advertido que el parentesco entre Arcos y Pascual de Aragón desaconsejaba su elección y que en Nápoles «las memorias de aquellos accidentes se conservavan frescas»[25]. Veinte años después de la revolución, la sensación de miedo no había desaparecido. La marquesa de Montescaglioso, desde Matera (Basilicata), llegó a advertir que el pueblo aún clamaba «viva il re e muora il mal governo»[26]. Las consignas revolucionarias aún se oían por el reino. El riesgo de disturbios aún seguía vivo, los temores del Consejo de Estado no se habían disipado y los virreyes se mantenían en alerta. El recuerdo de la revolución debió ser todavía más intenso en Pascual de Aragón, pues una hermana suya, como se recordará, había estado casada con el duque de Arcos y vivió con él el levantamiento popular.

El monarca escogía normalmente al virrey entre los españoles que ya se encontraban en Italia, en el desempeño de otro cargo en la península y con años de servicio a la Corona a sus espaldas. Habitualmente, el virrey se elegía entre la nobleza titulada castellana. Por primera vez desde el siglo XVI, con la excepción del cardenal Borja, dos personas de la alta nobleza aragonesa iban a ser sucesivamente nombradas para el cargo. El Consejo de Estado expresó sus preferencias sobre una lista de candidatos entre los que sobresalían Pascual de Aragón, Pedro Antonio de Aragón y Luis Ponce de León. El conde de Castrillo se decantó tímidamente por el cardenal Aragón «pues no ha dado mala satisfacción de sí y la Purpura para un conclave y con la embestidura de Virrey de Nápoles que supone mucho en Roma, no dañaba al servicio de Vuestra Majestad». Antonio Pedro Sancho Dávila, IV marqués de la Velada, en cambio, advirtió que, en la coyuntura del momento, no podía ser bueno el nombramiento de una persona tan dócil y sumisa a la voluntad del papa como Pascual de Aragón. Fernando Álvarez de Toledo, VI duque de Alba (1595-1667), des-

---

[24] Sobre la elección de Pascual AGS, E, 3287-48.

[25] AHN, E, leg. 2010, 1.

[26] En una carta en 1668 en la que ponía sobre aviso al Consejo del Colateral. ASN, Consiglio Collaterale (CC), Segreteria IV nº 36 Risoluzioni e Proposte Nº 17 (1668).

cartó su candidatura con otro argumento: «la nobleza napolitana siente ser governada de eclesiásticos»[27]. El cardenal Aragón no fue pues el preferido. Sin embargo, Felipe IV lo eligió desoyendo al Consejo, una práctica muy común en los últimos años de su reinado (Figura 43). Felipe IV no perdió nunca la confianza en Pascual de Aragón, hasta el punto de que, en su testamento, le designó entre los miembros que debían constituir la Junta de Gobierno durante la minoría de edad de Carlos II, junto a otros dos antiguos virreyes: el conde de Castrillo y el conde de Peñaranda.

Fig. 43. Frontispicio de *Leone armeno* con retrato de Pascual de Aragón, 1665, grabado, Biblioteca Nazionale di Napoli, Ms. XV. G. 24.

El 27 de agosto de 1664, Pascual llegó por mar a Posilippo, procedente de Nettuno, confesando sus pocas ganas de gobernar y la admiración que sentía por Peñaranda, virrey saliente, de quien, manifestó, no se iba a desmarcar[28]. Al recién terminado gobierno de Peñaranda se atribuyeron rasgos de moderación y dulzura, alejados de los rigores impuestos por Oñate o

[27] *Ibíd.*

[28] «No se quando sera la partida del señor Conde de Peñaranda y como profeso a Su Excelencia tanta veneración y vengo tan poco llevado del deseo de governar, no es cosa que me cuesta cuidado» (AGS, E. Leg 3287, fol. 95).

Castrillo. Por primera vez, desde tiempos de Masaniello, la sucesión estuvo caracterizada por una cortesía modélica. Pascual pasó a ocupar el palacio del Príncipe Colle d'Anchise en Mergellina, antes de la marcha definitiva de Peñaranda[29]. Antes de dirigirse a España, Peñaranda, en nombre del rey, pagó los 3.400 ducados que debía a Giuseppe Serra Doria, por los «quadri comprati d'esso per servitio di Sua Maestà»[30], las pinturas de la colección Serra di Cassano que debía entregar a Felipe IV[31]. Pascual recibió de Peñaranda el regalo de «una carrozza e sei bellíssimi cavalli», una deferencia que todos los virreyes solían tener con sus sucesores, en señal de bienvenida. La entrada de Pascual fue por la costa, recuperando el protocolo de desembarco impulsado por el conde de Oñate, y que había quedado interrumpido durante el virreinato del conde de Castrillo. El maestro de ceremonias, Alonso de Castro, en nombre de Peñaranda, fue con una góndola hasta su barco para recibirle.

Nello smontare da dentro la poppa della capitana fu accompagnato sino al primo scalino della galera dal detto generale e dal detto scalino li diede il braccio Alonso de Castro uscero del palazzo regio o maestro di ceremonie, come dicono in italiano, sino all'ultimo scalino e trovo la gondola inviatali dal Pignoranda. Dopo un quarto d'ora ci fu privatamente il Pignoranda.

Tras los regalos, bienvenidas y debidas cortesías, no es de extrañar que los cronistas de la época destacaran, sorprendidos, la gran afinidad que mostraron Peñaranda y Aragón en el traspaso de poderes. Cada trienio o sexenio, los relevos en el cargo del virrey se repetían con amargura. De la misma manera que la sucesión de los pontífices arrastraba a la desventura a enteras familias políticas, el relevo de los virreyes terminaba en ocasiones con la esperanza de muchos consejeros de ser promovidos. Cada marcha

---

[29] El 23 de agosto de 1664, «la notte antecedente al sabato sono partite da questo porto le cinque galere di Napoli per Nettuno per imbarcare il signor Cardinal d'Aragona vicere di Napoli, quale viene spesato da Gianettin Doria generale di essa squadra per questo viaggio e posa nel palazzo del Principe di Collanchise, fatto preparare dal Pignoranda con suoi parati a Mergoglino» [...] «e non essendo capace si è pigliato per la corte di esso signore parte del monastero de serviti della Madonna in detto luogo e l'altri palazzi contigui e possentato con la supellettile del conte di Pignoranda» (Fuidoro 1934, Vol. I: 238).

[30] Archivio dei Banchi di Napoli (ABN), Banco di Sant'Eligio, giornale del 1664, matr. 293. Citado por Nappi (1983).

[31] Vannugli 1989.

de un virrey suponía el fin de las aspiraciones de regentes, togados y otros cargos de la administración a conseguir la merced deseada o el puesto anhelado. Representaba, en muchos casos, una vuelta a empezar para ganarse el favor de un nuevo virrey. A partir del virreinato de Pascual de Aragón se iban a vivir unos años de continuidad como no se recordaban en Nápoles. A ello también habían contribuido muchos de los gestos de Oñate, al crear, por ejemplo, en 1648, el «saloncete de palacio», donde empezaron a exhibirse, por primera vez, juntos, los retratos de todos los virreyes[32], iniciativa que transmitía una idea de cohesión y unidad de la que la institución virreinal en Nápoles siempre había carecido. La voluntad de Pascual de Aragón de continuar la labor empezada por el gobierno de Peñaranda anunciaba una nueva época en la que los virreyes iban a preservar, respetuosamente, la herencia de sus predecesores[33].

Desde su llegada, Pascual de Aragón pasó a cobrar, además del sueldo del virrey, una pensión de 1.300 escudos del obispado de Catania (Sicilia) y otra de «330 piezas de a ocho» del obispado de Oristano (Cerdeña)[34]. Su llegada no fue tomada con los recelos esperados por tratarse de un familiar del duque de Arcos, sino todo lo contrario. El cronista de la época, Innocenzo Fuidoro, nos cuenta que la población napolitana creyó ver en él el inicio de un renacimiento del período aragonés, durante el que Nápoles había sido Corte regia. Pascual llegó a Nápoles con una fuerte conciencia de linaje y de la tradición de la Casa real de Aragón. Descendía de Alfonso el Magnánimo, el rey de Nápoles que en la segunda mitad del siglo XV había levantado una corte culta y fastuosa que había dejado una profunda huella entre los napolitanos. Pascual y Pedro Antonio encontraron unas expectativas favorables para trabajar en la exaltación del mito aragonés. Los virreyes nunca habían dejado de alimentar este mito. La memoria de Alfonso el Magnánimo había servido siempre para legitimar el gobierno de los Austrias en el Reino, pero la llegada de Pascual aportaba una novedad: su linaje de sangre real. La nobleza se mostró deseosa de tener cerca a un virrey de sangre regia, sobre todo después del trato poco considerado que

---

[32] «Y por sus nombres y años los puso el conde de Oñate retratados en el salonzete que hizo en el Palacio de Nápoles» (Declaración del conde de Castrillo. AGS, E, leg. 3287, fol. 48).

[33] «Per non essere suceso una tal corrispondenza di vicerè nuovo e vecchio, d'essersi licenziati con tanto affetto, osservanza e amistà» (Fuidoro 1934, Vol. I: 245).

[34] ASN, Notai (N), Scheda 408, Nº 13 (1664), Fols. 185-187 y 220, Fol. 219. ASN, N, Scheda 408, Nº 15 (1666), Fol. 163. 8 de abril de 1666.

había recibido de los anteriores virreyes. Antes de que Pascual llegara a palacio, sostuvo Fuidoro, «già si sono gonfiati tutti li nobili di Napoli che un tempo hebbero il quarto nelle loro case delli bastardi delli re di questo regno aragonese»[35].

Tras su entrada en la ciudad, Pascual de Aragón fue a visitar al cardenal Ascanio Filomarino, arzobispo de Nápoles, que le recibió con unas sillas impropias con intención de desairarle y magnificar así el tradicional conflicto que había mantenido con los virreyes. En presencia del virrey, Filomarino reprendió a sus criados por lo mal colocadas que estaban las sillas. Pascual le respondió, en tono irónico, que había sido culpa del «maestro de cámara», señalándole indirectamente a él, pues tiempo atrás Filomarino había ocupado este cargo al servicio del cardenal Francesco Barberini. El cardenal Aragón demostraba estar muy entrenado tras la experiencia de la embajada romana[36].

El 21 de diciembre de 1664, Pascual hizo la cabalgata solemne de toma de posesión del virreinato y el juramento de observar los privilegios y constituciones de Nápoles. Durante los actos, se desencadenaron problemas de precedencia con el otro gran cardenal de la ciudad, de nuevo el arzobispo Filomarino, «due principi ecclesiastici di una stessa dignità, ma di diversa jurisdizione». Desde tiempos de los cardenales Borja y Zapata, en la década de los veinte, ningún otro prelado había ocupado el cargo de virrey. Esto obligaba al virrey a medirse, en cada momento, con la otra autoridad cardenalicia de la ciudad. La ceremonia de la toma de posesión rememoraba la entrada real de Carlos V en la ciudad, que evocaba, a su vez, el ingreso mesiánico de Cristo en Jerusalén el Domingo de Ramos. Ya entonces, el electo del pueblo había salido perjudicado, al ser el último en besar la mano del rey. Así se mantuvo con las procesiones de entrada de los virreyes y su papel se redujo cada vez más en beneficio de la nobleza de *seggio*. La entrada se realizaba por la puerta Capuana. El cortejo se dirigía hacia el arzobispado para confirmar allí los privilegios de la ciudad. El virrey era recibido por el electo del pueblo, que le ofrecía el cojín y le hacía entrega del texto de los capítulos de la ciudad. Desde allí, el virrey, como en su día Carlos V, se dirigía a Castelnuovo. Durante el recorrido,

---

[35] Fuidoro (1934, Vol. I: 75).

[36] «Esplicarono i sottili d'ingegno che con tal risposta l'Aragona avesse data una gran staffilata al Filomarino, essendo stato maestro di camera del cardinal Francesco Barberini, trattandolo in sostanza per maestro di camera cardinale» (*Ibíd*).

los distintos *seggi* o plazas de la ciudad, sucesivamente, se encargaban de sostener el baldaquín del virrey.

Pascual de Aragón protagonizó, como sus antecesores, un acercamiento a los sectores nobiliarios, pero, de manera singular, hacia los linajes emparentados con la Casa de Aragón y hacia los que habían apoyado al conde de Castrillo, capitaneados por el presidente del Tribunal de la Sumaría, Astuto. Simultáneamente relegaba aún más la plaza del pueblo a un segundo plano[37]. No hubo grandes cambios en la administración. Lo Zufia permaneció en el cargo de presidente del Consejo Real y como *grassiere* del Tribunal de la Vicaría. Solamente sorprendió el nombramiento del jovencísimo duque de Castro Pallavicino como capitán de la guardia. El regente Melchor de Navarra, protegido de Peñaranda, pasó a ser agente en Nápoles de Pedro Antonio de Aragón. Pascual sólo llevó a cabo algunos cambios en la administración periférica del reino en aquellos casos sospechosos de malversación y convivencia con bandidos. La nobleza tradicional se sintió muy segura de sí misma. Los dos matrimonios promovidos por Pascual entre marzo y abril de 1665 confirmaron la estrategia nobiliaria del virrey. El primero fue entre el conde de Saponara (casa Sanseverino) con la hija de Gaetani, Príncipe de Caserta (hijo del duque de Sermoneta, virrey entonces de Sicilia). El segundo, entre el príncipe de Santobuono (Caracciolo) con la hija del príncipe de Torella y nieta del príncipe d'Avellino. La apelación a la tradición aragonesa local fue el signo distintivo del virreinato de Pascual y Pedro Antonio de Aragón.

En octubre de ese año llegó a Nápoles un joven caballero francés, muy erudito, que pasó a residir en el convento de San Pietro in Maiella, donde también vivían personalidades como el cardenal Ottavio Acquaviva (1609-1674), que será gran amigo del cardenal Aragón. Pascual decidió proteger al joven y le envió «sempre la sua carozza con un suo staffiero assignato». Ello revela el prematuro interés de Pascual por rodearse de eruditos y literatos en la Corte napolitana, que se extendió más tarde a una protección más firme de la Accademia degli Addormentati, de tertulias literarias y de los Estudios Reales. Desde Nápoles, Pascual seguía muy de

---

[37] «La piazza del popolo andata a rendere visita all'Aragona», durante la que tuvo que esperar en una «lunga anticamera prima di essere introdotta presso il vicerè» (*Ibíd.*).

cerca los negocios romanos, a través de una permanente correspondencia con su hermano Pedro Antonio.

En abril de 1665, Pascual de Aragón acudió, con toda su corte, a una cacería en Astruni, donde «a cavallo, uccise quatro cignali». Astruni se convirtió ya en época de Alfonso el Magnánimo en una reserva real de caza, y conservaba en edad virreinal su simbología aragonesa, pese a la intervención de don Pedro de Toledo al dotar a Astruni de las torres Centrale, Lupara y Nocera. En mayo el Príncipe Ottavio Piccolomini d'Aragona, conde de Celano, invitó al cardenal Aragón a ir de cacería y a una comida en Torre Annunziata. Giovanna d'Aragona, hija natural de Fernando I de Aragón, rey de Nápoles, se casó con el conde de Celano, Antonio Piccolimini, desde entonces también, d'Aragona. Pocos días después Pascual visitó la costa amalfitana. Primero fue a Salerno a ver las reliquias de los santos Andrés y Mateo, llevándose con él «quattro galere e ci andarono per spasso molti napoletani». Llegó al alba, dio misa en el altar de San Andrés y les hizo donación de los «parati con i quali celebró la messa a Sant'Andrea». Durmió y comió en la galera a costa del general Doria. Al día siguiente, en Salerno, cuando acudía a visitar el cuerpo de San Mateo, el puente que le habían construido para desembarcar se vino abajo. Pascual de Aragón casi perdió la vida.

Pascual visitó también Amalfi. En febrero de 1664 Felipe IV había concedido a la catedral de Amalfi una merced del arzobispado de Salerno: 500 ducados de pensión para la capilla de San Andrés y los canónigos de la catedral[38]. En ocasión de la visita de Pascual, el entonces arzobispo Stefano Quaranta quiso hacerle un regalo: «un donativo della manna che suole scaturire dal corpo di San Andrea e di molti fiaschi di acque odorifere […] li quali erano ricamati di argento et oro filato, i quali gradi assai». Fuidoro nos cuenta que Pascual agradeció el regalo, pero que, durante el mismo viaje, rechazó algunos presentes, como el que Giulio Cesare Bonito le quiso hacer en nombre de la ciudad de Amalfi[39]. Con motivo de su visita a Salerno, Pascual ya había rechazado los regalos de Massa, Sorrento y Castellamare, para demostrar sus austeras costumbres.

---

[38] «He mandado aplicar 500 ducados perpetuamente para la Iglesia Catedral y Metropolitana de Amalfi en esta manera los 200 dellos para el culto divino de la capilla del Glorioso Apóstol San Andrés y los 300 para los canonigos de aquella iglesia» (Carta del rey a Pascual deAragón de 14 de febrero de 1664, SP, 31, s.f.).

[39] Fuidoro (1938, Vol. II: 278-279).

Los regalos tenían reservadas largas partidas en las cuentas del virrey. Constituían transacciones esperadas en un marco institucional y en un contexto ceremonial preciso, como una recepción o una legacía. El abanico de regalos era muy amplio, desde regalos institucionales entre naciones, como los doce halcones que la república de Ragusa regalaba a la Corona española todos los años para manifestar una alianza política, hasta el envío de caballos, carrozas y pinturas para los reyes. Los Aragón se vieron inmersos en casos de circulación de regalos reutilizados o regalos considerados como miserables, que eran objeto de burla por parte de los cronistas. Llegaron a existir, en el intercambio de regalos, unas prácticas específicas españolas diferentes de los hábitos locales.

El intercambio de regalos se regía por estrictos códigos de conducta cuyo incumplimiento era motivo de grandes controversias, recogidas con esmero por aplicados maestros de ceremonias. Recibir o entregar dádivas ofrecía algunos problemas de conciencia a embajadores y virreyes españoles, poco acostumbrados a los niveles de sutileza que alcanzaban estas prácticas en Italia. Una numerosa correspondencia de Pascual con Flavio Chigi desvela hasta qué punto le preocupó a Pascual cómo eran interpretados sus regalos a la curia. El virrey, al llegar a Nápoles, prohibió a su servicio recibir regalos[40]. Quería acabar con la costumbre de muchos napolitanos de pedir favores al virrey a través de los regalos[41]. Con todo, Pascual recurría a la entrega de oportunas dádivas cuando lo consideraba necesario: «desde el principio del gobierno, usó su eminencia de sus estimables prendas de agasaxar, y de su liberalidad, con que atraia asi las voluntades de todos»[42]. Pascual de Aragón se replanteó las conductas que habían sido habituales entre los representantes del monarca español en

---

[40] Pascual había sido testigo de los regalos que el conde de Peñaranda había recibido de parte del príncipe de Tarsia antes de abandonar Nápoles «Tra l'altri donativo avuti da particolari, il Principe di Tarsia, don Vincenzo Spinello, li mandò più gabbie pittate con infiniti faggiani pernici, starne e salami preggiatissimi; ma prima li mandò una gran tazza di cristallo di rocca, lavorata di gran freggi intagliati a bolino e altro ferro, cosa digna di un re, ch'era stata da suoi antenati più di cent'anni in sua casa» (*Ibíd.*).

[41] El virrey aseguró que iba a expulsar de su servicio al primero que osara recibir de los napolitanos «aunque fuera un platillo de igos o de ubas». Pascual dio muestras de conocer las prácticas habituales de sus antecesores en materia de regalos y «los disgustos que padecían con los napolitanos que estavan enseñados a negociar de otra suerte en las cortes de los virreyes» (Ruiz Franco de Pedrosa: *Crónica del eminentísimo cardenal Pasqual de Aragón*, 1689).

[42] *Ibíd.*

Italia. Su cronista demostró la gran distancia que separaba la visión del virrey y la de los napolitanos sobre el valor de los regalos. Se produjo, en definitiva, un *encuentro*[43] en Italia de concepciones culturales distintas. La llamada a la austeridad del virrey Pascual de Aragón respondía a la concepción, muy común en la época, de que los períodos de crisis eran consecuencia de la pérdida de moralidad en los gobiernos. La crisis de la Monarquía hispánica, que tan interiorizada estaba en Pascual de Aragón, le condujo a la revisión de valores como la liberalidad.

La muerte de Felipe IV

La noticia de la muerte de Felipe IV no se recibió en Nápoles oficialmente hasta el 17 de octubre de 1665. La ciudad se vistió de luto:

> Questa citta e regno ha fatto tale dimostrazione di vera fedelta affettuosa essendosi speso nel regno piu d'un milione a vestiti di luto; ne il vicere com'è solito, ha dispensato luto a nessuno, ne fatto pagare denaro per esso alli officiali regi e popolo ma ognuno l'ha speso e coso proprio, sino alli capitani di giustizia e gente vile[44].

Mariana de Austria había comunicado su muerte a Pascual de Aragón y le había ordenado su permanencia en Nápoles, pese a conocer el destino que el rey había reservado a Pascual en la Junta de Gobierno[45]. Pocos días después Pascual ordenó acuñar monedas con la efigie de Carlos II, para el día de la cabalgata de proclamación del nuevo rey, que se realizaría desde el Palacio Real[46]. El nuncio acudió a la proclamación de Carlos II por las calles de Nápoles y pudo ver en numerosas partes de la ciudad el retrato del rey expuesto bajo baldaquín. El cardenal Pascual de Aragón aprovechó el recorrido de la cabalgata para dirigirse a caballo a la recién acabada fortificación del monasterio del Carmen y presidir la ceremonia de recepción de sus llaves[47]. En noviembre, corrieron rumores sobre el nombramiento

---

[43] En el sentido formulado por Peter Burke (1993).

[44] Fuidoro (1938, Vol. II: p. 1).

[45] AGS, Secretarías Provinciales (SP), 33.

[46] ASV, SS, N, Ms. 66, fol. 222, *Avviso* de 20 de octubre. AGS, E, 3288-236.

[47] «Et in molti luoghi della citta si vide esposto sotto baldachino il Ritratto del nuovo re [...] e giunta sua eminenza al mercato dov'era un altro squadrone d'infanteria spagnola le fu presentato in un bacile d'argento dal maestro di campo del Torrione del

de Pascual como arzobispo de Toledo y del duque de Medinaceli como nuevo virrey[48]. El 12 de noviembre, el teólogo y teórico de la arquitectura Juan Caramuel hizo, en español, una oración fúnebre en honor a Felipe IV en la iglesia de San Francisco Javier, hoy de San Fernando, a la que acudió el cardenal Acquaviva[49]. Paralelamente, la Accademia degli Addormentati escribió un discurso en honor a Felipe IV. A esta academia, que tenía su sede en San Diego all'Ospedaletto, pudo también haber acudido Juan Caramuel, al ser muy amigo de Carlo Calà, duque de Diano, gobernador de esta iglesia[50].

En la catedral de Nápoles las exequias se celebraron el 1 de diciembre. Paticiparon cuatro coros de música e intervino Pascual de Aragón. Su aparición en la catedral fue a título privado, al no haberse celebrado aún los funerales en el real monasterio de Santa Clara. El arzobispo solicitó cojín para él y el virrey tuvo que excusarse con el argumento de que, según los libros de ceremonias, no se daba el cojín ni a titulados ni a ningún ministro del reino. En enero de 1666 Pascual de Aragón acudió a San Antonio Abad donde, ese año, a causa de la muerte del rey, no se celebraron mascaradas como era habitual por san Antonio[51]. El domingo 24 de enero empezaron los funerales celebrados en la iglesia de Santiago de los Españoles, donde sólo se colgaron las armas de Castilla[52]. Al día siguiente se hizo allí la función con presencia del cardenal-virrey. En la iglesia de los padres de Montevergine o en la de la Annunziata se celebraron también los funerales.

Carmine le chiavi di questo forte», según un aviso de 24 de octubre de 1665 (ASV, SS, N, Ms. 66, fol. 228v.).

[48] «Con un straordinario di Spagna giunto domenica in 17 giorni di viaggio, il signor cardinal d'Aragona ha ricevuto l'avviso di essergli stato conferito dalla maesta della regina l'arcivescovato di Toledo e che sarebbe venuto per vicere di Napoli il duca di Medinaceli a cui si crede essersi mandato l'avviso per trovarsi egli fuori della corte» (ASV, SS, N, Ms. 66, fol. 252).

[49] «E fu recitata una superba orazione da monsegnor Caramuel vescovo di campagna in lode della defonta maesta, che anche fu a sentirlo il signor cardinale d'Aquaviva» (*Ibíd.*, fol. 270).

[50] *Ibíd.*

[51] Fuidoro (1938, Vol. II: p. 1).

[52] «Sopra la porta della chiesa si posero solamente l'armi di Castiglia» (Fuidoro 1938, Vol. II: 4).

Los preparativos de los funerales que debían celebrarse en el real monasterio de Santa Clara[53] fueron más largos y controvertidos al tratarse de una iglesia regia bajo jurisdicción del nuncio. Las monjas, en la encrucijada, discutieron con el maestro de ceremonias de palacio, Alonso de Castro, sobre quién debía responsabilizarse de las ceremonias fúnebres. El nuncio abrió una polémica sobre el papel que debía jugar. Solicitó a la curia indicaciones de Febey, maestro de ceremonias, sobre cómo debía aparecerse durante la celebración de las exequias[54]. El virrey le había pedido que recitara la misa fúnebre, pero el nuncio se negó[55]. Pascual quiso seguir personalmente y muy de cerca las obras de Santa Clara, con motivo de los preparativos de las exequias. Por ello acudió personalmente al monasterio para ver su desarrollo y para solicitar a los artistas que terminaran pronto las obras[56]. El catafalco de Santa Clara estaba siendo diseñado por Francesco Antonio Picchiatti, Luca Giordano y Micco Spadaro[57] (Figura 44). El diseño de catafalco de Picchiatti incluía un retrato de Felipe IV, de pie, en hábito imperial, con una iconografía prácticamente idéntica a la de la estatua del rey de Santa María la Mayor de Roma. No debería extrañarnos que Pascual de Aragón hubiera viajado a Nápoles con una copia del proyecto de Bernini para la estatua, o que diera expresas indicaciones a Picchiatti sobre la iconografía que debía incorporar el retrato de Felipe IV en Santa Clara. La imagen del rey con armadura debió sorprender a muchos, pues había sido frecuente para Carlos V, pero nunca para Felipe IV. El 18 de febrero se celebraron finalmente los funerales en el convento de Santa Clara, a los que sí acudió el virrey públicamente por ser los más importantes que se celebraron en la ciudad.

---

[53] Marciano 1666.

[54] ASV, SS, N, Ms. 66, fol. 209 v.

[55] *Ibíd.*, fols. 218-220 y 280.

[56] «E volle anche sua em sua nel ritirarsi entrar nella chiesa di santa Chiara a vedere il lavoro del regio funerale che si fa per il defonto re Filippo IV, sollecitandolo con premura accioche si possa celebrar quanto prima» (aviso de 22 de diciembre 1665, *Ibíd.*, fol. 333).

[57] Mínguez 1991.

Fig. 44. Francesco Antonio Picchiatti, catafalco de Felipe IV en Nápoles, 1665, grabado de I. Sauri.

Fig. 45. Iglesia de Santa Maria della Grazia de la diócesis de Pozzuoli, donde Pascual de Aragón fue consagrado como arzobispo de Toledo en 1666. Foto de la autora.

El 20 de enero de 1666, la congregación del Monte dei Poveri de Nápoles celebró las exequias de Felipe IV con un ostentoso aparato escenográfico que representaba una alegoría de la Monarquía española, organizado por el consejero Giuseppe de Rosa y proyectado por Dionisio Lazzari. A la mañana siguiente, Pascual de Aragón acudió a ver el *teatro* de arquitecturas y pinturas de Lazzari. En el patio de la congregación se habían colocado bajo arcos, además de numerosos cuadros, doce estatuas en representación de las doce provincias de la Monarquía, con sus respectivas armas. Bajo las estatuas pintadas, yacían representaciones de los ríos de cada provincia[58].

---

[58] «Dentro il cortile, un teatro con le 12 provincie del regno, con le loro armi, e ben compartite sotto archi pittati oscuri, e di sopra li lavori di archi, giarroni pittati; soto le quali statue pittate erano anche dodici vecchioni in tutta figura, sentati in terra a traversa, pittati con le loro vene, che sgorgavano l'acque, li quali erano li 12 fiumi di esse provincia» (Fuidoro 1938, Vol. II: 2).

A una altura mayor del mismo patio, en la puerta de acceso a la capilla, se construyó un gran nicho con su trono, sobre el que se colocó la estatua de Felipe IV con manto real y pintado al natural[59].

En septiembre de 1665 Pascual había sido nombrado inquisidor general del Reino. El pueblo y la nobleza de Nápoles quisieron constituir una diputación para pedir al rey que permitiera a Pascual concluir su trienio. Pero tras la muerte de Felipe IV, fue promovido al arzobispado de Toledo. El nuncio llegó a referir a la sacra congregación en noviembre que el sucesor de Pascual iba a ser el duque de Medinaceli[60]. Pero el 13 de ese mes, tras un año y tres meses de virreinato de Pascual, llegó la designación de Pedro Antonio de Aragón como nuevo virrey de Nápoles[61]. En medio de los preparativos para su marcha, en noviembre de 1665, Pascual fue a Aversa para ver la Virgen de Loreto y se hospedó en Teverola, en casa de Andrea Terralavoro[62]. Antes, el nuncio Bernardino Rocci (Roma 1627-1680)[63] había acudido a palacio para felicitar al virrey por su nombramiento. Pascual le recibió con muestras de gratitud y quiso expresar al nuncio su fidelidad al papa. Afirmó que para conservar la memoria de sus obligaciones hacia el pontífice llevaba siempre consigo su retrato. Según Rocci, además, Pascual hizo «umillissimi espressioni» sobre este particular. Estas declaraciones adquieren especial importancia en tiempos de mutuas desconfianzas entre la Santa Sede y la Monarquía. Resulta interesante que Pascual considerara la posesión de una imagen del papa como una muestra de su fidelidad hacia el pontífice:

> Mi ha comesso l'Eminenza Sua [Pascual de Aragón] di rappresentarlo che in ogni luogo conservera sempre verso la Santita di Nostro Signore e dell'Eminenza Vostra la memoria delle sue molte obligazioni e godera di

---

[59] «Superiore a tutti era in un gran nicchio d'un arco a modo d'un trono la statua del re, vestuto col manto regale, chera pittato al naturale, che fu situato sopra la porta della capella del cortile, a frontespizio dell'ingresso del portone del Banco [...]. Tutto il teatro era di tavole pitate, architettura e disegno di Dionisio Lazzari» (*Ibíd.*).

[60] Madrid, 13 de noviembre de 1665, AGS E-R 3288-233.

[61] AHN, E, 2010, 2/6-9. Título de lugarteniente y capitán general del Reino de Nápoles concedido en ínterin en 1666, e instrucción pública y secreta.

[62] ASV, SS, N, Ms. 66, fol. 288 v.

[63] Fue gobernador y administrador de la archidiócesis de Nápoles durante la vacante (1666-1667) y prefecto del Palacio Apostólico en 1668. En abril de 1668 fue elegido arzobispo de Damasco. Fue creado cardenal por el papa Clemente X en 1675. Murió en su villa de Frascati en 1680 a la edad de 53 años.

tener dil continovo appresso di se il Ritratto di Sua Beatitudine con farmi soppraccio particolare umilissimi espressioni[64].

En enero de 1666, Pascual de Aragón renunció a su cargo de inquisidor general y pidió al papa que aceptase su renuncia[65]. Antes de partir de Nápoles se quejó de la poca estima que siempre le había demostrado el pontífice[66]. Tampoco se marchaba satisfecho de sus relaciones con la autoridad arzobispal de Nápoles. Por ello, el 28 de febrero de 1666 se hizo consagrar como arzobispo de Toledo en la iglesia de Santa Maria della Grazia, parroquia de San Vidal de la diócesis de Pozzuoli, que era un obispado regio, no sometido a la jurisdicción del arzobispo Filomarino[67] (Figura 45). Tras la consagración, Pascual, acompañado de toda su corte, fue a comer a casa de Domenico Astuto *fuori grotta*.

Antes de partir a España, según reconoció en una carta al cardenal Flavio Chigi, Pascual envió a Roma unos regalos para Chigi y para el papa, al tiempo que se disculpaba por no poder despedirse del santo padre. Esta carta se convirtió en una declaración del sentido que atribuía Pascual a la entrega de estos regalos[68]. Pascual volvió a escribir a Flavio Chigi desde Toledo en junio de 1666 y volvió a recordar la importancia que él atribuía al regalo de caballos que le había hecho antes de partir.

---

[64] ASV, SS, N, Ms. 66, fols. 138-139. Nápoles, 12 septiembre 1665. Pascual de Aragón no fue el único en apelar al retrato que poseía del papa para probar su lealtad a la Santa Sede. En septiembre de 1666, el nuncio en Madrid, monseñor Visconti, reveló que al visitar al marqués de Astorga, enfermo en su casa, éste se había interesado por la salud del papa, enseñándole el retrato que de él conservaba en su mesilla de noche: «il cui ritratto aveba posto sopra il tavolino della sua camera» (ASV, SS, Spagna, Ms. 352 (1666), fol. 67. Carta de Monseñor Visconti de Madrid, 22 septiembre de 1666).

[65] Ante notario el 24 de enero de 1666, ASN N, *scheda* 408, nº 15, (1666), fols. 45 y 46.

[66] Llegó a expresar: «della sua persona stima solamente la porpora», según Estenaga y Echevarría 1929-1930.

[67] «Volle farla nella iurisdizione del vescovo di Pozzuoli, come vescovato regio, e non nella capella reale, ne in altra chiesa di Napoli, essendo li regi sdegnati con Filomarino per non aversi posto il lutto per la morte del re» (Fuidoro 1938, Vol. II: 7).

[68] «El obsequio que tan de corazon le rindo en la que acompaña a esta, suplicando a v em supla por mi con la merced que me hace lo que yo no savre desempeñarme de otra suerte, y tambien devo decir a Vuestra Eminencia que me falta el alivio de poder repetir mas de cerca de vuestra emimencia mi obsequio y asegurarle lo que muchas veces ha oydo de mi sincera voluntad» (ASV, SS, Cardinali, Vol. 30, fol. 27, Nápoles, 20 de marzo).

El otro servicio que [...] hice a Vuestra Eminencia de los cavallos que consigne en mano de monseñor nuncio de Nápoles me logran repetidas y sumamente agradable para mí la memoria de Vuestra Eminencia en que yo me intereso afectuosísimamente con que aquella significación y observancia de mi voluntad vuelve con toda estimacion mia a obligar mi rendimiento a Vuestra Eminencia viendo el gusto que muestra en esta menudencia con que le servi[69].

En febrero de 1666 habían empezado a llegar a Nápoles las primeras tartanas de Gaeta procedentes de Roma, «con le robbe di Don Pietro d'Aragona»[70], pero no fue hasta el 27 de marzo cuando Pedro Antonio abandonó Roma para dirigirse hacia Nápoles. El juez de la Vicaría Michele Muscettola, junto a porteros del Palacio Real, fue a recibirle en Fondi[71]. Allí quiso hospedarlo y agasajarlo don Pedro Caraza, por órdenes del II duque Medina de las Torres (de la casa de Stigliano), en el palacio Gaetani-Colonna. Medina de las Torres (1600-1668), que había sido virrey de Nápoles entre 1638 y 1643, tenía muchos asuntos pendientes en el Reino y le convenía mantener una buena relación con el virrey entrante si quería que se resolvieran de acuerdo a su voluntad. En marzo, Pascual de Aragón, tras visitar con toda su casa el hospital de la Annunziata, describió en una carta a la reina la situación en que dejaba el virreinato. Pascual fue a encontrarse con su hermano en Melito, desde donde entraron juntos a la ciudad por la puerta Capuana, como en su día hiciera Carlos V, y fueron recibidos por el estruendo de los cañones que entonaban la salva real desde el castillo de Sant'Elmo: «Fu l'ingresso alla reale, perche non ci restorno in Napoli carrozze a sei cavalli»[72].

El gobierno de Pedro Antonio de Aragón marcó un antes y un después en la historia del virreinato napolitano por la brillantez de sus manifestaciones de mecenazgo[73] (Figura 46). Pedro Antonio mostró «un tono principesco del tutto insolito nelle tradizioni del viceregno napoletano»[74], alejado de la imagen del virrey aislado que, años después, en 1668, destacaría en su viaje Maximilien Misson, refiriéndose al virrey Francisco de Benavides,

---

[69] *Ibíd.*, fol. 62.

[70] *Ibíd.*

[71] *Ibíd.*, fol. 10.

[72] *Ibíd.*: 11.

[73] AHN, E, leg. 2010, fol. 2/6-9, «título de lugarteniente y capitán general del reino de Nápoles en interin», 1666. Instrucciones públicas y secretas.

[74] Galasso (1982a, Vol. I, cap. VII: 121-141).

Fig. 46. Retrato de Pedro Antonio de Aragón, Egidio Longo editor, 1671, grabado.

conde de Santisteban. Domenico Antonio Parrino, en su *Teatro eroico*, dio más tratamiento a Pedro Antonio de Aragón que a cualquier otro virrey. Innocenzo Fuidoro le situó «conforme li potentati d'Italia»[75].

El recuerdo de la tradición aragonesa cobró un nuevo vigor de la mano de Pedro Antonio de Aragón. A sólo un año de la llegada de Pedro Antonio de Aragón al virreinato, en 1667 el napolitano Niccolo Caputo publicó el libro *Descendenza della Real Casa d'Aragona nel Regno di Napoli, della Stirpe del Sereniss Re Alfonso I* en el que junto a la historia de la descendencia de Alfonso el Magnánimo en el reino de Nápoles, incluyó un extenso elogio al virrey Pedro Antonio de Aragón[76]. En 1668, el juez de la Vicaría, Carlo Petra, daría un paso adelante, publicando su *Paraenesis*, de cien capítulos en los que trazaba un parangón entre el gobierno de Pedro Antonio de Aragón y el de Alfonso V. El rey aragonés se erigió en el modelo de príncipe para Pedro Antonio, que se convirtió en 1667 en guardián de su corazón y cadáver, depositado en el convento de Santo Domingo el real de Nápoles. En agosto de 1671 lograría enviar el cuerpo del monarca al real monasterio de Poblet, panteón también de su familia[77].

Pedro Antonio favoreció a las clases aristocráticas emparentadas con la casa de Aragón, como los Piccolomini o los condes de Celano, y cultivó las devociones religiosas ligadas a su casa. El 3 de abril de 1666, hizo su entrada solemne en Nápoles, siendo el primer virrey nombrado por la reina madre, Mariana de Austria: «giammai non fu veduto accoglimento più maestoso di quello che fece in Napoli il Cardinale d'Aragona al suo fratello don Pietro»[78]. La mañana siguiente de la toma de posesión, Pascual y Pedro Antonio se desplazaron juntos a la iglesia de Santa María del Carmen, para ver el crucifijo milagroso. Era lo primero que hacía el virrey tras hacer su entrada solemne en la ciudad. De allí regresaron juntos a palacio con ocho carrozas, dejándose ver por las calles de San Giovanni a Mare, la puerta Capuana, Marina del Vino, Ferrari Lanzieri, la puerta y

[75] Fuidoro (1938, Vol. II: 11-12).

[76] Impreso en Nápoles en 1667. El volumen de la biblioteca de Pedro Antonio de Aragón fue a parar a la Biblioteca Font de Rubinat Reus, según Eduardo Toda en su *Biblioteca espanyola de Italia*.

[77] Me ocupo de estos hechos de forma más extensa en Carrió-Invernizzi (2008e).

[78] Fuidoro (1938, Vol. II: 20).

la plaza del Castillo[79]. La procesión de toma de posesión servía para dar a conocer al nuevo virrey y presentarle ante los napolitanos.

En abril de 1666, Pascual abandonó Nápoles por mar, no sin antes haber embarcado en unas galeras «l'apparecchio di argenteria ed ogni altra suppelletile». Pascual se detuvo en Civitavecchia, y al no poder acercarse a Roma para despedirse del Papa, por indicaciones de la reina, tuvo que enviar en su nombre a un agente suyo, Luis de Borja, para que fuera a rendir el último homenaje al pontífice[80]. El 24 de abril, Pascual abandonó el puerto de Civitavecchia, paró en Lucca y de allí pasó a Livorno para embarcarse con las galeras del gran duque de Toscana. Llegó a Génova, desde donde zarpó hacia España, y el 13 de mayo llegó al puerto de Cartagena, tras pasar por las costas de Cadaqués, Palamós y Peñíscola. El 9 de junio, Pascual hizo su entrada solemne en Toledo y tomó posesión de la sede arzobispal. A finales de junio ocupó su puesto en la Junta de Gobierno, y a partir de entonces, como consejero de Estado, pudo seguir de cerca la evolución del virreinato de su hermano.

Llegó el verano y con él las frecuentes visitas del virrey a Posillipo[81]. Probablemente, allí se hospedara, como hizo su hermano, en el palacio del duque de Medina, quizá el actual palacio Cellamare en Chiaia, que había pertenecido a la casa de Caraffa Stigliano[82]. La mayor parte de la corte que había asistido a Pedro Antonio y su esposa en Roma, le había acompañado ahora a Nápoles. Entre los gentileshombres que les siguieron se hallaba Bernardo María de Alfaro, nombrado capitán de la Campania de la Compañía de la Provincia de Calabria[83], que además fue caballerizo mayor del virrey. Sebastián Cortizos permaneció también al servicio de Pedro Antonio, pero se fue a España en 1667, donde hasta 1669 repre-

---

[79] *Ibíd.*

[80] Pascual escribió una carta al papa lamentando no poder ir a verle de camino a España: «Con particular dolor parto de Italia sin lograr la suerte que he deseado de besar personalmente los mui santos pies de Vuestra Santidad y puesto a ellos hacer memoria de mi singular rendimiento a la mui santa persona de Vuesta Beatitud y pues por obedecer las ordenes de la reina mi señora no consigo este consuelo» (ASV, SS, Cardinali, Ms. 30, fol. 156, carta de Pascual de Aragón al papa desde Nápoles, 20 de marzo de 1666).

[81] Fuidoro (1938, Vol. II: 21).

[82] Fuidoro (1938, Vol. II: 20).

[83] Al menos desde febrero de 1669 según ASNN, Notaio Agostino Ferraro, scheda 408, nº 18 (1669), fol. 101.

sentó al virrey en Madrid[84]. También figuraba don Francisco de la Riba y Velasco como contador y oficial de la secretaría en la embajada romana y en el virreinato de Nápoles. Por un tiempo se quedó en Roma para servir la secretaría de la embajada del cardenal Sforza, desde donde pasó a Nápoles para servir de nuevo a Pedro Antonio como su secretario de cámara. Don Miguel de Rosio y don Arias de Campoumanes y Argüelles fueron mayordomos suyos. Don Diego Ortiz se sumaba a sus secretarios en el virreinato. Por último, don Cosme Mazarredo era su secretario de Justicia.

Giulio Cesare Bonito, duque dell'Isola, considerado como el *vice-vicerè* o el *privato del vicerè* durante el primer trienio de Pedro Antonio de Aragón, fue, hasta noviembre de 1668, abogado fiscal del Real Patrimonio. Con el tiempo se ganó el rechazo de la ciudad y cayó en desgracia del virrey, que acabó sustituyéndole por Esteban Carrillo. En palacio se llegó a constituir un auténtico «partido aragonés», como le llamaron los cronistas, compuesto por el grupo de favoritos del virrey, Marcello Marciano, Diego de Ulloa, De Filippis, Moscoso, Navarrete, Soria, Astuto, Fiorillo, Capece Galeotta, Giulio Cesare Bonito y Esteban Carrillo, entre otros. El regente Antonio Centelles Borja, de ilustre familia aragonesa y muy bien relacionado con la nobleza napolitana, estuvo en cambio fuera del partido del virrey. Durante el virreinato de Pedro Antonio se pusieron pronto de manifiesto los progresos que alcanzaron los togados, que adquirieron un espíritu corporativo casi de casta y se constituyeron en un auténtico centro de poder a lo largo de toda la segunda mitad del siglo XVII. Los Aragón asistieron a la transformación última de este grupo burocrático en un centro efectivo de poder con el que la Monarquía se vio obligada a dialogar para gobernar el reino. Como ha sostenido Galasso, las autoridades políticas pasaban, pero el aparato burocrático permanecía en Nápoles, con las nuevas competencias y prerrogativas que poco a poco había ido adquiriendo[85]. Uno de los togados, Zufia, fue el hombre con más poder en la administración napolitana hasta su muerte en febrero de 1668. Intervino en importantes decisiones del virrey, como la designación del electo del pueblo. Su

---

[84] ASS N, Notaio Agostino Ferraro, scheda 408, n° 19 (1670), fol. 61 y fols. 105v-107v. Situación legal de Sebastián Cortizos ante la herencia que le deja su padre. Su madre curadora y tutora, por ser él menor de edad, era doña Luisa Hierro de Castro.

[85] Galasso (1982a: 123).

sucesor en el cargo de presidente del Sacro Consejo fue el regente don Félix Ulloa, que en agosto de 1668, tras cuatro años de ausencia, había regresado a Nápoles. Marcello Marciano, criatura del cardenal Aragón, fue enviado en junio de 1667 a España como protorregente en representación del Reino en la Corte. Una vez en Madrid fue promovido a regente y allí falleció en 1670.

Durante estos años se vivió la progresiva afirmación de la autonomía de los togados. Pero también asistimos, en los años sesenta, a una recuperación de la iniciativa nobiliaria. Pedro Antonio marcó el camino hacia una relativa libertad de la aristocracia en Nápoles. La tradicional contraposición entre nobleza y palacio perdió el fuerte carácter político que había conservado durante el gobierno de Oñate o del propio cardenal Aragón, dando lugar a conflictos de precedencia que alimentaron el esplendor nobiliario de los años sesenta. El gobierno de Pedro Antonio no se caracterizó por la corrección administrativa de sus predecesores, particularmente del conde de Peñaranda. Tras algunos meses de gobierno, se extendió la impresión de que con una adecuada iniciativa financiera, canalizada a través del mayordomo o de la misma virreina[86], no había favor que no pudiera obtenerse de palacio. Pedro Antonio mostró claras preferencias por la plaza del pueblo en detrimento de las plazas nobles, en materia de prerrogativas de la ciudad. En verano de 1666 fue sonada la destitución del electo del pueblo, Petrone[87], y de todo su grupo por parte del virrey, con quien habían tenido desacuerdos. En su lugar, sin consultarlo con los togados, Pedro Antonio eligió a Francesco Troise, a pesar de los odios que había cosechado entre la nobleza y de la mala fama de su familia por la forma en que se había enriquecido. La voz popular decía que Troise había comprado el cargo pagando a la mujer del virrey la cantidad dos mil ducados, pero lo que más sorprendió del nombramiento fue su joven edad, menor de la reglamentaria, establecida en cuarenta años.

---

[86] Aunque no existía como tal el cargo de virreina, en la documentación de la época aparece el término «virreina» para referirse a la mujer del virrey y así lo utilizamos.

[87] Su nombre aparece en la relación jurada del Pedro Antonio de Aragón como don Domenico Pretonio, electo del pueblo de Nápoles, entre las personas que le regalaron cuadros (AHPM, 10209, fols. 355-366).

El conflicto por la investidura del reino

A Pedro Antonio de Aragón, al poco de su llegada a Nápoles, le tocó vivir como virrey la difícil sucesión de Felipe IV, después de que el pontífice quisiera enviar allí a un gobernador papal, para llevar las riendas del Reino durante la minoría de edad de Carlos II. Era una decisión inédita que puso a prueba la capacidad de respuesta de la institución virreinal. A diferencia de las demás posesiones italianas de la Monarquía Española, el Reino de Nápoles era un feudo del papa. Al principio de cada reinado, el monarca debía solicitar al Pontífice su investidura como nuevo rey de Nápoles. El papa, a cambio de expedir la pertinente *bula áurea*, recibía su juramento de fidelidad hacia la Santa Sede. La fiesta anual de la *Chinea* en Roma, que solemnizaba la entrega de un tributo al papa por el mantenimiento del gobierno de Nápoles, invocaba, con mayor asiduidad todavía, los lazos jurídicos que ataban Nápoles al Estado Pontificio.

El conflicto abierto por la sucesión de Felipe IV no tuvo precedentes en Italia, al ser el sucesor, por primera vez, menor de edad. Carlos II no había cumplido aún los catorce años. En 1621, al morir Felipe III, Francisco Fernández de la Cueva, VII duque de Alburquerque (1575-1632)[88], afrontó la sucesión de la Corona desde Italia sin inconvenientes, al ser Felipe IV mayor de edad.

El conflicto lo heredó Pedro Antonio de Pascual de Aragón al llegar al virreinato napolitano, aunque ya durante su embajada en Roma pudo conocer los primeros indicios de un problema que iba a magnificarse a partir de 1666. Desde Roma, en octubre de 1665, Pedro Antonio ya había comunicado al Consejo de Italia la necesidad de poner en marcha el proceso de investidura en el reino de Nápoles y en el estado de Milán[89]. En diciembre de 1665 había vuelto a escribir a la Reina, esta vez para alertarla de la intención del papa de enviar a un legado apostólico a Nápoles, y ejercer el *baliatu regni*. Era una determinación que había tomado influido por los escritos del clérigo napolitano Camillo Tutini[90]. El papa ponía sobre la mesa un doble problema: la insuficiencia —a su

---

[88] Ya se ha dicho de él que había ocupado el cargo de virrey de Cataluña entre 1615 y 1619.

[89] AGS, E, 3289-87.

[90] Ottavio Morisani tambien hace referencia de los manuscritos de Tutini (Camillo Tutini, nacido en Nápoles en 1574), «manoscritti lasciati al suo protettore il cardinal F. M. Brancacci, ora a la Biblioteca Nazionale di Napoli», 1958. Véase también Lauro (1974).

juicio— de la figura del virrey al mando de un reino de la importancia de Nápoles, y la contradicción de la naturaleza representativa del virrey. ¿Cómo iba a representar el virrey el *alter ego* de un monarca de sólo cuatro años? En caso de imponerse las tesis de la Santa Sede, el enviado papal se iba a encargar de tutelar en el reino los derechos de un monarca niño, en sustitución del virrey. Las tesis papales se convirtieron en el mayor desafío sufrido por el virrey de Nápoles en su historia[91]. Querían anteponer la naturaleza contractual de la relación entre la Curia y Nápoles por encima de la esencia feudal[92].

Pascual de Aragón, todavía como virrey de Nápoles, había quitado importancia al problema del gobernador apostólico. En su opinión, tal pretensión no tenía ninguna posibilidad de prosperar[93]. Mientras los dos Aragón remitían estas noticias a la Corte, el nuncio en Madrid trasladaba a Roma su visión sobre el problema. Según él, la situación en la Corte de Madrid tras la muerte de Felipe IV era caótica, reinaba la desunión y la desinformación sobre la propuesta papal, situación que podía hacer prosperar la pretensión de la Santa Sede[94].

Otro factor complicó inesperadamente las relaciones entre la Santa Sede y España justo en este momento: la controversia del baldaquín de Milán protagonizada por el gobernador don Luis Ponce de León. Se preparaba la legacía del cardenal Ludovisi a Milán con motivo del viaje de Margarita de Austria a Viena. Luis Ponce de León quiso escatimar tratamientos al legado pontificio y no ofrecerle el preceptivo baldaquín en su recibimiento en la ciudad. La Santa Sede protestó por lo que consideró una inaceptable decisión en materia de ceremonial y lamentó la resistencia que ofrecía Ponce de León a la obligada extracción de las décimas ecle-

---

[91] AHN, E, 2011, 1/9, Carta de Pedro Antonio desde Roma, 4 de dic de 1665. Marciano: *De baliatu Regni Neapolitani*, Nápoles, N. de Bonis, 1680, pp. 462-482.

[92] Colapietra 1961.

[93] *Ibíd.*, Carta de Pascual de Aragón a la Reina desde Nápoles, 3 de febrero de 1666.

[94] ASV, SS, Spagna, Ms. 352, fol. 18, carta del nuncio en Madrid, 3 febrero 1666. «La disunione con la quale continuano tra di loro questi ministri nel maneggio di principali negoti della Monarchia non puo esser maggiore». *Ibíd.*, fols. 19-20, carta del nuncio en Madrid de 17 de febrero de 1666. Despachos del Consejo de Estado, a 9 de marzo de 1666: Informes de D. Pedro Antonio de Aragón al Consejo de Italia sobre la investidura del Reyno de Nápoles. Con una carta de Nicolás Antonio al respecto en AHN, E, 2011, 2, n° 2. 1/10-18 y 29.

siásticas del estado de Milán[95]. Se puede constatar en la correspondencia de la curia de esos años un clima de alta susceptibilidad en la Santa Sede por el aislamiento al que la sometían las demás potencias. El papa se sentía acorralado y culpaba a los príncipes cristianos de dejarle solo frente a las reiteradas amenazas de Francia[96].

En abril de 1666, la reina remitió a Pedro Antonio de Aragón la carta de petición al papa de la investidura de su hijo Carlos II como rey de Nápoles. Habían transcurrido siete meses desde la muerte de Felipe IV y tres desde que se desatara la controversia[97]. En Roma hubo malestar por la tardanza y por el procedimiento con que los españoles habían solicitado la investidura. La Santa Sede se reafirmó en su decisión de dar la investidura sólo si se aceptaba el envío del gobernador papal. Ante la negativa española, el nuncio en Madrid trasladó al Consejo la decisión del papa de no querer recibir ese año el tributo de la *chinea* de parte de los españoles. La entrega de la *chinea* significaba mucho más que la mayor fiesta española en Roma, como se ha visto en los capítulos precedentes. Era un rito constitucional en la medida en que su escenificación garantizaba el gobierno de los españoles en el reino. Su suspensión habría desencadenado una grave crisis en la Italia española[98]. En caso de cumplirse la amenaza, se podía llegar a una devolución del reino al Estado de la Iglesia y, en palabras del nuncio en Nápoles, a la «privatione del regno come fu pratticato col re di Francia a favor del re Ferdinando d'Aragona»[99] y, por lo tanto, en la práctica, a una expulsión efectiva del virrey del gobierno de Nápoles[100].

---

[95] ASV, SS, Spagna, Ms. 352, fols. 4-5, carta dirigida al nuncio en Madrid, de 6 de febrero de 1666. *Ibíd.*, fols. 6-7, carta dirigida al nuncio en Madrid de 13 febrero de 1666.

[96] *Ibíd.*, fols. 5v-6, carta dirigida al nuncio en Madrid de 9 febrero de 1666.

[97] AHN, E, 2011, 1/11.

[98] AHN, E, 2011, 1/13.

[99] ASV, SS, Spagna, Ms. 352, fol. 56, carta del nuncio en Madrid, de 30 de junio de 1666.

[100] «[...] di domandare in caso di successione di nuovo Re dentro sei mesi la renovatione dell'Investitura e di prestare il solito giuramento di fedeltà e di vassagliaggio et in oltre di ricevere il Baiulo che da Sua Santità si debe deputare per l'amministratione del Regno e delle Regie entrati di napoli durante la minorità del re Carlo II, in risposta mi ha detto [...] che per l'altra conditione di depurare l'amministratore durante la minorità del re presente non solo vi erano ragioni molto rilevanti in contrario [...] Io gli ho replicato che in quanto alle tagioni erano molto chiare e patenti [...] e tenere il Regno di Napoli in amministration stanto in possesso di deputare simil amministratori ogni volta che n'è succeduto il caso [...] e che non può dirsi pretensione nuova quella dell'amministratore»

Essendosi avanzati alcuni d'essi [ministros españoles] a rappresentarmi come per scherzo che dal re si sarebe risparmiata, nell'avenire, la spesa della chinea [...], al che fu corrisposto da me con dir loro che alla Santita di Nostro Signore non li sarebbe stato incommodo, mentre non se ne serve per la persona propria ma solo ad uso di portar acqua e legna si mantengono nella stalla simil chinee[101].

Con el fin de ofrecer un primer gesto de fuerza, el Consejo de Estado dio a Pedro Antonio de Aragón los poderes para que eligiera a la persona que debía entregar el tributo de la *chinea* al papa, una atribución que no solía tener[102]. El Consejo terminó aprobando la elección del hijo del príncipe Camillo Pamphili[103]. Pedro Antonio de Aragón defendió bien los intereses españoles en una audiencia con el nuncio[104], sosteniendo que para su gobierno, al reino ya le bastaba con el virrey:

> Que en el punto de enviar balio al gobierno deste Reyno durante la menor hedad del Rey nuestro señor le devia decir que hallándome yo [Pedro Antonio de Aragón] gobernándole le ofrecia un buen hospedaje en casso que Su Beatitud le enviase[105].

Pero el Consejo sostuvo que el virrey se había mostrado generalmente demasiado estricto en la negociación del conflicto de la investidura y por ello le exhortó a mostrarse más templado en sus declaraciones. Le

---

(ASV, SS, Spagna, Ms. 352, fol. 39-40, carta del nuncio en Madrid de 12 de mayo de 1666 sobre la negociación de la investidura).

[101] Carta del nuncio en Madrid, 30 de junio de 1666, ASV, SS, Spagna, Ms. 352, fol. 56.

[102] *Ibíd.*: «tanto la chinea quanto il danaro per la sodisfacione del canone si ritrovi come ancora la persona che si sara electa dal vicere di Napoli per presentarla nella prossima festivita di san Pietro». Al final no fue ningún ministro de Nápoles.

[103] AHN, E, 2011, 2/3.

[104] AHN, E, 2011, 1/13, consulta del Consejo de Italia sobre la carta de Pedro Antonio de Aragón de 16 de abril en la que informaba sobre su entrevista con el Nuncio de Nápoles y sobre «lo que ha formado el Fiscal del Consejo de Italia respondiendo con arta erudición y fundamentos de justicia a otro que hizo un clerigo napolitano pretendiendo provar el derecho que asiste a su santidad para el nombramiento de dicho bailío [...] en quanto a lo que paso a Don Pedro Antonio de Aragón con el Nuncio de su santidad que reside en Nápoles, parece sele apruebe no haver querido tomar el papel que se le daba» (AHN, E, 2011, 1/2, 23 de mayo de 1666. Resolución del Consejo sobre el tema, AHN, E, 2011, 1/14).

[105] *Ibíd.*, Carta de Pedro Antonio de Aragón, Nápoles 16 de abril de 1666.

animó a no hablar de *protesta,* pues era una palabra odiada en Roma[106]. Pedro Antonio se debía limitar a impedir la llegada del gobernador[107]. Se sucedieron los escritos de los consejeros del virrey como el memorial que escribió el fiscal del Consejo de Italia, Félix Ulloa, en contra de la pretensión papal. Otro memorial del duque de Diano fue enviado por Pedro Antonio a la reina[108]. El virrey había preparado una batería de argumentos contra la pretensión de la Santa Sede, que se concretaron en la publicación de textos de Marcello Marciano, como el *De baliatu regni.* A la gravedad de la reivindicación papal se sumaron pronto los problemas internacionales, que tampoco daban tregua al virrey, como la entrada de Luis XIV en el Brabante. También en este caso, Pedro Antonio impulsó la publicación de escritos jurídicos en defensa de los derechos españoles que justificaron la Guerra de Devolución. Todos estos textos se consideraron fuera de Nápoles los mejores escritos publicados sobre la defensa de los derechos internacionales del rey de España. La política internacional española durante estos años parecía conducirse con mayor eficacia desde Nápoles.

Finalmente Alejandro VII firmó la bula para la investidura del Reino de Nápoles[109] y se celebró la fiesta de la *chinea.* Sin embargo, la reivindicación papal de enviar a un gobernador a Nápoles se mantuvo en pie durante al menos un tiempo. Aunque Pedro Antonio creyera, con razón, que esta pretensión de Roma pronto se iba a abandonar, al ocuparnos de

---

[106]   *Ibíd.*: «Solo repara el consejo y tiene por conveniente se escuse la palabra protesta en todas partes donde se usa della en casso de no admitirse el feudo respecto de ser tan odiosa en aquella corte y así parece se omita y pongan en su lugar otras que sean equivalentes para explicar el mismo fin».

[107]   *Ibíd.:* «También parece sera bien se escuse lo que se dize al virrey de Nápoles en orden a prevenir los Presidios de los confines con el estado de la Iglesia porque parece que seria pasar demasiado empeño y bastara mandarle que de ninguna manera admita el Balio o Gobernador usando para ello de los medios permitidos en todos derechos».

[108]   AHN, E, 2011, 1/29, «Memorial de Carlos Cala, Duque de Diano. Exempcion del Reyno de Nápoles del Baliato y Censo que pretende la Santa Sede Apostólica, fundada sobre las propias concesiones y envestiduras por don Carlos Cala, Duque de Diano del consejo de Su Majestad y presidente de la Regia Camara de la Summaria. De orden del Excmo. Señor don Pedro Antonio de Aragón». La amistad entre el duque de Diano, consejero de Pedro Antonio, y Juan Caramuel acercan la figura del teórico de arquitectura al virrey, a quien a lo mejor asistió en la redacción de su *Geometría militar.*

[109]   Según informó el cardenal Sforza desde Roma en carta de 8 de julio de 1666, AHN, E, 2011 1/23 y 1/25. AHN, E, 2011, 2/4.

las obras públicas del virrey, veremos cuál fue su respuesta al conflicto en el terreno del mecenazgo en la ciudad[110].

El poder de los regalos

Bernardino Rocci, nuncio de Nápoles desde junio de 1665 hasta febrero de 1668, vivió los momentos más difíciles en materia jurisdiccional de los virreinatos de Pascual y Pedro Antonio de Aragón, por la crisis del proceso de investidura. En 1665 impulsó las remodelaciones del palacio de la Nunciatura, al que nos referiremos en el apartado del palacio, y regaló a la esposa del virrey una medalla de bronce con la efigie de Alejandro VII, para recordarle la debida fidelidad al pontífice. Se acercaba el fallecimiento del papa, y la reina Mariana de Austria, en noviembre de 1666, encargó al virrey Pedro Antonio de Aragón que remitiera a Roma las cantidades que le parecieran oportunas para los gastos del cónclave, y concretamente para las dádivas a los cardenales, dejando a su conciencia «esta materia tan escrupulosa». Estaba próxima la celebración del cónclave de 1667 del que saldría elegido el cardenal Giulio Rospigliosi, con el nombre de Clemente IX. Pedro Antonio quiso poner freno a los despilfarros en que, según él, habían derivado los anteriores cónclaves: «Que [yo, Pedro Antonio] no hallava gastos precisos mas que el de las celdas de los cardenales de la facción y de los que podrían importar las cortas dadivas que se reparten en aquellos sujetos». Exigió una reforma en profundidad de una práctica española muy extendida, la de entregar regalos a los cardenales, que había derivado en un derroche desproporcionado:

> Con el conocimiento que tengo de la corte de Roma y de los cardenales, tuve por conveniente al servicio de Dios y de Vuestra Majestad, reformar un abusso tan escandalosisimo y simoniaco que ha dado bien que discurrir a los

---

[110] «En cuanto al valio juzgo que Vuestra Majestad puede estar sin cuidado, pues haviendo muchos dias que no se muebe la platica sobre esto en Roma, ni aquí el nuncio, devo creer que en aquella corte se abran desengañado» (AGS, E, 3289-87). El nuncio, en una carta del 30 de junio, llegó a dar cuenta de las heridas que quedaron abiertas tras el proceso de negociación, en las relaciones entre la Corona y la Santa Sede. Al fin y al cabo se llegó a hablar de devolución del reino de Nápoles, ASV, SS, Spagna, Ms. 352, fol. 56, carta del nuncio en Madrid, de 30 de junio de 1666.

herejes, con poco decoro de nuestra sagrada religión y del santo y catolico celo de Vuestra Majestad[111].

Pese a la denuncia de derroche por parte de Pedro Antonio de Aragón, seguramente encaminada a reservarse más recursos para sus obras públicas de Nápoles, a los cardenales se les ganaba con algo más que con regalos. La correspondencia exterior del virrey revela que los cardenales italianos continuamente recomendaban a parientes suyos para puestos clave de la administración del reino. El virrey, satisfaciendo sus demandas, o intercediendo en causas legales en las que los cardenales estaban involucrados en cualquier territorio español de Italia, se aseguraba su fidelidad en los cónclaves[112].

En diciembre de 1666 murió Alejandro VII. El cardenal Íñigo Caracciolo (1607-1685), tuvo que abandonar Nápoles para acudir al cónclave en Roma. Pertenecía a la antigua aristocracia napolitana, en marzo de 1667 sustituiría al cardenal Filomarino como arzobispo de Nápoles, y su nombramiento iba a ser celebrado tanto por la nobleza local como por el virrey: «es sujeto muy benemérito y de quien se puede esperar que obrara con fineza en servicio de esta Corona»[113]. En ocasión del cónclave, los virreyes le prepararon una despedida y Ana Fernández de Córdoba le hizo donación de un regalo que fue motivo de burla por parte de los cronistas: una simple y pequeña tableta de chocolate.

[Pieza de chocolate] di peso d'una libra, fu assai comentata l'avarizia di questa signora viceregnia, che fa tremare il marito, ch'è più avaro di lei, a segno che fa restar spostati li pagamenti di soldati e li partitarii di bastimento[114].

Pedro Antonio había aconsejado reducir los regalos entregados a los cardenales durante los cónclaves, pero no renunció a recibir presentes de ellos. Como se recordará por los capítulos de la embajada en Roma, el cardenal Ottavio Acquaviva entregó a Pedro Antonio dos pinturas iguales que representaban la una al arcángel Miguel con el demonio y la otra a

---

[111] AGS, E-R, leg. 3040

[112] ASN, SV, CE, Vol. 1297 (1666-1670).

[113] El Consejo de Estado en consulta de 31 de marzo de 1667 lo manifestó sobre Íñigo Caracciolo, AGS, E-R 3040.

[114] Fuidoro (1938, Vol. II: 129).

un santo obispo. El cardenal Íñigo Caracciolo, al que la mujer del virrey había entregado el chocolate, también regaló pinturas a Pedro Antonio de Aragón. El cardenal Caracciolo estaba muy familiarizado con la obra del pintor Luca Giordano, a quien llegó a encargar veintiocho cuadros del apostolado y los santos protectores para decorar la nave central de la catedral de Nápoles.

En 1667, el fallecimiento del anterior arzobispo, Filomarino, además de favorecer el relajamiento en las relaciones jurisdiccionales, facilitó el mecenazgo virreinal en la capilla del Tesoro de la catedral. El arzobispo de Nápoles era el titular de la custodia de las reliquias de San Genaro, junto a los diputados del Tesoro. En mayo de 1667, Pedro Antonio de Aragón y Ana Fernández de Córdoba fueron a visitar las reliquias del santo en la capilla del Tesoro. Como mandaba la tradición, los canónigos no salieron a recibirles. Una vez dentro, el virrey ordenó tomar las medidas de las puertas del relicario para encargar unas nuevas de plata. Probablemente fuera en esta ocasión cuando el cardenal arzobispo Caracciolo, en agradecimiento, correspondió al gesto del virrey, regalándole un cuadro de San Genaro, original de Luca Giordano[115]. También el cardenal Pascual de Aragón regresó a España con otro cuadro de San Genaro de Luca Giordano, hoy en la catedral de Valladolid, que adquirió en Nápoles junto con una extensa colección de pinturas que luego donaría a la catedral de Toledo.

En enero de 1668 el cardenal Caraffa llegó a Nápoles, procedente de Viena, para visitar a su madre antes de pasar a su legacía de Bolonia. El nuncio Bernardino Rocci quiso informar a la curia del regalo que el cardenal había hecho al virrey de Nápoles, Pedro Antonio de Aragón, antes de abandonar la ciudad: un espléndido espejo, «guarnito con nobil disegno e vaghezza singolare fatto a lavori di cristalo di montagna»[116]. Fuidoro sostuvo que el cardenal Caraffa había reutilizado este regalo tras haberlo recibido primero de la República de Venecia, durante su nunciatura. Este fue un fascinante caso de circulación de regalos reaprovechados en las cortes italianas. El virrey no se inmutó y respondió al regalo de Caraffa

---

[115] Por el tamaño de la obra que regaló a Pedro Antonio (185 x 120 cm), podría corresponder según Frutos y Salort al *San Genaro en gloria* de la catedral de Valladolid de 174 x 127 cm, pieza fechada entre 1667 y 1680, de procedencia desconocida, y que pudo haber pertenecido a la colección de Pedro Antonio (Pérez Sánchez 2002: 136-137).

[116] ASV, SS, N, Ms. 70, nuncio Bernardino Rocci, fol. 26, Nápoles, 14 de enero de 1668.

con otra dádiva, consistente en siete caballos[117]. El cardenal Caraffa se sintió obligado a cuidar mucho las formas durante su estancia en Nápoles, dado que tenía varias causas pendientes en los tribunales napolitanos con el cardenal Francesco Barberini[118]. Tras la marcha de Caraffa, Francesco Barberini se apresuró a reclamar al virrey unos papeles del Colateral para ver favorecida su causa. No debería extrañarnos que acompañara esta solicitud al virrey del regalo de un cuadro de San Guillermo, de Giacinto Brandi, valorado en 1680 en 3.300 ducados[119].

Al poco de la visita del cardenal Caraffa, el 17 de enero 1668, salió del puerto napolitano «una nave con 14 ronzini piccoli, di colore quasi falbo, con un carrozzino, una lettiga ed una galessa, ch'è una carrozzina piccola, ch'è tirata da un solo cavallo. E si è imbarcato in essa don Berardino Afan, creato di don Pietro Antonio d'Aragona, vicerè di Napoli, e tenente della sua guardia, a portare questo donativo alla maestà del re Carlo II d'Austria»[120]. Este carrocín que regaló Pedro Antonio de Aragón a Carlos II fue reaprovechado en 1680, con motivo de la entrada en Madrid de la reina María Luisa de Orleans, ocasión para la que todo el juego de carroza se doró[121]. En abril de 1669, Bernardo Afán volvió a abandonar Nápoles en barco con destino a España, para trasladar a Madrid parte de la colección de Pedro Antonio, además de varios caballos para el rey, así como un maestro de equitación[122]. En mayo de 1670, el embajador X marqués de Astorga envió de Roma a Madrid varias cajas con regalos para la reina, para Carlos II y para los ministros de la Corte. Astorga copió el regaló que Pedro Antonio había realizado dos años antes y envió de nuevo al rey un carrocín[123].

---

[117] Fuidoro (1938, Vol. II: 65).

[118] ASN, SV, CE, Vol. 1297 (1666-1670). Carta de Pedro Antonio de Aragón de Nápoles, 18 de diciembre 1666.

[119] ASN, Consiglio Collaterale, Segreteria IV n° 36 Risoluzioni e Proposte n° 17 (1668), fol. 67. 2 de mayo de 1668, Melchor de Navarra, AHPM, 10209, fols. 335-336.

[120] Fuidoro (1938, Vol. II: 67).

[121] AGP, Administrativa, leg. 5264, exp. 3, «cuenta de 28 de enero de 1680 de Blas Solano, dorado de mate [...] asimismo doro todo el juego de carroçin q Imbio Don Pedro de Aragón y resano en la caja algunas faltas q tenia/ 6000rs», agradezco a Jorge Fernández Santos esta referencia.

[122] *Ibíd.*, Vol. II, p. 113.

[123] «La primera una caja y dentro de ella un cuerpo de un santo llamado san Felicísimo. Otra cajas con reliquias y estagnys, y una caja para la majestad catolica de la

En una auténtica escalada de envíos de regalos para la reina, Pedro Antonio no quiso quedarse atrás y el mismo año le volvió a enviar varios presentes. Fuidoro revela que en esta ocasión el regalo de Pedro Antonio pudo tener unas razones bien claras. En septiembre de 1670, el general Juanetín Doria no había cobrado aún unos diez mil ducados que le debía el virrey, y por ello se negaba a abandonar Nápoles como se le había solicitado. Sus familiares fueron a Madrid en su nombre para expresar a la reina sus quejas por el mal trato que recibía del virrey, pero no contaron con que éste se les había adelantado y había enviado a Mariana varios regalos para acallar las voces críticas que venían de Nápoles. Fuidoro se mostró seguro de que las quejas de Doria no serían escuchadas en Madrid y de que la reina no iba a hacer nada: «non fara niente, perche don Pietro l'ha mandato gran denari e suppellettile reale»[124]. Unos años después llegaría la reconciliación entre el virrey y Doria. El 10 de marzo de 1671, Pedro Antonio acudió a consolarle en su lecho de muerte y a saldar sus cuentas con él. El cuadro que Juanetín regaló a Pedro Antonio antes de morir debió ser el fruto de esta reconciliación[125].

Como hemos visto, durante su virreinato Pedro Antonio de Aragón tuvo múltiples ocasiones para entender y explotar el valor de los regalos. Pero no sólo a escala napolitana. También, en ocasiones, a escala internacional. En abril de 1667, la República de Ragusa (actual Dubrovnick) padeció un terrible terremoto que destruyó buena parte de la ciudad. Una vez al año, cada 13 de octubre, la república regalaba al rey católico a través

---

reyna nuestra señora que dios guarde, con guantes, mantecas y aceytes y assimio muchas reliquias y estagnus y otra cajas de camandoles y medallas y otras cosas de devocion. La qual dicha ropa yo el dicho […] vi poner y encerrar en dichas cajas y doy fe […] que el señor embajador en virtud del juramento […] y regalo la embiaba a los señores ministros de su corte de Madrid […] testigos don Martin de Salcedo y Sebastián de Avendaño […] testimonio de los dos cajones grandes aforrados en tela gruesa y encerrados en cima con sobre escrito para servicio de rey nuestro señor. En los quales fueron puestas las guarniciones del tiro de siete machuelos blancos la carroza que su excelencia el marques de Astorga embio a su majestad los quales dichos cajones Su Excelencia consigno en manos y poder de Francisco Escala criado de su excelencia» (ACR, Sezione I, Jacopus Antonius Redontay, Vol. 631 [1670]).

[124] Fuidoro (1938, Vol. II: 157).

[125] «Una pintura de una Verónica con vidrio cristalino y marco de hebano de media vara de ancho y poco más de alto, dejó a su Excelencia quando se murió Juanetín Doria, guardián de las Galeras de Nápoles, valorado en 220 ducados» (AHPM, 10209, fols. 355-366, *Relación jurada de Pedro Antonio de Aragón*).

del virrey de Nápoles el tributo de 12 halcones[126]. Este regalo tuvo ese año un significado especial, en el delicado equilibrio de las relaciones de esta pequeña república dálmata con la Monarquía hispánica. Las autoridades de la república dieron a conocer a Mariana de Austria y al virrey Pedro Antonio las maniobras de venecianos y ministros de la Santa Sede para apoderarse de ella con el pretexto de enviar ayuda para su reconstrucción. La república estaba decidida a conservar su antigua libertad y rechazó la ayuda ofrecida por Venecia y la Santa Sede. El acuerdo al que llegó el virrey con el agente de Ragusa, Gaspar de Teves, consistió en proporcionar, con disimulo, la ayuda financiera y militar necesaria para la reconstrucción de la república, a cambio de conservar sus lazos con la Monarquía española. El regalo de los doce halcones se convirtió en el recordatorio de la condición de España como aliada preferente de la República de Ragusa. Este episodio revela la trascendencia atribuida a las demostraciones públicas. Un mismo gesto, como el de brindar ayuda para la reconstrucción de una ciudad, podía exhibirse de modos muy distintos, y en el matiz estaba la diferencia. Una república tan atenta a tales gestos forzosamente tenía que otorgar mucha importancia al símbolo del regalo. El día que Ragusa decidiera interrumpir su envío de halcones, todos habrían entendido que presenciaban la ruptura de la alianza entre España y esta pequeña república del Adriático[127].

Los regalos protagonizados por las naciones que más abundaban eran los animales, por su gran carga simbólica. Regalos de animales como los halcones contaban con el mayor aprecio institucional. De otros presentes se podía prescindir, pero nunca de caballos, mulas o halcones, según los casos. Constituían regalos oficiales o regalos de estado donados con una ineludible periodicidad. La tradición mandaba que el virrey de Nápoles enviara caballos con una cierta regularidad al rey de Francia, a la reina Cristina de Suecia y, por supuesto, al rey de España. Y el pro-

---

[126] «La republica de Ragusa da el solito dono al vicere cardinale come ogni anno al re cattolico in segno di tributo, dodici falconi, i quali sono stati presentati da don Pietro Veglies agente in questa citta della medesima» (ASV, SS, Napoli, Ms. 66, fol. 202. *Avviso* de Nápoles 13 de octubre). Se trataba de un regalo habitual: durante el virreinato napolitano, Pascual de Aragón también recibió del marqués de Castelrodrigo un regalo de varios halcones desde Flandes, ASN, SV, leg. 291.

[127] AGS, E, leg. 3290-123. Carta de Pedro Antonio de Aragón de Nápoles, 17 de agosto de 1667.

tagonista ineludible de la fiesta de la *chinea* también era un animal: la jaca blanca.

De la guerra a la paz: festejos, obras públicas y retratos

En marzo de 1667, Pedro Antonio de Aragón escribió a la reina alarmado por los constantes incumplimientos por parte de Francia del Tratado de los Pirineos. Los temores del virrey se basaban en la pretensión de Francia de considerar nulas las renuncias expresadas en el tratado por Margarita de Austria, esposa de Luis XIV e hija de Felipe IV, sobre la provincia de Brabante, territorio español en Flandes. El virrey encargó a Carlo Calà, duque de Diano, la redacción de un memorial de protesta y solicitó a la reina autorización para su publicación[128]. En verano de 1667 se desencadenó la guerra franco-española llamada «de Devolución», tras la invasión francesa del Brabante. Luis XIV alegó el derecho de propiedad local y las cláusulas de su contrato matrimonial para reivindicar los Países Bajos españoles si no se completaba el pago de Felipe IV de la dote de Margarita de Austria. La intervención del reino de Nápoles con sus recursos no fue poca, pese a que Pedro Antonio trataba, por todos los medios, y durante todo el virreinato, de limitar contribuciones hacia el exterior que pusieran en riesgo la defensa del reino[129]. Pedro Antonio movilizó a los intelectuales locales a favor de los derechos españoles. Desde los meses previos a la guerra, el abandono de la moda francesa en Nápoles fue un gesto extendido de lealtad hacia los españoles que el virrey quiso forzar con fines propagandísticos. El virrey publicó un bando en agosto de 1667 en el que se prohibía la entrada de cualquier persona o mercancía francesa en Nápoles[130]. El electo del pueblo, Francesco Troise, publicó

---

[128] AGS, E, 3290-63.

[129] *Ibíd.*, 3290-133: «Y aseguro a V.S. con toda la verdad que le professo que estoy mortificado de que no haian hecho fuerça las representaciones que tengo echas sobre el estado de la hacienda real en este reino, para considerar la imposibilidad de poder cumplir con lo que se me manda y puede creer V.I. que me da esto muy malos dias y peores noches, extrañando que los señores conde de Castrillo y Peñaranda y el cardenal mi señor se hayan olvidado de lo que este reyno, Dios me de paciencia que bien la necesito. No dudo que se haya celebrado mucho la exaltación al pontificado de clemente 9° pues se ha conseguido quanto se podía desear».

[130] «Con motivo de las demostraciones francesas, celebran las medidas tomadas por el virrey incluso la prohibición de vestir a la francesa» (AGS, E 3290-135).

un texto, dirigido a Pedro Antonio, de apoyo a los derechos territoriales de los Austrias[131]. Fue parte de una amplia demostración de fidelidad y vasallaje de los napolitanos en los difíciles momentos de la guerra con Francia[132].

Al tiempo que en Nápoles el virrey rompía toda relación comercial con Francia, el comercio con ingleses y holandeses creció, sobre todo tras la firma de la paz con ambas naciones[133]. El 31 de agosto llegaron a Mergellina, procedentes de Sicilia, cuatro galeras cargadas de seda, dos de la república de Génova y dos de Florencia, «e subito, sono state spedite dal viceré che andassero con le due di Napoli». El virrey estaba pues fomentando el comercio de seda siciliana con el resto de Italia, para intercambiar otros productos con otros príncipes de la península. Pedro Antonio ordenó garantizar la libertad de paso de mercancías en barcos que hicieran escala en Nápoles e impulsó el proyecto de crear una compañía comercial en 1667 que resultó fallido.

Además de las decisiones en materia comercial, el virrey tuvo otros gestos significativos en el verano de 1667, durante la Guerra de Devolución. Con el fin de reforzar el sentimiento de apoyo a los Austrias en Nápoles ordenó que se quitaran del palacio de la familia Massarenga y de sus posesiones en la ciudad de Castellamare las armas del duque de Parma, cercano a Francia, que colgaban en las fachadas[134]. En este clima bélico se empezaron a producir relevos importantes en la administración del reino y llegaron nuevos oficiales procedentes de España. El de 1668 fue un año de mayor circulación de personas si cabe. En marzo llegaron de España el regente Antonio Capobianco y el militar Luigi Poderico[135], considerado líder de la nobleza napolitana desde tiempos de Oñate hasta el virreinato de Fernando Fajardo y Álvarez de Toledo, VI marqués de

---

[131] Impreso Carolus Dei Gratia Rex & Regina Materi Tutrix & Gubernatrix. En Nápoles por Egidio Longo Impresor de la Regia Corte.

[132] «Contra las injustas pretensiones con tanta iniquidad pretendidas por el rey crisianismo [...] se sirva de oir tan justos ruegos del fidelissimo y devotísimo vasallaje que está muy prompto a derramar su sangre en servicio de Su majestad catolica a cualquier orden de Vuestra Excelencia a quien dan las devidas gracias de tantos beneficios como cada dia estan reciviendo de su mano» (AGS, E 3290-135).

[133] AGS, E 3290-30. Pedro Antonio temía tomar resoluciones que favorecieran la herejía, como muchas veces lo planteó al nuncio. Carta recibida el 20 de febrero de 1667. AGS, E 3290-29.

[134] Fuidoro (1938, Vol. II: 53).

[135] ASV, SS, N, Ms. 70, fol. 130.

los Vélez. Se convirtió en el símbolo de la nobleza leal a la Corona[136]. En agosto, llegó a Nápoles el regente Félix Ulloa, nombrado en sustitución del regente Zufia, fallecido unos meses antes.

En marzo de 1668 se publicó la paz entre España e Inglaterra. Al mes siguiente, se conocieron en Nápoles las bases de la paz entre el duque de Braganza, declarado rey de Portugal, y el rey católico. A finales de mayo se firmó la definitiva paz con Portugal, en la que se reconocía su independencia y el tratamiento de rey a rey, y se establecía que si Braganza quedaba sin herederos, el reino de Portugal debía pasar de nuevo a los Austrias. La armada portuguesa se comprometió a defender Flandes junto a la española y contra los franceses.

Tras las firmas de paz, Pedro Antonio de Aragón cerró un período en el que había mostrado preocupación por la gestión de los recursos financieros del reino y por ciertas prácticas en materia de representación, como las dádivas repartidas entre los cardenales congregados en cónclave. A partir de este momento abrió una nueva etapa de intensificación de su política de obras públicas y asistenciales, dimensión que fue esencial en su gobierno y que tuvo su primer y temprano reflejo en el hospital de San Genaro de los Pobres, cuyas obras inició durante la Guerra de Devolución.

Los españoles, y entre ellos también el virrey Pedro Antonio de Aragón, percibieron como humillante la firma de la Paz de Aquisgrán con Francia. Los festejos organizados por el embajador en Roma, marqués de Astorga, con motivo de la paz, fueron un espejismo, pues el tratado fue sentido como perjudicial a los intereses de la Monarquía hispánica, hasta el punto de que Pedro Antonio de Aragón decidió retrasar su publicación en Nápoles. La paz no alejaba las sospechas de que Francia invadiera Italia. Los franceses dieron tempranas muestras de no querer rebajar sus demostraciones de fuerza en materia ceremonial y tampoco en el reino diplomático de los regalos: tras la Paz de Aquisgrán, y como hiciera en su día la reina Cristina de Suecia, el embajador de Francia exigió a Pedro Antonio de Aragón un donativo de caballos de Nápoles. Como se recordará, ni siquiera el nuncio de Nápoles, Bernardino Rocci creyó en la inocencia de esta petición francesa:

---

[136] D'Angelis: *Funerali celebrati in Napoli al Generale Luigi Puderico, 16 giugno 1673*, Nápoles, Stampa del Roncagliolo, appresso Carlo Porsile, 1674.

Il signor ambasciatore di Francia che risiede appresso la Santità di Nostro Signore ha richiesto en due lettere particolari questo signore vicere d'un estratione di cavalli parte per servitio di Sua Maesta cristianisima e parte per suo proprio. Posta questa lettera in consulta e giudicatosi scritta per ogn'altro fine che per l'estrattione che si dimanda[137].

La petición del embajador francés era un intento de poner en evidencia al virrey por querer retrasar la publicación de la paz en Nápoles. Ninguna extracción de caballos, así como ningún regalo al monarca francés se habrían producido, desde Nápoles, en tiempos de guerra hispano-francesa. Los franceses celebraron en Roma la firma de la Paz de Aquisgrán con fuegos de artificio en la plaza Farnese, organizados por Gianlorenzo Bernini[138]. Durante la fiesta, quisieron escenificar el respeto de los franceses por la autoridad papal. El X marqués de Astorga escribió a la reina para explicar que la embajada española había organizado unos festejos en la plaza de España más lucidos que los franceses, una auténtica declaración de su alto concepto de rivalidad suntuaria y ceremonial[139].

Existía otro motivo para querer retrasar la publicación de paz en Nápoles. En verano de 1668, firmado ya el tratado, y un poco más desahogadas las finanzas de la Monarquía española, el papa se convenció de poder hallar ahora el apoyo financiero de España en su particular guerra en Candía. Pedro Antonio se resistía por los altos costes de la iniciativa, argumentando que era una decisión que no podía tomar él solo. Encontró el apoyo del Consejo de Estado[140] pero si se hacía pública la firma de Paz de Aquisgrán, los españoles se quedaban sin excusas para no socorrer económica y militarmente al papa[141]. Marco Gallio (Como 1619-Roma 1683)[142], que fue nuncio de Nápoles desde 1668 hasta 1671, tuvo que afrontar las negativas

---

[137]   ASV, SS, N, Ms. 66 Folio 555 y ASV, SS, N, Ms. 70, fol. 555, 30 de junio 1668.

[138]   Véase, además, Dati (1668).

[139]   BAFZ, Altamira, 201, GD. 2.

[140]   AGS, E, 3290-199.

[141]   AGS, E, 3290-144.

[142]   Fue elegido obispo de Rimini en 1659, nuncio en Colonia desde 1659 hasta 1666 y vicegerente de Roma desde 1666 hasta 1667. Fue promovido a cardenal por Inocencio XI en 1681 con el título de San Pietro in Montorio. Murió de un ataque de apoplejía en el palacio Bonelli en la plaza de Santi Apostoli de Roma donde residía. *Cfr.* Del Re (1976: 60) y Cardella (1793, VII: 252), según el cual recibió como cardenal el título de Santa Pudenziana.

del virrey a extraer las décimas eclesiásticas del reino necesarias para socorrer la guerra de candía del papa[143]. El nuncio reprendió al virrey por sus
constantes negativas al papa, regalándole a él y a su mujer, Ana Fernández
de Córdoba, dos cuadros que representaban la negación de San Pedro a
Jesucristo[144]. Al final, Pedro Antonio, por orden de la reina, accedió a
entregar la ayuda solicitada por el pontífice[145].

La firma de la paz con Portugal en febrero de 1668 y de la Paz de
Aquisgrán en mayo del mismo año coincidió en Nápoles con la inauguración del hospital de San Genaro *extra moenia*, construido por Pedro
Antonio de Aragón (Figura 47). El virrey había descrito la obra a Mariana
de Austria como «tan digna de la memoria de Vuestra Majestad en este
Reyno y en toda la cristiandad». Estudió muy bien de dónde extraer los
recursos financieros que iban a sufragar la construcción del hospital. Sin
embargo, sólo unos meses después, se negó a socorrer con mayores medios
a una monarquía en guerra, amparándose en el mal estado de la hacienda
real en Nápoles[146].

---

[143] «In presentare al signor vicere come ho fatto di questo giorni la lettera della maestá
della regina di Spanga sopra il particolare delle decime, sua eccellenza mi fece vedere
come il tenore d'essa non portava che si potessero esigere, [...] non ostante il medesimo
vicere persiste nella deliberation fatta che si debano esigere ma senza strepito. Napoli, 9
giugno 1668» (ASV, SS, N, Ms. 66, fol. 472).

[144] Relación jurada de Pedro Antonio de Aragón de la colección de pinturas adquirida
en Nápoles, 1680, AHPM, notario Isidro Martínez, leg. 10902, fols. 355-366.

[145] 31 de marzo de 1668, *Ibíd.*, fol. 473.

[146] AGS, E, 3290-133.

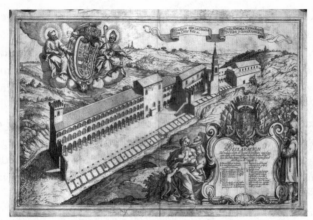

Fig. 47. J. Sense (*delineavit*) / G. Pesca (*fecit*), *Declaración del verdadero diseño del Hospital de San Genaro*, 1668, grabado, BNE.

La ciudad, en tiempos de la peste de 1654, había hecho un voto para instituir un hospital en el lugar elegido por Pedro Antonio. El virrey consiguió dotar a la nueva institución con una renta anual de quince mil ducados y someterla a la jurisdicción papal en vez de a la ordinaria diocesana[147]. Durante el período que duró la Guerra de Devolución, que coincidió sustancialmente con las obras del hospital de San Genaro, percibimos una mayor voluntad de Pedro Antonio de hacer más visible su imagen en las calles napolitanas. En la fachada del hospital ya existían las estatuas de dos santos, San Pedro y San Sebastián, obra de Cosimo Fanzago en 1667. Pedro Antonio encargó al escultor Bartolommeo Mori la realización y colocación de otras dos esculturas que representaban a su persona y a la de Carlos II[148] (Figura VII del cuadernillo). Una inscripción en la misma fachada conmemoraba la protección que el virrey había brindado al hospital[149]. Mori debió finalizar el busto de Pedro Antonio y el retrato de cuerpo entero de Carlos II antes de marzo de 1668[150], pues fue entonces cuando las pudo contemplar el nuncio de Nápoles y dar fe de ello en una carta enviada a la curia. Muy probablemente se aprovechó la fecha de la inauguración del hospital, el 24 de marzo de 1668, fiesta de San Genaro, a la que asistieron los virreyes y el nuncio Gallio, para

---

[147] AGS, 3290-32, carta de Pedro Antonio desde Nápoles, enero 8 de 1667.
[148] Addosio (1920, II: 250).
[149] Pane 1984.
[150] Addosio (1920, II: 250).

presentar la fachada con los nuevos retratos. Constituía el primer retrato
no efímero de un virrey en el espacio público napolitano. Pedro Antonio
pretendió así reafirmar su condición de *alter ego* de un monarca, a quien
representaba a pesar de ser un niño. Sólo dos años antes, este precepto
había sido gravemente cuestionado por la Santa Sede, que había querido
desbancar al virrey de Nápoles e instaurar en su lugar a un gobernador
papal que velara por los derechos de un Carlos II menor de edad.

> Domenica fu grandissimo il concorso di molta nobilta cittadinanza e
> popolo al nuovo hospedale de pezzente per la festa che vi correva del glorioso
> san Genaro e sul tardi si portorno anco a farsi oratione li signori vicere e
> viceregina li quali furono da quei maestri regalati di due scattole di cose dolci
> e di due spase d'ogni sorte di fruti freschi e con questa occasione si vidde la
> nuova porta fatta fare d'ordine del signore vicere, a detto hospedale, la quale
> e guarnita con quatro statue di marmo cioe da una parte vi e san Pietro e
> dall altra san Genaro et in mezzo di detti santi il re cattolico Carlo secondo,
> sotto di cui sta il signor don Pietro d'Aragona vicere[151].

El virrey estableció un impuesto para financiar la obra, lo que representaba una vulneración de los derechos y privilegios de la ciudad, que
desde 1648 estaba exenta de nuevas tasas virreinales. La decisión erosionó
las buenas relaciones del virrey con la plaza popular. En marzo de 1669,
el virrey tuvo que retractarse y rectificar por las presiones que recibió de la
reina madre. Pedro Antonio culpabilizó del error a su privado y secretario
del reino, Giulio Cesare Bonito, que, junto a su círculo de togados, se
encontraba en un período de desgracia económica. La nobleza se alegró
de la caída de Bonito creyendo que iba a suponer una recuperación de
su poder de influencia en la Corte del virrey. Esta crisis de gobierno desencadenó una lucha por la preeminencia entre el estamento nobiliario.
Michele Muscettola escribió a favor de la postura aristocrática mientras
que Francesco d'Andrea hizo lo propio con la clase popular.

En 1669, Pedro Antonio consiguió del papa Clemente IX la protección
de la Santa Sede del hospital de San Genaro. En 1670, el virrey finalizó su
construcción, lo puso bajo la protección real y le otorgó el nombre de su
propio patrón, Pedro, y el de la ciudad, Genaro. En septiembre de 1671,

---

[151] ASV, SS, N, Ms. 70, fol. 175.

los gobernadores del hospicio redactaron las reglas de la institución con asesoramiento de un juez delegado virreinal, Antonio Navarrete, marqués de Terzia, regio consejero, encargado de recaudar las limosnas para sufragar la obra. En enero de 1672, Pedro Antonio, acompañado de su mujer, realizó una nueva visita al hospital.

Mientras el retrato fijo del virrey en el espacio público ciudadano era una novedad, la imagen de Carlos II en la fachada del hospital de San Genaro no fue el único ejemplo de retrato real no efímero en el reino de Nápoles durante el mismo período. En agosto de 1667, había llegado a Nápoles procedente de España el IV príncipe de Avellino, Francesco Marino Caracciolo (Avellino 1631-Nápoles 1674)[152]. Probablemente fue el príncipe de Avellino quien encargó a Cosimo Fanzago[153] la realización de un obelisco, coronado por la estatua de Carlos II. Se erigió en el centro de la plaza de la Aduana, en Avellino, y quien accedía a ella por la Porta delle Puglie hallaba el obelisco y la estatua del monarca al final del eje visual de entrada a la ciudad, y enmarcándolo, a modo de escenario, la fachada del palacio de la Aduana[154]. Los trabajos del obelisco empezaron en 1668, como rezaba la inscripción de una placa, ahora perdida. Hoy resulta muy difícil valorar la obra tras los daños sufridos por los terremotos de 1688, 1732 y 1805. En 1669 empezaron, también en la ciudad de Avellino, los trabajos de una fuente con otra estatua de Carlos II, también de Cosimo Fanzago. Constituía el segundo retrato del monarca en Avellino, y en esta ocasión, con seguridad, por encargo del príncipe de Avellino. La fuente está formada por un arco de triunfo con dos nichos laterales que en origen albergaban dos estatuas hoy perdidas[155]. Se la conoce como la estatua de Santa Maria in Constantinopoli o del Bellerofonte, por la presencia de un *tondo* con la representación de este héroe mítico, hijo de Poseidón. Su colocación en el centro de la ciudad se pensó en función del ya existente obelisco y por lo tanto en un mismo eje visual. Otro ejemplo importante es el de la estatua de Carlos II en

---

[152] II marqués de Sanseverino y caballero del Toisón de Oro desde 1663. Se había casado en noviembre de 1666 con doña Jerónima Pignatelli Tagliaviva d'Aragona Cortés, (1644-1711), hija del IV príncipe de Noia y duque de Monteleone y de Giovanna Tagliaviva d'Aragona Cortés, duquesa de Terranova.

[153] Según Gaetana Cantone, Cosimo Fanzago sólo diseñó el proyecto y fió la ejecución a sus colaboradores (Cantone 1984).

[154] Cantone 1984.

[155] *Ibíd.*

la ciudad de Capua, levantada en 1676 por deseo de José de Ledesma, consejero de Santa Clara[156].

El programa de estatuas de Carlos II, que se inició en las provincias con los dos retratos de Avellino, pudo ser el motivo de inspiración de Pedro Antonio de Aragón al decidirse a encargar, en 1669, otros retratos de Carlos II en Nápoles y extender así la imagen de la dinastía reinante en la ciudad. En febrero de 1669, fueron colocados varios retratos de Carlos II, Mariana de Austria, Pedro Antonio y Pascual de Aragón en las celdas de las monjas del convento de Sor Úrsula Benincasa[157], cuya construcción fue completada por deseo de Pedro Antonio de Aragón. La presencia de estos retratos en este convento se correspondió, en los mismos años, con la colocación del retrato de Pascual de Aragón en el convento del Carmen[158], o los retratos de los dos virreyes en palacios nobiliarios napolitanos, como el de Carlo Antonio Tocco, príncipe de Montemiletto[159]. En 1669, Pedro Antonio encargó a Donato Antonio Cafaro una fuente con la estatua de Carlos II en Monteoliveto, en Nápoles. Volvió a acudir a los servicios del escultor que ya hiciera los retratos del hospital de San Genaro, Bartolommeo Mori, y a otro escultor, Pietro Sanbarberio, para ejecutar el proyecto. La obra se llevó a cabo con la asistencia de Dionisio Lazzari, Giovanni Mozzetti y del propio Cosimo Fanzago, que sólo intervino en la fase del proyecto tras haber realizado ya los diseños del obelisco y la fuente de Avellino. El proyecto original de Cafaro previó una estatua ecuestre de Carlos II, pero la idea fue al fin desestimada en el proyecto definitivo de Cosimo Fanzago. La obra fue terminada en 1673 por Francesco d'Angelo, con la supervisión de Fanzago, un año después de la marcha de Pedro Antonio a España. Tras diversos conflictos con los diputados ciudadanos, a cuenta del abastecimiento del agua, la estatua no fue colocada en su sitio hasta

---

[156] Di Rinaldo 1677.

[157] «In quattro celle di questa chiusura [Santa Úrsula] vi sono stati posti li ritratti di Carlo II, re di Spagna, della regina Mariana, del cardinale Don Pasquale d'Aragona e viceré don Pietro d'Aragona, quali a devozione loro hanno da colocare 4 monache nell'istesse celle, dove sopra la porta di esse si sonoposti detti loro ritratti» (Fuidoro 1938, Vol. II: 106).

[158] Cuagliarella (1932: 147).

[159] Tenía en la galería de su palacio «quattro ritratti piccoli bislunhetti, uno di Don Pietro Antonio d'Aragona, un altro del Cardinale d'Aragona, altro della moglie di dn Pietro, e l'altro del Marchese d'Astorga», ASN, notario Gennaro Palumbo, *scheda* 648, prot. 17, citado en Labrot (1979: 115, n. 58).

1676. Diversos juegos de agua, hoy perdidos, acentuaban el movimiento de la escultura de Carlos II (Figura 48).

Fig. 48. Donato Antonio Cafaro, Carlos II en Monteoliveto, Nápoles, 1669-1673. Foto de Laura Palumbo.

Contemporáneamente al desarrollo de este proyecto, Pedro Antonio fue también responsable de reformar la estatua existente de Alfonso de Aragón en una fuente de la calle de Mezzocannone. La fuente, conocida como la fontana de Mezzocannone, y la remodelación de la estatua del rey, que medía cuarenta palmos, promovida por Pedro Antonio, fue criticada

Fig. 49. Giovanni Verini, *Pedro Antonio de Aragón*, en *Paraenesis* de Carlo Petra, frontispicio, 1671, grabado, BNE.

por Carlo Celano: «questa sí bella antichità últimamente è stata rovinata dalla nuova fabbrica che vi è stata fatta»[160]. Carlo Celano (Nápoles 1617-1693) que tantas veces aparecerá en nuestro libro, constituye una fuente privilegiada para valorar el patrimonio artístico de Nápoles en las últimas décadas del siglo XVII[161]. Su obra *Notizie del bello, dell'antico e del curioso della città di Napoli per i signori forastieri* (1692), dividida en diez jornadas y tomos, fue completada por Chiarini en el siglo XIX[162].

Una vez más, Pedro Antonio superó a su hermano en la reflexión sobre las estrategias de representación virreinales en Nápoles, ahora en el terreno del retrato (Figura 49). La decisión de colgar su busto en la fachada del hospital de San Genaro, un hecho inédito en la historia virreinal, y los múltiples retratos suyos que exhibió, como se verá, durante la fiesta de San Juan del electo del pueblo, confirman la tendencia del virrey de magnificar su propia imagen, motivada por las distintas crisis de gobierno vividas a partir de 1668, y los desagravios que recibía el virrey de las autoridades eclesiásticas al tratar de ampliar la constitución apostólica del reino en perjuicio de sus prerrogativas.

En julio de 1668, tras las negociaciones por la guerra de Candía y poco antes de empezar el segundo trienio, la autoridad virreinal recibió un nuevo golpe. El asesinato del virrey de Cerdeña, marqués de Camarassa, el 22 de julio, creó una gran conmoción en las distintas cortes españolas en Italia. El príncipe de Piombino fue el encargado de dar la noticia a Pedro Antonio de Aragón[163]. Pedro Antonio ya había vivido de joven el primer asesinato de un virrey de la Monarquía, el virrey de Cataluña, conde de Santa Coloma, en 1640, en plena revolución catalana. Pedro Antonio envió galeras a Cerdeña para investigar el asesinato. En marzo de 1669,

---

[160] «L'acqua scorre tra l'altro da una specie di bocca d'un cannone sotto una rozza statua di stucco di Alfonso II, la quale è talmente sconcia, tozza e goffa, che ha dato argomento al volgo di chiamar Re di mezzocannone ognuno che fosse di statura men che mezzana, panciuto, rabbuffato e si desse aria di gravità. In un marmo sotto la Regia statua si legge: Alfonsus Ferdinandi Regis Filius Aragonensis Dux Calabriae Ex Iussu patris Faciendum Curavit» (Celano 1859 Vol. IV: 101-102).

[161] Adaptó varios dramas de Lope de Vega con gran éxito, los cuales publicó con el seudónimo de Ettore Calcolona. Otras obras suyas son *Avanzi delle poste* (1676 y 1681).

[162] Esta versión revisada por Chiarini en el ochocientos es la que nos servirá de referencia.

[163] AGS, 3290-143, carta del príncipe de Piombino a Pedro de Aragón, Cagliari, 22 de julio de 1668.

la reina nombró como nuevo virrey a Francesco Tuttavilla, hermano de Vincenzo, maestro de campo general en Nápoles, que partió a Cerdeña acompañado por Juan de Herrera, miembro del Consejo Real. En mayo de 1669, el virrey volvió a enviar tres galeras con 550 soldados españoles e italianos, junto a 15.000 ducados. Desde entonces, empeoraron las relaciones del virrey con muchos oficiales del reino, como Juanetín Doria o Luigi Poderico, el prestigioso soldado que, al terminar la guerra de Portugal, había regresado a Nápoles. Poderico no compartió la decisión del virrey de enviar refuerzos a Cerdeña tras el asesinato de Camarassa, al no considerarlo competencia del virrey. Pedro Antonio prefirió escuchar los consejos del marqués de Oliveto, Giovanni Tommaso Blanco. Tales desavenencias fueron el preludio de un difícil segundo trienio (1669-1672), plagado de crisis y desacuerdos con la ciudad, los togados y la plaza del pueblo.

Una de las mayores crisis de gobierno se vivió en 1669, cuando el virrey, a través del Colateral, y su hombre de confianza, el electo del pueblo, Francesco Troise, impulsaron una reforma que movió la arquitectura constitucional del reino y que fue rápidamente abortada. El virrey, a través del Colateral, llegó a proponer que para la administración de la capital bastaba con un electo noble y un electo del pueblo, con la asistencia del *grassiere*. Como ha expresado Pier Luigi Rovito, se trató de una auténtica «e propia riforma costituzionale, anzi di una sorta di colpo di stato che spaventò la corte madrilenna»[164]. El Consejo de Italia desaprobó los medios usados por el virrey y destituyó más tarde a Francesco Troise[165]. Con todo ello, el virrey, que no logró culminar la reforma, había conseguido, en cambio, el compromiso del Consejo de Italia de reforzar el papel político del electo del pueblo. Era algo que Pedro Antonio llevaba tiempo persiguiendo por lo dúctil que había sido esta figura al servicio del virrey. Pero lo más interesante para nosotros es que la propuesta de esta reforma constitucional vino precedida de muchas otras medidas encaminadas a este fin y que se dirimieron en el terreno ceremonial y festivo de la ciudad. Pedro Antonio de Aragón eligió la plataforma del ritual para preparar el terreno de esta reforma constitucional y por ello desde el principio de su gobierno empezó a colocar al electo del pueblo en un lugar preferente en las ceremonias

---

[164] Rovito 2003.

[165] AGS, E., leg. 3293, 318, citado por Rovito (2003). Véase también Fuidoro (1938, Vol. II: 124-125).

y celebraciones de la ciudad, como nunca le había correspondido, por ejemplo con su derecho de precedencia en la fiesta del Corpus, mostrando claramente un nuevo modelo político para el gobierno del reino. De los cambios introducidos por el virrey en la esfera festiva de la ciudad, tendremos ocasión de ocuparnos en el capítulo de «El mecenazgo conventual, las fiestas devocionales y las canonizaciones».

Con todo, la situación llegó a ser tan crítica en 1669, que Pedro Antonio pidió licencia para dejar el gobierno[166]. Sólo la embajada de obediencia en 1671 daría un respiro al virrey, que la aprovechó para paliar el deterioro en el que había caído su imagen. En verano de 1669 se produjeron nuevos relevos[167]. Don Melchor Navarra, regente del Colateral y muy cercano al virrey, abandonó Nápoles con su esposa e hijos para ir a España, donde fue nombrado abogado fiscal del Consejo Supremo de España. En septiembre de 1670, dejó Nápoles Antonio de Silva, auditor general del ejército de Nápoles, que había regalado al virrey importantes objetos artísticos, entre los que se hallaban un cuadro de Andrea Vaccaro y otro de Ribera. De Silva y su mujer entregaron dos regalos al virrey y a su mujer respectivamente: dos cuadros que representaban una vista de la ciudad de Nínive. De Silva habría querido celebrar al virrey como un nuevo Jonás que llegara a Nápoles para redimir a sus habitantes. Resulta interesante comprobar que el panteón de los Cardona en el monasterio de Poblet, encargado años más tarde, también narra episodios de la vida de Jonás, identificando sus virtudes con las de la casa de Aragón (véase de nuevo Figura 7).

En esta coyuntura, el virrey decidió subir el sueldo a los jueces de Nápoles[168] y emprender obras de reforma en las cárceles del Tribunal de

---

[166] *Ibíd.*

[167] AHN, E, 2025, Nombramientos y mercedes para diversos cargos en 1669 (porteros de las secretarías del virrey, procuradores, escribanos de ración…) y en 1670 (para el «Alcalde del Palacio y Parque de los Virreyes de Nápoles»). Se confirma o amplia el oficio. Jacinto Testa *Alcayde del Real Palacio y Parque de los Virreyes de Nápoles*. Lorenzo de Belmonte oficio que posee de *Pagador de las Reales Caballerías de la magdalena, Reales Castillos, fábricas y fortificaciones del Reyno y del Palacio de Nápoles*. Estos cargos, como el de alcalde del Real Palacio, pueden mantenerse de un virrey a otro, por ejemplo la sucesión a Astorga no supone un cambio de estos oficios.

[168] AGS, SP, 31. «Aprobación de la reina gobernadora y del rey a Pedro Antonio para que aumente el sueldo de los jueces civiles y criminales en Nápoles a razón de 200 ducados a cada uno, como se hizo en tiempos del conde de Oñate. Madrid, 10 de octubre de 1667.

la Vicaría, dirigidas por el arquitecto del reino Francesco Antonio Pic-chiatti[169]. Los togados seguían adulando al virrey, llenándole de regalos. En julio de 1669 se celebró, con un festín en el Palacio Real, el cumpleaños de la virreina, «si portano da ministri togati regali a Sua Eccellenza di molta considerazione, così d'argento come d'altre simili materia»[170]. En octubre de 1669, Fuidoro llegó a declarar sobre el poder que habían alcanzado los togados en la corte virreinal: «le toghe oggi comandano il tutto, e pare che questa reppublica di togati si gobernano bene con li errori de poveri litigante e sono tanti dei»[171]. Sin embargo, las desavenencias con ellos también llegarían.

> Sendo stato abbandonato [Pedro Antonio de Aragón] da ministri togati e titolati, così spagnoli come titolati italiani benemeriti di lui, ha voluto doler-sene con molto sentimento col presidente Astuto con dirli: «Señor presidente, todos me han dejado, y vos me ha acudido con fineça de afecto». Al che il buon presidente rispose ch'egli aveva professato di servire tutti li signori vicerè passati, ed all'eccellenza Sua, non solo da vicerè, ma anco come don Pietro d'Aragona, suo particolar padrone[172].

Pronto se dejaron notar las consecuencias de la derrota militar que llevó a la pérdida de Candía. En octubre de 1669 Pedro Antonio solicitó a la reina la reducción de las asistencias exteriores impuestas a Nápoles para el año 1670, con el argumento de que el virrey debía velar por la defensa interior del reino y evitar así los ataques de los turcos a las costas de Nápoles[173]. Tras los desastres de 1669, el año de 1670 no empezó con buen pie y la hacienda real en Nápoles tuvo que afrontar el desfalco y fuga del tesorero del reino, Imbonati[174].

Es importante notar que, tras la Paz de Aquisgrán y durante este segundo trienio lleno de dificultades, Pedro Antonio intentó concentrar sus esfuerzos personales y los medios financieros del reino en multiplicar

---

Al Virrey de Nápoles en respuesta a la carta que escrivió con el consejo Collateral en 30 de septiembre de 1666 en que da quenta de haver augmentado el salario a los jueces fiscales y abogado de pobres de la Vicaria y aprobandole lo que en esto ha hecho».

[169] Strazzullo (1969: 194-195).
[170] Fuidoro (1938, Vol. II).
[171] Fuidoro (1938, Vol. II: 120).
[172] *Ibíd.*: 172.
[173] AGS, 3292-162.
[174] AHN, E, 2025.

sus obras de mecenazgo. Creció la inversión en las obras del Palacio Real, el palacio de los Regios Estudios, las sedes de los tribunales, y en los conventos en la ciudad, de lo que nos ocuparemos más adelante, además de las obras en Pizzofalcone o en los Campi Flegrei a las afueras de la ciudad. También se habían multiplicado los retratos, en esculturas y pinturas, exhibidos en la ciudad. En el último año se habían concluido los trabajos en la Armería y depósito de grano de la ciudad. En julio de 1668 se inauguraba el nuevo arsenal. Un año después terminaban las obras del nuevo convento de Sor Úrsula Benincasa. Las obras del hospital de San Genaro se concluían al año siguiente. Muy pronto, los napolitanos empezaron a criticar el excesivo gasto del virrey. En mayo de 1668 ya circulaba un papel en la ciudad que enumeraba las causas del descontento popular: el reino había perdido muchos recursos pero las tasas permanecían inalteradas; el virrey había enviado a España un millón y medio de sacos de grano, lo que hizo subir el precio del pan; y en tercer y último lugar, el más interesante para nosotros, Pedro Antonio de Aragón había gastado sumas innecesarias en obras públicas en Nápoles[175]. Se ha llegado a interpretar este mecenazgo del virrey como una cortina de humo levantada para distraer la atención de los graves problemas internos y las grandes tensiones que debió encarar su segundo trienio. Pero lo cierto es que Pedro Antonio de Aragón entendió las obras públicas como iniciativas políticas y de gobierno más que ningún otro virrey. Y por ello, en 1671 encargó a su consejero, Roberto Mazzucci, la publicación de un discurso sobre las razones jurídicas que aconsejaban el gasto en obra pública[176].

La embajada de obediencia al papa del virrey en 1671

En febrero de 1670 se hizo pública en palacio la muerte de don Luis de Aragón, hermano de Pedro Antonio. La duquesa de Cardona viuda fue reprendida por Mariana de Austria por haber celebrado en Madrid unos funerales dignos de reyes[177]. El virrey Pedro Antonio heredó sus títulos y pasó a convertirse en VII duque de Segorbe y VIII de Cardona. En algunas iglesias napolitanas también se celebraron funerales y aquellos que visita-

---

[175] Papel de aviso, del 12 de mayo de 1668, citado por Coniglio (1991: 1757-1758).

[176] Carrió-Invernizzi/Palos 2004.

[177] Isolani 1672.

ban al virrey se vestían de luto. Pedro Antonio dio poderes a sus hermanos, don Pascual y don Vicente, para tomar posesión de sus estados, hasta que se resolviera el pleito interpuesto por su sobrina Catalina Antonia de Aragón, esposa del duque de Medinaceli, que reivindicaba para sí los estados de Segorbe y Cardona[178]. El nuevo virrey duque aumentó las apelaciones a su linaje y se hizo aún más visible la magnificencia de sus manifestaciones públicas. Así, el 11 de noviembre de 1670 el virrey fue a comer con los cartujos de San Martino, invitado por el prior: «Io [Fuidoro] vidi il tutto, e posso dire che al re medesimo non si poteva fare altra dimostrazione». De la misma manera, en noviembre de 1670: «Il vicerè molte volte [...] è solito passeggiare per Napoli con la viceregina con carrozza a due cavalli e due de criati appresso, e senza guardia di tedeschi, e da'quartieri di sopra e di basso, attorniando la città, conforme li viene d'umore»[179].

En 1670 fue elegido papa Emilio Altieri, Clemente X, y al virrey de Nápoles se le volvió a recordar su deber de dirigirse a Roma para ofrecer una embajada de obediencia al nuevo pontífice, en nombre de Carlos II. Por la indecisión del virrey, este homenaje no se había cumplido durante el corto pontificado de Clemente IX. Pedro Antonio explicó las causas de los continuos retrasos. Todas concernían al necesario decoro, ostentación y digna representación de la majestad de Carlos II: «Para las prebenciones de una función de tanto decoro por la persona que voi a representar, lucimiento de la mesma acción».

> Sin perder una hora de tiempo me he aplicado a prevenir lo necesario para ocasión de tan gran relieve ocupando en lo que se hace los mas telares desta ciudad y casi todos los bordadores [...], no podran quedar prebenidas las cosas necesarias asta julio. Vuestra Majestad se servirá de tener presente esta dificultad y que la función para que se ha servido elegirme no debe ser atropellada respecto de que es la que pide mayores circustancias de lucimiento sin el qual se frustraría el intento principal a vista de aquella corte y las naciones que la componen [...]. Debo ir como criado y Ministro de Vuestra Majestad en materia tan publica y que no admite dispensación en lo obstentoso[180].

---

[178] ASNN, Notaio Agostino Ferraro, *scheda* 408, n° 19 (1670), fols. 252-257 y 381-386. «Poder entregado por Pedro Antonio a Joseph Pinós para actuar en Cataluña en nombre suyo. Para que Pinós tome posesión corporal, real, actual no solamente de los estados y mayorazgos del condado de Empúries... pero aún en otros estados y mayorazgos que puedan pertenecer al Excelentísimo Duque».

[179] Fuidoro (1938, Vol. II).

[180] Marzo de 1669, AGS, 3292-49.

Sin embargo, a nadie se le escapaba la conveniencia de no hacer coincidir la embajada española de obediencia al papa con la misma que iban a celebrar los portugueses en Roma, de un modo inminente. Pedro Antonio prefirió esperar a la finalización de la legacía lusa para superarla en fastuosidad. En el mes de octubre de 1669 el papa recibió por primera vez al embajador del rey de Portugal. Tras décadas de reivindicaciones lusas en Roma, ésta iba a ser la primera función pública de un representante del rey portugués con título de embajador ante la Santa Sede. Los españoles, que durante años se habían opuesto a reconocer esta dignidad a la embajada portuguesa, debieron considerar humillante esta función. Ya sólo les quedaba tratar de rivalizar con ella, para dejar en el mejor lugar posible a la Corona. En 1671, el Consejo de Estado estaba impaciente por la celebración de la embajada de obediencia, y recordaba a Pedro Antonio que la Monarquía había sufrido «muy adversos sucesos» desde la interrupción de esta ceremonia[181].

Todos los modistas y bordadores de Nápoles trabajaban a destajo. Pedro Antonio de Aragón necesitó, una vez más, comprar telas en Roma. Desde 1666, el X marqués de Astorga y su mercader de paños, Roque Bartoli, le habían enviado mucha ropa de Roma[182]. El 17 de noviembre de 1670, el caballerizo de Pedro Antonio, Bernardino Afán, se dirigió a la ciudad papal con los vestidos y objetos de arte necesarios para la función del virrey, con la misión de preparar el palacio del embajador, que debía acoger ahora al virrey de Nápoles[183].

La reina nombró al marqués de Villafranca virrey de Nápoles en ínterin por el tiempo que durara la embajada de obediencia de Pedro Antonio[184]. Antes de abandonar Nápoles, se difundieron los rumores de una definitiva

---

[181]   Reconociendo el Consejo que «desde que no se cumple con puntualidad con este tan devido y reverente obsequio se han experimentado en esta Monarchia muy adversos sucesos» (AGS, E, 3293-136).

[182]   El marqués de Astorga dio en febrero de 1669 un poder al mercader de paños, Roque Bartoli, para cobrar de Pedro Antonio de Aragón, de la tesorería general, las ayudas de costa atrasadas de 1666 por ropa que había tomado de su servicio (ACR, J. A. Redontay, Vol. 630 [1667-1669]).

[183]   «Per appostare il palazzo che si prepara per la partenza di esso viceré, che debe andare per ambasciatore d'obedienza al pontefice [...] e perciò tiene preparati ricchissimi arredi per questa funzione [...]. E perciò il viceré ha inviato 13 carrettoni in Roma per terra conducendo con elli la sua suppellettile» (Fuidoro 1938, Vol. II: 173-174).

[184]   Los despachos le fueron comunicados en 1668 al marqués, que sin embargo debió esperar dos años hasta hacer efectivo su nombramiento. AHN, E, 2010, 2/6-9,

sustitución de Pedro Antonio de Aragón al frente del virreinato, una vez finalizada su embajada de obediencia. Pedro Antonio, temeroso de perder el puesto, exigió a la reina un compromiso[185]: «que vea el mundo que al mismo tiempo que cumplo con mis obligaciones haviendo quien trate de oscurecerlas, aunque sea con una leve sombra, save Vuestra Majestad sustentar el crédito de tan honrado criado y vasallo»[186].

La embajada de obediencia duró desde el 3 de enero y hasta el 18 de febrero de 1671[187]. El tiempo que duró la embajada, el nuevo virrey Toledo, marqués de Villafranca, vivió en el palacio del príncipe de Stigliano en Chiaia, mientras Ana Fernández de Córdoba permanecía en el Palacio Real. Pedro Antonio abandonó Nápoles con 178 carrozas de seis caballos y 150 escoltas, 70 prelados y 74 mulos cargados con regalos. Esta ceremonia significó, en clave interna napolitana, la reconciliación del virrey con una parte importante de la aristocracia local y con miembros del aparato burocrático virreinal. Le acompañaban los príncipes de Belmonte y Acaia, y los duques de Girifalco, Abbruzzano y Giovenazzo. La embajada se detuvo en la ciudad de Capua, donde el virrey recibió varios regalos, «due casse di velluto cremesi coperte e dentro vi alcuni lavori d'argento»[188]. En Roma la embajada siguió el siguiente itinerario: puerta del Popolo, el Corso, Ripetta, San Agustín, Tor Sanguigna, Madonna dell'Anima, Pasquino, la strada papale, San Andrea della Valle, Gesù, Capitolio, Via degli Astalli, San Marcos, Santi Apostoli, Fontana de Trevi, Capo le Case, hasta llegar a la plaza de España.

Pedro Antonio de Aragón pretendió ensombrecer el reciente ingreso en Roma del embajador portugués Pedro de Sousa, conde de Prado. La embajada lusa había usado hasta tres diferentes libreas lujosísimas para su cabalgata de entrada, durante la primera audiencia del papa y durante la toma de posesión del pontífice. Pedro Antonio de Aragón quiso imitar la embajada de obediencia realizada en 1600 por Fernando Ruiz de Castro, conde de Lemos, desplegando una pompa desmesurada. El propio Clemente X quiso presenciar desde sus ventanas de Montecavallo el cortejo

---

2/8, 2/9, 2/10, 2/12 y 2/13, este último documento sobre la sucesión provisional de don Fadrique en el cargo virreinal.

[185] AGS, 3294-12.

[186] AGS, 3294-12.

[187] AMAE, AEESS, E, leg. 92, Ceremonial de Embajadas, nº 4: «Relaciones de entradas solemnes en Roma: Pedro de Aragón, embajador de Obediencia, 1671».

[188] La partida de Nápoles la describe I. Fuidoro (1938, Vol. II: 174-175).

español, pues se decía que «il cavallo di Don Pietro era ferrato d'oro massiccio». La embajada de obediencia de Pedro Antonio de Aragón dio lugar a representaciones gráficas como el dibujo de la cabalgata de entrada en la ciudad de Giovanni Battista Falda, grabado por Gian Giacomo de Rossi (Figura 50), y otro tosco grabado anónimo que representaba la posterior audiencia ante el papa[189]. Un inventario del Alcázar de Madrid del reinado de Carlos II recoge la presencia de una pintura de la embajada de obediencia de Pedro Antonio de Aragón de 1671 que probablemente trajo a España el virrey a su regreso en 1672. Sólo dos años después, en 1674, Carlos II ordenó redactar una pragmática que limitara el exceso de lujo de sus representantes en el exterior, la abundancia de trajes, lacayos y coches que acompañaban sus embajadas y legacías. La pragmática no fue sin embargo muy respetada.

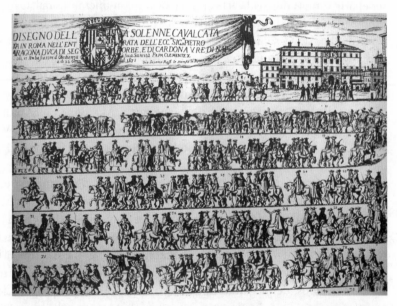

Fig. 50. Giambattista Falda (*delineavit*), Gian Giacomo de'Rossi (*fecit*), *La embajada de obediencia al papa de Pedro Antonio de Aragón*, 1671, procesión al palacio de la embajada, fragmento del grabado.

Las tensiones entre España y Portugal en Roma no terminaron una vez finalizada la embajada de obediencia, sino que más bien se recrudecieron.

---

[189]   BNE, Bellas Artes, Estampas, nº 15478 y 14741.

Al poco tiempo, en septiembre de 1671, se vivió en Roma un episodio muy parecido al ataque de los corsos sufrido por el embajador Crequi en 1661. En esta ocasión, el carruaje del embajador español X marqués de Astorga fue atacado cuando se dirigía a la basílica de Santa María la Mayor, y allí tuvieron lugar peleas entre los criados de los cardenales Chigi y Rospigliosi y los del embajador portugués[190]. Al mes siguiente, el embajador portugués volvió a ser recibido por el papa con motivo de su regreso a Portugal. El papa le regaló una corona, varias medallas de oro y algunas reliquias[191]. Durante su embajada de obediencia, Pedro Antonio también recibió del papa Clemente X un regalo que recordó en su testamento: un decenario «que los Pontífices acostumbran a los Señores Reyes cuando van a Roma», con cuentas de piedra verde oscura y con una medalla con la imagen grabada de la Encarnación[192]. La embajada de obediencia pudo también ser el origen de la donación de varios cuadros por parte de la nobleza que acompañó al virrey a Roma.

Durante la ausencia de Pedro Antonio de Aragón, el virrey en ínterin marqués de Villafranca organizó en la iglesia de Santiago de los Españoles un rito funerario en memoria de don Pedro de Toledo. Fue una ceremonia sin ningún precedente en la corte virreinal, que perseguía contraponer la casa de Aragón a la que pertenecía Pedro Antonio con el linaje de Toledo del marqués de Villafranca. No fue el único gesto simbólico del nuevo virrey, pues llegó a enviar a Madrid acusaciones sobre la mala gestión

---

[190] ASV, SS, *Avvisi*, Ms. 40, fol. 180.

[191] «Lo regalo di una pretiosa corona e di alcune medaglie d'oro si come fece verso li suoi figlioli di sua eccellenza e di piu sua santità che sempre abonda nella generosità gli ha mandato a casa un bellissimo quadro d'argento di basso rilievo con una cassa ornata dentro la quale vi era un corpo santo qualtro altre casette di reliquia et un gran bacile d'agnus dei siccome furono ancora regalati li figli di due casete di reliquia e di agnus dei» (*Ibíd.*: fol. 196).

[192] «El muy Santo Padre Clemente Dezimo me imbio a Nápoles un dezenario cuias quentas son de piedra verde obscura con una medalla del mismo genero en que esta esculpida la encarnazion haviendo concedido en este Decenario lo que los Pontifices acostumbran a los Señores Reyes quando van a Roma [...] y quando fui a dar la obediencia por el rey nuestro señor me hizo la gracia el mismo Pontifice de estenderla a que teniendo este diez ganen todo lo referido todos los Señores Duques de Segorbe que huviese después de mis dias perpectuamente» (AHPM, prot. 10209, Testamento de Pedro Antonio de Aragón).

financiera de Pedro Antonio de Aragón. De vuelta al reino, el ingreso de Pedro Antonio en Nápoles el 25 de febrero, por la puerta Capuana y la calle de San Lorenzo, fue también recordado por su esplendor[193]. El regreso de Pedro Antonio a Nápoles tuvo consecuencias para el partido del marqués de Villafranca. A mediados de abril de 1671, se notificó el destierro del padre prior de la iglesia de Santa María de Montserrat, por orden del virrey, por pertenecer a este partido.

A los pocos meses, iba a llegar también la hora de la marcha de Pedro Antonio de Nápoles. A principios de febrero de 1672, el virrey ordenó colocar varias reliquias de santos en el timón de la galera que le iba a conducir a España, junto con cuatrocientas cajas de vestidos, objetos suntuarios y obras de arte[194]. Pedro Antonio avisó al marqués de Astorga de que tardaría más en abandonar Nápoles al tener que resolver algunos asuntos pendientes. Envió a su secretario, Francisco de la Riba, a besar, en su nombre, los pies del pontífice[195]. El X marqués de Astorga, nombrado nuevo virrey de Nápoles antes de abandonar Roma con toda la colección y objetos suntuarios de su palacio, envió el regalo de una bellísima carroza a Mariana de Austria[196]. En señal de despedida recibió de Lorenzo Onofrio Colonna, condestable de Nápoles, un cuadro de Mattia Preti[197].

Con la marcha de Pedro Antonio de Aragón ni siquiera se celebró en Nápoles la común Deputazione di Condoglianza que se hacía siempre a los virreyes salientes, como se había celebrado con Peñaranda o con Pascual de Aragón. Los electos del pueblo le negaron el regalo de *rinfreschi* que se solía hacer al virrey antes de su partida. Pedro Antonio, antes de partir, ordenó escribir la conocida como *Lettera de fra Evangelista de Benedetto*, un panegírico que alababa las virtudes de su virreinato. La respuesta no

---

[193] Fuidoro (1938, Vol. II: 187).

[194] «Reliquie de santi nel timone, nell'alberi e nell'antena della galera capitana, dove ha da imbarcare con 3 o 400 colli di robbe, senza quelle che in piu viaggi ha inviato in Spagna».

[195] ASV, SS, *Avvisi*, Ms. 40, fol. 196.

[196] «[...] fece imbarcare quasi tutte le suppelletile più nobili del suo palazzo, e mando un tiro a sei incontro un gentilhuomo inviato mesi sono [...] a regalare la Maestà della Regina cattolica, d'una superbissima e ricca carrozza» (*Ibíd.*: fol. 252).

[197] «Il Signor Condestabile Colonna ha donato al detto Signor Ambasciatore (di Spagna, Astorga) un bellísimo quadro del Cavalier Calíbrese» (*Ibíd.*: fol. 226r). El pintor *calibrese* es Mattia Preti que había abandonado Nápoles para dirigirse a Malta en 1661.

se hizo esperar y pronto apareció la *Apología* de Isolani[198], que pretendía desmentir todas las alabanzas de fra Benedetto. Isolani atacó a Pedro Antonio y al electo del pueblo Troise por su sumisión al virrey. Con la marcha de Pedro Antonio quedó definitivamente fracturado el lazo entre la aristocracia togada y el pueblo, representado por Troise.

Pedro Antonio de Aragón, al abandonar Nápoles y pasar por Pozzuoli, rehusó hospedarse en el palacio de don Pedro de Toledo en Posilippo, y se alojó en otro, desde donde esperó la llegada del nuevo virrey, Astorga. De camino a Gaeta, pasó por la población de Sessa, donde se hospedó en casa de Pietro di Lorenzo, después de haber visitado Capua. También se paró en Gaeta, donde visitó la iglesia de la Santísima Trinidad. El virrey y su corte tardaron algunos días en embarcarse por los fuertes vientos que había: «che devono navigare con somma sicurezza, e massimamente portandosi anco tesoro di danari e suppelletile da re più che da principe»[199]. De Gaeta pasaron a Livorno, desde donde zarparon hacia España. De camino a Madrid, Pedro Antonio, como duque de Cardona y Segorbe, tomó posesión de las villas de Cadaqués, Garriguella y San Pedro Pescador. Al pasar por Poblet, encargó a los escultores Francesc y Joan Grau los sepulcros de Alfonso y Enrique, terminados un año después, en julio de 1673.

Con la llegada de Astorga a Nápoles se configuró un nuevo grupo de poder capitaneado por el duque de Diano, Carlo Calà, casado con una Osorio, por lo tanto de la misma familia del virrey, y representado por Ulloa, Valero, Capobiano, Ortiz y Antonio de Gaeta. Astuto también conservó el favor del virrey hasta su muerte en mayo de 1673. El marqués de Astorga, al llegar a Nápoles, escribió a la reina para denunciar lo vacías que había encontrado las arcas de la hacienda real en el reino[200]. Sin embargo, el único sector de la administración napolitana que siguió funcionando sin sufrir grandes interrupciones fue el financiero. Los contemporáneos acusaron al virrey, a su mujer y a sus ministros de venalidad, pero los ambientes más cercanos a las finanzas regias dieron una imagen favorable de la reducción de los gastos internacionales. Las cajas del erario napolitano permanecieron casi vacías porque lo que se había ahorrado de gastos del exterior se había invertido en la magnificencia y el fasto

---

[198] Sobre la autoría de la *Lettera* de Fra Benedetto se llegó a pensar en Giulio Cesare Bonito o en Nicola Caputo.

[199] Fuidoro (1938, Vol. II).

[200] AGS, E, 3295-39. AGS, E, 3294-39, -55.

de las ceremonias, así como en las costosas obras públicas. La posición de Pedro Antonio en Madrid también se deterioró por ello[201]. Las relaciones de los gastos ordinarios y extraordinarios de la Corte de Nápoles por la caja militar que se conservan en la British Library de Londres nos permiten ver cómo, desde la llegada de los Aragón a Nápoles, dejan de existir los excedentes anuales que los virreyes siempre dejaban de la real hacienda, por el crecimiento del gasto en la obra pública[202]. Aunque Pedro Antonio fue reconocido en la ciudad por lograr la reducción del gasto exterior, que descendió de 600.000 ducados a 500.000, a pesar de las permanentes crisis que sufrían las rentas de Nápoles, el déficit fue provocado por el aumento del gasto que requería el virrey para su «gobierno de las imágenes».

El final del virreinato de Pedro Antonio coincidió en Madrid con el ascenso en la Corte de Mariana de Austria de Fernando Valenzuela, hidalgo de familia andaluza pero nacido en Nápoles. La originaria preeminencia del grupo Castrillo-Aragón en la Corte se iba desvaneciendo. En verano, la confirmación del nombramiento de Peñaranda como nuevo presidente del Consejo de Italia acabó con las esperanzas de Pedro Antonio de Aragón de ocupar el cargo a su regreso a España.

EL PALACIO REAL DE NÁPOLES

> Ragguardevole sopra ogn'altro edificio è il Palazzo Reale, dove habitano i Signori Vicere, il quale per la magnificenza delle fabbriche, per la multiplicita ben'ordinata delle stanze, per l'amenita del luogo, e per la nobilta del disegno, è uno de'piu cospicui dell'Italia.
>
> P. Sarnelli, *Guida de'Forastieri* (1685), cap. VII, p. 38.

Muy difícil resulta hoy imaginar cómo era el palacio que, en 1600, los virreyes de Nápoles encargaron levantar al arquitecto Domenico Fontana,

---

[201] Galasso 2007.
[202] BL, Ms. ADD, 20924, fols. 65 y ss, 80-87, 88-90 y 100-108.

y cuyas obras fueron luego continuadas por su hijo Giulio Cesare Fontana, Francesco Antonio Picchiatti o Cosimo Fanzago (Figura 51 y Figura VIII del cuadernillo). Entre 1734 y 1946 el palacio fue utilizado como residencia real, primero por los Borbones y luego por la casa de Saboya[203]. En época borbónica se modificó la subdivisión de los apartamentos y quedó alterada toda la decoración interior. Entre 1753 y 1754 la intervención de Luigi Vanvitelli en la fachada exterior sobre el *largo di palazzo* implicó el cierre de las arcadas del pórtico. Un incendio en febrero de 1837 fue el origen de los trabajos de restauración de los arquitectos Persico y Genovese (1837-1859), de la definitiva demolición del palacio viejo, de la construcción de la nueva fachada occidental del edificio y del revestimiento al nuevo gusto neoclásico de la escalera de honor.

Fig. 51. Domenico Fontana, el Palacio Real de Nápoles. Foto de la autora.

---

[203] Referencias de conjunto: Causa/Picone/Porzio/Borrelli 1986; De Cunzo/Porzio/Mascilli Migliorini/Guarino 1994; De Cunzo/Porzio/Mascilli Migliorini/Zampino 1995 (la obra más completa sobre el palacio); Zampino/Sardella 1996; y, por último, *Il Palazzo Reale di Napoli*, «Monumenti e miti della Campania Felix» 1997.

¿De qué fuentes iconográficas disponemos para la reconstrucción del edificio originario? Se conservan dos aguafuertes del siglo XVII que vienen a complementar la descripción del edificio del propio Fontana, contenida en su *Libro Secondo in cui si raggiona di alcune fabbriche fate in Roma e a Napoli* (1604). De los dos aguafuertes, el primero representa la fachada principal del palacio[204], está firmado por Domenico Fontana y dedicado a Felipe III con fecha de 20 de junio de 1606 (Figura 52). Sobre la base de este modelo, se hicieron al menos dos reelaboraciones, la primera firmada por Alessandro Baratta (post. 1629) y comprendida en la obra *Panegyricus* de García Barrionuevo (primera edición de 1616), dedicada al VII conde de Lemos. La segunda reelaboración es obra de Rutgert Alberts de Amberes y es fechable en la primera mitad del siglo.

Fig. 52. Anónimo, basado en el dibujo de Domenico Fontana, *Palatium Regium in urbe Neapoli*, 1606, grabado, BNE.

El segundo testimonio gráfico de relevancia para la historia del palacio es un grabado de la planta del piso noble, del que se conocen dos estados, y que a partir de ahora llamaremos la planta de la Biblioteca Nacional de Nápoles (Figura 53). ¿Por qué, a diferencia del primero, el autor[205] tomó la decisión de no publicarlo? Probablemente al ver que sus planes para el edificio iban a quedar muy pronto frustrados.

---

[204] Cuyo primer ejemplar fue encontrado por Adele Fiadino en la Biblioteca Nacional de Madrid. Fiadino 1995. BNE, inv. 47230. Otro ejemplar se encuentra en la Biblioteca Nacional de Francia, según Sabina de Cavi.

[205] Sabina de Cavi lo ha atribuído a Domenico Fontana (Cavi 2004).

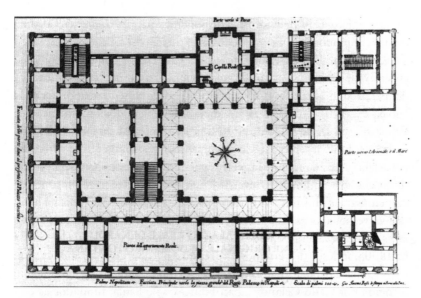

Fig. 53. Anónimo, basado en el dibujo de Domenico Fontana, planta noble del Palacio Real, grabado. Estado modificado por Gian Giacomo de Rossi, 1648-1677, BNN.

A diferencia de la estampa de la fachada, el dibujo de la planta de la Biblioteca Nacional de Nápoles, que quedó inédito, no tenía fines propagandísticos y constituyó un simple proyecto de trabajo muy pronto desoído, pues fueron diversas las modificaciones introducidas a la idea original durante el siglo XVII. Sin embargo, muchos otros aspectos sustanciales del proyecto original sí fueron respetados, como trataremos de explicar. El proyecto levantó muchas críticas en vida de Fontana, y Carlo Celano fue, en el siglo XVII, junto a P. Sarnelli, una de las pocas voces que elogiaron la obra «che per la bizzarria del disegno, per la commodita, bellezza e quantità delle stanze, come anche per le amene vedute che ha non ha in che cedere a qualsia palazzo d'Italia per magnifico che si veda; e per lo suolo di questo si servì del giardino che nel lato stava del Regio Palazzo»[206]. Del jardín, Celano añadió: «dalla parte d'oriente ha

---

[206] «Nella facciata della piazza vi si vedono otto colonne di marmo granito che fecero venir dall'isola del Giglio, che costarono 10000 scudi, e nella penúltima, principiando dalla fontana, vi è in una base inciso il nome dell'architetto» (Celano 1859, Vol. IV: 595-596).

un ampio giardino delizioso per molte fontane, ancorche sia l'avanzo del primo parco»[207].

¿Qué llevó a elegir este enclave alejado de la municipalidad napolitana, en el frente marítimo, entre Pizzofalcone y Castelnuovo? En el interior del palacio, en la sala hoy llamada de los embajadores, las pinturas de la cubierta están presididas por una escena de la vida de San Francisco de Paula (Figura IX del cuadernillo). Su presencia en este lugar privilegiado de la sala, junto a representaciones de las victorias militares de Fernando el Católico, nos da una de las claves para entender el origen del edificio, sede del gobierno de los virreyes, además de su residencia. Si dejamos de contemplar las pinturas y nos asomamos a las ventanas de la misma habitación, vemos al otro lado de la actual plaza del Plebiscito, antiguamente *il largo di palazzo*, la imponente iglesia de san Francisco de Paula levantada en 1800 por deseo de Fernando IV. Hasta esa fecha, en el mismo lugar, se encontraba la pequeña iglesia de San Luigi di Palazzo. Según la tradición, recogida por Carlo Celano[208], San Francisco de Paula, fundador de esta iglesia, predijo el establecimiento de la residencia real justo en esta zona alejada de la ciudad. El presagio se cumplió con la decisión del virrey don Pedro de Toledo de situar allí el palacio virreinal, obra de Ferdinando Manlio (1540-1565). Sea o no cierta la historia, parece evidente que a los virreyes les interesó exhibirse como acatadores de la voluntad de Dios, que habría hablado por boca de San Francisco de Paula, uno de los santos más venerados por el pueblo napolitano. De este modo, la presencia de los españoles en la ciudad quedaba doblemente legitimada. Y por esta razón, la imagen del santo figura en un lugar preeminente de la sala de los embajadores del palacio[209].

Sin embargo, la evocación de la historia de San Francisco de Paula no aparece en la obra de la mayoría de los cronistas de la época que quisieron explicar el origen del palacio. Giulio Cesare Capaccio antepuso otras razones de orden práctico: Castelnuovo había sido la residencia de los reyes de Nápoles, junto con Castel Capuano y Castel dell'Ovo[210], pero don Pedro de Toledo, al llegar a la ciudad, consideró incómodas y poco

---

[207]   *Ibíd.*: 598.

[208]   *Ibíd.* Vol. IV: 589 y ss.

[209]   Carrió-Invernizzi 2007a.

[210]   «È da sapersi che i nostri antichi Re non avevano palazzi nella città: ma abitavano o dentro del Castel nuovo o in quello della Capuana, e molte volte per deliziarsi in quello dell'Uovo; così anco continuarono i signori Vicerè pro tempore» (Celano 1859: 595).

apropiadas las habitaciones de estos castillos. Tras abrir la calle Toledo, decidió construir un Palacio Real que estuviese comunicado con Castelnuovo. También el nuevo Palacio Real de 1600 iba a estar conectado simbólicamente con Castelnuovo, como se encargó de resaltar Celano: «Da questi palazzi si può per la parte del giardino, passare per un ponte, che si alza, nel Castelnuovo»[211]. En 1540, con diseño de Ferdinando Manlio, se levantó el más tarde llamado palazzo vecchio, «e lo fabbricò a modo di fortezza, situando la porta in mezzo di due gagliarde torri quadre delle quali ve ne è rimasta una, atteso l'altra fu diroccata, quando si fece il nuovo palazzo»[212].

Las razones de la construcción de un nuevo palacio a sólo cincuenta años de la edificación del anterior (el Palazzo Vecchio), ocupando los reales jardines y previendo desde el principio la demolición del palacio viejo (sólo efectuada en 1837), han levantado muchas dudas entre los historiadores. Respecto a la preexistente, la nueva residencia de los virreyes de 1600 iba a dar un paso más hacia la progresiva desmilitarización de su estructura y hacia su mayor proyección al mar, como tantas residencias ocupadas por los virreyes en el frente marítimo en otras cortes como Barcelona o Valencia. La nueva residencia de Nápoles iba a confirmar la apuesta por dar la espalda a la ciudad medieval, a la municipalidad napolitana, a los tribunales e instituciones urbanas. Así pues, en 1600, el virrey Francisco Ruiz de Castro, VI conde de Lemos, y su mujer Catalina Zúñiga de Sandoval, ordenaron construir el nuevo palacio, con el pretexto de acoger, según Celano, una visita de Felipe III a Nápoles: «Don Ferdinando Ruiz de Castro Conte di Lemos, stimando il palazzo vecchio essere stretto per l'abitazione di un re, disegnò fabbricare un altro nuovo a lato del vecchio». Capaccio, en *Il Forastiero,* había argumentado con anterioridad las mismas motivaciones de decoro y comodidad ante una hipotética visita real:

Ad ambidue [virrey y virreina] venne il pensiero di edificare un Palazzo Regale per che essendosi quello ch'edificò D. Pietro di Toledo magnifico per quel che comportavano quei tempi, tutta volta deliberando forse il Re di venire a Napoli come l'istessa viceregina dicea voler procurare, e come potebbe essere che Idio facesse questa gratia a Napolitana, sarebbe stato troppo angosto per la sua habitatione; in tanto volean pure che gli stessi vicere habitassero con

---

[211] *Ibíd.* Vol. IV: 599.
[212] *Ibíd.* Vol. IV: 596.

maggior decoro di quello con che all'hora haveano habitato. Scrissero a S. Maestà, e si contentò che detta fabrica si metesse subito in esecutione[213].

El argumento de la visita real tenía poco fundamento. Como ha dicho Joan Lluís Palos, pesaron más las motivaciones propagandísticas del clan de los Sandoval al que pertenecían los Lemos: este «edificio estaba destinado a ser un icono del poderío español en Italia, algo que el palacio diseñado por Manlio, *magnifico per quel che comportavano quei tempi*, era incapaz de alcanzar»[214]. El nuevo palacio tenía que brindar a los virreyes una nueva residencia, pero también debía proporcionar nuevos espacios a la Corte, al Tesoro y a diversos oficios del reino. Lo que resulta interesante de la declaración de Capaccio es que la iniciativa fuera acogida con entusiasmo en la Corte de Madrid por Felipe III, que habría aprobado el proyecto enviado por Fontana. En efecto, al ingeniero del reino se le asignaron dos mil ducados mensuales para la ejecución de la obra.

A la pregunta de por qué se consideró necesario sustituir el viejo palacio por otro nuevo, Sabina de Cavi ha hallado razones convincentes de tipo protocolario. Un manual de ceremonias redactado en 1595 por Juan de Garnica, coetáneo de Fontana, ofrece una descripción de los usos del palacio viejo, en el momento en que los virreyes percibieron lo inadecuado de sus espacios y Fontana proyectó su sustitución[215]. Garnica definió el palacio como una «Babylonia del todo desordenada» donde no existían normas que limitaran el acceso, no había ingresos diversificados y el patio era estrecho, imposibilitando el acceso ordenado de las carrozas. El proyecto de Fontana, concebido alrededor de tres patios centrales que conducían a los tres accesos en la fachada sur, es decir, en el *largo di palazzo*, más una entrada en la fachada occidental, pretendía dar solución a los desórdenes denunciados por Garnica. La sustitución respondía pues a las concretas exigencias del virrey y del ceremonial de limitar la accesibilidad del palacio.

Garnica también describió la secuencia de cuatro salas en *enfilade* del apartamento de representación del virrey que garantizaban la celebra-

---

[213] Capaccio (1989, t. II: 342).

[214] Palos 2006.

[215] Manual parcialmente editado por Paolo Cherchi en 1975, es la segunda parte de un librito manuscrito que se conserva en la Regenstein Library de Chicago. Ms. 1130, University of Chicago, Regenstein Library, Special Collections. *Cfr.* Cherchi 1975, Marino 2001, De Cavi 2004.

ción de las audiencias públicas y privadas. La *prima sala* o «sala grande» tenía en la Sala dei Palafrenieri del palacio de la embajada en Roma su equivalente. Era el espacio contiguo a la escalera o pasillo, se encontraba situada junto a la capilla real, era la sala de mayores dimensiones, y la más accesible. Le seguía la «segunda sala», donde las mañanas del lunes, miércoles y viernes, el virrey recibía en audiencia pública. El acceso a la tercera sala estaba limitado a los consejeros (los oficiales de los tribunales de la Sumaría, la Vicaría, los auditores del campo y del tercio). La cuarta sala (tan grande como la sala segunda) estaba abierta sólo a los titulados, los regentes, los consejeros de Estado, el presidente del Consejo, el lugarteniente de la Sumaría, el regente de la Vicaría y el secretario del Reino. En las dos últimas salas (tercera y cuarta) el virrey recibía a puerta cerrada y según un orden de precedencia determinado por la antigüedad y calidad del título. Los porteros del virrey tenían la función de regular el flujo de personas de una sala a la otra y de restringir progresivamente el acceso a las últimas habitaciones. El virrey, en cambio, cuando debía dirigirse a la sala de audiencia o primera sala lo hacía por un pasillo oculto a la vista de todos, desde sus apartamentos privados.

Según la misma secuencia de salas descrita y defendida por Garnica, los apartamentos más cercanos al viejo Palacio Real debían constituir la parte más pública del edificio, y los más cercanos al mar, la parte privada, esquema que se respetó en el palacio proyectado por Fontana. En 1603 ya estaba terminada la construcción de la planta baja y el piso noble del nuevo palacio. Fontana ideó la escalera a través de la que debía accederse al gran salón y, por una puerta, a las sucesivas tres salas de representación. El arquitecto respetó también las dimensiones aconsejadas por Garnica y, contiguas a las cuatro salas, añadió dos antecámaras que debían introducir, a lo largo del mismo eje, al apartamento privado del virrey. En esencia, y a pesar de las modificaciones que el palacio sufrió a lo largo de todo el siglo, los virreyes conservaron estas disposiciones que dictaba el ceremonial español, de modo que, por ejemplo, el apartamento privado del virrey se mantuvo siempre en el ala sudeste de la planta noble. Las necesidades del protocolo habían regido en el diseño y disposición de las estancias en el palacio. Por lo tanto, debemos suponer también que la aparición de nuevos requerimientos del ceremonial fuera la causa de las sucesivas modificaciones de la estructura del palacio. Pero de ello nos ocuparemos más adelante.

A principios del siglo XVII, se conocía como «Sala grande» o «primera sala» del palacio la que a partir de 1768 pasó a denominarse «Teatrino di Corte» y que hoy también se denomina *sala reale*. Era un ambiente público y abierto a todos durante el día. De noche se convertía en un salón de baile donde también se representaban obras de teatro. Cumplía la misma función del Salón del Sarao en el Alcázar de Madrid. La actual Sala I o sala del cuerpo diplomático del palacio era denominada en el siglo XVII como la sala de audiencias o «segunda sala». Estos dos eran los únicos espacios públicos del palacio, además del *cortile*, la escalera de honor y la capilla. La actual sala II era la «sala de los consejeros» del palacio virreinal. La sala III era la cuarta sala establecida por Garnica y adaptada por Fontana en el Palacio Real como «sala de los titulados», la única que a través de los siglos ha mantenido la denominación original del siglo XVII.

No es cierto que la demolición del muro de separación de las dos antecámaras que precedían el apartamento del virrey se debiera a la transformación impuesta al ceremonial en época de Carlos de Borbón (1734-1759), dando como resultado la creación de un único espacio conocido como Sala del Trono. Esta reestructuración fue en realidad realizada antes de la llegada de los Borbones, con posterioridad a 1648 y cabría atribuirla, como tendremos ocasión de defender, a la voluntad de don Pedro Antonio de Aragón. Mientras la planta noble seguía esta estructura, la planta baja del palacio se destinaba a las secretarías de guerra y justicia[216].

En 1607 murió Domenico Fontana, y al frente de las obras le sucedió su hijo Giulio Cesare. En 1611 Belisario Corenzio y Battistello Caracciolo, entre otros, se hicieron cargo de la decoración interior de las estancias de la planta noble, y en 1612 se colocaron las banderolas para indicar que ya se había cubierto el techo del cuerpo de la fachada. Pedro Fernández de Castro, VII conde de Lemos, encargó la decoración de una Sala en el apartamento privado a Battistello Caracciolo, que pintó cinco escenas dedicadas al Gran Capitán que abarcaban desde la conquista del reino y la ocupación de Calabria hasta su entrada triunfal en Nápoles. La decoración incluía los escudos de la familia Lemos[217]. En 1616, a la marcha del VII conde de Lemos, el cuerpo central de la obra estaba concluido y el proyecto

---

[216] «Nelle stanze poi di basso si vedono le Segreterie di Guerra e di Giustizia con una quantità grande d'Officiali per ciascheduna. Vi sono capacissime stalle ed altre officine» (Celano 1859, Vol. IV: 598).

[217] Palos/Palumbo (en prensa).

del palacio, en manos de los sucesivos virreyes, perdió su antiguo carácter familiar para convertirse en un proyecto colectivo en el que se afanaron en dejar su impronta personal y rivalizar con sus predecesores.

En 1619, la difícil situación de las arcas reales supuso el recorte de la financiación para las obras del palacio, aunque en 1622, la llegada de Antonio Álvarez de Toledo, V duque de Alba, comportó su reanudación. Alba decidió sustituir los frescos de la antigua *sala segunda* o de *audiencias*, decorada con los reyes de Nápoles, seguramente en tiempos de Lemos, por otras pinturas sobre las glorias de su abuelo, Fernando Álvarez de Toledo, el gran duque de Alba, encargadas a Belisario Corenzio[218]. Pero las pinturas de Alba fueron a su vez sustituidas por otras en 1738, cuando Carlos III encargó a Francesco de Mura y Vincenzo Re unas alegorías para conmemorar su boda con María Amalia de Sajonia. El duque de Alba también encargó a Corenzio los frescos de la *sala tercera*, de acceso restringido, con cinco escenas dedicadas a Alfonso el Magnánimo. Lejos del contenido bélico de los frescos de Caracciolo en la sala del Gran Capitán, estas pinturas mostraban a un monarca amante de las artes ante el que se inclinaba el propio papa. Alfonso el Magnánimo y el Gran Capitán representaban las dos figuras fundadoras y legitimadoras de la dominación española en el reino, así como las dos dimensiones del buen gobernante: el soldado y el mecenas de las artes. Alba fue responsable también de finalizar las obras de las estancias privadas del virrey, aunque éstas sufrirían una nueva reforma en tiempos de Pedro Antonio de Aragón.

En el extremo más privado del eje de la fachada, junto a los apartamentos del virrey, se hallaba la hoy llamada galería de los embajadores, con la que hemos empezado nuestra historia. Fue decorada por los pintores Corenzio, Onofrio, Andrea de Lione y Massimo Stanzione en una cronología incierta. Concebida según el modelo de galerías largas, como la Galería de Ulises de Fontainebleau, la sala de batallas de El Escorial o la de Vespasiano Gonzaga en el palacio de Sabbioneta, representaba en su cubierta las glorias de la Casa de España, con once escenas probablemente iniciadas en tiempos del VII conde de Lemos y cuyo máximo

---

[218] G.C. Capaccio, *Il Forastiero*, t. II, p. 369 y D. A. Parrino, Vol. II, p. 178. Celano, «Seguono a queste ampie anticamere, dove il Signor Vicerè assistito dai suoi Reggenti di Cancelleria, che anche dicesi il Consiglio Collaterale, e molte volte in caso di guerra dai consiglieri detti di guerra, decide le controversie e prende espedienti nelle cose che occorrono così nella città, come nel Regno. Tutte queste anticamere, come le altre che seguono hanno le loro soffitte stuccate in oro e dipinte da Belisario Corenzio».

protagonista era Fernando el Católico. Entre los hechos narrados en la sala se encontraban la victoria sobre los portugueses en la guerra civil castellana, la conquista del nuevo mundo, la toma de Granada, la expulsión de los judíos, la revuelta morisca en las Alpujarras o la enigmática entrada triunfal del rey en Barcelona. La función de esta sala es incierta, aunque con seguridad su acceso era vetado a la mayoría de los napolitanos. Los visitantes y cronistas tampoco debieron visitarla, pues no nos informan sobre su decoración. La sala fue ampliada dando cabida a unos frescos que representaban el viaje que en 1649 hizo Mariana de Austria a España. Sobre la función de la galería y su ampliación regresaremos más adelante a la luz de algunas fuentes desatendidas hasta ahora por la historiografía.

En consecuencia, las decoraciones pictóricas de las salas *en enfilade* seguían un orden cronológico, desde la representación de los antiguos reyes de Nápoles en el extremo más público, hasta llegar a Fernando el Católico y el Gran Capitán, en la parte más privada. El duque de Alba rompió con el orden cronológico de las pinturas al sustituir los frescos de la segunda sala por las representaciones del gran duque de Alba, y volvería a romperse en la segunda mitad del siglo al incorporar las escenas del viaje de Mariana de Austria en la galería.

En tiempos de Fernando Afán Enríquez de Ribera, III duque de Alcalá, virrey entre 1629 y 1631, se consideró habitable oficialmente el palacio, pese a que estaba incompleta el ala oriental destinada a albergar la capilla real, donde se iban a concentrar los mayores esfuerzos de los virreyes Medina de las Torres (1636-1644) y el almirante de Castilla (1644-1646). Según Analisa Porzio, tras la revolución de Masaniello los sublevados ocuparon el Palacio Real al considerarlo símbolo de la tiranía española en el reino. Es comprensible, pues, el afán de Oñate por reformar el palacio, una vez recuperado, y por reconvertirlo en emblema de los nuevos tiempos. Oñate retomó el proyecto de derribo del palacio viejo de Manlio, destrucción que ya concibió Fontana en 1600, pero en esta ocasión para levantar en su lugar una segunda gran fachada orientada hacia la ciudad medieval, quizá en señal de acercamiento a las autoridades municipales. El proyecto no se llevó a cabo, pero el arquitecto Cosimo Fanzago dirigió muchas reformas en el interior del palacio impulsadas por Oñate, como la Sala Reale (actual Teatrino di Corte), en cuya bóveda se exhibieron las insignias de la casa de Guevara. Como se ha dicho, era el espacio del palacio destinado a fiestas, ceremonias y audiencias públicas. Celano decía que desde la Real Capilla podía contemplarse y hasta vigilar lo que en la Sala Reale ocurría: «si puo vedere dall'altra parte il salone, dove rappresentar si sogliono e fare commedie e balli, che chiamano festini»[219].

Oñate, además de construir la escalera de honor de la que nos ocuparemos al hablar de la relación de Pedro Antonio con el palacio, fue también responsable de la creación de la sala *dei viceré*, que acogía todos los retratos de los virreyes que habían gobernado Nápoles desde el Gran Capitán. La sala no constituía ningún desafío a la Corona y no era una iniciativa de ningún modo inaudita, pues desde finales del siglo XVI ya existía en el palacio ducal de Milán una galería de los retratos de los gobernadores[220]. Pero su incorporación en el palacio napolitano denota el interés de los virreyes, una vez superada la revolución, de mostrar una institución virreinal cohesionada. Lo único que nos queda hoy, a falta del hallazgo de la totalidad de los retratos, es la serie de grabados con los retratos de los virreyes que publicó Domenico Antonio Parrino en su *Teatro eroico* (1696), inspirados según el autor en los que figuraban en esta sala del palacio.

> Or salita la prima tesa di questa scala, vedesi divisa in due braccia, uno che va alla Sala Regia, l'altro alla Capella e dalla Sala detta dei Viceré fatta dal Conte d'Ognat, il quale vi collocò i ritratti di tutti i signori Viceré che han governato il regno dal Re Cattolico in questa parte; e la maggior parte sono del penello del nostro Cavalier Massimo e di altri valentuomini. Nel ritratto del Conte d' Ognat vi si vedono dipinti ai piedi un lupo ed un agnello che mangiano assieme, per dimostrare che dopo aver sedati i rumori popolari, di avere introdotta nel regno colla sua giustizia una quiete grande[221].

Oñate, que introdujo una profunda renovación en la manera de concebir el palacio de la embajada española en Roma, modificó sustancialmente también la manera de pensar el espacio del Palacio Real de Nápoles. Los siguientes virreyes iban a ser deudores de la nueva concepción del palacio inaugurada por el conde.

---

[219] Celano (1859, Vol. IV: 597).
[220] Álvarez Ossorio (2001), en particular el prólogo, «La galería de retratos de gobernadores en el palacio regio-ducal de Milán», pp. 15-23.
[221] Celano (1859, Vol. IV: 597).

Pascual de Aragón y el Palacio Real

A juzgar por los cronistas y biógrafos napolitanos, Pascual de Aragón pasó sin pena ni gloria por la historia del Palacio Real y de su decoración. Aquellos no hicieron ninguna mención de las obras que Pascual llevó a cabo, de propia iniciativa o continuando las ya emprendidas por su antecesor, el conde de Peñaranda, otro gran ignorado de la historia del edificio. En su primera visita al virrey conde de Peñaranda, Pascual de Aragón accedió al Palacio Real por la escalera secreta construida por el conde de Oñate, que comunicaba el arsenal con la sala de embajadores. El virrey volvió a entrar por el mismo acceso el día de su ingreso definitivo en el palacio. La escalera de honor no estaba pensada para las entradas de los virreyes en la ciudad, sino para las visitas de dignidades en palacio.

En noviembre de 1664 Pascual fue a comer con los cartujos de San Martino, acompañado de toda su corte. Poco después, el mismo día que en palacio se celebraba el cumpleaños del príncipe Carlos, por la noche, el virrey acudió por segunda vez a San Martino, para cenar de nuevo con los cartujos. Sabemos que en diciembre del mismo año, Pascual llamó al arquitecto cartujo Bonaventura Presti para supervisar las reformas emprendidas en el Palacio Real y que éste pasó también a trabajar en el Torreón del Carmen. Posiblemente Pascual le conoció durante las sucesivas visitas que realizó a la cartuja en sus primeros días de su gobierno[222]. Por algún motivo, Pascual prefirió contratar los servicios de Bonaventura Presti pese a que existían, en este momento, dos arquitectos del reino, Picchiatti y Cafaro. Francesco Antonio Picchiatti, en estos momentos, estaba ocupado en construir una barraca en el arsenal para conservar la góndola y las falúas. El virrey le encargó pintar las armas de su familia en la popa y proa de varias falúas[223].

Antes de pasar a palacio, Presti ya había trabajado para los virreyes en los Regios Estudios, en el proyecto impulsado por Oñate y reanudado por Peñaranda. Pascual de Aragón era el primer virrey en querer contar de una

---

[222] Presti, poco después, escribió al virrey para recomendar a Onofrio Papa para la plaza vacante de ingeniero de las regias torres. Un ministro del virrey valoró la relación y concluyó que no eran suficientes los méritos del solicitante y la petición fue denegada (ASN, Segreteria del Vicerè [SV], 289, s.f.).

[223] «Junto con una memoria de lo que se gasta en pintar las armas de su eminencia. Por pintar 20 vanderolas de la faluca colorada las armas de su eminencia hace 6 reales una, importan 12 ducados. Estandarte en la popa, en la proa de faluca y góndola» (12 noviembre 1664. ASN, Segreteria del Vicerè 289).

manera estable con sus servicios, pero no podemos olvidar que Peñaranda ya había encargado al cartujo, por ejemplo, el proyecto de las obras del santuario de Santo Domingo Soriano en Calabria, después del terremoto que había sufrido en 1659. En diciembre de 1664, Presti ya aparece en la documentación como ingeniero del reino, dirigiendo y supervisando las obras de los Regios Estudios de la ciudad[224]. En diciembre de 1664 se terminaron y pagaron unas obras realizadas en ambos palacios reales, el nuevo y el viejo, a cargo de Francesco Antonio Picchiatti y el maestro de obras Genaro de Urso, empezadas en tiempos de Peñaranda[225]. Pascual tuvo que pagar las deudas de palacio contraídas por el conde de Peñaranda con el cerrajero Domingo Cotino, y los vidrieros Domenico Antonio Brando y Giovanni Almonte[226]. El 14 de febrero de 1665, Genaro de Urso se quejó ante el presidente de la regia cámara del virrey, Astuto, por hallarse sin medios con que pagar a todos los operarios que desde hacía años estaban realizando obras en ambos palacios. De ello podemos deducir que al menos desde tiempos de Peñaranda se desestimó la idea de demoler el palacio viejo, y se optó por reintegrarlo en el palacio nuevo. Las obras en ambos espacios no cesaban y por lo tanto el palacio viejo seguía siendo funcional a los ojos del virrey. Esta tendencia no iba

---

[224] Diciembre de 1664, ASN, SV, 289.

[225] El tribunal de la cámara dio cuenta de que habiéndose hecho algunos aderezos («accomodationi e reparationi necessarie») en el palacio nuevo y viejo, debían pagarse a Genaro de Urso 350 ducados por las obras declaradas en una relación del ingeniero Caffaro. El tribunal aconsejaba al virrey la entrega al pagador del Palacio Real de dicha cantidad para Genaro de Urso, «puede Vuestra Excelencia servirse de que se libren al pagador del real palacio para que con la intervención solita los pague al referido Genaro de Urso en quenta de las obras que ha hecho. Librense extraordinaro de 13 de diciembre 1664» (ASN, SV, leg. 289).

[226] Cotino afirmó «que desde el tiempo del señor conde de Peñaranda se le estan debidos 101 ducados [...] de las llaves y cerraduras como consta por dos listas que tiene tassadas, supplica a vuestra eminencia se de orden que se le paguen libremente 50 ducados» (*Ibíd.* ASN, SV, 290, carta de 22 diciembre de 1664). «Librensele cien ducados extraordinario de 10 de enero de 1665» (*Ibíd.*). Bonaventura Presti declaró que todos estos trabajos fueron realizados entre enero de 1662 y octubre de 1663 y los describió como: «stoccatture, accomodationi de atturiche. E tutti e altrui restauri fatti nell regi palazzi novo e vecchi» (*Ibíd.*, «a Napoli, 21 dicembre 1664, Bonaventura Presti architetto). «Que se le libre lo que importa [...]», (*Ibíd.*, 29 de diciembre). «Y que asi se le pueden pagar los 140 ducados en conformidad de la tassa hecha por el referido ingeniero Piqueti. Libresesle» (*Ibíd.*, 29 diciembre), Reconoció también los trabajos de carpintería de Carlo Assanto: «y que los aderezos estan bien hechos y el aprecio justo» (*Ibíd.*).

a interrumpirse en tiempos de Pedro Antonio de Aragón, sino a hacerse aún más patente[227].

Unos meses después, en octubre de 1665, Pascual fue personalmente a los Regios Estudios, cuyas obras dirigía Presti, para inaugurar el curso: «Si preparano questi studii publici con bello aparato per aver i lettori d'essi invitato il signor vicere all'apertura che si fata de medesimi il giorno di san Luca secondo il solito»[228]. Hasta aquí hemos valorado la continuidad de las obras empezadas en tiempos de Peñaranda. Pero, ¿emprendió nuestro virrey alguna obra de iniciativa propia? Gracias a una declaración del ingeniero Donato Antonio Cafaro, sabemos que Pascual llevó a cabo algunas reformas en la escalera secreta del palacio a partir de enero de 1665. Como se ha dicho, era la vía de acceso al palacio comúnmente usada por el virrey, y conducía desde el arsenal a los apartamentos privados[229].

Pronto Pascual se preocupó también de las reformas que necesitaba el edificio de Castelnuovo, al que él tenía particular estima por tratarse de la residencia de los monarcas aragoneses. Encargó las obras a Bonaventura Presti y a Francesco Antonio Picchiatti. Esta iniciativa debió responder a su vocación de contribuir a la recuperación de la memoria aragonesa de la ciudad[230]. Sabemos, por una carta del rey de mayo de 1665, que Pascual impulsó las obras de conducción de las aguas desde Sant'Agata delli Goti hasta Nápoles emprendidas por el matemático Alessandro Ciminelli. Éste había construido molinos en los fosos, para abastecer de agua las fuentes de Castelnuovo, de palacio y de Santa Lucía, y se lo refirió personalmente a Felipe IV, quien, en agradecimiento, le hizo merced de una pensión de

---

[227] ASN, SV, 291.

[228] ASV, SS, N, Vol. 66, *Avviso* de Nápoles, 13 de octubre de 1665. Francesco Antonio Picchiatti en 1666 sustituyó a Presti en la dirección de los trabajos de reestructuración del tejado de los Regios Estudios (Strazzullo 1969: 286).

[229] «L'opera per esso fatta nel detto et altreche nuove per servitio del regio palazzo vecchio et la mia nella scala secreta del palazzo nuovo e ammanimenti per servitio di detta opera» (*Ibíd.*, carta de Antonio Centellas a Donato Antonio Cafaro, Nápoles 22 de enero de 1665). «Et trattatosi del negotio predetto in questo tribunale inteso il mag avocato fiscale del real patrimonio semo remasi di voto e parere che sua eminenza puo restar servita ordinare si liberino al pagatore del regio palazzo li sudetti docati trecento per quelli brevi mano con la solita interventione di mag officiali a chi spetta pagarli al detto Genaro d'Urso partidario».

[230] ASN, SV, 291, relacion de los reparos que necesita el Castelnuovo, según Pascual y que han hecho Bonaventura Presti y Picchiatti. La relación se remitió a la junta de guerra.

80 reales al mes[231]. En realidad, ya en 1627, el noble Cesare Carmignano y Alessandro Ciminelli habían propuesto a la administración virreinal llevar a su costa el agua desde el río Faenza hasta Nápoles, a cambio de poder explotar algunos molinos. La obra del acueducto tenía una extensión de 48 km, duró dos años y en mayo de 1629 la ciudad pudo festejar la llegada de las nuevas aguas. Pero la erupción del Vesubio, en enero de 1631, causó la destrucción de una gran parte del acueducto, lo que desencadenó largas controversias judiciales acerca de quién debía afrontar los cuantiosos gastos. Con el tiempo, Carmignano y Ciminelli restauraron el acueducto, modificando el trazado en algunos de sus puntos. En tiempos de Pascual de Aragón recibieron el reconocimiento de Felipe IV con el pago de una pensión.

El interés de Pascual de Aragón por la arquitectura no acaba en su relación con Bonaventura Presti. El virrey se relacionó muy estrechamente con el teólogo, filósofo, matemático, lingüista y teórico de la arquitectura, Juan Caramuel Lobkowitz (1606-1682), autor de *Arquitectura civil, recta y oblicua* (1678), nombrado obispo de Campania por Alejandro VII. ¿Cuáles son los indicios de esta relación? El 14 de julio de 1665, el nuncio Bernardino Rocci, recibido en la habitual audiencia del virrey, revelaba su preocupación por la obra publicada de Caramuel, contraria a las tesis rigoristas de Prospero Fagnani, que en 1661 había publicado en Roma su *Jus canonicum seu comentaria absolutisima in quinque libros Decretalium*, un ataque a la línea de pensamiento teológico llamada probabilismo a la que pertenecía Caramuel. Pascual quiso tranquilizar al nuncio asegurándole que había puesto mucho empeño en convencer a Caramuel para que corrigiera su obra, acusada de laxista[232]. En otra carta sin firmar del 26 de julio de 1665, probablemente del nuncio de Nápoles, éste volvía a discurrir sobre la controversia entre Caramuel y Fagnani. Según él, el virrey Pascual de Aragón estaba seducido por la «vastità dell'intelletto» de Caramuel, y era improbable que respaldara a los rigoristas, por la relación privilegiada que

---

[231] «De la primera compañía de caballos que vacare en Nápoles» (AHN, libro 322, llamado *Recivos de Nápoles*, fol. 27).

[232] «Em. e rev. signor cardinal, Discorrendo nell'ultima udienza col signor cardinale vicere d'alcune materia spettanti alla chiesa di monseñor Caramuel, mi significo sua eminenza la premura grande con la quale aveba procurato ch'il medesimo Prelato correggesse la sua opera per cio, ch'appartiene all'altra stampata da Monseñor Fagnani, dil cui merito e valore parlo con concetto molto sublime; Napoli, 14 de julio de 1665. Bernardino Rocci» (ASV, SS, Nápoles [N], Ms. 66, Fol. 16).

mantenía con el cisterciense[233]. En el mismo mes de julio Pascual recibió del nuncio de Nápoles una bula de rectificación que contribuía a rebajar la tensión de los conflictos en materia jurisdiccional a cuenta del *regio exequatur*. La relación entre Caramuel y Pascual se encontraba pues en la encrucijada de graves negociaciones políticas y teológicas. En el apartado sobre Roma, pudimos ver a Pascual interviniendo como embajador en el debate romano sobre la *exclusiva* de reyes y otros temas jurídicos. También en Nápoles participó en grandes debates de orden teológico y jurídico.

Pascual inauguró la costumbre de representar tragedias sacras con música, ya no en el Teatrino del Real Parque[234] que construyó Oñate, sino en la Sala Grande del palacio[235]. El 6 de noviembre de 1664 se representó en palacio la tragedia del martirio de San Genaro «in musica dagli figlioli del conservatorio di Santa Maria di Loreto, avanti il signor Cardinale d'Aragona vicerè e li fece portare in palazzo con le carrozze dove ci fu concistorio di dame, nobili e titolati»[236]. Pocas semanas después, en enero de 1665, Pascual regularizó la situación de varios músicos en palacio. Ángel Antonio Mele, músico de la real capilla, había partido a la ciudad de Génova para resolver algunos negocios con licencia de Peñaranda por dos meses. Transcurridos los dos meses, Mele no había regresado aún, «y por no haber representado a tiempo, la escribania de racion le ha apuntado la plaza». El 8 de enero de 1665 Pascual solicitó que se aclarara su situación «siendo servido puede mandar aclararse dicha plaza y que le corra el sueldo desde el dia 26 de diciembre passado que se presento al servicio de dicha real capilla». Pascual de Aragón aumentó el cuerpo de músicos de palacio, readmitiendo, por ejemplo, a Lorenzo Tardivo, expulsado por Peñaranda[237]. El 21 de febrero de 1665, Pascual acudió a casa del duque de Girifalco Caracciolo para ver la representación de la comedia de Santa Timpa.

En verano de 1665, Pascual presenció un «Posilippo», es decir, una concentración popular festiva en la playa y la colina virgiliana. Fue el espectáculo de una belleza tal que no se recordaba desde hacía tiempo,

---

[233] Agradezco a Jorge Fernández Santos por haberme facilitado esta noticia.

[234] En julio de 1668, durante el virreinato de Pedro Antonio de Aragón, el teatrino del parque se mandó demoler para construir las estancias anexas del nuevo arsenal.

[235] De Cunzo/Porzio/Mascilli Migliorini/Zampino (1995: 194). Es la monografía más completa del Palacio Real de Nápoles.

[236] Fuidoro (1934, Vol. I: 252).

[237] Su solicitud fue aceptada el 14 enero 1665.

según Fuidoro. El virrey visitó el Posilippo «come al solito, corteggiando le dame a Mergoglino, ch'erano in carrozze [...] e dedicava ad esse le serenate dei musici che portava con se»[238]. Tres meses más tarde, tras la muerte de Felipe IV, el palacio y la Corte entera se vistieron de luto. Los primeros gestos del cardenal arzobispo Filomarino, la otra gran autoridad eclesiástica en la ciudad después del nuncio, indicaron normalidad y corrección institucional pues «Il signor cardinal arcivescovo ha ordinato con suo editto stampato affisso per li portoni, che tutte le chiese debbano per nove giorni continui celebrar messe di requie coll'officio de morti per il re defonto che si comninscera a recitar domani dopo pranzo». Sin embargo, pronto se supo que el cardenal Filomarino no iba a vestirse de luto, y a pesar de la gravedad del anuncio, el virrey no quiso reprochárselo. El Consejo de Estado, mudo en muchas ocasiones en asuntos de mayor gravedad, no estuvo dispuesto a pasar por alto el desaire del arzobispo y lo consideró intolerable. El Consejo demostró estar muy concernido en materia de luto y protocolo, pues, en diciembre de ese año reprochó a Pascual de Aragón haberse comportado «en terminos tan templados» y le advirtió de «que no devia ser admitido en el Palacio de Vuestra Majestad quien no fuese en el trage y con las demostraciones de sentimientos que requería el acto que quería hacer de ir a darle el pesame de la muerte de Su Majestad»[239].

La muerte de Felipe IV llevó a Pascual a retirarse en palacio sin recibir en audiencia: «Per lunedi prossimo resta stabilita la capella funebre in palazzo, dove comparirano a condolerse con su eminenza tutti questi ufficiali di tribunali et altrui signori vestiti di gramaglia questi tre giurni, l'eminenza sua se ne stara ritirata senza dar udienza a alcuno». El nuncio, de luto, dio el pésame al cardenal virrey y contó en una carta las muestras de duelo que vio en Pascual y en la ciudad tras la muerte del rey[240]. Pascual recorrió a caballo las calles para proclamar a Carlos II nuevo rey de Nápoles y, al mes siguiente, en noviembre de 1665, recibió en palacio al cardenal Tribulzio, recién llegado de Milán. Pronto se terminó el luto y el 8 de enero de 1666 hubo, por fin, un nuevo motivo de celebración en palacio, los festejos y el festín por el cumpleaños de Mariana de Austria. Durante su virreinato, el cardenal Aragón autorizó que se abrieran en palacio cuatro salas de juego

---

[238] Fuidoro (1938, Vol. II:78).
[239] AGS, E, leg. 3288-202.
[240] ASV, SS, N, Ms. 66.

«dove la notte si gioca per la nobiltà et il cardinale vi uscì per veder giuocare con una zimarra adosso di raso di Fiorenza colore incarnatino, il che di rigorosi fu stimato a sensualità e non a modestia»[241].

Pedro Antonio de Aragón y el Palacio Real

> Faceva molto giovanamento al publico don Pietro quando di ricchissimi ricami intapezzava le mura delle sue stanze, eglio avrebbe fatto Don Pietro a non trascurare le spese più necessarie, con pagare i debiti alle persone più miserabili, che in spendere in simil bagatelle ducati 16.929; quandochè i poveri soldati perivan di fame[242].

Innocenzo Fuidoro describió los preparativos de la partida de Pascual de Aragón en diciembre de 1666: el virrey había embarcado todo su equipaje, en el palacio apenas quedaban objetos y vestidos de Pascual, y un noble se lamentó de la partida del virrey ante «un gentiluomo cittadino napoletano»[243]. Según el nuncio, Pascual había decidido llevarse sólo una parte de su equipaje. La otra la dejó para su hermano Pedro Antonio. Se difundieron los rumores de que el virrey se quería hacer consagrar en Roma como arzobispo de Toledo, y por ello había encargado en Nápoles «un ricco pastorale gioiellato che dicono ascendere il costo di 12 ducati»[244]. Tanto Fuidoro como el nuncio se mostraban sorprendidos de que el palacio no se vaciara a la marcha del virrey, como solía suceder. Era el primer anuncio de la continuidad que iba a reinar entre el legado de Pascual y la obra desarrollada en palacio por Pedro Antonio de Aragón. Otro síntoma del mismo respeto por conservar el legado del hermano fue la decisión de Pedro Antonio de mantener y hasta de retener en palacio al arquitecto Bonaventura Presti cuando éste pidió licencia para abandonar Nápoles. En efecto, Pedro Antonio pidió expresamente al cardenal Celio Piccolo-

---

[241] Fuidoro (1938, Vol. II: 78).
[242] BNN, Ms. XV, G, 24.
[243] Fuidoro (1934, Vol. I: 301).
[244] ASV, SS, N, Ms. 66, Fol. 325.

mini (1609-1681), que se encontraba entonces en Roma, que denegara la licencia al arquitecto cartujo y que le impidiera abandonar el servicio virreinal[245].

A principios de abril de 1666, Pedro Antonio había hecho su entrada solemne en la ciudad. A su llegada al Palacio Real, la virreina, que iba a jugar un papel muy importante en la vida del palacio, «fu ricevuta dalla principessa di Cassano, essendo suo marito di casa Aierbo d'Aragona». El tiempo que residió en palacio, Ana Fernández de Córdoba intervino activamente en el nombramiento de los artistas que debían trabajar al servicio del virrey: «Jacinto Porzio, alias Porco, orefice, fatto fare dalla viceregina, quale bestialmente pretende aver precedenza all'arte della seta, pera ver preso li denari in Palazzo»[246]. El 6 de noviembre se celebró en palacio y en toda la ciudad el séptimo aniversario de Carlos II y con motivo de la fiesta se escenificó en palacio una obra de teatro con música que representaba la historia de Escipión Africano. El 9 de diciembre, el virrey fue a rendir la primera visita al nuevo arzobispo Caracciolo.

Para entender la alta consideración que alcanzó el palacio en dignidad y la función política que adquirió durante el virreinato de Pedro Antonio, basta leer la crónica de Fuidoro. Éste calificó de gran error la decisión del marqués de Villafranca de abandonar la residencia del palacio durante la embajada de obediencia al papa de Pedro Antonio de 1671, a quien debía sustituir durante su ausencia: «molti, pero concordano che non apporti maestà e decoro alla propria grandezza dell'officio il non abitare il viceré nel Palazzo regio. Aporta anco incomodita alla secretaria ed alli negozianti ancora e con la poca intelligenza delli secretari fanno una Babilonia»[247]. En 1671, un observador como Fuidoro tenía muy asumidos y claros los usos representativos del Palacio Real. Como ya se dijo, el marqués de Villafranca pasó a ocupar el palacio del principe Stigliano en Chiaia, mientras Ana Fernández de Córdoba siguió habitando en el Palacio Real. El palacio Stigliano en Chiaia era el palacio que más rivalizaba en

---

[245] «Fra Buenaventura cartusiano Ingeniero Regio se halla en esta ciudad, donde conviene al servicio de Su Majestad que asista a diferentes cossas que se ofrecen, y que me han dicho intenta pedir licencia a Vuestra eminencia para partirse de aquí suplico a Vuestra Eminencia se sirva no concedersela que ademas de atravesarse el servicio del Rey, lo estimaré yo a Vuestra Eminencia como devo» (ASN, SV, CE, Vol. 1297 [1666-1670], carta de Pedro Antonio al cardenal Piccolomini de 9 de noviembre de 1669).

[246] Fuidoro (1938, Vol. II: 178).

[247] *Ibíd.*

la época con el Palacio Real, pues en él solían hospedarse las dignidades más notables de paso por la ciudad. El episodio de Villafranca, en el que ya nos detuvimos, en el capítulo de la embajada de obediencia al papa, hizo peligrar mucho la imagen de Pedro Antonio en la ciudad, y por ello, precisamente en 1671, el virrey sintió la necesidad de intervenir en la decoración del palacio, encargando dos fuentes para el parque y para el patio a Francesco Antonio Picchiatti[248]. Era una buena muestra de la carga política que el virrey llegó a atribuir a los espacios del palacio cada vez que se cuestionaba su autoridad.

El paso de Pedro Antonio por el palacio estuvo caracterizado por una pasión reformista que no se veía desde tiempos del conde de Oñate y que poco o nada tuvo que ver con la tímida actividad de Pascual de Aragón. Las relaciones de los gastos de la Corte de Nápoles por la caja militar conservados en la British Library de Londres son clarificadoras. Durante el virreinato de Pedro Antonio de Aragón, los gastos aumentan en muchos ámbitos, desde el armamento a las reconstrucciones de los castillos y fortalezas del reino. Pero el crecimiento es del orden del doble en los gastos provocados por el Palacio Real. De los mil cien ducados de gastos que genera el palacio en 1665, se pasa a los dos mil ducados anuales en 1667, mientras el sueldo del virrey era de 24.000 ducados anuales[249]. Sin embargo, hubo algo que acercó las prácticas de Pedro Antonio a las de su predecesor, de quien, como ya hemos visto, quería conservar el recuerdo. A diferencia de la mayoría de los virreyes anteriores, los Lemos, el duque de Alba o el conde de Oñate, la actividad de los Aragón en palacio no se justificó principalmente por la evocación al propio linaje. Debido a las circunstancias posteriores a la revolución de Masaniello que ya hemos narrado, los virreyes, más que concebir el palacio como una obra personal, trataron de reforzar el proyecto común de los representantes del monarca. Ello era un imperativo tras las continuas afrentas que había sufrido la institución virreinal en los últimos años. Los virreyes de la segunda mitad del siglo, y muy especialmente los Aragón, hicieron suyo el proyecto colectivo del palacio intuyendo que tal actitud iba a ser una garantía de supervivencia del propio sistema político al que representaban.

Así, hallamos a Pedro Antonio dialogando con las obras que sus predecesores emprendieron en el Palacio Real, en la escalera de honor, un

---

[248] Strazzullo (1969: 297).

[249] BL, Ms. ADD., 20924, fols. 65 y ss, 80-87, 88-90 y 100-108.

proyecto inicial de Oñate; en la capilla real, una obra iniciada por Medina de las Torres; o en las estancias privadas reformadas por Alba. El tamaño de la intervención de Pedro Antonio en estas obras no se correspondió con un esfuerzo similar por decorar el palacio con las glorias de su casa, ni por llenar de escudos familiares los rincones de las salas más representativas. En ese sentido, la sala de Alfonso el Magnánimo le bastaba para venerar a su linaje, al igual que la sala del Gran Capitán le servía a la virreina, Ana Fernández de Córdoba, para rendir homenaje a su familia. Pedro Antonio, como su hermano, no protagonizó ningún episodio de destrucción de la obra de sus predecesores para ensalzar su propia persona, como sí ocurrió por ejemplo durante el virreinato del duque de Alba. Nuestro virrey se entregó a reflexionar sobre los usos del palacio viejo, además del nuevo, como había hecho Oñate, pero a diferencia de éste, no para tratar de sustituirlo sino para asignarle nuevas funciones administrativas y ceremoniales. La única referencia familiar lo bastante amplia de Aragón fue la colocación de una estatua yacente que representaba el río «Aragón», presidiendo el muro de acceso al palacio viejo por la escalera de honor.

En 1668, Pedro Antonio de Aragón hizo consagrar la Capilla Real de palacio al obispo de Molfetta, Francesco de Marinis. En memoria de la consagración, el virrey colgó en la puerta de entrada a la capilla una placa de mármol, que Celano vio detrás del altar mayor[250]. La primera capilla real de Nápoles se había construido en tiempos de Carlo I d'Anjou en el interior de Castelnuovo. Hasta los años cuarenta del siglo XVII la capilla real que los virreyes utilizaban se encontraba en el palacio viejo de Manlio. La Capilla Real en el interior del palacio nuevo empezó a construirse en tiempos del virrey Medina de las Torres por obra de Cosimo Fanzago. En 1645 el virrey almirante de Castilla llevó a buen puerto las obras, y en 1656, el conde de Castrillo la embelleció con estucos dorados y pinturas[251]. Pedro Antonio sustituyó el cuadro de la Inmaculada Concepción, obra

---

[250] Celano (1859, Vol. IV: 604-605): «Haedes Haec Regia Excell. Mi Dni·D Petri Antonii Ab·Aragonia Neapolitani Regni Proregis Pietate Ac Studio A Malfictensi Inauguratur Antistite Admiranda Plane Egregi Principis Religio Sacellum Quo Regalius Eo Et Sacratius Foret E Sacro Reddidit Sacratissimum Die Nono Aprilis A D Mdclxviii». ·

[251] «Destinata questa capella a servigi spirituali del re, della Casa Reale e non soggetta a la giurisdizione ordinaria dell'Arcivescovo, bensì del Cappellano Maggiore [...] fu nel 1656 per cura del Viceré Conte di Castriglio fatta dipingere da Giacomo del Po e decorare con ornamenti ad ombre lumeggiati in oro. Ma le antiche dipinture ed i lavori di scolture furon tolti via per la novella forma datale circa dieci lustri or sono» (Celano 1859, Vol. IV: 605).

de Ribera que quiso llevar a España, por una escultura de mármol de la Virgen, obra de Cosimo Fanzago[252]. Pero la capilla sólo se abrió al culto en tiempos del virrey duque de Arcos. La Capilla Real no estaba sujeta a la jurisdicción ordinaria del arzobispo, sino al Capellán mayor, que en tiempos de los Aragón fue Carlo Maranta de Venosa, primero (hasta 1664), y el español Juan Céspedes, después (hasta 1676)[253].

En mayo de 1668, la llegada a la ciudad de Vincenzo Rospigliosi, sobrino del papa Clemente IX, fue la visita más importante de cuantas recibió el virrey Pedro Antonio de Aragón. En una carta el nuncio de Nápoles discurrió sobre la audiencia que había mantenido con el virrey para hablar de los preparativos de la visita[254]. Pedro Antonio aseguró al nuncio que iba a recibir al sobrino del Papa «non solo come Vice Re, ma come Pietro Antonio d'Aragona»[255]. Pedro Antonio demostró tener muy clara la distinción entre su faceta privada y su esfera pública (el cuerpo personal y el cuerpo institucional). La audiencia con el nuncio, en realidad, se destinó sobre todo a acordar los detalles y términos del protocolo y precedencia que iban a prevalecer durante la visita. Sobre el recibimiento, el nuncio describió así lo pactado con el virrey:

> Nel particolare poi del saluto di persona, ed dell'imbarco e sbarco delle feluche e gondole [...] come egli dice che non si puo pretenire come cosa ordinaria [...] sul fondamento di quello è stato praticato in verso lui in Genova,

---

[252] «Presso di questa sala vedesi la Real Capella. Questa fu principiata dal Duca di Medina, Vicerè, perche prima la Regale Capella stava nel palazzo vecchio; poi da D. Rodrigo Ponz de Leon, Duca d'Arcos, Vicerè, nell'anno 1646 fu resa assai alta a celebrarvi; nel fine dell'anno 1656 da D. Garzia d'Aro Conte di Castriglio fu ella abbellita con dipinture, con istucchi finti posti in oro, introdotti in Napoli in prima volta dal Modanini, cosa molto nobile perche seco portano una faciltà grande ad essere spolverati [...] Nell'altare vi era un quadro, nel quale stava expresa la Vergine Concetta: opera forse la più bella che fosse uscita dal pennello di Giuseppe di Rivera; e perche il volto della Vergine era stato preso da un volto naturale di una donna molto bella, cagionò più di un errore in un signore che il vide [...] Ora questo quadro fu da questa capella levato ed inviato nelle Spagne, ed in luogo suo vi fu collocata una statua di marmo uscita dallo scalpello del Fansaga» (*Ibíd.*: 597).

[253] *Ibíd.*: 608.

[254] ASV, SS, N, Ms. 70, fols. 355-356, 8 de mayo de 1668.

[255] «(Pedro Antonio de Aragón) m'ha assicurato che egli lo vuol ricevere non solo come Vice Re, ma come Don Pietro d'Aragona, ch'è a dire con tanta finezza e stima che fara veder a dognuno quali siano i suoi sentimenti verso un Nipote di Nostro Signore» (*Ibíd.*).

e Livorno e finalmente per quello che gli è occorso con il Signor Prior Bichi, cossì s'è dichiarato ch'egli non è per riparare ch'il saluto che se gli debe fare dal signor Bali sia l'istesso, che dire la salva, che si fa reciprocamente fra due squadre di Gallere nell'incontrarsi e complimentarsi insieme, che fanno li loro comendatori, Nell'istesso modo dice che si contenera nell'imbarco e sbarco sudetto poiche non riparerà ch'il signor Bali in tutto e per tutto non osservi di quelle puntualità nel riceverlo su la sua Galera che converrebbe[256].

Pedro Antonio terminó diciendo al nuncio que haría todo lo posible para recibir al sobrino como lo merecía su dignidad, pues al fin y al cabo todos estos detalles de protocolo no eran más que «*bagatelle*»[257]. La audiencia con el virrey seguramente tuvo lugar en la *tercera* o *cuarta* sala de palacio, si no en una de las antecámaras de la galería. Sin embargo, el nuncio pidió penetrar en las estancias más privadas del virrey para comprobar el estado de la residencia que habría hospedado al sobrino del pontífice y para estipular cómo sería recibido Rospigliosi en el interior del palacio, algo que, al parecer, Pedro Antonio ya tenía bien pensado. El nuncio explicó en su carta lo que había visto en el interior del palacio y lo que llamó su atención de las recientes obras realizadas por Pedro Antonio de Aragón. Se expresó en los términos siguientes: «ho anco osservato gli apparecchi che si fanno nel quarto stesso del Signor Vice Re, quali sono molto riguardevoli». El virrey se ufanaba de haber reprendido a su maestro de ceremonias por no querer dar al ilustre visitante más que una miserable habitación. Pedro Antonio de Aragón dijo al nuncio que deseaba ofrecer a Rospigliosi «tutto il suo quarto con la sua Galleria, con la sua Alcoba, e con altre stanze vicine». Estaba claro que las obras llevadas a cabo por Pedro Antonio habían ido encaminadas a ensanchar el apartamento privado, ampliar el número de estancias y alcobas, para eventuales visitas y para que a través de las nuevas salas se pudiera acceder, de un modo independiente, a la Galería, actual sala de los embajadores[258].

---

[256] *Ibíd.*

[257] «Poiche in fine tutte queste materia sono bagatelle, e cose ch'egli (Pedro Antonio) vuol trascurare in consideratione di un simil ricevimento di un signore tanto stimato da lui» (*Ibíd.*).

[258] «Con la medesima andata a palazzo ho anco osservato gli apparecchi, che si fanno nel quarto stesso del Signor Vice Re, quali sono molto riguardevoli, e Sua Eccellenza godendone, e compiacendosene m'ha detto ch'essendo stato angustiato dal suo cerimoniere a non assegnar al Signor Bali due miserabili stanze, una cioè per dormire, e l'altra per Audienza, come s'era praticato col Signor Principe Ludovisio, egli l'haveva

Llegó el 20 de mayo de 1668, día fijado de la entrada por mar de Vincenzo Rospigliosi. Gracias a la relación del maestro de ceremonias del virrey podemos conocer los detalles sobre el desarrollo y el ceremonial de la visita. Además, la crónica de la venida de Rospigliosi nos da información muy valiosa sobre las reformas del apartamento del virrey y los usos que se le dieron. Estas noticias vienen a complementar la información que el nuncio nos daba con motivo de la audiencia del virrey. Pero veamos en primer lugar el testimonio del maestro de ceremonias sobre el recibimiento que se dio a Rospigliosi.

Avisó el Nuncio a Su Excelencia [Vincencio Rospigliosi], lunes 21 por la mañana vino el Nuncio por la escalera secreta a conferir con Su Excelencia el modo del recibimiento y tratamiento y que tenia orden de su Santidad de que no se le hiciera menos tratamiento y recibimiento que se hizo con el príncipe de Venosa (y de Piombino), se le leyó al Nuncio el modo que se havia recivido y tratado al dicho Principe, se ajustó con Su Excelencia y el Nuncio que se saludara primero con la capitana al estandarte de su Santidad y luego saludaría la capitana del Papa a nuestro estandarte y que luego consecutivamente disparasse Nuestra Patrona la primera pieza y sin perder punto disparasse también la Patrona de su santidad imediatamente y si quisiesen las unas y las otras aun mismo tiempo adisparar y dijo el Nuncio quando se despidió a Su Excelencia respondió quadamos assi ajustado que no suceda algun yierro y Su Excelencia respondió no sucederá por que voy yo en ellas[259].

El nuncio de Nápoles pretendía que las falúas del virrey dispararan primero en señal de bienvenida[260]. Pedro Antonio estaba dispuesto a no reparar en gastos («como Don Pedro de Aragón no reparará en nada, como virrey he de dar quenta a Su Majestad para representar a su misma persona y en el Consejo de Estado me embiaran reprehensión si lo hiciera de otra manera»). El desembarco de Rospigliosi iba a desarrollarse con la habitual «*scala di ponte*», rito de recibimiento del virrey pero también de los visitantes ilustres, que se había interrumpido en tiempos del conde de

---

rigorosamente sgridato, e dettogli che voleva che godesse tutto il suo quarto con la sua Galleria, con la sua Alcoba, e con altre stanze vicine» (*Ibíd.*).

[259] AGS, E, leg. 3290-201, s.f. *Venida del Nepote del Papa Clemente Nono en esta ciudad de Nápoles* el 20 de mayo de 1668, escrita por el maestro de ceremonias del Palacio Real.

[260] *Ibíd.*

Castrillo, pero que de nuevo volvía a ponerse en práctica. El virrey fue en su góndola hasta el cabo de Posilippo a recibir las galeras del papa, acompañado de los titulados del Colateral y de la más destacada nobleza napolitana.

> Su Excelencia entró en la góndola y llamó los siguientes cavalleros que fueron seys y los llamó el Ujier mayor tres titolos por el Baronaje y tres titolos del Collateral por honrar unos y otros y fueron por el baronjae, Príncipe de Santo Bueno, Marques de Fuscaldo, Príncipe de Belveder. Por el Collatral Príncipe de Montemileto, Principe de la Roca Aspri, Duque de Calabrito, y el Ujier mayor dijo a los demas titolos y cavalleros: *cavalleros, embarquense* en essas malucas, a la capitana lo que cupieren y los demas a las otroas galeras en la capitana haciendo salva assi la capitana como las demas galeras que en todas heran cinco llegaron a la punta de Posilipo donde aguardavan las galeras del Papa y encontrandose saludó una Capitana con quatro piezas al estandarte del Papa y la capitana del Papa respondió con otras quatro piezas y nuestra patrona disparó una pieza y al mesmo instante empezó a disparar la Patrona del Papa y prosiguió la nuestra, y todas las demás aun mismo tiempo asi las del Papa como las nuestras[261].

Con la llegada de las galeras del papa al cabo de Posilippo, Rospigliosi subió a la góndola del virrey. Éste le ayudó a entrar con su mano derecha y a continuación le sentó a su derecha: «Y se vinieron a Nápoles, empezando a hazer salva el castillo de santelmo siguiendo castillo del ovo y luego castilnovo, y el torreón del Carmen, que duró la salva hasta que se desemarcaron»[262]. Una vez hubieron desembarcado, el sobrino del Papa y el virrey, en dos sillas de mano cubiertas por la parte trasera, acompañados por doce pajes, se dirigieron hacia el *largo di palazzo* a través de la puerta «que se dice del Gigante» por encontrarse allí la estatua del Gigante de la que tendremos ocasión de hablar. Accedieron al patio principal del palacio y de allí subieron por la escalera de honor hacia el cuarto de la virreina, donde ésta aguardaba con una de sus damas, Violante de Sangro. Ana Fernández de Córdoba le recibió en la puerta de la «pieza de las alcobas», sin salirse de la habitación. A continuación el virrey llevó al sobrino del Papa a la «pieza de Alva» nombre que adquirió la segunda sala o sala de audiencias desde que el duque de Alba la redecorara con escenas de su abuelo.

---

[261] *Ibíd.*
[262] *Ibíd.*

Desde allí el virrey «le llevó a su quarto por los corredores y en dejándole Su Excelencia se volvió por donde havia venido a su quarto»[263].

Rospigliosi vino con varios regalos para la virreina, entre ellos una estatua de una dama, un reloj o varios juegos de guantes perfumados[264]. La mujer del virrey tuvo que corresponderle y la primera noche que éste pasó en palacio, le envió una «camisa con botones de diamantes en Acafate de plata dorada y seis pares de guantes de ambar cubiertos con un tafetán»[265]. El virrey de Nápoles también recibió al sobrino del Pontífice con varios regalos, pero según juzgó Fuidoro, haciéndose eco de los comentarios de los napolitanos, las dádivas que hizo Pedro Antonio de Aragón, y en general toda su corte, no dieron la talla a los presentes de Rospigliosi y es a ésta crítica a la que queremos prestar atención.

> Sua Eccellenza l'ha rigalato di gran copia di cose di zuccaro, salami, vitelle, castrati ed altri rinfreescamenti per il viaggio del gran principe, oltre molte cose di conto. Vogliono communemente che, in regalare la corte del viceré sia stato assai scarso al paragone di quello che conveniva ad un suo pari[266].

En la crónica del viaje aparece por primera vez la mención de un «quarto de secreto», al que el autor da mucha importancia: «el nepote passo por dentro al quarto de secreto a ver a Su Excelencia». Era el cuarto que comunicaba las estancias del virrey con las de su invitado, pues el virrey repitió a continuación la misma operación pero al revés, desde su cuarto a las estancias del sobrino del papa. Probablemente la creación de un «cuarto de secreto» es lo que motivó al menos una parte las reformas del apartamento del virrey y podría corresponder a la actualmente denominada sala IX del palacio. Si nos fijamos en la planta de la Biblioteca Nacional de Nápoles (véase Figura 53), la que más nos acerca al proyecto originario de Domenico Fontana, ni el arquitecto ni sus comitentes previeron en 1600 la creación en ese lugar accesible desde la galería de un cuarto que fuera independiente. En dicha planta se aprecian solamente tres espacios

---

263   *Ibíd.*

264   «Li regali ch'ha portato alla viceregina sono: una statua di una dama che si fa vento, ch'è un orologio; una gran spasa di guante di Roma, diversi profumati con fettuccie o galani d'oro; medaglie papali ed altre de santi, così d'oro come d'argento; un corpo intiero di santo. Todo vale in circa 2000 docati» (*Ibíd.*: 77).

265   *Ibíd.*

266   *Ibíd.*

contiguos a la galería, mientras que las plantas del siglo XVIII incorporan cuatro salas. Las reformas de Pedro Antonio debieron implicar el derribo del muro de la actual Sala del Trono, antiguamente segunda antecámara del virrey, para ampliar el apartamento privado y dar cabida a una nueva habitación con acceso a la galería que debía hospedar a invitados de rango como Vincenzo Rospigliosi.

El jueves por la mañana el nepote *passo por dentro al quarto de secreto a ver a Su Excelencia;* acavada la visita, le acompañó Su Excelencia al suyo y de allí a dos oras le fue Su Excelencia a ver también, *por dentro el quarto de secreto,* estuvieron un rato y luego se salieron a comer en publico teniendo a mano derecha el nepote, y aquella mañana comió el Señor Banquieri con Su Excelencia que era theniente general de las galeras y nepote por haverse casado con una hermana del nepote del Papa, y se le trató de Señoría y en la messa se le puso la silla aun lado de la parte del nepote, que Su Excelencia y el nepote estuvieron solos a la cabecera de la messa, y todos los dias que comieron cantó la musica de la capilla mientras duró la comida. Y el nepote hizo el primer brindisi a la salud de Su Majestad, y Su Excelencia se le volvió a la salud de Su Santidad; acavada la comida fueron cada uno a su quarto y a la tarde salieron al passeo con el coche rico verde y oro, y antes de salir el nepote visitó a mi señora, que se lo embio a decir por el uxier mayor y fue por los corredores a pre. que no quiso silla con muchos capitanes entretenidos que le acompañaron, acavada la visita de mi señora se fueron al passeo, llevandole Su Excelencia al nepote a mano derecha, y el señor Banquieri a la Proa y el Capitán de la Guardia a su lugar[267].

Observemos que la segunda antecámara del virrey (actual Sala del Trono) se habría convertido en un espacio en forma de L al incorporar un cuerpo extraño en su parte meridional, resultado de alargar el apartamento privado hacia el norte. Quizá con el fin de corregir tal desequilibrio, el virrey ordenó hacer lo mismo desde la galería (Sala de Embajadores). En efecto, la galería se alargó hacia el norte, invadiendo la Sala del Trono, en un momento impreciso después de 1649. Hasta ahora, y a falta de pruebas documentales, los historiadores habían sostenido que la ampliación de la galería se justificó para dar cabida a unos frescos con escenas del viaje de Mariana de Austria de 1649 (Figura X del cuadernillo). Ha estado bastante extendida la idea de que fue Oñate el responsable de la ampliación y de

---

[267] *Ibíd.* Las cursivas son mías.

la decoración de la galería, pues al fin y al cabo los frescos narraban unos hechos contemporáneos a ese virrey. Sin embargo, cuando Oñate remitió al rey y al Consejo de Estado su relato sobre el desarrollo de los festejos por las bodas de Felipe IV y Mariana de Austria, nunca mencionó que hubiera llevado a cabo tales obras, algo que habría sido digno de referenciar[268].

Resulta poco verosímil que la decoración pictórica fuera la razón que motivara la ampliación de la sala. Estas pinturas y la propia ampliación de la galería pudieron ser, en cambio, una mera consecuencia del alargamiento del apartamento del virrey promovido por Pedro Antonio de Aragón. Esa operación habría motivado la ampliación de la galería y sólo entonces surgió la necesidad de decorarla con pinturas. Pero, ¿de qué otros indicios disponemos para sostener que Pedro Antonio ordenó ampliar la galería? El testimonio lo encontramos una vez más en Fuidoro, que nos confirma que Pedro Antonio transformó la galería para acoger su colección de estatuas antiguas, «ch'erano poste nella nuova galleria da lui fatta nel regio Palazzo»[269]. La creación de una «nueva galería» en el palacio no era más que la ampliación de la vieja galería.

El testimonio de Fuidoro no sólo es revelador de los usos del espacio de la galería que debía albergar la colección del virrey, pues también nos informa de la compra de esculturas en Nápoles por parte de Pedro Antonio, hecho que ya sospechábamos, pues un buen número de esculturas decoraban su casa en Madrid según un cuerpo de hacienda de 1684. La formación de una colección de esculturas basada en copias de modelos de la Antigüedad se convirtió en un reflejo del «buen gobernante» en las diferentes cortes europeas desde el siglo XVI[270], siguiendo el paradigma

---

[268] AGS, E, leg. 3285-65, Carta del Oñate desde Nápoles a 30 de enero de 1650: «Heme holgado de oyr la solemnidad con que ha sido recivida la Reyna nuestra señora en essa corte: aquí también se han celebrado las bodas de sus majestades (Dios los guarde) con mucha ostentación: la cavalcata fue mui lucida en Palacio se han hecho dos comedias en música, con buenas apariencias: un baylete de 12 cavalleros harto vistoso y las luminarias y salvas ordinarias, y en estas fiestas han salido ricas galas y en fin el regocijo ha sido muy grande y general, y de gran consuelo para mi considerando quan diferente es esto de lo que esperabamos dos años ha: de ello doy muchas gracias a Dios que guarde a Vuestra Majestad los muchos años que desseo. Nápoles, 30 de enero de 1652».

[269] «Questa sera, l'ultimo d'ottobre, il vicerè ha spedito 4 vascelli per Spagna e vi ha mandato buona parte delli suoi suppelletili, ed anco molte bellissime statue di marmo di gran conto, ch'erano poste nella nuova galleria da lui fatta nel regio palazzo, da lui comprate in Napoli» (Fuidoro 1938, Vol. II: 96). En octubre de 1668.

[270] Haskell/Penny 1981. Edición castellana, 1990.

de la galería de Francisco I en Fontainebleau, decorada con vaciados de esculturas clásicas que mandó traer de Italia a Francesco Primaticcio en 1540. Pedro Antonio de Aragón, no obstante, encontró el modelo de esta práctica mucho más cerca, en el Alcázar de Madrid, donde existía una colección de copias en yeso y bronce de las esculturas más famosas de Roma que Velázquez trajo de Italia por orden de Felipe IV[271].

En el *Libro Secondo in cui si raggiona di alcune fabbriche fate in Roma e a Napoli* (1604) Domenico Fontana no describió con precisión cuáles eran las funciones de la galería, quizá porque no estuvieran aún definidas. A lo largo del siglo XVII, los cronistas y viajeros de Nápoles se limitaron en sus obras a reproducir la descripción del palacio que ofreció Fontana en su libro. En cambio, en el atlas de J. Blaeu, *Theatrum Civitatum nec non admirandorum Neapolis et Siciliae Regnorum*, editado en Amberes en 1663 y dedicado al entonces virrey de Nápoles, el conde de Peñaranda, que financió la publicación, hallamos, por primera vez, una descripción más pormenorizada de los usos de la galería del Palacio Real, aunque desconocemos quién proporcionó la información al autor.

> In Galleria (ita vocant Itali rarissimi artifici pretiique rerum recepta-culum) spectabis horologium rotularum motu variam harmoniam edens, mensas marmoreas eximiâ arte tesselatas; statuas è pretiotis lapidibus fabre fictas; numismata & arma omnis generis, aliaque plura, quae singulatim recensere haud facile est[272].

La galería, por lo tanto, al menos desde los años sesenta, había asumido plenamente la función de *cabinet de curositées* del virrey, es decir, el espacio para la colección de esculturas, relojes, mesas de mármol y armas. La obra de Blaeu no hace mención alguna de la presencia de lienzos en la galería, los cuales presumiblemente fueron dispuestos por el virrey en el apartamento privado. También Carlo Celano, a finales del siglo XVII, describió el apartamento del virrey, aunque el recuerdo de las reformas de Pedro Antonio se había eclipsado tras el paso por el palacio de Gaspar de Haro y Guzmán, VII marqués del Carpio, que sin duda dejó una profunda impronta en los usos del apartamento privado como espacios

---

[271] Salort (2002: capítulo 2).

[272] J. Blaeu: *Theatrum Civitatum nec non admirandorum Neapolis et Siciliae Regnorum*, Amberes, 1663.

de su colección[273]. El marqués del Carpio extendió su colección a todos los ámbitos del apartamento privado del palacio, más allá de la galería. Pero qué duda cabe que los hábitos de Carpio, y aún más los usos que hizo del apartamento del virrey en palacio, eran deudores de las reformas introducidas por Pedro Antonio de Aragón. Conviene ahora regresar al relato del maestro de ceremonias del virrey. Durante su estancia en palacio, Vincenzo Rospigliosi recibió las visitas de aristócratas napolitanos.

Después de comer le visitaron el marques de Fuscaldo el Marqués de Arena, el Principe de Santo Bueno, el Principe de Octayano, el Principe de Petorano, salioles a recibir dos piezas y acompañandoles tres piezas dioles la mano derecha y excelencia y ajustaron que por ser tarde y aver de partir de noche, visitasse a dos por todos, como lo hizo volviendo la visita al Marques de Fuscaldo y al Marques de Arena que se hallaron juntos en casa del Marques de Fuscaldo. Visito a estos por todos los demás a la buelta fue con Su Excelencia a la Tarcena, y a la noche hubo sarao, acavado el sarao salio Su Excelencia con el Nepote a despedir las damas al lugar solito y luego le trujo Su Excelencia a su quarto por el quarto de mi señora, en el sarao estuvo mi señora en medio y el nepote a mano derecha de mi señora[274].

Para la partida del sobrino del papa se utilizó la habitual escalera de puente a través de la que se embarcó en la góndola que le llevaría a las galeras de su regreso a Roma. Si la crónica de la visita del sobrino del papa en 1668 nos permite imaginar el aspecto del palacio durante el primer trienio del gobierno de Pedro Antonio de Aragón, la llegada a Nápoles de otro visitante ilustre, el hijo de Colbert, marqués de Seignelay, en 1671, nos acerca a las obras que el virrey realizó en la residencia desde 1668 y hasta el final de su mandato. Sin embargo, a diferencia de la primera visita, que fue oficial, la visita de Colbert estuvo acompañada de intriga y sospechas de espionaje. En mayo de 1671, Pedro Antonio de Aragón fue informado

---

[273] «L'appartamento dove per lo più abitano i signori Vicerè è dalla parte di mezzogiorno sul mare che ha deliziosissime vedute. Da questo quarto si cala per diverse belle scale in diversi quarti minori, e covertamente si cala al mare, come si disse: queste stanze oggi più che nei tempi dei signori passati Vicerè si potevano vedere per osservarle virtuosamente adornate, atteso il signor D. Gasparo d'Aro Marchese del Carpio non molto curando ricchi drappi e ricami, le mantenea tutte adornate di curiosissimi quadri» (Celano 1859, Vol. IV: 598).

[274] AGS, E, leg. 3290-201, s.f. *Venida del Nepote del Papa Clemente Nono en esta ciudad de Nápoles.*

por el secretario Miguel de Iturrieta de «la yda de un Ingeniero francés a Nápoles y Sicilia a reconocer las fortificaciones de aquellos Reynos». Iturrieta había sido a su vez informado por el Príncipe de Ligne, virrey de Sicilia, tras lo cual hizo sus propias diligencias[275]. Iturrieta hizo ver al virrey que se trataba de un caso de espionaje militar, pues, según él, la misión del francés era recabar información sobre las defensas y fortalezas del reino.

El marqués de Seignelay, hijo mayor y predilecto de Colbert, tenía entonces veinte años y realizaba un viaje por Italia organizado y programado por su padre. Pierre Clement publicó en 1867 la crónica de este viaje de estado, así como las instrucciones que recibió el joven viajero de manos de Colbert[276]. Seignelay iba acompañado, según Pierre Clement, del arquitecto Blondel, un *neveu* o discípulo de Mignard y del letrado Isarn, su preceptor (de cuyas opiniones, Seignelay se hacía eco constantemente). Según Clement, Seignelay se convirtió en un hombre de refinado gusto en Italia, dirigiéndose a ciertos eruditos y coleccionistas por indicaciones recibidas de Colbert en Francia. Adquirió numerosas estatuas, pinturas y otras curiosidades en Italia. A Clement, el diario de Seignelay le pareció lleno de prejuicios y frío en sus observaciones. Según Clement, el francés sólo vio monumentos y cuadros y fue incapaz de observar el pulso y la vida de los italianos. Horrorizado por el gótico, a Seignelay le atraía el estilo jesuítico de Roma y de Nápoles. En Roma tenía la misión de ir a ver al director de la Academia de Francia, fundada en 1666, y al Cavalier Bernini. Tras recorrer varias ciudades italianas, llegó a Nápoles el 20 abril de 1671 por la tarde.

El mismo día de su llegada a Nápoles, después de comer, Seignelay fue a visitar al virrey en palacio y se declaró impresionado por la escalera de honor en la que ahora nos detendremos. Merece la pena destacar que al francés le fue negada la entrada en la mayor parte del palacio (la Sala Regia, las salas de audiencias con las pinturas de Alba y de Alfonso V y sobre todo la galería con las escenas de Fernando el Católico). El hijo de Colbert fue conducido por la escalera de honor directamente a la alcoba del virrey, y de allí por la escalera que comunicaba con el arsenal hacia el exterior, para contemplar la nueva dársena. Del palacio no vio casi nada, aunque tampoco mostró interés en verlo. Pedro Antonio pareció acertar

---

[275] AGS, E, leg. 3294-103.
[276] Clément 1867.

al querer mostrar al francés solamente aquellos espacios en los que había intervenido arquitectónicamente y que consideró más loables, es decir, la escalera (de la que Seignelay expresó: «a quelquechose de fort grand et magnifique»), la alcoba del virrey («le vice-roi me reçut dans ça chambre») y la dársena («il y a seulement une chose a remarquer, qui est qu'il est joint par une galerie a l'arsenal et à la darse des galeres»), pues de todos estos espacios el francés se mostró satisfecho.

> J'ai ete voir le vice-roi et j'ai fort remarque le grand escalier par lequel on monte à son palais. Il est situe en entrant à gauche dans une grande tour carrée entourée, au premier et au second etage, de loges soutenues par des gros pilastres carrés. Cet escalier a quelque chose de fort grand et magnifique; la cage a de largeur deux fois sa longueur, qui est d'environ 14 toises. On trouve d'abord au milieu et en face, lorsqu'on y monte, une grande rampe de figure ronde qui conduit a un palier assez grand, au cote duquel sont deux larges piedestaux qui portent deux grandes figures couchees; on trouve à droite et a gauche de ce palier et de ces figures deux autres grandes rampes qui conduissent encore a deux autres paliers desquels on monte a droite et a gauche aux loges superieurs. Le reste du palais n'a rien de remarquable que sa grandeur; le dehors en est assez magnifique; mais comme je n'ai vu que fort peu de dedans, et que je sais qu'il ne merite pas la curiosite, je ne vous en dirais pas davantage. Il y a seulement une chose à remarquer, qui est qu'il est joint par une galerie a l'arsenal et à la darse des galeres. Le vice-roi me reçut dans sa chambre[277].

Seignelay se sintió sorprendido al ver que el virrey le recibió en audiencia en su propia alcoba, aunque no nos debe sorprender a la luz de las reformas que allí impulsó. Era una práctica común en la Corte francesa, donde el rey se presentaba ante todos hasta en su propia alcoba, pero alejada de la tradición española. Dos años antes, Pedro Antonio había intervenido en el apartamento privado, la alcoba y habitación del virrey con un claro interés de cargarlo de nuevas connotaciones. El sobrino de Colbert no era el primero en destacar que Pedro Antonio recibía en su alcoba, pues ya lo hizo el sobrino del papa. Debemos regresar ahora a la escalera de honor que tanto impactó a Seignelay. Celano afirmó sobre ella:

---

[277] *Ibíd.*

Dagli intendenti però dell'architettura stimasi questa scala sproporzionata per l'ampiezza al palazzo; essendo che la prima fatta dal Fontana era misuratissima: però è da sapersi che il Conte d'Ognatte, che non istimava d'avere ad essere così presto rimoso dal governo, aveva in pensiero di buttar giù il Palazzo vecchio, e farsi un altro braccio e facciata simile a questa del nuovo, e servirsi di questa scala col farsi un'altra tesa dall'altra parte simile alla prima che vedesi nell'adito di mezzo; ma il disegno restò imperfetto perche il Conte fu necessitato partirse alla venuta del successore, che fu il Conte di Castriglio, che non solo non fu intento alle fabriche, ma privò degli ornamenti l'arme del Conte d'Ognate che stavano in questa scala, per adornarne la porta della Real Capella, e la porta della scala che va al palazzo vecchio[278].

Chiarini, en el siglo XIX, corrigió a Celano sobre la autoría de la escalera: fue Picchiatti quien la concibió en 1651. Chiarini dio cuenta de la colocación de dos esculturas en la escalera que representaban al Ebro y al Tajo, y de una tercera escultura «del fiume Aragona»[279]. Las dos esculturas del Tajo y el Ebro pueden ser tenidas por una alegoría de España. Un dibujo atribuido a Baldassare Cavalotti permite recrear la escalera regia tras el paso de Pedro Antonio de Aragón por el palacio, pues en él se ven ya los elementos decorativos que incorporó.

Fig. 54. Baldassare Cavalotti (atr.), escalera de honor del Palacio Real, post 1666-ante 1790, ubicación desconocida (De Cavi).

---

[278] Celano (1859, Vol. IV: 596).
[279] *Ibíd.*: 602-603.

El conde de Oñate había construido al otro lado de la escalera de honor, por la parte del palacio viejo, otra escalera.

> Calati dal Palazzo vecchio per la sua scala, vedesi la porta guardata di continuo da squadra di soldati, e sopra di questa porta dalla parte di fuori vedesi una bellísima Aquila coll'ale distese che nel petto tiene l'arme dell'Imperador Carlo Quinto, essendo che ai suoi tempi, come si disse, fu fatta la casa[280].

Pedro Antonio de Aragón, mucho más que Oñate, veneró el palacio viejo construido por don Pedro de Toledo en 1540, y se esforzó por otorgarle más funciones de las que tenía, y hasta por restaurarlo. Esta admiración iba más allá del palacio de Manlio y se extendía también al palacio de Don Pedro de Toledo en Pozzuoli. Así, con motivo de una visita a Pozzuoli, los virreyes se hospedaron en el palacio de Don Pedro de Toledo: «Domenica mattina il signor vicere assieme con la viceregina si trasferirono incogniti dentro di una lettica a vedere li bagni di Pozzuolo et restorno a desinari nel palazzo ch'era del defonto signor don Pietro di Toledo»[281]. En junio de 1671, Pedro Antonio recibió en el Palacio Real la visita del maestre de campo general, Juan de Toledo, que narró en una carta a su hermano Duarte Fernando Álvarez de Toledo, conde de Oropesa y presidente del Consejo de Italia, su llegada a Nápoles. Destacó el lujo con que fue recibido y, en cambio, el inconveniente que suponía el descenso que habían sufrido los sueldos de los soldados en el reino.

> Luego que llegue a esta corte aunque fatigado fui sin perder tiempo a besar la mano del señor virrey que me honró con particulares demostraciones como así mismo mi señora la Duquessa y todos estos caballeros del reyno y ministros del; el maestro mayor deste reyno y capp. Me salieron a recibir diez millas de aquí con toda ostentación y regozijo [...] El virrey me pregunto por su salud [...] Se ha reducido a una quarta parte el sueldo de los soldados y esto es un grave inconveniente[282].

Todas las visitas que recibió Pedro Antonio revelan el carácter representativo de los espacios que remodeló: la galería, la escalera de honor, el apartamento del virrey y la dársena, de la que luego nos ocuparemos.

---

[280] *Ibíd.*: 599.

[281] ASV, SS, N, Ms, 70, fol. 409, *Avviso* de Nápoles, de 19 de mayo de 1668.

[282] AHN SN, Frías, leg. 1384. Carta de Juan de Toledo, hermano de Oropesa, al conde de Oropesa. Nápoles, 16 de junio de 1671.

Pero Parrino nos traslada la noticia de otra intervención de Pedro Antonio sobre la que callan Fuidoro y los visitantes del palacio: el embellecimiento del jardín del palacio y la construcción del nuevo *belvedere* hacia el mar, para desde allí dejarse ver durante procesiones y celebraciones en la zona portuaria:

> Abbellì finalmente il Giardino, ò sia Parco; & aggiunse all'appartamento ordinario del Vicerè quel deliziosíssimo Belvedere, che da tutti si ammira, e che gode la più bella veduta, che vi sia in Europa[283].

Las obras de Pedro Antonio se Aragón también afectaron al entorno del palacio y de una manera además muy singular. Detrás de las remodelaciones arquitectónicas de Pedro Antonio en la zona portuaria de la ciudad, estaba el intento de conferir mayor valor simbólico y protagonismo al Palacio Real y a su entorno. El virrey buscó potenciar este enclave urbanístico en detrimento de otras zonas lúdicas, en otros tiempos más representativas, como Pozzuoli o Chiaia. Pedro Antonio, como Oñate, pensó en el palacio y en su relación con el entorno urbanístico, dotándolo de nuevos usos y funciones simbólicas. Pretendió de paso reforzar el vínculo existente entre el Palacio Real y Castelnuovo, es decir, entre los Austrias y el legado aragonés. Sladeck[284] definió el proyecto de Pedro Antonio como una demostración de poder en un momento de hostilidad política.

El arsenal y el embarcadero o dársena que hacia 1665 podían verse en Nápoles fueron construidos en tiempos de Alfonso de Aragón. Don Pedro de Toledo convirtió el área del puerto en su centro de poder al elegirlo como sede de su palacio. En efecto, en el mismo flanco portuario mandó construir su residencia y la iglesia de Santiago de los españoles. Cien años después, el puerto naval se amplió bajo don Pedro Antonio de Aragón, que quiso evocar a todos estos grandes referentes para declararse su heredero, y demostrar el resurgimiento del poder en Nápoles bajo su virreinato. Debemos valorar los modelos teóricos de Pedro Antonio de Aragón al concebir un puerto privado para el Palacio Real. En la mente del virrey probablemente se encontraban las reconstrucciones de Pirro Ligorio del puerto de Trajano en Ostia antica. La idea de disponer de un puerto privado adyacente al palacio fue descrita ampliamente por

---

[283] Parrino (1875: 210).
[284] Sladeck 1993.

Vitruvio, cuya obra se hallaba en la biblioteca de Pedro Antonio junto a otros textos clásicos, como los de Plinio. El concepto de puerto privado de un palacio volvió a ser recurrente en la obra de Pirro Ligorio, Francesco di Giorgio o Leonardo. Pedro Antonio también pudo conocer el puerto antiguo de Civitavecchia restaurado por Bernini en 1658, poco antes de su embajada romana, si no de primera mano como su hermano Pascual de Aragón, al menos a través de libros. Los intereses comunes entre Pedro Antonio de Aragón y el papa Alejandro VII, mecenas del proyecto de Civitavecchia, han sido ampliamente destacados por la historiografía[285], y no debe extrañarnos que el virrey lo tuviera presente al emprender las obras en Nápoles.

Pedro Antonio realizó un acceso desde el puerto a palacio para las carrozas, para hacer más transitable el puerto y permitir una mejor perspectiva de la estatua de Júpiter que conmemoraba las obras del virrey (Figura 55). Para ello Pedro Antonio encargó a Picchiatti «rilievi su un capitolato d'appalto per lastricare con basoli la strada del largo di palazzo all'arsenale»[286]. La gran calle que comunicaba la plaza de palacio con el puerto fue construida a finales del siglo anterior por el virrey conde de Olivares. Medina de las Torres ordenó a Fanzago colocar allí varias fuentes con representaciones de monstruos marinos. El conde de Monterrey mandó hacer la fuente llamada «la Fonseca», al final de la calle. Así lo atestiguaba Celano[287].

Fig. 55. Cassiano de Silva, Palacio Real de Nápoles, 1692, grabado, BNN.

---

[285] *Ibíd.*
[286] Strazzullo (1969: 287).
[287] Celano (1859, Vol. IV: 503-504).

En la parte alta de la vía de acceso del puerto de la parte del *largo di palazzo,* al lado de la fontana de la Immacolatella, se alzó la estatua de mármol de Júpiter conocida como el *Gigante di palazzo.* El busto de Júpiter había sido hallado entre los restos arqueológicos de Cuma en tiempos del duque de Medina de las Torres, y permaneció arrinconado en palacio hasta el virreinato de Pedro Antonio, que lo cargó de función simbólica convirtiéndolo en el emblema de sus obras en la ciudad y colocándolo en la vía de acceso al puerto. Una placa de mármol con una *«spoglia d'aquila»* llevaba el nombre de Pedro Antonio y la descripción de sus obras en la ciudad[288]. La colocación de estatuas de dioses en los puertos de la Antigüedad fue una práctica común. Con ello Pedro Antonio pretendía asociarse con la figura de Júpiter y ensalzar así su labor de gobierno (Figura 56).

Fig. 56. Busto de Júpiter o *Gigante di Palazzo,* Museo Arqueológico Nacional de Nápoles. Foto de la autora.

---

[288] Véase Giannone (1941), vida de Cosimo Fanzago. Ésta, junto con la estatua, se encuentra hoy en el Museo Archeologico Nazionale de Nápoles. No nos ha sido posible ver la placa conmemorativa, pero sí la estatua de Júpiter. Véase Montemayor (1892). Montemayor se centra en las celebraciones de Pedro Antonio con motivo de la inauguración del puerto.

Sin duda, esta recuperación de la estatua antigua de Cuma tuvo que ver también con la actividad arqueológica llevada a cabo contemporáneamente por el virrey en Pozzuoli y Baia, donde se mostró sensible a la rehabilitación de las termas de la Antigüedad. Sladeck sostuvo que la decisión de Pedro Antonio de colocar en ese lugar la estatua revelaba el deseo del virrey de declarar la evocación a la Antigüedad del proyecto y la esencia clásica del mismo. Celano describió así la historia de la estatua:

> Vi si vide una statua di un gigante mezza di marmo e mezza di stucco, con una spoglia d'aquila avanti, dentro della quale in una iscrizione sta notato quanto in tempo di Don Pietro d'Aragona fu fatto di bello in Napoli: la metà però di marmo che è dal ventre in su era di un antico colosso, che fu trovato in Pozzuoli in tempo del Duca Medina de las Torres e che restò buttato dentro del palazzo[289].

Con todo, la calle adquirió una doble función: de utilidad (servir para las carrozas) y simbólica o de propaganda (fomentar la perspectiva de la estatua del *Gigante*). Pero el Gigante pronto asumió una función muy alejada de la prevista por el virrey, convirtiéndose en el *Pasquino* napolitano, el monumento en el que los napolitanos colgaban composiciones satíricas como muestra del descontento popular:

> Sto Gigante mariuolo
> Li gratis ha robbato a lo spagnolo.
> Este gigante Golia
> Come mas en un dia
> Que galeras y enfanteria.
> Que haze el pueblo poltron
> Que non mata este ladron
> De D. Pedro de Aragón[290].

Tras la restauración del año 1815 la estatua del *Gigante* fue retirada del lugar que había ocupado durante siglo y medio, para facilitar el paso de las milicias de marina. Pero más importante que la estatua del *Gigante* y que la calle del arsenal fue la construcción de Pedro Antonio de la nueva dársena y arsenal del puerto. Para percatarnos de la trascendencia de este

---

[289] Celano (1859, Vol. IV: 503).
[290] BNN, Ms. XV, G, 24.

proyecto baste decir que la única mención del virrey Pedro Antonio de Aragón en la obra de Bellori *Vite de'pittori, scultori et architetti* de 1672, es para referirse a esta obra suya. Bellori, que apenas mencionó a mecenas españoles en su libro, alabó esta obra, de estricta actualidad, en la vida de Domenico Fontana:

> Nel governo del signor don Pietro d'Aragona presente vicerè, il quale non solo con un'ampia e vaga darsena si è mosso a provedere alla sicurezza delle galere e di altri legni minori, ma egli meditando cose maggiori, ha dato cura al regio architetto ed ingegniere Francesco Picchiatti di far nuovo tasto per proseguire il disegno del Fontana del molo medesimo: opera che renderà celebre il porto di Napoli al pari d'ogn'altro del Mediterraneo[291].

Pero Bellori incurrió en muchas imprecisiones. Desde tiempos de Olivares hasta Pedro Antonio muchos se habían interesado por la zona portuaria de Nápoles. Pedro Antonio se limitó a culminar, como hizo en otras ocasiones, el proyecto que ya albergaron otros. En octubre de 1664, siendo ya Pascual virrey de Nápoles, Juanetín Doria, almirante de las Galeras de Nápoles, escribió al Consejo de Italia para informarle de la necesidad de una zona portuaria más segura para la defensa de las galeras, solicitando una ayuda para su restauración[292]. En realidad, Juanetín Doria se hizo eco de una propuesta de Francesco Antonio Picchiatti, ante la junta del arsenal, formulada tres meses antes[293]. Se calcularon los gastos necesarios para las obras en cinco mil ducados y la junta urgió a la reparación del arsenal en febrero de 1665. En marzo del mismo año, el cardenal Pascual de Aragón señaló en una carta a Juanetín la inviabilidad del proyecto por falta de medios[294]. Sin embargo, la negativa de Pascual de Aragón no respondió a un desinterés del virrey por la zona portuaria. Pascual llegó a alabar en público el arsenal regio de Nápoles construido en tiempos de Alfonso el Magnánimo, «opera di aragonesi, re di questo Regno, quale da Sua Eminenza si fa risarcire». Además, el 31 de enero de 1665, Pascual se trasladó al arsenal para comprobar personalmente cómo

---

[291] Bellori (1672: 171).

[292] AGS, E, leg. 3287, fol. 138.

[293] ASN, SV, leg. 291. Discurso firmado por Francesco Antonio Picchiatti, dirigido a la Junta del Arsenal, 6 de julio de 1664, sobre la necesidad de las obras en el puerto.

[294] AGS, E, 3288, fol. 86.

se estaban fabricando tres nuevas galeras. El hecho fue singular, pues así lo recogieron cronistas como Fuidoro.

La propuesta del virrey de construir un nuevo arsenal llegó al Consejo de Estado el 28 de septiembre de 1666 y en él concurrieron tanto el cardenal Pascual de Aragón como el conde de Peñaranda, los dos antecesores de Pedro Antonio. El virrey defendió que el nuevo muelle habría permitido aumentar el comercio en la ciudad. El lugar elegido se situaba entre el *molo grande*, la fortificación de Pizzofalcone y el *molo piccolo*. Tanto el Consejo de Estado como el de Italia expresaron al virrey su agradecimiento por querer emprender el proyecto. La única duda que planteó el Consejo fue relativa a la cercanía del palacio respecto al muelle, pues se temía que las aguas estancadas de la dársena pudieran afectar la salubridad de la residencia. Por ello se pidió a Pedro Antonio que lo consultara con los médicos de la ciudad. El Consejo de Italia también planteó la inviabilidad de construir, como pretendía el virrey, una garita de artillería frente al Torreón del Carmen, «de manera que aquellos naturales no entren en recelo de si se desconfía de ellos» [295], y por ello propuso la paralización de estas obras.

Entre el otoño de 1666 y la primavera de 1667, se desarrollaron los trabajos de la construcción del nuevo arsenal, según un proyecto de Antonio Testa, fundado en los criterios de Bonaventura Presti. Éste avaló un informe técnico positivo con sus cálculos y criterios, y también el ingeniero Donato Antonio Cafaro publicó un escrito dando por válida la iniciativa. Antonio Testa era un genovés de orígenes modestos, enriquecido en Nápoles. Se casó con la hija del regente Annibale Moles y mantuvo estrechos vínculos con palacio, llegando a ser nombrado mayordomo mayor del arsenal. Pronto se enemistó con el general de las galeras de Nápoles, Juanetín Doria, quien ya había diseñado en el pasado un proyecto para la construcción de un nuevo arsenal en tiempos del conde de Oñate, que no fue apoyado por Pedro Antonio de Aragón. Los conflictos entre el virrey y la administración de la marina surgieron muy pronto, pues Pedro Antonio desestimó los criterios arquitectónicos de los colaboradores de Oñate para marcar distancias con su predecesor. El 4 de diciembre el Consejo dio luz verde a la reanudación de las obras de la dársena con la condición de que no perjudicaran la habitabilidad del palacio, pues Pedro Antonio había asegurado tener el beneplácito

---

[295] AGS, E, 3289-98.

de los médicos y declarado su intención de tener terminadas las obras el invierno siguiente, «para que el invierno que viene, puedan entrar en ella las galeras»[296]. Pedro Antonio también emprendió la construcción de un hospital en el puerto para separar la asistencia de los forzados de la de los esclavos[297].

En diciembre de 1666, Bonaventura Presti terminó las plantas del nuevo puerto con el escudo de armas del rey de Nápoles, identificándolo así como una comisión regia. En una leyenda aparecía el nombre de «Don Pietro d'Aragona Capitan Generale e Vicerè in questo Regno di Napoli», el nombre del arquitecto «Fra Bonaventura Presti Certosino Regio Ingegnero» y la fecha de finalización, 13 de diciembre de 1666[298] (Figura 57). Éstos son los primeros dibujos que se conocen del arquitecto cartujo. El virrey envió a Mariana de Austria las plantas con la relación de los costes de la obra, describiendo así los beneficios que aportaría: «se hallara en aquella obra el abrigo y conservación de las galeras y beneficio de los grandes gastos que se ocasionaban de estar en el Puerto a donde se han experimentado tantas perdidas que el beneficio importara mas de 1.600 ducados por galera». Las plantas de Presti llegaron a Madrid, pero un consejero de Estado, el duque de Sanlúcar, quiso someterlos a la valoración de otro ingeniero, Carlos Beroldingen[299]. El Consejo pronto se retractó de las aprobaciones que había emitido tras analizar «las plantas y reconociendo por ellas el sitio que abran de ocupar los Hospitales, Herrerias y la Adarazana». A continuación mostró sus temores de que la seguridad defensiva de Castelnuovo se resintiera, «siendo preciso el reconocer el estado en que se pone el castillo nuevo unico refugio de los virreyes en los frangentes populares que han sucedido». Beroldingen denunció las incorrecciones del proyecto y de la localización prevista para los hospitales,

---

[296] AGS, E, 3290-22.

[297] *Ibíd.*

[298] Plantas del Archivo General de Simancas; fueron publicadas por Galasso (1982a: 96).

[299] AGS, E, 3290-6. Consulta del Consejo de Estado en Madrid a 31 de diciembre de 1666. «por ser esta materia agena de su profesión pareció al Duque de San Lucar [...] hacer reconocer las plantas que han venido de Nápoles de un Ingeniero de practica y satisfacción y haviendolas visto de su orden Don Carlos Veroldinguen ha formado la planta y relación que se remiten a las reales manos de Vuestra Majestad». En el mismo legajo se encuentra la relación de Beroldingen de los errores del proyecto.

herrerías y arsenal, que podían causar graves daños al palacio y a la seguridad de Castelnuovo. El regente don Andrés de la Torre estuvo presente
en ese consejo y por su conocimiento directo de Castelnuovo «por haver
estado en el en el tiempo de las revoluciones», dio la razón al juicio emitido
por Beroldingen. El Consejo llegó a cuestionar la profesionalidad de los
ingenieros napolitanos que se habían hecho cargo del proyecto, poniendo
en duda también que el virrey se hubiera dejado aconsejar por ingenieros
expertos. Los consejeros, deseosos de paralizar las obras, temieron que
éstas se encontraran ya en un estado muy avanzado[300].

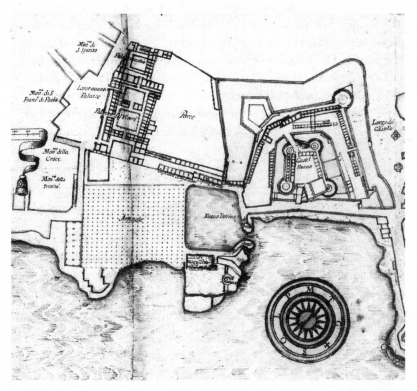

Fig. 57. Bonaventura Presti, planta de la zona del arsenal y la dársena, 1666,
AGS.

---

[300] AGS, E, 3090-5.

El Consejo trasladó todos los papeles relativos a las obras del puerto de Nápoles al marqués de Mortara y al general Luis Poderico para que, ayudados de sus ingenieros, abordasen los inconvenientes de las obras de Pedro Antonio y decidiesen si debían suspenderse los trabajos[301]. Al conde de Ayala le pareció que ya podía ordenarse a Pedro Antonio la paralización de las obras, con el argumento de que «no es bien se gaste más dinero infructuosamente quando se necesita de caudal para tantas cosas»[302]. El 26 de marzo de 1667 Pedro Antonio escribió a la reina enmendando todas las acusaciones que había recibido del Consejo para impugnar las obras del puerto y suplicando a la reina que reconsiderase la decisión[303]. También sostuvo el virrey que las obras no iban a perjudicar la seguridad de Castelnuovo, sino que iban a reforzarla. Las prevenciones del Consejo llegaban tarde, pues las obras, en efecto, estaban ya muy avanzadas.

Como oy esta el castillo y lo ha estado desde que se edificó (que serán ciento y ochenta años) con poca diferencia el quitar el terreno por la fabrica de la darsena que se está haciendo, no solo es contra la fortificación del, pero en su favor, por quanto de donde se pudiera atacar dicho angulo obtuso quitandosele el terreno queda asegurado [...] mientras para los hospitales y herrerías que se han hecho, no se han fabricado casas de nuevo, sino validose de Bóbedas antiguas sobre las quales esta fundado el Patio de Palacio que cae delante de las cavallerizas, y que no servian para cosa ninguna, y ahora seran apropiadas aesto[304].

Para convencer a todos, Pedro Antonio se valió de un nuevo informe técnico de Giovanni Tuttavila de principios de marzo[305]. El virrey no sólo vio que las obras estaban ya muy avanzadas para ordenar su detención, sino que además había efectuado ya los primeros pagos a sus ingenieros regios[306]. En junio de 1667, las obras se revelaron problemáticas, y el virrey responsabilizó al arquitecto Antonio Testa. Al morir éste, la dirección de la

---

[301] *Ibíd.*

[302] *Ibíd.* Madrid, consulta del Consejo de Estado de 11 de enero de 1667 al que asistieron Peñaranda, Alba, Mortara, Montalto, Ayala y el inquisidor general.

[303] AGS, E, 3290-71.

[304] AGS, E, 3290 -73.

[305] *Ibíd.*

[306] «Partita di 30 ducati, estinta il 14 marzo. Ad Antonio Testa ducati 30 et per esso a fra Bonaventura Presti e sono per la mesata de febbraio passato che Sua Eccelenza have

obra pasó a manos del tribunal de la Sumaría. A finales de 1667, Fuidoro aseguró que el virrey se había gastado ya en el arsenal la suma de cien mil ducados. En 1668, el virrey tuvo que corregir la profundidad del muelle y, así, un aviso de 9 de junio daba fe de la orden del Pedro Antonio de profundizar «due altri palmi di più» y de su voluntad de inaugurar la nueva dársena el día de Santiago apóstol, el 25 de julio de ese mismo año[307]. Pedro Antonio de Aragón bautizó la dársena con el nombre de Santiago. El 23 de junio el puerto estaba ya lleno de agua y según Fuidoro quedó «assai bella»[308].

Con motivo de la festividad de Santiago el 25 de julio de 1668 y tras la firma de las paces portuguesa e hispano-francesa, se inauguró el nuevo arsenal de Nápoles, con una gran parada naval, en la que participaron las galeras de la escuadra de Nápoles y de Sicilia, presentes en la bahía. La ruptura con Juanetín Doria, defensor del antiguo proyecto de Oñate, se evidenció cuando el virrey decidió excluirle de la galera capitana de la flota napolitana y permitirle sólo su presencia en la siciliana, dirigida por el duque de Fernandina y marqués de Villafranca, Federico de Toledo. El virrey llegó a invitar a Doria a abandonar el servicio regio después de esta inauguración, en consideración de su avanzada edad. Pero ni Juanetín aceptó ni llegó la orden para su sustitución desde Madrid. El virrey explicó al Consejo en una carta la finalización de las obras de la dársena, así como los festejos celebrados con motivo de su inauguración[309]. El Consejo respondió el 6 de septiembre de 1668 felicitándose del resultado y quedando a la espera de la relación de los gastos que debía remitir el virrey, deseando «que esta obra haviendola el seguido con tanta aplicación ha de ser de mucha utilidad»[310].

La dársena recibió muchas críticas en la ciudad mientras duraron las obras, pero podemos afirmar que el virrey se adelantó a su tiempo: el Consejo de Estado advirtió en 1671 al virrey de Sicilia, príncipe de Ligne, sobre la necesidad de reactivar las atarazanas de Palermo para fabricar buques (y para reducir la ociosidad), como parte de una estrategia para suprimir la

---

ordinato darceli ogni mese come incigniero della nova darsena», Archivio del Banco di Napoli, Banco di San Giacomo, giornale del 1667, matr. 314.

[307] ASV, SS., N, Ms, 70, fol. 479 v.

[308] ASV, SS, N, *Avviso* de 23 de junio, fol. 527.

[309] AGS, E, leg. 3290-147. Carta de Pedro Antonio de Aragón al Consejo y a la reina del 8 de julio de 1668.

[310] AGS, E, leg. 3290-144.

dependencia que tenían los puertos españoles de las atarazanas de Génova para el abastecimiento de buques[311]. Al emitir estas recomendaciones, es obvio que el Consejo de Estado tenía en mente las obras del virrey Pedro Antonio de Aragón, sobre las que largamente había deliberado durante los últimos años. Además, dos décadas después de la finalización de la nueva dársena, un autor napolitano como P. Sarnelli reconocía en su guía de Nápoles la valía de esta obra:

> Tarcena, che nell'anno 1668, fu fatta dal Signor Vicere D. Pietro d'Aragona, con fare scavar quel luogo al pari del fondo del mare, acciocche fosse, come è riuscito, sicuro ricovero alle Gallee: all'intorno di questa Tarcena stanno i magazin di tutti gli arredi concernenti a bisogni delle Galee: come anche un hospedale per gli galeotti infermi[312].

Desde la finalización de la dársena, el virrey dio signos de querer cambiar los hábitos de los napolitanos para incorporar el nuevo muelle en los escenarios habitualmente frecuentados por la nobleza local y el pueblo en general. El 7 de octubre de 1668, se celebró la procesión del santísimo rosario por todas las iglesias dominicas de Nápoles. El virrey ordenó que la procesión por San Pedro Mártir también pasara ese año por la nueva dársena[313]. En julio de 1671, los virreyes se desplazaron a Posilippo y se hospedaron en el palacio de Stigliano o de Medina, invitados por Esteban Carrillo, «privado assoluto di esso viceré». Pedro Antonio quiso que ese año los cortejos de damas no se exhibieran como todos los años en Mergellina, sino en la nueva dársena. Para ello, mandó construir un puente de acceso desde el nuevo muelle. El virrey, que también se había construido un *belvedere* en palacio orientado hacia la dársena, podría contemplar desde allí los séquitos de nobleza. Sin embargo, la iniciativa del virrey fracasó estrepitosamente y la tradición de acudir a Mergellina en verano se reanudó. Ana Fernández de Córdoba solía bajar a la nueva dársena para pasear y pescar con otras muchas damas de la Corte. En junio el virrey volvió a visitar la nueva fábrica del hospital en el arsenal[314]. El virrey, pese a todo, siguió embelleciendo la nueva dársena con fuentes y estatuas. En

---

[311] Herrero (1999: 249).

[312] Sarnelli (1685, cap. VII: 38).

[313] Fuidoro (1938, Vol. II: 94).

[314] «Il vicere don Pietro D'Aragona nuovo duca di Segorbia e Cardona, non si vede che questa presente estate sia stato a Posilipo, com'il solito delli vicerè. Si fa vedere talvolta

el muro del hospital, colocó una fuente con la estatua del rey Carlos II y una inscripción conmemorativa, como recuerda Parrino. En noviembre de 1669, Pedro Antonio hizo quitar del muelle las estatuas de la fuente de Da Nola «le 4 statue di essa che sono 4 vecchioni con l'urne d'acque, significantino 4 fiumi famosi, e l'ha fatta collocare dentro la nuova tarcena, in 4 fontane, ch'ivi si fabricano»[315]. Las sospechas se confirmaron cuando, en enero de 1670, se conoció la intención del virrey de llevarlas a España, expolio que nunca perdonaron los napolitanos[316].

Probablemente no hubo ningún otro proyecto constructivo con el que el virrey se sintiera tan identificado. Los testimonios que evocan la asiduidad con la que Pedro Antonio visitaba la dársena así permiten pensarlo. Más de una vista de la nueva dársena figuraba además entre las pinturas de su colección en Madrid. El grabador Lievin Cruyl, tras haberse hecho famoso por sus vistas romanas, se trasladó a Nápoles en 1672, donde realizó dos grabados que representaban la franja de mar de Nápoles. El primer grabado centra su interés en el arsenal y el segundo en la dársena, y ambos inauguran un punto de vista inédito entre las vistas de la ciudad para ensalzar precisamente la intervención virreinal, rindiendo un bello homenaje a la obra emprendida por Pedro Antonio de Aragón (Figura 58 y Figura 59).

¿Cuál era el valor de las obras emprendidas por Pedro Antonio en el Palacio Real de Nápoles, si las comparamos con lo que hicieron otras autoridades de la ciudad? En 1671, Richard Lassels, de visita en Nápoles, explicó la impresión que le causaron sus palacios, sin ni siquiera mencionar la residencia del nuncio y destacando en cambio el palacio del virrey de entre los principales de la ciudad.

Its well built, well paved, well furnished, with excellent provisions, well filled with nobilty, and the nobilty well mounted. The chief street is Strada Toledo, paved with freestones and flanckt with noble pallaces and houses. We entered into some of them, and others we saw which had no recovered their embonpoint since they had been sick of Masaniello disease. Their very looks show us that their sickness had been convultion-fits. The chief Pallaces are these: The Stately Palace of the Viceroy, that of Gravina, Caraffa, Urbino,

---

in carrozza dentro la Tarcena da lui fatta fare, e talvolta nel balcone che domina tutta quella sua delizia» (*Ibíd.*: 139).

[315] Fuidoro 1938, Vol. II.

[316] *Ibíd.*: 132.

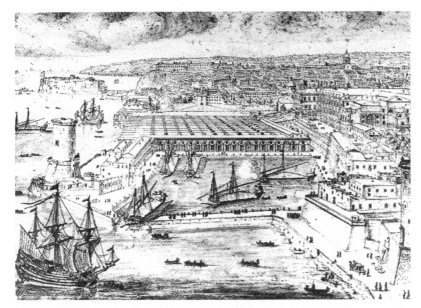

Fig. 58. Lievin Cruyl, *La dársena y el arsenal del puerto*, 1673, Florencia, Villa Del Poggio Reale, grabado I.

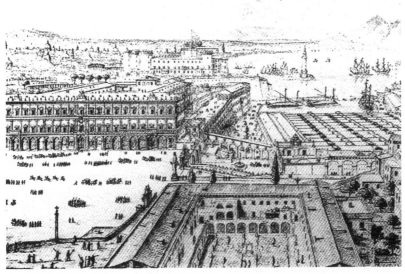

Fig. 59. Lievin Cruyl, *La dársena y el arsenal del puerto*, 1673, Florencia, Villa Del Poggio Reale, grabado II.

Sulmonte, Toledo, etc. Most of the houses of Naples are made flat at top, to walk upon: a most convenient thing to breath upon in the fresh evenings and easy to be imitated by other countries. I saw here also the several publick palaces of Asamblyes of the nobilty, according to their several ranks. These palaces are like open walking palaces, rayed about with high iron rayles, and painted within[317].

En las páginas anteriores, hemos valorado aquellas circunstancias en las que el nuncio de Nápoles acudió al Palacio Real para entrevistarse con el virrey. Se hace necesario valorar ahora cuál era su espacio natural, su residencia, y comparar sus hábitos culturales con los del virrey. Como veremos, la gravedad de los conflictos jurisdiccionales de los años del virreinato de Pascual y Pedro Antonio de Aragón desembocó en una pasión constructiva de las partes afectadas; por un lado, los ministros españoles en Italia, virreyes de Nápoles o gobernadores en Milán; del lado contrario, los eclesiásticos, el nuncio o el arzobispo. Al igual que la tensión que habían alcanzado los debates jurisdiccionales llevó al virrey a reformar el palacio para acoger al sobrino del pontífice, el nuncio se vio impelido a restaurar en profundidad su vulgar palacio en vía Toledo junto a la plaza de la Caridad. A lo largo de estas líneas trataremos de explicar por qué el nuncio se decidió a emprender las reformas de su palacio en agosto de 1665 y no antes ni después.

El palacio del nuncio en Nápoles fue construido en tiempos del pontificado de Sixto V, y prácticamente no sufrió cambios hasta ser completamente reestructurado en los años sesenta del siglo XVII, durante los virreinatos de los Aragón. Estas intervenciones están bien documentadas y existen unos dibujos de las obras[318]. Según Paola Zampa estos dibujos constituyen dos proyectos de ampliación del edificio que en realidad no llegaron a respetarse en su totalidad[319]. Aunque no están firmados, Zampa los atribuye a Cosimo Fanzago, que intervino en la fábrica al lado de Bonaventura Presti, con quien ya había colaborado en anteriores ocasiones. Presti, como Fanzago, firmó y cobró las obras. Es importante resaltar aquí la intervención del arquitecto Bonaventura Presti, que por esas fechas, se recordará, ya integraba el grupo de ingenieros del reino al servicio del vir-

---

[317] Lassels (1670: 270-305).

[318] Que integran el Manuscrito Corsini 662 de la Biblioteca de la Accademia dei Lincei en Roma.

[319] Zampa (1998-1999: 127-139).

rey. Bonaventura Presti se encontraba pues en una encrucijada de intereses dispares, los del virrey y los del nuncio, en un intento paralelo por redefinir sus respectivos espacios de representación. P. Zampa sólo planteó como una hipótesis la posibilidad de que Presti hubiera intervenido en la realización del proyecto y de los dibujos de la biblioteca de la Accademia dei Lincei. Sin embargo, la historiografía ha pasado por alto otro testimonio que ahora permite otorgar el peso del proyecto a Bonaventura Presti más que a Fanzago. Una carta del nuncio en Nápoles, Bernardino Rocci, del 25 de agosto de 1665, revela que encargó a Bonaventura Presti la realización de estos dibujos para las reformas del palacio: «Da uno de migliore architetti di questa citta dell'ordine de certosini fe avvertire quanto bisogna e per che la spesa non importerebbe se no 4 o 5 mila ducati secondo i disegni fatti e l'offerte degli operari»[320]. El palacio no pertenecía a la Nunciatura de Nápoles, pues era de alquiler, como recordó el nuncio en su carta. El nuncio lamentaba su incomodidad y la necesidad que tenían los legados del papa, en ocasiones, de hospedarse en el monasterio de los olivetanos «con poco decoro della carica». Por ello, en verano de 1665, la Nunciatura debatió la compra del palacio en vía Toledo, por el que cada nuncio entrante solía pagar un alquiler de cuatrocientos ducados (Figura 60). Lo que debe llamar nuestra atención es que el debate sobre la residencia del nuncio no se hubiera abierto antes, y que precisamente se formulara en pleno conflicto jurisdiccional durante el virreinato de los Aragón, coyuntura que exigía al virrey y al nuncio por igual gestos claros de superioridad institucional.

---

[320] ASV, SS, N, Ms. 66, fols. 108-110, Carta de 25 de agosto de 1665.

Fig. 60. Cosimo Fanzago y Bonaventura Presti, Palacio del Nuncio de Nápoles, ca. 1665. Foto de la autora.

La compra y las reformas en el palacio de la nunciatura prosperaron, pero los problemas no acabaron en 1665. En 1668, el entonces nuncio narró en una carta la disputa abierta entre él y un consejero del virrey, Antonio de Gaeta, a cuenta del palacio que el primero poseía frente al palacio del segundo, en vía Toledo[321]. En realidad, el conflicto venía de

---

[321] ASV, SS, N, Ms. 70, fols. 359-360.

lejos y se remontaba al virreinato de Pascual de Aragón, durante el cual la Nunciatura pidió al virrey la orden de interrupción de las obras de Antonio de Gaeta. Pascual de Aragón no quiso deliberar sobre la materia hasta que el nuevo nuncio, Rocci, en 1665, no ocupara el palacio de la nunciatura recién restaurado. Una vez terminadas las obras de remodelación del palacio del nuncio, Pascual dio sus razones a monseñor Rocci y éste las aceptó. En 1665, Antonio de Gaeta había querido levantar un piso en su palacio para la construcción de unas salas. Pero el nuncio quiso oponerse a ello sosteniendo que tales obras habrían privado al palacio de la nunciatura de sus vistas al mar. A ello Gaeta contestó indignado con el argumento de que el Palacio de la Nunciatura, con las últimas reformas, se había alzado también en un piso más, privando a su palacio de la vista hacia la cartuja de San Martino. La disputa derivó en una guerra de alturas por ver quien conseguía el palacio más alto y con mejores vistas[322].

Cierto es que las batallas arquitectónicas derivadas de los conflictos jurisdiccionales traspasaron, en la Italia española, los límites de Nápoles y afectaron también a Milán, caso del que ahora puntualmente nos ocuparemos porque los ecos de lo que allí ocurrió en agosto de 1666 llegaron a Nápoles, y de algún modo el episodio afectó también a las relaciones del virrey con las autoridades eclesiásticas. El gobernador de Milán, don Luis Ponce de León, fue el responsable de encender la mecha, según el papa. El nuncio en Madrid llegó a temer por su confirmación en el puesto para un nuevo trienio, tal y como lo expresó en la Corte[323]. En el marco

---

[322] «Il Consigliero Antonio di Gaeta rappresenta a V. Illustrissima come possiede una casa dotale di D. Solla Astorga, sua moglie sita nella Piazza della Carità dirimpetto al palazzo della Rva. Nunciatura Apostolica et volendo in quello alzare alcune mura per farsi una sala et una camera che mancano al secondo apartamento, Monsegnor Rocci predecessore di V. Ill procuro ch'il Signor Cardinale d'Aragona allora vicerè di questo Regno ordinasse ad esse esponente con ordine provisional ch'alzasse la mano dalla fabrica: e fini che avesse per esse esponente ottenuto in tempo dil Signor Don Pietro d'Aragona successore ordine che il S. R. C havesse provisto ad ogni modo procuro di tratarsi con m. Nuncio con ogni modestia e di aspettare finche fusse egli venuto ad habitare nel suo palazzo novamente fabbricato affinche con la prattica sopra la faccia del luogo havesse tocato con mani la notoria giustizia d'esse esponente, come con effetto con la vista dil luogo chiarissimi si resero le sue ragioni che sieno di fabricare che sono molti» (Ibíd.).

[323] «Su le voci che corrono per la corte che a don Luis Ponze di debba quanto prima dare il successore nel governo di Milano, ho fatto qualche diligenza per saperne il fondamento e trovo che don Luis Ponze va insinuando a molti ministri come sia contraria alla salute sua quell'aria e pero che havrebbe desiderio di ritornarsene alla corte ma non

de los preparativos para recibir en Milán a la emperatriz Margarita de Austria de viaje hacia Viena, Ponce de León publicó un relato sobre las obras que había desarrollado para el «Real Servicio nel comporre il Palazzo Ducale». Las obras que Ponce de León llevó a cabo en el palacio ducal de Milán y sobre cuyas razones políticas reflexionó el nuncio[324], trascendieron en Nápoles y ello debió encender la curiosidad de Pedro Antonio, que se disponía a realizar obras en palacio. Pero no habrían sido motivo de disputa si Luis Ponce no hubiera acompañado estas reformas de otras medidas polémicas, como la negativa a ofrecer el baldaquín preceptivo al legado pontificio cuando éste viniera a Milán a recibir a Margarita de Austria, o los impedimentos a la extracción de las décimas por parte del Estado Pontificio.

Si bien estos episodios del nuncio o del gobernador de Milán sirvieron de modelo, sin duda, para las prácticas culturales y de mecenazgo del virrey de Nápoles, no podemos ignorar que los estímulos le llegaban todos los días desde la propia Nápoles, pues la aristocracia de la ciudad rivalizaba entre ella y con el virrey por embellecer sus residencias[325]. A modo de ejemplo, el 15 de diciembre de 1666 llegó a Nápoles el cardenal Carlo Caraffa procedente de Roma para visitar a su madre la princesa de la Roccella, antes de pasar a su legacía de Bolonia. Durante su estancia ocupó el palacio della Roccella, situado en la calle que comunicaba el largo de Santo Domingo con el largo de Santa Clara. El cardenal fue a visitar primero al virrey en palacio y luego éste fue a su palacio a devolverle la visita, «e sono stati più ore insieme». Pedro Antonio quedó impresionado de la cantidad de nobleza titulada que acudía a diario a su palacio: «e nell'anticamera di questa eminenza sempre vi sono titolati a visitarlo, che il viceré ne resta ammirato». En la antecámara pudo ver reunida a una treintena de titulados, una escena magnífica de la nobleza napolitana. Con todo, y habiendo reflexionado sobre los otros palacios que sirvieron de modelo a Pedro Antonio de Aragón, podemos sostener

---

scrive in modo di voler chiedere alertamente la licenza onda si comprende ch'egli sul dubbio di esser richiamato per esser finito il triennio quando ciò segua potra dire che il ritorno si stato da lui sollecitato e veramente che qui si habbiano a disporre per acquestarlo a dargli la confermatione per un altro triennio come lo puadono a credere gli Office de suoi fautori» (ASV, SS, Spagna, Ms. 122, fols. 64-65, carta del nuncio en Madrid de 21 de agosto de 1666).

[324] *Ibíd.*

[325] Capaccio (1989: 851).

que sus esfuerzos por redimensionar la residencia virreinal fueron de gran magnitud.

Coleccionismo en palacio

En abril de 1665, Pascual de Aragón había enviado a Felipe IV, junto a cuarenta y seis caballos, una colección de pinturas[326]. El capitán Juan Lecocq de la Pluma fue el encargado de llevárselas[327]. El envío de pinturas para la Corona fue una práctica común en el virreinato de Nápoles. Fuidoro, que recogió en su crónica la remesa de caballos para el rey, no se percató de que entre el equipaje del barco viajaron cuadros, como revelan los documentos. Sorprende que los posteriores envíos de cuadros de Pedro Antonio de Aragón a Madrid se hicieran sin menos secretismos y trascendieran en la ciudad. Probablemente el envío de Pascual de Aragón respondía a una petición de Felipe IV, que en estos momentos se abastecía de obras para decorar El Escorial[328]. Sabemos que el mismo Lecocq asistió al conde de Peñaranda en su jornada de Münster, por lo que no debería extrañarnos que también hubiera estado al servicio del anterior virrey de Nápoles[329]. En noviembre de 1671 Lecocq regresaba a Nápoles[330].

Un amplio estudio notarial desarrollado en los años setenta del siglo pasado permitió a los historiadores Gérard Labrot y Renato Ruotolo

---

[326] Fuidoro (1938, Vol. II: 274). El 22 de abril de 1665, Pascual dio la orden de zarpar hacia España a una galera que debía transportar 46 caballos para el servicio de Felipe IV, «della razza reale e d'altri per muta di carrozze e di maneggio».

[327] El 26 de enero de 1666, la reina gobernadora hizo merced al capitán Juan Lecocq de la Pluma «quien trajo las pinturas del Cardenal Aragón para el Rey», de 500 ducados de ayuda de costa «y por haber pasado nueve meses en la corte de Madrid». También concedía al general, como recompensa, la futura sucesión de un oficio de portero del Consejo de Santa Clara de Nápoles.

[328] «En el memorial [de Juan Lecocq de la Pluma] refiere que con atención a sus servicios y haver traydo de Nápoles las Pinturas que el Cardenal Aragón embio al Rey nuestro Señor que santa gloria aya, le hizo Su Majestad merced de la futura sucesión de un officio de Portero del Consejo de Santa Clara y 500 ducados de ayuda de costa y que por haver gastado más de mil en el viage y la asistencia de nueve messes en esta corte supplica a Vuestra Majestad manda se le den los despachos de dichas mercedes o que se le paguen los mil ducados que tiene gastados», AGS, SP, Leg. 34, s.f.

[329] *Ibíd.*, Madrid, a 6 de febrero de 1666.

[330] ASNN, Notaio Agostino Ferraro, *scheda* 408, nº 20 (1671), fol. 543, un poder que da Juan Lecoq de la Pluma

concluir que en los años sesenta y setenta del siglo XVII, el coleccionismo aristocrático napolitano despertó de un largo letargo y vivió un momento de esplendor que no iba a apagarse hasta finales del siglo XVIII. Tanto los togados como los aristócratas en Nápoles tomaron a partir de entonces la iniciativa, dando un impulso extraordinario a su coleccionismo privado, participando de nuevas prácticas artísticas y culturales como, por ejemplo, rodearse de artistas que orientaran sus propios gustos, algo que venía sucediendo desde mucho antes en Roma[331]. Ejemplo de estas nuevas conductas fueron los coleccionistas Esteban Carrillo o, años más tarde, el marqués de Censano, quienes estrecharon vínculos con los pintores Micco Spadaro[332] y Giacomo del Po[333], respectivamente. En esta nueva etapa, sostuvieron estos historiadores, se multiplicaron las colecciones aristocráticas entendidas como conjuntos coherentes, ordenados y alejados de un concepto puramente decorativo y de parámetros acumulativos, a pesar de que la aristocracia partenopea carecía mayoritariamente de una cultura artística sólida. Se diversificó la procedencia geográfica de las obras en estas colecciones, que empezaron a contar con pintura extranjera. La nobleza napolitana fue siempre bastante reacia a contar con obras de artistas vivos en sus colecciones y prefirió el valor seguro de un pintor del pasado.

Ante este nuevo ciclo, ¿cuál fue el papel desempeñado por el virrey y su corte? La opinión según la cual los virreyes sólo aportaron discontinuidad al panorama artístico y cultural de Nápoles es una tesis que ha planeado largamente sobre la historiografía del mecenazgo virreinal. Según Labrot y Ruotolo los virreyes no jugaron un papel relevante, permaneciendo al margen de estas tendencias, pues sólo residieron en la ciudad por pocos años, durante los que el expolio de obras pareció ser, según tales autores, su única preocupación[334]. Tal planteamiento de partida nos parece al menos digno de ser reconsiderado para dilucidar en qué medida los virreyes dinamizaron el panorama artístico local. Nadie puede negar que

---

[331] Labrot/Ruotolo 1980.

[332] Ruotolo 1973.

[333] Ruotolo 1979.

[334] «[…] le vice-roi de Naples est un étranger porteur de discontinuité, qui ne réside que quelques années dans la ville […]» (Labrot/Ruotolo 1980: 44-45). En la p. 48 sostienen: «la cour des vice-roi ne s'est que rarement élevée au-dessus du médiocre, ou bien eut des préocupations d'un autre ordre: musique, historie, archéologie. En outre, aucune famille n'eut la puissance nécessaire pour s'y substituer».

éstos fueran introductores en Nápoles de comportamientos aprendidos en Roma durante su embajada. Hemos querido desentrañar cómo desarrolló el virrey sus prácticas coleccionistas, de qué criterios se servía y de paso también averiguar qué beneficios le podían reportar a su actividad de gobierno. Pedro Antonio de Aragón dio pruebas inequívocas de ser un fino coleccionista, como, por ejemplo, la preocupación por la unidad de su colección y su voluntad de ahuyentar la dispersión, un signo poco común entre sus coetáneos, según el marqués de Villars, quien llegó a afirmar que Pedro Antonio «pasó al virreinato de Nápoles, y trajo de este último empleo grandes riquezas, que ha conservado mejor de lo que de ordinario suelen los españoles»[335]. Así, grandes coleccionistas como Gaspar Roomer no demostraron un interés similar y sus colecciones se fragmentaron al poco de morir.

¿Qué usos se daban a la actividad coleccionista en la Corte de Nápoles?[336] Conviene hacer algunas consideraciones previas. Las colecciones de los virreyes no existían como tales hasta que se exhibían en sus palacios en España, por lo tanto al abordar la etapa napolitana sólo podemos hacernos eco del proceso formativo de las colecciones. En Nápoles los virreyes se sirvieron de varios canales e impusieron ciertas modas para crearlas, en ocasiones alterando la tradición artística local. Los virreyes organizaron las adquisiciones de obras de las colecciones en vista a su definitiva formulación y escenificación en Madrid. Por lo tanto, en Nápoles preconcebían los espacios que albergarían las obras en España y en ocasiones la colección, entendida como lugar expositivo, se diseñó totalmente durante el virreinato. De esta manera, por ejemplo, Pedro Antonio de Aragón envió su colección en varias remesas durante los años que estuvo en Nápoles. En España las acogieron personas de su servicio mientras estaba aún en Italia. Estas personas se encargaron de exponerlas en el palacio siguiendo las instrucciones del virrey, quien al entrar en Madrid era recibido por la Corte en su casa, en el escenario incomparable de la colección que había formado en Italia. La colección, ante los ojos de los cortesanos en Madrid, terminaba asumiendo la función de tarjeta de presentación del virrey en su *reentré*, donde nada se dejaba a la improvisación.

---

[335] *Memorias de la corte de España* por el Marqués de Villars. J. García Mercadal (1999, Vols. III y IV. Vol. III: 705).

[336] Sobre el coleccionismo del siglo XVII, Spezzaferro 2001.

344 EL GOBIERNO DE LAS IMÁGENES

Debemos empezar preguntándonos: ¿cuál era el panorama coleccionista napolitano a la llegada de nuestros virreyes? Una década después de
la marcha de Nápoles de Pedro Antonio de Aragón, Maximilien Misson,
en sus *Instrucciones al viajero*, tras constatar la inexistencia de un catálogo
de las pinturas maestras dignas de visitar en Nápoles[337], ofreció al visitante
una lista de los lugares que merecían ser frecuentados, por su belleza y por
su facilidad de acceso[338]. No era común que los viajeros en sus crónicas
invitaran a los lectores a visitar el Palacio Real, pero Misson, en un lugar
además primordial, incluyó el palacio del virrey donde, según él, se conservaban varias piezas de sumo interés, entre las que se hallaban valiosos
cuadros de Giordano. Merecían ser visitados, además, San Felipe Neri, la
tumba de don Pedro de Toledo en Santiago de los españoles, el «cabinet of
rarities» de Santa Catalina à Formiello o algunos palacios aristocráticos[339].
Sin embargo, Misson destacó la extraordinaria riqueza de las iglesias en
Nápoles, una singularidad que resaltaron todos los viajeros extranjeros
entre los siglos XVII y XVIII. El amante del arte debía acudir a las iglesias
antes que a ninguna otra colección convencional en la ciudad. En efecto,
la *Napoli Sacra* fue siempre un tema recurrente en la literatura de viajes,
desde Engenio Caracciolo y De Lellis (s. XVII) hasta la *Guida Sacra della
citta di Napoli* de G. A. Galante (1872). De las páginas de Misson se
desprende hasta qué punto la propia cartuja de San Martino podía ser
visitada como una auténtica colección, «full of magnificent Rarities» y
en qué medida los cartujos se comportaban como verdaderos príncipes
coleccionistas[340].

---

[337] «I never heard that there was any Catalogue made of the chief Pictures that are
to be seen at Naples» (Misson, *Instructions to a traveller*, Vol. I: 541-47).

[338] «I shall name some others, for the Conveniency of young Painters, who travel
into Italy. I speak only of such as are in Churches, Convents, or other places where a
Traveller may be easily admitted to take a view of them» (*Ibíd.*).

[339] «Several Pieces in the Viceroy's Palace, and St. Philip de Neri's; by Jourdain, a
famous Painter, now living (He went into Spain). The Tomb of Don Pedro de Toledo, at
St. James of the Spaniards. All these Pieces are extreamly beautiful… See the Cabinet of
Rarities at Santa Catharina à Formella… Those who have time may go to see the Palace
Mandaini, and that of Don Christiano Gasparo, near Naples» (*Ibíd.*).

[340] «The great convent of the Carthusians, at St. Martin's is full of magnificent Rarities. The Monks who conducted us thither, affirmed to us that under one Priorate, there
were laid out among them 500000 ducats in Silver Plate, Pictures, and Sculptures alone…
the whole is of a finest Beauty. The Nativity of Christ, by Guido, is an inestimable piece:
The four Pictures of the Lord's Supper, which are to be seen in the same place, were done
by Espagnolet, Hannibal Carache, Paul Veronese, and Cavalier Massimo» (*Ibíd.*).

La tradición local napolitana en la segunda mitad del siglo XVII era aún muy deudora de comportamientos coleccionistas como los que caracterizaron en los años treinta a Giulio Cesare Capaccio, autor de *Il Forastiero*. Capaccio encarnaba la figura del letrado, gran conocedor de la historia de la ciudad, que alternaba su tarea de historiador con la de coleccionista y anticuario, una combinación que caló en el tejido coleccionista napolitano. De singular interés fue también el papel de los arquitectos en el coleccionismo de la Nápoles virreinal, al lado del de los letrados e historiadores. En 1606 Capaccio colaboró con Domenico Fontana en el reconocimiento y traslado de las esculturas antiguas que iban descubriéndose en Cuma, o en los Campi Flegrei en general. Este rol del arquitecto-anticuario perduró en los sucesivos ingenieros del reino, como Francesco Antonio Picchiatti. Las opiniones de Capaccio sobre la pintura («è cosa da re»[341]) revelan que las prácticas coleccionistas del virrey eran interpretadas como una voluntad de rivalizar con la propia dignidad real. En tiempos de Capaccio, las colecciones eran muy cercanas a la concepción de *wunderkamer*, como la de Ferrante Imparato[342], que heredó su hijo Francesco Imparato. La colección de Imparato estaba formada por animales exóticos y rarezas, y en 1645 aún la pudo visitar John Evelyn. Pierre Duval, de visita en la ciudad en 1656, pudo ver en el palacio del gobernador en Castelnuovo otra colección de pinturas y esculturas que reservaba un gabinete para las monstruosidades. En 1688, Maximilien Misson visitó la colección de Diomede Caraffa, «full of Sculptures and ancient Inscriptions»[343]. La evolución desde la colección de Imparato a la colección del gobernador de Castelnuovo fue muy sintomática de la progresiva marginación de las rarezas del *wunderkamer* en favor de la introducción, cada vez mayor, de pinturas y esculturas.

> Il Palazzo del Governatore [di Castelnuovo] si trova in mezzo del Castello ed è in grado di alloggiare un impero; è ornato di tapezzerie di seta e oro, di belle statue e di eccellenti Picture; ci fece vedere anche un bel gabinetto colmo delle cose più rare e curiose; vi si conserva un cocodrilo assai grande,

---

[341] Capaccio (1989: 857); según Morisani (1958).
[342] Autor de *Dell'historia naturale*, Nápoles, 1609.
[343] Misson, *Instructions to a traveller*, Letter XXII: 424.

un vitello marino, un pellicano, un basilisco, un camaleonte, uno scorpione, una salamandra coi suoi piccoli[344].

Es momento de analizar la opinión de los biógrafos napolitanos sobre el comportamiento coleccionista del virrey Pedro Antonio de Aragón. Su silencio sobre los hábitos de Pascual de Aragón contrasta con la profusión de noticias sobre Pedro Antonio. Ninguno de estos autores fue contemporáneo suyo, y pese a recurrir a fuentes secundarias, sus biografías marcaron el origen de toda una fortuna crítica que hasta hoy ha ofrecido una imagen estereotipada del virrey. Pedro Antonio fue la diana hacia la que los biógrafos ilustrados dirigieron todas sus críticas, convirtiéndole en uno de los paradigmas del mal gobierno virreinal. Trataremos de contrastar esta imagen de Pedro Antonio de Aragón concebida en el siglo XVIII con la formulada por sus contemporáneos.

Domenico Antonio Parrino recogió en su obra los envíos de libros y obras de arte a España por parte de Pedro Antonio de Aragón, entre los cuales «i migliori miracoli ch'avesse fatto lo scalpello di Giovanni da Nola». Este expolio, junto al de libros de las más famosas bibliotecas de la ciudad, fue muy sentido en Nápoles, pero el contemporáneo Fuidoro lo atribuyó al servilismo de los togados, en deuda con el virrey. Onofrio Giannone, en el capítulo sobre Andrea Vaccaro de sus *Giunte delle Vite*, volvió a evocar el saqueo de obras de arte de Pedro Antonio, «da scrittori tanto in fede, le statue quattro che eran al fonte sopra il molo, cioe quattro principale fiumi, involati da Pietro d'Aragona»[345]. En otra ocasión el autor generalizó la dolorosa pérdida de las estatuas de Da Nola a todo el patrimonio artístico de la ciudad: «Don Pietro d'Aragona che spogliò Napoli del tutto, e precise delle statue e pitture, tra l'altro pure il quadro d'Andrea di Salerno situato in una capella alla Madonna delle Grazie à padri di S. Girolamo». El virrey logró que los padres ermitaños de San Jerónimo le regalaran el cuadro y en su lugar fue colocado otro lienzo encargado a Andrea Vaccaro, con el tema de la coronación de la Virgen con San Genaro, San Francisco de Asís, San José y San Antonio de Padua, probablemente por expreso deseo de la Corte virreinal, «e Andrea vi dipinse

---

[344] Duval: *Le voyage et la déscription d'Italie*, Paris, 1656. Citado por Morisani (1958).
[345] Giannone (1941: 26).

la Santa Trintà che corona la Madonna, di sotto S. Gennaro, S. Francesco, S. Giuseppe e San Antonio»[346].

Antonio Bulifon (Chapony 1649-España 1714) destacó el derroche y los defectos de las obras públicas de Pedro Antonio de Aragón, pese a que viajeros como Misson las habían alabado, «per averla abbellita (Nápoles) di far una darsena per le galere, benche criticata di piccoleza, d'aver fatta la fabbrica del presidio a Pizzofalcone, nella quale sono rinchiusi li soldati spagnuoli che prima stavano in vari luoghi della città. A quella fabbrica spese ducati 43454.2.5». Bulifon también resaltó el odio que cosechó el virrey en la ciudad y las riquezas que de ella extrajo: «fu il Signor Don Pietro odiattissimo dalla nobiltà, popolo ed anco da'soldati [...] Non pagava li soldati, appropriandosi moltissime ricchezze. Nella partenza non restò alla cassa militare altro che settecento ducati, con il peso di doverne pagare più di 500.000 di debiti da lui contratti»[347]. El robo de las estatuas de la fuente de Da Nola reaparece en la obra de Bulifon, quien al respecto aportó una noticia interesante: «I 10 di marzo di 1670 fu scarcerato quel plebeo che in abito di pulcinella aveva rinfacciato al vicere che non aveva fatto bene di mandare in Spagna le quattro statue del Molo».

> D. Pietro d'Aragona [...] fece imbarcare sopra un vascello una famosa libreria coperta di marocchini di levante, per far la quale si sfiorarono i migliori studi della città. Con la medesima fe' imbarcare quattro statue, quali fece levare da una bellíssima fontana vicino la Lanterna del Molo, che rappresentavano quattro principali fiumi del mondo fatte da esemplari scarpelli. Le fece levare sotto pretesto di volerle far pulire. Anche col medesimo vascello s'imbarcarono trenta cavalli per la stalla del re.

Domenico De Dominici se refirió en sus biografías al interés de Pedro Antonio por la obra de artistas napolitanos, no sólo vivos, sino también fallecidos, como Cavallino, de quien supuestamente adquirió muchas obras que luego envió a España. De Dominici resaltó en la vida del pintor Giuseppe Marullo la pasión de Pedro Antonio por la pintura. Éste, siendo embajador en Roma, según De Dominici, conoció los méritos artísticos de Marullo, discípulo de Stanzione, a quien encargó una serie de pinturas. Parece que la serie, terminada durante el virreinato de Pedro Antonio, representaba escenas del antiguo testamento y de la vida de San

---

[346] *Ibíd.*
[347] Bulifon 1932.

Eustaquio[348]. Al terminar Marullo la serie de cuadros, Pedro Antonio señaló al pintor la menor calidad del último lienzo de la serie. Marullo, sin embargo, se defendió argumentando que aquél era el mejor cuadro de la serie, réplica que le valió el despido por parte del virrey. También según De Dominici, Giacomo di Castro fue llamado por Pedro Antonio de Aragón para elaborar una lista de los mejores cuadros de las iglesias napolitanas, que «con l'autorità» pero también con el dinero, «e col danaro», se encargó de adquirir[349].

Giacomo Castro ya había estado al servicio del virrey Peñaranda, un hecho que obvió Dominici y que en cambio anotó Fuidoro en su crónica. Pese a ello, Castro sí pudo llevar a don Pedro Antonio a la iglesia de Santa Maria delle Grazie en Caponapoli, donde el virrey quedó «invaghito» al ver un cuadro de una *Piedad* de Andrea da Salerno, pintado en el estilo de Rafael[350], circunstancia de la que también nos informa Giannone. La presencia hoy de una *Coronación de la Virgen* atribuida a Andrea Vaccaro en el presbiterio de Santa Maria delle Grazie hace creer en la veracidad de la información de De Dominici. Éste narró además otros expolios de Pedro Antonio. El virrey habría conseguido un cuadro de Rafael y una *Anunciación* de Tiziano, ambas de la iglesia de Santo Domingo, y una *Transfiguración de Santa Maria del popolo all'Incurabili* copiada por Fattore y retocada por Rafael. Sin embargo, Longhi demostró la falsedad de la información sobre el lienzo de Tiziano.

Todos estos testimonios, bastante demoledores y formulados medio siglo después de la marcha de Pedro Antonio, obligan a plantear las siguientes preguntas: ¿fue realmente Pedro Antonio de Aragón un virrey preocupado sólo por extraer obras de Nápoles, sin incentivar el panorama artístico napolitano con encargos, como denuncian mayoritariamente los cronistas de siglo XVIII? ¿Cuáles fueron realmente los hábitos coleccionistas de Pedro Antonio? Para ello hemos escuchado los testimonios contemporáneos, que como Fuidoro o los documentos notariales, hablan de

---

[348] AHPM, 10209, fol. 214 v del inventario de bienes de 1686, por la muerte de la mujer de Pedro Antonio, Ana Fernández de Córdoba.

[349] «Dargli relazione di quali belli quadri originali di ti maestri fussero adornate le chiese napoletane, ed egli sinceramente gli ne chiede relazione: Onde poi D. Pietro Antonio coll'autorità e col danaro spogliò Napoli delle piè preziose gioje che possedeva; [...] con altre pitture e statue eccellenti» (De Dominici 1742, Vol. II: 290 y Vol. III: 138 y 290).

[350] *Ibíd.*

encargos y compras del virrey, aunque a menudo, y desafortunadamente, sin especificar el objeto de las transacciones. Basta repasar la crónica de Fuidoro para hallar múltiples indicios de compras del virrey en el mercado artístico local, además de noticias silenciadas por los posteriores biógrafos sobre envíos de regalos a Carlos II, a Mariana de Austria y en general muy variadas referencias, con cronologías específicas, sobre el traslado de obras del virrey a España. El valor de la crónica de Fuidoro, mordaz con cualquier autoridad civil o eclesiástica, reside en el hecho de que no escribiera al servicio del virrey para enaltecerle. Fuidoro narra cómo el 17 de enero de 1668 salió del puerto napolitano «una nave con 14 ronzini piccoli, di colore quasi falbo, con un carrozzino, una lettiga ed una galessa, ch'è una carrozzina piccola, ch'è tirata da un solo cavallo. E si è imbarcato in essa don Berardino Afan, creato di don Pietro Antonio d'Aragona [...] a portare questo donativo alla maestà del re Carlo II d'Austria. Di più porta diverse robbe di gran valore per Spagna, che sono di Sua Eccellenza»[351]. Fuidoro también dio noticias sobre la colección de reliquias del virrey, una colección que, según él, ni siquiera el rey tenía: «Don Pedro tuttavia fa ponere in ricchissimi lavori d'argento una quantità di sacre reliquia insigni, che si ha procurato, tra'quali delli dodici apostoli e del legno della croce, del velo di Sant'Ana ed altri tesoro spirituali consilimi, che neanco il re le tiene»[352].

El 10 de octubre de 1668, según Fuidoro, el virrey envió a España cuatro barcos con parte de su colección. Entre el equipaje, viajaban bellas estatuas de mármol que Pedro Antonio había exhibido en la galería que ordenó remodelar en palacio, esculturas «da lui comprate in Napoli», según el autor: «il vicerè ha spedito 4 vascelli per Spagna e vi ha mandato buona parte delli suoi suppelletili, ed anco molte bellissime statue di marmo di gran conto, ch'erano poste nella nuova galleria da lui fatta nel regio Palazzo, da lui comprate in Napoli[353]. Al año siguiente, en abril de 1669, Bernardo Afán volvió a abandonar Nápoles con destino a España, cargado de nuevas riquezas de la colección del virrey:

In questo mese è partito da Napoli don Berardino Afán, tenente della guardia del vicerè don Petro d'Aragona, con un vascello per Spagna, e porta molte ricchezze del vicerè come sono drappi, denari, statue ed altre cose preg-

---

[351] Fuidoro (1938, Vol. II: 67).
[352] *Ibíd.*: 118. Agosto de 1669.
[353] *Ibíd.*: 96.

giate per uso di detto signore, ed alcuni cavalli per Sua Maestà. Col quale è anco andato Rinaldo Miraballo con un suo figlio secondogenito per poner a cavallo Sua Maestà Carlo II (che Dio guardi) ed impararlo a cavalcare, come fece un tempo al principe Baldassaro d'Austria, figlio della maestà del re Filippo II e della regina Isabella de Borbone[354].

En enero de 1670, partieron cuatro barcos con muchos libros de la biblioteca que el virrey formó en Italia, junto a treinta caballos para Carlos II y setenta padres franciscanos reformados que se dirigían al capítulo general de la orden en España: «un studio di libri a pari del medessimo re, dentro un numero di casse d'ebano e guarnite di cristalli, le cui coverte sono tutte di cordovana cremesì indurate; e si sono sfiorati li studi più famosi di Napoli e Regno». Fuidoro no deja lugar a duda sobre las vías por las que el virrey adquirió parte de su biblioteca: «da chi ave avuto da comprarsi la buona grazia del vicerè per sue pretendenze di toga o altri ministeri, per avanzarsi al comando con la toga»[355].

Según Carlos José Hernando, Pedro Antonio de Aragón concibió su biblioteca como un instrumento de gobierno y de propaganda, y los libros como bienes coleccionables, más que como fuentes de saber. Su mentalidad aristocrática y su concepción barroca del gobierno le llevaron a creer en la necesaria diversificación de los conocimientos como fundamento del control de la sociedad y de la cultura[356]. Pese a todo, añadió Hernando, la biblioteca indudablemente se convirtió en Nápoles en un centro de atracción de intelectuales al servicio del virrey, en consonancia con las grandes bibliotecas privadas que había en la ciudad y que desde antiguo se convirtieron en centros de difusión de ideas. Creemos que la biblioteca de Pedro Antonio no estaba totalmente carente de un criterio selectivo. Baste decir por ahora que la relación con eminentes bibliófilos, entre ellos Nicolás Antonio[357] y Vincencio Juan de Lastanosa[358], influyó sin duda en el virrey.

---

[354] *Ibíd.*: 113.
[355] *Ibíd.*: 132.
[356] Hernando 1997a.
[357] Quien reservó al virrey un lugar en su obra (Antonio 1972).
[358] Con quien intercambió libros y medallas a su vuelta a España, según Arco (1934: 301).

En febrero de 1670, se conocía ya el destino de las esculturas de Da Nola y por ello apareció un proverbio en la ciudad de Nápoles que según Fuidoro rezaba:

> Che il cielo piange la partenza delli 4 del Molo con la continua pioggia, cioè delle 4 statue, ch'erano nella fontana che si è levata dal molo [...] e sono ancora dentro il vascello dentro la nuova Tarcena. Vi fu un bello umore che, nell'atto dell'imbarco di queste 4 statue, gli fece un'orazione, pregandoli che, mentre andavano n Spagna, li fusse raccomndata la loro patria, e che la volessero difendere appresso li ministri supremi di Sua Maestà e che non si scordassero di essere nati in Napoli.

Las esculturas de mármol de la galería que formó Pedro Antonio en Nápoles, que él mismo compró en la ciudad según Fuidoro, partieron de Italia, como hemos afirmado, en octubre de 1668, pero no llegaron a su destino. La marcha de estos cuatro barcos con las esculturas más preciadas de la colección de Pedro Antonio debe relacionarse con un documento notarial del 24 de enero de 1670. En esta fecha, el virrey dio poderes al capitán Juan Jacobo Pissich, natural de Ragusa, para poder actuar judicialmente en su nombre y para poder cobrar y demostrar haber comprado varias cajas de estatuas de piedra y mármol «que se perdieron en las yslas de Heres [Hyères, frente a Toulon, Francia] en el puerto de Berganson». El documento menciona el número de cuatro barcos afectados: «[las esculturas] yban embarcadas en uno de los quatro Perhachos de infantería que de orden mía pasaban en España» coincidentes con el equipaje que Bernardo Afán se llevó de Nápoles en octubre de 1668 (en cuatro embarcaciones). Además, el relato notarial parece descartar el naufragio e insinuar en cambio la posibilidad de un robo de las estatuas en un puerto de las Hyères. De no haber sido un robo, el virrey difícilmente habría manifestado el deseo de recuperar a toda costa sus estatuas.

> Las caxas de estatuas de Piedras, mármoles y mejor deste jonero que se perdieron en las yslas de Heres en el puerto de Berganson que yban embarcadas en uno de los quatro Perhachos de infantería que de orden mia pasaban en España en los quales yban embarcadas dichas estatuas que yo enviaba en España para mi servicio[359].

---

[359] «[...] de las manos y personas que se hallaren dichas estatuas o de otras cualesquiera personas que las tuviesen [...] y las que dicho mi procurador recibiere y cobrare

Pedro Antonio dio poderes a Pissich para, en caso de que las personas en posesión de las estatuas se resistieran a entregarlas, presentar ante un tribunal «cualesquiera escripturas, testigos y provanzas como las dichas estatuas son mias» y para «hacerlas secuestrar» y devolverlas así a su legítimo propietario. El triste suceso, lleno de tintes novelescos, no desanimó al virrey, y en agosto de 1671, volvió a enviar a España tres barcos «che portaranno ancora gran robbe del viceré, acciocchè possa avanzare li noliti, e si vedono fare gran cascie per imbaliggiare dette robbe, e vi è sempre sollicitazione di sbirri alli falegnami per dette cascie». El 12 de septiembre volvían a zarpar tres embarcaciones: «il più piccolo ha caricato intieramente polvere, e l'altri due hanno imbarcato da 800 casse di mobili del viceré e diece cavalli, ed anco due carrozze ricchissime, le quali sono state sciolte»[360]. Ante tantos envíos de Pedro Antonio de Aragón, nuestro cronista Fuidoro no se inmutó y sentenció que, pese a lo vacío que quedaba el palacio con la marcha de un virrey, a su sucesor nunca le faltaba nada, pues siempre había personas dispuestas a servir a sus fines.

> In Palazzo restano pocchissimi arredi, però alli viceré di Napoli non manca mai cosa alcuna, sincome non mancano persone, che l'accudiscono per li loro fini[361].

El debate no debería centrarse en contraponer el refinamiento coleccionista del virrey a los intereses políticos que movían sus hábitos. Creemos que ambos aspectos eran dos vasos comunicantes en Pedro Antonio de Aragón, que los manejaba con extraordinario tino. La capacidad de un virrey de someter sus prácticas coleccionistas a sus estrategias políticas exigía en él una pericia y una exquisitez digna de ser analizada. Algunos autores han minimizado el coleccionismo de Pedro Antonio de Aragón con el argumento de que respondía a la mera voluntad de crear una sólida red clientelar, fiel a su persona[362]. En efecto, el virrey consiguió cuadros a cambio de favores otorgados a funcionarios y a togados del Reino, como parecen indicar las fuentes. Pero nadie puede dudar de que aquéllos eli-

---

en todo o en parte, pueda dar y de carta o cartas de pago... testigos Don Diego Ortiz de Ocampo y Don Enrique de Avila Ponce de Lion» (ASNN, Notaio Agostino Ferraro, scheda 408, nº 19 (1670), fols. 52v- 54v).

[360] Fuidoro (1938, Vol. II: 228).

[361] *Ibíd.*

[362] Frutos/Salort 2003.

gieran el regalo que pudiera resultar más apetecible al virrey. Si el regalo era un extraordinario cuadro de Lanfranco o una inigualable pintura de Giordano, ¿quién puede sostener que el virrey no era sensible a la mejor pintura del siglo XVII? Hemos preferido poner el acento de nuestro análisis en otro lugar: estudiar de qué manera la adquisición de cuadros para la formación de una colección se valió de las redes de gobierno en el virreinato. Cada cuadro de la colección, en este caso, cobra un doble valor: un objeto estético para el cultivo de una faceta del ocio cortesano, y además un arma política de primer orden.

El virrey mostró gran diligencia administrativa para reformar la burocracia napolitana, llevando a cabo algún intento, aunque tímido, de contener los ilícitos enriquecimientos de los oficios públicos. No podía presumir mucho Pedro Antonio de Aragón de corrección administrativa, pero tales iniciativas punitivas tenían una clara función moralizante. Podemos suponer también que los intercambios de cuadros por favores contribuían al mismo fin moralizador, o que facilitaran el cierre de operaciones que no permitían la circulación de dinero. El primer experimento disciplinario del virrey afectó al doctor Donato Mazza, abogado en el Real Consejo, en abril de 1666. Mazza fue acusado de haber pedido a un cliente suyo (el marqués del Vasto, perseguido por haber asesinado al duque de Pesche) una suma de mil ducados con el fin de corromper a uno de los miembros del Colateral. Al conocerse la noticia, Mazza fue expulsado del Reino. Pedro Antonio declaró muchos años después que la esposa de Mazza regaló a la la mujer del virrey un retrato de un sacerdote adorando a la Virgen de la Pureza, de la que el virrey era muy devoto. No nos debería extrañar que Mazza persiguiera alterar la voluntad del virrey con este regalo. En el mismo mes de abril de 1666, el virrey mandó investigar al consejero Francesco Rocco, por varias extorsiones llevadas a cabo desde su oficio público. Se secuestraron todos los fondos que Rocco había puesto en bancos napolitanos. El virreinato de Pedro Antonio no se libró de algunos escándalos de eminentes oficiales de la burocracia napolitana, como otro coleccionista, Diego de Ulloa, y en febrero del 1670, el regente Capece Galeota.

En 1680, un año después del inventario de bienes que se hizo por la muerte de Ana Fernández de Córdoba, Pedro Antonio de Aragón declaró en una relación jurada ante notario la procedencia de 329 obras, entre pinturas, láminas, medallas y esculturas de su colección. Con ello Pedro Antonio perseguía demostrar que tales obras eran suyas, con el argumento de que se las habían regalado, y que por lo tanto debían separarse de la partición de bienes de su mujer. El número de pinturas sobre lienzo, lámina de piedra, tabla o vidrio, declaradas en la relación ascendía a 310, y sabemos que la colección de Pedro Antonio, según el cuerpo de hacienda de 1686, alcanzó las 1.100 pinturas, una cifra parecida a la colección de Gaspar Roomer y que muy pocas colecciones nobiliarias españolas alcanzaron.

El valor de esta fuente, la relación jurada de Pedro Antonio, para nuestros propósitos, es el reconocimiento de las personas que proporcionaron las obras al virrey y por lo tanto la declaración de la procedencia de una tercera parte de la colección de Pedro Antonio de Aragón. Consideramos esta parte de la colección como representativa de la colección completa por un motivo esencial. Pedro Antonio eligió estas obras de entre todas las de su palacio de Madrid, repartidas por todas sus salas. Estas pinturas, por lo tanto, no constituyeron un fondo especial ni separado de la colección. Nos fijaremos en un aspecto esencial de la relación jurada: las noticias relativas al momento de adquisición de las pinturas y a las personas responsables de facilitarlas o regalarlas, según los casos, al virrey.

Las mayores dudas que suscita la lectura de la relación jurada no incumben a los donantes de las obras sino precisamente a la naturaleza de las donaciones. Resulta muy inverosímil creer que todas las obras fueran por igual objetos de regalo al virrey, máxime cuando algunas de las personas de la lista fueron mayordomos suyos o hasta marchantes de arte cuyo negocio no era otro que vender cuadros. Para arrojar alguna luz sobre estas incertidumbres lo más conveniente es valorar el sentido mismo de la relación jurada. Esta declaración ante notario se justificó sólo para probar la propiedad de Pedro Antonio de Aragón sobre tales obras. Pedro Antonio defendió ante el juez que tales obras eran suyas porque constituyeron regalos recibidos en Italia. Ciertamente, debemos atribuir veracidad a un documento notarial de este tipo pese a las fundadas sospechas de que algunas adquisiciones se debieran a compras y no a regalos. El juez no debía resolver si Pedro Antonio decía la verdad cuando declaraba que había recibido las obras como regalo en lugar de haberlas encargado o comprado en el mercado artístico. Sólo debía deliberar si consideraba los regalos como fuentes legítimas de propiedad, y en caso positivo, separar tales obras de la partición de bienes posterior a la muerte de Ana Fernández de Córdoba, como solicitaba una de las partes.

¿Qué nos hace suponer que algunas de las obras de la relación jurada debieron ser compradas? Resulta asombroso pensar que un sirviente que careciera de título nobiliario y patrimonio suficiente regalara a su amo varias pinturas por valor de 2.400 ducados. O que un marchante de arte regalara una cantidad ingente de obras sin recibir nada a cambio. En el inventario de bienes del palacio de Pedro Antonio de Aragón y Ana Fernández de Córdoba, de 1686, se declararon más de 60 miniaturas sobre pergamino o vitela realizadas por un pintor camaldulense de Nápoles, cuya identidad se desconoce[363]. El virrey las debió encargar directamente al pintor monje. También se debió a un encargo la serie de seis cristales pintados declarada en la relación jurada, con las representaciones de las obras públicas del virrey en Nápoles: «la obra de Puzol», «la Armería», el «príncipe de Alzen», «el convento de Sor Úrsula», el «hospital de San Pedro y San Genaro», la «Tarazana de Nápoles». Además, el virrey encargó con seguridad varias pinturas a Luca Giordano, entre ellas, probablemente, la serie de doce cuadros que figura en los inventarios de bienes.

La relación jurada plantea otro interrogante. Hemos afirmado que el argumento de la defensa de Pedro Antonio de Aragón era que tales obras, como regalos recibidos en Italia, le pertenecían a él y no a su mujer, no siendo pertinente desvelar si alguna de las obras se debió o no a una compra. Pero una cosa es que la circunstancia no exigiera al virrey aportar este dato ante el juez y otra que el virrey quisiera en realidad ocultar la compra como el origen de parte de su colección. ¿Evitó Pedro Antonio reconocer la compra ante el juez? ¿Hubiera ido en contra de los argumentos de su defensa? ¿O acaso el virrey consideraba indigna la compra de obras para su colección?

No podemos olvidar el entorno en el cual Pedro Antonio formó la mayor parte de su colección, la Nápoles de los años sesenta y setenta. Según Labrot y Ruotolo, durante este período la declaración de las procedencias de las obras de una colección, junto a la presencia de pinturas firmadas, eran dos aspectos que proporcionaban mucho prestigio a una colección. Pedro Antonio debió aprender muy bien esta lección y una vez en España aprovechó el pleito familiar con motivo de la partición de bienes de su esposa para vanagloriarse de las procedencias de las obras de su colección,

---

[363] De Dominici no habla de él en su obra, aun reconociendo la valía de muchos miniaturistas napolitanos.

para aumentar el valor de su tasación o incluso para demostrar el grado de cohesión y esplendor que alcanzó su Corte napolitana. Por todo ello el virrey pudo haber realizado su declaración jurada.

Leticia de Frutos y Salvador Salort[364] pusieron en relación las obras de la declaración jurada de 1680 con las que figuraban en el inventario de Ana Fernández de Córdoba. He querido regresar sobre el contenido de la relación jurada para extraer algunas conclusiones sobre el proceso de formación de la colección de Pedro Antonio de Aragón. Para las identificaciones de los cuadros nos remitimos al trabajo de Frutos y Salort, quienes han desarrollado en este sentido una gran labor.

Analizando atentamente el global de la relación jurada, nos percatamos de lo siguiente: de las 300 obras declaradas por Pedro Antonio sólo 50 las pudo adquirir en Roma. En la ciudad santa, el mayor abastecedor de cuadros para Pedro Antonio no fue su familia ni su corte, sino los cardenales romanos, quienes proporcionaron hasta 30 de las pinturas. Esta proporción se invirtió en Nápoles, momento en el cual los mayores abastecedores de pinturas para Pedro Antonio pasaron a ser los marchantes de arte, su familia y los funcionarios del reino. Este dato prueba que se produjo una evolución en los hábitos coleccionistas de Pedro Antonio, en virtud de la cual, durante su etapa romana aprendió unos comportamientos que luego trasladó y desarrolló ampliamente en Nápoles y en España. Otro dato de interés es la presencia de parejas de cuadros (no *pendants*) de idéntico tema y parecido formato que el virrey y su esposa recibieron separadamente de mano de una misma persona en más de una ocasión. Tal fue el caso de Antonio de Silva y su mujer, que regalaron a los virreyes dos vistas de la ciudad de Nínive casi del mismo tamaño; el nuncio de Nápoles les regaló dos cuadros idénticos de la negación de San Pedro; el prior de Santo Domingo Soriano de Nápoles hizo lo mismo con dos cuadros iguales de Santo Domingo Soriano. Hemos clasificado la información de la relación jurada en función de los grupos de procedencia de las obras y los hemos ordenado de mayor a menor según la cantidad de obras que proporcionaron a Pedro Antonio de Aragón.

---

[364] Frutos/Salort (2003), sin transcribir el documento notarial íntegro. La totalidad de la relación jurada no ha sido aún publicada, lo que impide al lector hacer una valoración del sentido del conjunto.

Colectivos que suministraron pinturas para la colección
de Pedro Antonio de Aragón:

Marchantes de arte y pintores.. 54 pinturas.
Miembros de la familia y corte de Pedro Antonio............ 45 pinturas.
Jueces y consejeros de los tribunales................................... 33 pinturas.
Aristocracia napolitana... 28 pinturas.
Eclesiásticos... 21 pinturas.
Plazas municipales.. 18 pinturas.
Generales y gobernadores provinciales .... 11 pinturas.
Cardenales del partido español...4 pinturas.
Nuncios de Nápoles ....3 pinturas.
Otras procedencias: ....4 pinturas.

Seguidamente, analizaremos la información de la relación jurada relativa a aquellos personajes cuyas donaciones fueron significativas por su
volumen o calidad de las obras, o de aquellos personajes sobre los que
recaen sospechas de intercambio de favores. En este sentido resulta interesante la relación que pudo existir entre el regalo de Antonio de Gaeta de
unos cuadros para Pedro Antonio de Aragón y su aspiración de convertirse
en caballero de la orden de Calatrava.

Entre las obras que comerciantes de arte y artistas proporcionaron al
virrey figuran pinturas de todas las escuelas, romana, napolitana, veneciana
o flamenca, algunas de pintores vivos como Luca Giordano o Andrea Vaccaro. Son de temática variada y las hay tanto de caravaggistas como de la
escuela clasicista (Reni o Massimo Stanzione). En tiempos del virreinato
de Pedro Antonio de Aragón, Luca Giordano (1634-1705) era el pintor
napolitano más reconocido e importante. Durante el virreinato, Giordano
residió en Nápoles de una manera estable. La relación jurada prueba la
vinculación del virrey con el pintor, con la noticia siguiente:

> Dos tablas ochavadas formadas en obalo las pinturas orixinales de Jordan
> la una por su manera de Nuestra Señora niña, Santa Ana y San Joaquin, y la
> otra imitando a Raphael con Nuestra Señora, el niño, San Juan y San Joseph

ambas con ebano leonado, presentó a su Excelencia el mismo pintor Lucas Jordán. 4400 ducados[365].

Probablemente, ambos regalos de Luca Giordano constituyeron una obra de presentación o tarjeta de visita para lograr el agrado del virrey y nuevos encargos en el futuro, hipótesis de Frutos y Salort que nos parece convincente. Luca Giordano ya había recibido comisiones españolas antes del virreinato de Pedro Antonio. Al menos desde el virreinato de Castrillo, Giordano encontró el favor de los virreyes españoles. En 1658, realizó para el conde de Castrillo dos pinturas: *San Agustín y Santa Mónica* y la segunda, *El arcángel Rafael y Tobías*. Con el regreso de Castrillo, llegaron a España por lo menos 11 pinturas de Giordano[366]. Entre 1660 y 1662, Giordano pintó varios cuadros para el conde de Peñaranda[367], que trajo a España algunos lienzos suyos y de Andrea Vaccaro para decorar su capilla de Peñaranda de Bracamonte[368]. Entre 1660 y 1663 realizó varias pinturas para el conde de Lemos[369]. En 1662 vendió muchos cuadros a Gaspar Roomer[370]. En 1663, pintó varios cuadros para el secretario del rey de España, Juan Bautista Arospechaga[371]. En 1664 pintó cuatro cuadros para el marqués de Fonseca de Venecia[372]. También durante el virreinato de Pascual de Aragón se mantuvieron los encargos a Giordano, aunque desconocemos los detalles de su vinculación. Pascual de Aragón trajo a España algunas obras del pintor. Por ejemplo, sabemos que donó a la catedral primada el bello *Bautismo de Cristo* pintado sobre tabla por Giordano a imitación de Rafael[373], junto a muchos otros cuadros. Esta protección se mantuvo en todos los virreyes de Nápoles hasta la venida del pintor a España[374].

---

[365] De 160 x 160 cm, tasadas en el inventario a 2.200 reales cada una. Era un doble regalo. La obra a imitación de Rafael podría ser la del Museo del Prado, o bien la de la colección Falconi de Pessaro. (Frutos/Salort 2003 y Ferrari/Scavizzi 1992, Vol. I: 272 y Vol. II: 541).

[366] Bartolomé (1994: 15-28).

[367] Nappi (1992: 171).

[368] Wethey 1967.

[369] Nappi (1983: 55).

[370] Nappi (1992: 172).

[371] Catello (1984b: 305).

[372] Nappi 1992.

[373] Nicolau (1999) y Pérez Sánchez (2002: 128-129).

[374] Lleó Cañal 2000.

Si Luca Giordano quiso seducir al virrey con tal regalo lo consiguió, pues Pedro Antonio debió encargarle dos series de seis lienzos con las historias del hijo pródigo y de Job. Pedro Antonio no declaró estas obras como regalos en su relación jurada, y queda pues abierta la hipótesis del encargo. Estas series, de 6 cuadros cada una, colgaban junto a la serie de 12 pinturas de mano de Andrea Vaccaro en el Salón grande del palacio de Pedro Antonio en Madrid[375]. Sí figuran en la relación jurada otras 10 pinturas de Giordano donadas por Gaspar Roomer, el cardenal Caracciolo, el electo del pueblo, Domenico del Giudice, duque de Giovinazzo, Sebastián Cortizos, Fernando Moscoso y Sebastián López Hierro de Castro, marqués de Castelfort.

La relación jurada menciona sin aportar más información sobre su identidad, a «Don Piquete, maestro lapidario». Nos parece verosímil relacionarlo con Francesco Antonio Picchiatti, arquitecto e ingeniero regio al servicio del virrey, para el que realizó muchas obras en palacio y en los conventos napolitanos. Si planteamos la hipótesis de que este don Piquete no sea otro que Francesco Antonio Picchiatti es porque el arquitecto, además de cercano al virrey, tuvo una valiosa colección de antigüedades, medallas y esculturas. Según el visitante francés Jean Huguetan, en 1681 la colección de Picchiatti constituía un «cabinet fort ample» y contenía bellas medallas antiguas. Según Celano, además, la colección de Picchiatti contaba con 20.000 medallas antiguas, piedras entalladas, camafeos, vasos antiguos y esculturas. La relación jurada destaca una donación muy sugerente al virrey, por su temática: dos pinturas con caballos «en el ayre».

---

[375] Las 24 piezas tenían medidas muy parecidas: dos varas y una tercia de alto por tres varas de ancho, es decir, 190 x 240 cm. En el Palacio Real de la Granja se conservan 6 lienzos con historias del hijo pródigo de 190 x 250 cm que se han atribuido a Giuseppe Simonelli, si bien en el inventario de la granja de 1746 están declaradas como de Luca Giordano (Pérez Sánchez 1965: 322 y 451). Quizás deberá revisarse la atribución del ciclo de la Granja. Otra serie del hijo pródigo atribuida a Simonelli se conserva en la colección Maede Fetherstouangh de Uppark (Ferrari/Scavizzi 1992, Vol. II: 199). Se desconoce el tamaño de las pinturas. También en la Granja y en el Colegio Mayor María Cristina de El Escorial se conservan cuatro lienzos de la historia de Job atribuidos a Giordano o a Simonelli (Pérez Sánchez 2002: 256-259 y 287). M. Hermoso Cuesta (2001: 133-170) las atribuye sin embargo a Simonelli, de entre 184 x 246 cm y 192 x 252 cm. Pero según Pérez Sánchez (2002: 256-259 y 287) éstas fueron realizas probablemente durante el viaje a España de Giordano, con lo que deberíamos excluirlas de la colección de Pedro Antonio (se asemejarían sin embargo a las obras de Patrimonio Nacional).

Dos pinturas yguales en piedra la una con seis cavallos en el ayre y la otra una zurda con marcos de hebano y perfilados de quarta de alto y tercia de ancho, presentó a su Excelencia Piquete, maestro lapidario 800 ducados.

Gaspar Roomer (-1676) fue un comerciante flamenco afincado en Nápoles, prestamista del rey y del virrey, que acumuló una gran fortuna, sobre todo gracias a su actividad como armador naviero. Desde al menos 1634 poseía una de las mejores colecciones de la ciudad[376], que alcanzó a su muerte en 1676 los 1.500 cuadros. En la colección de Roomer predominaban las obras del naturalismo tenebrista, de seguidores de Caravaggio como Ribera, Caracciolo, Stanzione o Saraceni, Voet y Valentin. Se encargó de enviar obras de maestros napolitanos a Flandes, desde donde importó pinturas de Brill, Brueghel de Velouers, Rubens o Van Dyck, que luego coleccionaba, vendía o regalaba. Es mucho lo que aún se desconoce del coleccionismo de Roomer durante los últimos cuarenta años de su vida hasta su muerte en 1674, pero se sabe que pudo favorecer la actividad artística de Luca Giordano, según de Dominici, y de Andrea Vaccaro, que probablemente realizó para él copias de Reni, Van Dyck y Novelli[377]. Regaló al virrey por lo menos 43 cuadros, casi todos de grandes dimensiones y de temática principalmente religiosa, aunque también bodegones y un lienzo de *Venus y Adonis* de Rubens. La mayor parte de los cuadros donados por Roomer a Pedro Antonio que aparecen en la relación jurada están atribuidos a Ribera, Caravaggio y su escuela, Vaccaro, Giordano, Stanzione y Rubens.

El tipo de pintura elegida por Roomer para entregar a Pedro Antonio corresponde con los propios gustos del flamenco, que conocemos a través de la descripción de su colección por Capaccio en 1634. Ello nos lleva a suponer que Pedro Antonio se dejó aconsejar totalmente por el agente artístico y que las preferencias de Roomer por el naturalismo tenebrista se mantuvieron desde la década de los treinta hasta los años setenta. Además, gracias a la información de la relación jurada, cobra fuerza la veracidad del relato de De Dominici, según el cual Roomer intentó disuadir a Giordano de pintar en un estilo tan colorista y alejado del naturalismo caravaggista del primer tercio de siglo.

---

[376] Ceci (1920: 160-164). Ruotolo (1982: 5-44).

[377] Lattuada: «Andrea Vaccaro», en *The Dictonary of Art*, New York, 1996, Vol. 31, p. 730.

Roomer también proporcionó a la colección de Pedro Antonio obras de maestros del siglo XVI, lo cual confirma la predilección del virrey por la pintura antigua que han destacado Frutos y Salort. Sin embargo, la pintura antigua convivió en la colección de Pedro Antonio con abundante pintura moderna, pese a la denuncia del pintor Angelo Maria Nardo cuando, en 1651, afirmó al cardenal Caracciolo en Madrid que los españoles eran incapaces de apreciar los pintores modernos[378]. Entre las pinturas del siglo XVI que donó Roomer se hallaban obras de Bassano, de la escuela del Palma o una copia de Tiziano de la mano de Caravaggio.

Sebastián Cortizos pertenecía a una familia de banqueros y prestamistas de origen portugués y converso que jugó un papel importante durante el reinado de Felipe IV. Tras la muerte de su hermano Manuel, Sebastián, que estaba casado con su prima doña Luisa Hierro de Castro, continuó al frente de su casa. Nacido en Nápoles, llegó a Madrid en 1636. Recibió el hábito en la orden de Calatrava, fue nombrado secretario del rey y de la Comisión de Millones y en 1648 recibió el título de contador mayor de cuentas. Por los problemas de su familia con la Inquisición, su actividad vivió una época de decadencia hasta que en 1653 pudo reanudar sus negocios financieros con la Corona e ingresar en el Consejo de Hacienda[379].

Sebastián Cortizos actuó como agente artístico entre Luca Giordano y Felipe IV para la comisión de algunas pinturas. Según Saverio Baldinucci, Cortizos, obedeciendo instrucciones de Felipe IV, llamó a Giordano cuando se encontraba en Venecia para que regresara a Nápoles y realizara unas series pictóricas, siguiendo el estilo de Tiziano, Tintoretto, Reni, Ribera, Veronese y otra en su propio estilo, para decorar una gran habitación de El Escorial[380]. Ahora, gracias a la relación jurada, conocemos nuevos detalles de este agente artístico a caballo entre España e Italia.

---

[378] Anécdota recordada por Goldberg (1992).

[379] Su actividad se orientó hacia el suministro de caballos a los ejércitos de Cataluña y Extremadura, aunque también abasteció los ejércitos de Flandes y sobre todo se dedicó a la exportación de lanas, donde obtenía el metal precioso para participar en los créditos con la Real Hacienda. En 1657 fue nombrado embajador de España en Génova. En su ausencia, Gregorio Altamirano Portocarrero continuó al frente de sus negocios en España. En 1660 Cortizos regresó de Génova a Madrid como miembro del Consejo de Hacienda. Entre 1662 y 1665 controló el 80% de las exportaciones de lana por Cartagena (Álvarez Nogal 1997: 104-106).

[380] Ferrari/Scavizzi (1992, Vol. I: 50 y 51). Baldinucci: *Vita di Luca Giordano pittore napoletano*, Florencia, Biblioteca Nazionale (1713-1721), Códice Palatino 565, según Frutos/Salort (2003: 66, nota 90).

La primera de las pinturas, un cuadro de Luca Giordano que representa al rey San Fernando, debemos ponerla en relación con el proceso de canonización del santo rey (1671), impulsada entre otros por el propio virrey. Un documento notarial revela que, en 1667, Pedro Antonio de Aragón desde Nápoles dio un poder a Sebastián Cortizos para que, en su nombre pudiera personarse en Madrid en cualquier causa judicial e incluso ante la Reina[381]. Un año después, el 28 de julio de 1668, Pedro Antonio desde Nápoles volvió a dar poderes a Sebastián Cortizos y a Gregorio Altamirano, para actuar judicialmente en su nombre en la capital, como testamentario de Constantino Ximénez[382] y de doña María de Villarruel[383]. Todos estos datos, desconocidos hasta el momento, acercan aún más la personalidad y los negocios artísticos de Cortizos a la figura de nuestro virrey.

En 1664, se firmaron en Nápoles las capitulaciones matrimoniales del hijo de Sebastián, don Manuel José Cortizos, con doña Mencía Hierro de Castro. Ante el notario comparecieron la mujer de Sebastián y madre de Manuel, doña Luisa Hierro de Castro, lo que hace suponer que Sebastián Cortizos no se encontraba entonces en Nápoles[384]. Precisamente doña Luisa aparece también en la relación jurada de Pedro Antonio como donante del virrey y de su mujer, a los que regaló una pintura para cada uno. La relación no afirma en qué momento fueron entregadas ni en qué circunstancias pero sitúan a la mujer de Sebastián Cortizos en una misma red de intereses coleccionistas. El 11 de julio de 1671, Sebastián Cortizos fue enterrado en la iglesia de Santa Lucía del Monte, de los padres españoles de San Pedro de Alcántara[385].

Los miembros de la corte de Pedro Antonio que figuran en la relación como donantes de pinturas deben ser considerados los intermediarios o el canal de adquisición por el que el virrey debió encargar y comprar obras de su colección. Constituyen un total de 45 pinturas, una cifra estimativa, porque Pedro Antonio pudo adquirir algunos de los retratos en España. De las 45 pinturas, hasta un número de 35 corresponden a retratos. En

---

[381] ASNN, Notaio Agostino Ferraro, *scheda* 408, n° 16 (1667), fols. 444v-446r.

[382] *Ibíd.*, *scheda* 408, n° 17 (1668), fols. 304r.-306v.

[383] Doña Luisa hizo entrega de muchas joyas a su nuera, doña Mencía (*Ibíd.*, n° 17 [1668], fols. 307r y v).

[384] ASNN, Notaio Agostino Ferraro, *scheda* 408, n° 13, fol. 268. Nápoles, 11 de noviembre de 1664.

[385] Fuidoro (1938, Vol. II: 215).

ningún caso la relación declara la escuela de la pintura o a qué época pertenece. No hay originales y ni una sola declaración de copias. Todos estos datos parecen indicar que los miembros de la familia del virrey reunieron estas obras de un modo un poco indiscriminado. Cinco son bodegones, dos son paisajes y ocho son de temática religiosa. La única obra de valor la proporcionó don Cosme Mazarredo, secretario de Pedro Antonio, y corresponde a un Vaccaro valorado en 1680 en 2.000 ducados.

Según la relación jurada, don Francisco de la Riva y Velasco, secretario de Pedro Antonio en Roma y en Nápoles, trajo al virrey desde Roma varios cuadros entre 1670 y octubre de 1671. Fue en este intervalo de tiempo, mientras de la Riva servía la embajada del cardenal Nithard (nombrado embajador extraordinario en Roma en 1669), cuando se desplazó a Nápoles para traer estos retratos de Papas y cardenales de todas las naciones, que reunió para el virrey. Pedro Antonio debió adquirir algunos de estos retratos una vez hubo regresado a España. Es el caso del retrato de Inocencio XI (1676-1689) o del cardenal Nithard que no recibió el capelo hasta 1672. Don Cosme Mazarredo fue secretario de Pedro Antonio de Aragón en Roma y en Nápoles. Regresó con Pedro Antonio a España y se reveló ante el juez en 1680 como consejero del virrey en materia artística. Regaló al virrey una obra de alto valor, un pasaje de la historia de Tobías de Vaccaro, tasado en 2.200 ducados.

Los miembros de los tribunales de Nápoles que figuran en la relación jurada probablemente fueran buenos conocedores de los gustos del virrey y hasta pudieron recibir indicaciones suyas sobre sus preferencias y necesidades para completar y equilibrar partes de su colección. Veintiséis pinturas son de temas religiosos y cinco son paisajes. Cuando se declara la escuela de la pintura es siempre de artistas napolitanos, excepto una copia de Guido Reni regalada por Muzzetola y una copia de Miguel Ángel regalada por Pedro Cortés. Frente a la imponente colección del cardenal Filomarino, que era marcadamente prorromana[386], la colección del virrey tuvo un cariz mucho más napolitano, y no deberíamos descartar que esta diferencia fuera buscada con premeditación por el virrey para desmarcarse de su gran rival en materias jurisdiccionales. Toda la pintura que proporcionó este grupo de miembros de los tribunales pertenece al siglo XVII y nunca al XVI. Fernando Moscoso le regaló uno de los cuadros más valorados de la colección, *Los doctores en el templo*, de Giordano. Esteban

[386] Ruotolo 1979.

Carrillo regaló a Pedro Antonio una *Virgen del traspaso* de Andrea Vaccaro, valorada en 4.000 ducados. Conviene recordar que, según Labrot y Ruotolo, los togados, junto a los aristócratas napolitanos, dieron un gran impulso al coleccionismo napolitano durante estos años.

La propiedad patrimonial, en principio, no admitía venta en la sociedad moderna, sino simplemente su paso a través de herencia o donaciones intervivos, es decir a través de contrato notarial para dar fe de una donación sin constricción en recompensa de servicios prestados, lo que en la época era considerado también un regalo. La donación debía ser aceptada con humilde gratitud y habría sido insultante hablar abiertamente de pago ordinario. Los servicios no se podían pagar. El regalo podía acompañar a un pago o sustituirlo.

Fernando Moscoso fue regente del Tribunal de la Vicaría y más tarde miembro del Consejo Real de Nápoles. En marzo de 1673 regresó a España. Regaló a Pedro Antonio uno de los cuadros más valorados de su colección junto al cuadro de Lanfranco que le regaló el marqués de Astali en Roma: *Los doctores en el templo* de Luca Giordano, valorado en 3.000 ducados. Pedro Cortés, juez del Tribunal de la Vicaría, le regaló una lámina del descendimiento, copia de Miguel Ángel valorada en 700 ducados.

A la misma familia judaizante de los Cortizos pertenecía Sebastián López Hierro de Castro, marqués de Castelfort, que era primo de Sebastián Cortizos y hermano de doña Luisa Hierro de Castro. Perteneció también a la orden de Calatrava y desempeñó en Flandes la función de pagador general de Felipe IV[387]. Sebastián fue agente del duque de Medina de las Torres y corresponsal de mercaderes de Venecia y de Madrid. Encargó cuadros de Giordano (dos imitando a Ribera, dos de la Inmaculada, dos de San Bartolomé y San Andrés en la cruz, para el marqués de Fonseca, y muchos para Sebastián Cortizos)[388]. Su nombre aparece también en la relación jurada, regalando a Pedro Antonio un cuadro de Giordano, «Sagrada Familia con san Juanito imitando a Rafael» que debió ser un buen original, dada la relación estrecha de Castelfort con Giordano. Este lienzo hay que ponerlo en relación con el cuadro regalado por Giordano directamente a Pedro Antonio. El regalo o entrega se produjo antes de 1669, fecha en que murió don Sebastián Hierro en Nápoles, donde se le hicieron los funerales, dignos de un caballero de Calatrava.

---

[387] Caro Baroja (1967: 67-70).
[388] Nappi (1992: 171, 172).

Diego de Ulloa fue presidente de la Cámara de la Sumaría. Como tal figura en la lista de la relación jurada, por lo que podemos fechar su regalo en 1671, poco antes de abandonar Pedro Antonio Nápoles. Llegó a ser un hombre muy poderoso durante el virreinato del X marqués de Astorga (1672-1675). Regaló al virrey un conjunto de seis cuadros de Vaccaro de la historia de Tobías que deben ser puestos en relación con el cuadro de la historia de Tobías que Cosme Mazarredo entregó al virrey antes de regresar con él a España. Todo parece indicar que ambas personas completaron la serie de doce pinturas de la historia de Tobías que habría empezado el virrey por su cuenta, adquiriendo los cinco cuadros de Vaccaro restantes. La serie completa iba a ocupar un lugar preeminente de la colección de Pedro Antonio en Madrid.

Antonio de Gaeta, marqués de Montepagano, ocupó también la presidencia de la Sumaría de Nápoles[389]. El 4 de junio de 1669, Pedro Antonio escribió una carta al conde de Oropesa para informarle de que había hecho todas las diligencias para cumplir con lo solicitado por él y por el Consejo de Órdenes, en relación con el nombramiento de Antonio de Gaeta como caballero de la Orden de Calatrava[390]. El mismo año de 1669 en que Antonio de Gaeta adquirió el hábito de Calatrava, sustituyó en la presidencia de la Sumaría a don Sebastián Hierro de Castro, recién fallecido. Probablemente haya que poner en relación este doble nombramiento con los dos cuadros que Antonio de Gaeta regaló a Pedro Antonio de Aragón.

Don Melchor de Navarra y Rocafull (1629-1691), nacido en Torrelacárcel (Teruel), caballero del hábito de Alcántara, duque de la Palata y príncipe de Massa, fue nombrado regente del Consejo del Colateral de Nápoles en 1660, desde donde ascendió a la Fiscalía del Consejo de Italia, y, a la muerte de Cristóbal Crespí de Valldaura, a Vicecanciller de Aragón y miembro de la Junta del Gobierno durante la regencia de Mariana de Austria, por deseo de Pascual de Aragón. En 1681, como consejero de Estado y Guerra fue nombrado virrey del Perú, con cincuenta y cinco años, hasta 1689. Conocemos su virreinato peruano a través de la *Relación e historia del Viaje a la América* redactado por don Jorge Juan en 1685, según la cual, en Lima, Melchor de Navarra perfeccionó la iglesia del Sagrario y colocó

---

[389] Durante doce años fue lugarteniente de la Sumaría, hasta que en 1689 se retiró. Entre 1676 y 1677 estuvo como regente en Madrid (Galasso 1982a: 245).

[390] AHNSN, Frías, leg. 1384, carta de Pedro Antonio de Aragón desde Nápoles, 4 de junio de 1669.

en la Sala del Real Acuerdo del Palacio virreinal de la ciudad los retratos de los reyes de España y de algunos pontífices[391], completando así la serie de los retratos de los virreyes que ya colgaban de las paredes de la Sala de la Contaduría Mayor[392]. Fue nombrado por segunda vez vicecanciller del Consejo de Aragón, abandonó Lima para regresar a España pero murió en Portobelo en abril de 1691. De todas las pinturas que don Melchor entregó a Pedro Antonio de Aragón, sólo las cuatro últimas, según la relación, lo fueron siendo el donante regente del Consejo del Colateral.

Esteban Carrillo fue regente de la real cancillería de Nápoles y del Consejo del Colateral, y asumió otros cargos de la administración napolitana ya desde tiempos de la revolución de Masaniello. Su culminación llegó durante el virreinato de Pedro Antonio de Aragón, quien, con el reordenamiento de la administración pública, incorporó a Carrillo en su partido «aragonés». En 1670, como *sovrintendente* de la Campania, Carrillo se convirtió en una de las personas más escuchadas en palacio junto a Fernando Moscoso, jugando un papel decisivo en el nombramiento del *eletto del popolo*, Pandolfi. Falleció en 1698[393]. Esteban Carrillo reunió una colección ecléctica en la que tuvieron lugar todas las escuelas. Sintió predilección por las obras de Micco Spadaro y Andrea Vaccaro[394], este último pintor también entre los favoritos del virrey. De Dominici cuenta que Carrillo comisionó a Micco Spadaro unos lienzos con la representación del incendio del Vesubio, la revolución de Masaniello y un «triunfo de Cesar» y que al llegar a España logró «infiniti ringraziamenti al Reggente che mandato l'aveva». Según De Dominici, Carrillo envió los cuadros «per farsi merito nella corte di Spagna»[395]. El mismo autor revela que Carrillo consiguió de Pedro Antonio de Aragón la gracia para Micco Spadaro por haber participado en la compañía de la muerte durante la revolución de Masaniello. Sin embargo, el virrey no adquirió ningún

---

[391] Juan: *Relación e historia del Viaje a la América* (1685: 41).

[392] Melchor donó al colegio mayor donde estudió una lámpara de plata para el culto de otro antiguo colegial, San Toribio Alfonso Mogrovejo. (Guerrero: *Vida del santo*: 24 y 25).

[393] Para la biografía de Carrillo: Galasso (1970: 134, 149, 152-153) y Ruotolo (1973: 145-146).

[394] ASNN, Notaio Giuseppe Ragucci, *scheda* 508, prot. 61, según Labrot/Ruotolo (1980: 30, nota 11) y Ruotolo (1973: 146 y ss).

[395] De Dominici (III: 194), según Ruotolo (1973: 148, nota 23). Pese a estas anécdotas contadas por De Dominici, Renato Ruotolo cree que el mecenazgo de Carrillo no respondió sólo a fines políticos.

cuadro de Spadaro. En cambio, Carrillo pudo contribuir, por su cuenta, al conocimiento de Micco Spadaro en España[396]. Por último, De Dominici también recuerda que Luca Giordano fue el responsable de decorar con cuadros suyos muchas casas de nobles napolitanos, entre ellas la de Carrillo[397]. También el virrey protegió a Giordano, difundiendo el gusto por su pintura entre los distintos sectores de la administración y tribunales de Nápoles. Entre 1663 y 1665 regaló a Pedro Antonio el cuadro más valorado de su colección, de Andrea Vaccaro. En su testamento, en diciembre de 1697, dejó estipulado el destino de su colección. Ésta quedó dividida en dos partes: la menos interesante para el convento de sor Úrsula Benincasa, y la de mayor valor (con un Santafede, tres Micco Spadaro, seis Vaccaro y seis Giordano) para su hermano don Fernando Carrillo, canónigo de la Catedral de Toledo[398]. También dejó en herencia una parte importante de su patrimonio al Monte di Pietà de Nápoles.

Entre la mucha aristocracia napolitana que proporcionó obras a Pedro Antonio, un caso particular es el de la marquesa de Laino. Faustina Caraffa (1621-1681), hija de los duques de Maddaloni[399], se casó con el VI marqués de Laino en 1649, don Alfonso XII de Cárdenas, Grande de España de primera clase desde 1641. El marqués falleció en 1664, antes pues de que Pedro Antonio asumiera el cargo de virrey. Al quedar viuda, la marquesa se convirtió en tutora de sus cinco hijos y del futuro VII marqués de Laino, don Carlos II (1652-1694). Las obras que la marquesa regaló al virrey Pedro Antonio de Aragón fueron de singular interés al tratarse dos de ellas de un Guercino y de una copia de Perin del Vaga. Esta donación desvela a una coleccionista todavía poco conocida, y sensible a la pintura clasicista.

Un grupo de los donantes de la relación jurada tuvo en común haber financiado, junto al virrey, el proyecto del Hospital de San Pedro y San Genaro. En 1667 Pedro Antonio de Aragón, en una carta a la reina, reconoció: «las personas que han asistido a la solicitud de las limosnas (para

---

[396] Pero sigue siendo problemático identificar cuales pinturas de Spadaro llegaron a España, según Ruotolo.

[397] De Dominici (III: 403), según R. Ruotolo (1973: 148, nota 28).

[398] Labrot/Ruotolo (1980: 36); Ruotolo (1973: 148), Archivo parroquial de Santa Ana di Palacio ahora en el Rosario di palacio, Vol. IX de los muertos (años 1693-1705, fol. 40).

[399] Fabio Barone di Formicola, duque de Maddaloni y doña Jerónima Caraffa, II princesa de Colubrano.

la obra del Hospital) son el Presidente del Consejo por su tribunal y el de la Vicaría. El lugarteniente de la cámara los regentes del Colateral. El marqués de la Terzia a quien se ha debido la mayor parte. El electo del pueblo que ha obrado con suma fineza. El maestro de campo general y los demás jefes en sus ocupaciones»[400]. El marqués de la Terzia, que fue también consejero de Santa Clara, estaba unido con el virrey por haber sido quien más contribuyó a financiar la obra del hospital de San Genaro. Ahora conocemos otro punto en común entre Terzia y el virrey: la pintura antigua. Las dos únicas declaraciones de la escuela a la que pertenecían las pinturas regaladas por Terzia, hacen referencia a una obra de Francesco Mazzola, *il Parmigianino*, y a una copia de Tiziano. El coleccionismo, como hemos visto, fue una actividad privilegiada en la vida del Palacio Real.

EL MECENAZGO CONVENTUAL, LAS FIESTAS DEVOCIONALES
Y LAS CANONIZACIONES

> Con tanto gasto como hicieron en edificar dichos Monasterios que son los más lucidos de Nápoles.
>
> Felipe IV[401].

En la Nápoles virreinal, el aumento de las instituciones regulares modificó el escenario urbano, multiplicó los lugares de culto, el espacio eclesiástico y en consecuencia, los ámbitos de inmunidad. Ante este crecimiento del espacio sagrado, los virreyes trataron de apropiárselo, desviando cuantiosas sumas de las arcas de la hacienda real para la fábrica de iglesias y conventos, con la aprobación, muchas veces, del Consejo de Estado[402].

---

[400] AGS, E, leg. 3290-32, carta de Pedro Antonio de Aragón desde Nápoles, 8 de enero de 1667.

[401] AGS, SP, leg. 33, s. f.

[402] El Consejo de Estado, junto al Consejo de Italia, no sólo controlaba las obras públicas que los virreyes emprendían en Nápoles, también sometía a consulta algunas obras realizadas en conventos e iglesias. Véase por ejemplo AGS, E, leg. 3285-47-52 y AGS, SP, legs. 31 y 33 s.f. Sobre este tema me he ocupado de forma más extensa y monográfica en Carrió-Invernizzi (2008d).

También fueron comunes las limosnas que muchos virreyes entregaron a determinados monasterios, a título personal y por devoción particular. Antes de abandonar Nápoles, Peñaranda se afanó en entregar sus últimas limosnas a distintas iglesias napolitanas («fece in questi ultimi giorni molte limosine a più chiese»[403]). Ello daba fe de una práctica común de los virreyes y que Pascual, como Pedro Antonio, desarrolló extraordinariamente. Una de las últimas dádivas de Peñaranda fue para los gobernadores de la iglesia real de San Nicola al Molo, a los que entregó doscientos ducados para la finalización de sus pinturas. El 5 de diciembre de 1664, Pascual asistió a la inauguración de la «nuova suffitta o tempiatura dal Modanino, chiamato Giovanni Battista Massimo». El pintor Jacobo di Castro, consejero artístico de Peñaranda[404] y gobernador de la iglesia «fu confirmato governatore cinque anni con biglietti del viceré», y dio su aprobación de las pinturas.

    ¿Por qué visitaban los virreyes unas determinadas iglesias y no otras? ¿Por qué privilegiaban unos itinerarios respecto a otros?[405] ¿Cuál era su visibilidad en la catedral de Nápoles? Las visitas del virrey reflejaban una voluntad de hacer patente su protección de una orden por encima de otra, o su intento por erigirse como pacificador en el interior del cuerpo urbano. A veces, la única motivación del virrey era ir a ver unas reliquias por su especial devoción hacia un santo, o acudir a las iglesias durante una festividad, o en ocasión del ingreso de una monja en un convento (cuya dote reunía a veces el virrey), hechos todos ellos festejados con gran boato. Para esos casos existía un rígido ceremonial sobre el lugar que el virrey debía ocupar en el templo, el modo en que debía entrar o las precedencias que debían prevalecer[406]. Estas visitas podían ir acompañadas de intercambio de regalos, de acuerdos de pensiones o mercedes para los religiosos, o de algún aparato conmemorativo. En todos los casos servía para redimensionar la visibilidad del virrey en la ciudad. Las crónicas destinan mucho de su espacio a narrar las visitas virreinales a los templos

---

[403] Fuidoro (1934, Vol. I: 238).

[404] «[…] pittore suo conoscente napolitano, che indirizzava la sua galleria di quadri, imbalicatoli per Spagna» (*Ibíd.*: 238-239). Durante el virreinato de Pascual de Aragón, Jacobo di Castro mantuvo su cargo entre los gobernadores de aquella iglesia pero al parecer, ya no el de consejero artístico del virrey.

[405] Sobre la importancia de los recorridos y procesiones urbanas, véase el ensayo de Boiteux (1997).

[406] Véase Raneo ([1634] 1963).

de la ciudad, lo que prueba la expectación que éstas y las procesiones que las acompañaban levantaban en las calles napolitanas.

En Nápoles existían, como en Roma, iglesias nacionales a las que los virreyes asistían con mayor frecuencia. Entre ellas se encontraban Santiago de los Españoles y Santa María de Montserrat. Los napolitanos aceptaban que éstas eran las iglesias privilegiadas por los españoles en la ciudad, y por ello, en 1666, Fuidoro, en ocasión del fallecimiento de Josep Feliu, presidente de la Cámara de la Sumaría, se mostró sorprendido por el que, según él, fue el primer legado testamentario de un español a una iglesia no nacional de Nápoles:

> Non avendo parente ha fato herede il Monte della Misericordia a Napoli; e fu il primo spagnolo, ch'avesse lasciato legati in Napoli a chiese italiane, del che li spagnoli si dolgono, mentre li catalani hanno capella propria nella chiesa di San Giacomo de'spagnoli. Ha lasciato a santa Maria della Grazia, dentro la chiesa di santa Maria la Nova, una guarnigione di gioie di smeraldi, del valore di mille docati[407].

Además de las ya mencionadas, existían otras iglesias privilegiadas por los españoles en Nápoles: Santa María del Pilar y la Trinità di Palazzo o Trinità degli Spagnoli, situada muy cerca del Palacio Real. Según Galante (1872) «la chiesa fue eretta da' Napoletani verso 1573, e rinnovata al 1588, fu poi data agli Spagnoli che per la più parte abitavano in questa contrada, che la rifecero e intitolarono a Santa Maria del Pilar, edificandovi un contiguo convento pe'frati Spagnoli della Trinità».

La iglesia de Santiago de los Españoles fue fundada por el virrey don Pedro de Toledo y don Fernando de Alarcón, marqués de Valle Siciliana, según el modelo de San Giorgio dei Genovesi, Sant'Anna dei Lombardi o San Giovanni dei Fiorentini. Se convirtió en el lugar simbólico de la iniciativa política de la nobleza española en Nápoles, que a mediados del siglo XVI solicitó la institución de un nuevo *seggio* noble en el área de Santiago. Edificada hacia 1540 según diseño de Manlio, desde 1614 se convirtió en sede de la congregación del Santísimo Sacramento de nobles españoles, cuyos estatutos fueron aprobados por Felipe IV durante el virreinato del conde de Lemos. La procesión del *Corpus Domini* organizada todos los años por la congregación y financiada por el rey, fue ganando

---

[407] Fuidoro (1938, Vol. II: 21).

en fastuosidad en el curso del siglo xvii. Un privilegio de Felipe IV en 1654 fijaba una renta anual para la procesión[408]. Según Celano, la iglesia de Santa María de Montserrat fue construida en 1506 con limosnas de los napolitanos por un fraile converso de la diócesis de Barcelona, perteneciente a la congregación de la Virgen de Montserrat. Estaba gobernada por padres benedictinos españoles y fue restaurada en 1621 según rezaba una placa que vio Celano[409], quien describió así la iglesia:

> Questa chiesa ha non molto decorosa apparenza, anzi manca di eleganza e di nettezza [...]. Nell'entrare, dopo una specie di vestibolo interno, si dilarga a destra con due cappelle, un picciol corridoio, e la sacristía alle spalle della prima capella [...], singolare puo dirsi la forma del maggior altare, tutto ben eseguito con marmi d'intaglio a commettitura[410].

La necesidad de los virreyes de revisar y acrecentar su visibilidad en las calles e iglesias de Nápoles aumentó aún más después de Masaniello. Buena muestra de ello fueron las salidas a caballo por los barrios populares, destacadas por los cronistas, de Oñate y don Juan José de Austria, seguidos de un largo séquito, que realizaban para infundir confianza y a la vez temor a la población. Además, la revuelta fue la responsable de dividir completamente al clero en Nápoles, que cayó en una politización absoluta, según Galasso. Las órdenes mendicantes (sobre todo grupos franciscanos que lucharon al lado del pueblo y por Francia) estaban enfrentadas con jesuitas y teatinos, más cercanos por tradición a círculos aristocráticos y burgueses que apoyaron la causa española. Jesuitas y teatinos lucharon entre sí por reivindicar su españolidad en 1648, hasta el punto de querer demostrar cuál de los dos santos, San Francisco Javier o San Cayetano de Thiene, era el más español de los dos. El clero secular, por su parte, siguió por lo general la misma ambigüedad mostrada por el arzobispo Ascanio Filomarino. Éste había privilegiado a franciscanos y sobre todo a capuchinos de entre todas las órdenes religiosas. Además, el padre provincial de los capuchinos en Nápoles era el propio hermano de Filomarino.

---

[408] Reproducido en Borrelli (1903: 110). Véase también Rosa (1990).

[409] «Murus huius ecclesiae s m de monte serrato ruinam minans partim suorum hominum elemosinis partim monasterio sumptibus a fundamentis reedificatus est anno domini MDCXXI».

[410] Celano (1859, Vol. IV: 345-347).

A menudo la aparición de un virrey en un convento napolitano servía para zanjar un conflicto entre órdenes religiosas. Eso le permitía erigirse como mediador y pacificador en la ciudad. Así, en verano de 1666 se libraron crudos enfrentamientos en la ciudad entre capuchinos y conventuales, acerca de si debía vestirse la escultura de San Antonio de Padua con el hábito capuchino o con el conventual. La estatua del santo, recientemente nombrado protector de Nápoles, debía ser llevada en procesión hasta el Tesoro de la Ciudad. Este conflicto se remontaba a tiempos de Masaniello, según Fuidoro, y terminó por afectar no sólo a los eclesiásticos, sino también a las familias nobles y al pueblo. Finalmente, salieron victoriosos los conventuales.

También existió un mecenazgo conventual orquestado desde la Corte que heredaron unos virreyes a otros, y sobre el que callaron biógrafos como Domenico Antonio Parrino o Bernardo De Dominici, y cronistas como Antonio Bulifon[411]. La autoridad virreinal tenía algunas prerrogativas sobre determinados conventos napolitanos. Existían, por un lado, conventos de *patronato regio*, es decir, los fundados por los monarcas aragoneses o por los Austrias, y aquellos que estaban bajo la protección real (los monasterios de Santa Clara, Santo Domingo, Magdalena, o San Pedro y San Sebastián). Por otro lado, existían conventos sujetos a los eclesiásticos, cuyo control ejercía el arzobispo o el propio nuncio en diversa medida. También había monasterios sobre los que existían dudas, o que eran regios sólo «formalmente»[412]. Los virreyes trataron de acercarlos al patronato regio. En el reino había además catedrales regias, fundadas por los monarcas españoles, como la catedral de Lucera y algunas de dudosa naturaleza. Así, por ejemplo, en 1670, el virrey de Nápoles tuvo que solicitar al agente español en Roma, Nicolás Antonio, su intercesión para que la congregación en Roma declarara la catedral de Chieti como templo de regio patronato.

---

[411] Parrino (1708), De Dominici (1742-1745), Bulifon (1932). Estamos todavía a la espera de un estudio que abarque en su conjunto la evolución del mecenazgo virreinal en los conventos de Nápoles en el siglo XVII. El tema ha sido abordado sólo parcialmente al estudiar la historia arquitectónica de algunos conventos y no con el fin de analizar el grado de implicación de los virreyes en el mecenazgo arquitectónico ni sus estrategias de poder. Pane (1939), Strazzullo (1968 y 1970), Cantone (1984 y 1992). El vacío historiográfico ha sido notado por Marías (1997-1998).

[412] El Monasterio del Divino Amore. ASN, MS, leg. 3817, fol. 173.

El plan de fortificación de la ciudad pacificada que emprendió el virrey conde de Oñate dio paso en unos años al predominio de otro plan de construcción y restauración de conventos. Este último perseguía acallar las críticas que, de un modo creciente, desde 1647, habían recibido los virreyes por su supuesta falta de respeto a la religión. El compromiso de un gobernante con la Iglesia era considerado en la época el mayor fundamento para la conservación del Estado. ¿Cómo podían los virreyes ejercer un mayor control sobre los conventos? El rey podía confirmar a determinados monasterios mercedes reales otorgadas desde tiempos de Fernando de Aragón (por ejemplo, San Gerolamo delle monache[413] o San Pedro y San Sebastián). Podía también brindar protección a un convento, financiando su construcción o asignándole una merced puntual o indefinida para la fábrica, y con ello agrandar el espacio de representación regio, consiguiendo que la comunidad prometiera oraciones al rey, al virrey y a la Monarquía. El virrey tenía a su servicio un grupo de gobernadores seglares, llamados delegados *de fabricatori,* desplegados en los conventos de la ciudad, con la misión de tutelar las obras arquitectónicas[414]. Estos agentes estaban coordinados por el delegado de la real jurisdicción, encargado de todos los negocios que concernían a la defensa de la regalía[415].

En 1648 G. B. Rossini publicó en Roma un plano de la ciudad de Nápoles de Pietro Miotte (Figura 61), que indicaba al espectador los lugares de la ciudad que durante la revolución de Masaniello estuvieron al lado de los españoles. Junto a éstos, se señalaban los escenarios que permanecieron bajo el dominio de los populares y los que pasaron de las manos de unos a los brazos de otros. Entre las zonas controladas por el pueblo, según el plano, se encontraban el convento del Carmen (que junto a la plaza del Mercado era el centro popular de operaciones), la iglesia de Santo Domingo, el monasterio de San Pedro y San Sebastián, el palacio del Tribunal de la Vicaría, el palacio de los Regios Estudios y Poggioreale.

---

[413] La iglesia de San Gerolamo delle monache se encuentra en la actual Vía Mezzocannone y fue también una de las beneficiarias del plan de construcción real emprendido durante estos años.

[414] ASN, MS, leg. 1516, relativo al convento real de San Pedro y San Sebastián. El legajo explica bien el funcionamiento de los delegados de conventos; el regente Zufia lo fue del convento de Santa María de Loreto (ASV, SS, N, Ms. 70, fol. 130); Fernando Moscoso lo fue del convento de Santa María Regina Celi hasta 1664, (ASN, SV, leg. 288); Tommaso Caravita lo fue del Convento del Divino Amore entre 1664-1666 y de San Pedro y San Sebastián al menos desde 1673.

[415] Capace Galeota en 1666, Antonio Capobiano en 1668, Felice Ulloa en 1684.

Tras la revolución, los virreyes intervinieron arquitectónicamente en todos estos espacios[416].

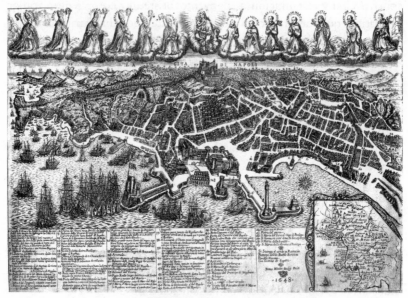

Fig. 61. Pietro de Miotte, Plano de Nápoles, 1648, grabado.

Tras la recuperación de la ciudad bajo don Juan José de Austria, se empezó a aplicar el plan de fortificación urbana del conde de Oñate en los enclaves con connotaciones revolucionarias, como el Carmen, Pizzofalcone y la Vicaría, conformando un gran triángulo que debía servir de cinturón de seguridad[417]. El conde de Oñate se topó con la especial resistencia del pueblo al establecimiento de un presidio militar en el Carmen, en el corazón de los barrios bajos, junto al convento. La iglesia del Carmen (Figura 62), como ya ha habido ocasión de decir, era el primer santuario al que acudía el virrey entrante al llegar a Nápoles y después de la toma de posesión, y lo último que visitaba el virrey saliente. Su visita era una manera que tenían los virreyes de rendir homenaje a la ciudad. El

---

[416] En los años sesenta prosiguieron los trabajos en los Regios Estudios. En diciembre de 1664, Bonaventura Presti dirigía las obras (ASN, SV, leg. 288) y en 1666, Francesco Antonio Picchiatti (Strazzullo 1969: 286). Los virreyes se dejaban ver allí, como Pascual en ocasión de la apertura del año académico el día de San Lucas, en octubre de 1665.

[417] La apropiación de la esfera sagrada por parte de unos y de otros en Nápoles fue estudiada por Peter Burke (1983: 3-21).

origen de esta procesión al Carmen se remontaba al regreso de Fernando de Aragón a Nápoles, festejado con una procesión desde el arzobispado hasta el Carmen. En Nápoles, los lugares privilegiados de la devoción de la Virgen eran la Annunziata y el Carmen, centro de imponentes manifestaciones populares.

Fig. 62. Iglesia del Carmen, Nápoles. Foto de la autora.

El conde de Oñate propuso a Felipe IV la construcción del nuevo convento e iglesia en la plaza del Mercado, «y allí hacer con diligencia Iglesia y de digna fabrica para Patronazgo Real»[418]. Envió al rey la planta del torreón del Carmen, así como del convento, solicitándole medios para poder desarrollar tales obras[419]. El conde de Peñaranda retomó el proyecto tras conseguir que Jerónimo Ari, general de la orden carmelita, responsabilizara de la fábrica a la orden. El rey sólo debía contribuir con alguna limosna «en consideración de lo que por este medio se mexorará el servicio del culto divino, i desta venerable imagen de Nuestra Señora de tanta devoción en esta ciudad»[420]. Peñaranda remitió al rey las plantas de los ingenieros Donato Antonio Cafaro y Francesco Antonio Picchiatti[421]. En octubre de 1664, bajo el virreinato de Pascual de Aragón, empezaron las obras[422]. En junio de 1665, este virrey informó del derribo de las primeras casas donde debía levantarse la ampliación del convento, «haviendose dispuesto de manera que no se ha podido penetrar el que aya sido disposición mia»[423]. La operación se desarrolló con gran disimulo y hasta que no estuvo todo prevenido, el virrey evitó revelar la esencia regia del proyecto. El día de la inauguración de las obras, el cardenal Aragón acudió a caballo, con un escuadrón de infantería española, hasta la plaza del mercado, donde el maestro de campo del Torreón del Carmen le hizo la entrega de las llaves del fuerte, mientras en muchos lugares de la ciudad se veía el retrato bajo palio de Carlos II, que esos días se proclamaba como nuevo rey de Nápoles[424]. El cardenal Aragón había elegido el momento oportuno de la inauguración de las obras. A partir de entonces tuvo la costumbre de acudir al Carmen en silla y no en carroza, como ya hiciera en numerosas ocasiones en Roma.

A inicios de 1662, Buenaventura de Tropea, guardián y procurador general del convento de San Diego all'Ospedaletto, envió al rey un memo-

---

[418] AGS, E, leg. 3285-53 y AGS, SP. Leg. 33.

[419] AGS, E, leg. 3285-53.

[420] AGS, E, leg. 3285-47-52.

[421] Las cuentas de las obras ascendían a 12.800 ducados. Con fecha de 16 de marzo de 1662, AGS, E, leg. 3285-47-52.

[422] Sobre los usos del convento y su imagen en tiempos de la Revolución, véase Burke (1983). Merece la pena evocar el trabajo de Rosario Villari (1985) en respuesta al artículo de P. Burke.

[423] AGS, E, leg. 3288-94, Carta del virrey Aragón desde Nápoles a 1 de junio de 1665, sobre el torreón del Carmen.

[424] ASV, SS, N, leg. 66. Sobre la imagen pública del rey católico, Bonard (2000).

rial de petición de limosna para la restauración del monasterio[425], muy afectado a consecuencia de la revolución. El Consejo de Estado valoró las razones del deterioro: «los daños que recivio del Pueblo aquella cassa en tiempo de los tumultos»[426]. El fraile napolitano utilizaba el recuerdo de la lealtad de su comunidad a la Corona durante los acontecimientos de Masaniello para reclamar una recompensa quince años después. El monasterio de San Diego había sido considerado «uno de los puestos mas importantes para impedir a los sediciosos el passo a los quarteles obedientes con la vecindad de Castelnovo»[427]. Durante la sublevación, muchas compañías de Infantería españolas se hospedaron precisamente en este convento, mientras «los del Pueblo»[428] trataban de apoderarse de él por la fuerza. Un informe ordenado por el virrey había determinado que eran precisos 3.228 ducados[429]. Finalmente, el 24 de julio de 1662, el Consejo aprobó la concesión de una merced de 1.270 ducados para las obras[430]. Para entender el valor que los virreyes daban al mecenazgo conventual, basta reseñar que la cantidad anual extraída en 1665 de la hacienda real para las obras del Palacio Real fue de sólo 1.200 ducados. Los virreyes cultivaron una estrecha relación con la iglesia de San Diego, asistiendo allí muy a menudo[431]. Su mecenazgo era una recompensa a la fidelidad de la comunidad durante la revolución.

El 31 de octubre de 1664, Felipe IV envió a Pascual un despacho para que remitiera a la orden tercera de San Francisco 500 ducados castellanos de las arcas del virreinato, en satisfacción de su petición de limosna para «labrar capilla para ejercicios de piedad y colocar la imagen del Santo

---

[425] Memorial de Fra Buenaventura Tropea. Valoramos el análisis del Consejo sobre el memorial (AGS, SP, leg. 31, s.f.).

[426] AGS, SP, leg. 31.

[427] AGS, SP, leg. 31.

[428] AGS, SP, leg. 31.

[429] AGS, SP, leg. 31.

[430] Así se hizo y se ordenó al virrey que los «mil docados se los haga pagar en dos años 500 en cada uno en cualesquiera effectos de aquel reino assi ordinarios como extraordinarios los mas promptos y effectivos de modo que puedan valerse dellos para obra de tanta piedad» (AGS, SP, leg. 31). «Quan propio sera de la Real clemencia de Vuestra Majestad el hacer estos Religiosos alguna limosna para effecto tan piadoso y necesario» (AGS, SP, leg. 31).

[431] En abril de 1667, Fuidoro nos cuenta que el bajá de Alepo, tras haber estado al servicio del Gran Turco en Constantinopla, se bautizó en Roma y vivía entonces en Nápoles en el convento de San Diego all'Ospedaletto. La comunidad invitó al virrey a acudir al convento para presentarle al converso (Fuidoro 1938, Vol. II: 45).

Cristo de los Dolores»[432] en la iglesia de San Luigi di Palazzo (Figura 63). Esta iglesia fue fundada por el propio padre San Francisco de Paula en el siglo XV. Se dedicó a San Luis porque en el mismo lugar había existido una capilla al mismo santo. Se encontraba justo en frente del Palacio Real, y por su central ubicación en el *largo di palazzo*, actuó como eje fundamental de la escenografía urbana durante los frecuentes festejos celebrados en la plaza. Cada año los virreyes celebraban en esta iglesia la fiesta de San Isidoro y acudían a los fuegos artificiales y corridas de toros que en su honor se organizaban en el largo di palazzo[433].

Fig. 63. Cassiano de Silva, *largo di palazzo*, el convento de San Francesco di Paola y la iglesia de San Luigi di Palazzo, 1692, grabado, BNN.

En enero de 1665 Alejandro VII promulgó una controvertida bula que establecía cómo debían gobernarse los regulares en los conventos femeninos de Italia y las islas[434]. De la bula se había excluido a los monasterios de patronato regio de Nápoles. El papa tampoco había solicitado el pre-

[432] AGS, SP, leg. 33.

[433] Relato de las fiestas en honor a San Isidoro en la iglesia de San Francisco de Paula, en mayo de 1668. ASV, SSN, leg. 70, fol. 409. El de San Isidoro, los virreyes organizaban corridas de toros en el *largo di palazzo* según Fuidoro (1938, Vol. II: 50-51).

[434] Fuidoro sintetizó con estas vivas palabras el conflicto abierto por la bula y la reacción de la autoridad virreinal: «Avendo Sua Santità emanato una bolla [...] che tutti li monaci o altri regolari sfrattassero dalli monasteri di monache, in Napoli, si pretese che li monasteri regi, particolarmente Santa Chiara, Regina Coeli, San Sebastiano, la Madalena et altri, non fossero soggetti a questa e che in essa ci bisognava il regio exequatur» (Fuidoro 1934: 268). Véase además sobre la bula pontificia: ASN, SV, 290.

ceptivo regio *exequatur* al rey de España, para que diera su beneplácito. El delegado de la regia jurisdicción, Giacomo Capace Galeotta, y las plazas nobles de la ciudad se negaron a aplicar la bula en los regios monasterios napolitanos (Regina Coeli, Santa Clara, Magdalena y San Sebastián). El rey interpretó la bula del Papa como un intento de sujetar estos conventos a la jurisdicción ordinaria y negar su patronato regio. Definió con sentidas palabras el concepto que le merecían las obras fundadas y edificadas por sus antecesores: «los Privilegios que tubieron los Reyes mis antecesores quando fundaron dichos monasterios con Patronazgo real y los Privilegios a los Reyes concedidos no se pueden ni deven derogar, mayormente quando proceden de causa onerosa con tanto gasto como hicieron en edificar dichos Monasterios que son los más lucidos de Nápoles y en darles las rentas para vivir»[435].

Las reacciones a la promulgación de la bula de 1665 no se hicieron esperar, y sólo un mes después se sucedieron iniciativas de mecenazgo en conventos, como el de San Pedro y San Sebastián, con el fin de reafirmar su patronato regio. El real monasterio de San Pedro y San Sebastián, hoy desaparecido, se encontraba en la isla de casas que separaba el Mercatello, actual plaza Dante, de Via Benedetto Croce, la popular calle de Spaccanapoli[436] (Figura 64). Los virreyes, apelando al patronato regio, intensificaron su mecenazgo tras el conflicto jurisdiccional de 1665[437], para acallar las sospechas acerca de la naturaleza jurídica de algunos conventos. En febrero de 1665, los virreyes colocaron en la fachada de la iglesia de San Pedro y San Sebastián diversas placas de mármol que evocaban el año de 1632, en el que fue concedido el privilegio regio[438]. También se colgaron las armas

---

[435] AGS, SP, leg. 33, s.f.

[436] ASN, MS, leg. 1502. En el mismo legajo se relatan las numerosas obras que se realizaron entre 1700-1715 y que debieron cambiar el aspecto de la iglesia y el convento. Nos quedan la planta y sección publicadas por G. Chierici y el grabado de R. d'Ambra como imagen de la fachada (Cantone 1984: 124 y ss).

[437] El 9 de julio de 1663, la madre priora del monasterio di San Pedro e San Sebastián, sor Maria Teresa Loffredo, escribió una carta al Regente Galeotta, en la que le pedía medios para comprar cristal, plomo y yerro para hacer las vidrieras de las ventanas del convento y la iglesia. ASN, MS, leg. 1513, fols. 54-55, el 27 octubre de 1664, las monjas pedían materiales para la fábrica del monasterio.

[438] Declaración de fe de Matteo Amattuda, escrita en Nápoles el 16 de febrero de 1665, «Faccio fede Io Matteo Amattuda di Napoli come ad Istanza del Venerabile Monasterio di donne monache di San Pietro e Sebastiano di questa città di Napoli di persona mi sono conferitò in detto monastero et in qua et proprie nel muro di fuori

de la casa de Aragón, a la que pertenecía el virrey Pascual de Aragón, en la parte superior de la puerta de ingreso a la iglesia.

Fig. 64. Domenico Gargiullo, *Il Mercatello*, óleo sobre lienzo, detalle de la cúpula de San Pedro y San Sebastián, 1656.

Durante el tiempo en que permaneció abierto el conflicto por la investidura del reino de Nápoles, el arzobispo Filomarino aprovechó para aparecer en el mismo lugar donde meses atrás los virreyes habían reforzado el

---

della chiesa di detto monastero vi stà fabricado uno epitafio scritto in una pietra di marmora del tenor seguente: Sacellum hoc divi Sebastian ab Constantino Imperatore condito singulis sue festivitatis diebus, et in divi serti et Bavi divi p Throdoi nec ne in dibus mermury et veneris sanctis et in paseate ressurretionis indulgentias culpes et pens concessa a Vigoriti octo Pontificibus habet sic utprobabilissimus amatibus costat. Sotto questo epitafio vi stava un 'altra pietra di marmore nella quale vi stanno intagliate quatro statue con una madonna con il figlio in braccia e di sotto vista scritto Sanctus Ladislau Rex Ungarie, Sancta Margarita de Aragonia. Et anco sopra la porta quando s'entra alla detta chiesa vi stà fabricata un'arma di marmo del modo [...] qual arma dicono essere di Casa Aragonia. Et faccio fede ho scritto e signato lo presente requesso a 16 agosto 1632 locus signi. Copia dell'istruttione della campana del Real Monastero di San Pietro e Sebastiano di Napoli. Hec campana conflato fuit pro Reali Monasteri SS Petri e Sebastian opus santilli de Sancti Neapoli anno di milles quingen.mo... Nápoles, 16 febrero de 1665» (AGS, SP, leg. 33).

patronato regio: en el monasterio de San Pedro y San Sebastián. En julio de 1666, la madre priora del monasterio, sor Maria Arcangela Garrilla, tuvo que reclamar a Pedro Antonio de Aragón su intercesión para sofocar los intentos del arzobispo de depositar en la Corte arzobispal las dotes de las monjas que ingresaban en el convento, en perjuicio de los privilegios de la regalía del monasterio[439]. El virrey Pedro Antonio de Aragón abrió diligencias para conseguir del papa la definitiva declaración del patronato regio de este convento[440]. Sus peticiones se acompañaron de una campaña de financiación de la fábrica que empezó al menos en 1670 y que fue continuada por el virrey sucesor, el X marqués de Astorga, hasta 1673. En efecto, entre 1670 y 1672, el virrey costeó los gastos de la terminación de la cúpula de la iglesia[441]. En 1671, la cúpula estaba terminada y sólo le faltaban los trabajos de estuco. En 1673, el delegado regio del monasterio, Tommaso Caravita, acudió a la Congregación de Obispos para defender la legitimidad de los gastos del virrey para la fábrica del convento[442].

En el mecenazgo conventual de los virreyes de Nápoles, Santa María Egipcíaca constituyó un caso único (Figura 65). Sirvió para borrar la trágica memoria de Masaniello y, a la vez, para lidiar con los conflictos jurisdiccionales. En 1639, las agustinas se habían instalado en la colina de Pizzofalcone, transformando el antiguo palacio de don Luis de Toledo en una sede conventual con una pequeña iglesia. El área de Pizzofalcone tuvo un especial simbolismo durante la revolución de Masaniello, motivo por el cual los españoles, tras la revolución, trataron de intensificar su presencia en el lugar. Las monjas de la Egipcíaca habían augurado el fin de la revolución y el milagro de la santa adquirió desde entonces gran popularidad. Tras la revolución, las monjas habían empezado a recoger fondos para la construcción del convento. Entablaron el primer contacto

---

[439] ASN, SV, CE, leg. 1297 (1666-1670), carta de Pedro Antonio al cardenal Sforza de 31 de julio de 1666.

[440] ASN, SV, CE, leg. 1297 (1666-1670), carta de Pedro Antonio al cardenal Sforza de 27 de noviembre de 1666.

[441] ASN, MS, leg. 1513, fol. 62.

[442] «Riparo della fabrica nel 1673, Avanti il sign con.ro don Thomaso Caravita delegato di Sua Maesta della religione [...] del real monastero di monache de san Pietro e Sebastiano di questa città [...] (tras asistir a la Congregación de Obispos y regulares), suplica rimessa a monseñor Nunzio di questo regno have venuto decreto che ci fusse lecito di avalersi di ducati trentuno delle dette reverende monache da doversi spendere nella reparazione della fabbrica che della forma stante dentro la clausula» (ASN, MS, leg. 1513, fol. 61).

Fig. 65. Iglesia de Santa María Egipcíaca en Pizzofalcone, Nápoles.

con el arquitecto Cosimo Fanzago, quizá a propuesta del fundador, Juan José de Austria. Un terremoto de 1688 obligó a llevar a cabo importantes reformas arquitectónicas que nos impiden ver hoy el proyecto original de Fanzago para la iglesia, de 1651[443]. El 2 de abril de 1651 se iniciaron las obras de la iglesia según el proyecto de Fanzago, que constituyó la experimentación más avanzada del arquitecto sobre el motivo de la planta centralizada. Tras fundar la nueva iglesia de Santa María Egipcíaca, Juan José de Austria inauguró la celebración de una procesión que tenía como meta el mismo templo en la colina[444]. Más tarde, el conde de Oñate impulsó la fortificación de Pizzofalcone y la construcción de un cuartel para mil quinientos soldados[445], cuyo proyecto culminó Pedro Antonio de Aragón años más tarde.

El 9 de julio de 1652, Felipe IV hizo merced al convento de 400 ducados anuales por diez años, «en consideración del fervoroso celo con que estas Religiosas se aplicaron en tiempo de las Reboluciones a suplicar a nuestro Señor por la paz y reducción de aquella ciudad». Pasados diez años, las monjas alegaron que la continuación de la fábrica de la iglesia necesitaba de más medios y el 21 de abril de 1662 Felipe IV les prorrogó la misma donación por cuatro años más. Durante el virreinato de Pascual de Aragón, en febrero de 1664, se confirmó el donativo de 400 ducados anuales por otros ocho años[446]. En 1665 estaban finalizadas las obras del atrio de entrada, un brazo de los dormitorios y una parte de la iglesia[447].

A partir de 1665 el mecenazgo de San María Egipcíaca se convirtió también en una respuesta a los conflictos jurisdiccionales de ese año por la bula, y más tarde por el proceso de investidura. La Egipcíaca era un

---

[443] Cantone 1984.

[444] Era la procesión del Viernes de Pasión, que se iniciaba en Santa Maria della Solitaria y se acompañaba de los oficiales de la milicia, numerosos caballeros y en ocasiones del propio virrey (Bulifon 1932: 183). «(Juan José de Austria) vedendo le cose passare molto oltre; e le fattioni contrarie impadronite della maggior parte della città e regno, diffidando delle forze umane, pensò bene di fare ricorso da Sua Divina Maestà, per mezzo dell'orationi, e fe esporre l'oratione delle 40 hore, in tutte le chiese di quartieri, fra cui l' Egiziaca» (ASN, MS, leg. 2450; cita de Cantone 1984: 161 y ss. Véase también Cantone (1969: 93-106).

[445] AGS, E, leg. 3285-53.

[446] La consulta es de 5 de febrero de 1664, ASN, SV, leg. 291.

[447] ASN, MS, 2450, fols. 5-6, según Cantone (1984).

convento gobernado por eclesiásticos seculares sujetos a la nunciatura. Los conflictos con la Santa Sede debieron de pesar mucho en la decisión del virrey de confirmar la merced el 15 de diciembre de 1665. Los siguientes virreyes sin duda siguieron concibiendo ese espacio como una plataforma desde la que recordar al Papa su control sobre los privilegios regios. La financiación del convento no se interrumpió con la muerte de Felipe IV[448], coincidiendo con el abandono de Fanzago de la dirección de las obras y la interrupción de la fábrica de la iglesia entre 1665 y 1678. La reina gobernadora, Mariana de Austria, quiso no sólo renovar la merced, sino también concederla a perpetuidad[449]. La reina tomó la decisión en febrero de 1666, «en consideración del fervoroso celo que mostraron estas religiosas al real servicio en la ocasión passada de los tumultos de esse reyno teniendo expuesto todos los dias el santísimo sacramento por la paz y quietud de el y la mucha parte que tuvieron en el buen suceso de las reales armas y que este dia ordenaron una solemne procesión que acompañar a la reliquia de Santa Maria Egipcíaca». Pero a nadie escapó que la reina tomaba esta decisión en pleno conflicto por la investidura del reino de Nápoles.

En el libro de cuentas del monasterio[450], las monjas declararon con detalle las entradas del convento. Entre ellas figuraban las de Carlos II desde diciembre de 1667[451], equivalentes a los 400 anuales concedidos desde tiempos de Felipe IV. El virrey podía atribuirse la donación, como ocurrió con el conde de Peñaranda, que rememoró la protección como si fuera personal y no del monarca, en un epitafio colocado a la puerta de ingreso al templo[452]. En el libro de cuentas, hallamos que a partir de septiembre de 1667 y hasta mediados de 1669, el virrey Pedro Antonio de Aragón no se limitó a ejecutar la merced real y sumó en cambio a la partida del rey otra partida propia equivalente a una donación aún más generosa de 50 ducados mensuales (600 anuales)[453]. La donación del

---

[448] Según Cantone (1984).

[449] La reina volvió a confirmarlo en 1671, BNN, Ms. XI.A.2, fols. 291-292v.

[450] *Santa Maria Egiziaca a Pizzofalcone, Tavola delli intratte del monastero di santa Maria Egiziaca sotto titolo di santa Maria dela Purita*, ASN, MS, leg. 2467.

[451] ASN, MS, 2467.

[452] Este epitafio llevó a Carlo Celano a pensar que el inicio de las obras correspondió a 1661, a instancia del conde de Peñaranda, año que figura en la placa de entrada. Hasta el momento, no tenemos confirmación documental de que Peñaranda financiara personalmente al convento.

[453] ASN, MS, leg. 2467.

virrey Aragón, que nada tuvo de inocente en la coyuntura política del momento, era contemporánea a la de determinados nobles napolitanos, cuyas partidas, no obstante, eran menores y en concepto de alimentos o vestidos, mientras que las del virrey se declaraban significativamente para la fábrica del convento[454].

El mecenazgo conventual de los virreyes de Nápoles, a lo largo de la segunda mitad del siglo XVII, se caracterizó por su coherencia, prevención y larga duración. Se desplegaba para resolver ciertos problemas de orden político que iban surgiendo. La bula incentivó varias obras de mecenazgo, pero una vez disipados los temores derivados de ella, la protección de tales conventos se mantuvo en pie, demostrando que el monarca y los virreyes esperaban obtener unos réditos a largo plazo. Pedro Antonio logró entender que estas obras de mecenazgo se atribuían al cuerpo político virreinal y no a su persona. Por ello, y pese a haber contribuido a sufragar los gastos de estos conventos quiso desvincularlos de sus iniciativas en sus panegíricos[455], para atribuirlos a la institución virreinal.

En la Nápoles española, no sólo se transformó la manera de entender el mecenazgo conventual. El sentido del discurso ceremonial también cambió, a medida que el poder político trataba de apropiarse de los símbolos, cultos y escenarios sagrados. La Iglesia, por su parte, se empeñaba en crear una neta distinción entre la esfera política y la sagrada, pese a que ambas categorías no fueron nunca entendidas en la época como opuestas. La cuestión de la precedencia, y no la integridad del cuerpo municipal, pasó a ser el gran tema discutido en los manuales de ceremonias. A mediados de siglo se vivió un punto de inflexión en esta tendencia. Creció el consumo de manuales de ceremonias y se elevó el tono de las pretensiones de la autoridad arzobispal y virreinal para aumentar su intervención en la gestión de las procesiones o rituales urbanos, especialmente en la fiesta de San Genaro, patrono de la ciudad[456]. El puesto que había que reservar a los componentes del cuerpo social en el juramento de fidelidad al nuevo rey, o en el reencuentro con el

---

[454] ASN, MS, leg. 2467, fol. 43 y ss.

[455] Por ejemplo en el siguiente retrato de Pedro Antonio de Aragón en el que aparece rodeado de todas sus iniciativas constructivas: Giovanni Verini, *Pedro Antonio de Aragón*, en *Paraenesis* de Carlo Petra, frontispicio, 1671, BNE (véase de nuevo Figura 49).

[456] Strazzullo 1961.

cuerpo de San Genaro, constituía la metáfora del delicado y complejo equilibrio napolitano.

Los gobernantes pretendieron participar en la definición del culto divino y sus ritos. Antonio Álvarez-Ossorio ha estudiado la participación de los gobernadores de Milán en los rituales religiosos urbanos y en la defensa del culto de la Inmaculada Concepción, en los años setenta del siglo XVII, «un proceso de *sacralización* creciente que define la conformación político-social de la Monarquía y que diverge del preexistente punto de partida bajomedieval [...], lejos de limitarse a una mera adhesión o declaración de pertenencia a un credo religioso, supone el protagonismo de los reyes y sus inmediatos servidores en la definición del culto divino y sus ritos»[457]. Esta apropiación de la esfera de lo sagrado ha sido también estudiada por Marcello Fantoni para el caso toscano de los Médicis[458]. María José del Río Barredo, ha sostenido que en la capital, Madrid, el control de las expresiones públicas religiosas fue mayor que en otras ciudades[459]. Con todo, el proceso de sacralización afectó con igual intensidad a otras cortes de la Monarquía. ¿Cómo se sacralizó la institución virreinal en Nápoles a través del rito? ¿Cómo ejerció el virrey un control sobre las fiestas religiosas de la ciudad? Analizaremos las manifestaciones celebrativas del poder monárquico en Nápoles a través de la lectura de las crónicas contemporáneas para entenderlo.

A diferencia de Madrid, que sólo tenía un vicario dependiente del Arzobispo de Toledo, Nápoles era no sólo Corte sino también sede arzobispal. Era capital de un reino que era feudo del Estado de la Iglesia y esta condición convertía al nuncio de Nápoles en una persona con mayor voz, a veces, que la del nuncio en Madrid. La presencia en Nápoles de dos autoridades eclesiásticas, el arzobispo y el nuncio, que trataban de coartar la sacralización del poder virreinal, imponía al virrey la necesidad de multiplicar sus esfuerzos. Los virreyes se sirvieron, como veremos, de la ayuda de las autoridades de la ciudad y de los diputados de la capilla del Tesoro. Éstos, a cambio, consiguieron reforzar sus preeminencias y aumentar su presencia en los rituales religiosos.

Los virreyes, a imitación de lo que hacían los monarcas en Madrid, solían trasladarse a las iglesias de Nápoles en determinadas festividades.

---

[457] Álvarez-Ossorio (2002a: 195).
[458] Fantoni (1994: 171-229).
[459] Del Río Barredo 2000.

El rey, en la Corte, acudía al monasterio de las Descalzas Reales, de la Encarnación, al colegio de la Compañía de Jesús, a los Jerónimos o a la iglesia de Nuestra Señora de Atocha. Se colocaba al rey la cortina, los bancos y las sillas cubiertas y descubiertas de acuerdo con lo que dictaba el ceremonial de palacio[460]. Del mismo modo, en Nápoles, el virrey trasladaba periódicamente la capilla real de palacio a distintas iglesias de la ciudad. Son constantes las alusiones de Fuidoro a tales visitas, donde el virrey «*tenne capella*». Los momentos de entrada y salida de la «*capella*», tanto en el palacio como en las iglesias de la ciudad, eran aprovechados por los napolitanos para solicitar mercedes, del mismo modo que ocurría en Madrid.

El culto a los santos, convertidos en mediadores de la Monarquía ante la corte celestial configuró con el tiempo una *pietas* dinástica. La casa de Austria celebraba especialmente la festividad del 3 de mayo, día de la cruz. Las funciones marianas, como la Ascensión, la Asunción, la Presentación, la Concepción y la Natividad de la Virgen, también tenían una gran importancia. La devoción de la Eucaristía, la veneración dinástica del Santísimo Sacramento, fue utilizada durante el reinado de Carlos II para difundir la imagen virtuosa del rey. Los virreyes intentaron imponer la *pietas* hispánica en los dominios italianos e impulsar las viejas devociones urbanas para asociarlas con la dinastía. Las ceremonias en las ciudades peninsulares de la Monarquía siguieron el modelo de la capital, Madrid. En las cortes virreinales italianas, en cambio, se siguió en menor medida el modelo de la Corte de Madrid y se apropió y adaptó la tradición propia, la devoción local.

Los rituales religiosos de Nápoles han sido estudiados por Maria Antonietta Visceglia. En esta ciudad, la fiesta de Corpus Domini y la de San Genaro constituían las celebraciones más importantes del calendario religioso[461]. La procesión del Corpus Domini dibujaba todos los años un perímetro que englobaba a varios *seggi* a la vez, para hacerles participar de la fiesta. En los primeros años del gobierno de los Austrias, el virrey

---

[460] Álvarez-Ossorio (2001b), particularmente pp. 368-369.

[461] A inicios del XVII doce eran las fiestas anuales principales de la ciudad pero en el calendario de las fiestas las principales eran el milagro de San Genaro, la celebración del Corpus Christi y la fiesta de San Giovanni a Mare: *Delle cose principali della città di Napoli circa 1600*, ms. De la Biblioteca dei Girolamini, publicado por B. Capasso en un apéndice de G. C. Capaccio: «Napoli descritta ne'principii del secolo XVII», *Archivio Storico per le Province napoletane* (ASPN), VII (1882), p. 797, citado en Visceglia (1998: 175).

ocupó el lugar que en su día llenó el rey en la fiesta del Corpus Domini. El virrey sostenía el asta del palio con el santísimo para concedérselo a un representante de la nobleza, adoptando el papel que en otro tiempo había desempeñado el príncipe heredero. En Nápoles, a diferencia de Roma, la escenografía de la fiesta del Corpus Domini no era la manifestación de un poder compacto.

Entre las fiestas religiosas con participación virreinal, había también algunas explícitamente conmemorativas de glorias de la Monarquía. Así, todos los años se conmemoraba con salva real la victoria del cardenal infante en la batalla de Nordlingen, y los cuadros conmemorativos de esta batalla abundaban en las casas[462]. Los rituales eran la expresión de la vigencia o transformación de las prerrogativas de los organismos representantes de los *seggi*. El arzobispo, en el siglo XVII, trató de cuestionar tales prerrogativas y por ello impuso reformas en el ceremonial. Los rituales urbanos, en especial el Corpus Domini, también escenificaban el delicado equilibrio entre la autoridad real y los privilegios de los *seggi*. En todos los casos, los rituales religiosos encarnaban la esencia del cuerpo político napolitano[463].

La celebración de San Genaro sacralizaba todos los años el territorio de un *seggio*. El antiguo culto de San Genaro se había extendido tras el final de la erupción del Vesubio en el año 472 o, según otras fuentes, a partir del primer traslado del cuerpo desde Marciano hasta Nápoles, ocurrido entre el año 413 y el 431[464]. Una vez terminada la fase aragonesa, el culto de Genaro perdió el apoyo ideológico monárquico y pasó a reforzarse, en cambio, su carácter popular y ciudadano[465]. Sin embargo, la estancia de los Aragón en Nápoles demuestra que a lo largo del siglo XVII los virreyes quisieron hacerse más visibles en la fiesta. El escenario del milagro en 1525 pasó de un espacio eclesiástico cerrado, una iglesia elegida por el arzobispo, a un espacio abierto en las calles. En 1652 la procesión de la fiesta de San Genaro fue protagonizada por el electo del pueblo, consiguiendo la sacralización del cuerpo de la ciudad. El arzobispo Filomarino quiso cambiar las reglas de la procesión, limitando su carácter cívico y potenciando su escenario eclesiástico, muy controlado por los maestros de ceremonia

---

[462] ASV, SS, S, Ms. 66, fol. 135. Véase sobre este particular, Labrot (1979).

[463] Visceglia (1994: 587-620 y 1998: capitulo V), Berengo (1985).

[464] Alfano/Amitrano 1950.

[465] En edad aragonesa también fue crucial la centralidad del rey en la gestión del culto eucarístico.

del capítulo de la catedral y del obispo de la ciudad[466]. También el virrey quiso hacer patente su devoción al santo, no para alterar los códigos de la fiesta, pero sí para asegurar su preeminencia en la celebración. Fue el ejemplo de la voluntad del arzobispo de encabezar una reapropiación eclesiástica de la gestión del ceremonial público y una manifestación de la rivalidad ente arzobispo y ciudad en torno al patrono principal de Nápoles, símbolo de la antigüedad de la iglesia napolitana y de su carácter ciudadano durante la revolución de 1647. Tanto el arzobispo como virrey pretendieron reafirmarse como garantes del único orden posible en el gobierno de la ciudad.

En tiempos del virreinato de Peñaranda, se introdujo la costumbre de hacer salva real durante la festividad de San Genaro. Había sido una petición de las autoridades de la ciudad y de los diputados de la capilla del Tesoro de la catedral. Se consiguió así vincular al virrey un poco más a la fiesta del patrón de la ciudad. Las crónicas destacan que Pascual de Aragón, tras presenciar en septiembre de 1664 el milagro del santo en la catedral, acudió personalmente a la fiesta y a los fuegos de artificio y lo hizo a caballo «pero vestito di nero, senza segno cardenalizio, e fu poco lodato»[467]. La fiesta se desarrolló delante de la columna de San Genaro, donde se expuso el aparato que se mandó hacer en 1662 y que costó a la ciudad tres mil ducados. En el mes de mayo de 1665, se desencadenó en Nápoles otro viejo conflicto entre los canónigos de la catedral y los diputados nobles de la capilla del Tesoro de San Genaro: los diputados pretendían que los canónigos no entraran en la capilla vestidos de tales. Una bula de Urbano VIII de 1635 se lo impedía, y reconocía el juspatronato ciudadano de la capilla del Tesoro, con un colegio de doce capellanes, diez nobles y dos populares. Este problema se mantuvo en tiempos del virreinato de Pedro Antonio.

Como hemos destacado, desde mediados del siglo XVII la ciudad vivió una intensificación de la lucha que compartían arzobispo y virrey para sacralizar su autoridad a través de la apropiación del carácter cívico de los rituales napolitanos y, en definitiva, para ocupar la centralidad en las principales ceremonias públicas, como eran la fiesta del Corpus Domini y la procesión de San Genaro. Pedro Antonio, como Pascual, releyó las fiestas locales que se remontaban a la edad aragonesa para conectarlas a la

---

[466] Strazzullo 1961.
[467] Fuidoro (1934, Vol. I: 248).

pietas austríaca. Parrino describió las expresiones públicas del virreinato de Pedro Antonio de Aragón con estas palabras: «la magnificenza ed fasto col quale adempiè largamente tutte le azioni di cerimonia»[468]. Su virreinato en materia de ceremonias se caracterizó, según Carlos José Hernando, por la continuidad con la severidad contrarreformista, la veneración por las reliquias, el culto a la eucaristía, las continuas acciones de gracias, las visitas con su mujer a las iglesias, y el establecimiento de una vida ceremonial plagada de donativos y limosnas[469]. Además, como la mayor parte de la nobleza española, era un ferviente concepcionista, al igual que Pascual, e impulsó tanto los cultos ligados a la casa de Austria como los cultos de tradición aragonesa. Pedro Antonio de Aragón, más que sus antecesores en el cargo, consiguió cargar de connotaciones austríacas algunas fiestas y devociones populares en Nápoles.

Veamos cual fue el papel de Pedro Antonio en la mayor fiesta de la ciudad, la procesión de San Genaro. Recién llegado a Nápoles, el 8 de mayo de 1666, «nel seggio di montagna si e fatto il catafalco per la memoria della traslazione del sangue di san Genaro», procesión en la que intervinieron el virrey y su mujer, «quali portarono di dame napoletane nella loro carroza, per essere una diesse moglie di Michele Muscettola che la mando convitare la viceregina, e l'altra era figliastra al Muscettola di casa Sances, sorella del marchese di Gagliati»[470]. A los pocos días, los virreyes fueron a venerar las reliquias de san Genaro y durante su visita se volvió a poner de relieve la antigua disputa de los diputados del Tesoro de la catedral.

En mayo de 1668, Pedro Antonio y su mujer volvieron a acudir, como era costumbre, al milagro de la sangre de San Genaro. Ese año le correspondía organizar los festejos al *seggio di porto*, al que pertenecía el virrey. El *seggio* eligió a Pedro Antonio entre los diputados para encabezar la procesión:

> A quali tocca il pensiero degli apparecchi necessari per questa sollennità [...] La festa fu fatta nel seggio del porto a spese del signor don Pietro d'Aragona, quale era deputato del detto seggio, dove gode la sua famiglia Cardona, e l'apparato così di tappezerie, come l'architettura del catafalco [...] fu cosa assai notabile[471].

---

[468] Parrino (1875 [1708]: 289).
[469] Hernando 1997a.
[470] Fuidoro (1938, Vol. II: 17).
[471] Fuidoro (1938, Vol. II: 75-76).

En mayo de 1670, el virrey Pedro Antonio de Aragón acudió solo al catafalco de la fiesta de la invención de la santísima cruz y de la sangre de San Genaro en la plaza del Popolo, («l'apparato fu nobilísimo e sontuosissimo»). Tras la fiesta, se donó al virrey el cuadro que se había pintado *ex profeso* para el altar del catafalco[472]. Muy probablemente esta obra donada al virrey esté relacionada con el cuadro de San Genaro que pintó contemporáneamente Luca Giordano para el tesoro de la catedral. Además, Giordano había pintado en 1668, en la sacristía del tesoro de san Genaro, la figura «di San Genaro nell'intempiatura e la Madonna della Purità sopra gli stipi»[473]. Sobre las lunetas, pintó tres medias figuras que representaban a Santa Ana, San Joaquín y San José. Con todo, este regalo para el virrey debe ser puesto en relación con el donativo que hizo Pedro Antonio en mayo de 1667 al Tesoro de la ciudad (las puertas de plata del relicario), también con ocasión de las fiestas del milagro de San Genaro.

En la fiesta del Corpus Christi, la ciudad celebraba la procesión desde la iglesia de Santiago de los Españoles. Consistía en el levantamiento de cuatro altares. El primero se levantaba en la esquina de la calle de Santiago y la plaza de Castelnuovo, frente a la fachada de la iglesia. El segundo frente a las cárceles de Santiago (en la calle de Santiago hacia la calle Toledo). El tercero en la esquina de Santa Brígida. Y el cuarto junto a San Francisco Javier[474]. La procesión de esta fiesta en edad virreinal modificó la escenografía urbana para privilegiar los lugares del poder político español, junto al Palacio Real, que se convirtió, cada vez más, en un escenario ritual de primer orden.

Mientras en las últimas dos décadas el arzobispo había tratado de marginar al electo del pueblo en las ceremonias públicas con el fin de expropiar su carácter cívico, Pedro Antonio de Aragón extendió una estrategia diametralmente opuesta a la suya: el 9 de junio de 1667 los virreyes concedieron a los electos del pueblo el privilegio de encabezar la procesión del Corpus Christi, precediendo incluso a los canónigos de la catedral.

E veramente questo signore ha fatto un'azione digna di lode e come conviene ad un signor cattolico, apogiato ad una manifesta giustizia ed inveterata consuetudine, come hanno notato tutti li maestri di ceremonia della catte-

---

[472] «[...] si donó il quadro, ch'era nell'altare del catafalco, fatto a posta, al vicerè» (Fuidoro 1934, Vol. II: 144).

[473] Strazzullo (1978: 81) y Nappi (1992: 170).

[474] Borelli (1903: 109).

drale nelli loro libri, che sono obligati di scrivere. La viceregina fu al catafalco col convito di dame alle quali dalla piazza del popolo fu data la collazione di cose di zucaro ad acque ghiacciate dolci. Furono dopo pranzo inviate a Sua Eccellenza sei canestre, cioe due de cristalli, due di cose di zucaro ed altre due, una di tutti fruti vecchi e l'altra di fruti novelli[475].

Pedro Antonio pretendía de esta manera acercarse a los electos del pueblo, otorgándoles un mayor peso en los ritos públicos. Se recordará que ello formaba parte de una estrategia política más amplia, que desencadenó en 1669 en una deliberación del Consejo del Colateral para reformar la arquitectura política del reino y dar el peso de la administración de la capital a un solo electo noble y a un electo popular. Esta propuesta del virrey no prosperó, pero a cambio obtuvo el compromiso del Consejo de Italia de reforzar el papel político del electo del pueblo en Nápoles. Constituye un caso ilustrativo del poder que atribuyó al virrey a las ceremonias para preparar y anunciar un cambio constitucional.

Este acercamiento al electo del pueblo tuvo también otra consecuencia. De entre las dieciocho pinturas que las plazas municipales regalaron a Pedro Antonio, se hallaban varias vistas de Nápoles, de la dársena o del Palacio Real. Un electo del pueblo que aparece en la relación jurada con el nombre de «Chichotris», probablemente un pseudónimo de Francesco Troise, persona muy odiada en la Nápoles del momento y que llegó a ser destituida por el Consejo de Italia, entregó al virrey las obras más valoradas. «Chichotris» regaló a Pedro Antonio un cuadro de San Genaro valorado en 1.500 ducados y seis pinturas sobre cristal de las obras públicas que el virrey hizo en Nápoles. Otros electos del pueblo, como Domenico Petrone, también le regalaron pinturas. Francesco Muagano le donó una pintura que representaba una fiesta en el Palacio Real de Nápoles, protagonizada por el conde de Peñaranda y su mujer.

Junto a la procesión del Corpus Domini y la de San Genaro, la fiesta de San Giovanni a Mare era la principal celebración anual en Nápoles[476]. La antigua fiesta de san Juan, ligada al ritual del bautismo en el mar, era protagonizada sobre todo por el *seggio del popolo*. Perdió importancia en el curso del siglo XVII porque la jerarquía eclesiástica llegó a considerarla supersticiosa y por su cercanía en el calendario litúrgico con la fiesta

---

[475] *Ibíd.*

[476] BNN, *Delle cose principali della cittá di Napoli circa il 1600*. Sobre la fiesta de San Juan: Galasso (1982a: 139-141) y Petrarca (1990: 103-117).

del Corpus Domini[477]. Era tradición en Nápoles que el pueblo, el 23 de junio, organizara para el virrey la fiesta de San Juan. Esta celebración se hizo más regular desde el virreinato de Medina de las Torres. El relato de Fuidoro sobre el desarrollo de la fiesta en 1668 vuelve a recordarnos el creciente interés de Pedro Antonio por exhibir su imagen en la ciudad. A la fiesta acudió el electo del pueblo Francesco Troise, además del virrey a caballo entre arquitecturas efímeras. Esta fiesta pudo con probabilidad ser el origen de los cuadros que Pedro adquirió a través del electo del pueblo con vistas de la dársena del puerto y de Nápoles.

> Uscì Sua Eccellenza dal palazzo regio, aspettato dal electo del popolo al ponte della Guardiola, ch'è piu próssimo incontro la palco di esso, dove cominciava una grotta alta da circa trenta palmi, e finiva incontro alla prospectiva della chiesa di Monserrato, così ben architettata di spiracoli, la cui larghezza era a proporzione dell'altezza, in modo che vi potevano come poi si è visto, caminare tre carrozze insieme comodamente; ed ogni spazio li nicchi con una statua per ognuno, e tramezado di piramidi, d'erbe, di fiori. Al di sotto la grotta era coverta di erbe poste con chiodi [...]; Nella fine di essa strada a frontespizio, sotto il monastero di San Pietro Martire, appariva una gran fontana d'acqua dello stesso monastero, qual era tutta di specchi nudi di Venezia, cosa non fatta ancora e si poteva fare a Sua Maestà se fusse stata in persona[478].

La presencia de varios cuadros con los retratos del virrey y su mujer, «con dossello», en diversos espacios de la fiesta, revelaba la necesidad de multiplicar la imagen del virrey. Además, los escenarios elegidos eran evocadores del mito aragonés en la ciudad: Santa María de Montserrat o San Pedro Mártir, iglesia esta última donde estuvo enterrado por un tiempo Alfonso el Magnánimo. La relación de la fiesta de San Juan detallaba el trabajo de los plateros y arquitectos:

> Un Mercurio col caduceo nella desta e con la sinsitra teneva uno specchio, con un motto spagnolo, ed in mezzo di esso l'arme del vicerè; a man sinistra di esso era una statua di Partenope in atto di dormire e col corno della dovizia di fiori e fruti; ed alla destra vi era il re Carlo II nostro signore, ed erano poggiati in un giardino di fruti e fiori, tutti di gioie di ogni sorte. L'altro console fece la nuova Tarcena fatta dal vicerè nell'Arsenale, il cui

---

[477] Visceglia (1998: 175, nota 9).
[478] Fuidoro (1938, Vol. II: 81-82).

mare era tutto di perle; dominavali una statua significante la prudenza, con un scettro nella destra e nella sinistra uno specchio con il ritratto del detto vicerè; aveva Neptuno dio del mare, in mezza figura col suo tridente ad alla sinistra la dea Cerere, un Cupido dall'altra parte, si che gareggiavano tutte le miniere dell'Indie in queste statue riposte con tanti diamante, rubini, smeraldi, turchine e perle[479].

Ninguna de las fiestas más comunes que solía celebrar el virrey en la ciudad, ni la fiesta de Santiago apóstol, ni la fiesta de San Isidoro, fueron durante el virreinato de Pascual de Aragón dignas de especial mención en las crónicas locales. Al menos, esto es lo que se desprende de la lectura de Fuidoro. En cambio, según las mismas fuentes, Pascual de Aragón, además de acudir a la procesión de San Genaro, aumentó su presencia en las fiestas marianas. El día 8 de diciembre de 1661, cuando Pascual de Aragón se hallaba aún en Roma, la fiesta de la Inmaculada Concepción se vivió con especial intensidad al coincidir con la publicación del breve *Sollicitudo* del papa. En diciembre de 1664, Alejandro VII volvió a satisfacer las aspiraciones de la embajada católica, al conceder a España el derecho de celebrar de precepto el Oficio y Misa de la Inmaculada Concepción. Pero Felipe IV, como se recordará, aspiraba aún a extender tal derecho a todos los territorios europeos de la Monarquía. El día de la muerte de Felipe IV, en septiembre de 1665, un breve papal estableció el culto en Nápoles, gracias a la mediación de Pascual de Aragón. En octubre se consiguió para Sicilia y Cerdeña, y al poco tiempo para Flandes y Borgoña. En 1664 Pascual fue a la iglesia de Santa Maria la Nuova, de franciscanos, para celebrar allí la fiesta de la Inmaculada Concepción. Lo celebró también en la catedral como lo había hecho Peñaranda en 1662 (un año después de la concesión de la bula papal de la Inmaculada).

En la basílica pontificia de San Nicola de Bari, en el siglo XVI, la duquesa Sforza de Bari, Reina de Polonia, se hizo construir en su interior un magnífico mausoleo y donó a la basílica un tapiz historiado con fondo dorado[480]. Durante el virreinato de Pascual de Aragón, en el marco de la celebración de la fiesta de la Inmaculada Concepción de ese año, los cancilleres de la basílica de Bari en Nápoles trataron de vender el tapiz para conseguir fondos que permitieran restaurar su templo. Pascual de

---

[479] *Ibíd.*
[480] ASV, SS, *Avvisi*, Ms. 111, fol. 200, Roma, 23 de diciembre de 1662.

Aragón acudió en ayuda de los cancilleres erigiendo para ellos unos beneficios eclesiásticos.

El 2 de febrero, durante la fiesta popular de bendición de las velas, la candelaria, se realizaba una procesión en honor a la purificación de la Virgen. En 1665 Pascual intervino en la fiesta y se celebró capilla real en la iglesia de Monteoliveto. La iglesia de Monteoliveto, también llamada Sant'Anna dei Lombardi tenía una gran carga simbólica aragonesa. Construida por el protonotario del rey Ladislao de Durazzo, Gurello Origlia, en época aragonesa gozó de muchos beneficios y el rey Alfonso II acudía allí a menudo a oír misa, y muchos nobles del reino construyeron allí capillas familiares. En Roma, el embajador español celebraba todos los años la fiesta en la iglesia de Santa María de Montserrat, mientras en Nápoles Pascual eligió Monteoliveto para la ceremonia. Pascual quiso incrementar su presencia en las iglesias fundadas en edad aragonesa. También tuvo interés en participar en la fiesta de la natividad de la Virgen y la procesión a Santa Maria in Piedigrotta. Esta iglesia, en origen dedicada a la Natividad de la Virgen, fue levantada en 1352 sobre una capilla precedente erigida por pescadores de Mergellina. En época de los Anjou, con el crecimiento de la devoción mariana en Nápoles, esta iglesia fue el centro de una fiesta muy popular en honor a la Natividad de la Virgen, celebrada el 8 de septiembre, todos los años hasta el siglo XIX. En 1560 se llevó a cabo la reconstrucción de la iglesia desplazando la fachada hacia el centro de la ciudad, al contrario de como estaba orientada antes. Los virreyes acudían todos los años en procesión a Santa Maria in Piedigrotta para rendir homenaje a la Virgen, y Pascual no rompió con la tradición, apareciéndose a caballo y con la habitual *pietra del pesce* en la mano.

> Per la festa della nativita della beata Vergine essendo il concorso della gente a Santa Maria a piedigrotta nel borgo di Chiaia, si volto anche a quella parte il passeggio delle carrozze e sul tardi vi comparve l'eminentíssimo vicere che cavalcando con la pietra del Pesce fu servito dell'accompagnamento di molti signori titolati e cavalieri parimente a cavallo[481].

El virrey debía acudir a otras fiestas obligadas, entre ellas la del 5 de octubre, festividad del Santísimo Rosario, que todos los años conmemoraba la batalla de Lepanto de 1571. El virrey, invitado como cada año

---

[481] ASV, SS, N, Ms. 66, fol. 140.

por los padres dominicos, acudía al real monasterio de Santo Domingo. Pascual de Aragón, en 1664, lo hizo «in abito da cardinale, alla moda della corte di Roma». Ésta era una ocasión especial que apreciaron los padres, pues si bien los virreyes habían participado todos los años en la fiesta, este año lo haría un descendiente de los reyes de Aragón y en «la sacristía sono più deposti di re aragonesi». El papa Pío V (1566-1572) instituyó la fiesta de Nuestra Señora de las Victorias en agradecimiento a la Virgen por la victoria en Lepanto del ejército cristiano comandado por don Juan de Austria (7 de octubre de 1571). Pío V agregó a las letanías de la Virgen el título de «Auxilio de los Cristianos». El papa Gregorio III dio a la fiesta el nombre definitivo del Santísimo Rosario. Al año siguiente, el 4 de octubre de 1665 y tras la muerte de Felipe IV, se realizó la fiesta del Santísimo Rosario en Santo Domingo, en la que volvió a participar el virrey con un escuadrón de soldados españoles como mandaba la tradición[482].

En ocasiones, las propias órdenes solicitaban una mayor intervención del virrey en sus ceremonias o fiestas. Así ocurrió en 1665, cuando la congregación del Santísimo Sacramento del convento de Santo Domingo solicitó al rey el reconocimiento como fiesta de «utilidad pública» de la procesión que celebraba cada tercer domingo de mes. El padre Juan de Altamira, en consecuencia, pidió para la fiesta una merced de 300 ducados anuales, cifra que, según afirmaba, recibían otras congregaciones como la de Nuestra Señora de la Soledad. El 3 de septiembre de 1665 el memorial de Altamira fue aprobado en consulta del Consejo de Estado[483]. El propio Altamira regaló varios cuadros a Pedro Antonio años más tarde, quizá en señal de gratitud a los virreyes por la merced concedida[484]. En realidad, no sólo se había favorecido al monasterio de la Soledad, sino también

---

[482] *Ibíd.*, fol. 189, Nápoles, 6 de octubre de 1665.

[483] «Con decreto de 20 de agosto proximo passado se sirve Vuestra Majestad de remitir a este consejo entre otros memoriales uno de los congregantes de la congregación del santísimo sacramento fundada en el real convento de Santo Domingo de Nápoles por el Maestro Fray Juan de Altamira para que viéndose en el su pretensión se consulte a Vuestra Majestad lo que se ofreciere y pareciere» (AGS, SP, 33).

[484] «Y para que se continuen con el fervor y devoción que hasta aquí es de parecer que sera muy propio de la summa piedad de Vuestra Majestad el hacer merced y limosna a esta congregación de 500 ducados en cada un año en effectos extraordinarios del dicho reyno y que se entreguen a los governadores della independientemente de los religiosos para que con esta limosna accudan a las obras de piedad que ejercitan. Vuestra Majestad haviendo visto mandara lo que mas fuere servido en Madrid a 3 de septiembre de 1665» (*Ibid.*, AGS, SP, 33).

al monasterio de San Giuseppe. El 22 de febrero de 1665, la priora del monasterio de San Giuseppe Extra Moenia, Cecilia di Gesù, pidió al cardenal Aragón que, como había hecho Peñaranda, las favoreciera en la fiesta de San José[485]. Su petición, así como la de la congregación de Santo Domingo, fue satisfecha.

En septiembre de 1665, el cardenal Aragón intervino con pompa en la fiesta de Santo Domingo Soriano, acompañado de mucha nobleza: «Da padri domenicani calabresi della chiesa di san Domenico di Soriano e stata solennizata oggi con molta pompa la festa di detto santo alla quale e intervenuto il signor cardinale vicere con buon numero di nobilta»[486]. Un año después, el 24 de mayo de 1666 en Roma, se instituyó el general de la orden de Santo Domingo, «e col favore del cardinale Aragona arcivescovo di Toledo e della nazione spagnola, fu electo il padre fra [...] spagnolo, e tolva questa dignità alli frati italiani». En 1667 Pedro Antonio de Aragón fundó una misa perpetua en la capilla de Santa Ana de la iglesia de Santo Domenico Soriano de Nápoles[487]. El virrey Pascual de Aragón también solía rendir homenaje a Santa Ana, de la que eran devotos los jesuitas y los hermanos del convento del Carmen. En 1664 visitó la iglesia del Gesù Nuovo durante la festividad del beato Francisco de Borja, al tiempo que Pedro Antonio y su esposa Ana Fernández de Córdoba asistían a las fiestas en Santa Maria in Gerusalemme en Roma.

A diferencia del virreinato de Pascual de Aragón, el de Pedro Antonio sí dio protagonismo a las fiestas tradicionalmente encabezadas por el virrey, como la de Santiago Apóstol. El 16 de junio de 1667 se celebró en Nápoles la fiesta del apóstol en la iglesia de Santiago, una de las celebraciones anuales más importantes. Se hizo procesión del Santísimo a la iglesia de Santiago, donde el virrey acudió bajo palio, «assai sontuosa d'apparati e li soliti quattro altari, e con il viceré appresso il palio, con la torcia accesa».

La orden de los teatinos gozaba, como los jesuitas, de especial protección por parte del poder virreinal. El conde de Peñaranda ya financió la apertura de una capilla en la iglesia de los teatinos en Nápoles, San Paolo Maggiore, en septiembre de 1664[488]. Asimismo, encontramos a Pascual

---

[485] ASN, Monasteri Sopressi (MS), Ms. 291.

[486] ASV, SS, N, Ms. 66, fol. 146, *Avviso* de 15 de septiembre 1665.

[487] ASNN, Notaio Agostino Ferraro, scheda 408: Nº 16 (1667), fols. 18 y ss.

[488] BNN, San Martino, Ms. 681, fol. 72v, Diario della Casa di San Paolo cominciato per detto signor Angelo Pistacchi... in esecuzione dei nostri decreti, dall'anno 1659 a

de Aragón vinculado a los teatinos de San Paolo en 1665, con motivo del cumpleaños de Carlos II. En efecto, el 8 de abril de 1665, Pascual, tras ir a Santa María del Carmen y al convento del Divino Amore, acudió a San Paolo acompañado de su coro de músicos de palacio «dove trovò la chiesa addobata di parati e statue et altri argenti [...] si cantarono le lettanie dalli musici di Palazzo, nel qual tempo Sua Eminenza stiede in ginocchioni»[489]. Unos meses más tarde los teatinos volvieron a invitar al virrey Pascual durante la fiesta del beato Andrés Avellino: «Il cardinale vicere essendo stato invitato da padre teatini di san Paolo alla festa che sollenizarono martedi passato del beato Andrea Avellino»[490].

En febrero de 1668, la mujer del virrey, Ana Fernández de Córdoba, expresó, por primera vez públicamente, su devoción a la Virgen de la Pureza, acudiendo a la iglesia que en su día financiara Pascual de Aragón, San Nicola Tolentino[491], donde «da questi padri agostiniani scalzi fu domenica solennizata con molta solemnita la festa della madonna della Purita col concorso di molta nobiltà e popolo el dopo pranzo vi si porto anche a far orazione la signora viceregina»[492]. El 15 de septiembre de 1668, Pedro Antonio y su esposa Ana escribieron a Monseñor Casalli, secretario de la congregación de ritos de Roma, para pedirle que se declarara a la Virgen de la Pureza como patrona de la iglesia de San Paolo Maggiore (Figura 66). En su petición, Ana y Pedro Antonio alegaron la gran devoción a la Virgen de la Pureza que compartían con toda la ciudad, para, una vez más, identificarse con las devociones populares napolitanas e integrarlas así a la *devotio* hispánica.

Siendo esta para mayor culto de Nuestra Señora la ha de hacer con toda eficacia, para que se consiga como yo lo deseo por ser de gran devocion mia, y de toda esta ciudad, Nuestra Señora de la Puridad como informara Vuestra Ilustrísima el Padre Don Gaetano Miroballo siendo patrona desta religión

---

sett 1664, «Al 8 alla nostra casa di Toledo si de festa solenne per esersi aperta la nuova capella fatta dal signor conte di Pignoranda vicere di questo regno».

[489] Fuidoro (1938, Vol. II: 17 y ss).

[490] ASV, SS, N, Ms. 66, fol. 270, carta de Nápoles de 14 de noviembre de 1666.

[491] «A San Nicola di Tolentino e vi lascio buona somma di dannari per servigio di quella fabrica» (ASV, SS, N, Ms. 66, fol. 333).

[492] ASV, SS, N, Ms. 70, fol. 104, carta de Nápoles de 25 de febrero de 1668.

lo devo dessear con mayores lleras [*sic*] y espero dever a Vuestra Ilustrísima tener el consuelo de ver esta Octava para la primera fiesta[493].

Fig. 66. San Paolo Maggiore, Nápoles. Foto de la autora.

Gaetano Miroballo agradeció al virrey de Nápoles desde Roma su intercesión para lograr la titularidad de la Virgen de la Pureza al tiempo que solicitaba una mayor implicación del agente español en Roma, Nicolás Antonio, en esta iniciativa de los teatinos y del virrey[494]. Diego Bernardo Mendoza, mencionado en la carta del padre Miroballo, fue el fundador de la capilla, y en 1647 donó a los teatinos la imagen de la Virgen de la

---

[493] Nápoles, 15 de septiembre de 1668, Servidora, Yo Doña Ana de Córdoba, BNN, San Martino, Ms. 388, fols. 16-18, 203-19.

[494] *Ibíd.*, fol. 214, «Ya sabe Vuestra Majestad quanto desseo el bien éxito en lo que se solicita para la devoción de Nuestra Señora de la Pureça y haviendo tenido noticia de que en la primera congregación se ha de tratar de esta materia no puedo dejar de encargar a Vuestra Majestad como lo hago y hable a los señores cardenales que le dirá el Padre Don Gaetano Miroballo a effecto de que se consiga lo que de dessea. Dios guarde a Vuestra Majestad, de Nápoles, 20 de octubre de 1668» (Carta de Roma, 14 de octubre de 1668. Gaetano Miroballo, *Ibíd.*, fol. 206).

Pureza que presidía el altar. La congregación accedió a la solicitud del virrey de Nápoles concediendo a la Virgen de la Pureza el título de patrona de la ciudad. La comunidad lo celebró con gran boato durante tres días, con fuegos de artificio en la plaza delante de la iglesia, festejos a los que acudieron el virrey y su mujer junto a mucha nobleza napolitana[495]. La relación escrita de esta fiesta fue enviada a diversos príncipes napolitanos, entre ellos el príncipe Caraffa. Esta petición a la congregación estuvo acompañada de una alhaja que Ana Fernández de Córdoba entregó para la capilla de la Virgen de la Pureza[496], que los virreyes visitaron durante los festejos.

> La sera al tardi l'eccellenza del signore Vicerè e Viceregina e lor figli con corteggio d'alcune principali signore e tutta lor corte accrebbe la pompa della festa. Dopo d'haver adorato il santíssimo andarono alla capella della Purità e molto comendarono quella divotione e la molto ricchezza et ordine dell'apparato[497].

El 8 de noviembre de 1670, Ana Fernández de Córdoba fue a escuchar misa en San Paolo, con ocasión del cumpleaños de Pedro Antonio de Aragón.

> Alla capella della madre di Dio della Purità, fondata dal sacerdote don Diego de Bernardo, per che similmente comple anni il vicerè suo sposo; e per ciò la nobiltà vi è andata più pomposa di gala; ed alli tribunali si è stato un ora dalli ministri per tale effetto[498].

Poco después, los diputados del tesoro de San Genaro decidieron, el 10 de octubre de 1668, ofrecer la columna o *guglia* de San Cayetano a la misma comunidad favorecida por el virrey. Pedro Antonio de Aragón

---

[495] BNN, San Martino, Ms. 388, fols. 16r.-18r.

[496] «La hermosísima alaja ofreció a la Capella della misma Virgen de que todos damos muchisimas gratias» (Roma, 11 octubre de 1668. Don Gaetano Miroballo, *Ibíd.*, fol. 219). «Recibo la carta de V. R. con la estimación que devo. Y todo quanto se ha del servicio de Nuestra Señora de la Puridad, y assi me hallará V. R. en todo lo que se le ofrezca muy segura; aunque no es el don que pusse en aquel Altar como dejee por lo menos me consuelo que Nuestra Señora reciba mi voluntá de que las puntadas de mi casa se empleen en aquel santo servicio, guarde Dios V R muchos años, de Nápoles, 20 de octubre de 1668. Servidora de V R, Doña Ana de Córdoba» (*Ibíd.*, fol. 216).

[497] *Ibíd.*, fol. 17v.

[498] Fuidoro (1938, Vol. II).

encabezó entonces el proyecto de modificación de la columna conmemorativa de San Cayetano, proponiendo que fuera representada en su parte
superior la imagen de la Inmaculada Concepción en lugar de la de San
Cayetano, cosa que no gustó a los promotores. Finalmente se incluyeron
ambas imágenes, la del santo junto a la de la Virgen, dando como resultado un *unicum* iconográfico[499] (Figura 67). El 16 de agosto de 1669 se
obtuvo el consentimiento papal para ofrecer la columna a los teatinos. Un
año después, el 24 de agosto de 1670, el confesor de Pedro Antonio, el
teatino padre Maggio, impuso el hábito de la Santisima Concezione e di
San Gaetano a Pedro Antonio de Aragón y a su mujer en la iglesia de San
Paolo Maggiore. En diciembre de 1670, Dionisio Lazzaro, arquitecto de
los teatinos en Nápoles, fue el responsable de transportar la columna desde
la catedral hasta San Cayetano. En abril de 1671 se logró la canonización
de San Cayetano, fundador de los padres clérigos regulares teatinos, y en
Nápoles se celebró con un *Te deum* en el que intervino Pedro Antonio de
Aragón. El 5 de septiembre de 1671, Pedro Antonio legalizó la decisión
de donar la columna a los teatinos[500].

Fig. 67. Columna de San Cayetano de Nápoles, trasladada a su lugar por Dionisio
Lazzaro, 1668-1670, en su estado actual. Foto de la autora.

---

[499] Ruotolo 1989.
[500] Ante el notario Giacinto De Monte (*Ibíd.*).

El mecenazgo de Pedro Antonio de Aragón también atendía iniciativas populares. Según una tradición recogida por Carlo Celano, en 1584, el día de la Resurrección del Señor, la madre Sor Úrsula Benincasa «fu elevata in spirito: e tornata in sè stessa disse, essere volontà del signore che presso della sua casa vi si fabricasse una chiesa dedicata alla Vergine Concetta»[501]. Tras esta visión, Benincasa pidió ayuda al abad Gregorio Navarra, que puso la primera piedra de la iglesia y dio el gobierno de la casa a los padres del Oratorio dei Geronimini. La duquesa de Santa Ágata, Cornelia Pignatelli, hizo una donación de 3.000 ducados para la fábrica de la iglesia. En 1587 el convento en su estado primigenio pudo acoger la reclusión de Úrsula Benincasa con dos hermanas. Pronto la madre quiso edificar otro convento eremítico donde las monjas no tuvieran contacto con seculares y que fuera gobernado por los teatinos. Empezó la fábrica, pero Sor Úrsula no la vio terminada, pues falleció en 1618.

Durante la peste de 1656, un religioso napolitano publicó una profecía de Sor Úrsula Benincasa según la cual el convento debía ser construido en el fervor de una desgracia que acechara a la ciudad. A mediados de junio muchos napolitanos, incluido el virrey conde de Castrillo, acudieron al lugar con la intención de levantar el monasterio con sus propias manos, «tutti i fabricatori coi loro aiutanti vi si portarono a fabricare senza mercede. Fu tanta la frequenza che lo stesso Conte di Castriglio, Vicerè vi si portò a colle proprie mani per divozione cavo dodici cofani di terra; vi si portarono anche i signori Eletti in forma di Città». La peste hizo estragos y la construcción quedó inacabada[502]. En 1668, Pedro Antonio de Aragón culminó el proyecto popular, terminando las obras del convento[503] y entregó el gobierno de la casa a los teatinos. El 1 de febrero de 1669 se inauguró el nuevo convento de Úrsula Benincasa terminado por voluntad de Pedro Antonio de Aragón[504]. La inauguración dio lugar a una

---

[501] Celano (1859, Vol. IV: 623).

[502] *Ibíd.*: 623-624.

[503] «Colla sua pietà volle a spese regie perfezionare il principiato monistero colla sua chiesa, e l'esegui», (*Ibíd.*: 624). Inscripción en la puerta del convento: «Carolo II Austriaco Reinante Inclyto Hispaniarum Rege Et D. Petro Antonio Aragonio Neapolitani Regni Protege Optimo Quam Virgini Sine Labe Conceptae Sanctimonialium Remum V. Matr. Úrsula Bnincasa Delegit Instituit Ac Thieneo Reginimini Addixit Profuso Fidelissimae Civitatis Aere Stratam». Véase el acta notarial de donación de 2.000 ducados al convento por parte de Pedro Antonio de Aragón en BL, Ms. ADD. 20924, f. 293-312.

[504] Fuidoro (1938, Vol. II).

gran ceremonia. Además, el virrey se preocupó de que en las celdas de las monjas no faltara su propio retrato, así como el de Pascual de Aragón, el de Carlos II y Mariana de Austria[505].

> Hieri fu passata al banco di san Giacomo in nome del vicere una partita di 72 ducati per una giovane che sara la prima a rinchuiudersi nel piu volte accenato monastero fatto ultimamente fabbricare dal vicere vicino alla chiesa di santa Orsola, e dicesi che detta giovane habbia il continuo a pregare sua maesta la salute del re Carlo II della regina madre e del signor vicere[506].

Entre octubre y noviembre de 1664 se desató en Nápoles una agria controversia entre carmelitas descalzos y calzados por el traslado de la imagen de Santa Teresa, durante las fiestas y procesión de la santa. Con motivo de las fiestas, el 22 de noviembre de 1664, el virrey celebró capilla real en la iglesia de Santa Teresa en Chiaia, de carmelitas descalzas, tomando así partido por los descalzos en plena disputa. Después se dirigió al *seggio di porto*, donde Pascual «gode la casa del Gran Capitano suo parente, essendo questo signore della Casa del duca di Cordova e di questo casato col quarto d'Aragona per parentela e maiorascato»[507]. El Gran Capitán había sido además el primer duque de Sessa, con quien la casa de Aragón estaba emparentada.

El apoyo virreinal a Santa Teresa de Chiaia de carmelitas descalzos no se manifestó solamente durante el virreinato de Pascual. Según nos cuenta Carlo Celano, la iglesia de Santa Teresa di Chiaia fue fundada en 1625 con la herencia legada por Rutilio Collasino[508]. La adquirieron los carmelitas descalzos, que habitaron en el «contiguo e bel palagio che fu di un Giovanni Martini». Hacia 1650, Cosimo Fanzago proyectó la nueva iglesia con la financiación del virrey conde de Oñate primero y del conde de Peñaranda después. En 1662, la iglesia estaba ya terminada. En abril de 1666, falleció en Nápoles el regente Donato Antonio de Marinis y dejó por herederos universales a los padres carmelitas descalzos de Santa

---

[505] «In 4 celle di questa chiusura [Santa Úrsula] vi sono stati posti li ritratti di Carlo II, re di Spagna, della regina Mariana, del cardinale Don Pasquale d'Aragona e vicerè don Pietro d'Aragona, quali a devozione loro hanno da colocare 4 monache nell'istesse celle, dove sopra la porta di esse si sono posti detti loro ritratti» (Fuidoro 1938, Vol. II: 106).

[506] ASV, SS., N, Ms. 70, fol. 479 v, *Avviso* de Nápoles, 9 de junio de 1668.

[507] *Ibíd.*: Vol. I, p. 256.

[508] Celano (1859, Vol. V, tomo II: 570 y ss.).

Teresa, legándoles 32.000 ducados, con lo que se demostraba que la protección de Santa Teresa había involucrado al círculo del virrey y no sólo a su persona. Pero el conflicto por el traslado de la estatua de Santa Teresa que ya vivió Pascual no se resolvió hasta el virreinato de Pedro Antonio. El 24 de julio de 1666, el Consejo decidió dar la razón definitivamente a las pretensiones de los religiosos carmelitas descalzos de Nápoles y se aseguró su independencia respecto a los calzados. Los carmelitas descalzos, tras lograr el apoyo del virrey y más tarde del Consejo, pudieron así empezar a celebrar por sí solos su festividad y llevar en procesión la imagen de Santa Teresa en solitario. Resulta interesante leer el memorial presentado por los carmelitas descalzos al virrey, en el que, para legitimar su pretensión, argumentaron la protección recibida de los antecesores de Felipe IV y de la casa de Austria en general, desde su definitiva separación de la comunidad carmelita calzada[509]. La protección debió mantenerse en pie con posterioridad a 1666, pues en 1668 hallamos a los arquitectos regios Francesco Antonio Picchiatti y Cafaro trabajando en Santa Teresa de Chiaia en el marco de un programa de ampliación y restauración que afectó, entre otras, a las casas conventuales de Santa Maria del Buon Successo y Santa Teresa de Chiaia[510].

Pedro Antonio protegió a los jesuitas al igual que había hecho su hermano. De hecho, las relaciones entre los virreyes y la Compañía se consolidaron tras la colaboración mostrada por la orden en tiempos de Masaniello. Esta unión de intereses se volvió a evidenciar con el impulso de celebraciones en el jesuita Collegio dei Nobili, protegido por el virrey, o en la publicación, en 1670, de la relación de una obra de teatro de los alumnos del Colegio que idealizaba los valores aristocráticos y que llevaba por título *Argomento del Ciro*[511]. La devoción a Santa Ana creció en la Nápoles virreinal, y no era indiferente el hecho de que tanto la Reina gobernadora como la mujer del virrey llevaran ese mismo nombre: en la festividad de Santa Ana de 1667, los jesuitas pidieron a Ana Fernández de Córdoba que presidiera las fiestas y fuegos de artificio que se iban a

---

[509] AGS, SP, 34, s.f.

[510] ASNN, Notaio Agostino Ferraro, *scheda* 408, nº 19 (1670), incluye un escrito de Francesco Antonio Picchiatti y Cafaro sin foliar, de 9 de abril de 1668. El texto habla de Santa Tersa de los carmelitanos de la nación española y la situación en una venta de terrenos. Picchiatti y Cafaro hacen valoración del estado de las obras.

[511] *Argomento del Ciro*, Nápoles, 1670.

celebrar en la iglesia. «E li gesuiti si hanno impegnato di fare detta festa l'autorità della viceregina».

Nel Gesù Nuovo si e fattta la festa di Sant'Anna, con musica a quattro cori ed aparato assai sontuoso di pan ricamati. E li giesuiti ci hanno impegnato, di fare detta festa, l'autorita della viceregina [...] la viceregina piu volte fu al Gesù nuovo ed in molte chiese fu fatta la novena di santa'Anna con musica[512].

Si bien Pedro Antonio redujo su presencia en las fiestas marianas respecto al virreinato de Pascual de Aragón, al final de su virreinato, en septiembre de 1671, intercedió ante el papa, a petición de Mariana de Austria, para obtener la bula que confirmó la capacidad de realizar los oficios en honor a la Inmaculada Concepción en cualquier territorio de la Corona de España[513].

Este no fue el único logro de Pedro Antonio durante su virreinato, pues en septiembre del mismo año, el virrey consiguió una bula papal que favorecía la devoción a San Eustaquio. Para celebrarlo, Pedro Antonio encargó a Marullo una serie de doce cuadros sobre la vida de San Eustaquio[514]. Este encargo cerró el capítulo de su devoción hacia este santo, que había empezado con la donación de lámparas en la iglesia de San Eustaquio de Roma en 1664, y que contó también con el encargo en Nápoles al escultor Ilario de'Rossi de un exvoto con la representación de la visión de San Eustaquio, de cera policromada con marco de ébano y tortuga, en el que figuraba también un retrato de Pedro Antonio a caballo al lado del santo.

Uno de ámbitos en los que Pedro Antonio de Aragón se mostró más aplicado en Italia fue el de hacer prosperar algunos procesos de canonización. El virrey se mostró muy activo en este campo y logró ser además muy influyente para brindar apoyo a iniciativas de eclesiásticos españoles

---

[512] Fuidoro (1938, Vol. II: 52).

[513] *Ibíd.*: 229.

[514] «A devozione che tiene Don Pietro d'Aragona a sant'Eustachio, del quale si è fatto pittare la vita, di mano di Giuseppe Marullo napolitano, in 12 quadri assai grande, quali ho visti, ha ottenuto da Papa Clemente X se ne facesse doppio, come per bolla, e questo giorno si è recitato doppio la prima volta» (*Ibíd.*: 230).

en Roma. Sus negociaciones para el logro de canonizaciones durante su embajada romana fueron muy intensas, pero aún lo fueron más durante su virreinato. En 1671 el papa Clemente X canonizó a cinco nuevos santos, de los cuales cuatro fueron españoles. Un triunfo similar de la embajada española en Roma no se veía desde 1622, año en que fueron canonizados cuatro españoles, San Isidro, Santa Teresa, San Francisco Javier y San Ignacio de Loyola, todos ellos fundadores o reformadores de órdenes religiosas y grandes misioneros. Durante el período en que Pedro Antonio de Aragón estuvo en Italia, en 1671, se canonizó a San Francisco de Borja, Santa Rosa de Lima, San Luis Beltrán y el Santo Rey Fernando. Si a estas canonizaciones sumamos la de San Pedro de Alcántara de 1669 y la beatificación de San Pedro de Arbués de 1664, tenemos como resultado cinco españoles canonizados y uno beatificado, de los cuales tres procedían de la antigua Corona de Aragón. Las cifras son muy altas si tenemos en cuenta que en el siglo XVII se lograron 23 beatificaciones y 20 canonizaciones españolas (de las que Pedro Antonio de Aragón vivió en Italia una cuarta parte).

A mediados del siglo XVII, los descalzos alcantarinos, que gestionaban sus asuntos en la curia franciscana de Santa Maria in Aracoeli en Roma, reactivaron la causa de Pedro de Alcántara[515], beatificado en 1622. El papa Inocencio X emitió una sentencia favorable a la canonización, pero sin firmar el correspondiente decreto. Alejandro VII, pese a las insistencias de los alcantarinos, de Felipe IV y de varios embajadores, pospuso la decisión final para deliberar sobre otras negociaciones diplomáticas en curso. En 1657 el rey encomendó a fray Juan de San Bernardo el cargo de procurador general de la causa de la canonización del alcantarino en Roma. Juan de San Bernardo era descalzo de la provincia de san Pedro de Alcántara, que ocupaba un extenso territorio en el sur de España y tenía su capital en Granada, y llegó a Roma como procurador general para los intereses de su provincia. En 1660, Felipe IV mostró ante el nuncio Carlo Bonelli en Madrid su interés por reavivar el proceso de Pedro de Alcántara:

---

[515] Ordax 2002. Sobre la difusión alcantarina por la Península Ibérica existe un mapa de finales siglo XIX realizado en Manila, donde se muestran las provincias de la descalsez y los numerosos conventos establecidos en ellas. Se conoce sólo el ejemplar conservado en el museo de Arenas de San Pedro, mostrado en la exposición alcantarina celebrada en Cáceres en 1990. *Cfr.* Andrea (1967 [1669]).

Scorgendo le religiose premure di Sua Maestà Cattolica intorno alla terminatione della causa della canonizzazione del Beato Pietro d'Alcantara, ho dopo replicate le humili intercessioni riportato da Sua Beatitudine benigna et accertata intentione che nella prima congregatione de Riti da farsi avanti la Santità Sua riferito dal signor Cardinal Sacchetti Ponente l'intiero di quanto sin qui la medesima congregatione ha decretato nella detta causa per restituir la medesima nello stato e termini che di già era avanti alli decreti della Sua Maestà d'Urbano 8º[516].

El 15 de febrero 1665, Juan de San Bernardo vivía en Roma, en casa de Juan de Coellar, cerca de la iglesia de San Nicolás *de capo le case*. Con seguridad entró en contacto con el entonces embajador español, Pedro Antonio de Aragón, para agilizar la causa del beato. Juan de San Bernardo exhibió al notario Juan Cavallero tres procesos originales de la vida y milagros del beato (1601, 1615, 1647) y dos cuadernos a folio entero escritos por Pedro de Alcántara para que se demostrase su autenticidad y para que se registraran[517]. Juan de San Bernardo debió encontrar enseguida el apoyo de Pedro Antonio de Aragón, pues muy pronto se halló entre los máximos defensores de su causa, una devoción que el virrey compartía con otros príncipes italianos, como el gran duque de Toscana, Cosimo III. Tal afinidad trascendía la causa del beato, pues el gran duque conservaba amplios intereses patrimoniales en el reino de Nápoles a los que Pedro Antonio se refirió en una carta a Cosimo III en mayo de 1667.

Recibi la carta de Vuestra Alteza de 19 del pasado en que se sirve participarme la dilacion que padece el despacho de la causa que la señora gran duquesa tiene en el consejo de Santa Clara de este reyno con el principe del Amatuce, respecto de no hallarse el processo no obstante la orden que di para que se buscasse y siendo tan de mi obligación el obedecer a Vuestra Alteza en todo lo que se pendiere de mi he ordenado al punto al Presidente del Consejo que es esto en la conformidad que dessea Vuestra Alteza[518].

Fray Juan de San Bernardo publicó en 1667 en Nápoles un libro sobre la vida de San Pedro de Alcántara, editado en castellano en la

---

[516] ASV, SS, Spagna, Ms. 122, fol. 5, 1660.
[517] ACR, Juan Cavallero, Vol. 202.
[518] ASN, SV, CE, Vol. 1297 (1666-1670). Carta de Pedro Antonio de Aragon a Cosme III, Nápoles, 7 de mayo de 1667.

Imprenta de Geronimo Fasulo, dedicado a Ana Fernández de Córdoba, cuya familia fue también muy favorable a los reformados seráficos.

Los orígenes de la fundación de la iglesia de Santa Lucia al monte de Nápoles, llamada así para distinguirla de la pequeña iglesia de Santa Lucia a mare, se remontan a 1557, cuando el padre Michele Pulsaferro di Montella, junto a otros padres menores franciscanos, decidieron instalarse allí tras la compra de la pequeña capilla propiedad de Giovanni Bernardo Brancaleone. En ese enclave fabricaron iglesia y convento bajo la advocación de Santa Lucía. En 1559, los frailes reformadores consiguieron la licencia de su nueva regla de franciscanos menores, y en 1587 el papa Sixto V agregó a la reforma a los frailes franciscanos descalzos españoles, llegados a Italia bajo la guía de Fray Giovanni Battista da Pesaro. Con los años, se vivieron graves disputas en el seno de los reformados, entre calzados y descalzos. En tiempos del virrey Pedro Antonio de Aragón, como nos recuerda Fuidoro, llegaron a Nápoles un grupo de frailes menores descalzos de la provincia de San Pedro de Alcántara de España. Pedro Antonio, tras interceder ante el papa Clemente IX, obtuvo para ellos el convento de Santa Lucía[519], con la obligación de que se unieran con los menores descalzos de Nápoles. Pedro Antonio impulsó la introducción de la reforma alcantarina en el convento de Santa Lucía al monte de Nápoles, tras lo cual se extendió rápidamente por otros conventos del sur de Italia, como los de Lecce, Atripalda, Grumo, Nevano y Squinzano.

En 1670 se formó en Nápoles la Custodia de San Pedro de Alcántara, reuniendo una serie de conventos adscritos a la reforma alcantarina. Juan de San Bernardo se convirtió en su custodio y la casa madre se estableció en Santa Lucía al monte de Nápoles[520]. Guardián del convento de Santa Lucia, fray Juan aplicó inicialmente al monasterio las constituciones de la provincia granadina de San Pedro de Alcántara, a la que él pertenecía, aunque más tarde la congregación de Santa Lucia aprobó otras suyas propias. En 1671, se colgó una placa en la fachada del templo que rezaba: «haec aditus coeli mortali lumine casso panditur, et donat lucia sancta diem anno domini MDCXXI». El 11 de julio de 1671, se enterró allí don Sebastián Cortizos[521].

---

[519]   Celano (1859, Vol. V, tomo I: 680 y ss.).

[520]   ASN, SV, nº 340. Nápoles, 14 de octubre de 1670. «Limosna de lana al guardián y frailes de Santa Lucia al monte Reformados descalzos de San Francisco de la Provincia de San Pedro de Alcántara, 14 de octubre de 1670».

[521]   Fuidoro (1938, Vol. II: 215).

Tras la canonización de San Pedro de Alcántara y Santa Magdalena de Pazzis se sucedieron los festejos en Roma y en Nápoles. En Roma, Gianbattista Falda se encargó de realizar el estandarte de la bóveda de San Pedro del Vaticano durante los festejos de 1669 (Figura 68). La iglesia del Carmen de Nápoles celebró la octava de la fiesta de Santa María Magdalena de Pazzis con gran aparato, fuegos de artificio, y la erección de varios altares en su honor por la ciudad. Pedro Antonio de Aragón encargó la construcción de la primera iglesia en Nápoles dedicada a Santa Magdalena de Pazzis[522]. También se celebraron festejos en la iglesia de los teatinos, San Paolo Maggiore, pues San Pedro de Alcántara, se decía, había sido testigo de la gloria de San Cayetano.

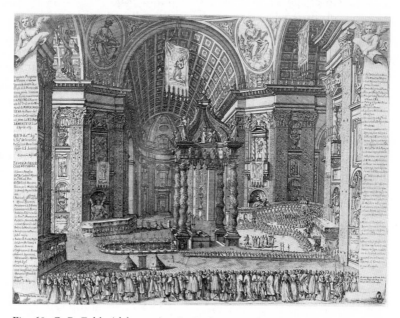

Fig. 68. G. B. Falda (*delineavit*) y G. G. de Rossi (*fecit*), «Teatro» de San Pedro por la canonización de San Pedro de Alcántara y Maria Magdalena de Pazzi, 1669, grabado, BAV.

---

[522] A. Mastelloni: *La prima chiesa dedicata a Santa Maria de'Pazzi*. Nápoles, 1675.

En octubre de 1669, se organizaron en Nápoles los festejos en honor a la canonización de San Pedro de Alcántara. El 19 de octubre, la procesión de San Pedro de Alcántara («quale si è fatta ad instanza di Don Pietro d'Aragona»), que debía desplazarse desde Santa Maria la Nuova hasta Santa Lucia al monte, fue organizada por el regente Esteban Carrillo y por el electo del pueblo. Pedro Antonio se hizo cargo de los gastos de la procesión y de la estatua del santo, que se erigió en la iglesia de Santa Lucia después de recorrer toda la ciudad en un carro triunfal. El virrey también prestó para la ocasión muchas piezas de platería de su servicio.

Fu pigliata una saliera del vicerè di mirabil lavoro d'argento indorato, e vi posero 12 apostoli di statue d'argento similmente del vicerè, e in mezzo rilevato la detta reliquia che fu portata in spalla dalli padri cappuccini ed altri francescani rispettivamente[523].

Un carro triunfal lleno de ángeles y músicos transportaba la imagen de San Pedro de Alcántara en éxtasis, junto con el virrey y el Consejo del Colateral en pleno[524]. La procesión se paró frente a la iglesia de San Diego all'Ospedaletto, donde les esperaba el primer altar organizado por el duque de Diano y diseñado por Cafaro y Dionisio Lazzari[525]. En la fachada de la iglesia de San Francisco Javier, junto al Palacio Real, se alzaba el segundo altar, con una estatua del santo de tamaño natural[526]. El tercer altar, obra del virrey, se hallaba justo delante del Palacio Real. Pedro Antonio de Aragón encargó un aparato conmemorativo a los carmelitas, compuesto de arcos de triunfo y cuadros que representaban las acciones del santo[527].

---

[523] *Ibíd.*: 122.

[524] «[…] seguiva il carro trionfale tirato da angioli, e sopra pieno di musica ed angeli, nella cima del quale v'era il santo com'in estasi. Appresso era sua Eccellenza col Consiglio Collaterale ed infinita gente» (*Ibíd.*: 123).

[525] «Avanti dell'Ospedaletto fu fatto un altare dal presidente don Carlo Cala Duca di Diano, dov'erano sicuramente due milioni d'argento lavorato e con l'assistenza dell'architetti Cafaro e Dionisio Lazari, qual fu aparato dalli padri gelormini» (*Ibíd.*).

[526] «[…] l'altro altare era nel frontespizio della porta maggiore della chiesa di San Francesco Saverio, ricchissimo, con una statua di misura d'uomo del santo, guarnita di ricchissime gioie» (*Ibíd.*).

[527] «Il terzo era all'incontro il palazzo Regio, opera del vicerè, che ne diede il peso a carmelitani, dove gareggiavano la pompa e la ricchezza. Era tutto quel largo aparato d'arazzi ed un teatro intorno con archi, da quali pendevano quadri di Picture, ch'esprimevano l'azioni del santo. Si entrava e si usciva per due gran portoni, e si andava a strada di Toledo» (*Ibíd*: 123).

El interior de la iglesia de Santa Lucia al Monte se llenó de las mejores telas, obras de platería, joyas y reliquias del virrey[528].

Un mes después de las fiestas y procesiones del santo, el 26 de noviembre de 1669 Pedro Antonio adquirió el patronato perpetuo de la provincia de San Pedro de Alcántara de Granada[529]. En virtud de la adquisición de este patronato, Pedro Antonio estaba obligado a pagar 300 ducados de vellón cada tres años para los gastos del capítulo y congregación de San Pedro de Alcántara de Granada[530]. En la escritura, la congregación le reconoció como patrón, porque «dicha Provincia ha reconocido especiales favores que ha recibido a la sombra del amparo de Su Excelencia»[531].

En abril de 1671, los virreyes se encontraban en Salerno visitando las reliquias del apóstol San Mateo cuando se dio a conocer en Roma la canonización, por Clemente X, de los santos Cayetano de Thiene[532], Francisco de Borja, Rosa de Lima, Luis Beltrán y Felipe Benizi. En esta misma ocasión se declaró beato Alberto Magno, maestro de Santo Tomás de Aquino. En agosto de ese año se hicieron en Nápoles las celebraciones en honor a San Cayetano de Thiene, cuya canonización fue especialmente festejada por los teatinos en la ciudad. La ciudad y el virrey se trasladaron en procesión desde la iglesia de Santa Maria degli Angeli en Pizzofalcone

---

[528] «Quanto vi era d'apparato d'argenti e pan ricamati era tutta robba del vicerè, così anco di cose ecclesiastiche per servizio d'altari, sino ad un ricchissimo panno d'altare tempestato di varie pietre preziose, come costuma questo signore, delle quali cose è ricchissimo, come anco di tutte gioie e gran quantità di reliquia insigni di santi» (*Ibíd.*).

[529] A la que pertenecía Fray Juan de San Bernardo quien figuró como su apoderado en la escritura de adquisición, ASNN, Notaio Agostino Ferraro, scheda 408. Escritura otorgada en Nápoles ante Agustín Ferrer, notario público de Nápoles.

[530] ASNN, Notaio Agostino Ferraro, *scheda* 408, nº 18 (1669), fols. 260-264. «Patronazgo perpetuo de la Provincia de San Pedro de Alcántara [...] 26 de noviembre de 1669». En virtud de tal patronato, Pedro Antonio deberá pagar con puntualidad esta renta de 300 ducados cada tres años, al capítulo y congregación de San Pedro de Alcántara de Granada.

[531] «Su Excelencia promete y se obliga con sus bienes havidos y por haver de dar por via de limosna al sindico y procurador general de dicha provincia de Alcántara que es de presente y que fuere en adelante [...] en la ciudad de Granada, trescientos ducados de vellón cada tres gastos por ayuda de los gastos que cada tres años se hacen por servicio de los religiosos y por los demás que fuere menester en el capítulo provincial y congregación» (*Ibíd.*).

[532] S. Castaldo: *Relatione delle famossissime luminarie Fatte nella citta di Napoli nella festa del gan patriarca miracoloso B. Gaetano Tiene... dell'anno 1654.* Napoli, gli Heredi di Roncagliolo, 1654.

hasta San Paolo Maggiore para acoger el estandarte del santo que dio el papa Clemente X al virrey cuando fue a Roma en su embajada de obediencia.

> Fatta la processione della canonizzazione di san Gaetano e dalla chiesa di santa Maria degli Angioli d'Echia fu portato lo stendardo del santo, dato dal Papa a don Pietro d'Aragona quando fu in Roma[533].

En el interior de la iglesia de San Paolo Maggiore de Nápoles esperaba el consistorio con Pedro Antonio de Aragón arrodillado en señal de recibir del Papa el estandarte del santo, bajo el que se dispusieron cuatro retratos de Clemente VII, que había aprobado la regla de los teatinos; Paolo IV, de la misma religión; Urbano VIII, que había beatificado a Cayetano; y Clemente X, que lo había canonizado[534]. Toda la iglesia se decoró con cuadros de la vida y milagros de san Cayetano, obra de Andrea Vaccaro, que pudieron ser contemplados bajo los frescos de Massimo Stanzione[535].

Las siguientes canonizaciones no fueron acogidas en Nápoles con el mismo entusiasmo. Apenas se celebraron, ya que no constituían devociones arraigadas en la ciudad. Sin embargo, el proceso de beatificación y canonización de Santa Rosa de Lima fue seguido de cerca y auspiciado por Pedro Antonio de Aragón, en una medida no menor si atendemos al estrecho vínculo que le unió con Antonio González de Acuña, promotor de la causa de Rosa de Lima, a quien debió resultar fundamental el apoyo del embajador primero y del virrey después. Entre abril y mayo de 1668 la ciudad de Roma festejó la beatificación de Santa Rosa de Lima, en San Pedro del Vaticano y en otros escenarios dominicos de la ciudad, como Santa Maria sopra Minerva, y también en iglesias españolas como San Ignacio y Santiago de los Españoles.

Luis Beltrán fue un fraile dominico nacido en la ciudad de Valencia que se fue a predicar a América, convirtiéndose en el gran evangelizador

---

[533] Fuidoro (1938, Vol. II: 197).

[534] «La chiesa di San Paolo, sopra la porta, era il sacro concistorio con don Pietro D'Aragona in ginocchioni, che riceveva dal Papa lo stendardo del santo. Di sotto erano due quadri con due papi, uno Clemente VII che aprobó la regola de'clerici regolari teatini, l'altro lato il quadro con Paolo IV, autore di essa religione. In due altri quadri [...] era Papa Urbano VIII che beatifico il santo e Clemente X che l'ha fatto santo» (*Ibíd.*).

[535] «All'ordine di sopra, sotto il cornicione, intorno la chiesa pendevano altri quadri pittati delli miracoli e vita del santo. Unito a questo lavoro è la tempiatura... posta in oro e pittata dal cavalier Massimo [...] che era una armonia a vedere» (*Ibíd.*).

de la actual Colombia. Su canonización contó con el apoyo de muchas personas, entre ellas el propio Pedro Antonio de Aragón, pero fue un logro principalmente del entonces maestro general de la orden dominica, Juan Tomás de Rocabertí (Peralada, Gerona, 1627-Madrid, 1699). Éste fue nombrado general de la orden en el capítulo general de Roma de 1670. Entre 1677 y 1699 fue arzobispo de Valencia. En 1695, Carlos II lo nombró inquisidor general.

El año 1671 también fue el de la canonización de San Francisco de Borja y Aragón, que fue duque de Gandía, descendiente de los dos pontífices Borja, virrey de Cataluña, padre general de los jesuitas, nieto de Fernando de Aragón por parte de madre y por lo tanto familiar también, aunque lejano, de Pascual y Pedro Antonio de Aragón. Como San Cayetano, también San Francisco de Borja estuvo relacionado en vida con San Pedro de Alcántara, lo cual facilitó aún más encontrar agentes que promocionaran su causa tras la reciente canonización del santo alcantarino. El cardenal Gaspar de Borja (1580-1645), nieto del santo, pudo festejar durante su embajada en Roma la beatificación de su abuelo. Gaspar de Borja tuvo una vida muy parecida a la del cardenal Aragón: ambos fueron embajadores en Roma, virreyes de Nápoles y arzobispos de Toledo. El sobrino de Gaspar de Borja, Francisco Carlos de Borja, fue titulado duque de Gandía cuando Pascual y Pedro estaban en Italia, y se casó con María Ponce de León y de Aragón (fallecida en 1676). Los Borja, los Aragón y los Ponce de León estaban emparentados familiarmente. Pascual y Pedro Antonio de Aragón mantuvieron estrechos lazos con el duque de Gandía. Todas estas redes permiten entender mejor cómo se consiguió la canonización de Francisco de Borja, precisamente en 1671.

La canonización de San Francisco de Borja perseguía también santificar los valores de la Grandeza, de manera que, en 1672, Annibale Adami escribió la biografía de Francisco de Borja haciendo uso de los estereotipos asignados a quien ostenta la dignidad de Grande: «grande tra i santi, santo tra i grande, grande della vittoria del mondo, grande nel governo della religione, grande da vivo nei meriti, grande da morto nei miracoli, grande nell'incominciare la vita sotto gli auspici della pietà, grande nel terminarla al servizio della fede cattolica»[536]. Esta celebración de los valores

---

[536] A. Adami: *Il Santo fra Grandi di Quattro Grandati cioe S. Francesco Borgia esprimenti nella sua santità en el suo nome le virtù de'Quattro santi Franceschi di Assisi, di Paola, di Savier e di Sales*, Il Varese, Roma, 1672.

aristocráticos y de la antigua nobleza llegaba en un momento oportuno de la carrera de Pedro Antonio de Aragón, pues tras la muerte de su hermano en 1670, reivindicó para sí los títulos de Segorbe y Cardona.

En mayo de 1671, la canonización del rey Fernando III[537] supuso la primera santificación de un monarca español. Francia ya tenía desde antiguo un rey santificado, San Luis. El arzobispo de Sevilla impulsó el proceso en 1627[538]. Sin embargo, durante los años en los que los Aragón estuvieron en Italia se aceleró el proceso[539] hasta su culminación en 1671. Quizás contribuyeran a ello las excelentes e intensas relaciones de Pascual de Aragón con el cabildo de Sevilla, donde el cardenal tenía situadas varias prebendas[540]. La contribución de Pascual y Pedro Antonio debió ser fundamental e insustituible. Sin embargo, muchos participaron desde España o desde Roma en el proceso, como el auditor de la Rota monseñor Diego de Castrillo, antiguo canónigo de Sevilla, que estuvo en Roma durante los mismos años que Pedro Antonio. Durante la misma embajada, Pedro Antonio acudió a la primera misa celebrada en Santiago de los Españoles

---

[537] ASV, Congregazione Riti, Processi, Vols. 1106, 1107. Véase Álvarez-Ossorio 2006.

[538] «Dell'illustríssimo signor don Diego di Guzman patriarca arcivescovo di Siviglia. Dell'ecc santa et heroiche virtu del signor re don Ferdinand terzo di questo nome primo di Castiglia e di Leon efficace motivo alla maestà cattolica di Filippo quarto nostro signore perche affettuosamente mandi sollecitar con la sede apostolica la breve canonizazione del Santo re suo XIII progenitore lo scrivea il padre Giovanni de Pineda della compagnia di Gesù per ordine dell'illustrísimo signor patriarca arcivescovo di Siviglia don Diego de Guzman, Alla maestà cattolica del re Filippo 4 nostro signore […] 15 de junio 1627» *Ibíd.*, Vol. 1106, fol. 1.

[539] El proceso se aceleró y culminó en los años de los Aragón. «La ciudad de Sevilla a 13 dias del mes de noviembre de 1665, aviendo recivido el señor licenciado don Matheo Coello de Nicuña procurador en la causa de beatificación y canonizacion […] las letras de prorrogación de termino en la dicha causa de la sacra congregación de ritos que le fueron entregadas y consignados por los señores dean y cabildo de la santa iglesia metropolitana de Sevilla» (*Ibíd.*).

[540] El 6 de abril de 1664, Pascual dió un poder a don Francisco Verastegui, deán y canónigo de la catedral de Sevilla, y a otros canónigos de la catedral para que comunicara al cabildo las letras y bulas apostólicas de provisión de gracia concedidas por el papa (ACR, Juan Cavallero, Vol. 202, abril 1664). El 27 de mayo de 1664, Cristóbal Ruiz de Pedrosa dio un poder en nombre del cardenal Aragón a don Diego Escavies de Carvajal, maestre escuela de la catedral de Sevilla y a Don Diego Espina y Aragón, canónigo de San Salvador de Sevilla para actuar en nombre de Pascual ante el arzobispado de Sevilla (*Ibíd.*, mayo de 1664).

de Roma en honor al Santo Rey, y puso en conocimiento de la reina el desarrollo del acto.

A 16 se abia de solemniçar la primera misa del santo rey Don Fernando, en la Real Iglesia de Santiago de los españoles y ahora puedo decir que se executó asistiendo el Marqués de Astorga y yo en capilla y los cardenales del Partido en tribunas mientras duró la función en que concurrieron todos los vasallos y afectos de Vuestra Majestad y haviendose señalado el cardenal Litta, diciendo la primera missa a la Ambrosiana como Arzobispo de Milán y pedidome las bulas para publicarlas en su Arzobispado devo poner en la real noticia de Vuestra Majestad para que si tubiere por bien le de las gracias de su atención y affecto. No obstante que yo solo hize en nombre de Vuestra Majestad[541].

Muchos años después, Pascual de Aragón reconoció en una carta hasta qué punto Pedro Antonio se tomó como un proyecto personal la canonización del Santo Rey Fernando y hasta qué punto fue un logro suyo. Pascual llegó a calificarlo de «el Santo de Vuestra Excelencia».

Y si las terciarias no hubieran dedicado el templo a san Fernando y ser el unico de España después que Vuestra Excelencia logro el que se diese culto al santo dudo que el consejo huviera dado licencia y bien se vio en lo que se dificulto y yo tambien desee se lograse el que tuviese su santo de Vuestra Excelencia templo solo a su invocación[542].

El geneaologista dominico fray Bernardo de Piña, con motivo de las fiestas del Rey San Fernando en 1670, envió a Pascual de Aragón un memorial dedicado a su persona en el que se probaba el parentesco familiar del Santo Rey con el cardenal Aragón, un ejercicio genealogista muy común de la época. Según Bernardo de Piña, Pascual era el decimosegundo nieto del rey Fernando por la línea de Enrique II. Y en otra genealogía de Blas Franco Fernández de Fuencarral, publicada en Madrid en 1675 y dedicada a Pedro Antonio de Aragón, incluía un árbol genealógico que defendía la misma tesis[543]. El proceso de canonización de este

---

[541] AGS, E, leg. 3294-51. Carta del duque de Segorbe y de Cardona a la Reina desde Nápoles, 11 de marzo de 1671.

[542] BNE, *Correspondencia de Pascual de Aragón*, fols. 499-500. Carta de Pascual a Pedro Antonio de Aragón, desde Toledo, 16 de noviembre de 1676.

[543] Estenaga y Echevarría (1929-1930: 260).

rey de Castilla había empezado pues en la década de 1620, pero quedó paralizado durante el pontificado de Urbano VIII. En febrero de 1671, la presión ejercida por Pedro Antonio de Aragón con la ayuda del embajador marqués de Astorga consiguió que Clemente X despachara los breves de la Congregación de los Ritos, que promulgó la beatificación de Fernando III y la ampliación de su culto en los reinos de la Monarquía, facilitando el camino de la canonización. El 30 de mayo se celebró en Roma la fiesta por la beatificación de Fernando III de Castilla a petición de Pedro Antonio, quien así lo solicitó al pontífice en su embajada de obediencia. Don Pedro, a raíz de la canonización de San Fernando, quiso extender su devoción en Nápoles, celebrando todos los años, según Fuidoro, una «festa nuova a devozione del vicere don Pietro d'Aragona». Se celebraron fiestas por todos los territorios de la Monarquía que ensalzaban la santidad de la Corona, estableciendo paralelos entre San Fernando y el gobierno virtuoso de la regencia de Mariana de Austria. En efecto, la facción de la reina aprovechó las fiestas con fines propagandísticos, de manera que en la celebración de la primera fiesta del nuevo culto de San Fernando el 7 de junio de 1671, en la capilla de palacio del Alcázar de Madrid, el predicador alabó la figura de Berenguela, pues ésta, como Mariana de Austria, había asumido las riendas del gobierno durante la minoría de edad de Fernando III[544].

Veintitrés de las pinturas que aparecen en la relación jurada de 1680, en la que nos hemos detenido al hablar de las colecciones de palacio, están directa o indirectamente relacionadas con los procesos de canonización impulsados durante el virreinato de Pedro Antonio de Aragón, sin cuya intervención algunos no hubieran prosperado. Estas pinturas no representan en todos los casos a los santos canonizados, ni sus donantes fueron siempre agentes de las canonizaciones. Estos regalos fueron entregados al virrey por nobles y eclesiásticos en señal de agradecimiento por su intercesión o para manifestar su devoción a los santos recién creados.

El marqués de San Vicente, don Juan Crisóstomo de Vargas Machuca, Grande de España de primera clase, XI conde de Urgell, XVIII señor de Vargas, nació en España en 1601 y murió en Nápoles en 1677. Jurisconsulto aragonés, fue abogado en Zaragoza, fiscal y profesor de derecho

---

[544] Álvarez-Ossorio 2001b.

civil, autor de *Consideraciones prácticas para el Sindicado del Justicia de Aragón sus lugartenientes y otros oficiales* (Nápoles, 1668). Su nombre figura en la relación jurada como donante de dos retratos para el virrey de San Pedro de Alcántara y Santa Magdalena de Pazzi, que habría que fechar en 1668, año de la canonización. En 1658, los marqueses de San Vicente habían pasado a Nápoles al ser nombrado don Juan Crisóstomo regente del Supremo Senado de Italia y del Consejo de Colateral.

Entre los donantes figuran también varios dominicos con cuyos regalos quisieron agradecer la intercesión del virrey en las canonizaciones de 1671: dos de los nuevos santos eran dominicos (Luis Beltrán y Rosa de Lima). El general de los dominicos, Juan Tomás de Rocabertí, regaló a Pedro Antonio una medalla de bronce y oro del tránsito de San Francisco. El dominico Altamira, de quien dijimos que había solicitado al rey una limosna para la congregación del Santísimo Sacramento del convento de Santo Domingo [545], regaló a Ana Fernández de Córdoba un retrato de San Luis Beltrán. Fray Antonio González de Acuña había fundado como obispo de Caracas un Seminario bajo la advocación de Santa Rosa de Lima, más tarde convertido en universidad. Acuña donó allí su importantísima biblioteca, reunida en Europa a la sombra del círculo y familia de Pedro Antonio de Aragón. Según la relación, regaló a Pedro Antonio de Aragón hasta 16 pinturas de temas religiosos sin atribuciones (sólo una copia de Pietro da Cortona), con marcos ostentosos, con decoraciones de plata y bronce, embutidos de jaspes y óvalos de lapislázuli, y con esmaltes de colores. Además de las 16 obras mencionadas, también regaló al virrey un lienzo de *Santa Rosa con la Virgen y el niño*, de grandes dimensiones y valorado en 2.000 ducados[546]. Esta obra está citada en último lugar y de ella se especifica que le fue regalada a Pedro Antonio «quando [Acuña] salió de su canonización», en referencia a la de Rosa de Lima, en 1671, la primera santa nacida en América. Este matiz cronológico, especificado sólo para este cuadro, hace suponer que las otras 16 obras fueron regaladas a Pedro antes de la canonización, probablemente para lograr una colaboración más activa del virrey de Nápoles en el proceso, del que Acuña fue el mayor promotor, y enviado especial a Roma para este fin.

---

[545] AGS, SP, 33, s.f.

[546] Según Antonio Ponz en la iglesia de las capuchinas de Toledo existía un cuadro del mismo tema del que se desconocen las dimensiones, firmada en 1670 por Giacinto Gimigniani, pintor activo en Roma en tiempos de Acuña (Pérez Sánchez 1965: 281).

Diego de Castrillo, antiguo canónigo de Sevilla, auditor de la Rota, arzobispo de Cádiz (1673-1676) y arzobispo de Zaragoza (1676-1686), llegó a Roma en una fecha que desconocemos, pero con seguridad debió permanecer allí hasta 1672, momento en que pasó a ocupar el arzobispado de Cádiz. Según la relación jurada, regaló a Pedro Antonio de Aragón, en calidad de auditor de Roma, un cuadro del Santo Rey Fernando, muy probablemente con motivo de su canonización, de la cual Castrillo quizás fuera un activo promotor junto al virrey de Nápoles. También Sebastián Cortizos, tras la canonización de San Fernando, regaló a Pedro Antonio otro cuadro del santo, de mano de Luca Giordano, valorado en 2.200 ducados.

Un proceso de canonización podía servir a intereses estratégicos de alguna nación, pero, como ha demostrado Miguel Gotor, el grado de intervención de las coronas en los procesos era limitado y la contribución de distintos actores era compleja[547]. Con todo, las canonizaciones españolas revertían un evidente prestigio para la embajada española y en general para la Monarquía hispánica en Italia. Los procesos no se impulsaban desde la embajada en Roma de una manera aleatoria, en virtud de las iniciativas que desde distintos cabildos de España iban llegando, sino que requerían el explícito apoyo del monarca, y en segundo lugar también la protección del embajador en Roma o del virrey en Nápoles. En muchos casos, los procesos guardaban una estrecha relación con los ministros españoles en Roma: o bien eran antepasados de su familia o bien procedían de la misma ciudad que les había visto nacer. En ocasiones la relación de amistad o parentesco del promotor de la causa de canonización con el ministro español en Italia resultaba determinante para el éxito del proceso. Con todo, existían otros criterios que regían los procesos de canonización: la comunión del ministro español con los valores de un determinado santo o con la vida que había llevado. El embajador o el virrey querían asistir a la subida a los altares de las virtudes que él pretendía encarnar, y contribuir así a su propia proyección y propaganda. Por eso los procesos de canonización resultan para nosotros tan reveladores del comportamiento cultural de embajadores y virreyes.

---

[547] Gotor 2007.

Capítulo IV
Conclusiones

> Como Don Pedro de Aragón no repa-
> raré en nada, como virrey he de dar
> quenta a Su Majestad para representar
> a su misma persona y en el consejo de
> Estado me embiaran reprehensión si lo
> hiciera de otra manera.
>
> (Pedro Antonio de Aragón, 1668)[1].

Este libro demuestra cómo, desde 1662, Pascual y Pedro Antonio de
Aragón se sumieron en una profunda reflexión sobre las estrategias de
legitimación y representación del poder de los Austrias en Italia. Entre
1661 y 1672, la nueva ordenación internacional desfavorable a España
les convenció de la necesidad de sacudir los cimientos de un modelo de
representación de la Monarquía insuficiente. Tal meditación les llevó a
aumentar los espacios de visibilidad del monarca español en Roma y del
virrey en Nápoles, a ampliar la *pietas* hispánica, apropiándose de devociones, ritos y fiestas que eran hasta entonces ajenas a España. Y les llevó
también a aprovechar mejor el poder político del mecenazgo artístico en
la península. Un debate parecido se desarrolló simultáneamente en varias
cortes provinciales de la Monarquía y en algunas embajadas españolas en
las cortes europeas de la época.

---

[1] AGS, E, leg. 3290-201, s.f. *Venida del nepote del papa Clemente Nono en esta ciudad de Nápoles el 20 de mayo de 1668*, escrita por el maestro de ceremonias del Palacio
Real.

En Roma, Pascual y Pedro Antonio de Aragón no sólo lucharon para frenar las aspiraciones de otras naciones en el terreno ceremonial, contando al principio con la connivencia del rey, sino que fueron más allá, llegando a actuar, en ocasiones, al margen de las recomendaciones del Consejo de Estado. Portugal estuvo muy presente en el proyecto cultural de la embajada de Pascual y Pedro Antonio, quienes, a través de mensajes lanzados desde varias plataformas, perseguían poner fin a las aspiraciones lusas de independencia. Supieron exigir un mayor espacio del que la Corona estaba dispuesta a brindarles para acometer con éxito su proyecto de restauración de la imagen de los Austrias en Europa. Tras la muerte del rey, su empeño no hizo sino crecer, y casi diez años después, en 1674, Carlos II tendría que promulgar una pragmática para limitar la desproporción del lujo de sus embajadas y legacías. A partir de la segunda mitad del siglo XVII, los territorios italianos abastecieron de modelos culturales a la Corte de Madrid con mayor frecuencia, reafirmando, por ejemplo, el poder político de la regencia de Mariana de Austria con iniciativas fraguadas en Nápoles.

Los Aragón alteraron los itinerarios comunes de los españoles en Italia. Pronto tomaron conciencia del poder simbólico de sus residencias, requiriendo a Felipe IV un mayor margen de maniobra para reformular sus funciones. Tanto en Roma como en Nápoles dignificaron y diversificaron los espacios del poder, acercándose a un mayor número de órdenes religiosas y conquistando nuevos escenarios además de las iglesias consideradas de patronato regio. Esta estrategia de imagen estuvo acompañada de un programa ideológico, concretado, por ejemplo, en textos tan originales como la *Exclusiva de Reyes*. Su objetivo era conseguir nuevos adeptos a España en la península y asegurarse el mayor número de cardenales afines en los cónclaves.

Pascual de Aragón llegó a Roma con la misión de lograr una nueva liga cristiana contra el turco, reforzar la adhesión al partido español y preparar el futuro cónclave. Muy pronto quedó de manifiesto la disparidad de estrategias francesas y españolas en el ámbito de la representación de las monarquías. La embajada francesa intentaba desafiar al papa innovando en el ceremonial, mientras España, aparentemente, basaba su diplomacia en la moderación y el respeto a la tradición protocolaria. Las obras de mecenazgo emprendidas durante la embajada, así como las fiestas en las que participó Pascual de Aragón, contaron con el apoyo y financiación del rey y se caracterizaron por un cálculo innegable. Pero la eficacia de estas operaciones simbólicas, y de esta diplomacia paralela, generaba a veces opiniones contrapuestas. El embajador francés y el español, en una ocasión, al valorar sus comportamientos rituales, disintieron sobre cuál de las dos potencias se encontraba aventajada y ambas sintieron que no hacían lo suficiente por representar su dignidad. Este libro ha recogido las opiniones que despertaron entre los contemporáneos los gestos rituales de las distintas potencias. De hecho, un buen número de los acontecimientos analizados ha desvelado la inherente ambigüedad de los símbolos.

Al final de su reinado, Felipe IV redujo las mercedes que entregaba a los italianos y privilegió a los territorios hispánicos de Italia, pero no ahorró en gastos de mecenazgo artístico, un ejemplo que siguió más tarde Mariana de Austria. El rey entendió que las gracias y honores que se habían repartido durante décadas entre los príncipes italianos no habían evitado en algunas ocasiones su deslealtad. Ahora, las antiguas demostraciones de los vasallos eran insuficientes y se requerían nuevas muestras de fidelidad para recibir el favor del rey. Ello implicó un gran cambio en la manera de ejecutar los gestos y el ritual, y sobre todo en la manera de interpretarlos.

La liga cristiana impulsada por Alejandro VII, y la financiación española de la fábrica de San Pedro promovida por Felipe IV al final de su reinado, fueron el canal de expresión de sus respectivas aspiraciones de recuperar el liderazgo europeo. Pero ambos quisieron interferir en el camino del otro. Según Pascual de Aragón, la cámara apostólica se aplicó poco en la consecución de la liga y sin embargo no escatimó esfuerzos en «el gran gasto que se ha hecho y se haze en el atrio del templo». El papa había entendido el valor simbólico de impulsar las obras en San Pedro, en un momento en el que no sólo había perdido peso en Europa, sino que además asistía a la fractura interna de la Santa Sede tras hacerse público un memorial del cardenal Giulio Cesare Sacchetti que se oponía a su figura. España también entendió el valor de las imágenes. Impulsó desde 1647 una política de mecenazgo artístico sobre el patrimonio de la Iglesia, basada en la asignación de varias pensiones estables a diversas congregaciones romanas a las que sumó, en 1661, una pensión de 20.000 ducados anuales para la fábrica de San Pedro para conseguir una mayor presencia de la Monarquía en los asuntos romanos. Esta asignación casi igualaba lo que costaba mantener, al año, en 1666, a un virrey de Nápoles (24.000 ducados). Se aprobó en el marco de la negociación de 1658, que condujo al tratado de los Pirineos. El propio birrete de Pascual de Aragón debió ser una moneda de cambio. Los tres años de demora en el cumplimiento de la liquidación de la pensión fueron utilizados por Felipe IV para forzar otras negociaciones con el papa. Esta estrategia cultural de Felipe IV iniciada en 1647 estaba muy alejada de la desplegada simultáneamente por Francia, que por entonces aplicaba una política agresiva de apropiación de territorios de la Iglesia, como Aviñón.

Detrás de la determinación de Felipe IV de convertirse en benefactor de San Pedro se encontraba su voluntad de dignificar el escenario donde cada año tenía lugar la entrega de la *chinea,* la fiesta de mayor importancia de la embajada española. Los españoles escenificaban la entrega simbólica al papa del tributo de una jaca blanca con 7.000 ducados que garantizaba la continuidad del gobierno de los Austrias en el reino de Nápoles, un feudo del Estado de la Iglesia. Si la Basílica de San Pedro había constituido un escenario de primer orden, también lo eran, de manera singular, las iglesias nacionales de Roma. Muchas iglesias en la ciudad santa constituían escaparates de las naciones, y a ellas se abocaban las respectivas potencias para rivalizar en suntuosidad y hasta para convertirlas en escenario de negociaciones políticas, públicas y secretas. En 1662, la congregación española de Santiago, en Roma, responsabilizó al embajador del aumento de los gastos en fiestas como la de la Inmaculada. Y efectivamente, durante el tiempo en que los dos Aragón estuvieron en Italia, creció el gasto en fiestas públicas, ceremonial y mecenazgo.

Las distintas iglesias hispánicas en Roma tuvieron problemas similares a los que enfrentaron a las distintas provincias francesas entre sí. Hubo además una coincidencia cronológica sorprendente, pues al tiempo que los borgoñones decidieron escindirse de la hermandad francesa, surgieron disputas entre la iglesia de Santiago y la de Montserrat, recogidas por un maestro de ceremonias de la embajada española en 1642. En este sentido resulta interesante que siendo Pascual de Aragón un embajador catalán de nacimiento, las actas de la congregación de Montserrat no confirmen su asistencia a ninguna de las congregaciones generales ni particulares, algo a lo que tenía derecho por ser natural de la corona de Aragón. Desconocemos si acudía a la iglesia el día de la candelaria, festividad de la Virgen de la Purificación, como era habitual, pues los avisos no dieron fe de ello. Pero esta congregación vivió en tiempos de Pascual de Aragón un período de bonanza y estabilidad económica que le permitió impulsar varias obras arquitectónicas aunque la intervención del embajador fuera invisible. En enero de 1663 se remodeló la fachada y el muro exterior de la casa de Montserrat con financiación de la hacienda real de Nápoles.

La embajada española pudo durante estos años cooperar con las congregaciones religiosas hispánicas, sabiendo explotar las posibilidades representativas que le brindaban. Tras la fundación de la obra pía española y de la pensión para la fábrica de San Pedro, demostró estar dispuesta a dar un paso más para apropiarse paulatinamente del control de otras congregaciones en Roma. Varios episodios de intervencionismo galo en el principal convento de mínimos en Roma, situado en Trinità dei Monti, demostraron que la embajada francesa trataba de hacerse más visible en el *quartiere* ocupado por el palacio de la embajada española, sirviéndose para ello de la colaboración de los mínimos de ese convento. Esta situación llevó a Pascual de Aragón a estudiar la manera de contestar a Luis XIV y dirigir su mirada al convento de San Francesco di Paola, sujeto a la misma orden de mínimos. Allí extendió el mecenazgo español y elevó esta iglesia, sin ninguna tradición española previa, a escenario de propaganda de los Austrias.

El mayor conflicto diplomático en la Roma de 1662, el ataque de los soldados corsos a la familia del embajador francés, duque de Crequí, tuvo su origen precisamente en las inmediaciones del palacio de la embajada que los franceses convirtieron hábilmente en el símbolo de la supremacía de su nación en Roma. El conflicto se resolvió un año y medio después, con la firma de la Paz de Pisa. Precisamente, en diciembre de 1662 y tras el conflicto de los corsos, Pascual de Aragón encargó unas obras de restauración en el palacio de la embajada española al arquitecto Antonio del Grande. Pascual volvió a llevar a cabo algunas obras en palacio, en respuesta a un año de intensas discordias con los portugueses en Roma. Ello demostró que en momentos de crisis políticas los españoles respondían con iniciativas para mantener la dignidad y el decoro que la residencia de la embajada española requería. Su sucesor, Pedro Antonio de Aragón, llegó a Roma con una actitud más altiva que la de su hermano. Quizá esta diferencia, que auguraba un cambio en los procedimientos de la embajada, que no en las estrategias, fue la consecuencia lógica de la firma de la paz de Pisa, que marcaba el fin de las amenazas francesas contra el papa. La distensión que siguió a la paz arrastró a la embajada a volver a ponerse en pie de guerra para culminar el proyecto de la escultura de Felipe IV de la basílica de Santa María la Mayor.

El año en que llegó Pedro Antonio a Roma, los franceses podían vanagloriarse de tener una estatua de un monarca francés, Enrique IV, en el atrio de la basílica de San Juan de Letrán, mientras los españoles sólo lucían sus armas en las fachadas de algunas iglesias. Pascual de Aragón y don Luis Ponce de León habían tratado de responder a los festejos franceses de 1661 organizados por Bernini por el nacimiento del delfín con la celebración de una fiesta por el nacimiento de Carlos II ese año, que, junto al encargo de un retrato de Felipe IV a Pietro del Po, reveló una mayor inquietud retratística, y por lo tanto una mayor conciencia de la necesidad de extender la imagen de Felipe IV en Roma. Esta fiesta del embajador representó un tímido adelanto de la contraofensiva española que se impuso durante la embajada de Pedro Antonio de Aragón, frente a las tentativas de Francia de extender la imagen de Luis XIV en las calles de Roma. Sólo tras la firma del Tratado de Pisa y con la entrada de Pedro Antonio en Roma llegó una respuesta más contundente, que acabó con la contención que había caracterizado la embajada española durante décadas. El cambio de rumbo lo fijó el proyecto de la estatua de Felipe IV en Santa María la Mayor, lo que constituyó una de los hitos del programa de restauración de la imagen del rey católico en Italia por parte de los Cardona, y que contó con el proyecto y asesoramiento de Bernini.

Pedro Antonio de Aragón desarrolló en Roma, y, sobre todo, en Nápoles, su mayor actividad coleccionista. Este repentino interés por reunir una gran colección, que alcanzó en España las 1.100 pinturas y una biblioteca de más de 3.500 volúmenes, sólo se explica por el impacto que recibió al convertirse en ávido espectador de las prácticas culturales de cardenales y aristócratas durante su embajada en Roma. Por ello, este libro hace hincapié en la necesidad de recorrer los escenarios que nuestros protagonistas vieron y que contribuyeron a forjar su propia cultura visual. Durante la embajada romana, Pedro Antonio tuvo ocasión de visitar grandes colecciones, como las del palacio Chigi en Ariccia en octubre de 1664, la villa Aldobrandini en Frascati en mayo de 1665 y la villa Ludovisi tras la muerte del príncipe de Piombino. El tiempo que duró su embajada, entre 1664 y 1666, fueron pocas las obras que adquirió y sí en cambio abundantes las colecciones que pudo visitar. Pedro Antonio de Aragón se benefició mayoritariamente de una red de influencias tejida alrededor del *partido español* para sus fines coleccionistas, pues su principal fuente de abastecimiento fueron los cardenales romanos, todos pertenecientes al *partido español*. Pedro Antonio empezó a reunir su biblioteca en Roma y no en Nápoles como se creía. También desconocíamos hasta ahora que en un momento tan temprano fraguara su intención de llevar una parte de su biblioteca al monasterio de Poblet, como han revelado los documentos notariales. Roma fue la escuela donde Pedro Antonio adquirió modelos de conducta y Nápoles su principal campo de pruebas, primero, y el escenario de su consagración como coleccionista, después. En Nápoles, los mayores abastecedores de pinturas para Pedro Antonio dejaron de ser los cardenales del partido español, para pasar a ser los marchantes de arte, su familia y los funcionarios del Reino. Todo lo cual revela lo poco extendidas que, en 1662, estaban las prácticas coleccionistas entre los oficiales de la embajada que llevaban años residiendo en Roma. Este libro permite ver que detrás de algunas adquisiciones de cuadros en Roma pudieron existir motivaciones políticas de las personas que los proporcionaron, con el deseo de obtener del título de *grandeza*, por ejemplo. El valor económico de estas transacciones, muy a menudo superior al gasto derivado del mecenazgo palatino o conventual, tanto en Roma como en Nápoles, obliga a situar el coleccionismo en un lugar central de la actividad cultural de los representantes españoles en Italia.

La voluntad de Pedro Antonio de Aragón de reparar el descrédito y daño simbólico que había padecido tras su derrota militar en Cataluña se unió a su alto concepto de linaje. Antes de partir a Italia, al visitar el panteón familiar de Poblet, se había vuelto a reencontrar con el Principado y se hizo la promesa de estrechar sus lazos con él. Desde entonces Pedro Antonio, como Pascual, no perdió ocasión para declararse heredero de los monarcas aragoneses y representante de la Corona de Aragón, impregnando todas sus iniciativas culturales en Roma y más tarde en Nápoles de un marcado signo *aragonesista*. La primera y más evidente muestra de este giro *aragonesista* fue su determinación de reformar los estatutos de la congregación de Santa María de Montserrat en 1666. Pedro Antonio de Aragón redimensionó la iglesia y congregación de Montserrat convirtiéndola en escenario privilegiado de las fiestas tradicionales de la embajada, que pocas veces o nunca, dependiendo de las celebraciones, se habían desarrollado en la congregación de la Corona de Aragón.

Pedro Antonio también incorporó alguna novedad en el ritual de la otra gran congregación española, la de Santiago, por ejemplo al exhibir en las fiestas que allí se desarrollaban un mayor número de retratos reales. También trató de implicar a la congregación de Santiago en las fiestas y devociones aragonesas, como la fiesta del Beato Pedro de Arbués, Inquisidor de la Corona de Aragón. En septiembre de 1665 falleció Felipe IV y Pedro Antonio de Aragón organizó las exequias en Santiago, encargando el programa decorativo a su agente Nicolás Antonio y a Pietro del Po. Giovanni Francesco Grimaldi diseñó el aparato de la fachada de la iglesia, con varias pinturas que celebraban las gestas de Felipe IV y la firma de la Paz de los Pirineos, acompañadas de las estatuas de la muerte y del tiempo con *putti*, escudos, triunfos militares y figuras femeninas alegóricas (la Constancia, la Prudencia, la Concordia y la Fidelidad), junto con personificaciones de las provincias de la Monarquía.

Las iniciativas arquitectónicas en el palacio de la embajada española se impulsaron, bajo la embajada de Pedro Antonio, tras agravios recibidos en los rituales de la ciudad y en respuesta a los mismos. El embajador Crequí había usado el palacio Farnese como un arma de combate. Pascual y Pedro Antonio utilizaron su palacio, en cambio, como un escudo con el que defenderse en la arena diplomática. Pese a las constantes advertencias que el embajador recibía del Consejo de Estado para no emprender nuevas obras en palacio, entre abril y mayo de 1665, Pedro Antonio encargó la construcción de una fuente en el patio que constaba de ocho columnas y los escudos de su Casa, muy probablemente influido por su visita a la villa Aldobrandini de Frascati.

Los Aragón también comprendieron que el regalo podía ser utilizado para alterar la relación de preeminencias entre dos monarcas y hasta para atacar la reputación de una potencia. Algunos regalos que se exigieron al rey durante sus embajadas fueron considerados indignos de la grandeza de Felipe IV por Pascual y Pedro Antonio. Entre las funciones de estos embajadores y luego virreyes estuvo la de idear la manera de preservar el rey de algunas prácticas de intercambio de regalos. Así cuando la reina Cristina de Suecia exigió el regalo de unos caballos de Nápoles, el embajador en Roma impidió que fuera declarado como presente de Felipe IV y en cambio se atribuyó formalmente al virrey de Nápoles. El caso reveló la utilidad de la institución virreinal, pues en su nombre se lograron hacer regalos que podían perjudicar la reputación de Felipe IV en Italia.

Las canonizaciones, como los regalos, fueron ámbitos especialmente fértiles de la diplomacia de Pascual y Pedro Antonio de Aragón. Las distintas naciones presentes en Roma en el siglo XVII pugnaban por lograr el mayor número de beatificaciones o canonizaciones de personas naturales de sus reinos, pues ello permitía mostrarlas como potencias con autoridad y capacidad ante la Santa Sede, y en general en la escena política internacional. Las canonizaciones eran la ocasión de desplegar una sucesión de festejos, de exhibir un sinfín de aparatos y fuegos de artificio para glorificar el nombre de una corona. Pascual y Pedro Antonio de Aragón lograron durante sus embajadas la beatificación de Pedro de Arbués y hacer avanzar el proceso de canonización de muchos otros españoles, principalmente los pertenecientes a la Corona de Aragón, proponiendo además la causa de algunos antepasados de su familia. Sin embargo, no fue hasta el virreinato de Pedro Antonio de Aragón cuando pudieron recoger los frutos de las negociaciones que con tanta dedicación llevaron a cabo con la Santa Sede. En enero de 1663, Pascual de Aragón propuso a Alejandro VII, en nombre de Felipe IV, la canonización de Sor Juana de la Cruz, considerada la intercesora de la cuestión portuguesa. En abril de 1664 se festejó la canonización de Pedro de Arbués, canónigo de la catedral de Zaragoza e Inquisidor del reino de Aragón. Pedro Antonio de Aragón heredó al frente de la embajada el mismo empeño *aragonesista* en la política de canonizaciones de su hermano. Además, presentó las actas del proceso de beatificación y canonización de Sor Ana de la Cruz, bisabuela materna de su mujer, Ana Fernández de Córdoba.

Este libro ha individuado los mecanismos de representación que los Aragón impulsaron para reforzar la institución virreinal de Nápoles. Tuvieron que afrontar el principal reto de cualquier virrey, paliar la ausencia del rey. Mientras en Roma empezaron a forjar su nueva concepción del ceremonial, durante su paso por Nápoles la corte virreinal se situó en el interior de la Monarquía como una corte de primer orden en la definición de las estrategias de representación y propaganda de los Austrias, cuyos logros iban a ser luego aprovechados en la corte de Madrid. A su llegada a Nápoles se encontraron con un clima cultural local favorecedor de las reformas teóricas que fueron la base de los ilustrados napolitanos del siglo XVIII. Simultáneamente, la autoridad virreinal trabajó para fijar una imagen histórica oficial que iba a culminar con las obras de Antonio Bulifon y Domenico Antonio Parrino. Esta tendencia de renovación de la cultura histórica napolitana cobró un gran impulso con la actividad propagandística de los dos Aragón, particularmente de Pedro Antonio.

La utilización del mecenazgo cultural y el aprovechamiento de la esfera simbólica en Nápoles paliaron la caída de los recursos materiales del poder virreinal, convirtiendo las obras públicas, las fiestas o el ritual en un arma política más poderosa en manos de los virreyes. El gasto militar disminuyó respecto a los años anteriores a los virreinatos de los Aragón. El gasto en obras públicas, en cambio, creció. En el caso de los gastos del Palacio Real, por ejemplo, casi el doble entre 1665 y 1667. Por primera vez, los virreyes dejaron las arcas de la hacienda real de Nápoles sin excedentes, por lo muy costoso que había resultado mantener su *gobierno de las imágenes*. En el afán restaurador que impregnó todo el mecenazgo virreinal de la segunda mitad del siglo XVII, el virrey en ocasiones no contó con el total apoyo del monarca, quien recelaba de sus excesos. Desde entonces, se revitalizó el eje entre Roma, Nápoles y Madrid, se reforzó la importancia de la experiencia romana del virrey y la colaboración con el embajador en la Santa Sede.

Si la primavera del mecenazgo virreinal nos retrotrae al virreinato del conde de Oñate ¿qué es lo que entonces fue singular a partir del virreinato de Pascual y en mayor medida de Pedro Antonio de Aragón? Desde el final del virreinato del conde de Peñaranda y con la llegada de Pascual de Aragón, los cronistas empezaron a percibir un creciente sentido unitario y continuista en la acción de los virreyes. Éstos se sucedían, pero restaba un proyecto común que unos heredaban de otros y se encargaban de cuidar. El cuerpo político virreinal salió fortalecido tras la restauración de Oñate, pero aún más tras los sucesivos trances políticos por los que tuvieron que pasar Pascual y Pedro Antonio. Lograron reducir los gastos internacionales pero, en cambio, de Nápoles salieron los mejores textos jurídicos en defensa de los derechos de la Monarquía en Europa. Los gastos en las obras públicas se multiplicaron y con ellos las críticas del Consejo de Estado por lo que se consideraban derroches del virrey.

El virreinato de Pascual de Aragón duró apenas dos años (1664-1666), durante los que sin embargo logró rodearse de una corte erudita. En su primera visita al arzobispo cardenal Ascanio Filomarino, Pascual tuvo ocasión de demostrarle su exquisitez en la comprensión del ceremonial, tras salir victorioso de un aprieto protocolario en el que le metió el prelado. Durante las exequias por la muerte de Felipe IV, Filomarino no quiso vestirse de luto y se abrió la polémica por cómo debía comportarse el nuncio en los funerales celebrados en Santa Clara, y a cuenta de quién merecía recibir el cojín en la silla en el funeral del *duomo*. Pascual siguió de cerca los preparativos de las exequias y las obras artísticas del real monasterio de Santa Clara para no dejar ningún detalle al azar. Desde la revolución de 1647, los virreyes habían tenido que responder a las acusaciones del arzobispo de la ciudad de no respetar la religión. A partir de 1662 creció el abismo entre la autoridad virreinal y la eclesiástica en el reino. Pascual de Aragón adoptó la estrategia de *sacralización* desplegada desde hacía años por Filomarino para apropiarse de los símbolos sagrados ligados a la devoción ciudadana. Crecieron las pretensiones de la autoridad arzobispal y virreinal para aumentar su intervención en la gestión de las procesiones o rituales urbanos, especialmente en la fiesta de San Genaro, patrono de Nápoles, con el objetivo de reafirmarse como garantes del único orden posible en el gobierno de la ciudad.

Pedro Antonio de Aragón, siguiendo a su predecesor, favoreció a las clases aristocráticas emparentadas con la casa de Aragón como los Piccolomini, o los condes de Celano. Durante su virreinato se pusieron pronto de manifiesto los progresos que alcanzaron los togados y se acabó con la tradicional contraposición entre nobleza y palacio, dando lugar a conflictos de prestigio y de primacía formal que alimentaron el esplendor nobiliario a la par que el virreinal. Como parte de su programa de recuperación de la memoria aragonesa, en invierno de 1667, Pedro Antonio se convirtió en el guardián del corazón y cadáver de Alfonso el Magnánimo que había custodiado el convento de Santo Domingo el real de Nápoles. Antes de abandonar la ciudad logró enviar el cuerpo del monarca al monasterio de Poblet, panteón también de su familia.

La sucesión de Felipe IV desencadenó una auténtica crisis en el seno de la autoridad virreinal en Nápoles. Al principio de cada reinado, el monarca debía solicitar al Pontífice la investidura del reino de Nápoles por ser un feudo papal. El papa, a cambio de expedir la pertinente *bula áurea*, recibía su juramento de fidelidad hacia la Santa Sede. Pero en esta ocasión el papa suspendió por un tiempo la investidura del reino y expresó su voluntad de enviar a Nápoles un legado apostólico que, en sustitución del virrey, gobernara el Reino durante la minoría de edad de Carlos II, y hasta afirmó que iba a rechazar el tributo de la *chinea* ese año. El papa, en realidad, había puesto en cuestión la autoridad de la figura del virrey al frente de un reino de tal importancia y Pedro Antonio lo percibió como un gran ataque a la institución virreinal que trató de contestar. Se excedió en su respuesta al papa y por ello fue reprehendido en el Consejo de Estado. Varios reproches intercambiados a cuenta del sentido de la fiesta de la *chinea* ese año fueron el reflejo de las heridas que existían en las relaciones entre España y la Santa Sede. Al final se celebró la fiesta y se confirmó la investidura del reino de Nápoles, aunque se mantuvo en pie la reivindicación papal de instaurar en la ciudad un gobernador apostólico. En medio de todo este clima fue imprescindible utilizar correctamente la plataforma de las fiestas religiosas de la ciudad para sacralizar el poder virreinal a costa del eclesiástico y demostrar quién tenía el favor divino.

Pedro Antonio de Aragón, más que sus antecesores en el cargo, consiguió cargar de connotaciones hispánicas y hasta *austríacas* algunas fiestas y devociones populares en Nápoles. Decidió extender una estrategia diametralmente opuesta a la del arzobispo Filomarino, al apostar por una alianza con la plaza del pueblo. La estrategia también era nueva en la etapa virreinal, durante la que el papel del electo del pueblo se había reducido en beneficio de la nobleza de *seggio*. En efecto, Pedro Antonio de Aragón introdujo una novedad en la fiesta del Corpus Christi, al decidir dar un protagonismo al electo del pueblo que nunca había tenido. En 1668 correspondió organizar los festejos de San Genaro al *seggio di porto*, al que pertenecía el virrey, y el *seggio* eligió a Pedro Antonio entre los diputados para encabezar la procesión. Pedro Antonio vinculó a la devoción hispánica una fiesta popular muy protegida en su día por los monarcas aragoneses, la fiesta de San Giovanni a Mare, la gran fiesta del electo del pueblo, a la que concurrió el virrey a caballo entre arquitecturas efímeras y con múltiples retratos suyos por toda la ciudad.

Pedro Antonio no sólo se había propuesto reducir los gastos militares para convertir el reino en el laboratorio cultural que iba a proporcionar a la Monarquía los mejores textos jurídicos de política internacional y las estrategias de representación más sofisticadas. También persiguió cambiar las conductas en la ciudad para fomentar la lealtad hacia la Corona, otorgando una gran importancia a los gestos, de manera que desde los meses previos a la Guerra de Devolución, impuso el abandono de la moda francesa y se descolgaron de varios palacios las armas de príncipes italianos afines a Francia, como el duque de Parma. En 1668, la independencia de Portugal, humillante a los ojos de Pedro Antonio, volvió a desencadenar grandes obras de mecenazgo, por ejemplo con la construcción del hospital de San Pedro y San Genaro, que el virrey definió como «obra tan digna de la memoria de Vuestra Majestad en este Reyno y en toda la cristiandad».

Tras la Paz de Aquisgrán y la independencia de Portugal, que sucesivamente hundían la credibilidad de la Monarquía, Pedro Antonio respondía con iniciativas que habían sido impropias de los anteriores virreyes. Éstos no habían tenido por costumbre exhibir los retratos fijos del virrey en las calles de la ciudad. Sin embargo, Pedro Antonio, además de impulsar el levantamiento de una escultura de Carlos II, multiplicó la exhibición de los retratos del virrey y de su esposa en las fiestas cívicas y hasta colgó de la fachada del hospital de San Genaro, junto a un retrato de Carlos II, su propio busto, obra de Bartolommeo Mori. En buena medida era un mensaje de reafirmación del cuerpo virreinal dirigido al papa y de ello tomó buena nota el nuncio, que remitió toda la información a la curia.

El segundo trienio (1669-1672) estuvo plagado de crisis y desacuerdos con la ciudad, los togados y la plaza del pueblo. Pedro Antonio anunció su voluntad de reforzar el papel político del electo del pueblo a través de las ceremonias, dándole un protagonismo inédito en las principales celebraciones de la ciudad. Sólo en segundo lugar, en 1669, llegó su propuesta formal, ante el Consejo del Colateral, de reformar la arquitectura constitucional del reino, encargando la administración de la ciudad a sólo un electo noble y a un electo del pueblo. El Consejo de Italia, por la fuerte oposición que despertó esta medida, la abortó inmediatamente. Pero las ceremonias habían servido a Pedro Antonio de Aragón para preparar el terreno de sus reformas constitucionales en el Reino, aunque luego no prosperaran.

En febrero de 1670, tras la muerte de su hermano, Pedro Antonio se tituló VI duque de Segorbe y VII de Cardona, aumentando las apelaciones a su linaje y la magnificencia de sus manifestaciones públicas. La embajada de obediencia al papa de 1671 significó, en clave interna napolitana, la reconciliación del virrey con una parte importante de la aristocracia local y con miembros del aparato burocrático del virrey. Sin embargo, también desencadenó sospechas de conjuras en la corte napolitana durante su ausencia. El Consejo de Estado llegó a atribuir los recientes males de la Monarquía a las demoras en la celebración de la ceremonia de la embajada del virrey al papa. Pedro Antonio evitó que la embajada española de obediencia al papa coincidiera con la embajada portuguesa que debía celebrarse también en Roma, tras la declaración de independencia, y que suponía la primera función pública de un representante del rey portugués con título de embajador ante la Santa Sede. El objetivo de Pedro Antonio de Aragón fue ensombrecer el reciente ingreso en Roma del embajador portugués Pedro de Sousa, conde de Prado, con una embajada inédita por su carácter lujoso que recogió Giovanni Battista Falda, en un dibujo, grabado por Gian Giacomo de Rossi.

Pedro Antonio se rodeó de una corte de literatos y humanistas y compartió el interés de los viajeros que contemporáneamente acudían a los Campi Flegrei y Pozzuoli empujados por el redescubrimiento del termalismo y de sus propiedades curativas, y por el recuerdo de las bellas villas que allí establecieron los romanos como lugar de retiro y descanso. El fenómeno supuso la publicación, durante el virreinato de Pedro Antonio, de múltiples guías sobre las antigüedades y termas de Pozzuoli, que llevaron al virrey a emprender la restauración de los baños y a colocar al ingreso de los mismos una serie de inscripciones conmemorativas, así como a construir una nueva calle, vía *Aragonia*, entre Pozzuoli y el castillo de Baia.

Este libro repasa también la historia del Palacio Real de Nápoles, desde su apropiación por parte de los sublevados en el marco de la revolución de 1647 y su transformación en emblema de la restauración de Oñate. Recuerda también las causas que motivaron su construcción en 1600, la elección de su ubicación y las razones de orden ceremonial que dictaron su formulación y su posterior evolución constructiva. A diferencia de la mayoría de los virreyes anteriores, los Lemos, el duque de Alba o el conde de Oñate, la actividad de los Aragón en palacio no se justificó por la evocación al propio linaje. A medida que su autoridad iba siendo cuestionada, los virreyes de la segunda mitad del siglo y, muy especialmente, los Aragón, convertían el palacio en un proyecto colectivo destinado a reforzar el cuerpo político del virrey.

El paso de Pedro Antonio por el palacio se caracterizó por una pasión reformista que no se veía desde tiempos del conde de Oñate. Pedro Antonio, como Oñate, pensó en el palacio y en su relación con la ciudad, dotándolo de nuevos usos y funciones simbólicas e incorporándolo dentro de los circuitos habituales de un número mayor de procesiones religiosas. Pretendió reforzar el vínculo simbólico entre el Palacio Real y Castelnuovo, es decir, entre el gobierno de los Austrias y el legado aragonés. Detrás de sus remodelaciones arquitectónicas en la zona portuaria de la ciudad estaba su intento de conferir mayor protagonismo y valor simbólico al palacio y a su entorno. El virrey buscó potenciar este enclave urbanístico en detrimento de otras zonas lúdicas, en otros tiempos más representativas, como Pozzuoli o Chiaia, para cambiar los hábitos de la aristocracia napolitana, invitándola a frecuentar la zona que dignificó con la construcción de un acceso desde el puerto a palacio para las carrozas, que debía hacerlo más transitable y permitir una mejor perspectiva de la estatua de Júpiter en el *largo di palazzo*, que conmemoraba en una placa las obras del virrey. Construyó un *belvedere* en la fachada de mar del palacio, una nueva dársena y arsenal, proyectados por Antonio Testa y Bonaventura Presti, que recibió las duras críticas del Consejo de Estado por lo mucho que había costado a las arcas reales.

Pedro Antonio dialogó con las obras emprendidas por sus predecesores en el Palacio Real, en la escalera de honor, un proyecto inicial de Oñate; en la capilla real, una obra iniciada por Medina de las Torres; o en las estancias privadas reformadas por Alba. El tamaño de la intervención de Pedro Antonio en las obras que impulsó en palacio no se correspondió con un esfuerzo similar por decorarlo con las glorias de su casa. La única referencia familiar lo bastante amplia del Aragón fue la colocación de una estatua yacente que representaba el río Aragón, presidiendo el muro de acceso al palacio viejo por la escalera de honor, a los pies de la cual, además, se encargó de colocar dos esculturas que, al representar los ríos Tajo y Ebro, los principales de la península, constituían una alegoría de España.

Pedro Antonio, además, reconsideró los usos del palacio viejo, como había hecho Oñate, pero a diferencia de éste, no para tratar de sustituirlo sino para asignarle nuevas funciones ceremoniales. Hizo consagrar la capilla real, pero sobre todo se aplicó en ampliar y dignificar el apartamento privado, con un mayor número de estancias y alcobas, para eventuales visitas y para que, a través de las nuevas salas, se pudiera acceder, de un modo independiente, a la Galería, actual sala de los embajadores.

Este libro también demuestra que las prácticas coleccionistas del virrey, además de mover grandes sumas de dinero, tuvieron un amplio calado político. Pedro Antonio de Aragón se sirvió de unas redes clientelares para abastecerse de obras, susceptibles de ser intercambiadas por mercedes, dignidades y cargos. Al analizar cómo formó su colección, contamos con un documento de gran singularidad que revela la procedencia de un gran número de obras y el momento preciso en que fueron entregadas. Esta fuente confirma que los principales abastecedores del virrey fueron los marchantes de arte y su servicio. Este dato y otras fuentes nos pusieron sobre la pista de que fue el propio virrey el que encargó obras a los artistas locales y la compra de pinturas en el mercado artístico napolitano. De este modo, deducimos que los virreyes dinamizaron el panorama artístico local, lo que se opone a una opinión, muy extendida en la historiografía, que con frecuencia califica el mecenazgo de virreyes como discontinuo, y les achaca el dedicarse solamente al expolio de obras de las iglesias de la ciudad. Por algunos testimonios, como De Dominici, intuimos que Pedro Antonio fue un exigente coleccionista, refinamiento que no entró en contradicción con los intereses políticos que movieron una parte nada desdeñable de su actividad: ambos aspectos eran dos vasos comunicantes en la tarea coleccionista del virrey. Algunas fuentes notariales confirman la altura del coleccionismo de Pedro Antonio al haber dado muestras de preocuparse por la integridad de su colección, por controlar todos los detalles del envío de las obras a España y por tratar de recuperarlas con acciones judiciales, cuando en una ocasión fueron robadas.

Pascual y Pedro Antonio de Aragón ampliaron en Nápoles su reflexión sobre los usos políticos de la difusión de los retratos que ya habían abierto en Roma, lo que llevó en una ocasión a Pascual a apelar delante del nuncio a un retrato que poseía del papa, para probar su lealtad a la Santa Sede. Con motivo de las exequias de Felipe IV volvió a mostrarse interesado en la retratística y en conectar el proyecto de escultura del rey, de Santa María la Mayor, con el catafalco de Francesco Antonio Picchiatti, pues ambos casos representaban al rey con una inusual iconografía imperial. Simultáneamente, y con motivo de la proclamación de Carlos II, exhibió numerosos retratos del rey bajo baldaquín en las calles de Nápoles. Una vez más, Pedro Antonio superó a su hermano en su dominio de las estrategias de representación, ahora en el terreno del retrato, sin duda motivado por la mayor duración de su virreinato —seis años— respecto al de Pascual. La decisión de colgar su busto en la fachada del hospital de San Genaro, un hecho inédito en la historia virreinal, y los múltiples retratos suyos que exhibió durante la fiesta de San Juan del electo del pueblo, que ya hemos mencionado, confirman la tendencia del virrey de magnificar su propia imagen. Pedro Antonio aprovechó una iniciativa que surgió en las provincias, con dos estatuas públicas de Carlos II en Avellino (1668-1669), para, siguiendo el ejemplo, encargar él también en 1669 una escultura de Carlos II en Nápoles que iba a presidir una fuente en Monteoliveto, a la que sumó la restauración de otra estatua de Alfonso V en Mezzocannone. Contemporáneamente aprovechó su mecenazgo en el convento de Sor Ursula Benincasa para llenar las celdas de las monjas de retratos suyos, de su mujer y de Pascual de Aragón. Los retratos de los virreyes Aragón colgaron también de las paredes de otros monasterios como el Carmen, y de algunas casas nobiliarias.

Desde Nápoles, dos testimonios nos permiten asegurar que Pascual de Aragón, primero, y Pedro Antonio, después, se replantearon la cultura virreinal del intercambio de regalos. El confesor de Pascual reveló que el virrey, al llegar a Nápoles, prohibió a su servicio recibir cualquier regalo, pues, según afirmó, quería desacostumbrar a los napolitanos, que siempre habían querido conseguir los favores del virrey con generosas dádivas entregadas a su familia. Una numerosa correspondencia de Pascual con Flavio Chigi también desvela hasta qué punto estuvo preocupado por que no fueran mal interpretados sus regalos a la curia. Pedro Antonio, por su parte, emprendió la iniciativa de frenar los abusos en que solían derivar los cónclaves, reclamando una reforma en profundidad de una práctica extendida de entrega de dádivas a cardenales.

Pero los regalos tenían también reservadas en las cuentas del virrey largas partidas y constituían transacciones esperadas en un marco institucional y en un contexto ceremonial preciso, como una recepción o una legacía. El abanico de regalos era muy amplio, desde regalos institucionales entre naciones como los doce halcones que la república de Ragusa regalaba a la Monarquía todos los años para manifestar una alianza política, al envío de caballos, carrozas y pinturas a Felipe IV y Carlos II —que no se interrumpió en los virreinatos de los Aragón—. Los Aragón se vieron inmersos en casos de circulación de regalos reutilizados o regalos considerados como miserables que eran la burla de los cronistas. Pascual de Aragón, además, protagonizó varios rechazos de regalos con fines moralizantes durante su visita a la costa amalfitana. El análisis relativo a los regalos es aquél que más nos ha conducido a pensar que existieron unas prácticas específicas españolas diferentes de los hábitos locales.

Este libro se cierra con un capítulo dedicado al mecenazgo conventual como parte de la estrategia de los virreyes para ensanchar la *pietas austríaca* e hispánica, y lanzar un mensaje de firmeza a la Santa Sede. Algunos ejemplos de mecenazgo conventual se remontaban hasta el virreinato de Oñate y otros excedieron los límites de su gobierno para afectar también a los virreinatos sucesivos. El objetivo de tales iniciativas era apropiarse de nuevos escenarios sagrados, someterlos a la jurisdicción regia y aun arrebatarlos a las autoridades eclesiásticas. Existieron tres motivaciones distintas detrás de tales iniciativas constructivas: la primera de ellas fue incidir en la memoria de la revolución de 1647 para restaurar la autoridad virreinal. La segunda fue defender los privilegios del rey católico en Nápoles cada vez que se veían amenazados por varias bulas papales publicadas durante el virreinato de Pascual y Pedro Antonio. La tercera fue fortalecer el valor de la continuidad en los proyectos edilicios de iglesias, es decir, demostrar que el cuerpo político virreinal prevalecía a pesar de la interrupción del gobierno, cada uno o dos trienios.

Las canonizaciones fueron un ámbito en el que Pascual y Pedro Antonio de Aragón se mostraron especialmente dinámicos, más incluso que durante sus embajadas en Roma. En 1671 el papa Clemente X canonizó a cinco nuevos santos, de los cuales cuatro fueron españoles: San Francisco de Borja, Santa Rosa de Lima, San Luis Beltrán y el Santo Rey Fernando. Es necesario remontarse a 1622 para ver a cuatro santos españoles canonizados en un mismo año: la de San Isidro, Santa Teresa, San Francisco Javier y San Ignacio de Loyola. En 1664 se había logrado beatificar a Pedro de Arbués y en 1669 canonizar a Pedro de Alcántara. Pedro Antonio pudo asistir desde Italia a la canonización de cinco españoles y a la beatificación de uno, de los cuales tres procedían de la antigua Corona de Aragón. Las cifras son muy altas si tenemos en cuenta que en el siglo XVII se lograron 23 beatificaciones y 20 canonizaciones españolas, de las que Pedro Antonio de Aragón presenció en Italia una cuarta parte. Durante el virreinato comprobamos que existían otros criterios que empujaban a un virrey a defender una causa, por ejemplo la comunión con la biografía de un beato y los valores que representaba. El embajador o el virrey querían asistir a la subida a los altares de las virtudes que él pretendía encarnar y contribuir así a su propia proyección. Tal fue el caso de Francisco de Borja, con quien Pedro Antonio podía sentirse muy identificado por haber sido virrey y Grande y aprovechar los festejos de su canonización para su propia glorificación. La canonización de Fernando III fue la más trascendente, pues implicaba la subida a los altares del primer monarca español, mientras que Francia ya tenía a un rey santificado. Una carta de Pascual revela hasta qué punto Pedro Antonio se implicó en la culminación de su proceso, que se había iniciado en los años veinte. El virrey, además, aprovechó para incorporar la celebración de la fiesta de San Fernando en el calendario de festividades de Nápoles.

Pascual y Pedro Antonio, una vez en España, mantuvieron sus lazos con algunos italianos e importaron no sólo sus colecciones artísticas y bibliotecas, sino también unos hábitos de representación que supieron extender más allá del propio panteón familiar, la catedral de Toledo o el convento de las capuchinas de la misma ciudad. El regreso de Pascual como arzobispo de Toledo permitió percibir enseguida que su inicial aversión por las ceremonias se había transformado en una profunda preocupación por preservar su dignidad cardenalicia y hacerla respetar a través de las manifestaciones públicas. Pedro Antonio también dio múltiples ejemplos de adaptación de su experiencia italiana en España, por ejemplo en la iniciativa frustrada de colgar su retrato y el de su hermano en la fachada de la iglesia de Poblet, a semejanza de lo que había conseguido en el hospital de San Pedro y San Genaro de Nápoles. Sería necesario que, en un futuro, otras investigaciones profundizaran en el impacto cultural del regreso de estos y otros gobernantes de Italia a España.

En conclusión, este libro ahonda en las causas que entre 1659 y 1672 motivaron un cambio en la manera de entender el ceremonial y el mecenazgo, y una reforma en las estrategias de representación y legitimación del poder de los Habsburgo. Profundiza en las manifestaciones de este cambio hacia un uso más racional del mecenazgo en dos escenarios distintos, la embajada en Roma y el virreinato de Nápoles. Creemos que el inicio de este cambio vino marcado sobre todo por la quiebra en las relaciones entre el pontífice y el monarca católico en 1662. De una manera singular, un papa, Alejandro VII, y un monarca, Felipe IV, los dos grandes perdedores de los tratados internacionales de mediados de siglo, pusieron en sus puntos de mira un mismo objetivo: convertirse en la cabeza política de Italia. Los ataques lanzados por el papa a partir de entonces a la máxima autoridad española en Italia, el virrey de Nápoles, no tuvieron precedentes. Sin embargo, Pascual y Pedro Antonio de Aragón lograron salir airosos, pese a la poca colaboración de la Corona, ideando una nueva estrategia cultural que permitiera la supervivencia de la institución virreinal. Asumieron que la única alternativa era convertir la corte provincial en lo más parecido a una corte regia y sus esfuerzos se destinaron desde entonces a potenciar la doble naturaleza del cuerpo virreinal. De la misma manera que el cuerpo político del monarca nunca moría, tampoco el del virrey debía hacerlo. Cuando en los años sesenta, el cronista Innocenzo Fuidoro percibió en Nápoles una mayor unidad de acción entre los virreyes, en realidad asistía a la consolidación tardía del cuerpo político virreinal, que resultó decisiva en la conservación de la supremacía española en Italia.

Bibliografía

Fuentes primarias impresas

ADAMI, A. (1672): *Il Santo fra Grandi di Quattro Grandati cioe S. Francesco Borgia esprimenti nella sua santità en el suo nome le virtù de' Quattro santi Franceschi di Assisi, di Paola, di Savier e di Sales*. Roma: Il Varese.

ANTONIO, N. (1998 [1672]): *Bibliotheca hispana antigua*. Madrid: Fundación Universitaria Española.

AVILÉS, P. DE (1673): *Advertencias de un político a su príncipe, observadas en el gobierno... del señor Don Antonio Pedro Álvarez Osorio Gómez Dávila y Toledo, Virrey y Capitán General del Reino de Nápoles*. Napoli: Novelli de Bonis.

BAGLIONE, G. (1995 [1642]): *Le vite de' pittori, scultori, architetti ed intagliatori, dal pontificato di Gregorio XIII del 1572, fino a' tempi di Papa Urbano VIII nel 1642*. Città del Vaticano: Biblioteca Apostólica Vaticana.

BALDINUCCI, F. (1974-1975 [1681-1678]): *Notizie dei professori del disegno da Cimabue in qua*. Firenze: Eurografica.

BARTOLI, S. (1667): *Breve ragguaglio de' Bagni di Pozzuolo dispersi*. Napoli: Stamperia del Roncagliolo.

— (1679): *Thermologia Aragonia sive historia naturalis thermarum in Occidentali Campaniae ora inter Pausillipum et Misenum scatentium iam aevi iniuria deperditorum et P. Ant. Ab Aragonia studio et munificentia restitutorum*. Napoli: Novelli de Bonis.

BELLORI, G. P. (1976 [1664]): *Nota delli musei, librerie, gallerie & ornamenti di statue, e Picture ne palazzi, nelle case e ne giardini di Roma*. Roma: Istituto Nazionale di Archeologia e Storia dell'Arte.

— (2005 [1672-1695]): *Vidas de pintores*. Introducción, edición y notas de M. Morán Turina. Madrid: Akal.

BELTRANO, O. (1644): *Breve descrittione del Regno di Napoli*. Napoli: Appresso Roberto Mollo.

BIFOLCO, V. (1665): *Panegirico in morte di Filippo IV Re delle Spagne. Dedicato all'ill et ecc sig. Don Pietro Antonio di Aragona, ambasciatore ordinario in Roma della maestà cattolica*. Roma: Per Ignazio de'Lazari.

BLAEU, J. (1663): *Theatrum Civitatum nec non admirandorum Neapolis et Siciliae Regnorum*. Amwerpen: Joan Blaeu.

— (1704): *Nouveau Théâtre d'Italie, Tom. III, Contenant les Royaumes de Naples & de Sicilie*. Amsterdam: Ed. de Pierre Mortier.

BULIFON, A. (1932): *Giornali di Napoli dal 1547 al 1706*. Ed. Nino Cortese, Napoli: Società Napoletana di Storia Patria..

CAPACCIO, G. C. (1989 [1634]): *Il Forastiero*. Napoli: Luca Torre Editore.

CARDUCHO, V. (1979 [1633]): *Diálogos de la pintura*. Ed. F. Calvo Serraller. Madrid: Turner.

CASTALDO, S. (1654): *Relatione delle famossissime luminarie Fatte nella citta di Napoli nella festa del gan patriarca miracoloso B. Gaetano Tiene... dell'anno 1654*. Napoli: Gli Heredi di Roncagliolo.

CELANO, C. (1859): *Notizie del bello, dell'antico e del curioso della città di Napoli*. Ed. G. B. Chiarini. Napoli: Edizioni dell'Anticaglia.

CLÉMENT, P. (1867): *L'Italie en 1671. Relation d'un voyage du Marquis de Seignelay*. Paris: Librairie Académique Didier et Ce. Libraires-Éditeurs.

D'ANGELIS, F. (1674): *Funerali celebrati in Napoli al Generale Luigi Puderico, 16 giugno 1673*. Napoli: Stampa del Roncagliolo, appresso Carlo Porsile.

D'ENGENIO CARACCIOLO, E. (1623): *Napoli Sacra di D. Cesare d'Engenio Caracciolo, napoletano. Ove oltre le origini e fundationi di tutte le chiese, monasterj, spedali, & altri luoghi sacri della citta di Napoli...* Napoli: Per Ottavio Beltrano.

DATI, C. (1668): *Dice ed Irene gemelle della Dea Temide Selva per la nuova concordia delle Corone di Francia e di Spagna. All'ill ecc sig Gio Batt Colbert ministro di stato e intendente generale delle finanze della maesta cristianissima*. Firenze: All'insegna della stella.

DE DOMINICI, B. (1979 [1742]): *Le Vite de'pittori, scultori ed architetti napoletani*. Napoli: Rist Anastastica, Arnaldo Fondi, 3 Vols.

DI RINALDO , L. (1677): *Relazione delle feste celebrate in Capova, per l'Erezione della Statua di Carlo Secondo, Re della Spagna, nel giorno Natale del medesimo a sei Novembre 1676. Sotto gli Auspici del Signor D. Giuseppe de Ledesma del Consiglio S. Chiara, e Regio Governatore della Fedelissima Citta di Capoua*. Napoli: Luc'Antonio di Fusco.

Dietari de Bartomeu Llorenci (1629-1640) (2003). En: A. Simón i Tarrés, *Cròniques de la Guerra dels Segadors*. Barcelona: Fundació Pere Coromines.

Dietari del Antic Consell Barceloní o Manual de Novells Ardits (1892-1975). Barcelona: Imprempta de'n Henrich y Companyia, 28 Vols.

Dietaris de la Generalitat de Catalunya (1994). Dir. J. Sans i Travé. Barcelona: Generalitat de Catalunya, Departament de Presidencia.

DUVAL, P. (1656): *Le voyage et la déscription d'Italie*. Paris: G. Glouzier.

ESCALLÓN, S. (1671): *Anagramas encomiásticos con que... celebra en Roma el Padre M. Fray Salvador Escallón... las proezas del Señor Don Pedro Antonio de Aragón*. Napoli: s. n.

FONTANA, D. (1978 [1590-1604]): *Della trasportatione dell'obelisco vaticano e Libro secondo in cui si raggiona de alcune fabbriche fate a Roma e Napoli*. Milano: Polifilio.

FORMONI, A. (1671): *Ambasciata di ubidienza fatta alla Sta. di Clemente X in nome di Carlo secondo il felice Re delle Spagne e di Mariana d'Austria la prudente sua madre, regina governatrice, da Pietro Antonio d'Aragona, vicere di Napoli, con le notizie delle solennità con le quali fu esseguita e del poposo roccimeto fattogli da D. Antonio Pietro Alvarez Osorio... Ambasciatore Ordinario in Roma per le medesime Maesta nel mese di Gennaro del anno 1671*. Roma: Per Ignazio de Lazgri.

FUIDORO, I. (1934): *Giornali di Napoli dal 1660 al 1680*. Vol. I. Ed. F. Schlizer (1660 a 1665). Napoli: Società Napoletana di Storia Patria.

— (1938): *Giornali di Napoli dal 1660 al 1680*. Vol. II. Ed. Antonio Padula (1666 a 1671). Napoli: Società Napoletana di Storia Patria.

GALERA, P. J., DE (1889): *Viaje del marqués de Povar y su hermano don Antonio a Barcelona en los sucesos de Cataluña...* ms. 2372 de la BNE. En: Pujol i Camps, *Memorial Histórico Español*, Vol. XXII, pp. 240-251.

GALLEGO DE MOYA J. (1671): *Panegyrico al católico triumfo al majestuoso aparato con que a la Sanctidad de Clemente X en nombre del potentísimo Rey de las Españas y de el nuevo Mundo, Carlos Segundo y de Su serenísima madre, tutora y gobernadora D. Maria Anna de Austria, Dio en Roma la Obediencia el Excelentísimo Señor Don Pedro Antonio Folch de Cardona, y Aragón Duque de Segorbe y Cardona...* Napoli: s. n.

GIANNONE, O. (1941): *Giunte sulle vite de'pittori napoletani*. Ed. O. Morisani. Napoli: Deputazione di Storia Patria.

GIGLI, G. (1958): *Diario romano (1608-1670)*. Ed. G. Ricciotti. Roma: Tumminelli.

GURREA, D. (1627): *Arte de enseñar a hijos de príncipes y señores dirigido al ill. Señor don Luys Fernández Ramon Folc de Cardona olim de Aragón y Cordova inmediato sucesor en las cosas y estados de Cardona, Segorbe y Comares...* Lérida: Viuda de Mauricio Anglada.

LASSELS, R. (1670): *The voyage of Italy.* Paris: Moutier.

LETI, G. (1685): *Il cerimoniale historico e politico opera utilísima a tutti gli ambasciatori, e ministri publici e particularmente a quei chi vogliono pervenire a tali carichi e ministeri.* Amsterdam: Giovanni & Egidio Janssonio à Waesberge.

— (1675): *Itinerario della corte di Roma.* Valence: Pietro Francesco Guerini.

LUPARDI, B. (1664): *Relatione delle cerimonie et aparato della baslica di San Pietro nella beatificatione del glorioso martire Pietro d'Arbues...* Roma: Giacomo Dragundelli.

MARCIANO, M. (1680): *De baliatu Regni Neapolitani.* Napoli: N. de Bonis.

— (1666): *Pompe funebri dell'universo nella morte di Filippo Quarto il Grande re delle Spagne, monarca católico, Dall'Emin. Sig. D. Pascuale Aragono Cardinale Aragona, Arcivescovo di Toleto, Vicere e Capitan Generale del Regno di Napoli,* Nápoles, E. Longo, 1666. *Y Argomento de' funerali celebrati alla maesta católica di Filippo IV dalla congregatione della Immacolata Concettione eretta in Napoli. Nel Collegio della Compagnia di Giesù.* Napoli: L. A. di Fusco.

MAZZELLA, G. (1654): *Parthenopeia or the History of the Most Noble and Renowed Kingdom of Naples...* London: Humphrey Moseley.

MAZZUCCI, R. (1671): *Ragioni Giuridiche e Politiche. Per le quali le virtu heroiche dell'ecc. don Pietro d'Aragona Duca di Segorbe... All'ecc. Signor D. Pietro D'aragona Vicerè nel regno di Napoli.* Roma: Per Nicolo Angelo Tinassi.

MISSON, M. (1714 [1688]): *A New Voyage to Italy.* London: J. Tonson.

MORMILE, G. (1617): *Descrizione della città di Napoli e del suo amenissimo distretto e dell'antichità della città di Pozzuoli.* Napoli: Tarquinio Longo.

NÚÑEZ DE CEPEDA, F. (1682): *Ideal del Buen Pastor copiada por los SS. doctores representada en empresas sacras con avisos espirituales, morales, políticos y económicos para el gobierno de un príncipe eclesiástico: dedicada al Em. señor don Luis Manuel Cardenal Portocarrero.* León: a costa de Anisson y Posuel.

PALOMINO, A. (1986 [1742]): *Vidas.* Ed. N. Ayala Mallory. Madrid: Alianza.

PARRINO, D. A. (1875 [1708]): *Teatro eroico e politico dei governi de' vicerè del Regno di Napoli.* Napoli: Impresso M. Lombardi.

PASCOLI, L. (1965): *Le vite de'pittori ed architetti moderni a Roma, 1730-1736.* Roma: Soc. Multigrafica, Ed. Somu.

PASSERI, G. B. (1934 [1772]): *Vite de' pittori, scultori ed architetti che hanno lavorato in Roma, morti dal 1641 fino al 1673.* Wien: Ed. J. Hess.

PÉREZ DE RÚA, A. (1666): *Funeral hecho en Roma en la Yglesia de Santiago de los españoles à 18 de diciembre de 1665 a la gloriosa memoria del rei D. Felipe Quarto el Grande en nombre de la nación española por el excelentísimo Señor Don Pedro Antonio de Aragón.* Roma: Imprenta Giacomo Dragundelli.

PUJADES, J. DE (1975-1976): *Dietari de Jeroni de Pujades.* Ed J. M. Casas Homs. Barcelona: Fundació Salvador Vives, 4 Vols.

RANEO, J. (1912 [1634]): *Etiquetas de la corte de Nápoles*. Ed. A. Paz y Mélia. En: *Revue Hispanique*, tomo XXVII.

REAL, J. DE (1994): *La Catalunya del Barroc vista des de Girona: la crònica de Jeroni de Real 1626-1683*. Ed. J. Busquets Dalmau. Barcelona: Ajuntament de Girona/Abadia de Montserrat, 2 Vols.

Relazioni degli stati europei lette al Senato dagli Ambasciatori veneti nel secolo decimosettimo, raccolte ed anotate da Niccolò Barozzi e Guglielmo Berchet (1856). Venecia: Pietro Naratovich.

RUBÍ DE MARIMÓN R. (2003 [1640]): *Relación del levantamiento de Cataluña*. En: A. Simón i Tarrés, *Cròniques de la Guerra dels Segadors*. Barcelona: Fundació Pere Coromines.

Rúbriques de Bruniquer. Ceremonial dels magnífics consellers i regiment de la ciudat de Barcelona (1812-1816). Barcelona: Imprenta de'n Henric.

RUIZ DE VERGARA, F./ROJAS Y CONTRERAS, J. DE (1766-1770): *Historia del Colegio viejo de San Bartolomé mayor de Salamanca*. Ed. José de Rojas y Contreras, marqués de Alventós. Madrid: Andrés Ortega.

SAAVEDRA FAJARDO, D. (1976 [1640]): *Empresas políticas. Idea de un príncipe político-cristiano*. Ed. Q. Aldea Vaquero. Madrid: Editorial Nacional.

SARNELLI, P. (1685): *Guida de' forastieri, curiosi di vedere ed intendere le cose più notabili della regale città di Napoli e del suo amenissimo distretto*. Napoli: Antonio Bulifon.

SEVILLA, E. DE (1662): *Relación de las fiestas que... Don Luis de Guzmán, Ponce de león, Embaxador Ordinario de la Majestad Catholica... hizo en Roma por el nacimiento de el... Príncipe Don Carlos Felipe de Austria*. Roma: Imprenta de Giacomo Dragundelli.

TITI, F. (1763): *Descrizione delle Picture, sculture ed architetture esposte al pubblico in Roma: opera cominciata dall'abate Filippo Titi da Città di Castello*. Roma: Nella Stamperia di Mario Pagliarini.

TOSI, C. (1666): *Relatione delle suntuose esequie fate dall'Illustrissimo Reverendissimo Capitolo e canonici della sacrosanta basílica di Santa Margia Maggiore in Roma alla gloriosa memoria di Filippo Quarto re delle Spagne*. Roma: Giacomo Dragundelli.

VARILLAS, A. (1689): *Politique de la Maison d'Autriche*. Den Haag: Chez Jacob van Ellinkhuysen et Abraham de Hondt.

Villa Pamhilia eiusque palatium cum suis prospectibus statuae, fontes, vivaria, theatra... cum eiusdem villae absoluta delineationes (ca. 1665). Roma: Formis Io. Iacobi de Rubeis, apud templum S. Mariae de Pace.

Vocabulario della Crusca (1612). Venezia: Giovanni Alberti.

FUENTES SECUNDARIAS

ADAMSON, J., (dir.) (1999): *The princely Courts of Europe, 1500-1750*. London: Weidenfeld & Nicholson.

AGO, R. (1990): *Carriere e clientele nella Roma barocca*. Roma/Bari: Laterza.

AJELLO, R. (1994): *Il problema storico del Mezzogiorno. L'anomalia socioistituzionale napolitana dal Cinquecento al Settecento*. Napoli: Jovene.

ALCALÁ-ZAMORA, J. (2005): *Felipe IV. El hombre y el reinado*. Madrid: Centro de Estudios Europa Hispánica/Real Academia de la Historia/Fernando Villaverde Ediciones.

ALFANO, G. B./AMITRANO, A. (1950): *Il miracolo di San Gennaro. Documentazione storica e scientifica*. Napoli: D. Di Gennaro.

ALISIO, G. C. (1984): *Napoli nel Seicento. Le vedute di Francesco Cassiano de Silva*. Napoli: Electa.

ALONSO RUIZ, B. (2007): «Santiago de los españoles y el modelo de iglesia salón en Roma». En: Hernando, C. J., *Roma y España. Un crisol de la cultura europea en la edad moderna*. Madrid: SEACEX, Vol. I, pp. 173-188.

ALVAR EZQUERRA, A. (1989): *El nacimiento de una capital europea. Madrid entre 1561 y 1606*. Madrid: Turner.

ÁLVAREZ NOGAL, C. (1997): «Los banqueros de Felipe IV y los metales preciosos americanos (1621-1665)». En: *Estudios de Historia Económica*, 36, pp. 104-106.

ÁLVAREZ-OSSORIO ALVARIÑO, A. (1995): «El favor real: liberalidad del príncipe y de la jerarquía de la república (1665-1700)». En: Continisio, Ch./Mozzarelli, C. (eds.), *Repubblica e virtù. Pensiero politico e Monarchia cattolica fra XVI e XVII secolo*. Roma: Bulzoni, pp. 393-453.

— (1996): «Virtud coronada: Carlos II y la piedad de la Casa de Austria». En: Fernández Albadalejo, P./Martínez Millán, J./Pinto Crespo, V. (dirs.), *Política, religión e Inquisición en la España Moderna*. Madrid: Universidad Autónoma de Madrid, pp. 29-57.

— (2001a): *Milán y el legado de Felipe II. Gobernadores y corte provincial en la Lombardía de los Austrias*. Madrid: Sociedad Estatal para la Conmemoración de los Centenarios de Felipe II y Carlos V.

— (2001b): «Ceremonial de la majestad y protesta aristocrática: La Capilla Real en la corte de Carlos II». En: Carreras, J. J./García García, B. J. (eds.), *La Capilla Real de los Austrias: música y ritual de corte en la Europa Moderna*. Madrid: Fundación Carlos de Amberes, pp. 345-410.

— (2002a): *República de las parentelas: la corte de Madrid y el gobierno del Estado de Milán durante el reinado de Carlos II*. Mantua: Gianluigi Arcari Editore.

— (2002b): «La sacralización de la dinastía en el púlpito de la Capilla Real en tiempos de Carlos II». En: *Criticón*, 84-85, pp. 313-332.

— (2006): «Santo y Rey: la corte de Felipe IV y la canonización de Fernando III». En: Vitse, M. (coord), *Homenaje a Henri Guerreiro: la hagiografía entre historia y literatura en la España de la Edad Media y del Siglo de Oro*. Madrid/ Frankfurt: Iberoamericana/Vervuert, pp. 243-260.

ÁLVAREZ-OSSORIO ALVARIÑO, A./GARCÍA GARCÍA, B. J. (eds.) (2004): *La Monarquía de las naciones, patria, nación y naturaleza de la monarquía de España*. Madrid: Fundación Carlos de Amberes.

AMELANG, J. S. (1986): *La formación de una clase dirigente: Barcelona, 1490-1714*. Barcelona: Ariel.

AMIRANTE, F. (ed.) (1995): *Libri per vedere. Le guide storico-artistiche delle città di Napoli: fonti, testimonianze del gusto, immagini de una città*. Napoli: Edizioni Scientifiche Italiane.

ANDERSON, B. (1983): *Imagined communities. Reflections on the origin and spread of nationalism*. New York/London: Verso.

ANDERSON, M. S. (1993): *The Rise of Modern Diplomacy, 1450-1919*. London/ New York: Longman.

ANDRÉS ORDAX, S. (2002): *Arte e iconografía de San Pedro de Alcántara*. Ávila: Institución Gran Duque de Alba.

ANSELMI, A. (2001): *Il palazzo dell'ambasciata di Spagna presso la Santa Sede*. Roma: De Luca Editore.

— (2000): «Arte, politica e diplomazia: Tiziano, Correggio, Raffaello, l'investitura di Piombino e notizie su agenti spagnoli a Roma». En: Cropper, E. (ed.), *The Diplomacy of Art. Artistic Creation and Politics in Seicento Italy*. Milano: Nuova Alfa, pp. 101-120.

ARANDA PÉREZ, F. J. (coord.) (2004): *La Declinación de la Monarquía Hispánica en el siglo XVII. Actas de la VII^a Reunión Científica de la Fundación Española de Historia Moderna*. Cuenca: Universidad de Castilla-La Mancha.

ARCO, R. DEL (1987): «Restos artísticos e inscripciones sepulcrales del monasterio de Poblet». En: *Revista de la asociación artiscito arquelologiaca barcelonesa*, II, 5 (octubre-diciembre), pp. 345-351.

— (1911): *Don Vincencio Juan de Lastanosa: apuntes biográficos*. Huesca: Tipografía de Leandro Pérez.

— (1912): *Más datos sobre D. Vincencio Juan de Lastanosa*. Huesca: Tipografía de Leandro Pérez.

— (1916): «Don Pedro Antonio de Aragón y el Real Monasterio de Poblet». En: *Estudio*, 16.

— (1934): *La erudición aragonesa en el siglo XVII en torno a Lastanosa*. Madrid: Cuerpo Facultativo de Archiveros, Bibliotecarios y Arqueólogos.

— (1945): *Sepulcros de la Casa Real de Aragón*. Madrid: CSIC, Instituto Jerónimo Zurita.

Asch, R. G./Birke, A. M. (comps.) (1991): *Princes, Patronage and the Nobilty.* Oxford: Oxford University Press.

Barrio Gonzalo, M. (2007): «Las iglesias nacionales de España en Roma en el siglo xvii». En: Hernando, C. J., *Roma y España. Un crisol de la cultura europea en la edad moderna.* Madrid: Seacex, Vol. II, pp. 621-640.

Bartolomé, B. (1994): «El conde de Castrillo y sus intereses artísticos». En: *Boletín del Museo del Prado,* XV, 33, pp. 15-28.

Bassegoda, B. (2002): *El Escorial como museo, la decoración pitórica mueble en el monasterio de El Escorial desde Diego de Velázquez hasta Fréderic Quillet (1809).* Bellaterra: Universitat Autònoma de Barcelona.

— (2002-2003): «Los retratos de Don Luis Méndez de Haro». En: *Locus Amoenus,* 6, pp. 305-326.

Bazzano, N. (coord.) (2002): «L'istituzione viceregia. Modelli politici e pratiche di governo». En: *Trimestre,* XXV/1, pp. 7-12.

Belenguer, E. (1995): *El Imperio hispánico (1479-1665).* Barcelona: Grijalbo/Mondadori.

Bély, L. (1992): *Les relations internationales en Europe, xviie-xviiie siècles.* Paris: P.U.F.

Benigno, F. (1992 [1992]): *La sombra del Rey. Validos y lucha política em la España del siglo xvii.* Madrid: Alianza Editorial.

— (2007): «Tra Francia e Spagna: la crisi del nepotismo papale nella seconda metà del xvii secolo». En: Hernando, C. J., *Roma y España. Un crisol de la cultura europea en la edad moderna.* Madrid: Seacex, Vol. I, pp. 593-606.

Bertelli, S. (1995 [1990]): *Il corpo del re. Sacralità del potere nell'Europa medievale e moderna.* Firence: Ponte alle Grazie.

Bertelli, S./Crifò, G. (1985): *Rituale, cerimoniale, etichetta.* Milano: Bompiani.

Bianchini L. (1971 [1895]): *Storia delle finanze del Regno delle due Sicilie.* Napoli: De Rosa.

Bloch, M. (1988 [1924]): *Los reyes taumaturgos.* México, D. F.: Fondo de Cultura Económica.

Blunt, A. (1975): *Neapolitan Baroque & Rococo Architecture.* London: Zuemmer.

Boccardo, P. (1989): *Andrea Doria e le arti : committenza e mecenatismo a Genova nel Rinascimento.* Roma: Fratelli Palombi.

Boccardo, P. et al. (2002): *Genova e la Spagna, opere, artisti, committenti, collezionisti.* Milano: Silvana Editoriale.

Bodart, D. H. (2000) : «Enjeux de la présence en image: les portraits du Roi d'Espagne dans l'Italie du xviie siècle». En: Cropper, E., *The Diplomacy of Art. Artistic. Creation and Politics in Seicento Italy. Villa Spellman Colloquia,* 7, pp. 77-100.

— (2003): «Le portrait royal sous le dais. Polysémie d'un dispositif de représentation dans l'Espagne et dans l'Italie du xviie siècle». En: Colomer, J. L.

(ed.), *Arte y Diplomacia de la Monarquía Hispánica del siglo XVII*. Madrid: Fernando Villaverde, pp. 89-111.

— (2007): «La guerre de statues. Monuments des rois de France et d'Espagne à Rome au XVIIᵉ siècle». En: Hernando, C. J., *Roma y España. Un crisol de la cultura europea en la edad moderna*. Madrid: Seacex, Vol. II, pp. 679-694.

BOESCH GAJANO, S./SCARAFFIA, L. (eds.) (1990): *Luoghi sacri e spazi della santità*. Torino: Rosenberg & Sellier.

BOHIGAS, P. (1966): «Més llibres de la biblioteca de Pere Antoni d'Aragó». En: *Miscellanea Populetana*. Poblet: Abadía de Poblet, pp. 483-485.

BOITEUX M. (1985): «Fêtes et traditions espagnoles à Rome au XVIIe siècle». En: Fagiolo M./Madonna, M. L. (eds.), *Barocco romano e barocco italiano*. Roma: Gangemi.

— (1997): «Parcours rituel romains à l'epoque moderne». En: Visceglia, M. A./Brice, C., *Cérémonial et Rituel à Rome (XVIᵉ-XIXᵉ siècle)*. Roma: École Française de Rome, pp. 27-87.

— (2007): «L'hommage de la Chinea. Madrid-Naples-Rome». En: Hernando, C. J., *Roma y España. Un crisol de la cultura europea en la Edad Moderna*. Madrid: Seacex, Vol. II, pp. 831-846.

BONET CORREA, A. (1990): *Fiesta, poder y arquitectura. Aproximaciones al Barroco español*. Madrid: Akal.

BONFAIT, O. (2001): *Geografia del collezionismo, Italia e Francia tra el XVI e XVIII secolo*. Roma: École française de Rome.

BORRELLI, R. (1903): *Memorie storiche della chiesa di San Giacomo de'nobili spagnuoli e sue dipendenze*. Napoli: Real Tipografía Francesco Giannini.

BOSCH I GIMPERE, P. (1913): *Campanya de l'Institut d'Estudis Catalans al limit de Catalunya I Aragó (Caseres, Calaceit i Maçalió)*. Barcelona: Institut d'Estudis Catalans.

BOSSE, M./STOLL, A. (2001): *Napoli viceregno spagnolo: una capitale della cultura alle origini dell'Europa moderna s. XVI-XVII*. Napoli: Vivarium, 2 Vols.

BOTTINEAU, Y. (1956/1958): «L'Alcázar de Madrid et l'inventaire de 1686: aspects de la Cour d'Espagne au XVIIème siècle». En: *Bulletin Hispanique*, LVIII, pp. 421-452 y LX, pp. 3-61, 145-179, 189-326, 450-483.

BOURDIEU, P./CHARTIER, R. (1985): «La lecture, une pratique culturelle». En: *Pratiques de la lecture*. Paris: Rivages, pp. 218-239.

BOURDIEU, P. (1993 [1982]): «Los ritos como actos de institución». En: Pittrivers, J./Peristiany, J. G. (eds.), *Honor y gracias*. Madrid: Alianza Editorial, pp. 111-123.

— (2000 [1979]): *La distinción. Criterios y bases sociales del gusto*. Madrid: Taurus.

Bouza Álvarez, F. (1991): «La soledad de los reinos y la 'semejanza del rey'. Los virreinatos de príncipes en el Portugal de los Felipes». En: Romano, R. (ed.), *Governare il mondo. L'impero spagnolo dal XV al XIX secolo.* Palermo: Società Siciliana per la Storia Patria, pp. 125-139.

— (1997): «Servir de lejos. Imágenes de Europa en el *cursus honorum* cortesano de la España de los Austrias». En: *Actas de las VIII Jornadas de Estudios Históricos del Departamento de Historia Medieval, Moderna y Contemporánea de la Universidad de Salamanca. Europa: Proyecciones y percepciones históricas.* Salamanca: Universidad de Salamanca.

— (1998): *Imagen y propaganda. Capítulos de historia cultural del reinado de Felipe II.* Madrid: Akal.

— (2000): *Comunicación, conocimiento y memoria en la España de los siglos XVI y XVII.* Salamanca: Seminario de Estudios Medievales y Renacentistas.

— (2003): *Palabra e imagen en la corte. Cultura oral y visual de la nobleza en el Siglo de Oro.* Madrid: Abada Editores.

Bray, M. (1990): «L'Arcivescovo, il vicerè, il fedelissimo popolo. Rapporti politici tra autorità civile e autorità ecclesiastica a Napoli dopo la rivolta del 1647-1648». En: *Nuova Rivista Storica*, 74, 3-4 (mayo-agosto), pp. 311-332.

— (1991): «La rivolta di Napoli del 1647-48. Un problemma di lettura storiografica». En: *Hispania*, 51, pp. 175-204.

Briganti, G. (1962): *Il Palazzo del Quirinale.* Roma: Isitituto Poligrafico dello Statu.

Brown, J. (1986): «Enemies of Flattery: Velázquez' Portraits of Philip IV». En: *Journal of Interdisciplinary History*, 17, pp. 137-154.

— (1987): «Felipe IV, el rey de coleccionistas». En: *Fragmentos* 11, pp. 4-20.

— (1995): *El triunfo de la pintura. Sobre el coleccionismo cortesano del siglo XVII.* Madrid: Nerea.

Brown, J./Elliott, J. H. (1987): «The Marquis of Castel Rodrigo and the Landscape Paintings in the Buen Retiro». En: *Burlington Magazine* 129, pp. 104-107.

— (2003 [1980]): *Un palacio para el rey. El Buen Retiro y la corte de Felipe IV.* Madrid: Taurus.

Bryant, L. M. (1986): *The King and the City in the Parisian royal entry cerimony. Politics art and ritual in the Renaissance.* Genève: Droz.

Burke, M. B. (1984): «Private Collections of Italian Art in Seventeenth-Century Spain». Tesis doctoral inédita, University of New York.

Burke, M. B./Cherry, P. (1997): *Collections of painting in Madrid, 1601-1755.* (Ed. By Maria L. Gilbert.) Los Angeles: Provenance Index of The Getty Information Institute.

Burke, P. (1983): «The Virgen of the Carmine and the Revolt of Masaniello». En: *Past and Present*, pp. 3-21.

— (1993): «La nueva historia sociocultural». En: *Historia social*, 17, pp. 105-114.

— (1995): *La fabricación de Luis XIV*. Madrid: Nerea.

— (1998): «The Demise of Royal Mythologies». En: Ellenius, A. (ed.), *Iconography, Propaganda and Legitimation*. Oxford: Clarendon Press.

— (2002): *Visto y no visto. El uso de la imagen como documento histórico*. Barcelona: Crítica.

CACHO, M. (2003): «Una embajada concepcionista a Roma y un lienzo conmemorativo de Louis Cousin (1633)». En: Colomer, J. L, (ed.), *Arte y diplomacia de la Monarquía Hispánica del siglo XVII*. Madrid: Fernando Villaverde, pp. 415-426.

CALABRIA, A. (1991): *The Cost of the Empire: The Finances of the Kingdom of Naples in the Time of Spanish Rule*. Cambridge: Cambridge University Press.

CANNADINE, D./PRINCE, S. (1987): *Rituals of Royalty. Power and Ceremonial in Tradicional Societies*. Cambridge: Cambridge University Press.

CANO DE GARDOQUI, J. L. (1963): «España y los estados italianos independientes en 1600». En: *Hispania*, 23, pp. 524-555.

CANTATORE, F. (2007): *San Pietro in Montorio. La chiesa dei re cattolici a Roma*. Roma: Quasar.

CANTONE, G. (1969): «Il complesso conventuale di Santa Maria Egiziaca a Pizzofalcone». En: *Napoli Nobilíssima*, III n.s., pp. 93-111.

— (1984): *Napoli barocca e Cosimo Fanzago*. Napoli: Edizione Banco di Napoli.

— (1990): «La distrutta chiesa di S. Sebastiano a Napoli e le sue vicende architettoniche». En: *Palladio* 5, pp. 45-62.

— (1992): *Napoli barocca*. Bari: Laterza.

CAPUANO, G. (1994): *Viaggiatori britannici a Napoli tra '500 e '600*. Torino: Istituto Italiano per gli Studi Filosofici, Pietro Cavagna Editore.

CARDELLA, L. (1793): *Memorie Storiche de'cardinali della Santa Romana Chiesa*. Roma: Stamperia Paglierini, 10 Vols.

CARO BAROJA, J. (1963): *La sociedad criptojudía en la corte de Felipe IV*. Madrid: Imprenta y editorial Maestre.

CARRIÓ-INVERNIZZI, D. (2003): «Mecenazgo y coleccionismo en Nápoles en la época de los virreyes Aragón». En: *Actas del XIV Congreso del CEHA*. Málaga: Universidad de Málaga, pp. 107-118.

— (2006-2007): «Los embajadores españoles ante la Santa Sede, grandes coleccionistas de arte en la Roma barroca». En: *Roma aún es Roma / Roma ancora è Roma*. Roma: Real Academia de España en Roma, pp. 113-117.

— (2007a): «Los embajadores de España en Roma y la fabricación del mito de San Francisco de Paula (1662-1664)». En: Hernando, C. J., *Roma y España. Un crisol de la cultura europea en la Edad Moderna*. Madrid: Seacex, Vol. II, pp. 717-728.

— (2007b): «La estatua de Felipe IV en Santa Maria Maggiore y la embajada romana de Pedro Antonio de Aragón (1664-1666)». En: Visceglia, M.A. (ed.), *Diplomazia e politica della Spagna a Roma. Figure di ambasciatori*. Roma: Università degli Studi Roma Tre, pp. 255-270.

— (2008a): «El poder de un testimonio visual. El retrato de Felipe IV y del Cardenal Pascual de Aragón de Pietro del Po (1662)». En: Palos Peñarroya, J. L./Carrió-Invernizzi, D. (dirs.), *La Historia Imaginada. Construcciones visuales del pasado en la Europa Moderna*. Madrid: Centro de Estudios Europa Hispánica, pp. 87-102.

— (2008b) «Los virreyes de Nápoles bajo la sombra de Neptuno. El mar en la representación del gobierno virreinal en el siglo XVII». En: *Actas de la X Reunión del FEHM*. Santiago/Ferrol: Fundación Española de Historia Moderna.

— (2008c): «Gift and Diplomacy in Seventeenth Century Spanish Italy». En: *The Historical Journal*, Cambridge University Press, Vol. 51, Issue 4 (Diciembre 2008), en prensa.

— (2008d): «Los usos políticos del mecenazgo virreinal en los conventos de Nápoles de la segunda mitad del siglo XVII». En: Colomer, J. L, *Nápoles y España*. Madrid: Centro de Estudios Europa Hispánica.

— (2008e): «Los usos del pasado en la corte virreinal de Nápoles (1666-1672)». En: *Pedralbes*, 27, número monográfico coordinado por Sánchez Marcos, F. y Baró, X.

CARRIÓ-INVERNIZZI, D. y PALOS, J. L. (2004): «Un príncipe mecenas entre el *otium* y *el negotium*. El discurso de Roberto Mazzucci (1671) a Pedro Antonio de Aragón». En: *Actas del V Congreso de Historia Moderna de Cataluña*. *Pedralbes*, 23, pp. 1229-1246.

— (2008): *La Historia Imaginada. Construcciones visuales del pasado en la Europa Moderna*. Madrid: Centro de Estudios Europa Hispánica.

CASTAÑEDA DELGADO, P. (1994): «Fernando III: el hombre y el santo». En: *Archivo Hispalense*, 234-236, pp. 401-416.

CAUSA PICONE, M. (1986): «Battistello frescante nel Palazzo Reale di Napoli». En: *Paragone*, 443.

CAUSA, M./PICONE, PORZIO, A./BORRELLI, A. (1986): *Il Palazzo Reale di Napoli*. Napoli: Arte Tipografica.

CECI, G. (1920): «Un mercante mecenate del secolo XVII: Gaspare Roomer». En: *Napoli Nobilissima*, Vol. XVI, pp. 160-164.

CHARTIER, R. (1992): *El mundo como representación. Estudios sobre historia cultural*. Barcelona: Gedisa.

— (1995): *Espacio público, crítica y desacralización en el siglo XVIII*. Barcelona: Gedisa.

CHECA CREMADES, F. (dir.) (1994): *El Real Alcázar de Madrid: dos siglos de arquitectura y coleccionismo en la corte de los reyes de España*. Madrid: Nerea.

— (dir.) (2003): *Cortes del Barroco: de Bernini y Velázquez a Luca Giordano*. Madrid: Sociedad Estatal para la Acción Cultural Exterior, Patrimonio Nacional.

CHENAULT PORTER, J. (ed.) (1999): *Baroque Naples: A Documentary History, 1600-1800*. New York: Italica Press.

CHERCHI, P. (1975): «Juan de Garnica: un memoriale sul cerimoniale della corte napolitana». En: *Archivio storico per le Provincie Napoletane*, s. III, XIII, pp. 213-224.

CHIOSI, E./FRASCANI, P./GIURA, V./MARMO, M./MUSI, A./MUTO, G./RAO, A. M./VISCEGLIA, M. A. (1965): *Dimenticare Croce? Studi e orientamenti di Storia del Mezzogiorno*. Napoli: Edizioni Scentifiche Italiane.

CHITTOLINI, G./MOLHO, A./SCHIERA, P. (eds.) (1994): *Processi di formazione statale in Italia fra Medioevo ed età moderna*. Bologna: Il Mulino.

Civiltà del Seicento a Napoli. Napoli: Electa, 2 Vols.

COLAPIETRA, R. (1961): *Vita pubblica e classi politiche del viceregno napoletano, 1656-1734*. Roma: Edizioni di Storia e Letteratura.

— (1981): *L'amabile fierezza di Francesco d'Andrea. Il Seicento napoletano nel carteggio con Gian Andrea Doria*. Milano: Giufre.

COLOMER, J. L. (2001): «Luoghi e attori della pietas hispanica a Roma all'epoca di Borromini». En: Frommel, CH. L./Sladeck, E., (dirs.), *Francesco Borromini. Atti del Convengo internazionale* (Roma 13-15 gennaio, 2000). Milano: Electa, pp. 346-357.

— (ed.) (2003a): *Arte y Diplomacia de la Monarquía Hispánica del siglo XVII*. Madrid: Fernando Villaverde.

— (2003b): «Paz política, rivalidad suntuaria. Francia y España en la isla de los Faisanes». En: Colomer, J. L, (ed.), *Arte y Diplomacia de la Monarquía Hispánica del siglo XVII*. Madrid: Fernando Villaverde, pp. 61-88.

COMPARATO, V. I. (1974): *Uffici e Società a Napoli (1600-1647). Aspetti dell'ideologia del magistrato nell'età moderna*. Firenze: Olschki.

CONIGLIO, G. (1955): *Il viceregno di Napoli nel secolo XVII*. Roma: Edizioni di storia e lettetura.

— (1967): *I vicerè spagnoli di Napoli*. Napoli: Fausto Fiorentino..

— (1991): *Declino del viceregno di Napoli, 1599-1689*. Napoli: Giannini, 4 Vols.

CONSTANTINI, C. (1986): *La Reppublica di Genova*. Torino: UTET.

CONTINISIO, C./MOZZARELLI, C. (eds.) (1995): *Repubblica e virtù. Pensiero politico e Monarchia Cattolica fra XVI e XVII secolo*. Roma: Bulzoni Editore.

CONTRERAS, J. (2003): *Carlos II el hechizado: poder y melancolía en la corte del último Austria*. Madrid: Temas de hoy.

CROCE, B. (1925): *Storia del Regno di Napoli*. Bari: Laterza.

CROPPER, E. (ed.) (2000): *Diplomacy of Art. Artistic Creation and Politics in Seicento Italy*, coloquio celebrado en Florencia, Villa Spellman, en 1998. Milano: Nueva Alfa Editoriale.

D'ANDREA, G. (1967): *I frati minori napoletani nel loro sviluppo storico*. Napoli: Laurenziana.

D'ADDOSIO, G. B. (1920): «Documenti inediti di artisti napoletani dei secoli XVI e XVII». En: *Archivio Storico per le Province Napoletane*, XLV, pp. 179-190.

D'AGNELLI, F. M. (1996-1997): «Contributi al catalogo di Lorenzo Berrettini. L'affresco del Palazzo Orsini-Lante a Bomarzo». En: *Bollettino d'Arte*, 6, ser. 81, num. 98, pp. 81-88.

D'AGOSTINO, G. (1979): *Parlamento e società nel regno di Napoli (secoli XV-XVII)*. Napoli: Guida Editori.

D'ONOFRIO, C. (1969): *La Roma nel Seicento*. Firenze: Vallecchi.

DANDELET, Th. J. (2001): *Roma española (1500-1700)*. Barcelona: Crítica.

DANDELET, Th. J. y MARINO, J. (eds.) (2006): *Spain in Italy: Politics, Society and Religion, 1500-1700*. Leiden/Boston: Brill.

DAVIS, D. (1998): «The Anatomy of Spanish Habsburg Portraits». En: *1648. War and Peace in Europe. II. Art and Culture*. München: Bruckmann, pp. 69-79.

DAVIS, N. Z. (2000): *The Gift in Seventeenth Century France*. Oxford: Oxford University Press.

DE CAVI, S. (2004): «Senza causa e fuor di tempo: Domenico Fontana e il Palazzo Vicereale Vecchio di Napoli». En: *Napoli Nobilissima*, Vol. IV, fasc. V-VI, pp. 187-208.

DE CUNZO, M./PORZIO, A./MASCILLI MIGLIORINI, P./ZAMPINO, G., (1995): *Il Palazzo Reale di Napoli*. Napoli: Arte grafica.

DE FILIPPIS, F. (1960): *Il Palazzo Reale di Napoli*. Napoli: Montanino.

DE ROSA, L. (1997): «Nápoles: una capital». En: Ribot García, L./Rosa, L. de, *Ciudad y mundo urbano en la Época Moderna*. Madrid: Actas Editorial/ Istituto Italiano per gli Studi Filosofici, pp. 239-270.

— (1987): *Il Mezzogiorno spagnolo tra crescita e decadenza*. Milano: Il Saggiatore.

DE SETA C. (dir.), (1985): *Le città capitali*. Roma: Laterza.

— (1969): *Cartografia della città di Napoli*. Napoli: Edizioni Scientifiche Italiane.

DEL RE, N. (1976): *Il viceregente del vicariato di Roma*. Roma: Istituto di Studi Romani Editore.

DEL RÍO BARREDO, M. J., (1998): «Literatura y ritual en la creación de una identidad urbana: Isidro Labrador, patrón de Madrid». En: *Edad de Oro*, XVII, pp. 149-168.

— (2000): *Madrid, urbs regia. La capital ceremonial de la monarquía católica.* Madrid: Marcial Pons.

DELILLE, G. (1988): *Famiglia e proprietà nel Regno di Napoli.* Torino: Einaudi.

DELILLE, G./MARIN, B./MUTO, G./VENTURA, P. (2000): «Naples: capitale et microcosme». En: *Mégapoles méditerranéennes: Geographie urbaine rétrospective. Actes Colloque,* mayo de 1996, edición de Nicolet, C., Ilbert, R., y Depaule, C. J. Roma : École Française de Rome, pp. 576-598.

DÍAZ, F. (1987): *Il Gran Ducato di Toscana: I Medici.* Torino: UTET.

DI RESTA, I. (1991): «Bonaventura Presti nei conventi napoletani del Carmine e di Santa Maria delle Grazie». En: *Il Disegno di Architettura,* 4, pp. 57 y ss.

— (1992): «Sull'architettura di Domenico Fontana a Napoli». En: *Saggi in onore di Renato Bonelli, Quaderni dell'Istituto di Storia dell'Architettura,* Vol. II, pp. 675-682.

DICKENS, A. G. (comp.) (1977): *The Courts of Europe.* London: Thames & Hudson.

DÍEZ BORQUE, J. M./RUDOLF, K. F. (1994): *Barroco español y austriaco: Fiesta y teatro en la corte de los Habsburgo y los Austrias.* Madrid: Museo Municipal.

DÍEZ, R. (1986): *Trionfo della parola. Studio sulle relazioni di feste nella Roma barocca (1623-1667).* Roma: Bulzoni.

Dizionario biografico italiano (1961-2006): Roma: Istituto dell'Enciclopedia Italiana.

DOMÉNECH I MONTANER, LL. (1928): *Historia y arqueología del Monasterio de Poblet.* Barcelona: Montaner y Simón.

DOMÍNGUEZ BORDONA, J. (1948): «La Biblioteca de Pedro Antonio de Aragón». En: *Boletín Arqueológico,* XLVIII, cap. IV, fasc. 2, pp. 37-53.

— (1950): «La Biblioteca de Pedro Antonio de Aragón: Addenda Libros conservados en Poblet». En: *Boletín Arqueológico,* época IV, año L, fasc. 30, pp. 66-86.

DOMÍNGUEZ ORTIZ, A. (1973): *Las clases privilegiadas en la España del Antiguo Régimen.* Madrid: Istmo.

DUGGAN, C. (1996): *Historia de Italia.* Cambridge: Cambridge University Press.

DURAN I SAMPERE, A. (1973): *Barcelona i la seva història.* Barcelona: Curial.

DURKHEIM, E. (1982 [1912]): *Las formas elementales de la vida religiosa.* Madrid: Akal.

EGIDO, T. (2001): «Opinión y propaganda en la Corte de los Austrias». En: Alcalá-Zamora, J./Belenguer, E., *Calderón de la Barca y la España del Barroco. Centro de estudios políticos y constitucionales.* Madrid: Centro de Estudios Políticos y Constitucionales/Sociedad Estatal España Nuevo Milenio, pp. 567-590.

ELIAS, N. (1993 [1969]): *La sociedad cortesana*. México, D. F.: Fondo de Cultura Económica.

— (1989 [1977]): *El proceso de civilización*. México, D. F.: Fondo de Cultura Económica.

ELLENIUS, A. (ed.) (1998): *Iconography, Propaganda and Legitimation*. Oxford: Clarendon Press.

ELLIOTT, J. H. (1970): *La España imperial*. Barcelona: Vicenç Vives.

— (1977): *La Rebelión de los catalanes: un estudio sobre la decadencia de España, 1598-1640*. Madrid: Siglo XXI.

— (1990): *España y su mundo, 1500-1700*. Madrid: Alianza.

— (2002): *Richelieu y Olivares*. Barcelona: Crítica.

ENCISO ALONSO-MUÑUMER, I. (2007): *Nobleza, poder y mecenazgo en tiempos de Felipe III. Nápoles y el conde de Lemos*. Madrid: Actas.

ESPADAS, M. (2007): *Buscando a España en Roma*. Madrid: CSIC.

ESPINO, A. (2001): *Guerra y cultura en la época moderna*. Madrid: Ministerio de Defensa.

ESTENAGA Y ECHEVARRÍA, N. de (1929-30): *El Cardenal Aragón (1626-1677): estudio histórico*. Paris: Imp. E. Desfossés, 2 Vols.

FAGIOLO DELL'ARCO, M. (ed.), (1992): *Barocco romano e l'Europa*. Roma: Istituto Poligrafico.

— (1997): *Corpus delle feste a Roma. I, La festa barocca*. Roma: De Luca Editore.

— (1998): *L'Ariccia del Bernini*. Roma: De Luca Editore.

FAGIOLO DELL'ARCO, M./MADONNA, M. L. (eds.) (1985a): *Roma sancta. La città delle basiliche*. Roma: Gangemi Editore.

— (eds.) (1985b): *Barocco romano e barocco italiano: il teatro, l'effimero, l'allegoria*. Roma: Gangemi Editore.

FALOMIR FAUS, M. (1998): «Imágenes del poder y evocaciones de la memoria. Usos y funciones del retrato en la corte de Felipe II». En: *Felipe II. Un monarca y su época. Un príncipe del Renacimiento*. Madrid: Sociedad Estatal para la Conmemoración de los Centenarios de Felipe II y Carlos V, pp. 203-227.

FANTONI, M. (1994): *La corte del Granduca. Forma e simboli del potere mediceo fra cinque e seicento*. Roma: Bulzoni.

— (1995): «Il potere delle immagini. Riflessioni su iconografia e potere nell'Italia del Rinascimento». En: *Storica*, 3, pp. 45-51.

FARINELLI, A. (1929): *Italia e Spagna*. Torino: Bocca, 2 Vols.

FERNÁNDEZ ALBADALEJO, P. (1992): «De 'llave de Italia' a 'corazón de la monarquía': Milán y la Monarquía católica en el reinado de Felipe III». En: *Fragmentos de monarquía*. Madrid: Alianza, pp. 185-237.

— (ed.), (1997): *Monarquía, imperio y pueblos en la España moderna. Actas de la IV Reunión Científica de la Asociación Española de Historia Moderna.* Alicante, 27-30 de mayo de 1996. Alicante: Universidad de Alicante.

FERNÁNDEZ ALONSO, J. (1956): «Las iglesias nacionales de España en Roma, sus orígenes». En: *Anthologica Annua*, IV, pp. 10-96.

— (1958): «Santiago de los españoles en Roma, en el siglo XVI». En: *Anthologica Annua*, VI, pp. 9-122.

FERNÁNDEZ BAYTON, G. (ed.) (1975-1981): *Testamentaría del Rey Carlos II, 1701-1703.* Madrid: Museo del Prado, 3 Vols.

FERNÁNDEZ DE BETHENCOURT, F. (1912): *Historia genealógica y heráldica de la monarquía española, casa real y grandes de España.* Madrid: Tipografía de Jaime Rates.

FERNÁNDEZ SANTAMARÍA, J. A. (1986): *Razón de estado y política en el pensamiento español del Barroco (1595-1640).* Madrid: Centro de Estudios Constitucionales.

FERRARI, O./SCAVIZZI, G. (2000): *Luca Giordano.* Napoli: Electa, 2 Vols.

FIADINO, A. (1995): «La facciata del Palazzo Reale di Napoli nell'incisione di Domenico Fontana». En: *Palladio*, VIII, 16, pp. 127-130.

— (1999): «Cosimo Fanzago, ingegnere Maggiore del Regno di Napoli e la sua attività nel Palazzo Reale (1649-1653)». En: *Opus*, 6, pp. 351-376.

FINESTRES, P. (1753): *Historia del Monasterio de Poblet.* Cervera: Joseph Barber, 5 Vols.

FOGEL, M. (1989): *Les cérémonies de l'information dans la France du XVI au XVIII siècles.* Paris: Fayard.

FRAGNITO, G. (1992): *Le corti cardinalizie nella Roma del Cinquecento.* Firenze: Università degli Studi, Facolta di Scienze Politiche C. Alfieri.

— (2001): *Church, censorship and culture in early modern Italy.* Cambridge: University press.

FREEDBERG, D. (1989): *El poder de las imágenes: estudios sobre la historia y teoría de la respuesta.* Madrid: Cátedra.

FRÍAS, F. (1919): «Devoción de los reyes de España a la Inmaculada». En: *Razón y Fe*, 53.

FRIGO, D. (1997): «Politica estera e diplomazia: figure, problema e apparati». En: Greco, G./Rosa, M., *Storia degli antichi stati italiani.* Roma/Bari: Laterza, pp. 117-150.

— (2000): *Politics and diplomacy in early modern Italy: the structure of diplomatic practice, 1450-1800.* Cambridge: Cambridge University Press.

FROMMEL, C. L./SCHÜTZE, S. (eds.) (1998): *Pietro da Cortona.* Milano: Biblioteca Hertziana-Electa.

FRUTOS, L. de/SALORT, S. (2002): «La colección artística de don Pedro Antonio de Aragón, virrey de Nápoles (1666-1672)». En: *Ricerche sul Seicento napoletano, Saggi e documenti*, pp. 47-110.

FUMAROLI, M. (1980): *L'Âge de l'éloquence, réthorique et «res literaria» de la Renaissance au seuil de l'époque classique*. Genève: Droz.

GALASSO, G. (1982a): *Napoli spagnola dopo Masaniello. Politica, cultura e società*. Firenze: Sansoni.

— (1982b): *L'altra Europa. Per un'antropologia storica del Mezzogiorno d'Italia*. Milano: Mondadori.

— (1994): *Alla periferia dell'Impero. Il Regno di Napoli nel período spagnolo, secoli XVI-XVII*. Torino: Einaudi.

— (1998): *Napoli capitale. Identità politica e identità cittadina. Studi e ricerche 1266-1860*. Napoli: Electa.

— (2006): *Mezzogiorno spagnolo e austriaco, (1622-1734)*, Vol. XV, tomo 3 de la *Storia del Regno di Napoli*, dirigida por G. Galasso. Torino: UTET.

GALASSO, G./HERNANDO, C. J. (coords.) (2004): *El reino de Nápoles y la monarquía de España entre agregación y conquista, 1485-1535*. Madrid: Sociedad Estatal de Conmemoraciones Culturales.

GALEOTTI, P. (coord.) (1995-96): *Roma sacra: guida alle chiese della città eterna*. Roma: Elio de Rosa, 8 Vols.

GALLEGO, J. (1991): *Visión y símbolos en la pintura española del Siglo de Oro*. Madrid: Cátedra.

GARAS, K. (1967): «The Ludovisi Collection of Pictures in 1633» I y II. En: *The Burington Magazine*, CIX, pp. 287-289 y 339-348.

GARCÍA CÁRCEL, R. (1985): *Historia de Cataluña, siglos XVI-XVII*. Barcelona: Ariel.

— (coord.) (2004): *La construcción de las historias de España*. Madrid: Marcial Pons/ Fundación Carolina/Centro de Estudios Hispánicos e iberoamericanos.

GARCÍA CUETO, D. (2007a): *El Seicento boloñés y el Siglo de Oro español*. Madrid: Centro de Estudios Europa Hispánica.

— (2007b): «Mecenazgo y representación del Marqués de Castel Rodrigo durante su embajada en Roma». En: Hernando, C.J., *Roma y España. Un crisol de la cultura europea en la edad moderna*. Madrid: Seacex, Vol. II, pp. 695-716.

GARCÍA FUERTES, G. (1993): «Sociabilidad religiosa y círculos de poder: las Escuelas de Cristo de Madrid y Barcelona, en la segunda mitad del siglo XVII». En: *Pedralbes*, 13-2, pp. 319-328.

GARCÍA GARCÍA, B. J. (ed.), (1993): *Una Relazione vicereale sul governo del Regno di Napoli agli inizi del '600*. Prefacio de A. Musi. Napoli: Bibliópolis.

GARCÍA GARCÍA, B. J./CARRERAS, J. J. (eds.) (2001): *La Capilla Real de los Austrias: música y ritual de corte en la Europa Moderna*. Madrid: Fundación Carlos de Amberes.

GARCÍA GARCÍA, B. J./LOBATO, M. L. (eds.) (2003): *La fiesta cortesana en la época de los Austrias*. Valladolid: Junta de Castilla y León.

GARCÍA HERNÁN, E. (1995): «La iglesia de Santiago de los españoles en Roma: trayectoria de una institución». En: *Anthologica Annua*, 42, pp. 297-363.

GARCÍA MARÍN, J. M. (1992): *Monarquía católica en Italia. Burocracia imperial y privilegios constitucionales*. Madrid: Centro de Estudios Constitucionales.

GARCÍA MERCADAL, J. (1999): *Viajes de extranjeros por España y Portugal*. Valladolid: Junta de Castilla y León.

GARCÍA TAPIA, N. (1987): «Pedro Juan de Lastanosa y el abastecimiento de aguas a Nápoles». En: *Boletín del Seminario de Estudios de Arte y Arqueología*, 53, pp. 317-327.

GARCÍA TAPIA, N./CARRILLO CASTILLO, J. (2002): *Tecnología e imperio: Ingenios y leyendas del Siglo de Oro*, prólogo de José Luis Peset. Tres Cantos: Nívola.

GASKELL, I. (1993): «Historia de las imágenes». En: Burke, P., *Formas de hacer historia*. Madrid: Alianza Editorial, pp. 208-236.

GEERTZ, G. (1983): «Centres, King and Carisma: reflections on the Symbolism of Power». En: Geertz, G., *Local Knowledge. Further Essays in Interpretative Anthropology*. New York: Basic Books Classic, pp. 121-146.

GIARDINA, C. (1931): «L'Istituto del Viceré di Sicilia (1415-1798)». En: *Archivio Storico Siciliano*, pp. 189-294.

GIESEY, R. E. (1987): *Le roy ne meurt jamais: les obsèques royales dans la France de la Renaissance*. Mayenne: Flammarion.

GIL PUJOL, X. (1997): «Una cultura cortesana provincial: Patria, comunicación y lenguaje en la Monarquía Hispánica de los Austrias». En: Fernández Albadalejo, P. (ed.), *Monarquía, imperio y pueblos en la España moderna. Actas de la IV Reunión Científica de la Asociación Española de Historia Moderna*. Alicante: Universidad de Alicante, pp. 225-257.

— (2007): *Tiempo de política. Perspectivas historiográficas sobre la Europa Moderna*. Barcelona: Universidad de Barcelona.

GOFFMAN, E. (1970): *Ritual de interacción*. Buenos Aires: Tiempo contemporáneo.

— (1973): *La mise en scène de la vie quotidienne*. Paris: Editions de Minuit, 2 Vols.

GOLDBERG, E. (1992): «Spanish Taste, Medici politics and a lost chapter in the History of Cigoli's Ecce Homo». En: *The Burlington Magazine*, CXXXIV, pp. 102-110.

— (2003 [1999]): *Los usos de las imágenes: estudios sobre la función social del arte y la comunicación visual*. Barcelona: Debate.

GONZÁLEZ ENCISO, A./USUNARIZ GAROYA, J. M. (dirs), (1999): *Imagen del rey, imagen de los reinos. Las ceremonias públicas en la España Moderna (1500-1814)*. Pamplona: Eunsa.

GONZÁLEZ ASENJO, E. (2005): *Juan José de Austria y las artes (1629-1679).* Madrid: Fundación de Apoyo a la Historia del Arte Hispánico.

GONZÁLEZ CRUZ, D. (ed.) (2002): *Ritos y ceremonias en el mundo hispano durante la edad moderna.* Huelva: Centro de Estudios Rocieros/Universidad de Huelva.

GONZALVO I BOU, G. (2001): *Poblet, Panteó Reial.* Barcelona: Rafael Dalmau.

GOTOR, M. (2007): «Le canonizzazioni dei santi spagnoli nella Roma barocca». En: Hernando, C.J., *Roma y España. Un crisol de la cultura europea en la edad moderna.* Madrid: Seacex, Vol. II, pp. 621-640.

GOZZANO, N. (2004): *La quadreria di Lorenzo Onofrio Colonna. Prestigio nobiliario e collezionismo nella Roma barocca.* Roma: Bulzoni Editore.

GRAMUNT, J. (1947): «El paño del servicio funerario de D. Pedro Antonio de Aragón. Pedro Antonio de Aragón: Datos biográficos». En: *Boletín Arqueológico,* año XLII, cap. IV, fasc. 1-2, , pp. 3-21.

GRELLE IUSCO, A. (1996): *Indice delle stampe intagliate in rame a bulino e in acqua forte esistenti nella stamperia di Filippo de'Rossi.* Roma: Artemide.

GUITERT, J. (1948): *Col.lecció de manuscrits inèdits dels monjos del Reial Monestir de Poblet.* La Selva del Camp: Mas Catalonia.

HABERMAS, J. (1982): *Historia y crítica de la opinión pública. La transformación estructural de la vida pública.* Barcelona: Gili.

HASKELL, F. (1959): «The Market for Italian art in the Seventeenth Century». En: *Past and Present,* 15, pp. 48-59.

— (1982): «The Patronage of Painting in Seicento Naples». En: *Painting in Naples 1606-1705. From Caravaggio to Giordano.* London: Royal Academy of Arts/ Clovis Whitfield and Jane Marineau, pp. 60-64.

— (1984): *Patronos y pintores: arte y sociedad en la Italia barroca.* Madrid: Cátedra.

— (1993): *La historia y sus imágenes: el arte y la interpretación del pasado.* Madrid: Alianza.

HASKELL, F. (2000): *The Ephimeral Museum. Old Master Paintings and the Rise of the Art Exhibition.* New Haven/London: Yale University Press [traducción española (2002): *El museo efímero.* Madrid: Crítica].

HEARDER, H. (2003): *Breve Historia de Italia.* Madrid: Alianza.

HERMOSO CUESTA, M. (2001): «Obras de Lucas Jordán en la colección de Isabel de Farnesio». En: *Boletín del Instituto Camón Aznar,* LXXXV, pp. 133-170.

HERNANDO SÁNCHEZ, C. J. (1994): *Castilla y Nápoles en el siglo XVI. El virrey Pedro de Toledo. Linaje, estado y cultura, (1532-1553).* Salamanca: Junta de Castilla y León.

— (1997a): «Aspectos de la política cultural del virrey Pedro Antonio de Aragón». En: Rosa, L. M. de/Enciso, L. (eds.), *Spagna e Mezzogiorno d'Italia nell'età della transizione.* Napoli: Edizioni Scientifiche Italiane, pp. 357-416.

— (1997b): «Repensar el poder. Estado, Corte y Monarquía en la historiografía italiana». En: VV. AA., *Diez años de historigrafía modernista, Monografíes Manuscrits*, 3, pp. 103-139.

— (2001): *El Reino de Nápoles en el Imperio de Carlos V: la consolidación de la conquista*. Madrid: Sociedad Estatal de Conmemoraciones de los Centenarios de Felipe II y Carlos V, pp. 61-127.

— (2003): «Teatro del Honor y ceremonial de la ausencia: la corte virreinal de Nápoles en el siglo XVII». En: Alcalá Zamora, J./Belenguer, E. (coords.), *Calderón de la Barca y la España del Barroco*. Madrid: Centro de Estudios Políticos y Constitucionales/Sociedad Estatal España Nuevo Milenio, Vol. I, pp. 591-656.

— (2004a): «Españoles e italianos. Nación y lealtad en el reino de Nápoles durante las guerras de Italia». En: Álvarez-Ossorio Alvariño, A./García García, B. J. (eds.), *La Monarquía de las naciones*. Madrid: Fundación Carlos de Amberes, pp. 423-481.

— (2004b): «Los virreyes de la Monarquía española en Italia. Evolución y práctica de un oficio de gobierno». En: *Informe: Italia en la Monarquía Hispánica, Studia Historica, Revista de Historia Moderna*, 26, pp. 43-73.

— (coord.) (2007): *Roma y España. Un crisol de la cultura europea en la edad moderna.*, Madrid: Seacex, 2 Vols.

HERRERO SÁNCHEZ, M. (1999): *Las provincias unidas y la monarquía hispánica, (1588-1702)*. Madrid: Arcos Libro.

HIBBARD, H. (1982): *Bernini*. Madrid: Xarait.

HOBSBAWM, E./RANGER, T. (eds.) (2002): *La invención de la tradición*. Barcelona: Crítica.

HOCHMANN, M. (1994): «Palazzo Farnese a Roma». En: Walter, I., *et al.*, *Casa Farnese: Caprarola, Roma, Piacenza, Parma*. Milano: Ricci, pp. 73-88.

JARRARD, A. (2003): *Architecture as performance in Seventeenth Century Europe, Court Ritual in Modena, Rome and Paris*. Cambridge: Cambridge University Press.

I Coloquio Internacional de Las Cortes Virreinales de la Monarquía española, América e Italia, celebrado en Sevilla en junio de 2005. Actas en prensa.

KAGAN, R./BROWN, J. (1987): «The Duke of Alcalá: His Collection and its Evolution». En: *Art Bulletin*, 69, pp. 231-255.

KAGAN, R./MARÍAS, F. (1998): *Imágenes urbanas del mundo hispánico: 1493-1780*. Madrid: El Viso.

KAMEN, H. (1987): *La España de Carlos II*. Barcelona: Crítica.

— (2003): *La forja de España como potencia mundial*. Madrid: Aguilar.

KANTOROWICZ, E. (1985 [1957]): *Los dos cuerpos del rey. Un estudio de teología política medieval*. Madrid: Alianza Editorial.

KERTZER, D. (1988): *Ritual, Politics & Power*. New Haven: Yale University Press.

KOEMAN, C. (comp.) (1967): *Atlantes Neerlandici*. *Bibliography of terrestrial, maritime and celestial atlases and pilot books, published in the Netherlands up yo 1880*. Amsterdam: Theatrum Orbis Terrarum.

KOENIGSBERGER, H. (1989): *La práctica del Imperio*. Madrid: Alianza Editorial.

KRAUTHEIMER, R. (1986): *The Rome of Alexander VII*. Princeton: Princeton University Press.

LABROT, G. (1979): *Baroni in città. Residenze e comportamenti nell'aristocrazia napolitana, 1503-1734*. Napoli: Società Editrice Napoletana.

— (1992): *Collections of paintings in Naples 1600-1780*. München: K. G. Saur.

LABROT, G./RUOTOLO, R. (1980): «Pour une étude historique de la commande aristocratique dans le Royaume de Naples espagnole». En: *Revue Historique*, 535, pp. 25-48.

LALINDE ABADÍA, J. (1964): *La institución virreinal en Cataluña (1471-1716)*. Barcelona: Instituto Español de Estudios Mediterráneos.

LANG, P. (1990): *Good governement in Spanish Naples*. Princeton: Princeton University Press.

LARIO, D. DE. (1998): «Catalanes en los colegios mayores españoles (1560-1650)». En: *Pedralbes*, 18-II, pp. 265-271.

LAURO, A. (1974): *Il giurisdizionalismo pregiannoniano nel Regno di Napoli: problema e bibliografía, 1563-1723*. Roma: Edizioni di Storia e Letteratura.

LEFÈBVRE, J. (1936): «L'ambassade d'Espagne auprès du Saint Siège au XVIIᵉ siècle». En: *Institut Historique Belge de Rome*, fascículo XVII. Roma.

LEVEY, M. (1971): *Painting at Court*. New York: New York University Press.

LEVIN, M. (2005): *Agents of Empire. Spanish Ambassadors in Sixteenth Centruy Italy*. Ithaca: Cornell University Press.

L'idea del bello. Viaggio per Roma nel Seicento con Giovan Pietro Bellori. Roma: De Luca, 2000, 2 Vols.

LIOY, G. (1882): «L'abolizione dell'ommaggio della chinea». En: *Archivio Storico per le Province Napoletane*, VII, pp. 263-292.

LISÓN TOLOSANA, C. (1991): *La imagen del rey. Monarquía, realeza y poder ritual en la Casa de los Austrias*. Madrid; Espasa Calpe.

LLEÓ CAÑAL, V. (1989): «The Art Collection of the Ninth Duke of Medinaceli». En: *The Burlington Magazine*, 131, pp. 108-116.

— (2000): «The Painter and the Diplomat». En: Cropper, E., (ed.), *Diplomacy of Art. Artistic Creation and Politics in Seicento Italy*. Coloquio celebrado en Florencia, Villa Spellman, en 1998. Milano: Nueva Alfa Editoriale, pp. 121-150.

LLORDEN, A. (1988): *Historia de la construcción de la Catedral de Málaga*. Málaga: Colegio Oficial de Aparejadores y Arquitectos técnicos de Málaga.

LÓPEZ-CORDÓN, M. V. (1998): «Mujer, poder y apariencia o las vicisitudes de una Regencia». En: *Stvdia Historica, Historia Moderna*, n.º 19, *Informe: Público/ Privado, Femenino/Masculino*, pp. 49-66.

— (1999): «Intercambios culturales entre Italia y España en el siglo XVI». En: *Italia e Spagna tra Quatrocento e Cinquecento*, P. R. Piras e G. Sapori eds. Roma: Aracne, pp. 39-62.

LOPEZ-VIDRIERO, M. L./CÁTEDRA, P. M. (dirs.), HERNÁNDEZ GONZÁLEZ, M. I. (ed.) (1998): *El libro antiguo español IV. Coleccionismo y bibliotecas s. XV-XVIII*. Salamanca: Universidad de Salamanca/Patrimonio Nacional-Sociedad Española de Historia del Libro, pp. 505-517.

LOTZ, W. (1966-68): *Bernini e la Scalinata di Piazza Spagna*. En: «Colloquio del Sodalizio», serie 2, n. 1, pp. 100-110.

MALCOLM, A. (1999): «Don Luis de Haro and the political elite of the Spanish Monarchy in the mid Seventeenth Century», tesis doctoral inédita, University of Oxford.

MANTELLI, R. (1986): *Il pubblico impiego nell'economia del Regno di Napoli: retribuzioni, reclutamento e ricambio sociale nell'epoca spagnola*. Napoli: Istituto Italiano per gli Studi Filosofici.

MARAVALL, J. A. (1972): *Teatro y literatura en la sociedad barroca*. Madrid; Seminarios y Ediciones.

— (1975): *La cultura del barroco: análisis de una estructura histórica*. Barcelona: Ariel.

MARDER, T. (1984): «The Decision to Build the Spanish Steps: From Project to Monument». En: Hager, H./Munshower, S. S. (eds.), *Projects and Monuments in the Period of the Roman Baroque*. University Park: Pennsylvania State University, pp. 82-100.

— (1997): *Bernini's Scala Regia at the Vatican Palace*. New York: Cambridge University Press.

MARÍAS FRANCO, F. (1997-1998): «Bartolomeo y Francesco Antonio Picchiatti, dos arquitectos al servicio de los virreyes de Nápoles: las Agustinas de Salamanca y la escalera del Palacio Real». En: *Anuario del Departamento de Historia y Teoría del Arte*. UAM, Vols. IX-X, pp. 177-195.

— (2005): «La arquitectura del palacio virreinal: entre localismo e identidad española». Conferencia pronunciada en el I Congreso de Las cortes virreinales de la Monarquía española, América e Italia, Sevilla.

MARÍAS FRANCO, F./PEREDA ESPESO, F. (eds.) (2002a): *El Atlas del Rey planeta, la descripción de España y de las costas y puertos de sus reinos de Pedro Texeira, 1634*. Hondarribia: Nerea.

— (2002b): *Fray Juan Andrés Ricci, La pintura sabia*. Toledo: Pareja.

MARIN, L. (1993): *Des pouvoirs de l'image*. Paris: Glosses.

— (2001): «For the Man who would be Viceroy: Juan de Garnica on Naples in 1595». Ponencia pronunciada el 2 de octubre en el marco de Sixteenth Century Studies Conference, Denver, USA.

Marino, J. A. (ed.) (2002): *Early Modern Italy, 1550-1796*. Oxford: Oxford University Press.

Mariutti de Sánchez Rivero, A. (1961): *L'Italia vista da spagnoli, la Spagna vista da Italiani*. Venezia: Zandinella.

Martinell, C. (1949): *La Casa de Cardona y sus obras en Poblet*. Barcelona: Colegio Notarial de Barcelona.

Martínez del Barrio, J. (1990): «La Casa de Osuna en Italia. Mecenazgo y política cultural», tesis doctoral inédita, Universidad Complutense de Madrid, 2 Vols.

Martínez Millán, J. (1992): *Instituciones y élites de poder en la Monarquía Hispana durante el siglo XVI*. Madrid: Universidad Autónoma de Madrid.

— (dir.) (1995): *La corte de Felipe II*. Madrid: Alianza.

— (2000): *La Corte de Carlos V*. Madrid: Sociedad Estatal para la Conmemoración del Centenario de Carlos V y Felipe II.

— et al. (2005): *La monarquía de Felipe II: la Casa del Rey*. Madrid: Fundación Mapfre Tavera, 2 Vols.

— (2008): *La monarquía de Felipe III. La Casa del Rey*. Madrid: Fundación Mapfre, 2 Vols..

Martínez, J. (2006): *Discursos practicables del nobilísimo arte de la pintura*. Madrid: Cátedra.

Maser, E. (1960): «The Statue of Henry IV in Saint John Lateran: A political Work of Art». En: *Gazette des Beaux Arts*, VI, 56, pp. 146-156.

Mastellone, S. (1968): *Francesco d'Andrea (1648-1698). L'ascesa del ceto civile*. Firenze: Olschki.

Mateu Ibars, J. (1963): *Los virreyes de Cerdeña. Fuentes para su estudio*. Padua: CEDAM.

Mattingly, G. (1955): *Renaissance Diplomacy*. Boston: Houghton Mifflin.

Maura Gamazo, G. (1954): *Vida y reinado de Carlos II*. Madrid: Espasa Calpe.

Mazzarese Fardella, E./Fatta Del Bosco, L./Barile Piaggia, C. (eds.) (1976): *Cerimoniale de' Signori Vicerè (1584-1668)*. Palermo: Società Siciliana per la Storia Patria.

Merlin, P. (1986): «Il tema della corte nella storiografía italiana ed europea». En: *Studi Storici*, 27, pp. 203-144.

Mínguez Cornelles, V. (1991): «Exequias de Felipe IV en Nápoles: la exaltación dinástica a través de un programa astrológico». En: *Ars Longa. Cuadernos de Arte*, 2, pp. 53-62.

— (1995): *Los reyes distantes. Imágenes del poder en el México virreinal*. Castellón: Universitat Jaume I.

MINGUITO, A. (2002): «Linaje, poder y cultura: el gobierno de Íñigo Vélez de Guevara, VIII Conde de Oñate en Nápoles (1648-1653)», tesis doctoral inédita, Universidad Complutense de Madrid.

MIOLA, A. (1892a): «Cavagni contro Fontana. A propósito della Reggia di Napoli». En: *Napoli Nobilissima*, I, 6, pp. 89-91; 7, pp. 99-103.

— (1892b): «La facciata della Reggia di Napoli». En: *Napoli Nobilissima*, I, 1-2, pp. 14-18.

MIRET I SANS, J. (1898): «La traslación de los restos de don Alfonso V al monasterio de Poblet». En: *Revista de la Asociación artistico-arqueológica barcelonesa*, a II, n. 9, pp. 657-659 y 660.

MITCHELL, W. J. T. (1994): *Picture Theory: Essays in Verbal and Visual Representation*. Chicago: University of Chicago.

MOLAS RIBALTA, P. (1990): «Colegiales mayores de Castilla en la Italia española». En: *Studia historica, Historia moderna*, 8, pp. 163-182.

— (1996): *Catalunya i la Casa d'Àustria*. Barcelona: Curial.

— (2001): «Noblesa absentista i retòrica catalana». En: *Butlletí de la Societat Catalana d'Estudis Històrics*, 12, pp. 27-44.

— (2004a): *La Alta noblesa catalana a l'Edat Moderna*. Vic: Eumo.

— (2004b): «La Duquesa de Cardona en 1640». En: *Cuadernos de Historia Moderna*, 29, pp. 133-143.

MOLI FRIGOLA, M. (1981-82): *La morfología della festa della chines. Le chinee di Carlo di Borbone (1738-1759)*. Napoli: Università di Napoli.

— (1992): «El Palacio de España: centro del mundo». En: Fagiolo, M. (ed.), *Il Barocco Romano e l'Europa*. Roma: Gangemi Editore, 2 Vols.

MÖLLER, C. (2004): «¿Esplendor o declive del poder español en el siglo XVII? El virreinato napolitano del Conde de Peñaranda». En: F. J. Aranda Pérez (ed.), *La declinación de la Monarquía Hispánica en el siglo XVII*. Actas de la VIIª Reunión Científica de la Fundación Española de Historia Moderna. Cuenca: Universidad de Castilla la Mancha, Vol. 1, pp. 313-332.

MONTEMAYOR, G. (1892): «Il Gigante di Palazzo». En: *Napoli Nobilissima*, 7, fascículo 1.

MOORE, J. E. (1995): «Prints, Salami and Cheese: savoring the Roman Festivals of the Chinea». En: *The Art Bulletin*, LXXVII, 4, pp. 584-608.

MORÁN TURINA, J. M. (1981): «Los prodigios de Lastanosa y la habitación de las musas. Coleccionismo ético y coleccionismo ecléctico en el siglo XVII». En: *Separata 5-6*, pp. 53-59.

MORÁN TURINA, J. M./CHECA, F. (1985): *El coleccionismo en España. De la cámara de maravillas a la galería de pinturas*. Madrid: Cátedra.

— (1986): *Las casas del Rey: casas de campo, cazaderos y jardines, siglos XVI y XVII*. Madrid: El Viso.

MORÁN TURINA, J. M./PORTÚS, J., (1997): *El arte de mirar. La pintura y su público en la España de Velázquez*. Madrid: Istmo.

MORISANI, O. (1958): *Letteratura artistica a Napoli tra il '400 e il '600*. Napoli: Fausto Fiorentino.

MOZARELLI, C. (coord.) (2002): *Grandezza e splendore della Lombardia spagnola (1535-1701)*. Milano: Skira.

MUIR, E. (1981): *Civic Ritual in Renaissance Venice*. Princeton: Princeton University Press.

— (1997): *Ritual in Early Modern Europe*. Cambridge: Cambridge University Press.

MÜNZER, H. (1921): *Catalunya vista per un estranger*, ed. de Ramon d'Alós Moner en *Quaderns d'Estudi*, XIII, pp. 260-270.

MUÑOZ GONZÁLEZ, M. J. (2006): «Coleccionismo y mercado de arte en el Nápoles virreinal del siglo XVII: el papel de los hombres de negocios», en Sanz Ayan, C./García García, B. J. (dirs.), *Banca, crédito y capital: la Monarquía hispánica y los antiguos Países Bajos 1505-1700*. Madrid: Fundación Carlos de Amberes, pp 483-508.

MUSI, A. (1988): *La rivolta di Masaniello nella scena politica barocca*. Napoli: Edizione Guida.

— (1991): *Mezzogiorno spagnolo. La via napoletana allo stato moderno*. Napoli: Guida.

— (ed.) (1994): *Nel Sistema Imperiale: L'Italia spagnola*, introducción de Giuseppe Galasso. Napoli: Edizioni Scientifiche Italiane.

— (2000): *L'Italia dei vicerè: Integrazione e resistenza nel sistema imperiale spagnolo*. Napoli: Avagliano Editore.

MUTO, G. (1980): *Le finanze publiche napoletane tra reforme e restaurazione (1520-1634)*. Napoli: Edizioni Scientifiche Italiane.

— (1989): «Il Regno di Napoli sotto la dominazione spagnola». En: *Storia della Società italiana*. Milano: Teti Editore, pp. 225-316.

— (1992): *Saggi sul governo dell'economia nel Mezzogiorno spagnolo*. Napoli: Edizioni Scientifiche Italiane.

— (1998): «Pouvoirs et territoires dans l'Italie espagnole». En: *Revue d'Histoire Moderne et Contemporaine*, Tomo 45, pp. 42-65.

MUTO, G./BRAMBILLA, E. (eds.) (1997): *La Lombardia spagnola: nuovi indirizzi di ricerca*. Milano: Unicopi.

NAPPI, E. (1983): «I vicerè e l'arte a Napoli». En: *Napoli Nobilissima*, 22, pp. 41-57.

— (1992): *Ricerche sul Seicento Napoletano: catalogo delle pubblicazioni edite dal 1883 al 1990, riguardanti le opere di architetti, pittori, scultori, marmorari e intagliatori per i secoli 16 e 17. pagati tramiti i banchi pubblichi napoletani*. Milano: L. T.

NARVÁEZ, C. (2004): *El Tracista Fra Josep de la Concepció, (1626-1690)*. Barcelona: Publicacions de l'Abadia de Montserrat.

NICOLAU, J. (1984): «Inmaculadas firmadas por Claudio Coello y M. de Zayas en Toledo». En: *Archivo Español de Arte*, 228, pp. 383 y ss.

— (1990): «Unos bronces de Alejandro Algardi en el monasterio toledano de las madres capuchinas». En: *Archivo Español de Arte*, 249, pp. 1-13.

— (1991): «La correspondencia del cardenal D. Pascual de Aragón a las madres capuchinas». En: *Toletum*, 26, pp. 9-23.

— (1996): «Las esculturas italianas del Transparente de la Catedral de Toledo». En: *Archivo Español de Arte*, 273, pp. 97-106.

OCHOA BRUN, M. A. (1990 [2006]): *Historia de la diplomacia española*. Madrid: Ministerio de Asunto Exteriores, Secretaría General Técnica, 7 Vols.

OESTREICH, G. (1982 [1969]): *Neostoicism and the Early Modern State*. Cambridge: Cambridge University Press.

OLARRA, J. (1978): *El Archivo de la Embajada de España cerca la Santa Sede (1850-1900)*. Roma: Iglesia Nacional Española.

OLIVAN, L. (2006): *Mariana de Austria*. Madrid: Universidad Complutense.

ORSO, S. N. (1986): *Philip IV and the Decoration of the Alcázar of Madrid*. Princeton: Princeton University Press.

— (1989): *Art and Death at the Spanish Habsburg Court: the Royal Exequies of Philip IV*. Columbia: University of Missouri.

OSSOLA, C./VERGA, M./VISCEGLIA, M. A. (eds.) (2003): *Religione, cultura e politica nell'Europa dell'età moderna. Studi offerti a Mario Rosa dagli amici*. Firenze: Olschinki.

OSTROW, S. F. (1991): «Gianlorenzo Bernini, Girolamo Lucenti, and the Statue of Philip IV in S. Maria Maggiore: Patronage and Politics in Seicento Rome». En: *Art Bulletin*, 73, pp. 89-118.

PACELLI, V. (1984): «Affreschi storici in Palazzo Reale». En: Pane, R., *Seicento Napoletano, arte costume ed ambiente*. Milano: Comunità, pp. 158-179.

PACELLI, V./PICONE, C., (1997): *Il Palazzo Reale di Napoli. Arte e Storia di un grande monumento*. Roma: Newton Compton.

PADIGLIONE, C. (1911): *Della chinea e del modo come veniva oferta ai romani pontefici*. Napoli: Gambilla.

PAGDEN, A. (1991): *El imperialismo español y la imaginación política*. Barcelona: Planeta.

PALOS, J-LL. (1994): *Catalunya a l'Imperi dels Austria: la pràctica de govern, segles XVI i XVII*. Lleida: Pagès.

— (2000): «El testimonio de las imágenes». En: *Pedralbes*, 20, pp. 127-144.

— (2005): «Un escenario italiano para los gobernantes españoles: el nuevo palacio de los virreyes de Nápoles, 1599-1653». En: *Cuadernos de Historia Moderna*, 30, pp. 125-150.

PALOS, J. LL./CARRIÓ-INVERNIZZI, D. (dirs.), (2008): *La Historia Imaginada. Construcciones visuales del pasado en la Europa Moderna*. Madrid: Centro de Estudios Europa Hispánica.

PALOS J-LL./PALUMBO, M. L. (en prensa): «La Sala del Gran Capitán en el Palacio Real de Nápoles y los orígenes del dominio español en Italia». En: Colomer, J. L (dir.), *Nápoles y España*. Madrid: Centro de Estudios Europa Hispánica.

PANE, R. (1984): «Il Viceré Pedro de Aragón e l'Ospizio di S. Gennaro dei Poveri». En: *Seicento Napoletano, arte costume ed ambiente*. Milano: Edizioni di Comunità, pp. 139-141.

— (1939): *Architettura dell'età barocca a Napoli*. Napoli: EPSA.

PARTNER, P. (1980): «Papal financial policy in the Renaissance and Counter-Reformation». En: *Past and Present*, 88, pp. 56-62.

PASTOR, L. VON. (1886 [1938]): *La storia dei Papi dalla fine del medioevo*. Roma: Desclées.

PEPE, G. (1952): *Il Mezzogiorno d'Italia sotto gli spagnoli*. Firenze: Sansoni.

PERELLÓ FERRER, A. M. (1994): *L'arquitectura civil del segle XVII a Barcelona*. Barcelona: Universitat de Barcelona.

PÉREZ GARCÍA, P. (1998): *Segorbe a través de la historia*. Segorbe: Ayuntamiento de Segorbe.

PÉREZ SAMPER, M. A. (1990): «El poder de la imagen y la imagen del poder: dos ejemplos, El Escorial y Versailles». En: Sánchez Marcos, F. (coord.), *Prácticas de historia moderna*. Barcelona: PPU, pp. 247-265.

— (1997): «El rey ausente». En: Fernández Albadalejo, P. (ed.), *Monarquía, imperio y pueblos en la España Moderna*. Alicante: Universidad de Alicante, pp. 379-393.

— (1999): «La presencia del rey ausente: las visitas reales a Cataluña en la época moderna». En: González Enciso, A./Usunariz Garoya, J. M. (dirs), *Imagen del rey, imagen de los reinos. Las ceremonias públicas en la España Moderna (1500-1814)*. Pamplona: Eunsa, pp. 63-116.

— (2003): «Barcelona, corte: las fiestas reales en la época de los Austrias». En: García García, B. J./Lobato, M. L. (eds.), *La fiesta cortesana en la época de los Austrias*. Valladolid: Junta de Castilla y León, pp. 139-192.

PÉREZ SÁNCHEZ, A. E. (1965a): *Pintura italiana del siglo XVII en España*. Madrid: Universidad de Madrid/Fundación Valdecilla.

— (1965b): «Pietro del Po, Pintor de Palermo». En: *Mitteilungen Kunsthistorischen Institut in Florenz*, 12, pp. 125-144.

— (dir.) (1985): *Pintura napolitana: de Caravaggio a Giordano*, Palacio de Villahermosa, octubre-diciembre. Madrid: Ministerio de Cultura.

— (1986): *Carreño, Rizi, Herrera y la pintura madrileña de su tiempo, 1650-1700*, Palacio de Villahermosa, enero-marzo de 1986. Madrid: Ministerio de Cultura.

— (dir.) (2002): *Luca Giordano y España*. Madrid: Palacio Real.

PETRARCA, V. (1990): «La festa di San Giovanni Battista a Napoli nella prima metà del Seicento». En: *Le tentazioni e altri saggi di antropología*. Roma: Borla, pp. 103-117.

PETRUCCI, F. (1998): *Il Palazzo Chigi di Ariccia*. Ariccia: Arte Grafiche.

PEYTAVIN, M. (1997a): «Naples au miroir espagnol: une contemplation amorreuse». En: Scholz, J. M./Herzog, T. (eds.), *Observation and Communication: The Construction of Realities in the Hispanic World*. Frankfurt: Vittorio Klosterman, pp. 271-298.

— (1997b): «Naples, 1610: Comment peut-on être officier?». En: *Annales HSS*, 52, 2, pp. 265-291.

— (1998): «Españoles e italianos en Sicilia, Nápoles y Milán durante los siglos XVI y XVII: sobre la oportunidad de ser 'nacional' o 'natural'». En: *Relaciones*, 19, 73, pp. 87-114.

PIOLA CASELLI, F. (1991): «Gerarchie curiali e compravendita degli uffici a Roma tra il XVI ed il XVII secolo». En: *Archivio della Società Romana di Storia Patria*, a. CXIV, pp. 117-125.

PIZARRO GÓMEZ, F. J. (1991): «La entrada triunfal y la ciudad en los siglos XVI y XVII». En: *Espacio, tiempo y forma*. Serie VII. Historia del Arte, 4, pp. 121-134.

POLLAK, O. (1909): «Antonio del Grande, ein unbekannter römischer Architekt des XVII. Jahrhunderts». En: *Kunstgeschichtliches Jahrbuch der K.K Zentral Kommission*, III, pp. 133-161.

POMIAN, K. (1987): *Collectioneurs, amateurs et curieux: Paris, Venice, XVIe-XVIIIe siècles*. Paris: Gallimard.

POMMIER, E. (1998): *Théories du portrait. De la Renaissance aux Lumières*. Paris: Gallimard.

PORTÚS, J. (1999): «Soy tu hechura. Un ensayo sobre las fronteras del retrato cortesano en España». En: *Carlos V. Retratos de familia*. Madrid: El Viso.

PORZIO, A. (1989): *Arte sacra di Palazzo. La Cappella Reale di Napoli e i supoi arredi: un patrimonio de arte decorative*. Napoli: Arte Tipografica.

PORZIO, A./CAUSA, S. (1992): «Battistello, pittore di storia. Restauro di un affresco. Catalogo di mostra didattica». En: *Quaderni di Palazzo Reale*, 4.

PREIMESBERGER, M./WEIL, M. (1975): «The Pamphili Chapel in Sant'Agostino». En: *Römisches Jahrbuch für Kunstgeschichte*, 15, pp. 183-198.

PRODI, P. (1982): *Il sovrano pontefice. Un corpo e due anime: la monarchia papale nella prima età moderna*. Bologna: Il Mulino.

PROSPERI, A. (ed.) (1980): *La corte e il cortegiano. Un modello europeo*. Roma: Bulzoni.

QUAGLIARELLA, P. T. (1932): *Guida storico-artistica del Carmine maggiore di Napoli*. Taranto: Salvatore Mazzolino.

Quazza, R. (1950): *Preponderanza spagnola, 1559-1700*. Milano: Vallardi.

Quiles García, F. (2005): *Por los caminos de Roma. Hacia una configuración de la imagen sacra en el barroco sevillano*. Madrid: Miño y Dávila Editores.

Ramírez de Villa Urrutia, W. (1919): *El Palacio Barberini: recuerdos de España en Roma*. Madrid: Francisco Beltrán, Librería Española y Extranjera.

Reglá, J. (1970): *Els virreis de Catalunya: els segles XVI i XVII*. Barcelona: Vicenç Vives.

Ribot García, L. (1982): *La revuelta antiespañola de Mesina: causas y anteceden- tes, 1591-1674*. Valladolid: Universidad de Valladolid.

— (2002): *La Monarquía de España y la guerra de Mesina, 1674-1678*, prólogo de Antonio Domínguez Ortiz. Madrid: Actas.

— (2004): «Conflicto y lealtad en la Monarquía Hispana durante el siglo XVII». En: Aranda Pérez, F.J. *La declinación de la Monarquía Hispánica en el siglo XVII*. Cuenca: Universidad de Castilla-La Mancha, pp. 39-66.

— (2006): *El arte de gobernar. Estudios sobre la España de los Austrias*. Madrid: Alianza.

Ribot García, L./Belenguer, E. (coords.) (1998): *Las sociedades ibéricas y el mar a finales del siglo XVI*, Vol. III, *El área del Mediterráneo*. Madrid: Pabellón de España.

Ribot García, L./Rosa, L. de (1997): *Ciudad y mundo urbano en la Época Moderna*. Madrid: Actas Editorial-Istituto Italiano per gli Studi Filo- sofici.

— (eds.) (2000): *Pensamiento y política económica en la Época Moderna*. Madrid: Actas.

Ricci, G. (1998): *Il principe e la morte*. Bologna: Il Mulino.

Ricouer, P. (2003): *La memoria, la historia, el olvido*. Madrid: Trotta.

Rivero, M. (1992a): *El consejo de Italia y el gobierno de los dominios italianos de la monarquía hispana durante el reinado de Felipe II, 1556-1598*. Madrid: Universidad Autónoma de Madrid.

— (1992b): «Doctrina y práctica política en la monarquía hispana: las instruc- ciones dadas a los virreyes y gobernadores de Italia en los siglos XVI y XVII». En: *Investigaciones históricas*, tomo 9, pp. 197-213.

— (1999): «El Consejo de Italia y la territorialización de la Monarquía, 1554- 1600». En: Belenguer, E. (coord.), *Felipe II y el Mediterráneo*. Actas del congreso internacional celebrado en Barcelona, 23-27 noviembre de 1998. Madrid: SECCFC, Vol. III, pp. 97-113.

— (2000): *Diplomacia y relaciones exteriores en la edad moderna, 1453-1794*. Madrid: Alianza.

— (coord.) (2004): *Informe: Italia en la Monarquía Hispánica (siglos XVI- XVII), Studia historica, Historia moderna*. Salamanca: Universidad de Sala- manca.

RIZZO, M. (1992): «Centro spagnolo e periferia lombarda nell'impero asburgico tra Cinque e Seicento». En: *Rivista Storica Italiana*, 104, 2, pp. 315-348.

ROBERTI, P. G. M. (1909): *Disegno Storico dell'Ordine dei Minimi (1600-1700)*, Roma: Società Tip. Ed. Romana, Vol. II.

RODRÍGUEZ DE CEBALLOS, A. (1982): «La huella de Bernini en España». En: Hibbard, H., *Bernini*. Madrid: Xarait, pp. 7-29.

RODRÍGUEZ VILLA, A. (1913): *Etiquetas de la Casa de Austria*. Madrid: Tipografía de Jaime Ratés.

ROMANO, R./GANCI, M. (eds.) (1991): *Governare il mondo. L'impero spagnolo dal XV al XIX secolo*. Palermo: Società Siciliana per la Storia Patria.

ROMANO, R./VIVANTI, C. (coords.) (1974): *Storia d'Italia. 2: Dalla caduta dell'Impero Romano al secolo XVII*, Torino: Giulio Einaudi.

ROSA, M. (1990): «L'onda che retorna: interno ed esterno sacro nella Napoli del Seicento». En: Boesch Gajano, S./Scaraffia, L. (eds.), *Luoghi sacri e spazi della santità*. Torino: Rosenberg & Sellier, pp. 397-417.

ROVITO, P. L. (1981): *Respublica dei togati: Giuristi e società nella Napoli del Seicento*. Napoli: Jovene.

— (2003): *Il viceregno spagnolo di Napoli. Ordinamento, istituzioni e culture di governo*. Napoli: Arte Tipografica Editore.

RUBI, BASILI DE (1976): *Les Corts Generals de Pau Claris*. Barcelona: Rafael Dalmau.

RUOTOLO, R. (1973): «Collezioni e mecenati napoletani del XVII secolo». En: *Napoli Nobilissima*, vol. XII, fasc. III, pp. 146 y ss.

— (1979): «Brevi note sul collezionismo aristocratico napoletano fra Sei e Settecento». En: *Storia dell'Arte*, 35, pp. 29-38.

— (1982): «Collezionisti fiaminghi a Napoli, Gaspare Roomer e i Vandeneyden». En: *Ricerche sul 600' Napoletano*, pp. 5-44.

— (1989): «Un nuovo progetto per la guglia di San Gaetano a Napoli». En: *Napoli Nobilissima*, Vol. XXVIII, pp. 229-234.

SABATIER, G. (1999): *Versaille ou la figure du roi*. Paris: Albin Michel.

SABATINI, G. (1997): *Il controllo fiscale sul territorio nel Mezzogiorno spagnolo. Le province abruzzesi*. Napoli: Ricerche di Storia Economica, Istituto Italiano per gli Studi Filosofici.

— (2004): «El Nápoles del marqués de los Vélez y la obra de don Bonaventura Tondi». En: AAVV, *Los héroes Fajardos. Movilización social y memoria política en el reino de Murcia, siglos XVI-XVIII*. Murcia: Real Academia Alfonso X el Sabio, pp. 85-104.

— (2005): «Las cuentas del virrey: los gastos de la corte virreinal de Nápoles a finales del siglo XVII». Conferencia pronunciada en el I Congreso de Las cortes virreinales de la Monarquía española, América e Italia, Sevilla.

— (2006): «Gastos militares y finanzas públicas en el Reino de Nápoles en el siglo XVII». En: García Hernán, E./Maffi, D. (coords.), *Guerra y sociedad en la monarquía hispánica: política, estrategia y cultura en la Europa moderna (1500-1700)*. Madrid: Fundación Mapfre, Vol. 2, pp. 257-292.

— (2007): «La comunità portoghese a Roma nell'età dell'unione delle corone (1580-1640)». En: Hernando, C. J., *Roma y España. Un crisol de la cultura europea en la edad moderna*. Madrid: Seacex, pp. 847-876.

SAFARIK, E. A. (1996): *Collezione dei dipinti Colonna. Inventari 1611-1795*. München: Saur.

SALAS, X. de (1945): «La documentación del palacio Sessa o Larrard en la calle Ancha de Barcelona». En: *Anales y Boletín de los Museos de Arte de Barcelona*, III, n.2, pp. 111-167.

SALORT, S. (2002): *Velázquez en Italia*. Madrid: Fundación de Apoyo a la Historia del Arte Hispánico.

SANABRE, J. (1956): *Acción de Francia en Cataluña*. Barcelona: Librería Sala Badal.

SÁNCHEZ MARCOS, F. (1983): *Cataluña y el gobierno central tras la Guerra de los Segadores, 1652-1679: el papel de don Juan de Austria en las relaciones entre Cataluña y el gobierno central, 1652-1679*. Barcelona: Edicions Universitat de Barcelona.

— (2002): *Invitación a la historia: la historiografía de Heródoto a Voltaire, a través de sus textos*. Barcelona: Idea Books.

SANTIAGO RODRÍGUEZ, M. (1954): *Documentos y manuscritos genealógicos*. Madrid: Dirección General de Archivos y Bibliotecas.

SCHAUB, J. F. (2004a): *La Francia española. Las raíces hispanas del absolutismo francés*. Madrid: Marcial Pons.

— (2004b): «La monarquía hispana en el sistema europeo de estados». En: Feros, A./Gelabert, J. E. (coords.), *España en tiempos del Quijote*. Madrid: Taurus.

SCHIAVO, A. (1981): «Nel III centenario della morte di Gian Lorenzo Bernini. La Scala Regia e l'Imperator Costantino». En: *L'Urbe*, XLIV, n. 2, pp. 49-62.

SCHÜTZE, S. (1992): *Massimo Stanzione, opera completa*. Napoli: Electa.

SEBASTIÁN, S. (1995): *Emblemática e historia del arte*. Madrid: Cátedra.

Seicento Napoletano, arte costume ed ambiente (1984). Milano: Edizioni di Comunità.

SERRA I VILARÓ, J. (1906): *Historia dels Cardona*. Barcelona: Tipografía La Académica.

SERRA, E. (2002): «Catalunya, la Mediterrània, Nàpols i el Consell d'Itàlia», En: *L'Avenç*, 275, pp. 36-42.

— (2005): *Catalunya en l'Espanya dels Àustries*. Reus: Centre de Lectura.

SFORZA PALLAVICINO, P. (1859): *Della vita di Alessandro VII, libri cinque*. Prato: Fratelli Giachetti.

SIGNOROTTO, G. (1992): *L'Italia degli Austrias. Monarchia cattolica e domini italiani nei secoli XVI e XVII*, Cheiron, 17-18, anno IX. Mantua: Centro Federico Odorici.

— (1996): *Milano spagnola. Guerra, istituzioni, uomi di governo, 1635-1660*. Firenze: Sansoni.

— (1998): «Lo *Squadrone Volante*. I cardinali 'liberi' e la politica europea nella seconda metà del XVII secolo». En: Signorotto, G./Visceglia, M. A. (eds.), *La Corte di Roma tra Cinque e Seicento »teatro» della politica europea*. Roma: Bulzoni, pp. 93-137.

— (2003): «Dall'Europa Cattolica alla crisi della coscienza europea». En: Ossola, C./Verga, M./Visceglia, M. A. (eds.), *Religione, cultura e politica nell'Europa dell'età moderna. Studi offerti a Mario Rosa dagli amici*. Firenze: Olschinki.

SIGNOROTTO, G./VISCEGLIA, M. A. (eds.) (1998): *La Corte di Roma tra Cinque e Seicento «teatro» della politica europea*. Roma: Bulzoni.

SIMON I TARRÉS, A. (1981): «La revuelta catalana de 1640. Notas para un estado historiográfico». En: *Annals de l'Institut d'Estudis Gironins*, Vol. XXV, 2, pp. 107-137.

— (1990): *Els orígens ideològics de la revolució catalana de 1640*. Barcelona: Publicacions de l'Abadia de Montserrat.

— (2003): *Cròniques de la Guerra dels Segadors*. Barcelona: Fundació Pere Coromines.

SLADECK, E. (1993): «Pedro of Aragon's Plan for a Private Port (Darsena) in Naples. Reconstruction and Genesis of a Classical Building Type». En: *Parthenope's Splendor. Art of the Golden Age in Naples*. Papers in Art History from the Pennsylvania State University, Vol. II, pp. 365-377.

SOBERANAS I LLEÓ, A. (1957): «La Biblioteca del virrey Pedro Antonio de Aragón: notas bibliográficas de los libros conservados en la biblioteca Font de Rubinat (Reus)». En: *Boletín Arqueológico de Tarragona*, época IV, año LVII, fasc. 56-60, pp. 71-82.

SOCIAS, I. (2000): «El món del comerç artístic a Catalunya al segle XVII: els contractes entre els pintors Joan Arnau i Moret i Josep Vives amb el negociant Pere Miquel Pomar». En: *Estudis i documents dels Arxius de Protocols*, Vol. XVIII, pp. 267-282.

SOLER I FONRODONA, R. (1980): «Els Ducs de Cardona i Mataró l'any 1626». En: *Fulls del Museo Arxiu de Santa Maria de Mataró*, 9.

SOLEY, R. (1998): *Atles de Barcelona. Iconografia de la ciutat de Barcelona, vistes i plànols impresos de 1572 a 1900*. Barcelona: Mediterrània.

SPAGNESI, G. (1964): *Giovanni Antonio de Rossi, architetto romano*. Roma: Officina.

SPAGNOLETTI, A. (1996): *Principi italiani e Spagna nell'età barocca*. Milano. Bruno Mondadori.

SPEZZAFERRO, L. (2001): «Problemi del collezionismo a Roma nel XVII Seicento». En: Bonfait, O., *Geografia del collezionismo, Italia e Francia tra el XVI e XVIII secolo*. Roma: École française de Rome, pp. 1-23.

SPINOSA, N. (coord.), (1993 [1999]): *Napoli sacra: guida alle chiese della città*. Napoli: Elio de Rosa, 15 Vols.

— (1984): *La pintura napolitana del Seicento*, Milano: Longanesi.

SPIRITI, A. (2007): «La chiesa nazionale lombarda dei Santi Ambrogio e Carlo al Corso nella seconda metà del Seicento: strategie urbane per la Monarquía Católica». En: Hernando, C.J., *Roma y España. Un crisol de al cultrua europea en el edad moderna*. Madrid: Seacex, Vol. II, pp. 875-886.

STRADLING, R. A. (1976): «A Spanish Statesman of Appeasement: Medina de las Torres and Spanish Policy, 1639-1670». En: *Historical Journal*, 19, 1, pp. 1-31.

STRATTON, S. L. (1987): *La Inmaculada Concepción en el arte español*. Madrid: Fundación Universitaria Española.

STRAZZULLO, F. I. (1961): *Diari dei Cerimonieri della Cattedrale di Napoli; una fonte per la storia napoletana*. Napoli: Tip. Agar.

— (1968): *Edilizia e urbanistica a Napoli dal '500 al '700*. Napoli: A. Berisio.

— (1969): *Architetti ed ingegneri napoletani dal '500 al '700*. Napoli: Gabriele e Mariateresa Benincasa.

— (1988): *La città di Napoli dopo la rivoluzione urbanistica di Pietro di Toledo*. Roma: Gabriele e Mariateresa Benincasa.

STRONG, R. (1988 [1984]): *Arte y poder. Fiestas del Renacimiento, 1450-1650*. Madrid: Alianza.

TODA, E. (1927-1931): *Bibliografía espanyola d'Itàlia*. Barcelona: Castell de Sant Miquel d'Escarnalbou.

— (1935): *Destrucció de Poblet: ocurrències al monestir*. Poblet: Pompeu Vidal.

TOMÁS Y VALIENTE, F. (1982): *Gobierno e instituciones en la España del Antiguo Régimen*. Madrid: Alianza.

TORMO, E. (1942): *Monumentos españoles en Roma, y de portugueses e hispanoamericanos*. Madrid: Publicación de la Sección de Relaciones Culturales del Ministerio de Asuntos Exteriores.

TORRAS TILLÓ, S. (1997): «Els Ducs de Cardona; art i poder (1575-1690). Una proposta d'estudi i d'aproximació a la història, art i cultura a l'entorn de la casa ducal en època moderna», tesis doctoral inédita, Universitat Autònoma de Barcelona.

TORRAS RIBÉ, J. M. (1998): *Poders i relacions clientelars a la Catalunya dels Àustria*. Vic: Eumo.

Tovar Martín, V. (1983): *Arquitectura madrileña del siglo XVII (datos para su estudio)*. Madrid: Instituto de Estudios Madrileños.

Trevor-Ropper, H. R. (1992 [1976]): *Príncipes y artistas. Mecenazgo e ideología en cuatro cortes de los Habsburgo, 1517-1623*. Madrid: Celeste.

Trexler, R. C. (1991 [1980]): *Public Life in Renaissance Florence*. New York: Cornell University Press.

Triadó, J. R. (1987): «La colecciones de pintura de la Casa de Alba». En: *El arte en las colecciones de la casa de Alba*, Barcelona: Sala d'Exposicions del Centre Cultural de la Caixa de Pensions (marzo-mayo 1987). Barcelona: Fundació Caixa de Pensions.

— et. al. (2002): *El Arte Barroco: Austrias y Borbones*, bajo la dirección de Xavier Barral i Altet. Barcelona: Círculo de Lectores.

Tuttle, R. J. (2002): *Jacopo Barozzi da Vignola*. Milano, Electa.

Úbeda de los Cobos, A. (2005): *El palacio del Rey planeta. Felipe IV y el Buen Retiro*. Madrid: Aldeasa.

Vallet, G. (1995): «I viaggiatori stranieri del '600 e del '700. L'immagine di Napoli e le antichità». En: Amirante, F. *et. al.*, *Libri per vedere. Le guide storico-artistiche della città di Napoli: fonti testimonianze del gusto immagini di una città*. Napoli: Edizioni scientifiche italiane, pp. 227-239.

Vannugli, A. (1989): *La collezione Serra di Cassano*. Salerno: Edizioni 10/17.

Vaquero Piñeiro, M. (1999): *La Renta y las casas: el patrimonio inmobiliario de Santiago de los Españoles de Roma entre los siglos XV y XVII*. Roma: L'Erma di Bretschneider.

Varela, J. (1990): *La muerte del Rey. El ceremonial funerario de la monarquía española 1500-1885*. Madrid: Turner.

Ventura, P. (1995): «Le ambiguità di un privilegio: la cittadinanza napolitana tra Cinque e Seicento». En: *Quaderni Storici*, 89, pp. 385-416.

Verde, P. C. (2003): «L'originario e completo progetto di Domenico Fontana per il Palazzo Reale di Napoli», Quaderni dell'Istituto di Storia dell'Architettura, Fasciolo 42, 2003, pp. 29-52.

Vicens Vives, J. (1974): «Estructura administrativa estatal de los siglos XVI y XVII», en *Coyuntura económica e reformismo burgués*. Barcelona: Ariel, pp. 100-141.

— (1948): «Precedentes mediterráneos del virreinato colombino». En: *Anuario de Estudios americanos*, 5, pp. 571-614.

Vidal, J. (1984): *Guerra dels Segadors i crisi social: els exiliats filipistes (1640-1652)*. Barcelona: Edicions 62.

Vidaurre Jofre, J./García García, B. J. (2000): *El Madrid de Velázquez y Calderón. Villa y corte en el siglo XVII*. Madrid: Ayuntamiento de Madrid/ Fundación Caja Madrid.

Vilarrubias Solanes, F. A. (1961): *La restauración de Poblet*. Poblet: Abadia.

VILLARI, R. (1979 [1673]): *La revuelta antiespañola en Nápoles. Los orígenes (1585-1647)*. Madrid: Alianza.

— (1987): *Elogio della dissimulazione. La lotta politica nel Seicento*. Bari: Laterza.

— (1994): *Per il re o per la patria. La fedeltà nel Seicento, con Il cittadino fedele e altri scritti politici*. Bari: Laterza.

— (1996): «España, Nápoles y Sicilia. Instrucciones y advertencias a los virreyes». En: Villari, R. y Parker, G., *La política de Felipe II, dos estudios*. Valladolid: Universidad de Valladolid, pp. 31-52.

VILLARS, M. DE (1999): *Memorias de la corte de España*. En: García Mercadal, J., *Viajes de extranjeros por España y Portugal*. Valladolid: Junta de Castilla y León, Consejería de Educación y Cultura, Vol. III, pp. 705 y ss.

VINCKE, J. (1958): «Inicios del 'Hospitale Cathalanorum et Aragonensium' en Roma». En: *Hispania Sacra*, XI, pp. 139-156.

VIORA, M. A. (1930): «Sui viceré di Sicilia e di Sardegna». En: *Revista Storica del Diritto Italiano*, pp. 490-502.

VISCEGLIA, M. A. (1988): *Il bisogno di eternità: i comportamenti aristocratici a Napoli in età moderna*. Napoli: Guida.

— (1995): «Rituali religiosi e gerarchie politiche a Napoli in età moderna». En: Macry, P./Massafra, A. (coords.), *Fra storia e storiografia. Scritti in onore di Pasquale Villani*. Bologna: Il Mulino, pp. 587-620.

— (1997): «Il cerimoniale come linguaggio politico. Su alcuni conflitti di precedenza alla corte di Roma tra Cinquecento e Seicento». En: Visceglia, M.A. y Brice, C. (eds.), *Cérémonial et rituel à Rome (XVIe-XIXe siècle)*. Roma: École Française de Rome, pp. 117-176.

— (1998): *Identità sociali. La nobiltà napoletana nella prima età moderna*. Milano: Unicopli.

— (1999): «El ceremonial español en Roma en la época de Felipe II». En: Belenguer, E. (coord.), *Felipe II y el Mediterráneo*. Actas del congreso internacional celebrado en Barcelona, 23-27 noviembre de 1998. Madrid: SECCFC, Vol. I, pp. 163-192.

— (2001): *La nobiltà romana in Età Moderna*. Roma: Carocci.

— (2002): *La città rituale. Roma e le sue cerimonie in età moderna*. Roma: Viella.

— (2005): *Storia moderna e società contemporanea*. Napoli: Guida.

— (ed.), (2007): *Diplomazia e politica della Spagna a Roma. Figure di ambasciatori*. Roma: Università degli Studi Roma Tre.

VISCEGLIA, M. A./BRICE, C. (eds.), (1997): *Cérémonail et rituel à Rome (XVIe-XIXe siècle)*. Roma: École Française de Rome.

VISCEGLIA, M. A./SIGNOROTTO, G. (eds.), (1998): *La Corte di Roma tra Cinque e Seicento «teatro» della politica europea*. Roma: Bulzoni.

VITZTHUM, W. (1971): *Il barocco a Napoli e nell'Italia meridionale*, Milano: Fratelli Fabbri.

VITZTHUM, W./MONBEIG-GOGUEL, C. (1967): *Dessin à Naples du XVIe au XVIIIe siècles*. Paris: Museo del Louvre.

WARNKE, M. (1993 [1985]): *The Court Artist. On the Ancestry of the Modern Artist.* Cambridge: Cambridge University Press.

WETHEY, H. E. (1967): «The Spanish Viceroy, Luca Giordano and Andrea Vaccaro». En: *The Burlington Magazine*, 109, pp. 678-685.

WITTKOWER, R. (1961): «The Vicisitudes of a Dynastic Monument. Bernini's Equestrian Statue of Louis XIV». En: *De Artibus Opuscula XL: Essays in Honor of Erwin Panofsky*. New York: University Press, pp. 497-531.

— (1979): *Arte y arquitectura en Italia 1600-1750*. Madrid: Cátedra.

YUN CASALILLA, B. (2004): *Marte contra Minerva: el precio del Imperio español (1450-1600)*. Barcelona: Crítica.

— (2008): «Imagen e ideología social en la Europa del siglo XVII. Trabajo y familia en Murillo y Martínez de Mata». En: Palos, J. Ll./Carrió-Invernizzi, D. (dirs.), *La Historia Imaginada. Construcciones visuales del pasado en la Europa Moderna*. Madrid: Fernando Villaverde/Centro de Estudios Europa Hispánica.

ZAMPA, P. (1998-99): «Il Palazzo della Nunziatura di Napoli: un progetto di Cosimo Fanzago». En: *Quaderni del Dipartimento Patrimonio Architettonico e Urbanistico* (PAU). Università Studi Mediterranea di Reggio Calabria, nº 16-18, anno XI, Gangemi Editore, pp. 127-139.

ZAMPINO, G. (coord.), (1997): *Capolavori in festa: effimero barocco a Largo di Palazzo (1683-1759)*. Napoli: Electa.

ZAMPINO, G./SARDELLA F. (coords.), (1996): *Il Palazzo Reale di Napoli*. Napoli: Electa.

Índice
onomástico

Índice
toponímico

CARACAS 417.

CARACAS, seminario de santa Rosa de Lima 417.

CARDONA 5, 15, 17, 35, 36, 37, 38, 39, 40, 41, 42, 45, 46, 47, 48, 49, 50, 51, 52, 54, 56, 57, 58, 59, 60, 62, 63, 64, 67, 70, 75, 76, 77, 78, 79, 80, 81, 105, 130, 215, 278, 280, 281, 287, 333, 390, 414, 415, 424, 431, 441, 462, 463, 470, 471, 472.

39, 40, 42, 45, 47, 51, 52, 56, 57, 58, 62, 77.

CARTAGENA 77, 251, 361.

CASTELGANDOLFO 147, 161, 200, 201, 212.

CASTELLAMARE 240, 266.

CASTELLÓ D'EMPÚRIES 45, 46, 51, 62.

CASTILLA 37, 41, 52, 75, 172, 192, 194, 195, 218, 243, 298, 309, 416, 445, 457, 458, 463, 466, 468, 474.

CASTRO 70, 86, 87, 88, 110, 112, 118, 154, 236, 239, 244, 252, 283, 293, 296, 348, 359, 361, 362, 364, 365, 369.

CATALUÑA 5, 9, 10, 11, 17, 18, 32, 33, 35, 36, 37, 38, 39, 40, 41, 42, 43, 44, 45, 46, 47, 49, 50, 51, 52, 53, 54, 55, 56, 58, 59, 60, 62, 63, 64, 65, 66, 70, 71, 73, 75, 79, 105, 130, 146, 164, 172, 195, 207, 208, 209, 211, 215, 254, 276, 281, 361, 413, 425, 441, 443, 450, 456, 460, 466, 470.

CATEDRAL DE TOLEDO 228, 261, 358, 367.

CERDEÑA 97, 237, 276, 277, 394, 462.

CHABLAIS 182.

CHIETI 372.

CHIETI, catedral 372.

CHINA 217.

CINCA 59.

CIRCEO 103.

CISTERNA 83, 98, 102, 103, 104, 212.

CISTERNA, palacio del Príncipe de Caserta 101-104.

CIUDAD Rodrigo 192, 194.

CIVITAVECCHIA 83, 97, 110, 156, 251, 324.

CIVITAVECCHIA, puerto antiguo 110, 156, 251, 324.

COLL de Balaguer 52.

CONCA de Orcau 59.

CONSTANTÍ 58, 59.

CÓRDOBA 38, 70.

CUMA 325, 326, 345.

DUNAS 478.

EBRO 321, 433.

EL ESCORIAL 45, 159, 297, 341, 359, 361, 446, 466.

EL ESCORIAL, sala de batallas del monasterio 297.

EMPÚRIES 39, 45, 46, 51, 58, 62, 281.

ESGUÍZAROS 153.

ESPAÑA 4, 9, 16, 17, 19, 20, 21, 22, 23, 24, 26, 28, 31, 32, 33, 35, 37, 42, 47, 50, 51, 55, 56, 71, 72, 73, 74, 79, 84, 85, 86, 91, 92, 97, 98, 99, 100, 101, 104, 106, 107, 109, 110, 113, 114, 115, 118, 119, 120, 121, 123, 126, 128, 132, 136, 137, 138, 139, 143, 144, 145, 146, 147, 152, 153, 154, 155, 159, 164, 165, 167, 168, 171, 180, 184, 186, 195, 198, 201, 208, 211, 212, 213, 214, 216, 217, 220, 234, 236, 247, 251, 253, 255, 258, 261, 262, 264, 266, 267, 268, 272, 273, 278, 280, 283, 284, 286, 287, 288, 297, 298, 310,